青少年心理學

John W. Santrock —— 著　　陳增穎 —— 譯

國家圖書館出版品預行編目(CIP)資料

青少年心理學 / John W. Santrock 著 ；陳增穎譯. – 初版.
-- 臺北市：美商麥格羅希爾國際股份有限公司臺灣分公司,
心理出版社, 2022. 06
　面；　公分
譯自：Adolescence, 17th ed.
ISBN 978-986-341-485-8（平裝）

1. CST: 青少年心理

173.2　　　　　　　　　　　　111006378

青少年心理學

作　　　者	John W. Santrock	
譯　　　者	陳增穎	
執 行 編 輯	陳文玲	
總 編 輯	林敬堯	
發 行 人	洪有義	
合 作 出 版	美商麥格羅希爾國際股份有限公司台灣分公司	
暨 發 行 所	台北市 104105 中山區南京東路三段 168 號 15 樓之 2	
	客服專線：00801-136996	
	心理出版社股份有限公司	
	新北市 231026 新店區光明街 288 號 7 樓	
	TEL: (02) 2915-0566　FAX: (02) 2915-2928	
	E-mail: psychoco@ms15.hinet.net	
總 經 銷	心理出版社股份有限公司	
出 版 日 期	西元 2022 年 6 月　初版一刷	
編　　　號	11053	
定　　　價	新台幣 700 元	

ISBN：978-986-341-485-8

關於作者
About the author

John W. Santrock

John W. Santrock 於 1973 年取得明尼蘇達大學（University of Minnesota）博士學位，曾任教於查爾斯頓大學（University of Charleston）與喬治亞大學（University of Georgia），隨後進入德州大學達拉斯分校（University of Texas at Dallas）行為與腦科學學院心理學系，開設許多大學部課程，例如青少年心理學相關課程，任教時間已經超過三十年了。

Santrock 博士是《兒童發展》（*Child Development*）和《發展心理學》（*Developmental Psychology*）期刊的編輯委員。其研究專長是離異家庭的兒童與青少年，而他在父親監護權的研究，除了被廣泛引用外，更常被用來作為專家證言以彈性及周延處理監護權爭議。

Santrock 博士（後排中）與 2015 年 *Santrock Travel Scholarship Award in developmental psychology* 得主合影。該獎由 Santrock 博士創設，每年頒發給優秀的大學生，獎勵他們參加專業研討會議。部分得獎學生於參加 2015 年兒童發展研究學會（*Society for Research in Child Development*）後合影留念。

Courtesy of Jessica Serna

Santrock 博士也進行社會認知方面的研究，尤其是情緒認知對自我調節的影響。Santrock 博士著作等身，包括《心理學》（*Psychology*）、《兒童心理學》（*Children*）、《人生全期發展》（*Life-Span Development*）、《人生全期發展專題取向》（*A Topical Approach to Life-Span Development*）、《教育心理學》（*Educational Psychology*）等書（以上皆為 McGraw-Hill 出版）。

Santrock 博士熱愛網球，是球員也是教練。在邁阿密大學（University of Miami）網球校隊擔任球員時，球隊均維持在 NCAA 第一級別（NCAA Division I），並創下連勝 137 場之史無前例紀錄。他的夫人 Mary Jo 是特殊教育碩士，身兼教師與房地產經紀人，創辦了喬治亞州克拉克郡的第一所行為疾患特殊教育方案課程中學。他的兩位女兒 Tracy 與 Jennifer，目前都是房地產經紀人；Jennifer 還入選 2015 年南方衛理會大學（Southern Methodist University）運動名人堂（SMU Athletic Hall of Fame）及 2017 年西南聯盟運動名人堂（Southwest Conference Athletic Hall of Fame）。Santrock 博士有一個孫女──26 歲的喬丹，已取得南方衛理會大學的企管碩士學位，目前任職於達拉斯的安永會計師事務所；他還有兩個孫子──13 歲的 Alex 與 12 歲的 Luke。過去十年來，Santrock 博士亦熱衷於表現派繪畫創作。

感謝
Dedication

感謝我的兩位女兒 Tracy 與 Jennifer，
隨著她們長大成人，讓我領略青少年發展的奧妙。

譯者簡介
About the translator

陳增穎

現職：南華大學生死學系所副教授

學歷：國立臺灣師範大學教育心理與輔導學系博士
　　　美國伊利諾大學香檳校區訪問學生

經歷：諮商心理師高考及格
　　　國高中輔導教師
　　　諮商與心理治療實務工作者及督導

譯作：《敘事治療入門》（2008，心理出版社）
　　　《諮商概論：諮商專業的第一本書》（2012，心理出版社）
　　　《團體諮商：概念與歷程》（2014，心理出版社）
　　　《諮商技巧精要：實務與運用指南》（2015，心理出版社）
　　　《悲傷諮商：原理與實務》（2016，心理出版社）
　　　《40 個諮商師必知的諮商技術》（2017，心理出版社）
　　　《社會心理學》（2019，心理出版社）
　　　《兒童與青少年諮商：理論、發展與多樣性》（2021，心理出版社）
　　　《青少年心理學》（2022，心理出版社）

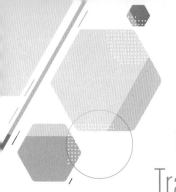

譯者序
Translator's foreword

　　拜社群軟體所賜，失聯已久的國高中和大學同學都可以重新聚首話當年了。只是我有點近鄉情怯，覺得青春期的自己過於青澀，有點不敢回首。其實我們的小孩也大多來到青春期了，看他們是好氣又好笑。不過，我自己倒是比較喜歡和懷念他們是小小孩的時候就是了。

　　當然我們都知道，青春期是一段特別的時期。發育的變化、對心儀對象的好奇、情緒忽喜忽悲、大聲嚷嚷著父母不懂我的心、開口閉口自認我才是對的、有遠大的理想與抱負等等，青春期真的是一段不可或缺的時期。青春的幻想既可愛又狂熱，令人深陷難以自拔，多麼希望青春期不要像莎士比亞所言：「是一個短暫的美夢，當你醒來時，這早已消失得無影無蹤了。」

　　翻譯這本書時，不知不覺已經來到了第九本。從 2008 年到現在，也算是邁入了譯書生涯的青少年時期。感謝心理出版社一路走來給我譯介好書的機會，在與林敬堯總編輯和陳文玲執行編輯的細心合作下，相信本書亦能成為各位讀者與其他青少年同行的好夥伴。翻譯本書時，才知原作者 Dr. Santrock 在大學授課青少年心理學相關學科已三十多載，參與時代的劇烈變化。深感佩服之餘，也期許同樣在大學教書的自己繼續兢兢業業，共同投入及見證學術界與實務界的精益求精，貢獻一己小小的心力。

增穎　於南華大學學慧樓

目次
contents

參考文獻請於心理出版社網站下載

網址：https://reurl.cc/QLp4Zo

解壓縮密碼：9789860744756

CHAPTER 1
導　論

章節概要

1．鑑往知來

│學習目標 1│

說明古往今來對青春期的看法與觀點。

- 早期觀點
- 20 世紀與 21 世紀
- 對青春期的刻板印象
- 對青春期的正向觀點

2．當今美國與世界各地的青少年

│學習目標 2│

探討當今美國與世界各地青少年的經驗。

- 美國的青少年
- 放眼全球

3．發展的本質

│學習目標 3│

摘述發展歷程、時期、過渡期，以及與青春期有關的議題。

- 歷程與時期
- 發展過渡期
- 發展議題

4．青春期發展的科學研究

│學習目標 4│

描述青春期發展的科學研究特性。

- 科學與科學方法
- 青春期發展的理論
- 青春期發展的研究

©monkeybusinessimages/ Getty Images

Jeffrey Dahmer 的高中時期照片。

©AP Images

Alice Walker.

©AP Images

Michael Maddaus 醫生正在為一位迷惘的
青少年提供諮詢。

Courtesy of Dr. Michael Maddaus

Jeffrey Dahmer 的童年和青春期十分悲慘。他的爸媽在離婚前，口角爭執不斷。他的媽媽情緒不穩，只會溺愛弟弟；爸爸則對他忽視不理。他在八歲時還被一個男孩性侵。但多數有此類痛苦遭遇的人，並沒有像 Dahmer 一樣成為連續殺人狂魔。Dahmer 在 1978 年用啞鈴殺死第一位受害者，其後殘殺了 16 人。Dahmer 遭到逮捕後，被判 15 次終身監禁，最後死於獄中。

Dahmer 犯下第一起謀殺案的十年前，在密西西比州力抗種族主義的 Alice Walker，因《紫色姐妹花》（*The Color Purple*）一書榮獲普立茲獎。她生於喬治亞州的佃農之家，有七個兄姊。Walker 深知貧困之苦，儘管身處不利環境，但她努力不懈，終於成為著名小說獎的得主。Walker 筆下的小說人物，如她所言：「出淤泥而不染，成就一番作為。」

再來看看 Michael Maddaus 醫生波瀾起伏的一生（Broderick, 2003; Masten, Obradovic, & Burt, 2006）。他的童年與青少年時期在明尼亞波利斯（Minneapolis）度過，媽媽嚴重酗酒，繼父又虐待他。他在街頭遊蕩滋事，幾乎沒去上學，因為素行不良被逮捕送進拘留所超過 20 次。17 歲時加入海軍，終於讓他學會自律，看見未來的希望。短期服役後，他完成高中同等學力測驗，開始上社區大學的課程。不過，才剛成年的他，又染上藥癮及酒癮。某日，他運送家具到一位外科醫生的家，

成了他人生的轉捩點。外科醫生熱心地協助 Michael，鼓勵他到戒治中心當志工，擔任神經外科醫生的助理。最後，Michael 終於完成大學學業，進入醫學院就讀，成家立業。如今，Michael Maddaus 已是一位事業有成的外科醫生，最樂於從事的志工活動就是到處演講，以自身的故事激勵年輕人奮發向上。

是什麼因素讓 Jeffrey Dahmer 這樣大有希望的年輕人，犯下殘忍的暴行？而 Alice Walker 卻能夠從貧窮和創傷中翻身，成為文學涵養豐富的作家？我們又該怎麼解釋 Michael Maddaus 如何自被虐待和違法行為搞得支離破碎的兒童與青少年期，翻轉為成功的外科醫生，但有的青少年卻因為一點挫折就精神失常？為什麼有些青少年功課好、人緣佳、精力充沛，但有些青少年卻遊走社會邊緣，冷眼旁觀人生？這些你曾思考過的問題，也是本書要帶領讀者探討的關鍵議題。

─────── 引言 ───────

本書要帶領讀者一窺青少年發展的堂奧。第一章將探討青少年發展學領域的歷史、當今美國及世界各地青少年的特性，以及青少年發展的面向。

1.鑑往知來

學習目標 1　說明古往今來對青春期的看法與觀點。

早期觀點　　20 世紀與 21 世紀　　對青春期的刻板印象　　對青春期的正向觀點

不同歷史時期，對青春期的看法為何？青春期的科學研究肇端於何時？

早期觀點

古希臘時代，哲學家柏拉圖（Plato）和亞里斯多德（Aristotle）皆頌揚過青春期。據柏拉圖（西元前四世紀）所言，兒童期尚未具備推理思考能力，唯有等到青春期時才會出現。柏拉圖認為兒童應該把時間花在運動和音樂上，青春期時則是學習科學與數學。

亞里斯多德（西元前四世紀）主張青春期最重要的面向在於有能力做選擇、自己做決

定，是成熟的象徵。亞里斯多德強調自己做決定這一點，正如同現代有些觀點認為獨立、認同與生涯選擇是青春期的關鍵主題。亞里斯多德也注意到青春期的自我中心現象——意指青少年認為自己無所不知，胸有成竹。

中世紀時期，兒童與青少年被視為小大人，必須施予嚴格的訓練。18 世紀的法國哲學家盧梭（Jean-Jacques Rousseau）提出較為開明的觀點，重申兒童或青少年並不等於成人。和柏拉圖一樣，盧梭認為推理思辨能力從青春期開始發展，12 至 15 歲這段期間的教育，應著重於培養好奇心。盧梭還主張 15 至 20 歲的個體情緒控制能力已臻於成熟，能以利他取代利己。因此，盧梭的結論是，青春期是一個獨特的發展階段。但他的理念是推測得來的，一直要到 20 世紀初，才開始有科學的方法探究青春期。

20 世紀與 21 世紀

直到 19 世紀末與 20 世紀初，才出現今日所稱的「青春期」（adolescence）一詞。1890 到 1920 年間，許多心理學家、教育家、以青年為對象的工作者和諮商師，逐漸凝聚出「青春期」這個概念。此時，越來越多人把年輕人——尤其是青少男，視為被動和脆弱的一群，類似於往昔對青少女的印象。G. Stanley Hall（斯坦利・霍爾）的書甫一出版（見下節），旋即顛覆以往對青春期的觀點。

G. Stanley Hall：青春是一場風暴期

G. Stanley Hall（1844–1924）率先開啟青春期的科學研究。1904 年，Hall 的《青春期》（*Adolescence*）一書問世。Hall 深受演化理論學家達爾文（Charles Darwin）的影響，他把達爾文的思想應用在青少年發展研究上，主張發展受生物因子掌控。

風暴期（strom-and-stress）是 Hall 對青春期的看法——一段動盪不安、衝突不斷與情緒紊亂的時期。Hall 認為青春期的想法、情緒和行動搖擺不定，時而趾高氣揚，時而謙和謹慎；有時樂不可支，轉眼卻是滿面愁容。青少年可能這會兒看似與朋友稱兄道弟，下一秒卻翻臉不認人；一下子說要靜一靜，一下子又說想要人陪。

G. Stanley Hall，被譽為「青春期科學研究之父」。

©*Mary Evans / Sigmund Freud Copyrights / The Image Works*

　　Hall 對青春期的研究功不可沒。他創建理論，建立體系，以探究的精神取代猜想和高談闊論。Hall 的功績值得我們永遠銘記在心。

Margaret Mead：青春期是社會文化建構出來的

　　人類學家 Margaret Mead（瑪格麗特・米德）（1928）遠赴薩摩亞島（Samoa）研究青春期。她主張青春期並不像 Hall 所說的那麼生物性，而是社會文化建構的成分居多。生長於容許青少年平順、漸進地從兒童期轉換到成人期的文化，如薩摩亞島，鮮少有所謂的青春期風暴這回事。Mead 觀察薩摩亞青少年發現，他們的生活相當平靜無波。Mead 認為身處於可以親眼觀察性關係、嬰兒出生、視死亡為常態、擔負重要任務、體驗性遊戲、成年角色明確文化下的青少年，青春期的壓力相對較小。然而，若是身處像美國這般，認為兒童迥異於成人與青少年、不讓他們參與社會活動的文化，青春期的壓力將非同小可。

在薩摩亞島進行研究的人類學家 Margaret Mead。Mead 和 G. Stanley Hall 對青春期的看法有何差異？

©AP Images

　　Mead 的研究出版超過半世紀後，有學者批評她的論點失之偏頗、錯誤連篇（Freeman, 1983）。近期的批評指出薩摩亞青少年承受的壓力比 Mead 說的還要大多了，薩摩亞青少年的犯罪事件和西方文化不相上下。儘管爭議不休，某些研究者仍贊成擁護 Mead 的結論發現（Holmes, 1987）。

青春期是「創造」出來的

　　青春期雖然如 G. Stanley Hall 所言，有其生理基礎，但也像 Margaret Mead 主張的，受社會文化影響。的確，社會歷史條件促成青春期此一概念成形。據**創造觀點**（**inventionist view**）所言，青春期是社會歷史的產物，而且是在 20 世紀初的社會歷史環境下衍生的產物。當其時，法律成為年輕人的後盾，讓他們順當地進入職場。這些社會歷史條件包括：學徒制沒落、工業革命的機械化方興未艾、勞工的技術水準與專業分工要求提高、職場與住家分離、學校依年齡分級、都市化、YMCA 與男童軍等青少年團體成立，以及 G. Stanley Hall 的著作問世。

　　學校、職場和經濟狀況，是青春期創造觀點的著重面向。某些學者認為青春期這個概念之所以被創造出來，主要是建立公立義務教育體系的附加結果。依此論點，中學教育的

功能是傳授知識給青少年，但，有的學者卻主張中學教育的首要目標應該是讓青少年習得一技之長。按照這個觀點，美國社會要透過立法保障兒童，授予年輕人「青少年」這一身分地位（Lapsley, Enright, & Serlin, 1985）。

　　歷史學家把 1890 到 1920 年間，稱為「青春時代」（age of adolescence）。這個時期通過大量針對青少年的強制性立法，幾乎所有的州都通過法律，限制職場僱用青少年，並轉而要求青少年去上中學。這些法律的強制執行規定廣泛，最明顯的兩大改變是：減少青少年僱用率與提高上學率。從 1910 到 1930 年，10 至 15 歲的受僱率減少約 75%；此外，1900 到 1930 年間，高中畢業人數大幅增加，1930 年畢業的人數，比 1900 年畢業的人數，增加了六倍之多。接下來將進一步探討何謂青春期，以及青少年的經驗隨著 20 世紀的推移，又遭逢哪些變化。

科技如何改變青少年的生活？

©Ljupco/Getty Images

20 世紀與 21 世紀的巨變

　　探討同一世代個體在青春期時經驗到的歷史變化，主要是要瞭解世代間的變化。**世代**（cohort）意指出生於同一時期、經歷類似歷史事件的一群人。例如，遭逢經濟大蕭條（Great Depression）的青少年，和 1950 年代戰後嬰兒潮出生的青少年，際遇可能天差地別。探討並進行此種歷史變異，例如因出生年份、年代或世代（而非按實際年齡）而造成影響的研究，稱為**世代效應**（**cohort effects**）（Hosseini & others, 2017; Rattay & others, 2018; Schaie, 2016）。以下闡述 20 世紀後半葉與 21 世紀前期，世代效應對青少年和成年初顯期（emerging adults）發展的影響。

1950 到 1970 年代

　　到了 1950 年，當年的「青春時代」也邁向成熟。不僅生理和社會認同成熟，還具有法律身分。每個州都為 16 至 20 歲的年輕人制定特別法。取得大學學歷、找到好工作，以及過著像媒體所描繪的成家立業、安穩度日的奢華生活，是 1950 年代青少年心心念念的目標。

　　雖然青少年追求高等教育的趨勢延續到 1960 年代，但許多非裔青少年不僅被大學拒於門外，更只能接

受次等的中學教育。暴動與靜坐形式的種族衝突彌漫全國，大學生的抗議聲浪尤為激昂。

　　政治抗議此起彼落，在 1960 年代晚期到 1970 年代初達到巔峰。數以百萬計的青少年群起反對美國師出無名，不道德地參與越戰。到了 1970 年代中期，因美國結束越戰，青少年的激烈抗議才趨於緩和。政治激進主義轉向透過高中、大學教育或職業訓練，達成社會向上流動。追求物質利益成為青少年的動能，挑戰社會制度的意識漸漸減弱。

　　1970 年代期間，女權運動改變了對青春期的印象及研究。在那之前，關於青少男的形容描述多過於青少女。今日青少女追求的家庭與生涯雙重目標，是 1890 年代和 1900 年代早期的青少女所無法想像的。

｜千禧世代

　　近年來，大眾文化為世代貼上標籤。最近一次的標籤是**千禧世代**（**Millennials**），意指 1980 年後出生——也就是到 2000 年剛好進入成年初顯期的世代。千禧世代的兩大特徵是：（1）族裔多樣性，（2）使用科技產品。千禧世代可說是「胸有成竹、自我表現欲強、崇尚自由、積極樂觀、樂意改變」（Pew Research Center, 2010, p. 1）。

　　由於千禧世代的族裔多樣性遠高於先前的世代，許多千禧世代青少年和準成年人比上一世代更為寬容、思想開明。調查顯示，超過 60% 的當代青少年，朋友圈涵蓋了不同的族裔（Teenage Research Unlimited, 2004）。另一調查發現，60% 的 18 至 29 歲美國人，曾跟不同族裔的對象約會（Jones, 2005）。

　　千禧世代另一個重大變化為媒體與科技的使用量大增（Dimock, 2018; Guadagno, 2018; Lever-Duffy & McDonald, 2018）。分析顯示：

> 他們是歷史上第一個「總是在線上」的世代。搭上數位科技與社群媒體的熱潮，他們手上拿著多種行動裝置，一心多用易如反掌。五分之四以上的青少年說每天手機幾乎不離身，簡訊、電話、email、音樂、新聞、影片、遊戲、訊息提醒源源不絕，輕鬆駕馭。不過，貪圖方便的結果就是抵抗不了誘惑。將近三分之二的青少年坦承曾邊開車邊傳訊息（Pew Research Center, 2010, p. 1）。

　　儘管大多數青少年一路從兒童期到成年期遊刃有餘，但也有很多青少年遠非如此（Frydenberg, 2019; Lovell & White, 2019; Ogden & Haden, 2019; Prinstein & others, 2018; Rojas-Flores & others, 2017）。Laurence Steinberg（2014）在其《不是青春惹的禍》（*Age of Opportunity*）一書中指出，今日美國青少年遇到的問題是：他們在數學和科學方面的學業成就，遠遠落後於許多亞洲國家；美國不再是大學畢業率最高的國家，甚至連前十名都排不上；約有 20% 的美國高中生涉及酒精濫用，三分之一的青少女在 20 歲之前懷孕；近十年

來，青少年的肥胖率已是原來的三倍。本書將逐一探討這些青少年常見的問題。

　　本章說明與青春期概念發展有關的重要社會文化環境，闡釋從古至今社會對青春期的不同看法，並檢視近期青少年世代的特徵與重大變化。以下探討我們為什麼要小心，千萬別一竿子打翻一船青少年。

對青春期的刻板印象

　　刻板印象（**stereotype**）意指對某一類別群體的概括印象和信念。刻板印象賦予某一特定族群的典型成員形象，一旦刻板印象形成，即使眼前有相反的證據，仍難以擺脫。

　　對青少年的刻板印象不勝枚舉：「眼高手低」、「懶惰沒藥醫」、「滿腦子性」、「每個都是毒蟲，無一例外」、「不像我們這一輩品德高尚」、「日子過太爽」、「妄自尊大」。的確，20 世紀與 21 世紀初的青少年，在世人眼中怪里怪氣、離經叛道，難怪 Hall 把青春期視為一場風暴。同樣地，大眾傳播媒體也把青少年描繪成乖僻叛逆、桀驁不馴、盲目跟風、惹事生非、自我中心等。更傷人的是，若舉出青少年的正向成就——如擔任社區服務志工——許多成人不是視若無睹，就是說那些青少年是例外中的例外。

　　氾濫的青少年刻板印象，讓青少年研究學者 Joseph Adelson（1979）獨創**青少年類化落差**（**adolescent generalization gap**）一詞，泛指將有限、顯眼的青少年團體印象，類化到所有的青少年。幸而，有些青少年不受這些負面刻板印象影響，能力出眾，力爭上游。還有些青少年（如本章開頭提到的 Alice Walker 和 Michael Maddaus），更是戰勝貧窮、虐待和逆境，讓許多人刮目相看。

青少年是否蒙受負面居多的刻板印象？
©Tom Grill／Corbis

對青春期的正向觀點

　　對青少年的負面刻板印象不免言過其實（Jiang & others, 2018; Petersen & others, 2017; Schoon, 2017）。在一項跨文化研究中，Daniel Offer 等人（1988）發現，沒有任何證據支持上述負面刻板印象。研究測量世界各地青少年（美國、澳大利亞、孟加拉、匈牙利、以

色列、義大利、日本、台灣、土耳其、西德）的自
我意象，顯示至少 73% 的青少年擁有正向的自我意
象。青少年自信心十足，對未來樂觀以對。儘管有
些例外，但青少年多半心情愉悅、享受生活、自制
自律、看重學校與工作、對個人的性表現感到滿

> 在任何情況下，青春期都是人
> 生最簡單的時期。
> ——Jean Erskine Stewart
> （20 世紀美國作家）

意、對家人抱持正向情感、自覺有能力應付生活壓力——完全不符合青春期是風暴期的說
法。

　　再者，近期研究美國 12 至 20 歲的非拉美裔白人與非裔美人，發現就算處在最脆弱的
時刻，他們的正向發展還是多於負面發展（Gutman & others, 2017）。他們積極參與有益
健康的活動，與爸媽和同儕保持良好關係，自信開朗，不會輕易灰心喪氣。

新舊世紀

　　對上一世紀的美國和西方文明國家而言，青春期如同 G. Stanley Hall（1904）說的風
暴期那般，是生命歷程中問題叢生的時期。但科學研究表明，大部分青少年並不像一般刻
板印象所形容的混亂失序。

　　上一世紀結束，新的世紀到來，正是刺激我們反省並檢視未來的時刻。不管是心理學
界或青少年發展分支學科，學者們已經在檢討上一世紀的心理學界太過於負面了（Seligman
& Csikszentmihalyi, 2000）。心理學成了陰沉沉的學科，把人視為被動的受害者。心理學家
現在要把焦點放在正向的人類經驗，多強調希望、樂觀、正向特質、創造力，以及正向的
群體與公民價值，如：責任感、滋養、禮節、寬容等（King, 2017, 2019）。

世代印象與誤解

　　成人對青少年的印象，大多來自於個人經
驗與媒體塑造，並非典型的青少年客觀圖像
（Feldman & Elliott, 1990）。某些對青少年先入
為主的偏見，恐怕是成人忘了自己也才剛走過
青春期，半斤八兩，故常聽成人說時下的青少

> 如果你擔心年輕一代會變成什麼樣
> 子，事實就是，他們會長大，然後
> 繼續擔心下一代會變成什麼樣子。
> ——Roger Allen（當代美國作家）

年比他們當年還暴躁、不懂得尊敬長輩、我行我素、固執己見、魯莽輕浮等。

　　然而，說到品味和言行舉止，每一代的年輕人看似激進躁動和妄動，在外表、行事、
音樂喜好、髮型、衣著等各方面，和成人紛然不同。但要把青少年熱切嘗試新的認同、偶
爾脫序的行為，和與父母、社會標準唱反調的舉動混為一談，實為大錯特錯。特立獨行與

試探界限，一向是青少年接受上一代價值觀的一貫作風，而非排斥。

青少年正向發展

　　青少年正向發展（positive youth development, PYD），是一種反映青少年正向層面的心理學取向。青少年正向發展強調青少年的優勢、正向特質與理想的發展軌跡（Lerner, 2017; Lerner & others, 2018; Seider, Jayawickreme, & Lerner, 2017）。Jacqueline Lerner、Richard Lerner 等人（2009, 2013, 2015）的研究大力推廣青少年正向發展，並提出青少年正向發展的五 C（Five Cs）特質：

青少年正向發展取向有哪些特點？
©Caia Image/Image Source

- 能力（competence），個體在特定領域，如社交、課業、體能、職涯等方面的表現可圈可點。
- 信心（confidence），整體自我價值與自我效能感高（指自覺有能力掌握局面，獲致正向結果）。
- 連結（connection），能與他人（包括家人、同儕、師長、社區居民）建立良好關係。
- 性格（character），尊重社會規則，明辨是非，誠實正直。
- 關懷／悲憫（caring/compassion），關心他人，憐惜受苦者。

　　Lerner 等人（2009, 2013, 2015）的結論是，若要培養這五個正向特質，必須為青少年建構正向的社會背景（如：青年發展方案、有組織的休閒育樂活動）和成人榜樣（如：良師、社區領袖、輔導員等）。本書將於第 9 章「同儕、戀愛關係與生活型態」詳細探討青年發展方案；在第 11 章「青春期與成年初顯期的問題」介紹 Peter Benson 的發展輔助資產，期能增進青少年的正向發展。

回顧與反思

| **學習目標 1** | 說明古往今來對青春期的看法與觀點。

| **複習本節所學** |

- 早期對青春期的看法為何？
- 20 世紀的青少年有何特色？到了 21 世紀，青少年又出現哪些變化？
- 對青春期的刻板印象有多普遍？
- 以正向觀點看待青春期有什麼好處？

| **分享與連結** |

- 20 世紀的社會發生了什麼變化？這些變化如何影響社會大眾對青少年的看法？

| **反思個人經驗** |

- 你在青春期時是否也遭受某些刻板印象的影響？請舉例說明。

2.當今美國與世界各地的青少年

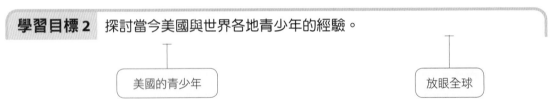

各位讀者現在應該已經清楚瞭解過往對青少年的觀點、刻板印象、重視青少年正向發展的重要性。接下來,我們要探討的是青少年的現狀。

美國的青少年

成長永遠不是件簡單的事。在許多方面,今日青少年面臨的發展任務,與五十年前的青少年相比並無差別。對絕大多數的青少年而言,青春期是個叛逆、危機、異常與偏差的時期。然而,青春期亦是個評估、做決定、承諾與找到個人定位的時期。

因此,不能對青少年一概而論。大部分青少年都能成功地過渡到成年期,不過,也有少數青少年走得坎坷(Kimmel & Aronson, 2018; Lovell & White, 2019; Ogden & Hagen, 2019; Rubin & others, 2018; Titzmann & Jugert, 2017)。社經地位、族裔、文化、性別、年齡、生活方式等差異,在在影響青少年的發展軌跡。

社會脈絡

社會脈絡如何影響青少年發展,是許多研究者特別關注的議題(Cheon & others, 2018; Koller & others, 2017; Rojas-Flores & others, 2017; Vitaro, Boivin, & Poulin, 2018; Yoshikawa & others, 2017)。脈絡(**contexts**)意指發展時的環境,受歷史、經濟、社會與文化因素影響(Lipperman-Kreda, Finan, & Grube, 2018; Lucero, Santiago, & Galster, 2018)。為瞭解脈絡對青少年發展的影響,假設某位研究者想知道現在的青少年是否比十幾二十年前的青少年更具有族裔容忍度,若不將族裔關係的歷史、經濟、社會與文化面向納入考量,將無法完整評估青少年的族裔容忍度。每一個青少年的發展,均與其文化背景脈絡,如:家庭、同儕、學校、宗教、鄰里、社區、地區、國家等密不可分(Cope & others, 2017; Hendry & Kloep, 2019; Larson, McGovern, & Olson, 2018; Larson, Walker, & McGovern, 2018; Rubin & Barstead, 2018)。

隨著從拉丁美洲和亞洲國家移民到美國的青少年人數急遽增加,美國青少年的文化脈

絡正產生變化（Butler-Barnes & others, 2018; Lo & others, 2017; Loria & Caughy, 2018; Motti-Stefanidi, 2018; Yoon & others, 2017）。圖 1 顯示非拉美裔白人、拉美裔、非裔、亞裔青少年至 2100 年的人數預計增長率。特別注意到亞裔青少年預計是所有青少年族裔中增加最快的，2100 年的增長率甚至超過 500%；拉美裔青少年至 2100 年的人數預計增長率為 400%。圖 2 顯示不同族裔青少年在 2000 年的實際人數，以及至 2100 年的預計人數。值得注意的是，到了 2100 年，拉美裔青少年的預計人數將超過非拉美裔白人青少年。研究指出，強烈的家族羈絆有助於外來移民達到更好的適應狀態（Telzer & others, 2013）。

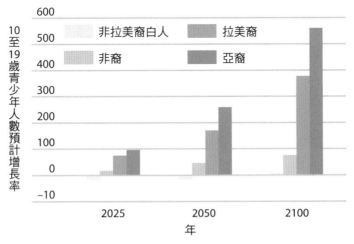

圖 1 │ **2025-2100 年，美國 10 至 19 歲青少年人數預計增長率。**到 2050 年時，10 至 19 歲的非拉美裔白人青少年比例降低，相反地，亞裔青少年（2050 年上升了 233%，2100 年上升了 530%）和拉美裔青少年（2050 年上升了 175%，2100 年上升了 371%）的預計增長率急遽增加。

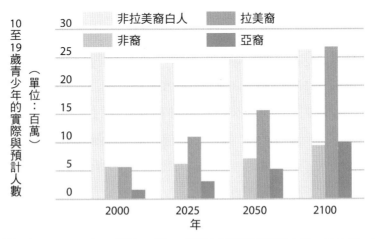

圖 2 │ **2000-2100 年，美國 10 至 19 歲青少年實際與預計人數。**2000 年，美國境內有超過 2500 萬的 10 至 19 歲非拉美裔白人青少年，少數族裔的青少年人數相當少。不過，2025 到 2100 年，拉美裔和亞裔青少年的預計人數急遽攀升。到了 2100 年，美國拉美裔青少年的預計人數，將超過非拉美裔白人的青少年。亞裔青少年的預計人數也將比非裔青少年還多。

近年來，對於青少年發展的研究越來越清楚意識到，必須要廣納族裔相異的青少年
（Kimmel & Aronson, 2018）。須特別關注的是少數族裔兒童親身經驗到的歧視與偏見（As-
sari & Caldwell, 2018; Brown, 2017; Butler-Barnes & others, 2018; Macionis, 2017）。近期研究
指出，青少年若以自身的族裔認同為榮，有望帶來正向的結果（Douglass & Umana-Taylor,
2017; Umana-Taylor & Douglass, 2017; Umana-Taylor & others, 2018）。例如，一項研究指
出，向心力強的族裔團體和情感連結提供保護的功能，降低精神問題發生的風險（Anglin
& others, 2018）。

本書將於家庭、同儕與職場等各章，特別關注社會脈絡變遷。由於科技蓬勃發展，青
少年與準成年人的文化發生巨大變化（Guadagno, 2018; Lever-Duffy & McDonald, 2018）。
自 50 年代中期起，電視越來越普及；緊接著，電腦取代打字機，然後是劃時代的發
明──網路與智慧型手機，社群媒體隨即跟著上場；這些先進科技完全改變了青少年和準
成年人的生活（Dahl & others, 2018）。

本書將陸續探討許多科技議題，如本章稍早曾提到不同世代（包括千禧世代）青少年
和準成年人與科技的關聯。在第 2 章「青春期發育、健康與生理基礎」裡，將探討過多的
上網時間如何壓縮青少年的運動時間，提高了他們罹患肥胖與心血管疾病的風險（Kohorst
& others, 2018; Lissak, 2018; Pearson & others, 2017）。

社會政策與青少年發展

社會政策（**social policy**）是政府所擬訂的一系列影響公民福利的政策。近來，許多青
少年發展研究均以協助政府制定明智且有效的社會政策為目標（Akinsola & Petersen, 2018;
Duncan, Magnuson, & Votruba-Drzal, 2017）。

Peter Benson 等人（Benson, 2010; Benson & Scales, 2009, 2011; Benson & others, 2006;
Scales & Roehlkepartain, 2018）指出，美國的青年社會政策漫無章法，僅著眼於青少年的負
面發展缺失，如減少藥物濫用與少年犯罪等損害健康行為（health-compromising behav-
iors），卻不夠重視正向、優勢取向（2004, p. 783）。優勢取向的青年社會政策強調健康面
向，改善健康條件，推廣健康觀念，包括教導他們學習能在教育、職業與生活各方面成功
的技巧與知能。優勢取向不僅要降低風險，更進一步要提升幸福感。

這些研究者主張，美國需要的是**關注發展**（developmentally attentive）的青年政策，強
調「以家庭、鄰里、學校、青年組織、職場與教會為政策切入點，將學校轉型為得以讓青
少年充分發展的場所，連結多種社會機構，結合享有共同願景的社區組織，擴大設立優質
的課外學習方案」為政策宗旨（Benson & others, 2004, p. 798）。一項調查表明了這種方法

的必要性。調查顯示，美國的 15 歲青少年中，僅有 20% 表示擁有家人之外的有意義的關係，而這有助於他們在生活中獲得成功經驗（Search Institute, 2010）。

　　研究指出，除了雙親或監護人外，若有其他成人真心關懷年輕人，那將會讓他們受益無窮（Scales & Roehlkepartain, 2018）。付出關懷的成人，如：教練、鄰居、教師、良師及課後活動帶領者（after-school leaders）等，都可以是年輕人的榜樣、知己、倡議者與資源。當年輕人受到尊重，知道成人很看重他們、希望能成為年輕人生活中的資源時，年輕人與成人的信賴關係就會變得很緊密（Benson, 2010; Frydenberg, 2019; Ogden & Hagen, 2019）。

　　貧困家庭的青少年尤須受到關注（Duncan, Magnuson, & Votruba-Drzal, 2017; Koller, Santana, & Raffaelli, 2018; McQueen, 2017; Suarez-Orozco, 2018a, b, c）。2015 年，18 歲以下的美國兒童，有 19.7% 的家庭收入低於貧困線，其中又以非裔家庭（36%）與拉美裔家庭（30%）的兒童貧困率特別高（Jiang, Granja, & Koball, 2017）。2015 年，有 12% 的非拉美裔白人兒童與青少年生活貧困。相較於非拉美裔白人，少數族裔的兒童與青少年更易淪為長期貧困的受害者，孤獨地生長於貧困社區，缺乏社會支持，危及正向發展。

　　美國兒童與青少年的整體貧困率雖然在 2015 年時下降了 1.5%，來到 19.7%（Proctor, Semega, & Kollar, 2016），但 19.7% 的貧困率仍比 2001 年的 14.5% 來得高，僅略低於 1993 年的 23%。這樣的數據顯示美國兒童與青少年的貧困率比其他已開發國家高多了，相較起來，加拿大兒童與青少年的貧困率只有 9%，瑞典為 2%。某項研究亦顯示生活貧困的 7 至 13 歲人口越多，壓力的生理指數也越高（Evans & Kim, 2007）。

　　提升青少年的身心健康應該成為美國的首要之務（Camilletti & Banati, 2018; Jiang & others, 2018; Lovell & White, 2019; Ogden & Hagen, 2019）。青少年是社會的未來，無法得到充分發展的青少年，也難以在長大成人後對社會做出貢獻，社會的未來將因此蒙上一層陰影。

放眼全球

　　本書描述的青少年，大致上以西方世界，特別是歐洲和北美的著述與研究為主。事實上，某些專家已指出，青春期是「歐洲中心主義」（Eurocentric）的思維（Nsamenang, 2002）。其他學者則注意到，交通便利與通訊科技正在催生一種全球性的青少年文化，各地的青少年都在穿同類型的服飾、剪相似的髮型、聽一樣的音樂，使用類似的俚語表達（Larson, Wilson, & Rickman, 2009）。一項研究蒐集 18 個國家、超過 11,000 名中產階級及

高收入家庭青少年的資料，結果發現這些國家的青少年同樣對未來懷抱不安，承受極大的壓力（Seiffge-Krenke, 2012）。多數青少年最擔心的是沒能得到適當的職業訓練或接受教育（排序第 1 或 2），其次為擔心失業（第 3 或 4），再其次是擔心學業或工作與婚姻和家庭兩頭燒，應付不過來（第 7 或 8）。

不過，青少年的文化差異絕對存在（Brietzke & Perreira, 2017; Di Giunta & others, 2018; Lansford & Banati, 2018; Lansford & others, 2018; Petersen & others, 2017; Sugimura & others, 2018; Verma, 2018）。以下為世界各地青少年的文化差異舉隅（Brown & Larson, 2002）：

- 三分之二的印度青少年，奉父母之命決定嫁娶對象。
- 在菲律賓，許多青少女犧牲她們的未來，到大城市去討生活，寄錢回家。
- 肯亞或某些國家的青少年露宿街頭，艱苦求生；有些青少年被父母拋棄，靠著從事不法勾當或賣淫維生。
- 在中東，青少年不可與異性互動，就算在學校也不行。
- 俄羅斯的青少年可以早婚，賦予性行為合法地位。

因此，依所處文化不同，青少年的經驗也各不相同。

世界快速變化，正在改變青少年的經驗，青少年的身心健康面臨新的機會與挑戰。放眼全球，青少年的經驗依性別、家庭、學校、同儕與宗教，呈現多元化的差異（Chen, Lee, & Chen, 2018; Hock & others, 2018; Petersen & others, 2017; Silbereisen, 2017）。不過，某些青少年的文化傳統依然存在。Brad Brown 與 Reed Larson（2002）整理出全球青少年的變化與傳統如下：

- **身心健康**。有些地方的青少年身心健康狀況已得到改善，有些則否（Sawyer & Patton, 2018）。整體而言，死於傳染病和營養不良的青少年較過去減少（UNICEF, 2018），然而，仍有為數眾多的青少年死於損害健康的行為（尤其是非法藥物使用和危險性行為），嚴重危害青少年的發展。在非洲撒哈拉沙漠以南地區，青少年感染 HIV 的病例激增（UNICEF, 2018）。將近三分之二的青少年死亡案例，集中在撒哈拉沙漠以南及東南亞兩個區域（但全球僅有 42% 的青少年居住在這些區域）（Fatusi & Hindin, 2010）。

僅限男孩入學的中東穆斯林學校。

©*Marwan Naamani / AFP / Getty Images*

- **性別**。世界各地的青少年和青少女，境遇有如天壤之別（UNICEF, 2018）。除了日本和西方國家以外，其他地區青少男接受教育的機會，遠多於青少女。許多國家的青少女鮮有生涯選擇的自由，也不像青少男能投入不同的休閒活動。性表現的性別差異，普世皆然，尤以印度、東南亞、拉丁美洲、阿拉伯國家等為甚，對青少女設下種種嚴苛的性活動限制。這些性別差異似有減緩趨勢，某些國家的女性爭取到越來越多的教育與職涯機會，也逐漸鬆綁對青少女戀愛及性關係的控制。

印度青少年的婚禮。

©*Dan Gair/Photolibrary/Getty Images*

- **家庭**。一項涵蓋非、亞、澳、歐、美洲與中東等12個國家的研究指出，青少年相當重視父母親的支持（McNeely & Barber, 2010）。然而，國情不同所造成的家庭差異，也使得青少年的發展各具特色（Bornstein & Putnick, 2018）。在某些國家裡，青少年與大家族成員緊密地生活在一起，形成綿密的情感網絡與傳統的生活型態，例如，阿拉伯國家的青少年須「嚴守家規，忠於家人」（Brown & Larson, 2002, p. 6）。不過，許多西方國家（如美國）的青少年出身於離異或繼親家庭，越來越多西方國家的父母不像以往採威權方式管教子女。其他國家正面臨的趨勢包括：「家庭流動、移居都市、家人分散在不同的都市或國家工作、小家庭變多、大家庭變少、母親就業的情況增加」

露宿在里約熱內盧街頭、無家可歸的年輕人。

©*Ricardo Mazalan/AP Images*

（Brown & Larson, 2002, p. 7）。不幸的是，這些變化卻減少了家人陪伴青少年的時間與資源。

- **學校**。總體來說，開發中國家青少年註冊入學的人數持續增加中。不過，許多非洲、南亞和拉丁美洲等地的學校，並未能讓所有青少年就學（UNICEF, 2018）。確實，拉丁美洲青少年的中學與高等教育就學比例，近年來有下降趨勢（Welti, 2002）。此外，許多學校也沒有讓學生學習到就業必備的技能。

● **同儕**。某些文化較強調青春期同儕角色的重要性（French & Cheung, 2018）。多數西方國家認為同儕在青少年的生活中扮演重要角色，在某些情況下，同儕甚至擔負了原本應由父母承擔的責任。對於在南非無家可歸的青少年而言，同儕網絡如同代理家人，在危險又高壓的街頭求生，相濡以沫。其他如阿拉伯國家，同儕的作用則十分有限，對青少女而言更是如此。

總之，變化與傳統交織成青少年的生活（Betancourt & others, 2018; Furman, 2018; Wyrick & others, 2017）。研究發現不同國家青少年的經驗，是同中有異，異中有同（Duell & others, 2018; Stoet & Geary, 2018; Villasana, Alonso-Tapia, & Ruiz, 2017; Yu & others, 2017），本書其他章節將有詳細討論。

回顧與反思

│ **學習目標 2** │ 探討當今美國與世界各地青少年的經驗。

│ **複習本節所學** │

- 當今青少年的身心狀態如何？何謂社會政策？有哪些重要的社會政策議題與青少年有關？
- 世界各地的青少年正經驗哪些變化？

│ **分享與連結** │

- 你認為其他國家的青少年也被冠上某些刻板印象嗎？如果有，是什麼樣的刻板印象？原因是什麼？

│ **反思個人經驗** │

- 你的青少年時期，和你的爸媽與祖父母輩有何相似或相異之處？

3. 發展的本質

學習目標3 摘述發展歷程、時期、過渡期，以及與青春期有關的議題。

歷程與時期　　　發展過渡期　　　發展議題

　　每個人的發展，在某些方面和其他人差不多；但另一方面，每個人也是獨一無二的。多數時候，我們強調個體的獨特性，但研究發展的學者也重視共同性。身為人類，我們的發展路徑相似——達文西、聖女貞德、華盛頓總統、馬丁・路德・金恩博士、你、我等等，大約在一歲時學走路，兩歲時學說話，孩童時期喜歡玩家家酒，在青春期時漸漸學會獨立。

　　何謂發展？發展（development）意指改變的模式，始於受孕，繼而貫穿整個生命歷程。發展意謂著成長，但發展也包含衰退的狀態（瀕死與死亡）。發展的模式錯綜複雜，是數個歷程交乘累積的結果。

歷程與時期

　　人類的發展受到生理、認知與社會情緒歷程的影響，通常以時期（periods）來劃分。

生理、認知與社會情緒歷程

　　生理歷程（biological processes）意指個體的生理變化。基因遺傳、大腦發育、身高體重增加、動作技能精進、青春期荷爾蒙變化等，皆為生理歷程。本書將於第 2 章「青春期發育、健康與生理基礎」詳細探討生理歷程。

　　認知歷程（cognitive processes）意指個體的思考與智力功能的變化。背誦詩詞、解決數學問題、想像當明星的生活等，皆屬認知歷程。本書將於第 3 章「大腦與認知發展」詳細探討認知歷程。

　　社會情緒歷程（socioemotional processes）意指情緒、性格、人際關係、社會脈絡等方面的變化。跟父母頂嘴、攻擊同學、唯我獨尊、熱衷參加社交舞會、性別角色取向等，都是社會情緒歷程。本書將於各章節分別探討青少年的社會情緒歷程。

　　生理、認知、社會情緒歷程錯綜複雜地交織在一起。社會情緒歷程形塑認知歷程，認知歷程加速或限制社會情緒歷程，生理歷程影響認知歷程。本書看似在各章節獨立探討這

些歷程，但請讀者謹記在心，人類發展乃是身心環環相扣的（見圖3）。

生理、認知、社會情緒歷程關聯交叉，衍生出兩項時下最熱門的新興研究領域：

- 發展認知神經科學（developmental cognitive neuroscience）探討發展、認知歷程與大腦之間的關聯（Lee, Hollarek, & Krabbendam, 2018; Reyna & others, 2018）。
- 發展社會神經科學（developmental social neuroscience）探討社會情緒歷程、發展與大腦之間的關聯（Dahl & others, 2018; Steinberg & others, 2018）。

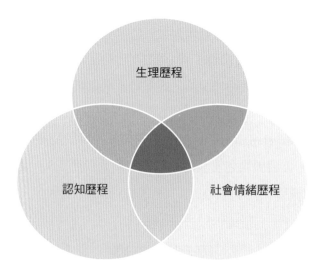

圖3｜**發展的變化是生理歷程、認知歷程與社會情緒歷程交乘累積的結果。**這些歷程相互作用，影響個體的發展。

發展的時期

人類的發展通常以時期為單位劃分。發展的時期可大致區分為兒童期、青春期、成年期，每個時期並定出大概的開始和結束年齡範圍。

兒童期

兒童期（childhood）包括胎兒期、嬰兒期、兒童早期、兒童中期與兒童後期。

胎兒期（prenatal period）始於受孕，終於出生，大約九個月的時間。這是個大幅成長的時期——從一個小小的單細胞，長成為具備大腦和行為能力的有機體。

嬰兒期（infancy）指從出生伊始到兩歲這段發展時期。嬰兒期相當依賴周遭成人的照顧。許多心理活動，如：語言、象徵性思考、感覺動作協調、社會學習、親子關係等，都發端於這個時期。

兒童早期（幼兒期）（early childhood）始於嬰兒期結束，一直到五歲大這段發展時期，有時亦稱為學前期。這時期的幼兒要學習自立、自我照顧，他們要培養準備上學的能

力（如：服從指令、認字等），花許多時間和同儕一起遊戲。升上小學一年級通常象徵兒童早期結束。

兒童中期與兒童後期（middle and late childhood）約為 6 至 11 歲這段發展時期，有時亦稱為學齡期。兒童要學習閱讀、寫作、算術等基本知能，接觸更廣大的世界和文化。成就（achievement）是此時期發展的中心主題，自制力提高。

｜青春期

如發展時間表所示，個體在進入青春期前，已經經歷巨大的發展變化。不管是女孩或男孩，絕非像白紙般，僅以基因密碼就能確定他們的思考、感覺與行動。相反地，遺傳、童年經驗，以及青春期的經驗綜合起來，決定了青春期的發展歷程。閱讀本書時，還請讀者謹記，兒童期到青春期是一個連續發展的過程。

要界定青春期，不僅要考慮年齡，也要設想社會歷史脈絡的影響，例如前面討論過的青春期概念的演變。考慮到社會歷史脈絡，我們把**青春期**（adolescence）界定為兒童期與成年期之間的過渡期，關乎生理、認知、社會情緒等方面的變化，青春期的主要任務是為進入成年期做準備。的確，任何文化的未來，取決於如何有效地做好準備；機會是留給有準備的人。

雖然青春期的年齡範圍隨文化與歷史環境而莫衷一是，但美國及當代其他多數文化把青春期界定為大約 10 至 13 歲開始，將近 20 歲時結束。青春期的生理、認知、社會情緒變化，包括性功能發展、抽象思考歷程、獨立自主。

越來越多的發展心理學家把青春期再細分成青春期早期和青春期後期。**青春期早期**（early adolescence）約為中學階段，是青春期變化最明顯的時期；**青春期後期**（late adolescence）則大約持續到 25 歲。生涯興趣、戀愛交往、探索認同等，在青春期後期更為顯著。研究者通常會明確指出研究結果是否可類化到所有的青春期，或僅適合用來說明青春期早期或青春期後期。

以往將青春期視為進入成年期之前，一段獨特又雷同的過渡期。近期的研究則強調各種過渡期與該時期發生的事件、時機與次序。例如，發育與學校活動是象徵進入青春期的關鍵轉折；完成學業與找到第一份全職工作，也是關鍵的過渡變化，象徵青春期結束，進入成年期。

今日的發展心理學家並不認為發展在青春期就結束了。發展是持續終生的，青春期是生命歷程的一部分，但並非與其他發展時期各自為政。青春期雖有其獨特性，但青春期的發展與經驗仍和兒童期、成年期息息相關（Almy & Cicchetti, 2018; Chatterjee & others, 2018）。

成年期

　　如同兒童期與青春期，成年期（adulthood）的發展也非一式一樣。成年期發展亦可再細分為：成年早期、成年中期、成年後期。

> 世世代代的孩子們呀，請回頭看看我們，就像我們看著你們一樣；想像力讓我們靠在一起，想像彼此的存在，好像能觸摸到對方。我們的夢想代代相傳，綿延不絕。
> ——Roger Rosenblatt（當代美國作家）

　　成年早期（early adulthood）通常始於 20 歲前後，持續到 30 多歲。這是邁向個人與經濟獨立、追求職涯發展的時期。

　　成年中期（middle adulthood）約始於 35 至 45 歲，終於 55 至 65 歲之間。青少年的爸媽剛好處於這個年紀，因此這個時期在青少年的生命中，占有極為重要的位置。成年中期的人樂於傳遞價值觀給下一代、深刻反思生命的意義、擔憂生理機能下降和健康問題。本書第 8 章「家庭」，將探討青少年和雙親共同的成熟成長，如何有助於親子關係改善。

　　最後，人類的生命節律與意義，一路曲折地來到了**成年後期（late adulthood）**，約始於 60 至 70 歲，終於死亡。這時期的特色是要漸漸適應體能與健康衰退、面臨退休與收入減少，回顧個人一生，調整社會角色變化，卸下角色重擔，多了點自在悠閒。圖 4 摘要人類一生的發展時期及約略年齡範圍。

胎兒期	嬰兒期	兒童早期	兒童中期與兒童後期	青春期	成年早期	成年中期	成年後期
（受孕到出生）	（出生至18-24個月）	（2-5歲）	（6-11歲）	（10-13歲至20歲左右）	（20多歲至30多歲）	（35-45歲至55-65歲）	（60-70多歲至死亡）

發展的歷程

圖 4｜發展的歷程與時期。生命的發展受到生理、認知與社會情緒歷程的影響。

（由左到右）©Brand X Pictures/PunchStock; Courtesy of Dr. John Santrock; ©Digital Vision/Alamy; ©Digital Vision/Getty Images; ©Comstock/PictureQuest; ©Blue Moon Stock/Alamy Images; ©Sam Edwards/Glow Images; ©Ronnie Kaufman/Blend Images LLC

發展過渡期

發展過渡期通常指的是人類生命的關鍵時刻。過渡期包括從胎兒期到出生及嬰兒期、從嬰兒期到兒童早期，以及從兒童早期到兒童中期、後期。本書的目的在探討兩個重要的過渡期：從兒童期到青春期，以及從青春期到成年期。以下說明這兩個過渡期。

兒童期到青春期

從兒童期過渡到青春期，涉及一連串的生理、認知、社會情緒變化。生理變化包括：快速生長、荷爾蒙變化、性成熟等，伴隨青春期一起發生。在青春期早期，大腦的發育讓認知更上一層樓，可以進行高層次思考。於此同時，青少年開始喜歡晚睡晚起。

發生在兒童期到青春期的認知變化為抽象、理想主義、邏輯思考能力增加。為因應這些變化，父母親可以多讓青少年自己做決定、負起責任，即使青少年做的決定（尤其是跟同儕一起）常令人捏一把冷汗（Steinberg & others, 2018）。相較於兒童，青少年的訊息處理速度更快、維持注意力的時間更長、執行功能效率更高，如：監控與管理認知資源、訓練認知控制、延宕滿足等（Chevalier, Dauvier, & Blaye, 2018; Dahl & others, 2018）。

青春期的社會情緒變化歷經追求獨立、與家長之間的衝突矛盾、渴望與同儕有更多相處時間（Kansky, Ruzek, & Allen, 2018; Staats & others, 2018）。和朋友促膝長談，交換心事，友情升溫。當兒童進入青春期，他們就讀的中學校園更為廣闊，比鄰近的小學還疏離冷漠；課業變得更繁重、難度更高。於此同時，隨著性成熟度提高，他們對戀愛關係也越來越好奇（Furman, 2018; Reese, Trinh, & Halpern, 2017）。青少年的情緒也比兒童更為起伏不定。

從兒童期過渡到青春期，涉及生理、認知、社會情緒等方面的變化。發生了哪些變化呢？

（左圖）©Ariel Skelley/Blend Images LLC;（右圖）©Blend Images/Getty Images

　　總之，兒童期到青春期是一個複雜、多面向的過渡歷程，個體的生命出現種種變化。要成功地度過這個轉換期，得付出相當多的適應與心思，需要周遭成人即時伸出援手。

青春期到成年期

　　青春期到成年期是另一個重要的轉換期（Arnett, 2012, 2014）。有人說青春期始於生理，終於文化。亦即，兒童期進入到青春期是起於性徵發育，但從青春期進入成年期是由文化標準與經驗而定。

成年初顯期

　　近來，從青春期過渡到成年期，被稱為**成年初顯期**（emerging adulthood，又稱準成年人），約為 18 至 25 歲。嘗試與探索是準成年人的特徵，這個時期的準成年人仍在探索生涯路徑、自我認同、生活型態（例如，要單身、同居或結婚）（Jensen, 2018; Padil-la-Walker & Nelson, 2017）。

　　Jeffrey Arnett（2006, 2014, 2016a, b）說明成年初顯期的五個主要特徵：

- **探索認同**（identity exploration），特別是愛與工作這兩方面。許多人的認同在成年初顯期發生重大變化（Vosylis, Erentaite, & Crocetti, 2017）。
- **變動不穩**（instability），成年初顯期是住處變動高峰期，此外還有愛情、工作和教育的不穩定性。
- **關注自我**（self-focused）。據 Arnett（2006, p. 10）所言，準成年人「以自我為中心，不太想擔負社會義務、責任和對他人承諾。他們極力想保有生活的自主性」。
- **進退失據**（feeling in-between），許多準成年人既不認為自己是青少年，也不覺得自己是成熟的大人。一項全國性的調查顯示，美國 45% 的 18 至 29 歲年輕人自認介於青春期和成年期之間。但到了 20 多歲，他們也慢慢地察覺到自己算是長大成人了（Arnett, 2012）。
- **充滿各種可能性的時期，有機會改變生活**（the age of possibility, a time when individuals have an opportunity to transform their lives）。Arnett（2006）說成年初顯期的可能性體現方式有兩種：（1）對未來樂觀，（2）即使成長過程坎坷，準成年人仍有機會扭轉生命，迎向光明人生。

　　研究顯示這五大特徵並不限於美國的準成年人，在歐洲與澳洲也是如此（Sirsch & others, 2009）。雖然並非所有文化都認同成年初顯期的存在，但現今的確有延後擔負成年角色與責任的趨勢（Kins & Beyers, 2010）。

長大成人

認定個體何時才算長大成人有其難度。在美國，最廣為接受的門檻是完成高中、大學學業或專門學校以上的學歷，有穩定、全職的工作。然而，其他標準卻非常模糊。經濟獨立是一個門檻，但要花很長的時間。越來越多大學畢業生在成家立業前返家與父母同住。一項縱貫研究發現，僅有半數的 25 歲年輕人能夠完全不依賴原生家庭的經濟

成年初顯期有哪些特徵？即使童年與青春期過得並不順利，有哪些因素仍可協助準成年人發展得更好？

©*Juice Images/Getty Images*

支援（Cohen & others, 2003）。不過，該研究最驚人的發現是成人角色的範圍涵蓋了 17 至 27 歲這十年。許多受訪者的經濟狀態並不固定，時而獨立，時而依賴。另一項研究顯示，成年初顯期與父母親同住會放慢自給自足與獨立成人的過程（Kins & Beyers, 2010）。

其他研究顯示，能為自己負責是身為成年人的重要指標（Arnett, 2016a, b; Lowe & others, 2012; Smith & others, 2017）。一項研究指明，超過 70% 的大學生認為長大成人意謂著擔負個人行為的後果、自主決定個人的信念與價值觀、與父母建立對等的成人關係（Arnett, 1995）。另一研究顯示，父母與大學生異口同聲表示，對個人的行為負起責任、培養情緒控制能力，是成人的重要特質（Nelson & others, 2007）。但是，父母與大學生對於何謂長大成人，也有不同的看法，例如，父母親更強調安全駕駛、不醉酒放肆等。同樣地，近期一項美國社區大學生的調查發現，他們認為成年係指懂得照顧自己和幫助他人（Katsiaficas, 2017）。

20 歲前後的年輕人，大致在這個年齡邁入成年期。他們都認可長大成人就是自我負責、自主決定、經濟獨立（Arnett, 2016a, b）。因步入成年而獲得的自由與責任，象徵個人生活的重大轉變。值得注意的是，青春期和成年期的界線並非涇渭分明。例如，一項縱貫研究發現，準成年人的宗教觀和行為特別穩定一致，他們對藥物的態度也沒有太大變動（Bachman & others, 2002）。

到目前為止，我們對於何謂成年的決定因子，仍著眼於工業化社會（特別是美國）的認定。在開發中國家裡，結婚常是獲得成年地位的顯著標記，而且結婚年齡通常也比美國年輕人還早（Arnett, 2007, 2016a, b; Eccles, Brown, & Templeton, 2008）。因此，某些發展學者認為，「成年初顯期」一詞較適用於歐美、日本等國（Arnett, 2007）。一項研究顯示，絕大多數 18 至 26 歲的印度年輕人，自認為已經是成年人（Seiter & Nelson, 2011）。

成年初顯期的情況差異，也顯現在許多文化和一國之內的次文化裡（Arnett & Brody, 2008）。例如在美國，「摩門教徒比較早婚生子⋯⋯所以他們的成年初顯期較短，較早擔負成人角色」（Arnett, 2004, p. 22）。同樣地，一項研究表示，相較於一般年輕人，高危險群青少年更早進入成年初顯期（Lisha & others, 2012）。此外，在某些國家，如中國和印度，城市地區比郊區更有可能出現成年初顯期，因為城市地區的年輕人「較晚婚、晚生，接受更多教育，也擁有更多的就業與娛樂機會」（Arnett, 2004, p. 23）。

哪些因素有助於個體順利進入成年期？Jacquelynne Eccles 等人的研究指出（Eccles, Brown, & Templeton, 2008; Eccles & Gootman, 2002），認知發展、心理／情緒發展、社會發展等三大類資本，是青春期順利轉換到成年初顯期的重要優勢。圖 5 為這三類資本的範例。

韌力

本章開頭曾提到 Michael Maddaus 的勵志故事，他從困頓的童年和青春期一路力爭上游，逆轉成年人生。Michael Maddaus 的韌力驚人。何謂**韌力**？**韌力（resilience）**意指即使遭逢危險與逆境，依然積極適應，終於獲得成功的結果。

> **認知發展**
> 基本生活與職業知能
> 理性思考——思辨能力與推理技巧
> 良好的決策技巧
> 深度瞭解至少一種文化
> 應對多元文化的知能
> 完成學校課業

> **心理與情緒發展**
> 良好的心理健康，如自尊
> 良好的情緒自我調節能力與因應技巧
> 良好的衝突解決技巧
> 正向成就動機
> 對自己的能力有信心
> 深謀遠慮
> 個人自主性／自我負責
> 合乎現實的樂觀
> 一致與正向的自我認同、社會認同
> 符合社會與文化規範的價值觀
> 靈性與生活目標
> 品性高尚

> **社會發展**
> 與他人連結——與家長、同儕和其他成人維持良好關係
> 擁有社會地位／社會一體感——擁有社會網絡與受到重視
> 接觸利社會／常規組織，如：學校、教會、課外青年發展中心
> 有能力應對多元文化環境
> 參與公共社會事務

圖 5 | **有助於青少年正向發展的個人資本。** 即使經歷了困難的兒童期和青春期，有哪些因素仍可協助準成年人發展出勝任能力？

Ann Masten 等人（Masten, 2009, 2011, 2013, 2014, 2015, 2016a, b, 2017; Masten, Obradovic, & Burt, 2006; Masten & others, 2015）致力於推動能力素養方案（Project Competence），檢視個體從兒童期到成年期的韌力內涵，發現即使童年相當悲慘，但日後卻成為青年才俊的人，其特點都是具備某些個人或環境素養。能力素養的評估面向有：成績、品行、社交關係。比起在成年初顯期仍庸庸碌碌的人，那些童年經歷困境，但在成年初顯期表現出色的 17 至 23 歲年輕人，經評估發現，他們的才智過人、父母管教得宜、家境小康。

進一步分析原本在成年初顯期適應不良，但在 30 歲前後生活回歸正軌的準成年人，這些「大器晚成者」（late-bloomers）有三個共同特點：周遭成人支持、深謀遠慮、自立自強。另一項縱貫研究顯示：「服役、結婚和戀愛關係、高學歷、宗教信仰虔誠、工作機會等，都可以是成年初顯期間翻轉人生的轉捩點」（Masten, Obradovic, & Burt, 2006, p. 179）。

成年初顯期與成年早期的發展樣貌變化

以先前的世代來說，25 歲已經算很大了。當時的年輕人已經完成大學學業、找到全職工作、建立自己的家庭、養兒育女。不過，現在的年輕人要花更長的時間才能到達這些發展里程碑，許多人甚至到 30 多歲還沒做到（Vespa, 2017）。爸媽那一代的人實現這些發展里程碑的時間表要早得多，也就不足為奇了。

邁入現代社會以來，2014 年首度有多數 18 至 34 歲的年輕人仍和父母同住（Fry, 2016）。回溯到 1880 年，與戀愛伴侶（無論是配偶或某個重要他人）一起生活，是準成年人最常見的生活安排。2014 年，32.1% 的 18 至 34 歲年輕人與父母同住，其次是 31.6% 與配偶或伴侶同住，獨自居住者只有 14%。其餘 22% 的人借住在別人家裡、跟其他家人一起住或住在團體宿舍（如，大學宿舍）。

至於教育，比起 1970 年代，今日的年輕人接受更好的教育（Vespa, 2017），例如，更有機會取得大學學歷。最大的原因在於 1970 年代以後，教育程度提高。性別差異也同時逆轉。1975 年，具有大學學歷的年輕男性比女性多，時至今日，具有大學學歷的年輕女性已經超越男性。

在工作方面，與 1970 年代相較，今日有越來越多的年輕人投入職場（Vespa, 2017）。增加的主因也是由於性別變化——年輕女性工作的比率大幅提高，從低於 50%，到今日有超過三分之二的年輕女性投入職場。1975 年時，沒有就職的女性幾乎都在操持家務，然而，到了 2016 年，沒有就職的年輕女性中，家庭主婦不到 50%。

父母在引導與協助青少年做好準備進入成年初顯期上，扮演重要的角色。本書後面章節將有詳細探討。

青春期變長了嗎？

Joseph 與 Claudia Allen（2009）寫了一本名為《逃離無盡的青春期：幫助孩子走上成人之路》（暫譯）（*Escaping the Endless Adolescence: How We Can Help Our Teenagers Grow Up Before They Grow Old*）的書，第一章章名就是「25 歲是新的 15 歲嗎？」（Is Twenty-five the New Fifteen?）兩位作者提到近幾十年來的青少年，在成長為有能力的大人前，得面臨更多的挑戰（p. 17）：

　　幾世代以前的人，14 歲就會開車，17 歲就可以帶領軍隊，連十幾歲的青少年都可以賺錢養家。碰到問題的時候，當時的青少年展現如成人般的成熟度，哪像現在的年輕人被照顧得服服貼貼，而這也阻礙了他們從成年世界裡得到負起責任、面對挑戰與成長的回饋。以前 20 多歲年輕人的家長常感嘆：「他們長得好快。」現代家長說的則是：「好吧……在女兒找到解決方法前，就讓她住在家裡一陣子吧。」

　　作者的結論是，當代年輕人在青春期之後，經驗到的是「更長青春期」，而非做好進入成年期的準備。即使有許多青少年在校成績優良，也順利地取得大學學歷，到後來卻發現不知道怎麼找到有意義的工作、管理財務或獨立生活。一項近期研究指出，1982 到 2012 年間，大學生們普遍懷有害怕長大（maturity fears）的心態（Smith & others, 2017）。不分男女，大學生害怕長大的心態更是與日俱增。可見，近代的準成年人似乎越來越抗拒長大。

　　作者也提供幾項協助青少年穩健邁向成年期的建議：

● **給他們機會做出貢獻。**創造更多有效的工作經驗（例如，健全的學徒制），或提供青少年學以致用的機會。

● **提出公正、合理的回饋。**不要一味讚美和給予物質滿足，要讓他們看清現實世界運作的方式。不要保護到讓他們聽不到建設性批評或負面批評；用這種方式保護他們，只會讓他們不知道該如何應付成年世界的風風雨雨。

● **與青少年建立正向良好的關係。**許多青少年否認他們仍需要家長的支持或情感依附，但他們確實需要成人幫助他們發展成熟，順利進入成年期。為了探索比兒童期更為廣闊的社會世界，青少年需要積極地與父母和其他成人建立連結，才有充分的能力自主管理。

● **鼓勵青少年精進能力。**成人不需要為青少年做太多事，應該留給他們自己做。提供機會給青少年，讓他們參與超出當前能力水平的任務，不但能拓寬他們的思維，也幫助他們在走向成熟的路上取得進步。

父母可以採取哪些策略培養青少年的能力，使他們順利長大成人？

©Jupiterimages/Getty Images

發展議題

　　發展究竟受遺傳（先天基因）影響多，還是環境（後天經驗）影響多？是連續穩定性的發展，抑或不連續性階段的發展？早期經驗影響大，還是後期經驗呢？這是青少年發展研究的三個重要議題。

遺傳與環境

　　遺傳與環境問題（**nature-nurture issue**），主要在爭論遺傳與環境對發展的影響孰輕孰重。遺傳（nature）意指有機體的生理天性，環境（nurture）指的是後天經驗。「遺傳」論者主張發展最重要的影響因素是遺傳基因，「環境」論者則主張後天環境才是重點。

　　據遺傳論的主張，除非環境惡劣而夭折，否則人類就像樹林一樣，依序生長。環境或許差異極大，但演化和基因造就成長與發展的共通點（Mader & Windelspecht, 2019; Starr, Evers, & Starr, 2018）：走路早於說話、先會說單詞才會說句子、嬰兒期成長迅速、童年期成長趨緩、性荷爾蒙在青春期時急速飆升、體能在 20 歲前後達到顛峰，隨後下降等等。遺傳論者雖認為極端的環境（如：疏忽或惡意）會壓抑發展，但人類的成長傾向基本上與基因息息相關（Hoefnagels, 2018; Klug & others, 2019; Sanders & Bowman, 2019）。

　　相反地，某些心理學家強調環境或經驗的重要性（Almy & Cicchetti, 2018; Lansford & Banati, 2018）。經驗涵蓋的範圍包括個體的生理環境（如：營養、醫療、藥物、意外），以及社會環境（如：家庭、同儕、學校、社區、媒體、文化）。

　　有些青少年發展學者認為，以往學界過於強調青春期的生理變化對青少年心理發展的分量。他們明白生理變化是從兒童期轉換到青春期的重要面向，只要是靈長類動物，全世界各種文化皆然。然而，社會脈絡（環境）對青少年心理發展的影響不容小覷，卻沒有得到應有的重視（Banati & Lansford, 2018; Kansky, Ruzek, & Allen, 2018; Petersen & others, 2017）。

　　許多研究採取**表觀遺傳學觀點**（epigenetic view），主張發展是持續進行的、遺傳與環境雙向交互作用的結果。這些研究探討特定的 DNA 序列（Halldorsdottir & Binder, 2017; Ryan, Saffery, & Patton, 2018），以瞭解環境如何造成 DNA 的分子更動，改變基因功能（Barker, 2018; Moore, 2017; Rozenblat & others, 2017）。在第 2 章「青春期發育、健康與生理基礎」裡，將進一步說明表觀遺傳學。

連續性與不連續性

　　想想你的發展過程。你是像種子長成大樹般，慢慢長大成人呢，還是如毛毛蟲變成蝴蝶，經歷突然、明顯的質變（見圖6）？**連續性—不連續性問題**（**continuity-discontinuity issue**），膠著在發展是漸進式的變化（連續性），抑或有明確區分的階段（不連續性）。強調後天經驗的發展學者多半視成長為累進、連續的過程，而重視遺傳的學者則主張發展可劃分為數個階段。

連續性

　　說到連續性，幼兒的第一個字詞看似突然間冒出來，但其實是經年累月成長與練習的結果。同樣地，青春期看似突如其來、不連續，事實上是橫跨數年的漸進過程。

　　說到不連續性，每個人都歷經一連串質變（而非量變）的階段。就像小樹苗長成大樹，它的發展是一脈相承的；而毛毛蟲蛹化成蝶，則是變成完全不同形態的生物。兒童從不會抽象思考，到能夠進行抽象思考，就是發展不連續性、質變的例子。

不連續性

圖6│**連續性與不連續性發展**。人類的發展是像種子一樣慢慢長成大樹呢，還是像毛毛蟲般突然變成蝴蝶？

早期與後期經驗

　　另一個爭論重點是**早期—後期經驗問題**（**early-later experience issue**），也就是早期經驗（尤其是童年經驗）抑或後期經驗，哪一方才是發展的關鍵決定因素（Chatterjee & others, 2018; Roisman & Cicchetti, 2018）。亦即，嬰兒期或兒童期的負面壓力經驗，會比發生在青春期的正向經驗還具有影響力嗎？或者早期經驗會如此重要，也許是因為那是嬰兒最初的樣板經驗，所以即使是後期富含養分的環境也難以超越與重寫？

　　早期與後期經驗問題由來以久，發展學者至今仍爭論不休。有些學者強調嬰兒在初生第一年左右，若沒有得到溫暖、撫育的照顧經驗，其後的發展恐不樂觀（Cassidy, 2016）。古希臘哲學家柏拉圖深信，常被搖晃的嬰兒日後會成為優秀的運動選手。19世紀新英格蘭的牧師在傳道時告誡父母，他們抱嬰兒的方式會決定孩子未來的性格。重視早期經驗者認為，每個生命都像是條綿延不斷的小徑，心理健康素質可以追本溯源到生命早期。

早期或後期經驗，對青少年的發展影響程度如何？

（左圖）©*Shutterstock/Monkey Business Images;*（右圖）©*Photodisc/Getty Images*

　　後期經驗觀和早期經驗觀形成鮮明對比。也就是說，我們的發展在嬰兒期變化之後，不是像雕像般持久不動，而是如河流般起伏。後期經驗觀點學者認為，兒童和青少年在整個發育過程中皆具有可塑性，後期的呵護關懷與早期的呵護關懷同樣重要（Padilla-Walker & Nelson, 2017; Sawyer & Patton, 2018）。許多重視人生全期發展的心理學家，關注的是整個生命週期，不單只看兒童發展。他們強調鮮少研究注意後期經驗對發展的影響（Antonucci & Webster, 2019; Blieszner, 2019; Marquez-Gonzalez, Cheng, & Losada, 2019），此外，他們認同早期經驗對發展的重要貢獻，但斷言早期經驗不比後期經驗重要。Jerome Kagan（2013）指出，即使是那些氣質內斂（與遺傳有關）的孩子，他們也有能力改變自己的行為。

評估發展議題

　　深入思考遺傳與環境、連續性與不連續性、早期與後期經驗這三個重要發展議題的同時，也必須瞭解發展心理學家其實不會採取極端的立場。發展並非在任一向度上全有或全無，遺傳與環境、連續性與不連續性、早期與後期經驗，都會影響整個生命週期。例如，就遺傳與環境這點，關鍵是兩者的交互作用，而非單一因素影響（Moore, 2017; Ryan, Saffery, & Patton, 2018）。再以個體的認知發展為例，同樣也受遺傳與環境相互影響。詳細討論請見第 2 章「青春期發育、健康與生理基礎」。

　　雖然多數發展學家不會在上述問題採取極端立場，但這些因素的影響力究竟有多強，他們依然無法取得共識，因而展開激烈的攻防辯論（Almy & Cicchetti, 2018; Sanders &

Bowman, 2019）。設想一位青少年，他在孩提時期歷經貧困、父母忽視、課業不佳等，青春期豐富的滋養環境能使其克服早年的「發展匱乏」嗎？發展學家對這些問題的回答，即反映了他們對遺傳與環境、連續性與不連續性、早期與後期經驗的立場。這些回答也會影響與青少年有關的公共政策，以及人類生命的走向。

回顧與反思

學習目標 3｜摘述發展歷程、時期、過渡期，以及與青春期有關的議題。

複習本節所學

・青春期發展的關鍵歷程為何？兒童期、青春期、成年期各包含哪些重要的發展時期？

・兒童期過渡到青春期出現哪些變化？青春期過渡到成年期又是如何呢？

・發展的三個重要議題為何？

分享與連結

・說明遺傳與環境如何影響個體的韌力。

反思個人經驗

・讀完本節，回想你的青春期種種。訪談朋友與同學的青春期經驗，把他們的經驗和你的相對照，例如，詢問他們從兒童期轉換到青春期、從青春期轉換到成年期的經驗。

4.青春期發展的科學研究

學習目標 4　描述青春期發展的科學研究特性。

科學與科學方法　　青春期發展的理論　　青春期發展的研究

我們如何知道遺傳與環境、穩定與變化、連續性與不連續性，在發展上扮演什麼樣的角色？如何判斷兒童期到青春期的學業成就會出現變化還是維持不變？如何得知青少年的正向經驗是否能修復童年期疏忽或虐待的教養方式所造成的傷害？為正確有效地回答這些問題，我們必須訴諸科學。

科學與科學方法

有些人很難想像，研究青春期發展會像物理、化學、生物一樣，也是門科學。研究青春期發育變化，諸如青春期親子關係或青春期認知思考，等同於研究萬有引力和分子複合結構嗎？答案是**肯定的**（yes）。科學不是以研究對象定義，

> 什麼都比不上好的理論創造的實用價值。
> ——Kurt Lewin
> （20 世紀美國社會心理學家）

而是以研究方法定義。不管你研究的是光合作用、土星的衛星，還是青春期發展，重要的是你的研究方法。

採用科學方法研究青春期發展，必須遵守**科學方法**（scientific method）（Smith & Davis, 2016）。科學方法通常包括四個步驟：（1）提出研究問題，（2）蒐集資料，（3）分析資料，（4）得出結論。

在步驟 1，研究者擬訂待答研究問題，參考理論並提出假設。**理論**（**theory**）是指一套相關、連貫的概念，有助於解釋現象、做出預測。**假說**（**hypotheses**）則是尚待檢驗的主張與預測。例如，「良師啟導」（mentoring）理論主張，成人長期的支持與引導能改善貧困兒童的生活。因為良師的言行可以讓兒童觀察與模仿，成為兒童的楷模。

青春期發展的理論

本節探討四個重要的發展理論取向，分別是：心理分析論、認知論、行為與社會認知

論、生態論。每種理論都對青少年發展提出獨到的見解與貢獻。這些理論相輔相成，而非互相矛盾，有助於我們看見青少年發展的全貌。

心理分析論

心理分析論（**psychoanalytic theories**）認為發展主要受潛意識影響，被情緒左右。心理分析論強調行為僅是表面象徵，要真正瞭解發展，必須分析行為的象徵意義，深入探究內在心靈的運作。心理分析論也強調童年親子關係對發展的影響深遠。最著名的心理分析論者是 Sigmund Freud（佛洛依德）（1856-1939）。

Sigmund Freud，心理分析學派理論的創始者。Freud 的論點有哪些特色？

©*Bettmann/Getty Images*

Freud 的理論

Freud 傾聽、探察與分析他的患者，他相信患者的問題源自於人生早年的經驗。當兒童逐漸長大，他們的愉悅感和性衝動從嘴巴轉移到肛門，最後再轉向外生殖器。因此，根據 Freud 的理論，我們會經歷五個性心理發展階段：口腔期、肛門期、性器期、潛伏期與生殖期（見圖 7）。Freud（1917）宣稱，成年後的性格取決於各個階段的愉悅來源與現實需求之間的衝突解決方式。

Freud 重申，青少年的生活充滿緊張感與衝突，他認為青少年為緩和緊張而把衝突壓抑進潛意識裡。Freud 說，即便微不足道的行為，在揭露背後的潛意識驅力後都具有特殊的意義——抽動、塗鴉、玩笑、微笑等，都可能透露潛意識衝突。例如，17 歲的芭芭拉在親吻擁抱湯姆時，竟脫口而出：「**傑夫，我好愛你。**」湯姆推開她，大吼：「妳為什麼叫我傑夫？我以為妳不再想他了。把話說清楚！」這種「佛洛依德式錯誤（Freudian slip）」（說溜嘴）可能也曾在無意中洩露你的潛意識動機。

Freud（1917）把人格分成三個結構：本我（id）、自我（ego）與超我（superego）。本我由本能組成，是個體的精神能量蓄積庫。Freud 認為本我完全是潛意識的，與現實沒有接觸。當兒童感受到現實的要求與約束，新的人格結構——自我，於焉誕生。自我應付現

口腔期	肛門期	性器期	潛伏期	生殖期
嬰兒的愉悅感集中在嘴巴	幼兒的愉悅感集中在肛門	兒童的愉悅感集中在生殖器	兒童壓抑對性的興趣，培養社會與認知技巧	性渴望再度覺醒的時期；性愉悅對象轉向家人以外的人
出生到 1 歲半	1 歲半到 3 歲	3 到 6 歲	6 歲到青春期	青春期以後

圖 7│**Freud 的階段論**

實的要求，被稱為人格的「執行部門」，因為自我懂得做出合理的決定。

本我與自我沒有道德觀念——它們不會考慮是非對錯。超我則是人格的道德部門，會考慮事情的正當性。超我就像是「良心」，本我和超我讓自我的處境陷入兩難。自我可能會說：「我會節制性行為，做好保護措施，因為我可不想讓懷孕干擾我的生涯。」然而，本我出聲抗議：「性很美好，我想得到滿足。」超我也不甘示弱：「我對婚外性行為會有罪惡感。」

Freud 認為人格就像一座冰山，多數人格在我們的意識覺察層次之外，就像冰山大部分位於水平面底下。自我運用**防衛機轉**（defense mechanisms），負責解決現實需求、本我渴望、超我設限之間的衝突。防衛機轉是三種人格結構的需求相互抵觸，自我為緩和焦慮而採用的扭曲現實的潛意識手段。當自我判斷本我的要求會造成傷害，導致焦慮升高，自我意識到危險性，就會運用防衛機轉解決衝突。

根據 Freud 所言，**壓抑**（repression）是最強大也最普遍的防衛機轉。它把不受歡迎的本我衝動趕出意識之外，壓到潛意識裡。壓抑是其他防衛機轉的地基，每種防衛機轉的目標都是壓抑，或把危險的欲望衝動推走，別被意識覺察到。Freud 認為早期童年經驗充斥著豐富的性想像，對意識來說過於嚇人可怕，所以要加以壓抑。

Erikson 的心理社會論

Erik Erikson（艾瑞克森）雖認可 Freud 的貢獻，但主張 Freud 錯判人類發展的諸多面向。首先，Erikson（1950, 1968）認為發展應為**心理社會**（psychosocial）階段論，而非如 Freud 所言是**心性**（psychosexual）階段論。Freud 聲稱人類行為的主要驅力是性，但 Erikson 主張是社會和與人連結的渴望；Freud 認為人格基本上在出生後五年定型，Erikson 則強調發展是終生的變化。因此，就早期與後期經驗問題上，Freud 主張早期經驗的重要性大於後期經驗，而 Erikson 強調早期與後期經驗同樣重要。

Erikson 的理論（Erikson's theory）將人類的終生發展分為八個階段（見圖 8）。每個階段有其特殊的發展任務、有特定的發展危機要解決。根據 Erikson 所言，危機不是災難，是轉捩點；是弱點也是潛力。個體越能成功化解危機，發展就越健全。

Erik Erikson 與藝術家妻子 Joan。Erikson 的理論是 20 世紀最重要的發展理論之一。你現在正處於 Erikson 理論當中的哪個階段？Erikson 的階段論，有符合你的發展嗎？

©Jon Erikson/The Image Works

Erikson的階段	發展時期
統整 vs 絕望	成年後期（60歲以上）
生產 vs 遲滯	成年中期（4、50歲）
親密 vs 孤立	成年早期（2、30歲）
認同 vs 認同混淆	青春期（10-20歲）
勤奮 vs 自卑	兒童中期、兒童後期（小學階段、6歲到青春期）
積極主動 vs 退縮內疚	兒童早期（學前期、3-5歲）
自主 vs 羞愧懷疑	嬰兒期（1-3歲）
信任 vs 不信任	嬰兒期（出生第一年）

圖8 | **Erikson 的人生全期八大階段**

- 信任 vs 不信任（trust versus mistrust）是第一個階段，發生在出生第一年。嬰兒期的信任為我們期盼這世界是安全且適合生存的想法奠定基礎。

- 自主 vs 羞愧懷疑（autonomy versus shame and doubt）是第二個階段，發生在嬰兒後期及幼兒學步期。獲得信任感後，幼兒開始表現自主行為，展現獨立的企圖心。

- 積極主動 vs 退縮內疚（initiative versus guilt）是第三階段，發生在學齡前兒童期。學前兒童的社會世界更廣，需要他們主動、積極、負起責任迎向新的挑戰。若兒童退卻卸責、畏縮焦慮，容易產生內疚感。

- 勤奮 vs 自卑（industry versus inferiority）是第四個階段，約發生在小學階段。兒童須把能量導向學習知識與生活基本能力。若兒童自認無用、屢遭挫敗，恐累積形成自卑感。

- 在青春期，個體探索我是誰、人生何去何從。這是第五階段——認同 vs 認同混淆（identity versus identity confusion）。若青少年以健康的態度探索自我，找到正確的生命方向，即可達到正向認同；反之，會感到認同混淆。

- 親密 vs 孤立（intimacy versus isolation）是第六個階段，發生在成年早期。當此時，個體的發展任務是廣交益友、締結良緣，建立親密關係。否則，難掩寂寞孤獨情緒。

- 生產 vs 遲滯（generativity versus stagnation）是第七階段，發生於成年中期。生產意指關心與提攜下一代，導引他們善用人生。若無法對下一代做出貢獻，可能會頹廢喪氣、意志消沉。

- 統整 vs 絕望（integrity versus despair）是 Erikson 的最後一個發展階段，也就是成年後期。當此時，個體反省過往，回首人生。若有把握光陰，對自己這一生感到滿意充實；反之，則絕望抱憾、懊惱悔恨。

心理分析論評析

心理分析論的貢獻包括：重視發展架構、家庭關係、潛意識心靈層面等。缺點則有：缺乏科學證據支持、太強調性驅力、對人性的看法過於負面等。

認知論

心理分析論看重的是潛意識，反之，認知論則強調意識思考。三個主要的認知理論分別是：Piaget（皮亞傑）的認知發展論、Vygotsky（維高斯基）的社會文化認知論，以及訊息處理論。

Piaget 的認知發展論

Piaget 的理論（**Piaget's theory**）指出，個體是主動地建構對世界的看法，歷經四個認知發展階段。認知建構是透過兩個歷程在進行——組織（organization）與適應（adaptation）。為理解這個世界，青少年須懂得組織經驗。例如，區分重要與不重要的資訊，連結相關概念。除組織觀察及經驗外，個體也要懂得適應、調整自己以因應環境的要求（Miller, 2015）。

Jean Piaget，著名的瑞士發展心理學家，他的論點改變了我們對兒童心智發展的理解。試說明 Piaget 的理論重點為何。

©*Yves de Braine / Black Star / Stock Photo*

Piaget（1954）也主張，認知理解歷經四個階段（見圖 9）。每個階段都和年齡相關，各有其思考與理解世界的方式。因此，根據 Piaget 的看法，各個階段的差異在質變。Piaget 的認知發展四階段如下：

- **感覺動作期**（sensorimotor stage）是第一個階段，從出生到 2 歲。嬰兒協調感官經驗（如：看與聽）與身體動作來理解世界，故名為**感覺動作**。

- **前運思期**（preoperational stage）是第二個階段，約在 2 至 7 歲。兒童不僅只運用感覺訊息與動作，也開始以結合字詞、概念與圖案表徵世界。不過，Piaget 認為學前兒童仍缺乏操作**運思**（operations）的能力，也就是在內心進行心理運算。例如，想像面前擺著兩根細竹棒，在不碰觸移動的情況下，比較它們是不是一樣長。這就是具體運思。

- **具體運思期**（concrete operational stage）是第三個階段，約在 7 至 11 歲。此時的兒童可以透過實物、明確或具體的事例，進行合乎邏輯的思考與推論。但具體運思的兒童尚無法想像解答代數方程式的步驟，因為代數方程式對這個階段的兒童來說還

感覺動作期	前運思期	具體運思期	形式運思期
嬰兒靠著統合感官經驗與肢體動作理解世界。嬰兒從出生時的本能反射動作，在這個階段結束後可以進一步到象徵性思考。	兒童開始用字詞和概念表徵外在世界。這些字詞和概念反映他們的象徵性思考能力提升，不受限於感官訊息與動作。	兒童可以對具體事物進行邏輯思考，把物體分成不同類別。	青少年以更為理性、理想化、合乎邏輯的方式思考。
出生到 2 歲	2 到 7 歲	7 到 11 歲	11 歲到成年期

圖 9 ｜ **Piaget** 的認知發展四階段

是太抽象了。

● 形式運思期（formal operational stage）是第四個也是最後一個階段，約在 11 至 15 歲之後，持續到成年期。這個階段的個體更上一層樓，可以進行更為抽象與邏輯的思考。憑藉抽象思考，青少年可以想像理想的情況。他們可能會想像理想的父母應該如何，把自己的父母和理想標準相比較。他們想像未來的各種可能性，幻想自己未來的模樣。在解決問題方面，他們可以更有系統地提出假設、驗證假設。本書將在第 3 章「大腦與認知發展」進一步探討 Piaget 的認知發展論。

Vygotsky 的社會文化認知論

和 Piaget 一樣，俄國發展學家 Lev Vygotsky（1896-1934）強調個體會主動地建構知識。不過，Vygotsky（1962）比 Piaget 更側重社會互動與文化在認知發展上扮演的角色。**Vygotsky 的理論（Vygotsky's theory）**是社會文化認知論，著重文化與社會互動如何影響認知發展。

Vygotsky 認為發展與社會文化密不可分（Daniels, 2017; Gauvain, 2016）。他強調認知發展就是學習如何運用文明社會的發明，如：語言、數學運算、記憶策略等。例如，某一文化的個體要學習如何使用電腦進行計數，另一文化的可能要學如何使用串珠。據 Vygotsky 所言，兒童、青少年與成人、同儕的社會互動，是認知發展不可或缺的條件（Holzman, 2017）。透過社會互動，他們學會使用工具，學習成功地適應他們的文化。本書稍後會繼續探討 Vygotsky 的學習與教育理論。

今日學界越來越重視 Lev Vygotsky 有關兒童發展的社會文化認知論。他的理論基本觀點為何？

©A.R. Lauria/ Dr. Michael Cole, Laboratory of Human Cognition, University of California, San Diego

©Frankie Angel/Alamy

訊息處理論

訊息處理論（information-processing theory）強調個體操作、蒐集訊息並監控訊息，制定使用策略。訊息處理論不像 Piaget 的理論那樣視發展為階段，而是跟 Vygotsky 的理論相似，認為個體的發展是逐漸累積處理訊息的能力，習得複雜的知識與技能（Chevalier, Dauvier, & Blaye, 2018; Knapp & Morton, 2017）。

兒童訊息處理首席專家 Robert Siegler（2006, 2017）表示，思考是訊息處理的過程。換句話說，當青少年覺察、編碼、表徵、儲存、提取訊息，就是在思考。Siegler 等人（Braithwaite & Siegler, 2018a, b; Siegler & Braithwaite, 2017; Siegler & Lortie-Forgues, 2017）強調，發展的一個重要面向是學習好的訊息處理策略。例如，想要增進閱讀效率，就要學習梳理閱讀材料的主題。

認知論評析

認知論的貢獻包括：對發展採取正向觀點、強調主動的認知建構。缺點則有：Piaget 的階段論不夠嚴謹、忽略個體的差異性。

行為與社會認知論

行為主義（behaviorism）的基本主張是，唯有透過直接觀察與測量，才算科學化的研究。行為主義的傳統核心信念之一為，發展是與環境互動而習得的經驗，是可觀察的行為（Maag, 2018）。前面談到連續性與不連續性問題時，可知行為與社會認知論重視發展的連續性，主張發展不似階段論般分明。行為主義的兩大取向為：Skinner（史金納）的操作制約、Bandura（班度拉）的社會認知論。

Skinner 的操作制約

根據 B. F. Skinner（1904-1990）所言，透過**操作制約**（operant conditioning）習得的行為後果，才能誘發行為出現改變。得到酬賞的行為較可能再度出現，受到懲罰的行為則傾向消退。例如，當青少年完成一件事後，若成人報以微笑而非怒目相向，這位青少年才會樂意再次做那件事。

Albert Bandura 提出社會認知論。
Courtesy of Dr. Albert Bandura

依 Skinner（1938）的觀點，恰是酬賞與懲罰塑造了發展。例如，Skinner 主張害羞的人之所以害羞，是因為成長過程中學習到的結果。只要改變環境，即可協助害羞的青少年脫胎換骨。亦即，Skinner 認為發展的關鍵面向是行為，而非思考與感覺。他強調發展即是因酬賞與懲罰機制運作而導致的行為模式改變。

Bandura 的社會認知論

某些心理學家同意行為主義學家的論點，認為發展即學習，並深受環境互動影響。不過，和 Skinner 不同，他們更推崇認知的地位。**社會認知論（social cognitive theory）** 主張行為、環境、個人／認知是發展的關鍵因素。

美國心理學家 Albert Bandura（1925-2021）是社會認知論的領航者。Bandura （1986, 2001, 2004, 2009, 2010a, b, 2012, 2015）強調認知歷程與環境、行為息息相關。他早期的研究方向主要是**觀察學習**（observational learning，又稱**模仿**或**示範**），意指藉由觀察模仿他人習得行為。例如，青少年看到爸爸對他人咆哮怒吼，之後這位青少年也如法炮製，攻擊同儕。社會認知論強調個體透過觀察他人的行為，學到各種行為、想法與情緒；觀察在青少年發展上擔當重要角色。

認知（cognitive）在 Bandura 的觀察學習裡扮演什麼角色？Bandura 認為，個體運用認知表徵他人的行為，接著再修正自己的行為。

Bandura（2009, 2010a, b, 2012, 2015）近期提出的學習與發展模式，包含三個要素：行為、個人／認知、環境。其中，個人要素例如個體深信成功操之在己；認知要素例如計畫策略。如圖 10 所示，行為、個人／認知、環境因素相互作用、互相影響。

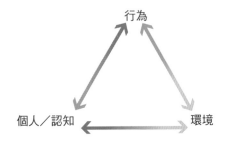

圖 10 │ **Bandura 的社會認知論。** Bandura 的社會認知論強調行為、環境、個人／認知因素相互影響。

行為與社會認知論評析

行為與社會認知論的貢獻包括：採用科學研究證據、強調環境對行為的影響。缺點則有：Skinner 的論點較不看重認知、不重視發展變化。

生態論

Urie Bronfenbrenner（布朗芬布倫納）（1917-2005）率先提出的生態論，是瞭解青少年發展的另一重要理論。**Bronfenbrenner 的生態論（Bronfenbrenner's ecological theory）**（1986, 2004; Bronfenbrenner & Morris, 1998, 2006）主張發展受五個環境系統影響：微觀系統、中間系統、外部系統、巨觀系統、時間系統（見圖 11）。

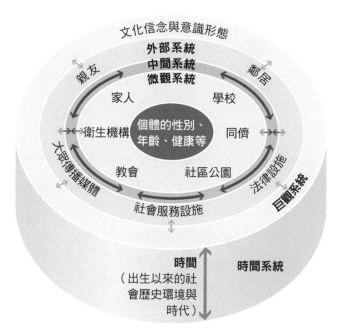

圖 11｜**Bronfenbrenner 的生態論。**Bronfenbrenner 的生態論包含五個環境系統：微觀系統、中間系統、外部系統、巨觀系統、時間系統。

- 微觀系統（microsystem）即青少年生活的環境，包括：家庭、同儕、學校、鄰里。在微觀系統裡，與社會人物（如：父母、朋友、老師）的互動最為直接密切。青少年不是環境的被動接收者，而是環境的主動建構者。

- 中間系統（mesosystem）指各個微觀系統之間的互動關係或連結，如：家庭與學校、學校與教會、家庭與同儕之間的經驗。例如，親子關係不佳的青少年，難以與師長建立良好關係。

- **外部系統**（exosystem）是青少年和未直接參與的社會情境間的連結。例如，媽媽的工作經驗，間接影響青少年或丈夫的家庭經驗。媽媽或許因為升遷而經常出差，造成夫妻關係失和，與孩子的互動也發生變化。

- **巨觀系統**（macrosystem）指青少年身處的生活文化。**文化**（culture）意指一群人代代相傳的行為模式、信念及各種產物等。

- **時間系統**（chronosystem）意指環境事件的模式與生命的轉捩點，以及社會歷史環境演變。例如，離婚是其中一個轉捩點。研究發現離婚對兒童的

Urie Bronfenbrenner 提出的生態論漸受矚目。生態論的觀點為何？
Cornell University Photography

負面影響，經常在離婚後第一年才達到高峰（Hetherington, 2006）；離婚兩年後，家庭關係才逐漸回穩。若從社會歷史環境演進來看，青少女追求職業生涯的機會，近五十年來開始攀升。

Bronfenbrenner（2004; Bronfenbrenner & Morris, 2006）已將生理的影響力納入理論中，名為**生物生態論**（bioecological theory）。然而，生態、環境背景脈絡仍為 Bronfenbrenner 理論的優先考量因素。

生態論的貢獻包括：系統性地檢視環境的巨觀系統與微觀系統、留意各個環境系統間的關聯。缺點則為：忽略生理與認知因素。

折衷理論取向

沒有任一理論可以全然解釋青春期發展的複雜多樣，但每種理論都有助於我們瞭解發展。心理分析論探討潛意識心靈，Erikson 的理論說明成年期發展的變化，Piaget、Vygotsky 的理論與訊息處理理論詳盡解釋認知發展，行為與社會認知論以及生態論最適合檢視發展的環境因素。

總之，理論雖是有用的指引，但只靠單一理論就想說明青春期發展，無疑失之偏頗。本書改採**折衷理論取向**（**eclectic theoretical orientation**），不獨尊任一理論，而是選擇最有特色的理論來說明。這麼一來，讀者可以如實得知青春期發展研究的樣貌，看看不同學者提出的假設觀點、強調不同的經驗問題、運用不同的方法發現結果。

青春期發展的研究

　　若學者採折衷取向，要怎麼判定各個理論的高下呢？此時就要以科學方法來證明。藉由科學研究才能檢驗理論的特點，使其更臻完善（Smetana, 2018）。

> 真理是千辛萬苦排除假象得來的。
> ——Sir Arthur Conan Doyle（柯南‧道爾，20 世紀英國醫生暨偵探小說家）

　　一般而言，青春期發展的研究設計多為驗證假設，如驗證前述的理論。透過研究蒐集新的資料，修正理論或形成新的理論。

　　21 世紀，對青春期和成年初顯期的研究方興未艾（Jensen, 2018; Leipold, Munz, & Michele-Malkowsky, 2018）。越來越多有關青春期發展的研究也在設法應用在真實世界的青少年身上（Kansky, Ruzek, & Allen, 2018）。這些研究都是想提升青少年的身心健康，本書各章節將詳細說明研究內容。以下先探討青春期研究該如何蒐集資料，以及如何擬訂研究設計。

資料蒐集方法

　　無論你想研究的是青春期變化、認知發展、親子衝突或青少年偏差行為，都要設法蒐集資料。以下先從觀察法開始，介紹數種最常使用的方法。

觀察法

　　科學化的觀察仰賴許多重要的技巧（Stanovich, 2019）。為使觀察奏效，需要按部就班地進行，瞭解研究目標。研究者必須釐清觀察對象是誰、何時何地觀察、如何觀察，以及如何記錄。

　　哪裡可以進行觀察？實驗室與日常生活世界為兩大首選。

　　合乎科學程序的觀察法，為確定哪些是引發目標行為的因子，得控制某些變項（Ary & others, 2019; Leary, 2017）。為此，有些青春期發展研究在**實驗室**（**laboratory**）進行，在控制好的情境下排除某些「真實世界」的複雜因素。當然，實驗室研究也有缺點。首先，研究參與者幾乎都知道他們是研究對象。第二，實驗室並非自然的情境，參與者的行為恐怕也會不自然。第三，願意來大學實驗室參加研究的人，無法完全代表多元文化背景的族群。此外，不熟悉大學實驗室和「助人科學」（helping science）的參與者，會對實驗室望而卻步。

　　自然觀察法或可提供在實驗室無從得知的訊息（Babbie, 2017）。**自然觀察法**（**naturalistic observation**）意指觀察在真實世界表現的行為，不以人工的方式去操控或控

制情境。研究人生全期的學者常在社區、學校、運動場、職場、購物商場等青少年經常聚集的地方進行自然觀察。

欲調查或訪談青少年時，可以採用哪些方式？
©*Burger/ Getty Images*

調查與訪談

有時候，蒐集資訊最快、最有效的方法就是直接問青少年──直接訪談（interview）他們，或者進行調查（survey）（又稱問卷調查法 [questionnaire]）（Henslin, 2017）。採用一系列標準化的問題，請受訪者對某一主題自陳個人的態度或信念。好的問卷調查問題清楚、不帶偏見，可以讓受訪者明確地回答問題。

調查與訪談可以研究各式各樣的主題，如：宗教信仰、性癖好、對槍枝管制的態度、如何改善學業成就等。調查與訪談通常以面對面、電話或網路方式進行。

調查與訪談的缺點是受訪者回答問題時，會往社會能夠接受或符合社會期待的方向去回答，而非回答真正的想法或感覺。例如，有些青少年不敢坦承他們有使用藥物。

標準化測驗

標準化測驗（**standardized test**）採用統一的施測與計分程序。許多標準化測驗能將受測者的分數與他人比較，從中瞭解表現差異（Kaplan & Saccuzzo, 2018），如：史丹佛─比奈智力測驗（Stanford-Binet intelligence test）。受試者從史丹佛─比奈智力測驗的分數，可得知其表現結果和其他幾千名受試者比較起來如何。

標準化測驗的缺點是假設人類的行為是穩定一致的。然而標準化測驗的兩大施測面向──人格與智力，可能會隨情境變化。例如，青少年在學校做的標準化智力測驗表現欠佳，但在家裡受測的話，分數較高，因為在家裡比較不會那麼焦慮。

生理測量

越來越多研究採用生理測量（physiological measures）以瞭解不同人生時期的發展（Aoki, Romeo, & Smith, 2017; Dahl & others, 2018; Goddings & Mills, 2017），如研究荷爾蒙濃度。可體松（cortisol，又稱皮質醇）是腎上腺分泌、與身體壓力有關的荷爾蒙，通常用於氣質、情緒活動、心境、同儕關係等研究（Bangerter & others, 2018）。另外，隨著青春期到來，某些血液荷爾蒙濃度也跟著提高。要判斷這些荷爾蒙濃度的變化狀況，研究者必須分析青少年受試者的血液樣本（Ji & others, 2016）。青少年的身體組成比例也是生理評估的焦點，青春期的脂肪含量研究近來也備受矚目。

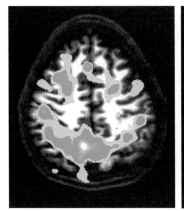
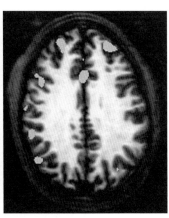

圖 12｜**15 歲青少年的大腦影像。**這兩張大腦影像顯示酒精如何影響青少年的大腦功能。15 歲未飲酒的青少年（左圖）在進行記憶任務測驗時，大腦的記憶功能部位有顯色反應（灰色與淺灰色色塊）；另一位 15 歲有飲酒的青少年（右圖），大腦則較無顯色反應。

Courtesy of Dr. Susan Tapert, University of California, San Diego

直至目前，青春期的大腦活動研究仍寥寥可數。不過，隨著神經影像學技術進步，逐步帶動研究風潮（Dahl & others, 2018）。其中之一即為**核磁共振攝影**（magnetic resonance imaging, MRI），也就是利用磁波繪製大腦組織與生化活動的影像（Miller & others, 2018; Trucco & others, 2018）。圖 12 比較兩名青少年（一位非飲酒者，一位重度飲酒者）進行記憶任務時的大腦影像。

生理測量的另一戲劇性變化為解析遺傳訊息單位（基因）的技術突飛猛進（Moore, 2017; Tymofiyeva & others, 2018）。例如，評估哪些基因和青春期肥胖有關（Hovsepian & others, 2018; Zandoná & others, 2017）。本書第 2 章「青春期發育、健康與生理基礎」將詳細說明生理遺傳對青春期發展的影響。

｜經驗取樣法

經驗取樣法（experience sampling method, ESM）意指請研究參與者隨身攜帶電子傳呼器。接下來，研究者隨機「傳呼」他們。被傳呼到的參與者要回報當下的情況，如：現在位於何處、在做什麼、跟誰在一起、現在的情緒狀態等。

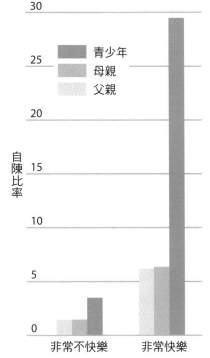

圖 13｜**用經驗取樣法蒐集青少年與家長的自陳情緒經驗。**從 Reed Larson 與 Maryse Richards（1994）的研究中可看出，青少年和家長被研究者以經驗取樣法隨機傳呼。研究發現青少年比家長更傾向回報極端情緒經驗。

資料來源：Larson, R. W., & Richards, M. H. *Divergent realities.* New York: Basic Books, 1994.

經驗取樣法常運用在想瞭解青少年如何消磨時間、花多少時間與父母和同儕相處、情緒狀態等研究主題。Reed Larson 與 Maryse Richards（1994）以此法蒐集數以千計的回報

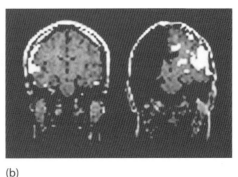

圖 14｜**大腦半球的可塑性。**(a) 14 歲的Michael Rehbein。(b) Michael 的右腦（圖右）經過重整後，接管原本由左腦執行的語言功能（圖左）。右腦處理語言訊息的區域雖較之前大，但仍無法像左腦一樣那麼有效率地處理語言訊息。

Courtesy of The Rehbein Family

資料，統計後發現，青少年的情緒擺盪幅度比父母親還大。例如，青少年回報說他們「非常快樂」的次數比父母親還多五倍以上；說他們「非常不快樂」的次數也比父母親多三倍（見圖 13）。

個案研究法

個案研究法（case study）深入探究單一個體。考量到實務與倫理議題，個體的獨特經驗無法在其他人身上複製和測試，故個案研究法主要由心理健康專業人員執行。個案研究法可以瞭解個體的恐懼、希望、幻想、創傷經驗、成長歷程、家庭關係、健康，或任何心理學家想研究的內心世界與行為。

以 Michael Rehbein 為例，從個案研究中可看出大腦發展的可塑性與復原力。七歲的時候，Michael 不時出現癲癇發作，有時一天多達 400 次。醫生說唯一的解方是切除病源所在的左腦。手術後，Michael 的恢復雖然緩慢，慶幸的是，他的右腦居然重新組織，接管原先存在於左腦的語言功能。圖 14 的神經影像栩栩如生地顯示 Michael 大腦的重整情形。

雖然個案史研究能夠戲劇性、深度地描繪個案的生活，但在類推時必須小心。個案研究的目的是展現獨一無二的遺傳型態與個人史。此外，個案研究不免因個人判斷而有所偏頗。採用個案研究法的心理學家鮮少與其他心理學家一起核對觀察是否一致。

進行青春期發展研究時，除了蒐集資料外，也須構思研究設計。研究設計的三大類型分別為：描述性研究、相關研究，以及實驗研究。

描述性研究

前面提到的資料蒐集方法，都可用在**描述性研究**（**descriptive research**）中。描述性研究的目的是觀察與記錄行為（Ary & others, 2019），例如，觀察青少年的利他或攻擊行為。描述性研究本身無法證明特定現象的因果關係，但可藉此洞察行為透露的重要訊息。

相關研究

與描述性研究相反，相關研究不只說明現象，還可預測行為發生與否（Aron, Coups, & Aron, 2019; Gravetter & Forzano, 2019）。**相關研究**（**correlational research**）的目的是說明兩個（含）以上的事件或特質之間的關聯強度。關聯度越強，表示兩個事件越相關，就可以從其中一事件，更為準確地預測另一事件發生。

例如，想瞭解放任管教型父母養育下的青少年，是否比其他青少年更缺乏自制力，可以仔細觀察並記錄，然後統計分析數據資料，得出**相關係數**（**correlation coefficient**），說明兩個變項的關聯程度。相關係數介於－1.00 到＋1.00 之間。負數代表負相關，例如，放任管教型父母和青少年的自制力呈負相關；相反地，父母的監督管教和青少年的自制力呈正相關。

相關係數越高（無論正數或負數），兩個變項的關聯性越強。相關係數為 0 時，表示變項之間沒有關聯。相關係數－.40 的關聯性，比相關係數＋.20 的關聯性還強。相關性和正負係數無關，而是依關聯性決定。

解釋相關結果時須小心（Aron, Coups, & Aron, 2019; Howell, 2017）。相關不等於因果關係，如上例，不能說放任管教型父母必然造成青少年缺乏自制力，也有可能是青少年缺乏自制力，導致父母放棄管教青少年；也有可能是其他因素，如遺傳或貧窮，才是造成放任管教型父母與青少年缺乏自制力間相關的因素。圖 15 舉例說明對相關資料的可能解釋。

觀察到的相關性：隨著父母寬容度的提高，青少年的自我控制能力下降。

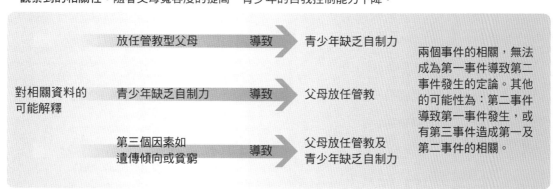

圖 15 ┃ **相關資料的可能解釋**

實驗研究

要得知因果關係，必須進行**實驗研究**（**experimental research**）。實驗研究謹慎地控制可能會影響特定行為的一或多個因素，並讓其他因素維持不變。被研究的行為若在某一因素被操控的情況下發生改變，研究者即可聲明這個操控因素造成行為變化（Gravetter & Forzano, 2019）。換言之，實驗證明因果關係（cause and effect）存在。「因」是被操控的因素，「果」是因操控而改變的行為。非實驗研究方法（描述性研究與相關研究）由於未以控制的方式操控因素，因此因果關係不成立。

所有的實驗至少都要有一個獨立變項和一個相依變項。**獨立變項**（**independent variable**）是指被操控的因素。**獨立**意指這個變項是所有變項中，能被獨立操控的因素。例如，設計一個實驗，瞭解同儕課輔對青少年學業成就的效果。據此，同儕課輔的數量和類型就是這個實驗的獨立變項。

相依變項（**dependent variable**）則是被測量的因素，隨著被操控的獨立變項而變化。**相依**意指這個變項的變化，取決於獨立變項。再以同儕課輔實驗研究為例，青少年的學業成就即為相依變項，可以用各種方式評量，如學校平均成績或全國性的標準化測驗分數。

實驗時，研究者藉由分派一或多個不同的實驗組和控制組，來操控獨立變項。**實驗組**（experimental group）是被操控的組別，**控制組**（control group）除了被操控的因素外，其他進行方式和實驗組一模一樣。控制組充當基準線，被拿來和實驗組做比較。在同儕課輔實驗研究中，需要安排一組青少年接受同儕課輔（實驗組），另一組青少年沒有接受同儕課輔（控制組）。

實驗研究的重要原則之一是**隨機分派**（random assignment）——隨機地將受試者分派到實驗組或控制組。這個作法的目的在降低實驗結果被各組別之間早已存在的差異影響。在同儕課輔研究中，隨機分派將能大大減少兩個組別在年齡、家庭背景、先前成績、智力、人格或健康上的差距。

總之，在同儕課輔和青少年學業成就的研究中，必須隨機將受試者分成兩組。一組（實驗組）要上同儕課輔課程，另一組（控制組）不必上同儕課輔課程。實驗組和控制組成員得到的不同經驗，是為獨

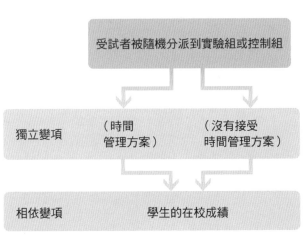

圖 16 | **隨機分派與實驗設計**

立變項。同儕課輔課程上完後，青少年應試全國性的標準化成就測驗（相依變項）。圖 16 應用實驗研究探討另一個問題：時間管理方案是否可改善青少年的課業成績。

研究的時間跨度

　　研究調查的時間跨度是發展心理學家特別關注的問題（Almy & Cicchetti, 2018）。關注年齡與其他變量之間關係的研究很普遍，通常研究人員有兩種選擇：可以研究不同年齡的不同個體並進行比較，或者可以研究隨著年齡增長的同一群體。

橫斷研究

　　橫斷研究（cross-sectional research）意指在同一時間研究同一群人。例如，研究 10 歲、15 歲、20 歲青少年的自尊。若採橫斷研究，則在某一特定時間內，測量所有受試者的自尊。

　　橫斷研究主要的優點是毋須等待個體長大。然而，儘管橫斷研究能節省大量時間，但仍有其缺點。我們無法從橫斷研究中得知個體如何改變，或個體的性格是否穩定。從橫斷研究中看不出發展的升降起落、成長的高低起伏。例如，自尊的橫斷研究，僅能看出自尊的平均數高低，但卻無從知曉個別兒童的自尊是否隨年齡增長時好時壞，也無從得知高自尊或低自尊的兒童，長大成人後是否一樣維持高自尊或低自尊。

縱貫研究

　　縱貫研究（longitudinal research）意指研究同一群體一段時間（通常是數年以上）。以自尊的縱貫研究為例，研究者首先測量 10 歲兒童的自尊，接著在他們 15 歲及 20 歲時再測量一次。

　　縱貫研究提供了相關重要問題的豐富訊息，例如發展的穩定性和變化，以及早期經驗對往後發展的重要性（Becht & others, 2018）。不過，縱貫研究當然也有缺點（Almy & Cicchetti, 2018），如昂貴耗時。研究時間越長，因搬家、生病、失去興趣等而流失的受試者人數越多。受試群體的改變可能使得研究結果出現偏差，因為留下來的受試者和流失掉的受試者可能條件並不相同，例如繼續留在縱貫研究數年的受試者變得更為執著和順從，或者生活型態更趨穩定。

研究倫理

　　如果你曾擔任某一研究的受試者，研究倫理必與你切身相關。如此一來，你得瞭解身為受試者的權益與研究者的責任，確保你的權益不受侵犯。

　　如果你未來想成為一名發展心理學者，你更要深入瞭解研究倫理。就算你只是進行心

理學課程的實驗方案，也必須考量受試者的權益。有的學生以為：「我每週去身心障礙兒童之家擔任志工數小時，我想用那邊的兒童當受試者，看看某一特殊的治療方案能不能改善他們的記憶能力。」但是，若沒有取得適當的研究同意，即便你的立意很好，仍然損及受試者的權益。

今日，即使是大學生提出的研究計畫，在執行前也要通過研究倫理委員會的審查。此外，美國心理學會（American Psychological Association, APA）也制定出倫理準則。倫理準則規範心理學家保護受試者免於遭受心理及生理上的傷害，受試者的最佳利益應該是研究者優先考慮的重要事項（Ary & others, 2019; Kazdin, 2017）。APA 的準則列出四大重點：第一，**知後同意**（informed consent），必須讓所有受試者都知道他們將要參與什麼研究、可能會面臨哪些風險。即使已經取得知後同意，受試者仍保有任何時間、任何理由都可退出研究的權利。第二，**保密**（confidentiality），研究者有責任保護從受試者那裡蒐集到的任何資料的隱私，盡可能完全匿名處理。第三，**任務報告**（debriefing），研究完成後，告知受試者研究目的與研究方法。多數情況下，研究者也會事先大略告知受試者研究目的，但又不至於讓受試者表現出他們以為研究者會希望看到的行為。第四，**欺瞞**（deception），在某些情況下，事先告知受試者研究梗概，可能會大幅改變受試者的行為，使得研究者蒐集到的資料形同失效。不過，在所有需欺瞞的情況下，研究者必須確保欺瞞不會傷害受試者。研究一結束，須立即告知受試者整個研究的性質（任務報告）。

減少偏見

不帶任何特定族群偏見或歧視的研究，才是最有價值的青春期發展研究。其中，心理學家最為關切的是：性別偏見和文化／族裔偏見。

性別偏見

社會一直存在著**性別偏見**（**gender bias**）。那是一種先入為主、認為女性和男性的能力不平等，導致個體無法盡情追求個人興趣與發揮潛能。性別偏見對青少年發展的影響力不容小覷。例如，研究者很常只從男性受試者取得資料，即對女性的態度和行為驟下定論（Helgeson, 2017）。

性別差異有時會被過度放大（Brannon, 2017; Dettori & Gupta, 2018）。例如，某研究指出 74% 的男孩具有高成就期望，但僅有 67% 的女孩有高成就期望，接著詳細地探討這些差異。事實上，性別差異或許沒那麼大，如果再次進行這個研究，可能會發現根本沒有差異。該研究也可能有方法上的問題，不能據此做出推論。

仔細看這兩張照片。左圖全部都是非拉美裔白人男性，右圖則是來自不同族裔的青年男女，裡面也有非拉美裔白人。請構思一個青少年發展的主題，如：親子教養、身分認同或文化價值觀等。如果你要執行這些主題的研究，你的研究結果會因選擇左圖群體當受試者，或選擇右圖群體當受試者而出現差異嗎？

（左圖）©PA/Topham/The Image Works；（右圖）©FatCamera/Getty Images

文化與族裔偏見

除了性別差異，研究者也要多加留意將多元族裔群體納入研究（Kimmel & Aronson, 2018; Umana-Taylor & others, 2018）。一直以來，少數族裔（非裔、拉美裔、亞裔、美國原住民等）並未受到研究重視，他們僅被視為常模或平均數的變異。由於少數族裔的分數不會剛好落在平均數上，使得他們往往被視為混淆資料或「噪音」資料，因此，有些研究者故意不選少數族裔當樣本。這種情形由來以久，可以想見青少年的真正樣貌一定比過去資料所呈現的還要多元。

過去的研究也有過度類化少數族裔的傾向。**族裔假象**（**ethnic gloss**）一詞即指把表淺的非裔或拉美裔等族裔標籤冠在少數族裔團體上，將他們一概而論。例如，把研究樣本描述成：「受試者為 20 位拉美裔和 20 位非裔。」而不是以更為完整的詞句描述這群拉美裔受試者，如：「這 20 位拉美裔受試者是住在加州西南部地區、低收入的墨西哥裔。其中 12 位的家裡說西班牙語，8 位的家裡說美語；其中 10 位出生於美國，10 位出生於墨西哥；有 10 位自認是墨西哥裔美國人，4 位自認是墨西哥人，3 位自認是美國人，2 位自認是住在美國的墨西哥人（Chicano），1 位自認是拉美裔。」族裔假象讓研究者獲得的少數族裔樣本資料無法代表群體的差異與多樣性，造成過度類化與刻板印象。

鮮少研究關注少數族裔兒童及其家庭，尤其無視少數族裔在整體人口成長比率顯著增加的事實（Butler-Barnes & others, 2018）。直到最近，少數族裔家庭都還被合併成「少數」這一類別，忽略了少數族裔之間的差異和少數族裔內部的多樣性。無論現在或未來，因為拉丁美洲和亞洲家庭移民湧入，美國少數族裔家庭的數目正在急遽增加當中（Bas-Sarmiento & others, 2017; Lo & others, 2017; Suarez-Orozco, 2018a, b, c）。研究者必須把他們的文化適應程度與親子世代現狀納入考量，尤須留意雙元文化主義（biculturalism），因為許多移民家庭的兒童和青少年，認同兩個以上的少數族裔文化身分（Coard, 2017; Nieto & Bode, 2018）。

回顧與反思

| **學習目標 4** | 描述青春期發展的科學研究特性。

| **複習本節所學** |

　· 何謂青春期發展的科學研究？什麼是理論？

　· 四個主要的青春期發展理論為何？

　· 有哪些主要方法可用來蒐集青春期發展的資料？有哪些主要的研究設計？青春期研究需注意哪些潛在偏見？

| **分享與連結** |

　· 你認為哪種研究方法，最能說明世界各地的青少年是否有被刻板印象化的體驗？

| **反思個人經驗** |

　· 哪個青春期發展理論，最能解釋你的青春期發展？

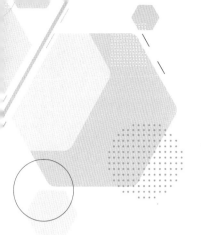

CHAPTER 2

青春期發育、健康與生理基礎

章節概要

1‧青春期發育

│學習目標 1│

探討青春期發育的決定因子、特徵、心理面向。

- ‧青春期發育的決定因子
- ‧成長陡增
- ‧性成熟
- ‧青春期發育的長期趨勢
- ‧青春期發育的心理面向
- ‧青春期發育的影響被誇大了嗎？

2‧健康

│學習目標 2│

簡述青少年與準成年人的健康狀態。

- ‧青春期：健康的關鍵時期
- ‧準成年人的健康
- ‧營養
- ‧鍛鍊身體與運動
- ‧睡眠

3‧演化、遺傳與環境

│學習目標 3│

解釋促成青春期發展的演化、遺傳與環境因素。

- ‧演化論的觀點
- ‧遺傳歷程
- ‧遺傳—環境交互作用

©bowdenimages/Getty Images

「我很困惑，搞不清自己是怪咖還是正常人。我的身體開始出現變化，但看起來跟朋友一點也不像，一副小孩模樣。我最好的朋友他才 13 歲，長得卻像 16 或 17 歲了。每當要上體育課換衣服前，我就很焦慮。我怕別人笑我發育不良。」

——羅伯特，12 歲

「我不喜歡我的胸部，小得可憐，看起來很古怪。我怕別人會因為我的胸部小而不喜歡我。」

——安琪，13 歲

「我討厭我的長相，滿臉青春痘醜死了。頭髮又呆又少，亂翹一通。鼻子超大，嘴巴卻超小。腿短不說，左手還有四個肉疣，別人看到一定會覺得噁心，連我自己看了都想吐。我全身上下沒一個地方能看。」

——安，14 歲

「我最受不了我這麼矮。明明爸爸有 180 公分，我卻只有 165 公分。我都 14 歲了，看起來像個小不點，天天被同學恥笑。上場打球總沒我的份，因為我是隊上最矮的。女生也瞧不起我，因為她們都比我還高。」

——吉姆，14 歲

經過兒童期平靜、穩定的成長後，上述例子中這四位青少年的身體正處於青春期發育劇烈變化的時候。正值發育的青少年，最在意的莫過於自己的身體外觀。

引言

青春期發育的變化令青少年困惑不已。儘管這些變化讓人憂心不安，幸好多數青少年仍健健康康地度過青春期。本章將探討青春期發育的各種變化，包括成長陡增、性成熟、心理面向等。此外，也會探討與青春期生理發展有關的議題，如健康與演化、遺傳，以及環境的角色。

1.青春期發育

青春期發育和青春期有別。對多數人來說，早在青春期結束前，青春期發育就已經停止了。青春期發育是青春期開始的重要指標。**青春期發育（puberty）**從青春期早期開始勃發，是一個因大腦─神經內分泌刺激而產生的急速生理變化過程（Susman & Dorn, 2013）。

青春期發育的決定因子

啟動青春期發育的因素複雜難明（Cicek & others, 2018; Shalitin & Kiess, 2017; Susman & Dorn, 2013）。青春期發育常伴隨著內分泌系統、體重、體脂肪變化，但何者為因、何者為果，目前尚無定論（Dorn & Biro, 2011）。此外，越來越多研究顯示，出生體重、嬰兒期體重快速增加、肥胖、社會文化因素等均有可能促發青春期發育，顯現不同特徵；如下所述，遺傳亦是青春期發育的重要因素。

> 年輕時，我們披上彩虹，像十二星座般勇敢。
>
> ——Emerson（愛默生，19世紀美國詩人及散文家）

遺傳

青春期發育並非環境的偶然事件，每個人的基因已經設定好青春期發育出現時間點的程式（Howard & Dunkel, 2018; Howard & others, 2018; Toro, Aylwin, & Lomniczi, 2018）。青春期發育不是出現在出生頭兩三年，也不是出現在 20 多歲。近年來，科學家進行分子遺傳學研究，試圖找出和青春期發育開始與進程有關的特殊基因（Busch & others, 2018; Hou & others, 2017; Larco & others, 2018）。大多數人的青春期發育約在 9 到 16 歲之間。環境因素也會影響青春期發育的起始時間與持續時間（Black & Rofey, 2018）。

荷爾蒙

男孩長出第一根鬍鬚，以及女孩的臀圍變寬，都是荷爾蒙大量分泌的結果。**荷爾蒙**（**hormones**）是內分泌腺釋放的強力化學物質，經由血液輸送到全身（Herting & Sowell, 2017; Nguyen, 2018; Novello & Speiser, 2018; Piekarski & others, 2017; Rovner & others, 2018）。男性與女性主要在兩大類荷爾蒙的濃度上產生差異：**雄激素**（**androgens**）是男性主要的性荷爾蒙，**雌激素**（**estrogens**）是女性主要的性荷爾蒙。注意，男性和女性都會分泌這些荷爾蒙，差別在於荷爾蒙在某一性別的作用強過另一性別（Benyi & Savendahl, 2017; Hsueh & He, 2018）。

睪固酮（testosterone）在男性青春期發育占有重要地位（Giri & others, 2017; Wierenga & others, 2018）。睪固酮主要由男性的睪丸分泌。青春期發育期間，睪固酮濃度升高和男孩的生理變化息息相關，如外在性器官成熟、身高增加、聲調變化等（Goji & others, 2009）。睪固酮濃度也和青少年的性欲和性活動有關（Cameron, 2004）。另外，**雌二醇**（estradiol）則在女性青春期發育中占有一席之地（Ding & others, 2018）。雌二醇主要由女性的卵巢分泌，當雌二醇的濃度增加，帶動乳房、子宮發育以及骨骼成長變化。目前還不清楚荷爾蒙濃度對青少女性欲與性活動的作用（Cameron, 2004）。青春期發育期間，男性和女性的睪固酮與雌二醇濃度皆大為升高。不過，一項研究指出，青春期發育期間，男性的睪固酮濃度飆升 18 倍，但女性僅升高 2 倍；女性的雌二醇濃度增加 8 倍，男性只升高 2 倍（Nottelmann & others, 1987）（見圖 1）。此外，以 9 至 17 歲男孩為對象的研究，發現睪固酮濃度在 17 歲時達到巔峰（Khairullah & others, 2014）。

From *Penguin Dreams and Stranger Things* by Berkeley Breathed. Copyright © 1985 by The Washington Post Company. By permission of Little, Brown and Co. Copyright © 1985 by Berkeley Breathed. Reprinted by permission of International Creative Management, Inc.

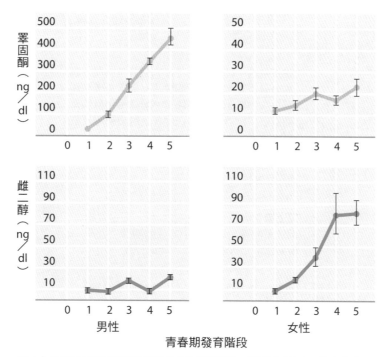

圖 1｜性別與青春期發育階段的睪固酮與雌二醇濃度差異。從青春期開始發育（階段 1）到青春期發育最後期（階段 5），共分五個階段。從圖中可看出男性的睪固酮與女性的雌二醇飆升。

｜內分泌系統

　　青春期發育並非單一特殊事件，相反地，它比較像是一連串並行的神經內分泌變化過程（Avendano, Vazquez, & Tena-Sempere, 2017; Hou & others, 2017; Rovner & others, 2018; Sisk, 2017; Toro, Aylwin, & Lomniczi, 2018）。青春期發育的開始，和下視丘─腦下垂體─性腺軸（hypothalamic-pituitary-gonadal [HPG] axis）的活動有關（見圖 2）。

　　下視丘（hypothalamus）是大腦較為高等的構造，控制飲食及性。**腦下垂體**（pituitary gland）是掌管生長、調節其他腺體的內分泌腺。**性腺**（gonads）位於男性的睪丸及女性的卵巢。這些內分泌系統如何運作？首先由腦下垂體透過促性腺激素（gonadotropins，一種刺激性腺分泌的荷爾蒙）發送信號到睪丸或卵巢，製造荷爾蒙。接著，腦下垂體與下視丘交互作用，偵測荷爾蒙是否已達到最佳濃度，並與其他內分泌調和，維持穩定。

　　腦下垂體分泌的兩種荷爾蒙──**促濾泡激素**（follicle-stimulating hormone, FSH）與**黃體成長激素**（luteinizing hormone, LH），會調節性荷爾蒙的濃度（Ding & others, 2018; Kolby & others, 2017）。促濾泡激素刺激女性濾泡發育和男性精子生成，黃體成長激素調節女性的雌激素分泌和卵子發育，也調整男性的睪固酮生成（Ding & others, 2018; Rovner & others, 2018）。此外，下視丘分泌名為**促性腺素釋素**（gonadotropin-releasing hormone,

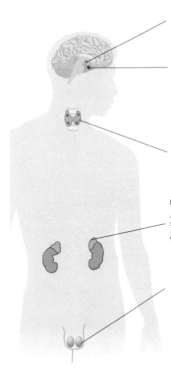
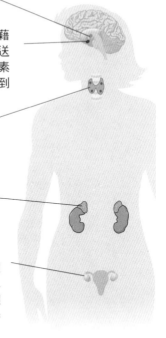

下視丘：位於大腦內，與腦下垂體交互作用，調節與監控人體內的荷爾蒙。

腦下垂體：分泌荷爾蒙以刺激其他腺體。藉由分泌生長激素，影響生長。腦下垂體發送促性腺激素到睪丸和卵巢、發送促甲狀腺素激素到甲狀腺，也發送促腎上腺皮質激素到腎上腺。

甲狀腺：與腦下垂體相互作用，影響生長。

腎上腺：與腦下垂體相互作用，促進青春期生長發育，但作用不如性腺明顯。近期研究顯示它可能影響青少年的行為。

性腺：從男性的睪丸和女性的卵巢分泌。性腺強烈影響第二性徵出現，如男性的體毛與女性的乳房。女性性腺一般名為雌二醇，男性性腺名為睪固酮。說得更具體些，男性的睪固酮和女性的雌二醇為青春期發育的關鍵荷爾蒙。

圖2｜**與青春期發育變化有關的主要內分泌腺體**

GnRH）的物質，與青春期發育的時間點有關（Howard & Dunkel, 2017; Limonta & others, 2018; Toro, Aylwin, & Lomniczi, 2018）。

　　這些荷爾蒙受**負回饋系統**（negative feedback system）調節。若性荷爾蒙的濃度過高，下視丘和腦下垂體即減緩刺激性腺，降低性荷爾蒙；若性荷爾蒙的濃度過低，下視丘和腦下垂體即激化性荷爾蒙分泌。

　　圖3說明此回饋系統的運作方式。男性腦下垂體分泌的黃體成長激素刺激睪丸製造睪固酮。當睪固酮濃度太高，下視丘就會減少分泌促性腺素釋素，從而降低腦下垂體繼續分泌黃體成長激素；相反地，若睪固酮濃度太低，下視丘就會分泌更多的促性腺素釋素，再次啟動循環。女性的負回饋系統運作與男性相彷，只不過黃體成長激素和促性腺素釋素是調節卵巢，製造雌激素。

　　內分泌系統的負回饋系統機制好比自動調溫器和暖氣。如果房間變冷，自動調溫器就會發送訊號給暖氣，啟動開關。當暖氣升高房間的溫度，又會觸動自動調溫器關掉暖氣。房間的溫度慢慢下降，直到自動調溫器再度發送信號打開暖氣，如此循環不已。之所以稱為**負**回饋系統圈，乃因溫度**升高**反倒**關掉**暖氣，溫度**降低**則**打開**暖氣。

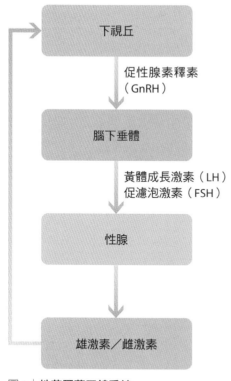

圖 3│**性荷爾蒙回饋系統**

兒童期的性荷爾蒙濃度低下，青春期發育時升高（Larco & others, 2018; Sisk, 2017），有如兒童期的溫度才 10℃（50℉），青春期時上升到 27℃（80℉）。因此青春期的性腺製造了更多的性荷爾蒙。

生長激素

腦下垂體釋放促性腺激素刺激睪丸與卵巢（Cetinkaya & others, 2018; Kolby & others, 2017）。腦下垂體在青春期時增量，不斷循環血液中的雌激素與睪固酮濃度（Hsueh & He, 2018）。此外，透過與下視丘和位於頸部的**甲狀腺**（thyroid gland）的交互作用，腦下垂體也分泌促進生長與骨骼成熟的荷爾蒙（見圖 2）。

青春期剛開始發育時，生長激素只在夜晚分泌。到發育後期，白天也會分泌，但分泌量相對較低（Susman, Dorn, & Schiefelbein, 2003）。如同睪固酮與雌激素，腎上腺皮質分泌的可體松（cortisol，又譯皮質醇）也會影響生長（Bizzarri & others, 2017）。

腎上腺皮質機能初現與性腺功能初現

青春期發育的兩個時期和荷爾蒙變化有關：腎上腺皮質機能初現與性腺功能初現（Byrne & others, 2017; Limatta & others, 2018）。**腎上腺皮質機能初現**（**adrenarche**）是位於腎臟上方的腎上腺荷爾蒙變化（Oberfield, Tao, & Witchel, 2018）。這些變化出現的時間意外得早，女孩約為 6 至 9 歲，男孩約晚一年，比青春期發育還早（Dorn & others, 2006）。從腎上腺皮質機能初現持續到整個青春期，腎上腺不斷分泌腎上雄性素，如去氫皮質酮（dehydroepiandrosterone, DHEA）（Novello & Speiser, 2018; Oberfield, Tao, & Witchel, 2018）。一項研究顯示，DHEA 的濃度在女孩乳房發育前兩年就已經增加了（Biro & others, 2014）。但是，目前學界仍不太瞭解腎上腺皮質機能初現的作用（Dorn & Biro, 2011）。

性腺功能初現（**gonadarche**）約在腎上腺皮質機能初現後兩年發生，也就是多數人俗稱的青春期發育。性腺功能初現涉及第一性徵（女性的卵巢，男性的睪丸）與第二性徵（體毛、乳房、陰莖）的成熟（Dorn & others, 2006）。「性腺功能初現是下視丘—腦下垂

體─性腺（HPG）軸的激化作用⋯⋯，HPG 最初活化，發生在胎兒期和新生兒期」（Dorn & others, 2006, p. 35）。

在美國，非拉美裔白人女孩的性腺功能初現約為 9 至 10 歲，非裔女孩約為 8 至 9 歲（Herman-Giddens, Kaplowitz, & Wasserman, 2004）。男孩的性腺功能初現約為 10 至 11 歲。女性的*初經*（**menarche**）（即第一次月經來潮）約在性腺功能初現中後期，男性的*初精*（**spermarche**）（即第一次射精）約在性腺功能初現前中期。本章引言中的青少年，各處於不同的腎上腺皮質機能初現與性腺功能初現時期。

體重與體脂肪

某些研究者認為兒童在青春期發育前，尤其是初經來潮前，體重須先達到某一標準（Ackerman & others, 2006）。許多研究也發現，體重偏重，尤其是肥胖，會提早進入青春期發育（Shalitin & Kiess, 2017）。近期研究指出，女孩的青春期發育提早到來，與身體質量指數（body mass index, BMI）較高有關（Bratke & others, 2017）。此外，近期一項中國的研究也顯示，較高的身體質量指數和青春期發育提早來臨有關（Deng & others, 2018）。

有哪些因素會影響青春期發育？

©Fuse/Getty Images

也有其他學者假設，初經受到體脂肪率（體內脂肪占總體重的百分比）影響，但確切的比例尚無定論。不過，因罹患神經性厭食症的青少年，以及參與某些運動（如體操和游泳）而體重急速下降的女性，可能發生月經暫時停止的現象。營養不良的男性，青春期發育也可能因而延遲（Susman, Dorn, & Schiefelbein, 2003）。

瘦素與親吻促動素

生殖是相當耗費能量的活動，因此若體能狀況低落，據說會啟動青春期的「代謝門控」（metabolically gated）來防止受孕（Roa & Tena-Sempere, 2014）。如前所述，肥胖和初經提早有關。從能量不足到體重過重，都受到青春期的代謝控管，由發送到促性腺素釋素（GnRH）的神經元接收訊息，再啟動相關荷爾蒙調節（Chehab, 2014）。

瘦素（leptin）是由脂肪細胞分泌的荷爾蒙。充足的瘦素會刺激大腦，加速新陳代謝

作用，減低飢餓感，在調節青春期發育（尤其是女性）上扮演重要角色（Kang & others, 2018）。有學者主張，缺乏瘦素會抑制食物攝取，減少體脂肪，推遲青春期發育時間或干擾青春期發展。因此，採用瘦素療法可回復青春期（Bellefontaine & others, 2014; Zhang & Gong, 2018）。某些研究發現肥胖兒童體內的瘦素濃度增多，促使青春期提早到來（Shalitin & Kiess, 2017）。另外，**親吻促動素**（kisspeptins）是 Kiss-1 基因的產物，可調節 GnRH 神經元，同樣在青春期開始發育和變化上擔任重要角色（Kang & others, 2018; Kumaz, Sen, & Aydin, 2017; Shahab & others, 2018）。有趣的是，Kiss-1 基因是由賓州 Hershey 小鎮的研究人員發現的，故以當地著名的「好時巧克力之吻」（Hershey chocolate kisses）命名。

瘦素與親吻促動素果真是青春期發育的關鍵因素嗎？科學家目前還不確定瘦素與親吻促動素和青春期發育的因果關係（Condorelli & others, 2014）。

出生體重與嬰兒期的體重

出生體重與嬰兒期體重會影響青春期發育嗎？越來越多研究顯示兩者之間存在相關（Ibanez & others, 2011; Novello & Speiser, 2018）。相較於正常出生體重的青少女，低出生體重青少女約早 5 至 10 個月初經來潮。低出生體重的男嬰，青春期時有睪丸較小的風險（Ibanez & de Zegher, 2006）。此外，一項近期研究指出，出生後 6 至 15 個

出生體重與嬰兒期體重，和青春期發育有何關聯？
©DPD ImageStock / Alamy

月期間體重快速增加，可能導致 6 至 9 歲女孩青春期提早發育（Aydin & others, 2017）。

社會文化與環境因素

社會文化與環境因素會影響青春期發育出現的時間嗎？近期研究顯示，文化差異與早期經驗和青春期發育提早出現有關（Bratke & others, 2017）。已開發國家和大都會地區的青少年，進入青春期的時間早於發展較落後國家和鄉村地區的青少年（Graham, 2005）。在兒童期被開發中至已開發國家領養的青少年，進入青春期的時間早於繼續住在開發中國家的同輩青少年（Teilmann & others, 2002）。非裔青少女進入青春期的時間，比拉美裔和非拉美裔白人青少女早；非裔青少男進入青春期的時間，也比非拉美裔白人青少男早（Talpade, 2008）。

與青春期提早發育有關的早期經驗因素包括：領養、父親缺席、低社經地位、家庭衝

突、母方過於嚴厲、不當管教、早期物質使用等（Ellis & others, 2011; Novello & Speiser, 2018），例如，近期研究發現童年性虐待和青春期發育提早出現有關（Noll & others, 2017）。高衝突和高壓力的社會環境是青春期發育提早出現的可能原因（Behie & O'Donnell, 2015）。

成長陡增

成長在兒童期時趨緩，到了青春期又快速增加。圖 4 顯示成長陡增的青春期，女孩約比男孩早了兩年，亦即女孩約在 9 歲，男孩約在 11 歲。青春期變化的高峰，女孩約為 11 歲半，男孩約為 13 歲半。在成長陡增（growth spurt）這段期間，女孩每年約長高 3.5 吋（約 8.89 公分），男孩每年約長高 4 吋（約 10.16 公分）。

個體的最終身高，通常介於親生母親與親生父親的身高之間。女性稍微矮一些，男性稍微高一些。女孩的成長陡增通常在初經前開始，也比男孩早結束；男孩的成長陡增雖然開始得較晚，但也較晚結束。

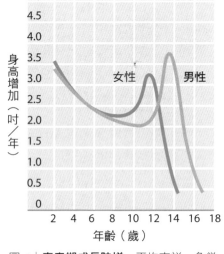

圖 4｜**青春期成長陡增。**平均來說，象徵青春期發育的成長陡增高峰，女孩（11 歲半）約比男孩（13 歲半）早了兩年。

青春期前比同齡矮（或高）的男童與女童，青春期時的身高大致也比同齡矮（或高）。青春期剛開始時，女孩常常和同齡男孩一樣高，甚至更高。但到中學快畢業的時候，多數男孩已經趕上女孩了，有些甚至是超越女孩。雖然小學的身高可用來預測青春期的身高，但仍有 30% 的青少年身高無法以小學身高解釋。

青春期體重增加的速度約與身高發展的速度相當。體重明顯增加，和青春期發育出現的時間點類似（Bratke & others, 2017）。50% 的成人體重幾乎都是在青春期間猛然上升的（Rogol, Roemmich, & Clark, 1998）。女孩的體重高峰約為 12 歲（比身高增加高峰約晚六個月），平均一年約增加 18 磅（約 8.16 公斤）；男孩的體重高峰約為 13 至 14 歲（與身高增加高峰略同），平均一年約增加 20 磅（約 9.07 公斤）。在青春期早期，女孩比男孩重，但就像身高一樣，到了 14 歲，男孩的體重開始超越女孩。

除了身高與體重的成長外，青春期發育增加的還有臀圍及肩膀寬度。女孩的臀圍快速增加，男孩則是肩寬。女孩的臀圍增加和雌激素有關，男孩的肩寬增加和睪固酮有關（Susman & Dorn, 2009）。

最後，青春期後期的成長陡增，造成男孩的腿長遠多於女孩。許多青少男的臉龐變得更加稜角分明，青少女的臉龐則是變得圓潤柔軟。

性成熟

回想你的那段青春發育期間。身體的第一個驚人變化，出現在什麼部位呢？研究發現男性的青春期特徵，依下列的順序出現：陰莖與睪丸變大、長出直的陰毛、輕微變聲、第一次射精（自慰或夢遺）、長出捲的陰毛、成長陡增開始、長出腋毛、聲音變粗、長出鬍鬚。男孩性成熟的三個顯著徵兆為：陰莖變大、睪丸變大、長出鬍鬚。性成熟與身高陡增出現的正常年齡範圍與平均年齡，如圖 5 所示。

圖 6 說明一般青春期男性與女性的性徵發育過程。圖 6 的五個數字代表第二性徵出現的五個階段，又稱譚納階段（Tanner stages）（Tanner, 1962）。長期縱貫研究顯示，一般男孩的陰莖變化大約早陰毛發展四個月（Susman & others, 2010），這項研究也顯示，非裔青少男少女的青春期發育比非拉美裔白人同儕大約早了一年。

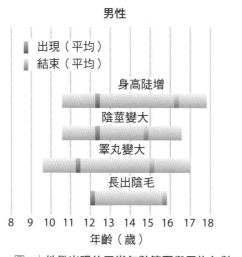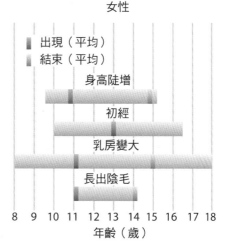

圖 5｜性徵出現的正常年齡範圍與平均年齡

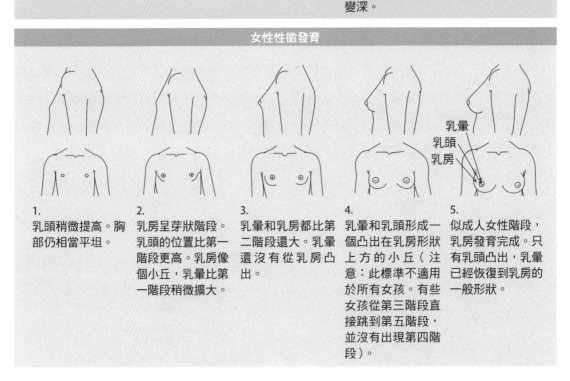

圖6｜男性與女性青春期性徵發育的五個階段

（圖中文字：）

男性性徵發育

陰莖
陰囊
睪丸
龜頭

1.
尚未長出陰毛。睪丸、陰囊、陰莖的大小與形狀，和兒童期相似。

2.
陰莖根部長出少量細長、深色、或直或捲的陰毛。睪丸變大，陰囊表皮出現變化。陰囊包覆睪丸，稍微下沉。陰莖稍微變大。

3.
陰毛顏色變深、變粗、變捲。薄薄地向外延伸。陰莖長度變長，睪丸與陰囊也變得比第二階段更大、更為下沉。

4.
陰毛越來越像成年男性般深捲粗。不過，陰毛覆蓋的區域不似成年男性般廣，還未延伸到大腿。陰莖長得更長更粗、龜頭變大。陰囊因睪丸變大，也隨之變大，顏色變深。

5.
陰毛像成年男性一樣延伸到大腿。陰莖、陰囊、睪丸的大小和形狀如成人男性。

女性性徵發育

乳暈
乳頭
乳房

1.
乳頭稍微提高。胸部仍相當平坦。

2.
乳房呈芽狀階段。乳頭的位置比第一階段更高。乳房像個小丘，乳暈比第一階段稍微擴大。

3.
乳暈和乳房都比第二階段還大。乳暈還沒有從乳房凸出。

4.
乳暈和乳頭形成一個凸出在乳房形狀上方的小丘（注意：此標準不適用於所有女孩。有些女孩從第三階段直接跳到第五階段，並沒有出現第四階段）。

5.
似成人女性階段，乳房發育完成。只有乳頭凸出，乳暈已經恢復到乳房的一般形狀。

　　女性的身體變化出現順序又是如何呢？一般而言，乳房首先發育，接著是長出陰毛、腋毛。當這些變化出現，女孩也隨之長高，臀圍變得比肩膀還寬。初經其實在青春期發育期程上算是晚的了。剛開始，女孩的月經週期相當不規律，前面幾年甚至不是每個月都排卵。有些案例顯示，女性要到初經兩年後才能真正受孕。與男孩相較，女孩的聲音幾乎沒

有變化。到了青春期後期，女孩的乳房變得更為圓潤。女性青春期最醒目的兩個變化是長出陰毛和乳房發育。圖 5 顯示長出陰毛和乳房發育這兩大女性性徵出現的正常年齡範圍與平均年齡，以及初經與身高陡增的相關資訊。圖 6 說明一般女性青春期的性徵發育過程。長期研究顯示，一般女孩的乳房發育約比長出陰毛還早兩個月（Susman & others, 2010）。

注意，青春期開始發育的時間與期程，個別差異極大。就男孩而言，有的早在 10 歲就開始發育了，有的則晚至 13 歲；有的在 13 歲就結束了，有的則遲至 17 歲才結束。正常青春期發育的年齡範圍，足以讓兩個同齡的青春期男孩，一個才剛要發育，另一個已經發育結束了。女孩的初經正常年齡範圍甚至更寬，約在 9 至 15 歲之間。

性早熟（**precocious puberty**）意指青春期發育開始得太早，速度也快很多（Blakemore, Berenbaum, & Liben, 2009; Cicek & others, 2018）。性早熟的年齡診斷通常為：女孩早於 8 歲，男孩早於 9 歲（Sultan & others, 2018; Varimo & others, 2017）。女孩性早熟的發生率約為男孩的十倍，體重過重或肥胖的女孩更容易性早熟（Cicek & others, 2018）。若出現性早熟，通常施以藥物治療，壓抑促性腺激素分泌，暫時阻斷青春期變化（Faienza & others, 2017; Khokhar & Mojica, 2018）。性早熟可能導致兒童的身材矮小、過早從事性活動，以及參與不適合其年齡的活動（Blakemore, Berenbaum, & Liben, 2009; Choi & Kim, 2016）。

青春期發育的長期趨勢

想像學步兒表現出青春期的特徵——3 歲小女娃乳房發育成熟，或小男孩竟有成年男性的低嗓音。某假說認為，如果青春期年齡持續以現在的速度下降，到了 2250 年，人類的青春期或許會來到新低點（Petersen, 1987）。然而，因為基因限制，不大可能有青春期學步兒這種事（Elks & Ong, 2011; Howard & Dunkel, 2017）。青春期提早到來，咸信是健康醫療和營養改善的結果。

長期趨勢（**secular trends**）一詞，意指青春期開始發育年齡的跨世代變化。例如當代挪威女性的初經約在 13 歲以上，比 1840 年代的 17 歲早了許多（Ong, Ahmed, & Dunger, 2006）。美國兒童的身體發育約比歐洲國家的兒童提早一年，相較於上個世紀，現在美國青少女的初經約在 12 歲半報到（見圖 7）；越來越多美國女童在 8 至 9 歲時即進入青春期。美國非裔女孩的青春期發育年齡，也比非拉美裔白人女孩早（Herman-Giddens, 2007）。

近年來，青春期提早出現的現象也發生在世界各國（Sultan & others, 2018）。例如，南韓（1965 到 2005 年）與日本（1950 到 2010 年）的青春期成長時間提前，但期程卻縮

短了（Cole & Mori, 2018）。另一項研究顯示，2010 年中國男孩的初精（睪丸開始製造精子）比 1995 年的男孩早，這可能與身體質量指數（BMI）與時俱增有關（Song & others, 2016）。另一近期研究發現，現在沙烏地阿拉伯女孩的初經年齡早於她們的母親那一代（Al Alwan & others, 2017）。

　　談到這裡，我們已經認識青春期的生理變化，接下來要來探討青春期的心理面向。

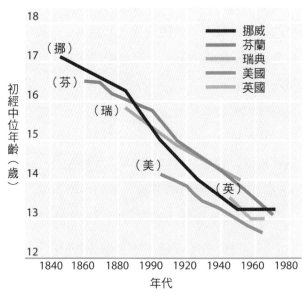

圖 7｜**自 1845 到 1969 年，某些北歐國家和美國青少女的初經中位年齡。**留意五個不同國家的女孩，同樣經歷到初經年齡急速下降。近期女性初經年齡下降的速率已趨於緩和。

青春期發育的心理面向

　　許多的心理變化跟著青春期發育一起出現。回想你剛進入青春期的時候，不但覺得自己很怪，連爸爸媽媽和朋友也覺得你不一樣了。或許你很滿意身體的變化，但心裡仍感到困惑不解。連你和爸媽都不知道為什麼，以前可以很自在地一起聊天看電視、親臉頰道晚安，現在卻覺得這麼做很彆扭！

　　相較於青少女，鮮少研究探討青少男的青春期心理社會面向變化，原因可能是不易察覺青少男何時開始變化。夢遺雖是個標記，可惜少有這方面的研究主題發表。青春期對女孩的影響不僅容易研究，且對女孩的效應也比男孩明顯。例如在多數社會裡，相較於男性的陰莖變化，較易觀察到女性的乳房成長。

身體意象

男孩與女孩的青春期發育心理面向之一為：心思都放在自己的身體變化上（Hoffman & Warschburger, 2018; Morin & others, 2017; Robbins, Ling, & Resnicow, 2017; Senin-Calderon & others, 2017; Solomon-Krakus & others, 2017）。每天攬鏡自照，甚至端詳數小時之久，一丁點兒變化也看得出不同。雖說整個青春期念茲在茲的幾乎是個人的身體意象，但在急速發育期間更是過度注意，而且非常不滿意自己的身體。

青少年常把心思放在身體外貌變化上，追求理想的身體形象。為什麼青少男會比青少女有比較正向的身體意象呢？

©age fotostock / SuperStock

性別差異

性別差異是青少年身體知覺的特色（Hoffman & Warschburger, 2017, 2018; Mitchison & others, 2017）。一般而言，青少女對自己的身體較不滿意，比青少男更具負面的身體意象。這可能是因為媒體塑造瘦才是美的形象，但青少女的體脂肪偏偏在此時增加（Griffiths & others, 2017）。近期一項針對美國青少年的研究顯示，男孩的身體意象較女孩正向（Morin & others, 2017）。同樣地，以英國大學生為研究對象，發現 35% 的女性自陳中度或相當關注身體意象，但僅有 8% 的男性關注身體意象（El Ansari, Dibba, & Stock, 2014）。

隨著青春期發育變化進行，因為體脂肪增加的緣故，女孩變得越來越不滿意自己的身體（Yuan, 2010）。相反地，男孩卻因為肌肉質量增加，看自己是越看越滿意。不過，就整個青春期（而非單指急速發育那段期間）而言，一項研究發現，從青春期開始到青春期結束，男孩與女孩的身體意象逐漸趨於正向、滿意（Holsen, Carlson Jones, & Skogbrott Birkeland, 2012）。

隨著網路與社群媒體使用度竄升，使得青少年更加在意身體意象（Saul & Rodgers, 2018）。一項針對美國 12 到 14 歲青少年的研究指出，越常使用社群媒體，身體不滿意度越高（Burnette, Kwitowski, & Mazzeo, 2017）。另一項針對泰國七年級到十二年級學生的研究，發現花在網路上的時間越多，尤其是花在與自我意象、飲食態度和行為

社群媒體和青少年的身體意象有何關聯？

©William Perugini / Getty Images

有關的活動，都會加重身體不滿意度（Kaewpradub & others, 2017）。此外，研究美國女大學生的網路行為，發現越常使用臉書的女大學生，越關注身體與體重、注意他人的外貌、不滿意自己的身體（Eckler, Kalyango, & Paasch, 2017）。近期研究發現，常上 IG 看美女名媛和同儕照片，會損害女大學生的身體意象（Brown & Tiggemann, 2016）。總之，時常上網和接觸社群媒體會危及年輕人（尤其是女性）的身體意象。

身體藝術

越來越多青少年和大學生喜歡身體修飾（body modification），如：刺青、穿洞或疤痕紋身（刮擦、蝕刻、燒灼、繪圖或刻字等）（Breuner & others, 2018）。一項調查顯示，38% 的 18 至 29 歲年輕人身上至少有一個刺青，23% 曾在身體某一部位穿洞（除了耳洞以外）（Pew Research Center, 2010）。許多年輕人修飾身體是想讓自己看起來與眾不同。某些研究指出，刺青和穿洞是青少年從事風險行為的標記

越來越多年輕人喜歡體驗身體藝術，如：刺青或穿洞。為什麼年輕人會熱衷於身體修飾呢？

©Corbis

（Deschesnes, Fines, & Demers, 2006）。但有的研究者認為，身體藝術（body art）是青少年為了表達個性和自我表現，不能以叛逆一概而論（Van Hoover, Rademayer, & Farley, 2018）。

荷爾蒙與行為

荷爾蒙濃度和青少年的行為有關嗎？青少年負面且多樣的情緒變化，和荷爾蒙脫不了關係（Klipker & others, 2017）。以男孩而言，睪固酮增加，促動暴力和外顯行為問題（Van Goozen & others, 1998）。然而，某研究回顧分析後發現，青春期睪固酮濃度變化不足以說明與青少年的情緒和行為有關（Duke, Balzer, & Steinbeck, 2014）。

也有某些指標顯示，雌激素濃度增加和青少女的憂鬱情緒有關（Blakemore, Berenbaum, & Liben, 2009）。此外，腎上腺雄激素增加也促發青少女的負面情緒起伏（Susman & Dorn, 2009）。一項研究發現，腎上腺雄激素增加的早熟青少女，比其他青少女容易情緒波動、也較容易陷入憂鬱（Graber, Brooks-Gunn, & Warren, 2006）。

然而，光靠荷爾蒙這一因素無法解釋青少年的行為（Das & others, 2017）。例如，一

項研究發現，社會因素對青少女憂鬱與憤怒情緒的影響，比荷爾蒙變化的影響還多達二至四倍之多（Brooks-Gunn & Warren, 1989）。另一研究發現，青春期男性和女性的睪固酮濃度與高風險行為或憂鬱情緒僅些微相關（Booth & others, 2003），相反地，高風險行為和親子關係品質息息相關。若親子關係品質下降，就會提高與睪固酮有關的高風險行為和憂鬱症狀。此外，一項研究顯示，負面生活事件是 10 至 14 歲青少女荷爾蒙（雌激素與腎上腺荷爾蒙）和攻擊行為的中介因素（Graber, Brooks-Gunn, & Warren, 2006）。因此，荷爾蒙並非獨立運作。荷爾蒙的活動受到許多環境因素影響，如：親子關係，另外，壓力、飲食習慣、性活動、憂鬱等，也會加速或抑制不同的荷爾蒙系統（DeRose & Brooks-Gunn, 2008）。

早熟與晚熟

你還記得自己進入青春期的年紀，是早、晚或剛剛好呢？比同儕早或晚進入青春期的人，對自己會有不同的看法（Bralic & others, 2012; Ullsperger & Nikolas, 2017）。多年前進行的柏克萊縱貫研究（Berkeley Longitudinal Study）發現，早熟青少男的自我看法較正向，同儕關係也較晚熟青少男佳（Jones, 1965）；早熟青少女略同，但差異不若早熟青少男明顯。同樣地，一項研究發現，中學時代晚熟的青少年，身體意象比早熟青少年差（de Guzman & Nishina, 2014）。

早熟青少女容易有哪些風險？
©*Britt Erlanson/Getty Images*

柏克萊縱貫研究中提到，晚熟青少男到了 30 多歲，會比早熟青少男發展出較正向的自我認同（Peskin, 1967）。或許晚熟青少男反倒多出時間探索生涯選擇，也可能是早熟青少男一直關注外表體格狀態，忽略生涯發展與追求事業成就。

越來越多研究發現，早熟青少女可能會碰到很多問題（Black & Rofey, 2018; Hamilton & others, 2014; Selkie, 2018）。早熟青少女更容易染上抽菸、喝酒、心情低落、飲食失調、偏差行為、想早點脫離父母獨立、結交年長朋友、誘惑男性，導致過早約會甚至涉入性行為（Copeland & others, 2010; Ibitoye & others, 2017; Negriff, Susman, & Trickett, 2011; Pomerantz & others, 2017; Rudolph & others, 2014; Verhoef & others, 2014; Wang & others, 2018）。一項研究指出，初經在 11 歲之前的青少女容易罹患精神失調、恐懼症、外顯行為問題（Platt & others, 2017）。同樣地，近期研究發現，早熟青少女到了中年仍容易有憂鬱症和

反社會行為，青春期的不安並未隨時間緩解（Mendle, Ryan, & McKone, 2018）。此外，研究也發現早熟青少女傾向提早發生性行為，且性關係不穩定（Moore, Harden, & Mendle, 2014），增加約會強暴的風險（Chen, Rothman, & Jaffee, 2018）。早熟青少女容易從中學輟學、過早同居或步入婚姻（Cavanagh, 2009）。近期研究也有發現，初經在 12 歲前就報到的異性戀青少女，成年期的關係品質相較按時發育的青少女來得差（Reese, Trinh, & Halpern, 2017）。該研究也提到，早熟的性少數青少女在成年期的親密關係品質也較差。顯然，社交與認知發展不夠成熟，加上身體過早發育，易使她們出現問題行為，而沒有意識到這些行為帶來的長期負面後果。

青春期發育時間造成的影響有性別差異存在嗎？近期一項分析 100 個以上的統合分析研究指出，儘管性別差異不大，但在一些地區中，早熟對青少男和青少女同樣不利，負面影響遍及內在心理問題（如：憂鬱）和外顯行為問題（如：偏差行為）（Ullsperger & Nikolas, 2017）。

總之，早熟通常對青少男有較為有利的結果，尤其在青春期早期。但，晚熟對青少男也有好處，尤其是認同與生涯發展。越來越多研究發現，早熟青少女容易陷入各種問題。

青春期發育的影響被誇大了嗎？

有些研究者質疑，青春期發育的影響果真如此強大？青春期發育的影響是否被誇大了？青春期發育確實影響了某些青少年，也影響了青少年的某些行為。身體意象、約會交友、性行為等，的確是受到青春期發育的影響。一項研究指出，早熟青少男少女比晚熟的同儕更常涉入性行為與偏差行為（Flannery, Rowe, & Gulley, 1993）。不過，若從人生全期的整體發展與適應調節來看，青春期發育所帶來的變化，對多數人來說並不是那麼的劇烈。有些人的青春期像風暴一樣，有些則否（Jiang & others, 2018; Seider, Jayawickreme, & Lerner, 2017）。人生的每個時期都有壓力，相形之下青春期並無不同。儘管青春期帶來某些挑戰，但多數青少年都能有效地因應壓力。除了生理變化對青少年發展的影響外，認知與社會或環境的影響也同樣形塑了我們（Knapp & Morton, 2017; Yoshikawa & others, 2017）。僅挑出生理變化，就說它是青春期的主要影響因素並不恰當。

雖然極端早熟或晚熟是發展的風險因子，但整體效應仍有待釐清。並非所有的性早熟者都愛約會、抽菸、喝酒，也不是所有的性晚熟者都有同儕相處問題。在某些情況下，青少年的在校成績，影響力更甚發育時機（Petersen & Crockett, 1985）。這並不令人意外，成績對青少年社交圈的組成尤勝生理發展。但，這並不是說發育年齡對發展不會有影響，

而是要全盤考量生理、認知、社會情緒脈絡等交互作用對青春期的影響（Ullsperger & Ni-kolas, 2017）。

以下是協助青少年度過青春期的有效策略（McNeely & Blanchard, 2009）：

● 熟悉青春期變化的正確資訊。專家建議可在兒童八或九歲時，就和他們討論青春期即將來臨的變化。

● 重視青少年的意見，仔細聆聽他們的看法，協助他們瞭解青春期。

● 允許青少年自由表達情緒與害怕，因為他們可能不瞭解身體變化及其造成的壓力。

● 當青少年想談談青春期，請表現出你願意和他們談和傾聽的態度。不要太快給建議，甚至自以為是或批評他們。

● 提醒早熟青少年不要花太多時間結交年長朋友。鼓勵他們多和同齡朋友相處。

● 注意，雖然青少年的外型看似小大人，但別誤以為他們的認知與社會情緒已像成人般成熟。

回顧與反思

學習目標 1 探討青春期發育的決定因子、特徵、心理面向。

複習本節所學

· 青春期發育的重要決定因子有哪些？

· 青春期發育的成長陡增有哪些特徵？

· 青春期的性徵如何發展？

· 青春期發育的長期趨勢為何？

· 青春期發育有哪些重要的心理面向？

· 青春期發育的影響被誇大了嗎？

分享與連結

· 遺傳與環境如何影響青春期發育時間？

反思個人經驗

· 回想你當初進入青春期發育的時候。你對於自己的青春期發育變化有多好奇？你對這些變化有哪些迷思？

2.健康

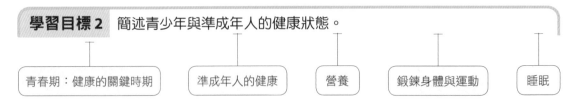

學習目標 2　簡述青少年與準成年人的健康狀態。

青春期：健康的關鍵時期　　準成年人的健康　　營養　　鍛鍊身體與運動　　睡眠

青春期為何是健康的關鍵時期呢？準成年人的健康有何特色？青少年的飲食習慣有什麼需要留意的地方？青少年要做多少運動，還有運動在他們的生活中扮演什麼角色？青少年有得到充足的睡眠嗎？以上是本節要探討的問題。

青春期：健康的關鍵時期

青春期是養成健康行為習慣的關鍵時期（Donatelle, 2019）。許多成人健康習慣不佳，甚至英年早逝，都和青春期有關（Donatelle, 2019; Donatelle & Ketcham, 2018）。相反地，盡早養成良好的健康習慣，如：規律運動、減少攝取高脂肪高膽固醇飲食，不只可立即看到效果，還有助於延緩或預防成年期罹患心血管疾病、中風、糖尿病、癌症的風險（Hales, 2018; Walton-Fisette & Wuest, 2018）。

不幸的是，即使美國早已是非常關注健康的國家，仍有許多青少年（和成人）抽菸、營養不均、成為沙發馬鈴薯（couch potatoes）一族。既然如此，青少年為什麼不去培養良好的健康習慣呢？青少年時期正是健康、體能、活力達到前所未有的顛峰時期，也難怪許多青少年掉以輕心，沒有及時養成良好健康習慣。

許多健康專家主張，要改善青少年的健康，不是只有等到生病時才去看醫生。越來越多專家建議，青少年的健康問題取決於他們的行為（Akinsola & Petersen, 2018; Hill & others, 2018; Sawyer & Patton, 2018）。這些專家所提出的目標是：（1）減少青少年的**損害健康行為**（health-compromising behaviors），如：濫用藥物、暴力、不安全性行為、危險駕駛；（2）增加**促進健康行為**（health-enhancing behaviors），如：運動、攝取營養食物、繫安全帶、充足睡眠。

許多教育介入策略欲改善青少年健康，提升他們對冒險行為的覺察，教導促進健康行為的技巧。一項研究分析指出，這些策略對 13 至 17 歲的青少年起不了作用（Yeager, Dahl, & Dweck, 2018）。相反地，David Yeager 等人（2018）主張，有效的健康促進策略應該尊重青少年，提升青少年主體性，使他們具備寶貴的知識，有能力做出明智的選擇，也

有為他人做出積極貢獻的潛能。這種介入策略不會告訴青少年什麼該做、什麼不該做，而是鼓勵他們找出什麼是對自己健康最好的生活方式，尊重他們的欲望，而不是把他們看成像小孩一樣。

有項介入策略採取了這個創新的作法。青少年往往把聽父母的話、有良好飲食習慣的人說成是怪咖（Bryan & others, 2016），研究者則是把「健康的飲食態度」重新定義為「想讓這個世界變得更好的獨立思考者所採取的飲食習慣，是值得尊敬的」。為傳達這樣的意圖，研究者召集八年級的學生，給他們一則新聞，並告訴他們食品工業不希望他們看到這則新聞。接著，學生閱讀高人望年長青少年（如：足球明星）的不滿宣言，宣言中說他們早已看過這篇文章，發誓不會再吃垃圾食物，以抵制食品工業的操控。接下來，請青少年寫一封信給以後的學生，說明自己將以健康飲食來反制食品公司。隔天，讓學生選擇要吃健康食品（堅果、水果、水）或不健康食品（奇多 [Cheetos]、奧利奧 [Oreos]、可口可樂）。研究結果顯示，接受這項介入策略的學生較少選擇吃不健康的食物。就算只有一天，但這項介入策略已說明了以尊重的態度對待青少年，比較能促發健康行為。

冒險行為

越來越多青少年從事損害健康的冒險行為（Griffin, 2017; Reyna & others, 2018; Romer, Reyna, & Satterthwaite, 2017; Rosenbaum & others, 2018; Smith & others, 2018）。以超過 5,000 名 10 至 30 歲、橫跨 11 個非洲、亞洲、歐洲及美洲國家的受訪者為研究對象的研究，發現尋求刺激的行為自 11 歲起穩定增加，一直持續到青春期後期，於 19 歲時達到高峰，隨後慢慢下降（Steinberg & others, 2018）。然而，自我調節行為也是從 11 歲起增加，延續到成年初顯期，並在 23 至 26 歲時達到平穩狀態。

Ron Dahl（2004, p. 6）曾以下面這段文字栩栩如生地說明青少年的冒險行為：

青少年的冒險行為有哪些特徵？
©*Chris Garrett / Getty Images*

從青春期早期開始，許多年輕人喜歡體驗強烈、興奮、刺激等高情緒張力的活動……。他們讓音樂轟炸感官，對鬼片和灑狗血的電影趨之若鶩。他們在主題

樂園排隊，等待搭乘讓腎上腺素飆升的遊樂設施。青少年深受性、藥物、震耳欲
聾的音樂等其他刺激性強的經驗吸引，這是一個對冒險充滿好奇心，渴望危險、
新奇、顫慄的發展階段。這些情緒變化模式在多數青少年身上清晰可見，但也有
相當大的個別差異。

　　研究者也發現，社區的資源越多，如：舉辦青少年活動，或有適當的成人楷模，青少
年就比較不會涉入冒險行為（Yancey & others, 2011）。**社會資本**（social capital）（在該研究
中指的是學校、教堂／寺廟的數目、高中學歷人數）越多，青少年的冒險行為（在該研究
中指的是持槍、懷孕、酒精與藥物濫用、性傳染病）相對較少（Youngblade & Curry,
2006）。其他研究顯示，常與同儕漫無目的「廝混閒晃」，會提高青少年冒險行為的風險
（Youngblade & Curry, 2006）。此外，成績較好的青少年，比較不會從事冒險行為。家長的
監督與溝通技巧亦可降低青少年的冒險行為（Chen & others, 2008）。

　　近年來，神經生物學對青少年的冒險行為提出解釋（Blankenstein & others, 2018; Co-
hen & Casey, 2017; Luciana & others, 2018; Maciejewski & others, 2018; Reyna & others, 2018;

Steinberg & others, 2018）。掌管大腦高度理性、決
策與自我控制的**前額葉皮質區**（prefrontal cortex）
持續發育到青春期後期，至成年初顯期才成熟，
比大腦的情緒中樞**杏仁核**（amygdala）還要晚。前
額葉皮質區晚熟，加上杏仁核早熟，可以說明為
何青少年難以在從事冒險行為前懸崖勒馬。大腦
的發育變化亦可解釋為何青少年的冒險行為在青
春期後期下降不少。本書將於第 3 章「大腦與認
知發展」詳細探討這些發展變化。

　　該怎麼做才能滿足青少年尋求冒險行為的動
機，又不致做出損害健康的行為呢？家長、教
師、教練等成人應採取有效策略監督青少年的行
為（Pollak & others, 2018; Wen, 2017）。許多案例
顯示，成人過早放手不去監督青少年，獨留他們
和朋友面對充滿誘惑的情境。在缺乏成人監督、
加上自我調節能力不足的情況下，使得青少年涉
入冒險行為，招致一連串負面的後果。

健康服務

青少年並沒有充分利用健康照顧系統。某些健康服務並未契合少數族裔、性少數、貧困青少年的需求（Desai & Romano, 2017）。專業的青少年健康服務提供人員應該要留意，青少年的情緒與社交關係變化對其行為與健康所造成的影響；不過，也不能一面倒地怪罪健康服務提供人員。許多青少年認為健康服務提供人員幫不上忙，也有些健康服務提供人員雖然有心，卻缺乏適當的訓練，時間、人力都不足。

青少年利用健康服務的方式為何？
©*Spencer Grant/PhotoEdit*

青少年健康服務專業指南建議，每年應有預防性的探訪，以篩檢及對健康相關行為提供諮詢。不過，一項大型調查研究顯示，僅 38% 的青少年表示在這一年內有健康服務提供人員拜訪，極少數得到健康相關行為諮詢（Irwin & others, 2009）。高中男生的健康服務使用率比國中男生還低，是另一個需要關注的議題。幸好，高中女生與女大學生使用健康服務的比例較青少年高（Marcell & others, 2002）。此外，青少年比較願意諮詢與疾病有關的健康問題，較少因心理健康、抽菸或性行為等問題求助（Marcell & Halpern-Felsher, 2007）。

其他阻礙青少年運用健康服務的因素包括：價格昂貴、品質不佳、設施不足、洩露隱私、有不願向服務人員揭露的敏感健康問題（Desai & Romano, 2017）。健康服務提供人員鮮少接受與青少年工作的相關專業訓練，許多人說不知該如何提供避孕諮商或評估青少年的異常行為。健康服務提供人員或許在討論性與藥物相關問題時，顯露不自在的態度，導致青少年迴避談論這些敏感話題。

主要死亡原因

相較 20 世紀早期，醫療進步提高今日青少年與準成年人的預期壽命。但，危及生命的因素仍潛伏在四周（Austin & Lane, 2018; Belfort & Miller, 2018; Benbenishty, Astor, & Roziner, 2018; Carter & others, 2017; King, Arango, & Ewell Foster, 2017）。

青少年與準成年人的三大主要死亡原因是：意外、他殺、自殺（National Center for Health Statistics, 2018; Park & others, 2014）。15 至 24 歲期間，半數以上的死亡原因是非故意傷害，其中約四分之三為汽車意外。危險駕駛習慣，如：超速、逼車、酒駕、藥駕等，

（上圖）學生聚集在佛州高中校園，哀悼 2018 年槍擊案罹難者。
（下圖）洛杉磯市的抗議遊行，呼籲當局者改善校園安全，減少槍擊案的發生。

（上圖）©*Joe Raedle/Getty Images*;（下圖）©*Sarah Morris/Getty Images*

比缺乏駕駛經驗還容易引發肇事（White & others, 2018; Williams & others, 2018）。有將近 50% 的汽車死亡事故者為青少年，駕駛者血液酒精濃度超過 0.10%，比某些州的酒駕標準還高出兩倍。另一個須關注的問題是：越來越多青少年混喝酒精與提神飲料，這種行為與危險駕駛率高有關（Wilson & others, 2018）。也有研究發現死於步行、雪上摩托車或汽艇事故的青少年中，多數體內測出含高濃度的酒精攝取量。

青少年健康與醫學學會（Society for Adolescent Health and Medicine, SAHM）對青少年駕駛提出意見書（D'Angelo, Halpern-Felsher, & Anisha, 2010）。他們建議青少年於 16 歲生日後（譯注：美國 16 歲可考駕照），可以執行三階段、每階段至少六個月的課程，例如將三階段課程規劃為：學習駕照、臨時駕照、正式駕照。另外建議青少年駕駛在進入到下一個階段前，應累積數小時的觀察駕駛時數。

他殺是青少年與準成年人的次要死因，尤其是非裔男性，死於槍殺的比例高出自然死亡三倍之多（Carter & others, 2017）。自殺則是青少年的第三大死因。青少年自殺率在 1980 年代上升三倍，此後二十年持續增加，其中青少女的自殺死亡率更是逐年攀升（National Center for Health Statistics, 2018）。

近年來，校園槍擊成為他殺事件關注的焦點，尤其是 2018 年 2 月 14 日佛羅里達州 Stoneman Douglas 高中槍擊案，當時造成 17 人死亡（學生 14 名，教職員 3 名）、多人受傷的慘劇。學生死亡的後果引發全國性的抗議聲浪，施壓政府限制槍枝販賣。

準成年人的健康

準成年人的死亡率高出青少年兩倍（Park & others, 2008）。如圖 8 所示，準成年的男性死亡率攀升。

與青少年相較，準成年人較常涉入損害健康的行為，容易罹患慢性疾病，也較易肥胖、出現心理健康問題（Irwin, 2010）。研究分析顯示，近十年來，青少年和準成年人的健康指標變化不大（Park & others, 2014）。在此分析中，青少年和準成年人的健康之所以改善，原因在於意外傷害、攻擊和菸草使用的比率降低。青少年的性／生殖健康問題雖得到改善，但準成年人的健康風險與健康惡化情事，仍比青少年高出許多。

儘管知道什麼才是有助於健康的行為，但準成年人卻常言行不一，使得他們的健康情況不如預期。極少準成年人會停下來省思，早期的生活型態是否會影響日後的健康。例如，沒有養成吃早餐的習慣、飲食不規律、把零食當正餐吃、暴飲暴食超出正常體重、抽菸、喝酒、缺乏運動、睡眠不足（Hales, 2018; Owens, Christian, & Polivka, 2017; Schiff, 2019; Schulenberg & others, 2017），這些生活型態都和不健康有關（Donatelle, 2019; Lipson & Sonneville, 2017）。根據長達四十年的柏克萊縱貫研究指出，30 歲時的身體健康狀態可以預測 70 歲的生活滿意度，且對男性的預測力遠高於女性（Mussen, Honzik, & Eichorn, 1982）。

成年早期的健康與體能高峰外表下，隱藏著許多危險。年輕人利用體能優勢，追求快感及享樂，而且很快就能從生理壓力和筋疲力盡中迅速恢復元氣，然而，這可能會讓他們過度使用身體。過度使用身體的負面結果，就算在成年初顯期還看不出來，等到了成年期或中年期，健康問題就會慢慢浮現。

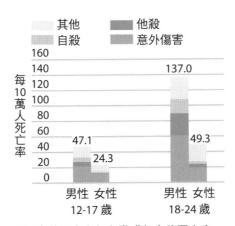

圖 8 | 美國青少年與準成年人的死亡率

© Image Source/PunchStock RF

準成年人經常忽略需要立即醫療照護的症狀（Insel & Roth, 2018），如：乳房腫塊、體重不明原因下降、發燒持續一個星期、咳血、持續或嚴重頭痛、短暫昏厥、不明原因呼吸困難等。如果你有任何上述健康問題，應該立即尋求醫療協助。

營養

營養是損害健康行為和促進健康行為的重要面向（Donatelle, 2019; Schiff, 2019; Smith & Collene, 2019）。許多青少年的飲食習慣根本是損害健康的行為，使得越來越多青少年罹患飲食障礙（Insel & Roth, 2018; Stice & others, 2017）。比較 28 個國家的青少年後發現，比起其他國家，美國和英國的青少年最喜歡吃油炸食物，很少吃蔬菜

©Shutterstock/Thirteen

水果（World Health Organization, 2000）。另外，一項全國性的調查研究也指出，14% 的美國青少年，在接受調查前的這一星期內，沒有吃過一頓早餐（Kann & others, 2016）。

青少年喜歡在兩餐之間吃零食的習慣常引發關注。但，吃什麼遠比吃的時間、地點更為重要。新鮮的蔬菜、水果、全麥產品等，都是青少年應該補充的高蛋白、高熱量食物。研究分析發現，法國家庭的晚餐比美國家庭更重視蔬菜水果（Kremer-Sadlik & others, 2015）。近幾十年來，美國青少年的蔬菜水果攝取量越來越少。全國青年風險調查（National Youth Risk Survey）指出，美國高中生的蔬菜水果攝取量，自 1999 到 2015 年間直線下降（Kann & others, 2016）。家中準備足夠的蔬菜水果，以及雙親的蔬菜水果飲食習慣等兩項家庭因素，可以增加青少年的蔬菜水果攝取量（Pearson, Biddle, & Gorely, 2009）。青春期早期規律地在家用餐，和五年後的健康飲食習慣有關（Burgess-Champoux & others, 2009）。因此，家長在協助青少年選擇健康、營養均衡的食物方面擔任重要角色，並且家長自己也要以身作則攝取營養食物，包括和青少年一起在家用餐。同樣地，觀看螢幕（電視、電子遊戲、DVDs）的時間越多，越容易吃進營養價值低的食物及飲料，也會減少蔬菜水果的攝取量（Falbe & others, 2014）。

增加在家用餐的頻率，可以改善青少年的飲食習慣、減少物質濫用、提升學業成績（Harrison & others, 2015; National Center on Addiction and Substance Abuse, 2011）。一項 10 年的長期研究指出，越常在家用餐的青少年，越不容易在成年早期過胖（Berge & others, 2015）。從 1999 到 2010 年，青少年在家用餐的頻率無太大變動，但青少女、中學生、亞裔、低社經家庭青少年等族群，在家用餐的比率卻有下降趨勢（Neumark-Sztainer & others,

有哪些家庭因素，能讓青少年攝取到更好的營養？

©*monkeybusinessimages/ Getty Images*

2013）。家庭功能較佳（如家人相處融洽、家人間相互信任、一起規劃家庭活動）的青少女，比較會和家人一起用餐、攝取較多的蔬菜水果、吃早餐等（Berge & others, 2013）；家庭功能較佳的青少男，也比較常在家用餐，常吃早餐，少吃速食。

學校也在青少年的飲食習慣建立上扮演舉足輕重的角色。研究顯示，全面性的學校宣導介入，能提高小學四年級和五年級生兩年後的蔬菜攝取量（Wang & others, 2010）。另外，對低收入家庭的中學生實施營養改善訓練，可以增加他們的水果及纖維攝取量，降低膽固醇數值（Alaimo & others, 2015）。

美國文化中令人憂心的是飲食中的脂肪量。當今許多青少年幾乎以吃速食過活，脂肪含量偏高（Schiff, 2019）。一項長期研究顯示，24% 的 15 歲青少男和 21% 的 15 歲青少女，自陳經常吃速食（一星期三次以上）（Larson & others, 2008）。到了 20 歲，男性吃速食的比例更提高到 33%，女性則維持在 21%。

另外需要特別關注的飲食問題是，越來越多青少年愛喝咖啡因含量高的能量飲料（Sampasa-Kanyinga, Hamilton, & Chaput, 2018）。這類能量飲料可能導致物質濫用和高風險行為（Ali & others, 2015）。

本書將在第 11 章「青春期與成年初顯期的問題」中，對營養詳細探討，並檢視三種常見的進食障礙：肥胖、神經性厭食症、神經性暴食症。

鍛鍊身體與運動

青少年的運動量足夠嗎？運動在青少年發展中的角色有多重要？這些問題的回答會影響青少年的身心健康與幸福感。

鍛鍊身體

早在西元前四世紀，亞里斯多德就曾說過：生活品質取決於活動。時至今日，眾所皆知，運動是改善青少年和成年人生活品質的主要活動（Donatelle, 2019; Walton-Fisette & Wuest, 2018）。

發展的變化

在青春期這個階段，個體的活動力略為降低（Pate & others, 2009）。調查美國 9 至 15 歲的青少年，發現 9 歲和 11 歲的青少年，幾乎都有達到聯邦政府建議的中強度運動量（每天至少 60 分鐘），但 15 歲的青少年中，僅有 31% 符合平日運動量，17% 符合週末運動量（Nader & others, 2008）。美國青少男、青少女的身體活動量，持續上升到 13 歲為止，此後到 18 歲一直維持下降趨勢（Kahn & others, 2008）。該研究指出，較在意身體意象、父母都很重視運動的青少年，比較會去運動。另一項全國性研究也發現，42% 的青少男與 61% 的青少女，過去七天中，有五天沒有進行 60 分鐘以上較為劇烈的運動（YRBSS, 2016）。

族裔差異也發生在美國青少年的運動參與率，且因性別而異。如圖 9 所示，全國青年風險行為調查發現，非拉美裔白人青少男的運動參與率最高，非裔和拉美裔青少女最少（Kann & others, 2016）。美國青少年的運動量是否比別的國家還少呢？比較 28 個國家後發現，美國青少年的運動量少，又吃太多垃圾食物（World Health Organization, 2000）。僅有三分之二的美國青少年每週至少運動兩次，相較之下，愛爾蘭、澳洲、德國、斯洛伐克共和國，則有 80% 以上的青少年投入運動。比起其他國家，美國青少年特別愛吃油炸食物，少吃蔬菜水果。美國青少年的飲食選擇和英國青少年可說是半斤八兩。

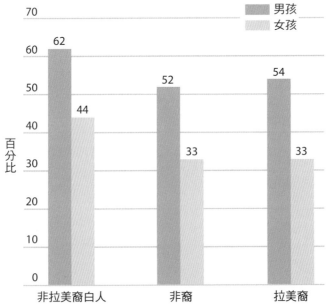

圖 9│**2015 年美國高中生的運動頻率：性別與族裔。**注意：資料取自調查之前的七天，高中生所從事的任何體能活動。該體能活動需能提高心跳速率、加速呼吸速度，每天至少 60 分鐘、一週至少五天。

資料來源：Kann, L., & others. *Youth Risk Behavior Surveillance —United States 2015. MMWR, 65,* June 10, 2016, 1–174.

鍛鍊身體對青少年的好處

運動對青少年的好處數不勝數（Janz & Baptista, 2018; Owen & others, 2018; Powers & Howley, 2018）。規律運動的青少年，成年後的身體更健康（Mikkelsson & others, 2006）。同樣地，規律運動亦可降低過重或肥胖的可能性（Kuzik & others, 2017; Medrano & others, 2018）。青少年運動的另一個好處是，降低三酸甘油脂、血壓、罹患第二型糖尿病的風險（Barton & others, 2017; Rowland, 2018; Som

同儕如何影響青少年的運動習慣？
©FatCamera/Getty Images

& others, 2017; Toffrey, Zakrzewski-Fruer, & Thackray, 2018）。運動量高的青少年，比較不會去使用菸、酒、大麻（Terry-McElrath, O'Malley, & Johnston, 2011）。此外，重度憂鬱（MDD）青少年持續有氧運動 12 週，可以緩解憂鬱症狀（Jaworska & others, 2018）。近年一項大規模研究顯示，在荷蘭青少年中，體能活動力高者的情緒與同儕問題較少（Kuiper, Broer, & van der Wouden, 2018）。

研究也進一步印證了運動對青少年的好處。例如，體適能較好的青少年，大腦各區域的連結性較佳（Herting & others, 2014）。規律運動亦有助於青少年緩和壓力，例如，高強度的運動項目能有效緩解憂鬱症狀、改善心情（Carter & others, 2016）。另外，長期研究瑞典 100 萬名以上的男性，發現心肺適能（cardiovascular fitness，又稱為心肺耐力）較差的 18 歲青少年，四十二年後罹患早發性失智症及中度認知功能障礙的風險大為提高（Nyberg & others, 2014）。

有氧運動亦可提升兒童與青少年的認知技巧（Best, 2011）。研究發現，有氧運動能改善兒童與青少年的注意力、記憶力、努力和目標導向的思維與行為、創造力等（Best, 2011; Budde & others, 2008; Davis & others, 2007, 2011; Hillman & others, 2009; Hinkle, Tuckman, & Sampson, 1993; Ludyga & others, 2018; Martin & others, 2018; Monti, Hillman, & Cohen, 2012; Pesce & others, 2009）。學校和社區辦的體育活動，可以改善肥胖青少年的執行功能（高層次思考功能）（Martin & others, 2018），尤其是記憶力這一認知功能（Li & others, 2017）。另有三個研究發現，規律運動可使課業成績進步（Chen & others, 2013; Hashim, Freddy, & Rosmatunisah, 2012; Owen & others, 2018）。此外，近期有研究者發現運動亦能減輕青少年的注意力不足過動症（attention deficit hyperactivity disorder, ADHD）的症狀（Ng & others, 2017; Vysniauske & others, 2018）。

總而言之，有哪些活動能有效減少青少年與準成年人的過重問題？研究指出，改變飲食習慣與規律運動是減重的關鍵因素（Fukerson & others, 2018; Lipsky & others, 2017; Medrano & others, 2018）。規律運動與遵守飲食計畫確實能減輕體重、提升青少年的大腦執行功能（Xie & others, 2017）。以下將探討改善青少年運動習慣的介入策略。

● 家庭、同儕、學校、螢幕活動在青少年鍛鍊身體上所扮演的角色

有哪些環境因素影響青少年的運動習慣？以下逐一探討家庭、同儕、學校、螢幕活動對青少年的影響。

│家庭

父母親是影響青少年運動習慣的重要因素（Foster & others, 2018; Mason & others, 2017; Michaud & others, 2017）。若雙親規律運動、維持身體健康，將是兒童與青少年的榜樣。父母親從小就帶著孩子一起運動，孩子長大後也會習慣持續運動。研究顯示，有安全、足夠的活動空間，加上父母親在旁一同參與引導，9 至 13 歲的孩子就會利用閒暇時間運動（Heitzler & others, 2006）。再者，雙親的運動習慣，和女兒的運動參與有關；而兒子的運動參與，則與父親的運動習慣有關（Sukys & others, 2014）。統合分析研究也指出，父親對處於青春期的兒子參與體能活動的影響力，比對女兒的影響力還大（Yao & Rhodes, 2015）。

│同儕

同儕也會影響青少年的運動習慣（Chung, Ersig, & McCarthy, 2017）。研究顯示，青少女的運動參與，和女性與男性朋友的運動參與均有相關；青少男的運動參與則和女性朋友的運動參與有關（Sirard & others, 2013）。同儕／朋友喜歡運動、友伴在場、友誼品質、結伴參加等，都和青少年的運動參與有關（Fitzgerald, Fitzgerald, & Aherne, 2012）。

│學校

美國兒童與青少年的體能狀況不佳，學校難辭其咎，因為許多學校並沒有每天安排上體育課（Walton-Fisette & Wuest, 2018）。2013 年的全國性調查顯示，僅有 29.8% 的九年級到十二年級學生，在學期間能天天上到體育課（Kann & others, 2016）。男孩

2007 年，德州率先實施學生的體適能測驗。本圖顯示學生正在進行俯臥抬頸。其他檢測項目包括：有氧運動、肌力、體脂肪，每年檢測一次。

©*Dallas Morning News, Vernon Bryant, Photographer*

（33.8%）比女孩（25.5%）更願意參加體育活動；九年級的學生（42.2%）比十二年級的學生（21.9%）更願意規律地上體育課。

　　勸說兒童和青少年在學校多多運動，會有不一樣的結果嗎？研究發現，改善學生身體健康的課程方案確實能使學生受益（Martin & others, 2018; Rowland, 2018）。每天運動 20 分鐘、持續八週的學校型運動方案，即能有效改善學生的工作記憶（Ludyga & others, 2018）。

螢幕活動

　　螢幕活動（screen-based activity）是指長時間觀看電視、電腦、講手機、傳訊息等，造成青少年體能下滑、久坐不動等常見的健康問題（Pearson & others, 2017）。每天耗費長時間在螢幕活動（在此研究中指的是電視、電腦、電玩）的兒童與青少年，運動的時間當然也縮短了（Sisson & others, 2010）。體能活動量少、螢幕活動時間長的青少年，超重的可能性是體能活動量多、較少久坐者的兩倍（Sisson & others, 2010）。另外，調查 1991 到 2016 年美

青少年觀看螢幕的時間，和他們的運動量下降有何關聯？

©*Hero Images/Corbis*

國八年級、十年級、十二年級學生，發現他們的心理健康程度（以自尊、生活滿意度、快樂為指標）在 2012 年後急速下降（Twenge, Martin, & Campbell, 2018）。相較於花時間在非螢幕活動（面對面互動、運動、做功課、參加宗教活動）的同儕，花太多時間在電子通訊和螢幕活動（社群媒體、上網、傳訊息、電玩）的青少年，心理健康程度顯然較差。

　　螢幕活動是青少年諸多健康問題的元凶（Costigan & others, 2013）。坐著不動的螢幕活動，容易造成肥胖、睡眠障礙、憂鬱以及體能運動不足，心理健康狀態也較差（如：壓力大）等問題。

運動

　　運動在許多青少年的生活中扮演重要角色。2013 年的全國調查顯示，57.6% 的美國九年級到十二年級學生，連一個學校或社區的運動團隊都沒有參加（Kann & others, 2016）。2015 年的調查發現，加入運動團隊的男生（62%）比女生（53%）多，其中非裔青少男的運動參與最高（66.5%），拉

©*Sylvain Sonnet/Getty Images*

美裔青少女最少（40.7%）（Kann & others, 2016）。從 2013 到 2015 年，青少女的運動參與提高了 4.5%，但拉美裔女孩的運動參與卻下降了 4.3%。另一研究顯示，高中女生的運動參與，在 1971 到 2012 年之間有增加趨勢（Bassett & others, 2015）。

運動對青少年發展有好處、也有壞處（Baker & others, 2017; Von Rosen & others, 2018a, b）。許多運動可以改善青少年的身心健康、提升自信心、超越自我、學習與他人合作（Fraser-Thomas & others, 2017）。調查青少年的課後時間發現，有組織的運動可以提高正向的自我認同（Lee & others, 2018）。花相當多時間運動的青少年，比較不會從事用藥等高風險行為，也不易過重或肥胖（Drake & others, 2012），心血管危險因子降低（Hebert & others, 2017），自尊也較高（Wagnsson, Lindwall, & Gustafsson, 2014）。

運動也會帶來負面的結果，如：成就與獲勝的壓力、運動傷害、難以兼顧課業、對運動員生涯成就懷有不切實際的期待（Fanelli & Fanelli, 2018; Kerr & Stirling, 2017; Pelka & Kellman, 2017; Von Rosen & others, 2018a, b）。熱衷運動的青少年常被雙親和教練要求不擇手段也要獲勝；參與競爭性運動的青少年也常出現競爭焦慮與目中無人的毛病（Smith & Smoll, 1997）。此外，有些青少年花太多時間運動，結果學業成績一落千丈。

青少年很常發生運動傷害（John & Carter, 2017; Lemez & Rongen, 2017; Von Rosen & others, 2018a, b）。有研究調查九年級到十二年級學生，發現有 80% 的人在近 30 天內有運動，其中 22% 的人因運動傷害而就醫治療（Eaton & others, 2008）。九年級學生的運動相關傷害案例最多，十二年級的最少。

越來越多的青少年嘗試挑戰身體極限，在訓練時延長伸展的時間、強度與頻率，造成過度使用傷害（Fanelli & Fanelli, 2018; John & Carter, 2017）。另一個浮上檯面的問題是青少年運動員使用提升表現的藥物，如：類固醇（Parent & others, 2016）。

青少年參與運動，有哪些好處與壞處？

©HRAUN/ Getty Images

教練也在青少年運動上扮演舉足輕重的角色（Rynne & others, 2017）。不少教練常激勵成就導向的氛圍、特別看重輸贏、希望獲得大眾認可、要求隊員互相競爭；但有的教練卻是強調精熟動機，帶領青少年培養技能，努力達成自己設定的成功標準。研究也發現，以精熟為目標的運動員比較能體會練習的好處，即使碰到困難也會堅持下去，經過一季的訓練後，進步神速（Roberts, Treasure, & Kavussanu, 1997）。

　　最後要來談談**女性運動員之危險三角（female-athlete triad）**（又稱為運動中的相對能量不足），包括：飲食失調（體重減輕）、月經異常（無月經或月經週期不規則）、骨質疏鬆（過瘦或骨質脆弱）（Brown & others, 2017; Carter, 2018; Williams, Statuta, & Austin, 2017）。在青少女月經週期固定後，若超過三或四個月無月經，骨質的強韌度就會下降，疲勞與壓力造成的骨折機率於焉提高。父母親和教練常忽略中學和大學女性運動員的這三個健康問題（Brown, Wengreen, & Beals, 2014; Frideres, Mottinger, & Palao, 2016; Kroshus, DeFreese, & Kerr, 2018; Loveless, 2017）。女性運動員之危險三角的治療方式有：（1）維持適當的卡路里攝取量，恢復理想能量均衡；（2）找出月經異常的原因，調整月經週期；（3）補充足夠的鈣質和維他命 D，健全骨骼發展（Thein-Nissenbaum & Hammer, 2017）。

睡眠

　　兒童期到青春期間睡眠模式改變，是否導致青少年健康受到損害？近年來許多研究著手探討青少年的睡眠模式（Fatima, Doi, & Al Mamun, 2018; Hoyt & others, 2018a, b; Meltzer, 2017; Palmer & others, 2018; Reddy & others, 2017; Seo & others, 2017; Wheaton & others, 2018）。

　　全國性的研究調查發現，僅 27% 的美國青少年在上學日睡足 8 小時（Kann & others, 2016）。該研究也指出，隨著年齡增長，青少年睡足 8 小時的比率隨之遞減（見圖 10）。

　　另一研究也發現，青少年並未獲得足夠的睡眠。全美睡眠基金會（National Sleep Foundation, 2006）調查美國 1,602 位照顧者與 11 至 17 歲青少年，發現 45% 的青少年平日的睡眠不足 8 小時。九年級到十二年級的青少年（62%），睡眠時間比六年級到八年級的青少年（21%）還少。平日睡眠不足 8 小時的青少年，更容易疲累、躁動、上課打瞌睡、心情低落、喝含咖啡因飲料。另外，全國性的調查研究證實，隨著年齡增長，青少年睡得越來越少（Keyes & others, 2015）。從 1991 到 2012 年，青少年的睡眠時間逐年下降。而且，青少女睡足 7 小時以上的人數，比青少男還少。少數族裔、都市地區、低社經地位家庭的青少年，睡眠時間也比較少。

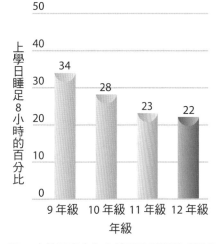

圖 10　**美國青少年上學日的睡眠模式變化**

睡眠不足對青少年的發展有何負面影響？研究顯示，睡眠不足會造成學業成績下滑、訊息處理效能變差、情緒不穩、物質濫用、同儕關係不佳等問題（Verkooijen & others, 2018），以下研究結果發現：

- 一項縱貫研究請青少年在九年級、十年級和十二年級時，每 14 天完成一份 24 小時日記，發現無論每天學習時間多少，當犧牲睡眠時間來讀書，就會造成隔天難以理解上課內容、難以完成課堂作業的情形（Gillen-O'Neel, Huynh, & Fuligni, 2013）。

- 瑞典研究指出，睡眠時間較短的青少年，更易出現曠課、成績不佳（Hysing & others, 2015, 2016）。

- 實驗研究顯示，讓青少年連續五晚睡眠時間少於 5 小時，再連續兩晚睡滿 10 小時。即使如此，仍對他們的持續性注意力（sustained attention）（尤其是早上）有不利影響，而且無法重新恢復到基準線水準（Agostini & others, 2017）。

- 每晚睡眠時間不足 7.7 小時的青少年，更易有情緒與人際問題、高焦慮、高自殺意念（Sarchiapone & others, 2014）。

- 一項全國性研究調查 13 至 18 歲的一萬多名青少年，發現平日上床睡覺的時間晚、週末睡太多，皆容易導致焦慮、心情起伏、物質濫用、行為障礙問題（Zhang & others, 2017）。

- 從青少年 12 歲起，歷經四年的長期研究，發現 12 歲時的睡眠模式不佳（如睡眠時間短、白天睡覺），會增加 16 歲時喝酒和使用大麻的可能性（Miller, Janssen, & Jackson, 2017）。

青少年為什麼會睡眠不足呢？可能的原因有：過度使用電子產品、咖啡因攝取過量、大腦發育變化，以及上學時間提早（Bartel, Scheeren, & Gradisar, 2018; Hansen, Capener, & Daly, 2017; Hoyt & others, 2018a, b; Kim & others, 2018; Owens & Weiss, 2017）。除了看電視外，使用電子產品長達 5 小時以上的高中生，更易睡眠不足（Kenney & Gortmaker, 2017）。晚上使用電子產品會犧牲睡眠時間，也會造成睡眠中斷（Continente & others, 2017; Touitou, Touitou, & Reinberg, 2016）。

咖啡因攝取也和青少年睡眠問題（包括晚睡、睡眠時間縮短、白天補眠時間增加）有關（Hansen, Capener, & Daly, 2017; Owens & Weiss, 2017）。咖啡因攝取和白天

咖啡因攝取和青春期睡眠不足的關聯性為何？

©Burger/Phanie/Alamy

補眠，也與低學業成就有關（James, Kristjansson, & Sigfusdottir, 2011）。另外，研究者也在調查咖啡因及能量飲料攝入量太高，如何影響青少年的睡眠模式。

許多青少年，特別是年紀大一點的青少年，比小時候還要晚睡晚起。從這些發現可看出青少年在學校學習最有效率的時間為何（Touitou, Touitou, & Reinberg, 2017）。

青春期的睡眠模式出現哪些變化？

©Tomwang112/Getty Images

Mary Carskadon 等人（2002, 2004, 2006, 2011）做了許多有關青少年睡眠模式的研究。他們發現若給青少年機會，他們每晚可以睡到 9 小時 25 分鐘。多數青少年在上學日睡不到 9 小時，睡眠時間不夠造成睡眠不足，使得他們得用週末假日補眠。研究也發現，年紀大一點的青少年比年紀小一點的青少年更容易在白天昏昏欲睡。他們提出的理論是，不是學業或社交壓力導致睡意，而是青少年的生理時鐘在成長的時候出現變化，使得他們的清醒時間約延長了 1 小時。大腦中松果腺製造的誘導睡眠荷爾蒙——褪黑激素（melatonin）在夜間延後釋放，造成睡眠時間變化（Eckerberg & others, 2012）。青春期早期的褪黑激素約在晚上 9:30 釋放，但到了青春期後期約遲了 1 個小時才釋放。

Carskadon 指出，上學時間過早恐造成精神不濟、上課注意力不集中、考試表現變差等。有些學校聽從她的建議，延後上學時間（Cassoff & others, 2013），例如，明尼蘇達州 Edina 市便將上學時間從 7:25 調整為 8:30。結果顯示，學生的紀律問題減少，生病或憂鬱的情形也降低了；高中生的考試分數提高，國中生則未見效果。這些發現支持 Carskadon 對上學時間過早恐增加年紀較大青少年壓力的疑慮。同樣地，也有研究發現，只要上學時間晚 30 分鐘，就可改善青少年的睡眠、警醒、情緒與健康問題（Owens, Belon, & Moss, 2010）。此外，高中的上學時間太早，可能造成青少年車禍率居高不下（Vorona & others, 2014）。因此，美國小兒科醫學會（American Academy of Pediatrics）也呼籲，學校可以把上學時間調整成 8:30 至 9:30 之間，以改善學生的學業成績和生活品質（Adolescent Sleep Working Group, AAP, 2014）。

成年初顯期的睡眠模式有變化嗎？研究顯示的確有（Galambos, Howard, & Maggs, 2011; Kloss & others, 2016）。超過 60% 的大學生睡眠品質不佳，大一新生在上學日上床睡覺和起床的時間，比高中時期晚了 1 小時又 15 分鐘左右（Lund & others, 2010），不過，

大一新生的就寢和起床時間，又比大三大四
生晚。研究顯示約 20 至 22 歲時，作息出現
顛倒情形。另外，睡眠品質差和身心健康變
差有關，情緒與課業壓力對睡眠造成負面影
響。此外，睡眠時間變短也會增加自殺風險
（Becker & others, 2018a）。同樣地，另一研
究顯示，27% 的大學生自陳睡眠品質不好，
36% 說每晚睡不到 7 小時（Becker & others,
2018b）。長期睡眠不足的大學生，隔天不容
易集中精神與注意力（Whiting & Murdock,
2016）。再者，喜歡傳發訊息的大學生（包

布朗大學的 Mary Carskadon 睡眠實驗室監測青少
女的大腦活動。Carskadon（2005）形容睡眠遭到
剝奪的青少年是：「大腦告訴他們現在是晚上
……但現在其實是上學時間了。」（p. 19）。
©*Jim LoScalzo*

括訊息量多、半夜被通知吵醒或有檢查通知的衝動），睡眠品質都不是很好（Murdock,
Horissian, & Crichlow-Ball, 2017）。實驗研究也指出，若對準成年人（平均 21.9 歲）實施
短期的睡眠品質介入策略，阻止其使用電子產品、維持規律睡眠作息，他們的睡眠狀況都
能有所改善，平日起床時間也會比未接受介入的控制組早（Hershner & O'Brien, 2018）。

回顧與反思

│學習目標 2│ 簡述青少年與準成年人的健康狀態。

│複習本節所學│

- 青春期為何是健康的關鍵時期？青少年的冒險行為有多嚴重？青少年使用健
  康服務有哪些好處？青少年的主要死因有哪些？
- 準成年人的健康有何特徵？
- 青少年的飲食習慣有哪些需要注意的地方？
- 鍛鍊身體與運動在青少年的生活中扮演什麼角色？
- 青少年的睡眠模式有哪些需要注意的地方？

│分享與連結│

- 比較青少年與準成年人面臨的健康議題。

│反思個人經驗│

- 從青春期開始到高中畢業，你的健康習慣如何？請說說那時你有哪些損害健
  康和促進健康的行為。高中畢業後，你有減少損害健康的行為嗎？

3.演化、遺傳與環境

學習目標3　解釋促成青春期發展的演化、遺傳與環境因素。

演化論的觀點　　　　遺傳歷程　　　　遺傳—環境交互作用

　　青少年的大腦容量和複雜度歷經長期的演化發展。以下探討演化論對青少年發展的觀點，並檢視遺傳與環境交互作用如何影響青少年發展。

演化論的觀點

　　提到演化過程，人類可說是地球的新生兒。若把這漫長的演化過程比喻成年曆，人類出現在地球的時間，相當於 12 月的最後幾分鐘（Sagan,

> 當今共有 193 種猴子和猿猴，其中 192 種身上有毛髮覆蓋。唯一的例外是裸猿，自稱智人。
> ——Desmond Morris（20 世紀英國動物學家）

1977）。我們最早的祖先離開森林，依傍大草原生活，在這廣闊的平原上形成狩獵社會，心智和行為隨之改變。演化究竟是怎麼進行的？

自然選擇與適應行為

　　自然選擇（natural selection，又譯天擇），是指演化過程有利於一些最能生存適應、繁衍的物種。19 世紀中葉，英國自然學家達爾文（1809-1882）走訪世界各地，觀察成千上萬的棲地動物，發表突破性的《物種起源》（*On the Origin of Species*）（1859）一書。在這本書中，達爾文指出，多數物種以最能增加後代數量、但又能維持一定數目的速率繁衍。他推測，每一代的年輕生命，為了食物、水和資源，會展開激烈的生存競爭。達爾文相信，生存下來而能繁衍、傳遞基因到下一代的物種，在許多方面比其他物種還要優秀。換句話說，倖存者的適應能力較為良好（Audesirk, Audesirk, & Byers, 2017;

©Shutterstock / Mike Price

Hoefnagels, 2019; Klug & others, 2019）。經過數代之後，達爾文推論，具備生存必要特徵的物種，繁衍的數目越來越多，物種的模樣漸漸改變。然而，若環境條件出現變化，反倒可能是其他特徵受天擇眷顧，把演化帶往不同的方向。

　　要瞭解演化對行為的影響，首先須理解適應行為這一概念（Mader & Windelspecht, 2019; Starr, Evers, & Starr, 2018）。在演化心理學中，**適應行為（adaptive behavior）**意指修正行為，好提升物種在棲地的生存機會。所有的物種都要適應其特殊的生存環境、氣候、食物來源、生活方式，才能生存繁衍（Mason & others, 2018; Sanders & Bowman, 2019）。以人類來說，依附（attachment）確保嬰兒親近照顧者，以得到餵養及保護。這種行為特徵有利於生存，就像老鷹的爪子有利於獵食，增加牠們的生存機會一樣。

演化心理學

　　達爾文早在 1859 年即提出自然選擇的演化論，但直到最近，他的理念才被用來解釋行為（Colmenares & Hernandez-Lloreda, 2017; Frankenhuis & Tiokhin, 2018; Raichlen & Alexander, 2017）。**演化心理學（evolutionary psychology）**用適應、繁衍與「適者生存」（survival of the fittest）來解釋行為。由於演化偏袒在特殊環境下最能適應與繁衍的物種，故演化心理學主要探討會讓個體存活或消亡的狀況（Bjorklund, 2018; Legare, Clegg, & Wen, 2018）。按照演化心理學的觀點，自然選擇會偏好那些能增加物種繁衍機會，以及能把基因傳遞給後代的行為（Anderson, 2018; Russell, Hertz, & McMillan, 2017）。

　　David Buss（2000, 2008, 2012, 2015）對演化心理學的看法，帶動一波演化心理學如何解釋人類行為的熱潮。Buss 主張，正如演化塑造了體型、身高等生理特徵，演化也影響了我們的決策過程、攻擊行為、恐懼與求偶模式。

演化發展心理學

　　越來越多學者運用演化心理學的概念來瞭解人類發展（Bjorklund, 2018; Frankenhuis, & Tiokhin, 2018; Legare, Clegg, & Wen, 2018; Lickliter, 2018; Whiten, 2017）。以下是演化發展心理學家提出的若干觀點（Bjorklund & Pellegrini, 2002）。

　　其中的一個重要觀點是，兒童期之所以會延長，乃因人類須有充足的時間發展出比較大的腦，以便學習適應複雜的人類社會。人類達到生殖能力成熟的時間較其他動物長（見圖 11），在兒童期延長的這段時間，兒童要發展大腦，學習生活必備經驗，長大後才有能力應付複雜的社會。

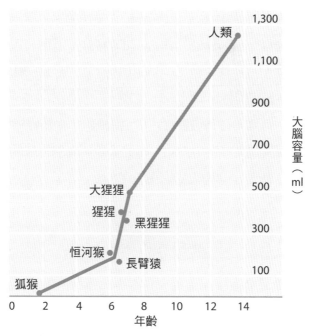

圖 11 | **各種靈長類與人類在幼年期的大腦容量**

另一個關鍵理念是，許多演化出來的心理機制都具有**領域特定性**（domain-specific），亦即，某心理機制僅適用於一個特定的面向；訊息處理即為一例。從演化心理學的觀點來看，心智（mind）並不是一個平均對待各種問題的通用設備。相反地，我們的祖先要應付的是某些日復一日的問題，如：狩獵與尋覓住處，於是演化出處理相關問題訊息的專用模組。例如，追蹤獵物的物理知識模組、經商交易的數學知識模組，以及語言模組。

演化出來的機制到了現代社會，不見得全部適用。有些行為適合史前時代的人類，時至今日卻發揮不了作用。例如，在食物短缺的環境下，祖先們看到食物就狼吞虎嚥地吃下，但現今當食物充足或吃了太多高熱量的食物，反而造成肥胖流行病。

演化論評析

社會認知理論學家 Albert Bandura（班度拉）（1998）曾批評心理學已經「生物學化」（biologizing）。Bandura 認同演化對人類適應與變化的影響力，然而，他反對「單向演化論」（one-sided evolutionism）把社會行為視為演化生物學的產物。Bandura 強調，演化的壓力促成使用工具這一生物適應力發展出來，從而使人類得以操縱、修正、建構新的環境條件。最後，人類的生活環境日趨複雜、更新，產生新的壓力，也促使大腦演化出特定部位，如：意識、思考與語言。

換句話說，演化賦予人類身體結構與生物潛力，但並非就能支配行為。經過演化而激

發高等的生物潛力，我們才能用以創造出攻擊好戰、愛好和平、講求平等或獨裁統治等各種不同的文化。正如美國科學家 Stephen Jay Gould（1981）所言，在多數領域裡，人類生物學可以解釋大部分的文化可能性；但 Bandura（1998）注意到，社會變革的步伐加速，證明了生物學的確存在各種可能性。

自然選擇論對人類的特質與行為發展從「大處著眼」，由於在時間向度上無法用實徵研究驗證，難以否認或測試其真實性。因此，研究人類與其他物種的特定基因與特質和行為間的關聯性，或許是檢視演化心理學觀點最好的方法。

遺傳歷程

基因對行為的影響隨時間推移而進化，在許多物種身上都看得到（Brooker & others, 2018; Klug & others, 2019）。許多遺傳特徵經過長期的演化過程，儲存在 DNA 裡。換句話說，DNA 不是只遺傳自雙親，也是隨著物種演化代代遺傳下來的。以下進一步探討 DNA 在人類發展上扮演的角色。

有利於物種生存的特徵，是如何代代相傳的呢？連達爾文也無法回答這個問題，因為基因和遺傳律至今依然謎團重重。我們每個人身上都帶著遺傳自父母的「遺傳密碼」（genetic code）。由於受精卵帶著人類的基因密碼，因此，人類的受精卵才沒有長成白鷺、老鷹或大象。

DNA 與基因合作

每個人的生命，都是從一個重約兩千萬分之一盎斯的小細胞開始發育的。這個小細胞裡嵌置所有的基因密碼——密碼中帶有精心策劃的生長指令，要從一個小細胞長成由萬億個細胞組成的人；每個細胞裡都有完美複製的原始基因密碼。密碼是由基因攜帶。那麼，基因密碼是什麼？又有什麼作用呢？

人類的每個細胞核裡都有像線狀結構的**染色體**（**chromosomes**），內含無數的去氧核糖核酸（deoxyribonucleic acid），又稱 DNA。**DNA** 是攜帶遺傳資訊的複雜分子，像旋轉梯一樣呈雙螺旋形。**基因**（**genes**）是遺傳資訊的單位，由 DNA 的片段組成，如圖 12 所示。它們指示細胞自我複製，合成蛋白質，蛋白質接著又成為細胞的基本單位和調節器，指揮身體成長（Mason & others, 2018）。

每個基因各司其職、各安其位，隸屬於特定的染色體。今日，許多充滿研究熱情的科學家致力於找出基因的特定位置、特定功能（Klug & others, 2019; Mason & others, 2018）。

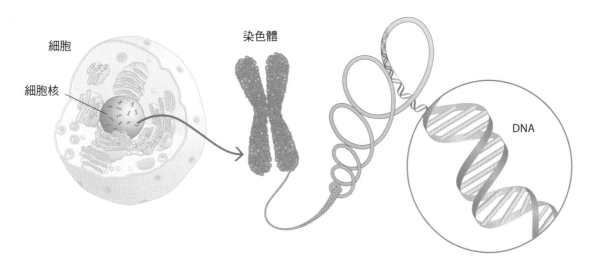

圖 12 │ **細胞、染色體、基因與 DNA。**（左圖）人體具有數兆個細胞，是生命的基本結構單位。每個細胞內有一個細胞核。（中圖）染色體和基因位於細胞核內。染色體由線狀體構造的 DNA 分子所組成。（右圖）基因是 DNA 的片段，帶有遺傳密碼。DNA 呈雙螺旋結構。

這番重大作為，經由人類基因組計畫（Human Genome Project, HGP）與塞雷拉公司（Celera Corporation）通力合作，完成人類**基因組**（genome）的草圖——完整地說明如何製造一個人類有機體。

　　人類基因組計畫（HGP）報告中最令人驚訝之處，在於發現人類僅有三萬多個基因（U.S. Department of Energy, 2001）。最近，人類基因的數目更是下降修正到 21,500 個（Ensembl Human, 2008）。此外，分析也指出人類的蛋白質製造基因或許不到兩萬個（Abyzov & others, 2014; Ezkurdia & others, 2014）。科學家們認為人類的基因應該多達十萬個，他們也相信每個基因製造一種蛋白質。事實上，人類的蛋白質數目似乎比基因數還多，因此，基因和蛋白質並非一一對應的關係（Moore, 2015, 2017）。每個 DNA 片段並非像自動機器一樣只能轉譯成一種蛋白質、獨立運作，一如發展心理學家 David Moore（2001）在其著作《相依的基因：「先天與後天」的謬誤》（*The Dependent Gene : The Fallacy of "Nature vs. Nurture"*）的書名所強調的。

　　DNA 並非獨立的發展訊息來源，而是整合其他的訊息來源，把我們的特徵凸顯出來（Halldorsdottir & Binder, 2017; Moore, 2017）。合作的現象出現在很多地方。小小的 DNA 片段透過細胞機轉過程混合、配對與連結在一起；此過程很容易受周遭影響。基因能否被「開啟」、組裝出蛋白質，要看合作過程順不順利。基因的活動（基因**表現**）（genetic expression）受環境影響（Lickliter, 2018; Moore, 2017），例如，在血液中循環的荷爾蒙（激素）進入細胞，以開啟（turn on）或關閉（turn off）基因的活動；荷爾蒙的流動也受到環

> DNA 是遺傳來的，其他的都是發展出來的。
> ——James Tanner（20 世紀英國小兒科醫生）

境條件如：光線、日夜長短、營養和行為的影響。無數研究顯示，發生於細胞與人體的外在事件，以及細胞內的變化，都可能激發或抑制基因表現（Moore, 2017）。

近期研究指出，壓力、運動、營養、呼吸、輻射、溫度、睡眠等因素會影響基因表現（Giles & others, 2016; Kader, Ghai, & Mahraj, 2018; Poulsen & others, 2018; Stephens & Tsintzas, 2018; Turecki & Meaney, 2016）。例如，研究顯示壓力荷爾蒙（如可體松）的濃度增加，DNA 損傷的可能性即上升五倍之多（Flint & others, 2007）。另一研究發現，暴露於輻射中會改變細胞的 DNA 合成（Lee & others, 2011）。研究也指出，睡眠不足會使得基因往壞的方向表現，例如：容易發炎、激活壓力相關基因、蛋白質功能損傷（da Costa Souza & Ribeiro, 2015）。

科學家已發現，某些基因之所以開啟或關閉，乃是受到**甲基化**（methylation）作用的緣故，也就是許多小原子依附在基因表面上（Castellano-Castillo & others, 2018; Marioni & others, 2018）。這個過程讓基因增減能接收或回應來自身體的生化信號（Kader, Ghai, & Mahraj, 2018; Martin & Fry, 2018），用這種方式改變了基因的行為（而非結構）。研究人員還發現，飲食和菸草可藉由甲基化過程，影響基因行為（Chatterton & others, 2017; Zaghlool & others, 2018）。

總之，單一基因鮮少提供蛋白質遺傳訊息，更不用說遺傳特質了（Moore, 2017）。人類的基因組包含了許多合作基因，而不是一群獨立不相干的基因。

越來越多研究使用**基因交互作用**（gene-gene interaction）一詞，描述二或多個以上基因的相互依存，影響了特徵、行為、疾病和發展（Lovely & others, 2017; Yip & others, 2018）。例如，研究證實，基因交互作用出現在免疫系統功能（Heinonen & others, 2015）、氣喘（Hua & others, 2016）、肥胖（Bordoni & others, 2017）、第二型糖尿病（Saxena, Srivastava, & Banerjee, 2018）、酒癮（Yokoyama & others, 2013）、癌症（Su & others, 2018），及心血管疾病（De & others, 2017）。

基因型與表現型

沒有人能具備基因結構的所有特徵。個體的基因——實際的遺傳物質，稱為**基因型**（**genotype**）。不是所有的遺傳物質都明顯可見、具有顯著的特徵。個體的基因型表現於外、顯而易見的特徵，稱為**表現型**（**顯型**）（**phenotype**）。表現型包括生理特徵，如：身高、體重、眼睛顏色、膚色等，以及心理特徵，如：智力、創造力、個性、社交傾向等。

每個基因型都能表現數種表現型（Hoefnagels, 2019; Willey, Sherwood, & Woolverton, 2017）。假設已經找出青少年所有內向或外向的基因，那麼，我們就可以從這些基因訊息預測他是個內向或外向的人嗎？答案是否定的。即使有這樣的基因組型，內向或外向的個性也是會受到後天生活經驗的形塑，例如，家長逼內向的孩子參加社交活動、鼓勵他結交朋友；也有的家長不介意孩子喜歡自己一個人玩。

遺傳—環境交互作用

到目前為止，我們已經討論過基因的作用，顯然，遺傳與環境交互作用才是影響發展進行的因素。就算去研究基因如何製造蛋白質，或基因如何影響個體的身高，我們還是會回到探討遺傳與環境的交互作用。我們有可能把遺傳因素和環境劃分抽離，找出每個基因在個體發展差異上扮演的角色嗎？當遺傳與環境交互作用，遺傳會如何影響環境，而環境又如何影響遺傳呢？

行為遺傳學

行為遺傳學（**behavior genetics**）欲找出遺傳與環境對人類特質與發展的個別差異所造成的影響（Charney, 2017; Machalek & others, 2017; Pinheiro & others, 2018; Ramaswami & Geschwind, 2018）。例如，想想你所有認識的人，你大概已經發現，他們的內向／外向程度不太一樣。行為遺傳學試圖找出造成這些差異的原因——亦即，個別差異究竟是來自基因、環境的差異，或兩者兼而有之？

雙胞胎研究比較同卵雙胞胎與異卵雙胞胎。同卵雙胞胎由同一個受精卵分裂，發育成兩個基因完全相同的個體；異卵雙胞胎則出自兩個不同的受精卵，基因並不相似。雙胞胎研究有哪些特色？

©Jack Hollingsworth/Getty Images

為研究遺傳對行為的影響，行為遺傳學常以雙胞胎或領養情況來做研究（Li & others, 2016; Meier & others, 2018; Wertz & others, 2018）。以最常見的**雙胞胎研究**（**twin study**）而言，即比較同卵雙胞胎（identical twins）的行為相似性與異卵雙胞胎（fraternal twins）的行為相似性。**同卵雙胞胎**（又稱單卵雙生 [monozygotic twins]）來自同一個受精卵，期間分裂成兩個基因完全相同的胚胎（Inderkum & Tarokh, 2018; Rosenstrom & others, 2018）；

異卵雙胞胎（又稱二卵雙生 [dizygotic twins]）分別發育自不同的受精卵。雖然異卵雙胞胎共享同樣的子宮環境，但他們的基因並不比其他非雙胞胎的兄弟姊妹更相似，而且可能具有不同的性別。

藉由比較同卵和異卵雙胞胎族群，行為遺傳學充分利用同卵雙胞胎在遺傳上比異卵雙胞胎更接近的原理（Lickliter, 2017）。例如，研究發現行為問題在同卵雙胞胎當中比異卵雙胞胎更為普遍，該研究於是主張遺傳在行為問題上難辭其咎（Scourfield & others, 2004）。

然而，有幾個問題讓雙胞胎研究的結果解釋變得複雜（Grigorenko & others, 2016）。例如，或許是因為同卵雙胞胎的環境比異卵雙胞胎更為相似，相較於異卵雙胞胎，周遭成人更常強調同卵雙胞胎相似的地方，而且同卵雙胞胎也視彼此為「一體」，比異卵雙胞胎還要常同進同出。如果是這樣的話，研究結果宣稱觀察到的同卵雙胞胎相似性，或許是強烈受到環境的影響。

在**領養研究**（**adoption study**）中，研究者欲找出被領養兒童的行為和心理特質，是較接近提供家庭環境的領養父母，還是較接近提供基因的親生父母（Cvijetic & others, 2014; Salvatore & others, 2018）。另有一種領養研究，則是比較領養手足與血緣手足（Kendler & others, 2016）。

◉ 遺傳─環境相關性

學者在雙胞胎研究和領養研究的結果解釋遇到困難，反映出遺傳與環境交互作用的複雜性。其中一些交互作用出於遺傳─環境相關性，也就是說，個體的基因有可能影響他們所處的環境。從某種意義上說，個體「繼承」了與遺傳傾向有關的環境。行為遺傳學家 Sandra Scarr（1993）說明三種遺傳與環境的相關型態如下（見圖 13）：

- **被動型**（**passive genotype-environment correlations**），此種相關來自親生父母提供給孩子的養育環境。例如，父母親的智商高、閱讀能力佳，由於父母都喜歡閱讀，也幫孩子買了很多書。孩子因為遺傳到爸媽的能力，很快地就學會閱讀。

- **激發型**（**evocative genotype-environment correlations**），此種相關來自孩子天生的特質誘發出某些生理與社會環境。例如，開朗的孩子比木訥的孩子更能誘發社會刺激。與散漫又不願配合的青少年相比，合群又專心的青少年較討成人歡心，成人會更樂於指導他們。喜歡運動的青少年受他人鼓舞，參加學校的運動會；這些青少年繼而嘗試加入校隊，並持續從事體育活動。

- **主動型（利基選擇）**（**active [niche-picking] genotype-environment correlations**），此種相關來自孩子尋找適合他們、又能刺激成長的環境。**利基選擇**（niche-picking）

意指找到可能發揮能力的環境,即青少年從周遭環境中選擇可以回應、學習或忽視的地方。他們主動選擇的環境,和其特定的基因型有關,例如,長得好看的青少年會去選擇長得好看的人做朋友;有音樂才華的青少年會選擇能讓他們成功展現音樂技巧的環境。

　　Scarr 提出的結論是,這三種遺傳—環境相關性的相對重要性會隨著孩子從嬰兒期到青春期的發展而出現變化。在嬰兒期,孩子體驗的環境多半由成人提供,因此,被動型在嬰幼兒的生活中較為常見。兒童與青少年則是可以將他們的經歷擴展到家庭的影響範圍之外,更有能力去創造環境。批評者則認為,遺傳—環境相關性觀點過於高估遺傳在決定發展方向上的影響力(Moore, 2017)。遺傳—環境相關性觀點強調是遺傳決定兒童經驗到的環境類型。

遺傳—環境相關性	說明	範例
被動型	孩子遺傳到父母的基因傾向,父母也提供符合孩子基因傾向的環境。	有音樂天賦的父母通常生下有音樂天賦的孩子,而且較願意為孩子提供豐富的音樂環境。
激發型	孩子的基因傾向誘發環境的刺激,支持此一特質。也就是基因激發環境的支持。	開朗外向的孩子,引發他人報以微笑與友善的反應。
主動型(利基選擇)	孩子在環境中積極尋找能反映自身興趣和才能,並符合其基因型的「利基」。	圖書館、運動場、樂器行等,是對書本知識感興趣、有運動或音樂天分的孩子,可能會尋求的環境利基。

圖 13│**遺傳—環境相關性**

🟢 表觀遺傳學的觀點

　　遺傳—環境相關性的觀點強調遺傳如何把個體引導到某種環境。然而,前面也談到 DNA 會互相合作,不是以獨立運作的方式,而是透過與環境的互動來確定個體的特質(Moore, 2017)。根據基因合作的概念,**表觀遺傳學觀點**(**epigenetic view**)強調發展是遺傳與環境之間持續進行雙向交互作用的結果(Gottlieb, 2007; Lickliter, 2018; Moore, 2017)。圖 14 比較遺傳—環境相關性的觀點與表觀遺傳學的觀點。

遺傳—環境相關性的觀點

遺傳 ⟶ 環境

表觀遺傳學的觀點

遺傳 ⟷ 環境

圖 14│**遺傳—環境相關性與表觀遺傳學的觀點比較**

越來越多研究探討遺傳與環境間的互動如何影響發展，包括與特定 DNA 序列的交互作用（Bakusic & others, 2017; Grunblatt & others, 2018; Halldorsdottir & Binder, 2017; Qureshi & Mehler, 2018）。表觀遺傳機制牽涉到 DNA 鏈的實際分子修正，這是環境輸入訊息、改變基因功能所產生的結果（Kalashnikova, Goswami, & Burnham, 2018; Rozenblat & others, 2017; Szutorisz & Hurd, 2018）。

一項研究發現，個體若帶有標記為 5-HTTLPR（與神經傳導物質 5-羥色胺有關的基因）的短版基因，只有在生活壓力**同時也**大的情況下，罹患憂鬱症的風險才會升高（Caspi & others, 2003）。因此，特定基因並不會直接導致憂鬱症。相反地，當基因與壓力環境交互作用時，研究人員才能預測個體是否會發展成憂鬱症。在其他研究中，經歷負面生活事件的青少年，僅在 CRHR1 基因具有特定變異的情況下才會大量飲酒（Blomeyer & others, 2008）。這種研究類型被稱為**基因×環境（G×E）交互作用**〔**gene×environment (G×E) interaction**〕——特定的 DNA 變化與特定環境的交互作用（Labella & Masten, 2018; Moore, 2017; Samek & others, 2017）。

關於遺傳—環境交互作用的結論

遺傳與環境的交互作用——或彼此合作無間，產出一個人的智力、氣質、身高、體重、投球能力、閱讀能力等。如果才貌俱佳、人緣又好的女孩被票選為班代，這是受惠於遺傳還是環境？答案當然是：兩者皆有。

遺傳與環境的相對貢獻度不是以加法表示，亦即，不能說遺傳是這般比例、環境是這般比例，所以才造就我現在這個樣子。但要說基因表現只在受孕或出生當下出現一次，也不正確。我們帶著遺傳基因來到這個世界，但不知道它們會把我們帶向何處。基因在我們一生中的各種不同環境下製造蛋白質，或者，在某種程度下依環境的惡劣程度或營養狀況，不製造蛋白質。

關於遺傳與環境在這位青少女音樂才能上的影響作用，我們可以得出什麼結論？

©Inti St Clair/Getty Images

新興的觀點是，許多複雜的行為可能帶有某些遺傳負荷（genetic loading），使得個體傾向於特定的發展軌跡（Knyazev & others, 2018; Zabaneh & others, 2017）。然而，實際的發展還是得加上環境這一因素。環境是複雜的，就像我們遺傳到的基因組合一樣複雜（Almy & Cicchetti, 2018; Nicolaisen & Thorsen, 2017; Tremblay, Vitaro, & Cote, 2018）。環境影響的範圍涵

蓋從統稱「後天」（nurture）的事物（如：教養方式、家庭動力、學校教育、社區素質）到不預期碰到的生物事件（biological encounters）（如：病毒、生產併發症、細胞的生化變化）等等。

發展心理學家 David Moore（2013, 2015, 2017）認為，產生行為的生物系統極為複雜，但這些系統卻經常被過度簡化、一語帶過，造成誤解。因此，儘管遺傳因素在行為與心理歷程中占有一席之地，但它們也無法跳脫發展脈絡，自顧自地決定表現型的樣態。從 Moore（2013, 2015, 2017）的觀點來看，用眼睛顏色、智力、人格或其他特質來討論基因是錯誤的。Moore 的解釋是，想要從 DNA 分子一步登天到完全瞭解人類行為，是不切實際的期待，倒不如去期待把音樂廳裡的空氣分子和交響樂奇妙的體驗結合在一起，好好欣賞一番。

想像一下，有一群基因不知怎麼地竟和青少年暴力有關（這只是假設，我們並不知道是否真的有關）。帶有這種基因組合的青少年，生活現況可能是父母很愛他、照顧得無微不至、供他讀書，且受教於好老師。又或者，這位青少年的父母疏於照顧，住在槍擊和犯罪事件層出不窮、教育資源缺乏的社區。在哪些環境中，青少年的基因可能構成犯罪的生物學基礎？

若遺傳與環境交互作用決定了發展的方向，這樣就可以充分解釋發展的遠因近果了嗎？青少年的成長過程難道完全任遺傳與環境擺布？遺傳與環境普遍影響青少年的成長（Fumagalli & others, 2018; Lockhart & others, 2017; Marioni & others, 2018; Masten & Kalstabakken, 2017; Simon, 2017），但，思考發展的遠因近果時，青少年不僅是遺傳和環境的結果，他們還可以透過改變環境來開創出一條獨特的發展道路。如一位心理學家所言：

> 事實上，我們既是作品，也是創作者。我們……是遺傳與環境的產物。然而，塑造未來的因果關係，源於我們目前的選擇……心理意向很重要……我們的希望、目標和期望影響著我們的未來（Myers, 2010, p. 168）。

回顧與反思

| **學習目標 3** | 解釋促成青春期發展的演化、遺傳與環境因素。

| **複習本節所學** |

・演化在青少年發展中扮演什麼角色？演化心理學和演化發展心理學如何闡述
演化對理解青春期所做出的貢獻？

・何謂遺傳歷程？

・遺傳—環境交互作用的本質為何？

| **分享與連結** |

・演化發展心理學站在「先天和後天」這個問題的哪一邊？請加以說明。

| **反思個人經驗** |

・一位朋友告訴你，她已經分析了你的遺傳背景和環境經驗，得出的結論是：
環境絕對不會影響你的智力。你對這個人的診斷能力有何評價？

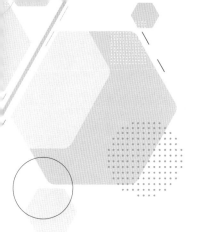

CHAPTER 3 ————————————————————

大腦與認知發展

章節概要

1．大腦

│學習目標 1│

說明大腦在青春期的發展變化。

· 神經建構主義觀

· 神經元

· 大腦結構、認知與情緒

· 經驗與可塑性

2．認知發展論

│學習目標 2│

討論青春期的認知發展論。

· Piaget 的理論

· Vygotsky 的理論

3．訊息處理觀點

│學習目標 3│

描述青春期的訊息處理特色。

· 認知資源

· 注意力與記憶

· 執行功能

4．心理計量／智力的觀點

│學習目標 4│

摘述青春期的心理計量／智力觀點。

· 智力測驗

· 多元智能

· 智力的神經科學

· 遺傳與環境

5．社會認知

│學習目標 5│

解釋社會認知與青少年發展的關係。

· 青春期自我中心

· 社會認知

©image100 Ltd

　　我印象最深刻的回憶之一，是我的大女兒翠西 12 歲時發生的事。我帶著她和妹妹珍妮（當時 10 歲）參加網球比賽，當我們走進餐廳準備吃午飯時，翠西突然衝去洗手間。我和珍妮面面相覷，不知道發生什麼事。五分鐘後翠西回來了，看起來沒事。我問她怎麼了，她說：「這撮頭髮翹起來了，這裡的每個人都在盯著我看！」

　　另一個青少年——瑪格麗特，正在和朋友聊天。16 歲的瑪格麗特說：「妳聽說凱瑟琳的事了嗎？她懷孕了。這種事才不會發生在我身上。」

　　還有，13 歲的亞當這樣形容自己：「沒有人懂我，特別是我爸媽，他們根本不懂我的心情。他們從來就沒有經歷過我這樣的痛苦。」

　　翠西、瑪格麗特和亞當的心態，反映出青少年的自我中心主義現象。講到思考，我們通常想到的是學校教的科目，像是英文、數學或解題。但，人們對社會情況的思考也很重要。本章將進一步探討青少年的社會思考。

引言

　　談到青少年，我們的重點常放在青春期發育的生理變化或情緒變化，如：追求自主、親子關係、同儕關係、藥物濫用問題或偏差行為問題。另外，當發展心理學家研究認知歷程，他們的研究對象主要是嬰幼兒，不是青少年。然而，本章將呈現青少年某些令人印象深刻的認知變化——越來越多研究發現這些變化和大腦發育有關。本章首先探討青春期的大腦變化；接著，研讀三種不同的認知發展觀點：認知發展論、訊息處理論、心理計量學；最後再來研究社會認知，如青少年的自我中心。

1. 大腦

學習目標 1　說明大腦在青春期的發展變化。

神經建構主義觀　　神經元　　大腦結構、認知與情緒　　經驗與可塑性

　　直到最近，鮮少研究探討青春期的大腦發育變化。儘管這方面的研究仍處於起步階段，但研究成果正在累積，成效可期（Dahl & others, 2018; Goddings & Mills, 2017; Juraska

& Willing, 2017; Vijayakumar & others, 2018）。科學家已經注意到青少年的大腦和兒童的大腦並不一樣，大腦在青春期時仍繼續發育中（Cohen & Casey, 2017; Crone, 2017; Reyna & others, 2018; Sherman, Steinberg, & Chein, 2018; Steinberg & others, 2018）。

> 青春的思想是悠長的思想。
> ——Henry Wadsworth Longfellow
> （19 世紀美國詩人）

　　大腦恆常不變的教條已經過時、棄而不用了。學者現在關注的，是大腦隨著時間推移、環境引發的可塑性（Dahl & others, 2018; Duell & others, 2018; Tamnes & others, 2018; Zanolie & Crone, 2018; Zelazo, 2013）。大腦的發育主要以由下而上，再由上而下的順序變化。感覺、食慾（飲食）、性、尋求感官刺激、冒險等方面的大腦連結最先成熟，高層次功能的大腦連結，如：自我控制、規劃、推理等較晚成熟（Zelazo, 2013）。下一節將進一步探討大腦的可塑性，從神經建構主義者的觀點來說明大腦發育。

神經建構主義觀

　　不久前，科學家還認為主要是由基因決定大腦如何「連接」，負責處理訊息的大腦細胞自行發育，鮮少外在環境經驗輸入。以此觀點，不管你的基因提供給你什麼樣的大腦，基本上你都被限制住了。不過，這種對大腦的看法已經被證實有誤。相反地，大腦具有可塑性，其發育取決於環境（Cohen & Casey, 2017）。

　　大腦是根據環境來決定如何建立連接的（Cohen & Casey, 2017; Crone, 2017; Reyna & others, 2018; Sherman, Steinberg, & Chein, 2018）。出生前，主要是由基因主導形成大腦的基本連接方式，神經元成長並向外延伸，等待進一步的指示。出生後，視覺、聽覺、嗅覺、觸覺、語言、眼神接觸等刺激湧入，有利於塑造大腦的神經連接。在人類的整個生命週期中，經驗持續不斷地影響著大腦的功能（Erickson & Oberlin, 2017; Hamer, Muniz Terrera, & Demakokos, 2018; Park & Festini, 2017; Park & others, 2018）。

　　如今，**神經建構主義觀**（**neuroconstructivist view**）越來越受矚目：（1）生物過程（biological processes）（如：基因）與環境經驗（如：豐富或匱乏）影響大腦發育；（2）大腦具有可塑性，且取決於環境；（3）大腦發育和認知發展息息相關。這些因素限制或促進認知技能建立（Fischer & others, 2018; Mucke & others, 2018; Reyna & others, 2018; Smith & others, 2018; Westermann, Thomas, & Karmiloff-Smith, 2011）。正如表觀遺傳學提出的論點，神經建構主義觀也強調經驗與基因表現的交互作用對大腦發育有其重要性（Dahl & others, 2018; Juraska & Willing, 2017; McLaughlin & Broihier, 2018）。

神經元

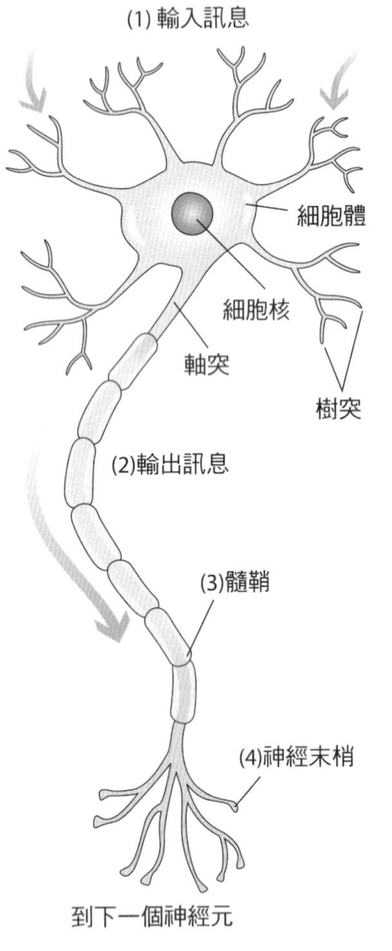

(1) 輸入訊息

細胞體

細胞核

軸突

樹突

(2)輸出訊息

(3)髓鞘

(4)神經末梢

到下一個神經元

圖 1｜**神經元。**(1)細胞體的樹突接收其他神經元、肌肉或腺體傳來的訊息；(2)軸突傳遞從細胞體接收到的訊息；(3)髓鞘包覆軸突，加速訊息傳遞；(4)軸突末端分支成神經末梢。

　　神經元（**neurons**），或稱神經細胞，是神經系統的基本單位。神經元有三個基本構造：細胞體（cell body）、樹突（dendrites）、軸突（axon）（見圖 1）。樹突是神經元的接收部位，軸突則是將訊息從細胞體帶往其他細胞。透過**髓鞘形成**（**myelination**）的過程，神經元的軸突部分被一層脂肪細胞（稱為髓鞘）包覆並隔離，增加神經系統處理訊息的速度與效率（Cercignani & others, 2017; van Tilborg & others, 2018）。髓鞘形成會持續到青春期和成年初顯期（Crone, 2017）。

　　用神經科學的語言來說，**白質**（white matter）是髓鞘形成後的白色軸突，**灰質**（gray matter）主要是指稱樹突與神經元細胞體（見圖 2）。青春期的一個重大變化是大腦前額葉的白質增加，灰質減少（Cohen & Casey, 2017; Dahl & others, 2018; Lebel & Deoni, 2018）。多數說法強調，青春期白質增加是由於髓鞘形成增多。另一分析假設，白質增加也有可能是軸突的直徑擴張（Paus, 2010）。

　　除了透過髓鞘形成將軸突包覆之外，大腦發育的另一重要面向是神經元之間的連接大幅增加，稱為**突觸形成**（synaptogenesis）（Aoki & Sherpa, 2017; Zhou & others, 2018）。**突觸**（**synapses**）是神經元之間的空隙，是軸突和樹突連接的地方。突觸形成始於嬰兒期，持續到青春期。

　　研究發現，突觸連接建立的數目幾乎是沒有使用過的兩倍（Huttenlocher & Dabholkar, 1997）。有用到的突觸連接愈加鞏固並保留下來，沒用到的則是被別的路徑取代或全部消失（Baldwin & Eroglu, 2017; Lebel & Deoni, 2018）。用神經科學的話來說，就是這些連接會被「修剪」（pruned）。修剪的結果就是青春期的「神經連接比兒童期少，更精挑細選、更有效率」（Kuhn, 2009, p. 153）。從這些修剪亦可看出青少年選擇參與或不參與的活動，

將影響哪些神經連接會得到強化或消失。

　　隨著青春期發育開始，**神經傳導物質**（neurotransmitters）——攜帶訊息、穿越神經元之間突觸間隙的化學物質——出現變化（Cohen & Casey, 2017）。例如，前額葉與邊緣系統的神經傳導物質多巴胺（dopamine），在青春期時含量增加（Dahl & others, 2018; Ernst & Spear, 2009）。多巴胺增加，和冒險行為與成癮物質使用增加有關（Gulick & Gamsby, 2018; Webber & others, 2017）。研究已經發現，多巴胺在追求酬賞（reward-seeking）上起著重要作用（Dubol & others, 2018）。

髓鞘　　　　　　軸突

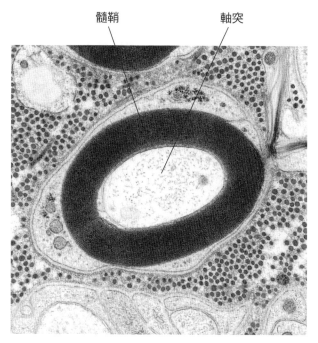

圖 2｜**有髓神經纖維（a myelinated nerve fiber）**。髓鞘（深灰部分）包覆軸突（白色部分）。本圖是用電子顯微鏡將神經纖維放大 12,000 倍而成。髓鞘在大腦發育中扮演什麼角色？

©*Steve Gschmeissner/Science Source*

大腦結構、認知與情緒

　　神經元並非漂浮在大腦中。它們以精確的方式相互連接，形成大腦的各個結構。大腦是分層組織，主要由下往上發展。感覺區首先成熟，其次才是前額葉的高功能區。

　　科學家使用功能性磁振造影（functional magnetic resonance imaging , fMRI）掃描大腦，發現青春期的大腦有著明顯的結構變化（Broadwater & others, 2018; Cservenka & Brumback, 2017; Dahl & others, 2018; Goddings & Mills, 2017; Lebel & Deoni, 2018; Rudolph & others,

2017; Tamnes & others, 2018）。fMRI 在人體周圍形成磁場，用無線電波衝擊大腦，最後把大腦的組織與生化活動轉成電腦影像。

　　青春期最重要的大腦結構變化在胼胝體、前額葉、邊緣系統、杏仁核。**胼胝體**（**corpus callosum**）是連接大腦左右半球的一大束軸突纖維，其在青春期間變得更厚，增強了青少年處理訊息的能力（Giedd, 2008）。位於額葉前方的**前額葉**（**prefrontal cortex**）掌管推理、決策、自制，其進步發展一直持續到成年初顯期，約為 18 至 25 歲（Cohen & Casey, 2017; Juraska & Willing, 2017; Sousa & others, 2018）。位於大腦皮質層下方的**邊緣系統**（**limbic system**），是情緒與酬賞經驗的所在地。它比前額葉還要早成熟，幾乎在青春期早期就發育完全了（Mueller & others, 2017）。邊緣系統中跟情緒最有關的構造是**杏仁核**（**amygdala**）。從圖 3 可看出胼胝體、前額葉、邊緣系統、杏仁核的位置。

　　青春期後期和成年初顯期的髓鞘形成增加，強化了大腦區域的連接與整合（Giedd & others, 2012; Wierenga & others, 2018）。例如，在青春期後期和成年初顯期，前額葉和邊緣系統的連接更為堅固（Cohen & Casey, 2017），對於情緒控制來說尤為重要（Goddings & Mills, 2017）。

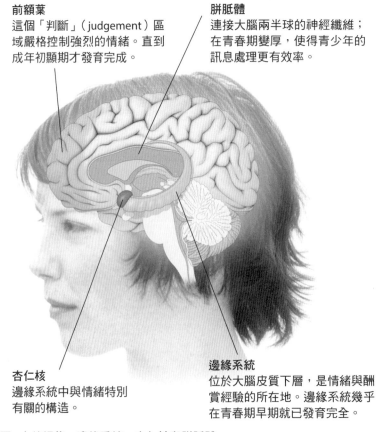

前額葉
這個「判斷」（judgement）區域嚴格控制強烈的情緒。直到成年初顯期才發育完成。

胼胝體
連接大腦兩半球的神經纖維；在青春期變厚，使得青少年的訊息處理更有效率。

杏仁核
邊緣系統中與情緒特別有關的構造。

邊緣系統
位於大腦皮質下層，是情緒與酬賞經驗的所在地。邊緣系統幾乎在青春期早期就已發育完全。

圖 3 │ **前額葉、邊緣系統、杏仁核與胼胝體**

Charles Nelson（2003）指出，雖然青少年能表現強烈情緒，但他們的前額葉尚未完全成熟到可以控制激烈情緒的程度。就好像前額葉還煞不住邊緣系統的情緒強度，以及模糊酬賞焦點。另一研究者說青春期就像是結合「裝有強力早期傳動『渦輪增壓器』的情緒，配上相對不熟練的『駕駛技術』或認知技巧，以調節強烈情緒與動機的時期」（Dahl, 2004, p. 18）。

還記得前面談到神經傳導物質多巴胺在青春期早期的含量提高，與青少年喜歡追求酬賞和冒險行為增加有關。在青春期早期，多巴胺在邊緣系統路徑的活性較其他發展時期為大（Steinberg, 2015）。Laurence Steinbreg 的研究指出（Albert & Steinberg, 2011a, b; Steinberg, 2015），偏好立即酬賞（以賭博與賽車電玩等來評估）的傾向，在 14 至 16 歲增加，此後逐漸下降。一般認為青少年喜歡冒險，會招致不好的後果，但是，冒險對青少年也有某些好處。對新的經驗與挑戰保持開放的態度，就算危險，還是有助於青少年開拓視野，不致於畫地自限（Allen & Allen, 2009）。

在兒童中期和後期，特定大腦區域（如前額葉）的焦點激化作用（focal activation）雖有增加，但遠端的大腦區域連接仍受到限制。直到成年初顯期，大腦各區域的連接才擴充加強（Dahl & others, 2018; Lebel & Deoni, 2018; Quinlin & others, 2017; Sousa & others, 2018; Tashjian, Goldenberg, & Galvan, 2017）。大腦網絡的連接強化，在遠端的大腦區域之間尤為普遍（Arruda-Carvalho & others, 2017; Wierenga & others, 2017）。因此，隨著青春期發展，大腦局部區域的效率和焦點激化作用變得更好了。同時，大腦不同區域的網絡連接也跟著增加。近期一項研究顯示，青春期大腦額葉與杏仁核之間的連接降低，與憂鬱症病發有關（Scheuer & others, 2017）。

發展神經科學家 Mark Johnson 等人（Johnson, Grossmann, & Cohen-Kadosh, 2009; Johnson, Jones, & Gliga, 2015）指出，前額葉在發育期間，精心協調許多大腦其他區域的功能。作為神經領導統御與組織協調的角色，前額葉為神經連接與網絡建立帶來優勢。他們認為，前額葉可為問題解決協調出最佳的神經連接。

最有爭議之處是，大腦的生物變化或刺激這些變化的經驗哪一個先出現（Lerner, Boyd, & Du, 2008）。假設研究青少年抗拒同儕壓力時，前額葉變厚，也形成更多的大腦連接（Paus & others, 2007）；科學家們還不確定，究竟是大腦變化在先，抑或大腦變化是因為與同儕、父母等人互動經驗造成的結果。在這裡，我們又遇到遺傳—環境的問題。儘管如此，仍有充分證據顯示環境經驗對大腦發育的重大影響力（Cohen & Casey, 2017; Crone, 2017; Goddings & Mills, 2017; Lauharatanahirun & others, 2018; Rosenbaum & others, 2018; Sherman, Steinberg, & Chein, 2018; Stamoulis & others, 2017）。以首席專家 Jay Giedd（2007,

Lee Malvo，17 歲，他和成年的 John Muhammad 於 2002 年在華府周邊地區持槍掃射，造成 10 人傷亡的恐怖狙擊事件。2005 年，美國最高法院判決指出，像 Malvo 這樣未滿 18 歲的人，不能判處死刑。關於科學家對青少年大腦的認識，在法律判決上（如死刑）造成什麼影響？

©Davis Turner-Pool/Getty Images

pp. 1–2D）的話來說，就是：「生物因素不會讓青少年變得叛逆、染髮或嗑藥。這並不是說你未來會去吸毒，而是它讓你更有機會去做那件事。」

對青春期大腦變化的瞭解，是否會對司法系統造成影響？例如，剛剛討論到的近期大腦研究，可以用來辯稱，因為青少年的大腦（尤其是高層次功能的前額葉）尚在發育中，青少年不如成人成熟，就可以不用因為犯下暴行而判處死刑嗎？首席專家 Elizabeth Sowell（2004）表示，科學家無法僅靠青少年的大腦掃描圖像，就判定青少年到了成年是否會嘗試做一樣的事。2005 年，美國最高法院禁止對未滿 18 歲的青少年判處死刑，但此議題仍持續引起辯論（Fine & others, 2017, 2018; Mahler & others, 2018; Steinberg, 2017）。

經驗與可塑性

科學家特別好奇環境經驗究竟能影響大腦發育到什麼程度，同時也想知道隨著個體從兒童期發展到青春期、成年期，大腦還能保留多少可塑性（Cohen & Casey, 2017; Goddings & Mills, 2017; Zanolie & Crone, 2018）。一項分析指出，青春期早期的大腦仍具備相當大的可塑性（Gogtay & Thompson, 2010）。以下探討經驗與可塑性在青春期大腦發育過程中的三個問題：

● **青春期還會長出新的大腦細胞嗎？** 直到 20 世紀末，科學家還在爭論兒童早期之後，就不會再生出新的神經細胞。儘管研究僅記載，神經新生（neurogenesis）只發生在大腦的海馬迴（與記憶有關）（Olesen & others, 2017）和嗅球（olfactory bulb）（與嗅覺有關）（Bonzano & De Marchis, 2017）這兩個區域中，不過，神經新生會發生在人類身上，已是公認的事實。雖然我們還不清楚新的大腦細胞有何功能，但科學家已經證明這些細胞僅能存活數週（Nelson, 2006），目前正在研究抑制或促進神經新生的因素，如：藥物、壓力、運動等（Abbink & others, 2017; Liu & Nusslock, 2018; Ruitenberg & others, 2017）。科學家也在研究如何移植神經幹細胞到大腦的各個區域（如：海馬迴），好增加神經新生（Akers & others, 2018; Zhang & others,

2017）。

● **青少年的大腦在受到傷害後，能否復原？** 在兒童期和青春期，大腦具有強大的自我修復能力（Nelson, 2013）。在第 1 章「導論」中，有談到 Michael Rehbein 的左腦因為癲癇而開刀切除，但他的右腦竟能重組，接管原先左腦的功能（如：語言）；由此可見人類大腦的可塑性。青春期的大腦依然保留相當大的可塑性，若腦傷發生的時間越早，成功復原的可能性就越高。

● **如何將青春期大腦發育的知識，應用到青少年教育中？** 不幸的是，關於大腦科學對中學教育的觀點，往往以推測的成分居多，與神經科學家對大腦的瞭解相去甚遠（Blakemore & Mills, 2014）。更不用說大肆宣傳「左腦人」比較有邏輯性、「右腦人」比較有創造力的說法，可以看出神經科學與大腦教育之間的關聯多麼破綻百出。

　　神經科學與大腦教育之間另一個常被推廣的關聯是，斷言多數大腦的關鍵變化發生在青春期之前。然而，近期對青春期大腦可塑性的研究顯示，前額葉的發育一直持續到青春期，支持教育可使青少年獲益的觀點（Dahl & others, 2018; Goddings & Mills, 2017）。就這個意義上來說，高層次的認知功能，尤其是運用思考、進行目標導向的行為、情緒管理等，是青春期變化的重要潛在面向（Cohen & Casey, 2017; Zanolie & Crone, 2018）。

　　在結束青春期大腦發育這一節的討論時，還是要提醒讀者注意，多數神經科學和青春期大腦發育的研究屬於相關研究，在解釋因果關係時須謹慎留意。

如何將青春期大腦發育的知識，應用到青少年教育中？
©Fuse/Getty Images

回顧與反思

學習目標 1｜說明大腦在青春期的發展變化。

｜**複習本節所學**｜

・神經建構主義觀有哪些特色？

・什麼是神經元？大腦的神經元在青春期出現什麼變化？

・青春期會發生哪些大腦結構、認知、情緒方面的變化？

・青春期的大腦有多少可塑性？

｜**分享與連結**｜

・思考青春期的大腦結構變化與心理層面變化之間有何關聯。

｜**反思個人經驗**｜

・根據運動方式、飲食習慣、睡眠足夠與否，以及挑戰學習和成就的程度等因素，來評估你的生活方式。依據對大腦可塑性的瞭解，你的生活方式在青春期和成年初顯期，對大腦發育造成哪些影響？

2.認知發展論

學習目標2　討論青春期的認知發展論。

Piaget 的理論

Vygotsky 的理論

　　前面談到大腦發育過程，為青春期的認知變化奠定生物學基礎。回想你還是青少年的時候，你的思考能力像現在一樣好嗎？你能解決困難抽象的問題，並對複雜的議題進行邏輯推理嗎？這些認知技巧是在高中時期進步改善的嗎？請說明你現在有哪些認知技巧比高中時期還要好？

　　本節將簡短說明 Jean Piaget（皮亞傑）的認知發展理論。Piaget 對兒童期到青春期的思考能力變化深感興趣。本節將進一步探討他對青春期認知的觀點，以及漸受矚目的 Lev Vygotsky（維高斯基）社會文化認知理論。

Piaget 的理論

　　首先呈現 Piaget 的理論，說明人生全期認知變化的主要過程。接著檢視每個認知發展階段，特別是具體運思期與形式運思期。

認知歷程

　　Piaget 的理論是最著名、引發最多討論的青少年認知發展理論。根據他的理論，青少年之所以有動力去瞭解世界，是因為他們具有生物適應性（biologically adaptive）。訊息不是只從環境大量灌輸到他們的腦海，青少年會主動建構他們的認知世界。為了理解這個世界，青少年組織個人經驗，去蕪存菁，區分重要的訊息和不重要的訊息，還會舉一反三。他們也會調整認知，納入新的概念。新的訊息擴展了他們的認識與理解。

Jean Piaget，認知發展領域的主要學者。
©R. Crane/Camera Press/Redux

> 我們天生就有學習能力。
> ——Jean-Jacques Rousseau（盧梭，18
> 　世紀出生於瑞士的法國哲學家）

在主動建構世界時，青少年會使用基模。**基模（schema）** 是一種心理概念或框架，用來組織與解釋資訊。Piaget 對於兒童和青少年如何使用基模來組織與理解經驗特別感興趣。

Piaget（1952）發現兒童和青少年透過兩個過程來運用及調整基模：同化與調適。**同化（assimilation）** 意指將新訊息整合納入現有知識裡。同化時，基模不變；**調適（accommodation）** 意指根據新訊息而調整基模。調適時，會改變基模。

假設一位 13 歲的女孩想要學習如何使用爸媽買給她的生日禮物——新的智慧型手機。雖然她以前從沒用過手機，但根據過往經驗和觀察，她知道要按下按鈕才能開機。這一舉動符合現有的概念框架（同化）。開機後，她點擊螢幕上的圖標，但卻沒有連到她想看的畫面。她也想要下載 APP，可是不知道該怎麼做。很快地，她明白她得透過研讀說明書或請有經驗的朋友教她，學習如何使用智慧型手機。這些方法上的調整顯示她知道必須改變她的概念框架（調適）。

平衡作用（equilibration） 是 Piaget 提出的另一個認知過程，意指思考從一種狀態轉移到另一種狀態的過程。青少年時不時在試圖理解世界時遇到認知衝突或失衡，最後，他們解決了衝突，達到認知的平衡。Piaget 主張個體會在認知平衡和失衡狀態間來來回回移動。

認知發展階段

Piaget 提出理論，認為個體的認知發展經歷四個階段：感覺動作期、前運思期、具體運思期、形式運思期（見圖 4）。每個與年齡相關的階段各有其獨特的思考方式。這些階段理解世界的**不同**（different）方式，使得每一階段比另一個階段更上一層樓；僅是知道更多訊息，並無法提升青少年的思考。因此，按照 Piaget 的論點，個體的認知階段之間存在**質**（qualitatively）的差異。

感覺動作期與前運思期

感覺動作期（sensorimotor stage），從出生到約 2 歲。在這個階段，嬰幼兒協調感官經驗（如：看、聽）與身體動作來建構與理解世界，故名為**感覺動作**。

前運思期（preoperational stage），約從 2 到 7 歲。在這個階段，兒童開始用字詞、圖像、繪畫表徵世界。象徵性思考超越了訊息與動作之間簡單的連結。

具體運思期

具體運思期（concrete operational stage），約從 7 到 11 歲。邏輯推理取代直覺思考，但邏輯推理也僅限於明確或具體事例。根據 Piaget 所言，具體運思期涉及操作——一種心

感覺動作期	前運思期	具體運思期	形式運思期
嬰幼兒透過協調感官經驗與身體動作來瞭解世界。從出生時的反射、本能動作，進步到這個階段結束前，開始能象徵性思考了。	兒童開始運用心理表徵來瞭解世界。心理表徵體現在運用字詞與圖像的象徵性思考，超越感官訊息與身體動作之間的連結。但是，兒童的思考在這個階段仍有侷限，如自我中心與集中化（譯注：指一次只能注意一個向度）。	兒童現在可以對具體事物進行邏輯的推理，瞭解保留的概念，將物件依階層分類（歸類），並按次序排列（序列化）。	青少年更能以抽象化、理想化、合乎邏輯（假設演繹）的方式進行推理。
出生到 2 歲	**2 到 7 歲**	**7 到 11 歲**	**11 歲到成年**

圖4｜**Piaget** 的認知發展四個階段

（由左到右）©*Stockbyte/Getty Images;* ©*BananaStock/PunchStock;* ©*image100/Corbis;* ©*Purestock/Getty Images*

理動作，用心理想像的方式取代實際動作。

　　Piaget 用**保留**（conservation）一詞指稱，個體能夠辨識出物體的長度、數目、質量、數量、面積、重量、體積等不因外觀變化而改變。具體運思期的個體具有保留概念，前運思期的個體還沒有發展出這種能力。

　　具體運思期的另一個特徵是**分類**（classification），或稱類別含括推理（class inclusion reasoning）。指兒童可以系統化地將物件組織成類別或次類別的層次。

　　雖然具體運思期比前運思期還要進步，但也有限制。邏輯推理雖取代直覺思考，但僅限於明確或**具體**（concrete）事例。例如，具體運思期的孩子無法想像完成代數方程式的必要步驟。對他們來說，抽象的觀點無法和具體的世界產生關聯。

形式運思期

　　形式運思期（**formal operational stage**）是 Piaget 認知發展論的第四個、亦是最後一個階段。Piaget 主張這個階段約從 11 到 15 歲開始，青少年的思考能力打開新的認知與社會範疇。形式運思期有哪些特徵？最重要的是，比起具體運思期，形式運思期的抽象思考能力大增。青少年的思考不再侷限於實際、具體的經驗，他們可以構思假想的情況──純屬假設可能性的事件，或完全抽象的命題──並嘗試進行邏輯推理。

形式運思期青少年的抽象思考能力，體現在口語問題解決能力；而具體運思期的孩子卻需要看到具體的 ABC 要素，才能做邏輯推論。也就是說，如果 A＝B，B＝C，那麼 A＝C，形式運思期者單靠口語陳述，就會解決這個問題了。

青少年的抽象思考能力還體現在喜歡思考何謂思考（think about thought itself）。正如一位青少年說的：「我開始思考為什麼我在思考我是誰這件事。然後我又思考為什麼我會開始思考為什麼我在思考我是誰這件事。」這些話聽起來很抽象，代表的是青少年很關注思考和思考的抽象性。本章稍後再來討論對思考的思考這一主題，其稱為**後設認知**（metacognition）。

除了抽象外，形式運思期還充滿理想主義與可能性的色彩。兒童經常以具體的方式思考何謂真實、何謂限制，青少年則開始對理想的特質（他們渴望自己和他人擁有的特質）進行更多思考推論。這樣的思考常導致青少年以理想的標準比較自己和他人，而有這樣想法的青少年，常對未來的可能性抱有幻想。因此，常可見到青少年對這些新發現的理想標準渴望不已，但又困惑於不知道該採用哪種理想標準。

在青少年的思考更為抽象化和理想化的同時，他們的思考也更為合乎邏輯。青少年開始像科學家一樣地推理，想出各種方法來解決問題，並且系統地測試解決方法是否可行。Piaget 將此類問題解決型態命名為**假設演繹推理**（**hypothetical-deductive reasoning**）——亦即，具有發展出如何解決問題（如代數方程式）的假設能力或推估最佳方案的能力。提出假設之後，形式運思期者接著系統地演繹或導出解決問題的最佳途徑。相反地，兒童更常以嘗試錯誤的方式來解決問題。

Piaget 認為，形式運思期最能說明青少年如何思考。但，形式運思期不是同質均一的發展階段，並非所有的青少年都是成熟的形式運思期者。有些發展學家更主張形式運思期又包括兩個亞期（Broughton, 1983）：

- **形式運思早期**（early formal operational thought）：青少年產生以假設的方式思考的新能力，使其想法不受限制，充滿無限的可能性。在這個早期階段，無拘無束的幻想可能會淹沒現實，從主觀和理想化的角度看世界。「同化」主導這個亞期。
- **形式運思後期**（late formal operational thought）：當青少年從經驗中測試推理，認知平衡於焉恢復。透過「調適」，青少年開始適應種種經驗到的巨大變化。形式運思晚期約出現在青春期中期。

從亞期的觀點來看，「同化」可說是形式運思早期的特徵，「調適」則是形式運思後期的特徵（Lapsley, 1990）。

Piaget（1952）早先說形式運思期的開始與鞏固，約在 11 至 15 歲的青春期早期達成。後來，Piaget（1972）修正他的觀點，指出形式運思期要等到約 15 至 20 歲的青春期後期才能完備。

是青少年的假設推理與評估何謂理想、何謂真實的能力，使他們投身於抗爭示威活動（如圖中這場支持公立教育的集會）？還是有其他原因，吸引了他們這新發展出來的假設演繹推理能力與理想主義思維？

©Jim West/Alamy

但是，Piaget 的理論並不足以說明青少年認知發展的個別差異（Kuhn, 2009）。有些青少年已經是形式運思期者，有些青少年卻還不是。例如，回顧關於形式運思期的研究，顯示每三個八年級的學生中，只有一位具備形式運思期的能力（Strahan, 1983）。一些研究發現，形式運思能力隨著青少年的年齡增長而增加，但有些青少年卻沒有。事實上，許多大學生和成人都還沒有以形式運思的方式思考。研究發現，僅 17% 至 67% 的大學生以形式運思的方式思考（Elkind, 1961; Tomlinson-Keasey, 1972）。

當許多青少年開始以形式運思的方式思考時，也有許多青少年比兒童期時還要固著在具體運思期。到了青春期末，許多青少年才剛要開始鞏固及一貫運用形式運思能力。此外，就像兒童期的具體運思一樣，形式運思應用的內容範圍也有差異。例如，一位 14 歲的青少年在分析代數方程式時會用形式運思方式推理，但要解決語文問題或推理人際關係問題時，反而不會用形式運思了。

Piaget 的理論評析

Piaget 有哪些重大貢獻？他的理論禁得起時間的考驗嗎？本節將檢視 Piaget 的貢獻和批評。

貢獻

Piaget 是發展心理學界的巨擘。他對當代認知發展領域提出一長串歷久彌新又精湛的概念，包括：同化、調適、保留、假設演繹推理等。我們也感謝 Piaget 很早就將兒童視為主動建構的學習者（Miller, 2016）。

在觀察兒童方面，Piaget 可說是不世出的天才。他仔細地觀察並記錄兒童如何行動，以及如何發展出適應世界的創新方法。Piaget 指出認知發展的重要面向，例如從前運思期轉變到具體運思期。另外，他還說明兒童會將經驗納入基模（或認知框架），但他們也會

根據從環境得到的資訊，一併調整基模。Piaget 更明白主張，認知變化很有可能發生在將環境脈絡架構成讓個體逐步進展到下一個階段的時候。Piaget 也提出概念不會憑空出現，而是透過累積小小的成就，方能達成融會貫通。

批評

Piaget 的理論並非牢不可破（Miller, 2016）。首先被質疑的是認知發展的時機與階段，是否疏於研究細部的關鍵認知過程、文化對認知發展的影響等。以下依序探討這些批評。

關於時機與階段，有些認知能力出現的時間比 Piaget 認為的還要早（Aslin, 2017; Baillargeon & De Jong, 2017; Van de Vondervoort & Hamlin, 2018）。例如，研究證實數量的保留概念早在 3 歲時的前運思期就有了（Piaget 聲稱此概念約在 7 歲時的具體運思期出現）；但其他的認知能力卻又比 Piaget 說的還要晚出現（Cohen & Casey, 2017）。許多青少年仍以具體運思方式思考，或才剛開始進入形式運思期，甚至許多成人都還沒達到形式運思期。許多研究也不支持 Piaget 說 11 歲前的兒童還不會抽象思考、要等到 11 歲之後才會的論點（Kuhn, 2009）。因此，青少年的認知發展並非如 Piaget 設想的階段那般固定（Siegler, 2017; Wu & Scerif, 2018）。

新皮亞傑學派（neo-Piagetians） 的認知發展學家認為，Piaget 的理論並未對青少年用以處理訊息的注意力、記憶、認知策略等多加著墨。此外，Piaget 對認知變化的解釋過於籠統。新皮亞傑學派特別主張，若想更瞭解兒童與青少年的思考方式，得要探究他們使用的策略、他們如何快速自動地處理訊息、訊息處理時用到的特殊認知作業，以及他們如何將問題分割為更小、更精確的步驟。

加拿大發展心理學家 Robbie Case 是新皮亞傑學派的主要擁護者（1992, 2000）。Case 認同 Piaget 的四個認知發展階段，但強調須更精確地描述各個階段的變化。Case 認為，兒童與青少年之所以能越來越有效地處理訊息，和他們的大腦發育與記憶發展有關。他特別指出，把訊息保存在工作記憶（類似於短期記憶的記憶工作平台）中，並且更有效地運用處理，是認知發展的重要元素。

最後，文化與教育對發展的影響，比 Piaget 設想的還大（Bredekamp, 2017; Morrison, 2018; Wagner, 2018）。例如，

科學與數理邏輯方面優秀的老師和教育，是促進運思思考的重要文化經驗。Piaget 是否低估了文化和教育在兒童認知發展上的重要性？

個體獲得保留概念的年齡，在某種程度上與文化提供的相關教育訓練有關（Cole, 2006）。許多開發中國家的教育資源有限，發揮形式運思能力的機會寥寥無幾。後文要談到的 Lev Vygotsky 的認知發展理論，就比 Piaget 的理論更重視文化的角色。

成年期的認知變化

如前所述，根據 Piaget 所言，青少年和成人運用的是同一類型的推理，他們的思考方式大同小異。Piaget 的確說過成人的知識比較廣博。成人的思考方式，在哪些方面比青少年更為進步呢？

現實與務實思考（Realistic and Pragmatic thinking）

一些發展心理學家指出，隨著年輕人進入職場，他們的思考方式確實出現變化。其中一種想法是體認到現實的侷限，削弱了他們的理想主義（Labouvie-Vief, 1986）。

反思性與相對性思考（Reflective and Relativistic thinking）

William Perry（1970, 1999）也說明成年早期的認知變化。他說，青少年經常以兩極化的角度看世界——對／錯、我們／他們、善／惡等。等到年紀漸長，他們才逐漸摒棄這種絕對論的思維，改抱持多元觀點。因此，Perry 主張，青春期絕對、二元化的思考方式，被成年期反思性、相對性的思考方式取代。

Gisela Labouvie-Vief（2006）擴充 Perry 的觀點，指出過去一個世紀以來，日益複雜的文化社會，需要更會反思、更懂得相對性思考的人，將知識與挑戰的變異性納入考量。她還強調，成年初顯期的認知發展重要面向包括：確定個人獨特的世界觀、明白世界觀是主觀的、理解並接納不同的世界觀。在她看來，準成年人的思考方式個別差異極大，僅有少數人的思考能達到最高層次。她主張，準成年人的教育程度，最為影響他們能否把認知潛力發揮到最大。

認知與情緒

Labouvie-Vief 等人（Labouvie-Vief, 2009; Labouvie-Vief, Gruhn, & Studer, 2010）認為，要瞭解成年期的認知變化，必須思考情緒成熟度如何影響認知發展。他們的結論是，儘管年輕成人越來越意識到情緒會影響他們的思考，但在這一點上，思考卻常常被負面情緒控制，產生扭曲與自私自利的想法。在他們的研究中，具有高度同理心、靈活性與自主性的這一組準成年人，比較願意投入複雜、整合的認知情緒思考。Labouvie-Vief 等人發現，認知與情緒平衡的思考能力在成年中期益發精進。另外，他們還強調說，中年人比年輕人更懂得內省反思，思考較不受外界影響。從 Labouvie-Vief 等人的研究可以看出，他們努力地找出認知和社會情緒發展的連結，或可成為終身發展學門的趨勢議題。

還有第五個或後形式思考階段嗎？

　　學者們綜合上述對成人思考方式的描述，指出年輕人進入到新的認知發展階段——後形式思考（Sinnott, 2003）。

　　後形式思考（**postformal thought**）的特徵如下：

- **反思性、相對性思考與考慮情境脈絡**（reflective, relativistic, and contextual）。當年輕成人在思考解決問題時，會深思工作、政治、關係、生活等許多面向（Labouvie-Vief, 1986）。他們會發現職場上（跟老闆或同事）的最佳問題解決策略，在家裡（跟伴侶相處）不一定行得通。因此，後形式思考者知道，問題的最佳答案須仰賴反思性思考，且因情境而異。有些心理學家認為，反思性思考持續增加，到中年期時更是向內在反思，不再那麼受情境影響（Labouvie-Vief, Gruhn, & Studer, 2010; Mascalo & Fischer, 2010）。

- **暫時性假設**（provisional）。許多年輕成人對真理抱持懷疑的態度，不認為有最終的唯一答案。因此，他們會視尋求真理為一持續不斷、甚至沒有終點的過程。

- **現實**（realistic）。年輕成人知道，思考不必然得抽象不著邊際。在許多情況下，思考必須實事求是才行。

- **思考受情緒影響**（recognized as being influenced by emotion）。年輕成人比青少年更明白思考受情緒影響。但是在這個發展階段，負面情緒仍常產生扭曲與自私自利的想法。

認知發展的第五階段（或稱後形式思考），具有哪些特色？

©*Yuri Arcurs / Alamy*

　　學者發展出複雜後形式思考問卷（Complex Postformal Thought Questionnaire），以 10 個題項測量後形式思考（Sinnott & Johnson, 1997），評估受試者達到後形式思考的程度。問卷題目反映後形式思考的三大類型：（1）考慮問題或情境的多個面向，（2）在特殊問題情況下做出主觀選擇，（3）覺察問題潛在的複雜性（Cartwright & others, 2009）。

　　認知發展第五個階段或後形式思考的說法有多可靠？研究發現，年輕成人的後形式思考較青少年成熟（Commons & Richards, 2003）。但批評者認為，研究尚未證實後形式思考在本質上有比形式運思期還要高階。

智慧

Paul Baltes 等人（2006）把**智慧**（**wisdom**）定義為：生活實用層面的專業知識，能對重要事物做出完善的判斷。所謂的實用知識包括：對人類發展與生命事件具有非凡的洞察力、優秀的判斷力、知道如何去應對生活難題等。因此，智慧不等於標準智力，而是著重在生活的務實問題與人類生存狀況。

智慧有哪些特徵？
©Westend61/Getty Images

有關於智慧，Baltes 等人（Baltes & Kunzmann, 2007; Baltes, Lindenberger, & Staudinger, 2006; Baltes & Smith, 2008）得出的結論如下：

- **高度智慧相當罕見。**很少人能夠具備高度智慧，包括老年人。僅有一小部分成人展現智慧，支持了智慧需要累積經驗、練習或複雜技巧的論點。
- **青春期後期和成年早期是智慧發展的主要時期。**沒有證據顯示人到中老年時會比年輕時更有智慧。但很可能是研究的問題和老年人的生活不夠相關。
- **年齡以外的其他因素，對提高智慧至關重要。**例如，某些生命經驗，如接受訓練或在有挑戰性的領域工作、遇到智者良師等，都有助於提高智慧。此外，智慧高的人更重視他人的福祉，勝過為自己謀福利。
- 比起智力等認知因素，與人格有關的因素（如：**對經驗開放、創造力**等）才是智慧的有效預測因子。

Robert J. Sternberg（史坦柏格）（2013, 2018i）的智力理論（本章稍後會再討論）主張，智慧和生活實用知識與學業智力兩者皆有相關。他認為，學業智力雖然必要，但在許多情況下，它並非智慧的充分條件。生活中可以實用的知識也是智慧的要件（Sternberg, 2018e; Sternberg & Glueck, 2018; Sternberg & Hagen, 2018）。對 Sternberg 來說，自我利益、他人利益、環境脈絡之間的平衡，方能創造出公共利益。因此，智者不會只為自己著想，他們也會顧及他人的需求與觀點，以及特定的環境脈絡。Sternberg 以向個體詢問問題解決之道的方式來評估智慧，解決方案凸顯各種不同的個人、人際、情境利益。他也強調學校應該教導智慧的這些面向（Sternberg, 2013, 2018i）。Sternberg 強調要將知識用於公共利益，解決相互競爭利益的問題。這番論點有別於上述 Baltes 等人提出的智慧觀點。

近期研究視智慧與意義為成年初顯期的重要發展（Webster & others, 2018）。研究發

現，探求意義與存在和智慧有關，並從以下五個要素來評估智慧：重要的生命經驗、回憶／反思、對經驗開放、情緒調節、幽默感。

Vygotsky 的理論

上限區

在有能力的教師協助下，兒童可以擔負的額外責任。

近側發展區（ZPD）

下限區

兒童自己就可以解決問題。

圖 5 | **Vygotsky 的近側發展區（ZPD）。**
Vygotsky 的近側發展區有分下限區跟上限區。兒童與青少年很難單獨完成近側發展區的任務，需靠成人或技高一籌同儕的協助。當兒童與青少年得到口頭教導或示範，他們即從現有的心理結構組織訊息，最後靠自己獨立表現技能或完成任務。
©Ariel Skelley/Blend Images

Lev Vygotsky（1962）提出知識是**情境**（situated）與**合作**（collaborative）的理論，引發諸多關注討論（Moura da Costa & Tuleski, 2017; Yu & Hu, 2017）。也就是說，知識散布在人與環境之間，如：物件、手工藝品、工具、書籍及所居住的社區。這樣的觀點顯示，知識是在與他人合作、互動中提升的。

Vygotsky 最重要的概念之一為**近側發展區**（**zone of proximal development, ZPD**），意指任務難度讓個體難以單獨完成，但在成人或技高一籌（more-skilled）同儕的引導和協助下，得以精熟學習。因此，ZPD 的下限區（lower limit）是指青少年獨立作業就可達到的問題解決層次，上限區（upper limit）則是指青少年在良師的引導下，可以達到的思考層次（見圖 5）。Vygotsky 尤其強調 ZPD，彰顯社會影響力對認知發展的重要性。

Vygotsky 主張，正規的學校教育只是決定青少年成長的文化因素之一。家長、同儕、社區、文化的技術方向等，都會影響青少年的思考（Clara, 2017）。例如，父母、同儕對認知能力的態度，會影響青少年學習的動機。教師和社區成人的態度亦如是。

即使他們的理論幾乎是同一時間提出的，但世人大多以為 Vygotsky 晚於 Piaget，因此 Vygotsky 的理論並未如 Piaget 那般受到學界完整的評估。Vygotsky 重視社會文化對兒童發展的影響，和當代認為學習需評估情境因素的觀點不謀而合（Gauvain, 2016; Holzman,

2017）。

　　儘管他們的理論都可歸類於建構取向，但 Vygotsky 是**社會建構取向（social construc-
tivist approach）**，強調學習的社會情境和透過社會互動來建構知識。從 Piaget 到 Vygotsky，
可以看到知識建構的觀點從個體轉向到合作、社會互動、社會文化活動（Gauvain, 2016）。
對 Piaget 而言，認知發展的終點是形式運思期；但對 Vygotsky 來說，每個人的認知終點並
不一樣，端視該文化認定哪些技能最重要而定。Piaget 認為兒童透過轉換、組織、重組先
前的知識來建構知識；Vygotsky 則是主張兒童與青少年透過社會互動來建構知識（Daniels,
2017）。Piaget 對教學的啟示是，兒童需要鼓勵以探索世界、發現知識；Vygotsky 對教學
的啟示是，要提供很多機會讓學生跟著教師和技高一籌的同儕一起學習。Piaget 和 Vygotsky
咸認教師是催化者和引導者，不是監督者或塑模工。圖 6 比較 Piaget 與 Vygotsky 的理論。

	Vygotsky	**Piaget**
社會文化脈絡	非常強調	不太強調
建構主義	社會建構主義	認知建構主義
階段	沒有提出一般的發展階段	非常強調階段（感覺動作期、前運思期、具體運思期、形式運思期）
關鍵歷程	近側發展區、語言、對話、文化工具	基模、同化、調適、運思、保留、分類
語言的角色	是重要的角色；語言在形塑思考上發揮重要作用	語言並不重要；是認知主導語言
對教育的看法	教育扮演關鍵角色，有助於兒童學到文化需要的能力	教育只是在改善兒童已經出現的認知能力
對教育的啟示	教師是催化者和引導者，不是監督者。教師要提供兒童與教師和技高一籌同儕學習的機會	同樣認為教師是催化者和引導者，不是監督者。教師應鼓勵兒童探索世界和發現知識

圖 6｜Vygotsky 與 Piaget 的理論比較

(Vygotsky) *A.R. Lauria / Dr. Michael Cole, Laboratory of Human Cognition, University of California, San Diego;* (Piaget) *©Bettmann / Getty Images.*

對 Vygotsky 理論的批評也逐漸浮上檯面。批評指出，Vygotsky 對於和年齡發展有關的變化說得不夠具體（Gauvain & Perez, 2015）。其他批評著眼於 Vygotsky 並未充分描述社會情緒能力如何影響認知發展，還有他過分看重語言在思考中的角色。此外，Vygotsky 強調的合作與引導，也有一些隱憂。在某些情況下，周遭成人（如：父母）如果專橫、處處干預，這樣對孩子來說是好事嗎？再者，有些青少年可能會偷懶，明明自己就能做到的事，卻依賴別人來幫助他們。

回顧與反思

學習目標 2 討論青春期的認知發展論。

複習本節所學

- Piaget 對青春期的看法為何？Piaget 的理論有哪些貢獻與批評？成年期之後可能發生哪些認知變化？
- Vygotsky 對青春期的看法為何？

分享與連結

- 比較後形式思考與智慧的異同點。

反思個人經驗

- 回想你 8 歲和 16 歲的時候，想像這兩個年紀的你正在觀看電視播出的政黨代表大會。以 Piaget 的認知發展階段而言，當你處在這兩個不同的年紀，你對議事程序的看法會有何不同？8 歲時的你會「看」到什麼、理解什麼？16 歲時的你會「看」到什麼、理解什麼？這些認知差異，反映了 Piaget 的哪些概念？

3.訊息處理觀點

學習目標 3 描述青春期的訊息處理特色。

認知資源　　　　　　　　注意力與記憶　　　　　　　　執行功能

本節簡述訊息處理觀點。訊息處理包括：青春期的訊息如何輸入、如何儲存，以及青少年如何提取訊息以思考與解決問題。

訊息處理觀點（information processing view）既是思考青少年發展的理論架構，也是發展的一個面向。作為理論架構，訊息處理論的觀點包括：青少年的心智如何運作、如何才能瞭解心智的運作方式（Braithwaite & Siegler, 2018; Reyna & others, 2018; Romer, Reyna, & Satterthwaite, 2017; Siegler, 2017）。作為發展的一個面向，當兒童長大到青春期和成年期，訊息處理的方式也隨之變化。例如，注意力與記憶的變化，實質上就是個體的訊息處理方式改變。

Deanna Kuhn（2009）指出青少年訊息處理和思考方式的重要特徵。在她看來，與年幼兒童大部分都能達到的基本認知層次相比，從兒童後期到接下來的青春期，個體卻不一定都能達到相近的認知層次。到了青春期，個體之間的認知功能出現相當大的差異。這些差異支持以下的論點：比起兒童，青少年可說是自身發展的推動者。

本節將探討訊息處理觀點，說明注意力、記憶，以及與執行功能有關的高階認知歷程。首先來看看在訊息處理觀點裡，認知資源的重要性。

認知資源

訊息處理受處理能力與速度的影響。這兩個特徵常被稱為**認知資源**（cognitive resources）。青少年（尤其是年紀稍大的青少年），在控管與有目的性地調度這些資源方面，都略勝兒童一籌（Kuhn & Franklin, 2006）。

多數訊息處理的心理學家主張，能力提高有助於改善訊息處理的效能（Halford & Andrews, 2011）。例如，隨著青少年訊息處理的能力增強，他們可以同時記住關於主題或問題的許多面向，但幼兒只能關注一個向度。

訊息處理速度又是發揮什麼作用？通常，處理速度快和認知任務表現良好有關（Tam & others, 2015; Willinger & others, 2018）。但是，處理速度慢也可以透過有效的策略來截長

兒童期和青春期的注意力，發生哪些變化？

©*Hero Images*/ *Getty Images*

補短。

有大量證據表明，從兒童期到青春期，完成認知任務的速度提高不少（Hommel, Li, & Li, 2004; Kail, 2007; Kuhn, 2009）。一項研究顯示，在處理有關反應時間和抽象配對的訊息速度上，10 歲兒童比年輕成人約慢 1.8 倍（Hale, 1990），12 歲兒童比年輕成人約慢 1.5 倍，但 15 歲青少年的處理速度，已經和年輕成人一樣快了。同樣地，研究 8 至 13 歲的兒童，顯示訊息處理速度會隨年齡增長而增加，且訊息處理速度的發展變化，早於工作記憶容量增加的發展變化（Kail, 2007）。此外，一項針對 9 至 14 歲兒童的研究發現，訊息處理速度加快，和口語閱讀流暢度提高有關（Jacobson & others, 2011）。統合分析（使用統計技術綜合各個研究結果）證實，從兒童期到青春期，處理速度漸漸提高（Verhaeghen, 2013）。在這項統合分析中，處理速度在成年早期開始下降，並且在接下來的生命過程持續衰退。

注意力與記憶

青少年和準成年人想要很快地處理訊息，他們必須全神貫注在訊息上。而且，如果之後要用到這些訊息，他們得記住才行。注意力和記憶是青少年訊息處理的關鍵面向（Baddeley, 2017, 2018a, b; Posner, 2018a, b）。

注意力

注意力（**attention**）是指集中心力、全神貫注。個體可以用不同的方式分配注意力（Wu & Scerif, 2018）。心理學家將注意力類型劃分為：選擇性注意力、分配性注意力、持續性注意力、執行性注意力。

- **選擇性注意力**（**selective attention**）意指專注在相關的特定經驗上，忽略其他不相關的經驗。例如，在擁擠的房間裡，只留心聽其中一種聲音。
- **分配性注意力**（**divided attention**）意指注意力同時放在多個活動上。例如，一邊聽老師講課、一邊傳訊息。
- **持續性注意力**（**sustained attention**）意指能夠長時間專注在選定的刺激物上。例

如，從頭到尾持續閱讀本章內容，毫無間斷。

● **執行性注意力**（**executive attention**）包括計畫行動、將注意力放在目標上、偵測與修正錯誤、監測任務進行情況、處理新的或困難的狀況等。例如，要撰寫 10 頁的歷史報告時，可以有效地把注意力放在上述提到的認知任務上。

這裡要進一步探討分配性注意力、持續性注意力和執行性注意力。調查顯示，在將注意力分配到兩個任務上時，12 歲兒童的表現顯然比 8 歲兒童好，但比 20 歲的準成年人稍微差了一些（Manis, Keating, & Morrison, 1980）。青少年可能比兒童擁有更多的資源（訊息處理的速度加快、處理能力與自動化程度更好），或更善於運用這些資源。

分配性注意力的發展方向之一，是指青少年與準成年人可以一心多用，同時做多件事（multitasking；多工處理）。在某些情況下，分配性注意力涉及的活動可不只兩個而已，而是同時進行三個或多個以上的活動（Lever-Duffy & McDonald, 2018）。對多重任務處理（一心多用）能力增加影響最大的，在於操作多種電子媒體。若某一關鍵任務非常複雜又富有挑戰性，例如要完成家庭作業的習題，此時，一心多用恐怕會減少對於作業的專注度（Myers, 2008）。研究分析指出，青少年大量地一心多用操作多種電子媒體，和記憶力變差、衝動性增加、大腦皮質容量縮小有關（Uncapher & others, 2017）。

持續性和執行性注意力也是青少年與準成年人認知發展的重要面向（O'Halloran & others, 2018）。由於青少年和準成年人需要從事更龐大、複雜的任務，得花更長的時間才能完成，因此，維持注意力以成功完成任務的能力，就顯得十分重要。研究也發現，持續性注意力在青春期時不斷進步，這與大腦前額葉成熟有關（Thillay & others, 2015）。另外，執行性注意力增加，也使得有效完成複雜學業任務的克制力提高許多（Rothbart, 2011）。

對於任何一種認知歷程來說，青少年和準成年人如何在日常生活中有效地運用這些不同類型的記憶，存在極大的個別差異。例如，患有注意力不足過動症（ADHD）的人，就無法有效地分配記憶。

一心多用對青少年有益還是有害？

©*Image Source*/*Getty Images*

記憶

　　青少年和準成年人的生活，時時刻刻被記憶包圍籠罩。「記憶」存在於他們所採取的步驟中、在每一個念頭裡、在說出的每一個字詞中。**記憶（memory）**是把訊息保留一段時間，對我們的心理世界和訊息處理至關重要（Radvansky & Ashcraft, 2018）。為使學習和思考有成，青少年和準成年人必須懂得保留和提取訊息。三個重要的記憶系統——短期記憶、工作記憶、長期記憶——和青少年的學習息息相關。

短期記憶

　　短期記憶（short-term memory）是容量有限的記憶系統。除非將訊息複誦（重複練習），否則訊息就只能保留約 30 秒而已。常用來評估短期記憶的方法是，顯示一串待記項目，又稱記憶廣度測驗（memory span task）。進行 IQ 測驗時，受測者要記住一串數字或字詞。受測者會聽到一些簡短、快速（如：每隔一秒）的聲音刺激（通常是數字），接著，受測者要複述這些數字。透過記憶廣度測驗，研究發現短期記憶在幼兒期就開始大量增加，一直持續到兒童晚期和青春期，只是增加的速度趨緩。例如，一項調查發現，在 7 至 12 歲之間，記憶廣度增加了 1.5 個數字（Dempster, 1981）（見圖 7）。但是請注意，記憶

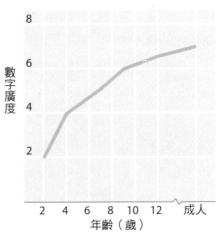

圖 7｜**記憶廣度的發展變化。** 研究顯示，記憶廣度從 2 歲時的 3 個數字，到 7 歲時增加到 5 個數字（Dempster, 1981）。到 12 歲時，記憶廣度平均又增加 1.5 個數字。

廣度的個別差異極大，這會反映在個人 IQ 測驗和各種態度測驗的分數上。

工作記憶

　　短期記憶就像是一個被動式倉庫，裡面有架子可以儲存訊息，直到訊息轉往長期記憶。**工作記憶（working memory）**是種心理的「工作台」，是個體在做決策、解決問題、理解文字與口語時，操作與重組訊息的地方（Baddeley, 2008, 2010a, b, 2012, 2013, 2015, 2017, 2018a, b）（見圖 8）。許多心理學家喜歡用**工作記憶**而非**短期記憶**一詞，來說明記憶的運作過程。與短期記憶相比，工作記憶更像是主動出擊地去調整訊息。

　　一項研究檢視 6 至 57 歲個體在語言和視覺空間的工作記憶任務表現（Swanson, 1999）。如圖 9 所示，無論執行什麼任務，8 至 24 歲個體的工作記憶皆大幅增加。因此，青少年和準成年人都處於增進工作記憶的重要發展時期。值得注意的是，發展來到成年期之後，工作記憶仍持續進步。

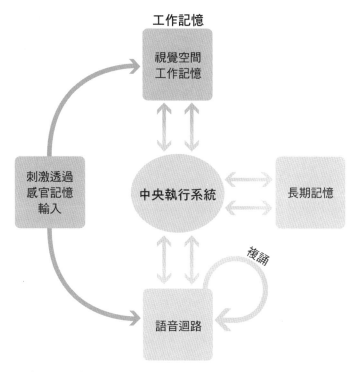

圖 8｜**工作記憶。**在 Baddeley 的工作記憶模式中,工作記憶就像是一個心理工作台,正在處理大量的訊息。工作記憶包含三個主要的組成部分:語音迴路與視覺空間工作記憶擔任助手的角色,協助中央執行系統完成工作。來自感官記憶的輸入,進到語音迴路,在那裡儲存並複誦語音訊息。視覺空間工作記憶用來儲存視覺與空間的訊息(包括圖像)。工作記憶是容量有限的系統,訊息僅在這裡停留一小段時間。工作記憶和長期記憶互相交流,運用儲存在長期記憶的訊息,並將訊息傳送到長期記憶去儲存。

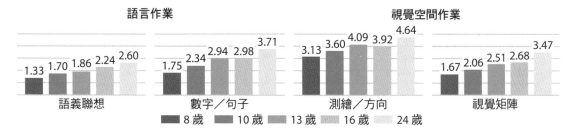

圖 9｜**工作記憶的發展變化。**注意:此處顯示的分數是每個年齡組的平均分數,年齡也是代表平均年齡。分數越高,表示工作記憶表現越好。

工作記憶和兒童、青少年、準成年人的許多發展面向有關（Baddeley, 2018a, b; Crandall, Allsop, & Hanson, 2018; Nicolaou & others, 2018; Nouwens, Groen, & Verhoeven, 2017; Sala & Gobet, 2017; Sanchez-Perez & others, 2018; Simms, Frausel, & Richland, 2018）。研究顯示，9 至 10 歲兒童的工作記憶容量，可用來預測兩年後（11 至 12 歲）的外語理解能力（Andersson, 2010）。另一研究發現，前額葉皮質對工作記憶的影響力，在青春期後期比青春期早期起著更為重要的作用（Finn & others, 2010）。此外，研究也發現，15 歲時工作記憶缺損，和 18 歲時採取冒險行為有關（Thomas & others, 2015）。

工作記憶就像認知過濾器一樣，讓個體先把訊息保留在腦海中，以便思考行為的潛在後果。因此，若是工作記憶出現缺損，個體可能會做出冒險的決定（Thomas & others, 2015）。研究發現，對青少年的工作記憶進行訓練，可以減少他們在同儕面前做出冒險行為（Rosenbaum & others, 2017）。

長期記憶

長期記憶（long-term memory）是相對持久的記憶系統，可以長期保存大量訊息。長期記憶在兒童中期與晚期激增，持續進步到青春期，儘管尚未有充分研究證實，但至少長期記憶是取決於個體在獲取和記住訊息時，從事的學習活動（Pressley & Hilden, 2006）。多數的學習活動可歸諸於**策略**（strageties），也就是學習者在意識控制下從事的活動。這樣的活動不勝枚舉，最重要的活動之一就是組織，即分組或歸類。稍後會再探討何謂策略。

執行功能

執行功能有哪些特徵？

©ColorBlind Images/Getty Images

注意力與記憶是訊息處理的重要面向，但其他面向的重要性也不遑多讓。在青少年與準成年人的認知中，特別重要的是高階、複雜的認知歷程，像傘狀般的概念，稱為**執行功能**（**executive function**）。這些認知歷程和大腦前額葉皮質的發育有關，包括：管理思緒以完成目標導向的行為、自我控制等（Bardikoff & Sabbagh, 2017; Bernstein & Waber, 2018; Crone, Peters, & Steinbeis, 2018; Knapp & Morton, 2017; Kundu & others, 2018; Meltzer, 2018; Wiebe & Karbach, 2018）。當青少年與準成年人做決定、進行批判性思考、思考何謂思考時，就是執行功能在運轉努力工作中。

　　執行功能分為兩類：**熱執行功能**（hot executive function）是由邏輯思考和批判分析驅動的意識控制心理歷程；**冷執行功能**（cool executive function）是由情緒驅動的心理歷程，其中情緒調節是特別重要的歷程（Kouklari, Tsermentseli, & Monks, 2018; Semenov & Zelazo, 2018）。一項針對 12 至 17 歲青少年的研究顯示，冷執行功能隨著年齡而增加，熱執行功能在 14 至 15 歲時達到顛峰，之後慢慢下降（Poon, 2018）。

　　執行功能在青春期時逐漸強化（Kuhn, 2009; Kuhn & Franklin, 2006）。執行功能會

> 根據任務需求，承擔監控和管理認知資源調動的責任。結果，認知發展和學習越來越有效率……執行功能的萌芽與強化，可說是人生第二個十年中，最為重要的智力發展（Kuhn & Franklin, 2006, p. 987）。

認知控制

　　認知控制（**cognitive control**）意指能夠有效地控制掌握及靈活思考諸多面向，如：注意力控制、減少干擾思緒、保持認知彈性等。認知控制也被稱為**抑制控制**（inhibitory control）或**主動控制**（又名**努力控制**）（effortful control），是指抑制強烈想做某件事的衝動，改做最有效的事情的能力。

　　認知控制隨兒童期、青春期到成年初顯期的年齡增長而增加（Cohen & Casey, 2017; Chevalier, Dauvier, & Blaye, 2018; Romer, Reyna, & Satterthwaite, 2017）。認知控制增加，據稱是大腦路徑成熟所致。例如，研究發現，從 7 歲到 30 歲，前額葉皮質的擴散減少、焦點活化作用增加（Durston & others, 2006）。活化增加表示認知表現——尤其是**認知控制**——效能變好。因此，青春期認知控制能力不但提高，還可一直延續到成年期（Crone & Konijn, 2018）。

　　青少年和準成年人幾乎隨時都在從事必須做好認知控制的活動，例如（Galinsky, 2010）：

- 盡力專心在一件最有效的事情上，避免思緒或環境刺激干擾。
- 三思而後行，避免禍從口出，後悔莫及。
- 持續做著無聊但重要的事，就算有其他有趣的事可以做，也克制不去行動，直到完成無聊但重要的事。對自己說：「我必須自律以完成該做的事。」

　　一項縱貫研究探討執行功能的抑制控制這一重要面向，發現抑制控制能力較佳（輪流等待、不容易分心、更有毅力、不易衝動）的 3 至 11 歲兒童，更能夠留在學校學習、不

大可能從事冒險行為、不易沾染毒品（Moffitt & others, 2011）。三十年過後，具有較佳抑制控制的兒童，生理和心理健康狀況也比較好（如：不至於過度肥胖）、收入更高、更守法、更快樂（Moffitt, 2012; Moffitt & others, 2011）。

┃注意力控制與減少干擾思緒

注意力控制（controlling attention）是青少年和準成年人學習與思考的關鍵面向（Lau & Waters, 2017; Mueller & others, 2017）。分心的干擾因素有的來自於外在環境（例如，別的同學在上課的時候竊竊私語、查看臉書的交友請求），有的是內心其他思緒讓人心猿意馬。憂慮、自我懷疑、情緒起伏強烈等自我導向（self-oriented）的思緒，特別會擾亂應該專心在思考任務上的注意力（Walsh, 2011）。

┃認知彈性

認知彈性（cognitive flexibility）意指懂得運用替代方案以適應環境、因境制宜（Buttelmann & Karbach, 2017; Wang, Ye, & Degol, 2017）。在青少年和準成年人調整行為以適應某種情況之前，他們必須要意識到自己應該要改變思考方式，並且要有動力去這麼做（Gopnik & others, 2018）。對自己有能力調整思維以適應特定情況充滿信心（**自我效能**之一），也是認知彈性很重要的一環（Bandura, 2012）。近期研究發現，青少年對隱喻的理解能力比兒童好，這樣的理解能力和青少年的認知彈性變強有關（Willinger & others, 2018）。

一些批評者認為，把各種不同的認知歷程放在執行功能的廣泛概念下，究竟有什麼好處？雖然前面談到許多執行功能的組成要素（抑制控制、認知彈性等），但這些組成要素到底是什麼、彼此之間如何連結、如何發展等，學界尚未達成共識。也就是說，雖然執行功能這一概念不可能完全消失，但有待進一步研究（尤其是透過統合分析）來深入瞭解執行功能及其在整個生命週期的發展狀況（Crone, Peters, & Seinbeis, 2018; Mueller & others, 2017; Wiebe & Karbach, 2018）。

◉ 決策能力

青少年和準成年人面臨越來越多需要做決定的時候——交什麼朋友、和誰約會，要不要發生性關係、買車、上大學，或職業選擇等（Helm, McCormick, & Reyna, 2018; Helm & Reyna, 2018; Meschkow & others, 2018; Reyna, 2018; Reyna & others, 2018; Romer, Reyna, & Satterthwaite, 2017; Steinberg & others, 2018; van den Bos & Hertwig, 2017）。青少年做決定的能力又是如何呢？有些評論說年紀較大的青少年，決策能力優於年紀較小的青少年，而青少年的決策能力又比兒童好（Keating, 1990）。與兒童相比，青少年較能想出不同的選項、

青少年必須做出哪些決定？他們的決策有什麼特點？

©Big Cheese Photo/SuperStock

從多方角度審視情況、預測決定的後果、思考消息來源的可信度。

一項研究顯示，年紀較大的青少年在決策能力上更勝年紀較小的青少年（Lewis, 1981）。給八年級、十年級、十二年級學生選擇有關醫療程序的難題，年紀最大的學生最能自動提出各種風險、建議諮詢外部專家、預測結果等。例如，當被問及是否要做整形手術的問題時，一位十二年級的學生說，要先評估各個層面，以及手術對個人的影響，尤其是要顧及與他人的關係會出現什麼變化；相對地，八年級學生的觀點有限，只提到做手術會被約會對象拒絕、相關費用、被同儕嘲笑的影響。

總之，年紀較大的青少年通常能比年紀較小的青少年做出更好的決定；青少年又比兒童能做出更好的決定。在決策的過程中懂得調節情緒、記取先前決定的後果，並根據後果調整後續的決定等，這些能力在成年以前都會隨著年齡增長而進步（Klaczynski, Byrnes, & Jacobs, 2001）。年紀較大的青少年決策能力絕非完美，但成人的決策能力也不完美（Kuhn, 2009），例如，衝動和追求感覺刺激的青少年和成人就不是非常有效的決策者（Galvan & others, 2007）。

決策能力佳，並不保證個人在日常生活中也能做出好的決定，因為經驗常會跑出來參一腳。例如，駕駛訓練課程可以把青少年的認知和技術，提高到與成人相同、甚至青出於藍的水準，然而，駕訓課程並無法有效降低青少年的高交通事故率。研究者發現若能實施駕照分級制度（graduated driver licensing, GDL），方可減少青少年駕駛的撞車事故和死亡率（Keating, 2007）。駕照分級制度內容主要有：學習駕照者的執照年期、實際上路證明、夜間駕駛限制和乘客限制。此外，父母親的監督和期望可以減少青少年的駕駛事故（Keating & Halpern-Felsher, 2008）。例如，父母親應限制和監控與青春期孩子同車共乘的對象。

多數人在心平氣和、而非情緒激動的情況下，能做出比較好的決定，青少年當然也不例外（Cohen & Casey, 2017; Crone & Konijn, 2018; Rivers, Reyna, & Mills, 2008）。回想本章前面對大腦發育的討論。青少年的情緒容易強烈起伏，因此，冷靜時能做出明智決定的青少年，有可能在情緒激動的時候做出愚蠢的決定（Goddings & Mills, 2017）。頭腦一熱時，

情緒與社會脈絡如何影響青少年的決策？

©JodiJacobson/E+/Getty Images

青少年的情緒尤其容易壓制決策的能力。

　　社會情境常左右青少年的決策（Breiner & others, 2018; Sherman, Steinberg, & Chein, 2018; Silva & others, 2017; Steinberg & others, 2018）。例如，青少年常因酒醉和受到誘惑，鋌而走險做出偏離常軌的決定（Reyna & Rivers, 2008）。研究顯示，在具有風險的場合，同儕在場會增加青少年做出冒險決定的可能性（Albert & Steinberg, 2011a, b）。在一項模擬駕駛任務的冒險研究中，同儕在場會使青少年做出危險駕駛決定的機率提高了 50%，但成人則未受同儕影響（Gardner & Steinberg, 2005）。可能的解釋是，同儕在場會激化大腦的酬賞系統，尤其是多巴胺的通路（Steinberg & others, 2018）。

　　同樣重要的是，要考量情境的壓力程度和青少年的冒險行為個別差異，如何影響青少年的決定。鮮少研究探討特質傾向會如何影響青少年在壓力和危險情況下所做的決定。一項研究發現，青少年在壓力的情況下做的決定，會比在非壓力情況下做的決定更為冒險（Johnson, Dariotis, & Wang, 2012）。但是，在壓力情況下做出冒險行動，和青少年是哪種冒險行為類型者有關。在壓力情況下，衝動型冒險者的準確性和計畫性變差。計畫型冒險者比較不會去冒險，保守型冒險者則是不管壓力情況高低或有無壓力情況，都會避開危險。

　　青少年需要更多機會去練習和討論現實的決策。在現實生活中，有關性、毒品、危險駕駛等問題的決定，幾乎都是在時間有限、情緒高漲的壓力情況下發生的。在這種情況下，改善青少年決策的方法之一是，提供更多角色扮演與參加問題解決小組的機會。另一

個可使用的策略是父母親讓青少年參與適當的決策活動。

　　Valerie Reyna 等人為深入瞭解青少年的決策歷程（Helm, McCormick, & Reyna, 2018; Helm & Reyna, 2018; Reyna, 2018; Reyna & Brainerd, 2011; Reyna & Farley, 2006; Reyna & others, 2011, 2018; Romer, Reyna, & Satterthwaite, 2017），提出**模糊痕跡理論雙重歷程模式**（**fuzzy-trace theory dual-process model**），指出決策受到兩個認知系統影響——「『逐字』分析式思考」（"verbatim" analytical thinking）（文字與精確）以及「要點直覺式思考」（gist-based intuition）（簡單與重點），兩者並行，同步工作。根據這個理論，要點直覺式思考最有利於青少年做決策；對決定進行深思、細部與高階的認知分析，反而不利。尤其處在高風險的現實生活下，分析往往把他們拖進瑣碎的細節裡，動彈不得。在這種情況下，青少年須仰賴簡單、重點的實際狀況，因為這些狀況如此危險，必須不惜任何代價避免。

　　在有風險的情況下，青少年必須迅速地抓住現下狀況的**要點**（gist）或意義，明白這是刻不容緩的危險，要聽從個人價值觀的指示，保護青少年免於做出冒險的決定（Reyna & others, 2011; Reyna, 2018; Reyna & others, 2018）。實驗研究證實，除了提供事實訊息外，鼓勵青少年思考風險的意義，可以減少他們的冒險行為（Reyna & Mills, 2014）。此外，具有高抑制特質（能夠自我克制、有效控制衝動）、知道自己身處危險情境的青少年，比較不會涉入冒險行為（Chick & Reyna, 2012）。然而，一些青少年認知方面的專家主張，不管是理性分析或經驗教訓，都有助於青少年做出適當的決定（Kuhn, 2009）。

🔘 思辨能力

　　思辨能力（**critical thinking**，又譯批判性思考）意指反思性思考、建設性思考，據實評估證據（Bonney & Sternberg, 2017; Halpern & Butler, 2018）。本書各節末的「回顧與反思」即是要挑戰讀者就相關議題提出思辨。思辨能力不僅是問發生了什麼事（what），還要問如何發生（how）、為什麼發生（why）；檢視所謂的「事實」，判斷是否有證據支持；評估他人的說法，而非囫圇吞棗照單全收；提出問題，舉一反三，提出新的創見和資訊。

正念

　　根據 Ellen Langer（2005），**正念**（mindfulness）是思辨能力的重要面向，意指在日常生活的各個行動，都能保持覺察、活在當下、認知彈性。正念使青少年和準成年人積極覺知日常生活狀況，主動尋找問題的最佳解決之道。他們有創見，樂於吸收新資訊，從多個不同的角度著手。相反地，缺乏正念的年輕人被舊思維綁住，只會重複一樣的事情，行事做法僵化。

　　Robert Roeser 等人（Roeser & Eccles, 2015; Roeser & Zelazo, 2012; Roeser & others, 2014）

強調，正念是兒童和青少年可以投入參與的一項重要心理活動，能夠改善他們的認知與社會情緒技巧，如：執行功能、專注力、情緒調節、同理心等（Roeser & Eccles, 2015）。學者建議，學校應該實施正念訓練，如設計一些適齡的活動，提高兒童與青少年對當下經驗的反思覺察，促進自我調節（Roeser & others, 2014）。一項針對青少年的研究發現，高層次的正念注意覺察（透過諸如「我當時可能有某種情緒，只是後來才意識到」

正念訓練如何提升青少年的發展？
©mheim3011/Getty Images

或「我沒有意識到我正在吃零食」等句子來自我評估）和認知抑制有關（Oberle & others, 2012）。其他研究也發現，正念訓練可以提高自我調節能力（Poehlmann-Tynan & others, 2016）、學業成就（Singh & others, 2016），以及壓力情況下的因應策略（Dariotis & others, 2016）。近期的研究也發現正念有助於青少年的注意力自我調節（Felver & others, 2017），亦能減輕公立學校教師的壓力、提升情緒、改善睡眠（Crain, Schonert-Reichl, & Roeser, 2017; Taylor & others, 2016）。

除了正念之外，瑜伽、冥想、太極等也可用來培養改善兒童與青少年認知與社會情緒技巧（Brunner, Abramovitch, & Etherton, 2017; Dariotis & others, 2017; Roeser & Pinela, 2014）。這些活動都歸類於**靜坐冥想科學**（contemplative science）這一跨領域學科，研究不同類型的心理或生理訓練，如何促進兒童與青少年發展（Roeser & Zelazo, 2012）。

▎發展變化

青春期是思辨能力發展的關鍵期（Keating, 1990）。一項針對五年級、八年級、十一年級學童的研究發現，思辨能力隨年齡增長而增加，但在八年級學生中僅達到 43%（Klaczynski & Narasimham, 1998）。許多青少年的思考還是脫不了自利偏誤（self-serving biases）。

青春期思辨能力改善後，出現的認知變化如下：

- 訊息處理的速度、自動化程度與性能提高，可以把認知資源用於其他目的。
- 增廣各個領域的內容知識。
- 建構新知識的組合能力增強。
- 更廣泛、更自發地使用獲取和應用知識的策略與程序，例如：計畫、思考替代方案、認知監控等。

雖然青春期是培養思辨能力技巧的重要時期，但若在兒童期沒有奠定紮實的基礎技能（如：識字與算術），則未必能在青春期發展出思辨能力。

學校

學校是教導思辨能力的重要場合（Bonney & Sternberg, 2017）。認知心理學家 Robert J. Sternberg（1985）語重心長地指出，多數學校課程在教導思辨能力方面，出現嚴重瑕疵。他認為學校過於看重形式化的推理作業，日常生活所需的思辨能力卻沒有受到重視。在所有的思辨能力技巧中，Sternberg 主張青少年應該具備：指出問題、清楚定義問題、處理沒有單一正確答案或解決沒有明確標準的問題（例如：選擇自己滿意的職業）、對和自己有關的問題做出決定（例如：決定放手一搏）、獲取信息、小組思考激盪，並制定解決長期問題的長遠方法。

鼓勵學生思辨的方法之一，是帶領他們討論呈現兩造說法、具有爭議性的話題或文章（Kuhn & Franklin, 2006）。有些老師刻意不讓學生參與這種思辨型式的討論，認為這種做法不夠「有禮」或「友善」（Winn, 2004）。但是，唯有提供學生具有爭議性的論述和辯論機會，才能提升他們的思辨能力，激發他們深入探究議題，試著找到解決之道（Kuhn, 2009; Kuhn & Franklin, 2006）。

要帶領學生培養思辨能力並不是件簡單的事。許多學生過去都只是被動上課、背誦正確答案，不願意花心力、用頭腦思考複雜的問題。可以藉由分派作業的方式，要求學生專注在一個議題或問題上，而不只是記誦事實，以激發出學生的思辨能力。

創意思考

創造力（**creativity**）是指以新穎的方式思考、發現獨特的問題解決方法的能力。因此，智力並不等於創造力（Sternberg, 2018g, h; Sternberg & Kaufman, 2018a; Sternberg & Sternberg, 2017）。J. P. Guilford（1967）首先區分出**聚斂式思考**（**convergent thinking**）（個體想出正確答案的思考型式，是傳統智力測驗題項的特性）和**擴散式思考**（**divergent thinking**）（對一個問題想出多種解答，是創造力的特徵）兩者的不同。例如，傳統智力測驗會問：「60 dimes 可以換到幾個 quarters？」（譯注：1 dime＝0.1 美元，1 quarters＝0.25 美元）像這樣的問題只有一個正確答案。相反地，下面這個問題就有許多答案：「聽到**獨自坐在黑暗的房間中**，你的心裡會浮現什麼畫面？」或「請說出迴紋針的獨特用途。」

智力和創造力有關嗎？儘管多數有創造力的青少年也很聰明，但反過來未必如此（Lubart, 2003），許多聰明的青少年並非那麼有創造力。

令人擔憂的是，青少年的創造力似乎在下降當中。一項針對 30 萬名美國兒童、青少

非洲尚吉巴國的一位青少年，正在路邊專心作畫。你會採用哪些策略鼓勵青少年發揮創造力？

©Gideon Mendel/Corbis/Getty Images

年與成人的研究顯示，創造力的分數一直上升到 1990 年為止，自此之後穩步下跌（Kim, 2010）。原因可能是兒童與青少年看電視、打電玩、瀏覽社群平台、收發短訊的時間增加，加上學校不重視培養創造力思考（Beghetto & Kaufman, 2017; Renzulli, 2017, 2018; Sternberg, 2018g, h; Sternberg & Kaufman, 2018a, b）。反倒是有些國家越來越強調學習創造力思考。例如，以往的中國並不鼓勵創造力思考，但現今的中國教育當局非常鼓勵教師用課堂時間進行創造力活動（Plucker, 2010）。

協助學生提高創造力，應成為重要的教學目標（Amabile, 2018; Hennessey, 2018; Renzulli, 2018）。教師應該瞭解，學生在某些方面的創造力，有時比其他方面好（Sternberg, 2018g, h; Sternberg & Kaufman, 2018a, b）。例如，在數學學習展現創造力的學生，不一定能在藝術方面展現創造力。

越來越多人擔心，美國政府的「不讓任一孩子落後」（No Child Left Behind）法案只偏重在記憶課本內容，提高測驗成績，但這樣只會扼殺學生的創造力思考（Beghetto & Kaufman, 2017）。學校的課程設計會影響學生的創造力（Beghetto & Kaufman, 2017）。鼓勵學生獨立作業，提供資源隨處可得、能夠激勵但不至於令人分心的校園學習環境，才能讓學生的創造力發光發熱（Sternberg, 2018g, h; Sternberg & Kaufman, 2018a, b）。

下面是一些可以協助青少年提升創造力思考的方法：

● **鼓勵青少年腦力激盪，越多點子越好。**腦力激盪是一種鼓勵個人在小組討論中提出創見、切磋彼此的想法、想到什麼就說什麼的技巧。不過，也有些青少年是獨自一人作業時，反而更有創造力。確實，評論腦力激盪的研究顯示，對許多人來說，單獨工作比小組討論更能激發出色的想法（Rickards & deCock, 2003）。原因可能是在小組討論時，有些人只貢獻一些想法，等著其他人提出創見。儘管如此，腦力激盪的好處仍不勝枚舉，如建構創意團隊。

- **提供青少年可以激發創造力的環境**。有些環境能滋養創造力，有些則是抑制創造力（Sternberg & Kaufman, 2018a, b）。激發創造力並不能僅指望青少年天生的好奇心，必須要勤練不懈，刺激青少年找到有見地的解決問題方案，而不是只要求一大堆要死記硬背的答案（Beghetto, 2018; Renzulli, 2018）。成人也可以帶青少年到重視創造力的地方學習。

- **不要過度控制**。Teresa Amabile（1993, 2018）曾言，告訴別人怎樣做事情才對，會讓人誤以為任何創見都是錯的，不必浪費時間探索。讓青少年自己選擇興趣，支持他們的愛好與意願，不要命令他們什麼能做、什麼不能做，才不會破壞珍貴的好奇心。

- **建立青少年的信心**。為擴展青少年的創造力，可以鼓勵他們相信自己絕對有能力創造出一些創新和有價值的東西。建立青少年對創造力的信心，與 Bandura（2012）的自我效能概念相呼應，即相信自己能夠掌握情況並產生正向結果的信念。

- **鼓勵內在動機**。過度使用酬賞，如：褒獎或金錢，會破壞青少年從創造力活動中獲得的內在愉悅。創造力強的青少年，其動機來自於工作本身帶來的滿足感，爭奪獎項和正式評價常會削弱內在動機與創造力（Amabile, 2018; Amabile & Hennessey, 1992; Hennessey, 2011, 2017, 2018）。

- **引導青少年努力不懈，延遲滿足**。成功的創意作品需經年累月才能完成。多數富有創造力的人，是在月復一月、年復一年努力，卻沒有獲得報償的情況下，仍堅持在他們的理念與作品上（Sternberg & Williams, 1996）。青少年不會在一夕之間成為運動、音樂或藝術方面的專家。數年如一日地專注在某些事的人，才有可能變成專家；製作出獨到價值作品的創作家亦是如此。

- **鼓勵青少年承擔智力風險**。有創造力的人要承擔智力風險，並設法發現或發明前所未見的新東西（Sternberg & Williams, 1996）。他們要冒著耗費大量時間思考或創作，但最後卻徒勞無功的風險。想要開發創造力，就不能怕失敗或犯錯（Sternberg & Kaufman, 2018a, b）。

- **引介青少年認識有創造力的人士**。想想社區裡有哪些有創造力的人士，教師可以邀請他們到課堂分享，細數有助於創造力發揮的因素或現場示範。可以邀請作家、詩人、音樂家、科學家等，將他們的用具或作品帶到教室，彷彿把教室變成劇院，激發學生的創造力。

🔵 專業

　　心理學家正致力於探討特定知識領域中，專家與新手的表現差異（Ericsson, 2017, 2018a, b; Ericsson & others, 2018; Gobet & Charness, 2018; Varga & others, 2018; Williams & others, 2018）。專家與初出茅廬的新手恰恰相反。專家究竟在哪些方面表現傑出？以下是專家比新手優秀的地方（National Research Council, 1999）：

● 偵測訊息的特徵和意義模式。

● 累積知識，並以理解主題的方式組織內容。

● 不費吹灰之力即可抓到知識的重點。

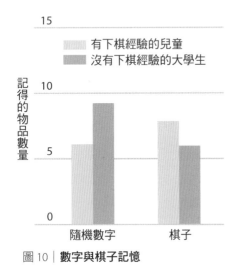

圖 10 │ **數字與棋子記憶**

　　兒童與青少年專家對其擅長領域的記憶力非常好。事實上，甚至還能超越新手成人，這項優勢早已從一位 10 歲專業棋士身上得到證實（Chi, 1978）。這些兒童雖然是優秀的專業棋士，但在其他方面並不特別出色。和多數 10 歲孩子一樣，他們的數字記憶廣度比成人短，但只要把棋盤擺在眼前，他們對棋子配置的記憶卻能比新手成人要好得多（見圖 10）。

　　專家比新手還懂得以重要的概念來組織知識（National Research Council, 1999），這種能力讓專家比新手更能深入理解知識。特定領域的專家通常比新手擁有更詳盡複雜的訊息網絡。這些儲存在記憶裡的訊息相互交錯連結，形成嚴密的階層結構。

　　可以成為專家的因素有哪些？動力和練習可以讓人提升到專家的地位嗎？專業靠的是天賦異秉嗎？

　　有一種觀點認為，想成為專家必定需要特別的練習——刻意練習（deliberate practice）。刻意練習是指對個人而言適當

天分和刻意訓練對專業的形成作用為何？

難度的練習、提供修正回饋，並給予反覆持續練習的機會（Ericsson, 2014a, b, 2017, 2018a, b; Ericsson & others, 2006）。研究音樂學院的小提琴手，可以發現專家和新手的刻意練習程度之差別（Ericsson, Krampe, & Tesch-Romer, 1993）。頂級小提琴手在 18 歲之前，刻意練習的平均時數已高達 7,500 小時，而優秀小提琴手只有 5,300 小時。許多人在成為專家前就放棄了，因為不願意再花數年的時間和努力去大量刻意練習。

　　想大量刻意練習，需要有相當大的動力才有辦法繼續維持。沒有動力去長時間練習的學生，不太可能成為特定領域的專家。因此，一個滿口怨言、半途而廢，又不肯刻意練習數學的學生，再怎麼說也不可能成為數學專家的。但是，想成為專家，也得要有天分（Plomin & others, 2014; Ruthsatz & others, 2008）。許多人想成為偉大的音樂家或運動員，可惜表現平庸，就放棄嘗試了。然而，像貝多芬這樣的音樂家，或像 LeBron James 這樣的運動員，如果沒有強烈的動力和大量刻意練習，也不可能在各自領域發光發熱。所以說，單靠天分還不足以成為專家。

後設認知

　　到目前為止，我們已經探討青少年和準成年人訊息處理的重要面向。本節將進一步瞭解青少年和準成年人如何監控訊息處理，以及思考何謂思考（think about thinking）。

什麼是後設認知？

　　前面談到 Piaget 的理論時，我們已經知道青少年喜歡思考何謂思考。認知心理學家把這種思考稱為**後設認知**（**元認知 [metacognition]**），即：對認知的認知，「對知識的認識」（knowing about knowing）（Flavell, 2004）。後設認知有很多種形式，包括思考和知道何時、何地去運用特定策略來學習或解決問題（Fitzgerald, Arvaneh, & Dockree, 2017; Norman, 2017）。後設認知包括數個執行功能的面向，如：計畫（例如，確定專注在任務上的時間）、評估（例如，監控任務完成的進度）、自我調節（例如，修正完成這項任務的策略）（Allen & others, 2017; Fergus & Bardeen, 2018; Graham, 2018a, b; Harris & others, 2018）。

　　後設認知咸認是青春期和成年初顯期的重要認知技能。與兒童期相比，青少年越來越有能力監控與管理認知資源，以有效符合學習任務的要求（Kuhn, 2009, 2013）。後設認知能力增加，有助於提升認知功能和學習。一項長期研究顯示，從 12 歲到 14 歲，青少年越來越懂得使用後設認知能力，並有效地應用於數學和歷史課程（van der Stel & Veenman, 2010）。例如，14 歲的青少年比年幼的孩子更懂得有效、頻繁地監控自己對課本教材的理解。另一研究記載後設認知中的計畫、制定策略與監控技巧，是大學生思辨能力的重要內涵（Magno, 2010）。

教導學生後設認知技巧，有助於他們解決問題（Mevarech, Verschaffel, & De Cote, 2018; Winne, 2018）。在一項研究中，對於不懂字義、沒有足夠的訊息解決問題、不知道怎麼細分步驟，或不知道如何計算的低成就學生，由教師教導他們 30 天的口語數學問題課程，帶領他們識別問題何在（Cardelle-Elawar, 1992）。完成這些課程後，接受後設認知訓練的學生，不但數學成績提高了，數學學習態度也改善許多。

心智理論

心智理論（**theory of mind**）是指覺察自己與他人心理歷程的能力（Birch & others, 2017; Devine & Hughes, 2018a, b; Oktay-Gur, Schultz, & Rakoczy, 2018; Wellman, 2015）。心智理論學者認為，青少年是嘗試解釋、預測與理解他人想法、感覺與話語的思考者（Harris, 2006）。

在青春期早期，兒童就已經開始瞭解到人會有矛盾的情緒（Flavell & Miller, 1998）。他們意識到同一個人會對同一件事情，興起憂喜參半、既高興又難過的感受。他們甚至更懂得遞迴思考（recursive thinking）——思考他人在想什麼。此外，執行功能較好的青少年，心智理論能力也較好（Muller & Kerns, 2015）。

策略

除了後設記憶外，後設認知還包括關於策略的知識（knowledge about strategies）（Cardinale & Johnson, 2018; Graham, 2018a, b; Harris & others, 2018; Medina, Castleberry, & Persky, 2017）。Michael Pressley（2003）就主張，教育的重點在於協助學生學到解決問題的豐富策略。優秀的思考者慣於運用策略和高效計畫來解決問題（Fiorella & Mayer, 2015）；優秀的思考者也知道何時何地使用策略，因為他們懂得監控學習狀況。

Pressley 等人（Pressley & others, 2001, 2003, 2004, 2007）近年來花了相當長的時間觀察中小學教師的教學策略及學生的學習策略。他們得出的結論是，教師的教學策略不夠完善縝密，不足以讓學生學習到如何有效運用策略。他們主張教育應該重新組織，給予學生更多機會，方能成為有能力的策略運用學習者。

從一項統合分析研究可看出策略教學對青少年的重要性，它是最能成功改善四年級到十二年級學生寫作品質的介入方式（Graham & Perin, 2007）。

🎯 特定領域的思考技巧

本節對後設認知的探討，著重在一般的認知技能（如：策略與自我調節）對提升思考能力的重要性。確實，研究發現後設認知是可以教導的（Mevarech, Verschaffel, & De Cote, 2018; Winne, 2018）。例如，可以教導青少年覺察自己的思考歷程，對自己的學習進

行自我調節（Schunk & Greene, 2018）。

但是，教導青少年特定領域的思考技巧也很重要（Ericsson, 2018）。在這點上，研究回顧得出的結論是，教育心理學最大的成就之一，就是教導特定領域的思考技巧（Mayer & Wittrock, 2006）。因此，優質的教育課程，傳統上就是教導如寫作、數學、科學、歷史等特定學科的思考技巧（Allington, 2015; Braithwaite, Tian, & Siegler, 2018; Chapin, 2015; Graham, 2018a, b; Harris & others, 2018; Posamentier & Smith, 2015）。研究發現，「可以分析和教導諸如理解文章段落、撰寫小論文、解決數學文字題、回答科學問題、解釋歷史事件等學習任務所需的基本認知歷程」（Mayer & Wittrock, 2006）。

計畫（planning）是青少年和準成年人使用的一項重要的一般認知技能。若能將計畫和其他技巧搭配，應用在特定主題項目，效果更是如虎添翼（Halonen & Santrock, 2013）。例如，研究檢視寫作前導活動（prewriting activities）如何影響大學生的寫作品質（Kellogg, 1994）。如圖 11 所示，擬定大綱（outlining）是最有助於寫作的前導活動。

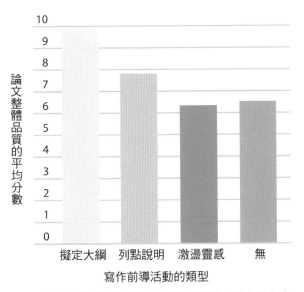

圖 11 ｜ **寫作前導活動與論文品質的關係。** 對大學生來說，最有幫助的寫作前導活動，莫過於擬定大綱，包括：以多層次的標題，構建相關概念的輪廓。論文品質最低是 1 分，最高是 10 分。

回顧與反思

| **學習目標 3** | 描述青春期的訊息處理特色。

| **複習本節所學** |

- 認知資源發展的特徵為何？

- 青春期的注意力和記憶出現哪些發展變化？

- 什麼是執行功能？

- 請說明青少年的決策歷程。

- 青春期的思辨能力有哪些特色？

- 專家和新手有何區別？要如何成為專家？

- 何謂後設認知？隨著發展出現哪些變化？

- 何謂自我調節學習？

- 特定領域思考技巧的重要性為何？

| **分享與連結** |

- 認知控制方面的研究，如何解釋青少年的冒險行為？

| **反思個人經驗** |

- 回想你的青少年時期，當時有哪些學習技巧？自青少年期之後，你的學習技巧有什麼變化嗎？後設認知在提升學習技巧方面，是否有發揮作用？

4.心理計量／智力的觀點

學習目標 4　摘述青春期的心理計量／智力觀點。

| 智力測驗 | 多元智能 | 智力的神經科學 | 遺傳與環境 |

　　到目前為止，我們已經討論認知發展論與訊息處理論這兩種有關於青少年認知的觀點，但它們對個體的智力差異並未加以著墨。**心理計量／智力觀**（**psychometric/intelligence view**）強調智力的個別差異，許多認同此一觀點的學者，都贊成使用智力測驗（Estrada & others, 2017; Sackett & others, 2017）。在智力領域中，越來越受矚目的議題是智力的組成成分。

　　智力要如何定義？**智力**（**intelligence**）是指解決問題、適應環境及從經驗中學習的能力。但即使是這麼廣泛的定義，也無法讓所有人滿意。Robert J. Sternberg（2017a, b, 2018a, b, c, d）主張，實用的知識與技能（practical know-how）也應視為智力的一部分。他認為，智力包括仔細權衡所有選項、採取明智的行動、懂得擬定策略來改善缺點。Sternberg（2017a, b, 2018a, b, c, d）近來也把智力描述為：適應、塑造、選擇環境的能力。在適應環境時，若發現環境不甚理想、適宜，個體可以改變它，讓環境變得更能讓自己的技能和期望得到發揮。

　　關於智力，學者感興趣的重點在於個別差異與評估方式（Giofre & others, 2017; Kaufman, 2018）。**個別差異**（individual differences）是個體與個體之間穩定且一致的差異，例如，人格或其他領域的個別差異。而在智力這一領域，最受關注的還是個別差異的狀況（Jaarsveld & Lachmann, 2017; Sackett & others, 2017），例如，智力測驗的目的是瞭解受測青少年的推理能力是否比其他人佳。

智力測驗

　　Robert Sternberg 憶起兒時參加智力測驗時的恐懼。他回憶自己做測驗時，幾乎是僵在原地，動也不敢動。即使成年了，一想到他這個小六生，被迫和小五生一起做智力測驗，仍覺得羞愧不已。Sternberg 最後克服做智力測驗的焦慮，他的表現不但漸入佳境，而且在年僅 13 歲時就懂得自編智力測驗，用來評估他的同班同學——直到學校輔導老師發現，訓了他一頓。爾後，Sternberg 對智力越來越著迷，畢生研究智力。本節稍後會探討他的智

力理論。不過，讓我們將時光倒流，先來深入檢視第一個有效的智力測驗。

比奈測驗

1904 年，法國教育部責成心理學家 Alfred Binet（比奈）設計一種能辨識在學校學習困難兒童的方法。教育當局希望另外安置無法受惠於常規課程的學生到特殊學校，以減少一般學校擁擠不堪的窘境。Binet 與其學生 Theophile Simon 發展出一套智力測驗，來滿足教育當局的要求。這套測驗稱為 1905 量表，包含 30 個題目，能力範圍從觸摸自己的耳朵到憑記憶畫出圖案，以及定義抽象概念的能力。

Binet 提出心理年齡（**mental age, MA**）的概念，亦即個體的心理發展水準和他人相較的程度。不久之後，William Stern 於 1912 年自創**智商**（**intelligence quotient, IQ**）一詞，即心理年齡除以生理年齡

在法國當局的要求下，Alfred Binet 建構出第一個智力測驗，用來辨識哪些兒童適合在學校就讀。

©*Bettmann / Getty Images*

（chronological age, CA），再乘以 100。公式是：IQ＝MA/CA×100。例如，若心理年齡和生理年齡相同，IQ＝100；若心理年齡高於生理年齡，IQ 就大於 100。反之，若心理年齡低於生理年齡，IQ 即小於 100。

隨著對智力與智力測驗的理解進步，Binet 測驗也經過多次修訂，這些修訂版稱為**史丹佛—比奈測驗**（Stanford-Binet tests）（由史丹佛大學完成修訂）。對大量不同年齡、不同背景的個體施測後，研究發現史丹佛—比奈測驗的分數近似於常態分配（見圖 12）。**常態分配**（**normal distribution**）呈對稱圖形，大多數的分數落在分數範圍中間，少數分數落在兩側極端。

2004 年，該測驗修訂為史丹佛—比奈測驗第五版（Stanford-Binet 5），分析個體在五個內容項目的反應：流體推理（fluid reasoning）、知識（knowledge）、數量推理（quantitative reasoning）、視覺空間推理（visual-spatial reasoning）、工作記憶（working memory），最後還有一個綜合分數。

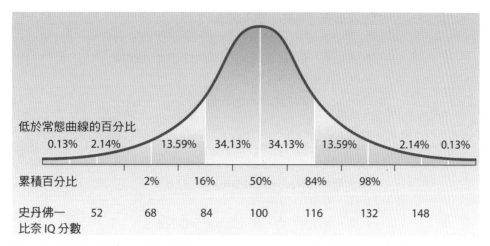

低於常態曲線的百分比

| 0.13% | 2.14% | 13.59% | 34.13% | 34.13% | 13.59% | 2.14% | 0.13% |

| 累積百分比 | | 2% | 16% | 50% | 84% | 98% | |

| 史丹佛—
比奈 IQ 分數 | 52 | 68 | 84 | 100 | 116 | 132 | 148 |

圖 12｜**史丹佛—比奈 IQ 分數（Stanford-Binet IQ Scores）的常態分配曲線**。IQ 分數的分布，近似於常態曲線。多數人的分數落在 84-116 的中間區段。注意，極端高分和極端低分非常罕見，只有五十分之一的人 IQ 高於 132 或小於 68。

魏氏量表

除了史丹佛—比奈測驗外，其他最廣為使用的智力測驗，當屬魏氏量表（Wechsler scales）。1939 年，David Wechsler 推出第一個成人用量表（Wechsler, 1939），目前已有魏氏成人智力量表第四版（Wechsler Adult Intelligence Scale–Fourth Edition, WAIS-IV）。魏氏兒童智力量表第五版（Wechsler Intelligence Scale for Children–Fifth Edition, WISC-V）適用年齡為 6 到 16 歲，2012 年出版的魏氏幼兒智力量表第四版（Wechsler Preschool and Primary Scale of Intelligence–Fourth Edition, WPPSI-IV）適用年齡為 2 歲 6 個月到 7 歲 7 個月（Syeda & Climie, 2014）。

魏氏量表不僅提供整體智力分數，也得出其他組合分數（如：語文理解指數、工作記憶指數、處理速度指數），讓施測者可以快速查看學生智力的優勢與弱勢面向。魏氏兒童智力量表第五版同樣提供整體智商分數，以及五個組合分數（語文理解、工作記憶、處理速度、流體推理、視覺空間）（Canivez, Watkins, & Dombowski, 2017），這些都能讓施測者迅速瞭解受測者的智力強弱面向。魏氏兒童智力量表涵蓋 16 個語文與作業分量表，圖 13 顯示其中的三個分量表。

語文分量表（Verbal Subscales）

類同

個體必須具備邏輯與抽象思考能力，回答有關事物之間如何相似的諸多問題。
範例：「獅子和老虎有什麼相像的地方？」

語文理解

測量個體的判斷能力與常識。
範例：「把錢存在銀行的好處是？」

作業分量表（Nonverbal Subscales）

方塊設計

組裝一組彩色方塊，符合施測者示範的圖樣。用來評估視覺動作協調、知覺組織、視覺空間能力。
範例：「請用左邊這四個方塊，拼出右邊這個圖形。」

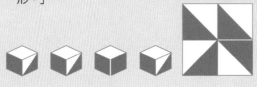

圖 13｜魏氏成人智力測驗第三版（WAIS-III）分量表題目範例。 魏氏成人智力量表包含 11 個分量表，包括 6 個語文分量表與 5 個作業分量表。這裡顯示其中的三個分量表。

資料來源：*The Wechsler Intelligence Scale for Children* (3rd ed.). Upper Saddle River, NJ: 1997.

善用智力測驗

　　心理測驗是一種工具，和其他工具一樣，其有效性取決於使用者的知能與誠信。錘子可以用來打造漂亮的廚櫃，也可拿來當作攻擊武器。心理測驗亦然，它具有正面用途，也可能被濫用。以下是有關 IQ 的注意事項，有助於你避免對青少年的智力產生誤解：

● **避免刻板印象和不當期望。** 要特別注意的是，IQ 分數很容易導致對青少年的刻板印象和不當期望，用 IQ 分數籠統地概括一切。IQ 測驗是測量目前的表現，不是固定不變的潛能。成熟與豐富的環境刺激，都可以提高青少年的智力。

● **IQ 並非能力的唯一指標。** 另一個隱憂是把 IQ 測驗拿來作為評估能力的主要或唯一指標。高智商並非人類的唯一價值，重要的是，不僅要考量到學生的語文等能力，還要考量他們的實務操作能力、人際關係及道德觀（Narváez, 2017a, b, 2018; Sternberg, 2018a, b）。

多元智能

青少年的智力應被視為一般能力，還是具有許多特定能力較為合適？Robert Sternberg（史坦柏格）與 Howard Gardner（加德納）提出的理論說明了智力的特殊類型。情緒智商（emotional intelligence）亦可說是有別於傳統智力測驗的智力類型之一。

Sternberg 的智力三元論

Robert J. Sternberg（1986, 2004, 2010, 2011, 2012, 2013, 2014a, b, 2015, 2016a, b, 2017a, b, 2018a, b, c, d, e, f）提出**智力三元論**（**triarchic theory of intelligence**），指出智力的三種類型：（1）**分析智力**（analytical intelligence），即分析、判斷、評估、比較、對比的能力。（2）**創造智力**（creative intelligence），即創造、設計、發明、創作、想像的能力。（3）**實用智力**（practical intelligence），即使用、應用、實施、付諸行動的能力。

Robert J. Sternberg 提出了智力三元論。
Courtesy of Dr. Robert Sternberg

Sternberg（2017a, b, 2018a, b, c, d, e, f）認為這三種智力類型的學生，在學校的表現並不一樣。分析能力高的學生，在傳統正規學校的客觀測驗表現較好，是典型聰明、考試成績好、IQ 測驗和 SAT 測驗分數高，還會被競爭力強的大學錄取的學生。

創造力高的學生通常不是班上的佼佼者，他們不一定乖乖遵照老師期望的作業要求，而是給出獨特的答案，結果卻常遭到斥責或扣分。

像創造力高的學生一樣，實用技能高的學生通常跟不上學校的要求，但這些學生在課堂外的表現卻很亮眼。即使在校成績不見得很好，但卓越的社交技巧與常識，常使他們一躍為成功的管理者、企業家或政治家。

Sternberg（2017a, b, 2018a, b, c, d, e, f）主張，課程教學應該賦予學生練習發揮這三種智力類型的機會。

Gardner 的八大智能架構

Howard Gardner（1983, 1993, 2002, 2016） 提出八種智能類型，或稱「心智框架」（frames of mind），以下詳細描述並舉例說明相對優勢的職業類型（Campbell, Campbell, & Dickinson, 2004）：

照片中的青少女體現了 Gardner 八大智能當中的哪一種智能？

©*Tom Stewart/Corbis/Getty Images*

- **語言**（verbal）。用文字思考和使用語言表達意義的能力（適合職業：作家、記者、演說家）。
- **數學**（mathematical）。執行數學運算的能力（適合職業：科學家、工程師、會計師）。
- **空間**（spatial）。具有三度空間思考的能力（適合職業：建築師、藝術家、航海家）。
- **身體動作**（bodily-kinesthetic）。操作物件與擅長運用身體的能力（適合職業：外科醫師、工匠職人、舞蹈家、運動員）。
- **音樂**（musical）。對音高、旋律、節奏、音調敏感的能力（適合職業：作曲家、音樂家）。
- **人際**（interpersonal）。理解並與他人有效互動的能力（適合職業：教師、心理健康助人工作者）。
- **內省**（intrapersonal）。瞭解自我的能力（適合職業：神學家、心理學家）。
- **自然**（naturalist）。觀察大自然型態、瞭解自然與人造系統的能力（適合職業：農夫、植物學家、生態學者、庭園設計師）。

根據 Gardner 的論點，每個人都具備上述多元智能，只是程度不一。因此，我們傾向以不同的方式學習和處理訊息。若能把優勢智能應用到任務上，學習的效果將事半功倍。

Gardner 和 Sternberg 的理論都包括一或多個和社會智能有關的類別，如：Gardner 的人際智能與內省智能、Sternberg 的實用智力等。另一強調智力的人際、內省和實用面向的理論，名為**情緒智商**（**emotional intelligence**），是 Daniel Goleman（丹尼爾‧高曼）（1995）在《情緒智商》（*Emotional Intelligence*）一書中極力推廣的概念。情緒智商最初是由 Peter Salovey 與 John Mayer（1990）共同發展出來的概念，他們把情緒智商定義為：正確覺知與適當表達情緒（如：從他人的角度來看事情）、瞭解情緒與情緒知識（如：瞭解情緒在友

誼及婚姻中扮演的角色）、運用情緒促進思考（如：維持正向情緒有助於刺激創造力思考）、管理自己與他人的情緒（如：控制怒氣）等方面的能力。一項研究顯示，評估高中生的情緒智商，可以預測其課程期末成績（Gil-Olarte Marquez, Palomera Martin, & Brackett, 2006）。

　　情緒智商近來引發諸多討論（Anderson, Paul, & Brown, 2017; Garcia-Sancho, Saiguero, & Fernandez-Berrocal, 2017）。一項對大學生的研究顯示，儘管一般心智能力和情緒智商都和學業成就有關，但一般心智能力才是預測成功的較佳指標（Song & others, 2010）。不過，批評者認為現在對於情緒智商的看法，超過了智力概念的範圍，其精確性仍有待研究進一步評估證實（Matthews, Zeidner, & Roberts, 2006, 2011）。

人類是單一智力還是多元智能？

　　圖 14 比較 Sternberg、Gardner 與 Mayer/Salovey/Goleman 的智力觀點。請注意，Sternberg 的觀點特別重視創造智力，Gardner 則提出多種其他觀點沒有提到的智能類型。這些多元智能理論的貢獻良多，刺激我們更廣泛地思考人類智力與能力的組成成分（Gardner, 2016; Gardner, Kornhaber, & Chen, 2018; Sternberg, 2017a, b, c, 2018a, b, c, d）。他們也激勵教育工作者開發課程，指導不同領域專長的學生（Campbell, 2008）。

　　多元智能論有為人所詬病之處（Bouchard, 2018; Jensen, 2008）。有些批評認為，支持這些理論的研究尚不充分，尤其是 Gardner 的智力類別似乎過於武斷。例如，若音樂技能是種智能，那為何沒有象棋智能、拳擊智能等等呢？

Sternberg	Gardner	Mayer/Salovey/Goleman
分析	語言 數學	
創造	空間 身體動作 音樂	
實用	人際 內省	情緒
	自然	

圖 14 │ **Sternberg、Gardner 與 Mayer/Salovey/Goleman 的智力觀點比較**

　　許多心理學家仍支持一般智力（g, general intelligence）的概念（Bouchard, 2018; Burkhart, Schubiger, & van Schaik, 2017; Hilger & others, 2017; Holding & others, 2018）。例如，智力專家 Nathan Brody（2007）主張，在某項智力任務表現出色的人，在其他智力任務也傾向表現出色。因此，擅長數字記憶的人，也可能善於解決語文問題和空間配置問題。此種一般智力包括：抽象推理或思考、獲取知識及問題解決的能力（Brody, 2007; Carroll, 1993）。

　　鼓吹一般智力的學者指出，一般智力可以成功預測學業與職業的成就。例如，一般智力的測驗分數，和當下及數年後的學校成績與學業成就測驗表現密切相關（Strenze, 2007）。例如，對 240 個獨立樣本及超過十萬名受試者的統合分析研究發現，智力和學校成績的相關是 +.54（Roth & others, 2015）。

　　支持一般智力的專家學者也表明，個體具有某些特殊的智能（Brody, 2007; Chiappe & MacDonald, 2005; Hunt, 2011）。John Carroll（1993）深入探究智力，發現所有的智力相互關聯，支持一般智力確實存在。但他同樣指出，也有許多特殊能力存在，如空間能力和機械能力，可惜並未反映在學校的課程上。總之，爭議的問題仍環繞在：把智力概念化為一種一般能力或特定能力較貼切，還是兩者兼而有之（Gardner, 2016）。Sternberg（2017a, b, 2018a, b, c, d）事實上也認同傳統智力測驗評估到的是一般智力，但他認為這是因為測驗測量到的認知範疇過於狹隘之故。

智力的神經科學

　　當代對大腦的研究興趣，越來越多集中在智力的神經基礎（Haier, 2018; Hilger & others, 2017; Kang & others, 2017）。關於大腦對智力的作用為何，主要探討的問題有：腦容量大小和智力高低有關嗎？智力位於大腦某些特定區域嗎？大腦的訊息處理速度和智力有關嗎？

　　大腦容量較大的人，是否比大腦容量較小的人聰明？用 MRI 掃描評估大腦容量的研究顯示，大腦容量和智力僅有中度相關（約 0.3 到 0.4）（Carey, 2007; Luders & others, 2009）。

　　智力和大腦特定區域有關嗎？早期咸認額葉是智力所在。時至今日，有些專家依然強調與智力有關的高層次思考技巧，和前額葉皮質息息相關（Sternberg & Sternberg, 2017）。然而其他研究也發現，智力廣泛分布在大腦各個區域（Lee & others, 2012; Sepulcre & others, 2012）。大腦影像研究最著名的發現是，額葉與頂葉的神經網絡分布和高層次的智力

有關（Haier, 2018; Margolis & others, 2013; Vakhtin & others, 2014）（見圖 15）。一項研究顯示，額頂葉的神經網絡負責認知控制與連結各個大腦區域（Cole & others, 2012）。Albert Einstein（愛因斯坦）的大腦容量和一般人差不多，但他的頂葉在處理數學和空間訊息時，活躍度比一般人提升 15%（Witelson, Kigar, & Harvey, 1999）。其他大腦區域（儘管重要性比不上額／頂葉的神經網絡）包括顳葉、枕葉與小腦，都和高層次智力有關（Luders & others, 2009）。

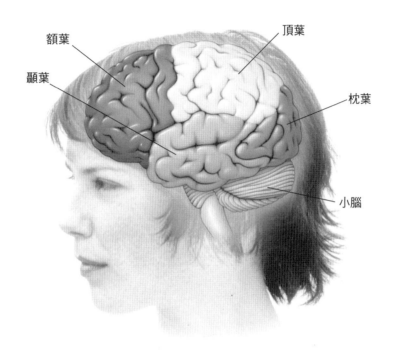

額葉
頂葉
顳葉
枕葉
小腦

圖 15｜**智力與大腦。**研究發現，高層次智力和額葉、頂葉的神經網絡分布有關。與之相較，顳葉、枕葉、小腦在一定程度上也和智力有關。智力的分布橫跨大腦各個區域，並非局限在特定區域（如額葉）裡。

　　細細審視智力的神經科學面向，也發現神經傳導速度在智力中可能發揮的作用（Waiter & others, 2009）。儘管研究結果尚不一致，不過有研究發現資優兒童的訊息處理速度和正確性，較一般兒童為佳（Duan, Dan, & Shi, 2014）。

　　隨著科技進步，未來我們得以對大腦功能進行更細緻的研究，說不定可以在大腦對智力的作用上看到更具體的結論。請注意，遺傳與環境都會作用於大腦和智力，包括前面談到的大腦容量與智力間的關聯（Haier, 2018）。同樣地，Robert Sternberg（2014b）也下結論道，這些大腦與智力的研究將更有助於回答諸如：「學習單詞和大腦哪些面向有關？」的問題，而不只是：「為什麼有些人的社交手腕高明，有些人卻很拙劣呢？」這類的問題。

遺傳與環境

另一涉及智力的問題是，智力受遺傳或環境影響程度究竟有多大。要將其劃分清楚並不容易，但心理學家試圖解開這個謎。

遺傳

有些心理學家認為遺傳對智力的影響很大（Bouchard, 2018; Hill & others, 2018; Rimfeld & others, 2017; Zabaneh & others, 2017）。然而，多數對遺傳與環境的研究並沒有納入差異懸殊的環境，因而不意外的是，許多關於遺傳、環境、智力的研究都顯示環境對智力的影響相當薄弱。

檢視遺傳對智力的影響的方法之一，是比較同卵雙胞胎和異卵雙胞胎的智商。同卵雙胞胎的基因一模一樣，異卵雙胞胎則否，如果智商是由基因決定，那麼同卵雙胞胎的智商應該比異卵雙胞胎更為相似。研究發現，同卵雙胞胎的智商的確比異卵雙胞胎更為相似，但在某些研究中，兩組之間的差異並不大（Grigorenko, 2000）（見圖 16）。

科學家能找出與智力有關的特定基因嗎？綜合研究結論可知，可能有超過 1,000 個基因會影響智力，但每個基因的影響力微乎其微（Davies & others, 2011）。

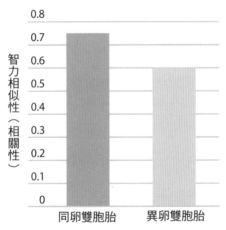

圖 16｜**智力測驗分數與雙胞胎狀態的相關性。**本圖顯示研究結果的摘要，比較同卵雙胞胎和異卵雙胞胎的智商。發現約有 0.15 的差異，其中同卵雙胞胎的相關較高（0.75），異卵雙胞胎的相關較低（0.60）。

環境

　　儘管遺傳會影響兒童的智力，但卻是環境經驗在發揮重要作用（Grigorenko & others, 2016; Sternberg, 2017a, 2018a）。想知道環境如何影響智力，方法之一是研究某些族群的生活環境經過改善之後，他們的智商是否出現變化。例如，分析發現，低社經地位家庭的兒童在被高社經地位家庭領養之後，智商增加了 12 至 18 個百分點（Nisbett & others, 2012）。此外，隨著非裔的社經地位及教育機會提高，非裔和非拉美裔白人的標準智力測驗分數差距也慢慢縮小。非裔和非拉美裔白人的智商差距，近年來大幅拉近（Nisbett & others, 2012）。這種差距在大學中銳減，因為在大學裡，雙方的環境經驗比中小學更為相似。不過，研究分析發現，非裔在 STEM（science, technology, engineering, and math）（科學、技術、工程、數學）等學門與職業的代表人數不足，和他們自認天賦不如非拉美裔白人有關（Leslie & others, 2015）。

　　刻板印象威脅（**stereotype threat**）是影響智力測驗表現的潛在因子之一，意指擔心自己的行為可能會證實他人對所屬群體的負面刻板印象（Grand, 2017; von Hippel, Kalokerinos, & Zacher, 2017）。例如，當非裔做智力測驗時，他們會擔心驗證「黑人很笨」的古老刻板印象。研究證明，刻板印象威脅確實存在（Wasserberg, 2014）。同樣地，非裔覺得自己正在被評價時，標準測驗的成績隨之變差；如果別那麼在意考試，非裔的表現反而跟白人學生一樣好（Aronson, 2002）。但批評者主張，用刻板印象威脅解釋測驗差距，是言過其實了（Sackett, Borneman, & Connelly, 2009）。

　　研究環境對智力影響的另一方法是比較青少年的受教程度（Ceci, Ginther, & Williams, 2018）。學校教育的確會影響智力，從青少年長期未接受正規教育，智力分數大幅下降中可見一斑（Ceci & Gilstrap, 2000）。

　　從世界各地智力測驗分數大幅提高，或可看出教育帶來的效果（Flynn, 1999, 2007, 2011, 2013, 2018）。智力測驗分數攀升如此之快，上世紀初被視為平均智力的人，絕大多數在今日看來顯得是智能不足了（見圖 17）。1997 年的代表性人數樣本若改在 1932 年受測，約有四分之一的人會被評為資賦優異，但照理資賦優異的人應該不到 3%。由於分數提高是短期間形成的，故不可能是遺傳因素引起，而是越來越多人接受教育或資訊爆炸等環境因素導致（Laciga & Cigler, 2017; Shenk, 2017; Weber, Dekhtyar, & Herlitz, 2017）。統合分析自 1972 年來的 53 個研究，發現 IQ 分數每十年上升約 3 個百分點，且分數提高的趨勢似乎不會減弱（Trahan & others, 2014）。智力分數在全球短時間內提高的現象，由 James Flynn 發現而提出（1999, 2007, 2011, 2013, 2018），故名為**弗林效應**（Flynn effect）。

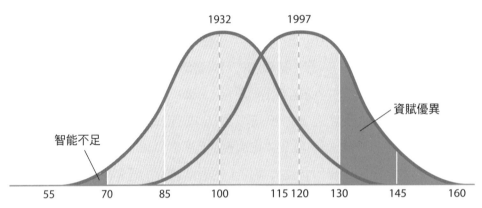

圖 17│**1932 到 1997 年的 IQ 分數提升**。根據史丹佛─比奈智力測驗，美國兒童似乎越來越聰明了。1932 年的常態曲線分數顯示，一半低於 100，另一半高於 100。研究發現，若今日的兒童施測當年的測驗，將近半數人的分數會高於當年的 120，極少數人會被評為左側的智能不足，約四分之一的兒童會落在資賦優異這一端。

遺傳與環境交互作用

如今，多數學者皆同意遺傳與環境交互作用，共同影響智力（Grigorenko, 2018; Grigorenko & others, 2016; Sauce & Matzel, 2018; Sternberg, 2017a, 2018a, c）。對許多青少年來說，意味著改善環境可以大大提高 IQ 分數。遺傳固然會影響青少年的智力，但環境和機會才是真正發揮影響力的作用。

回顧與反思

│**學習目標 4**│摘述青春期的心理計量／智力觀點。

│**複習本節所學**│

‧ 何謂智力？智力測驗主要是在測量什麼？如何解釋智力測驗分數？

‧ 有哪些多元智能理論？你認為人類是單一智力還是多元智能？

‧ 大腦與智力有何關聯？

‧ 遺傳與環境對智力的作用為何？

│**分享與連結**│

‧ 比較創造性思考與思辨能力（批判性思考）的異同。

│**反思個人經驗**│

‧ 將 Gardner、Sternberg、Mayer/Salovey/Goleman 的智力類別應用到自己身上。根據每個觀點，簡單寫下對自己的描述。

5.社會認知

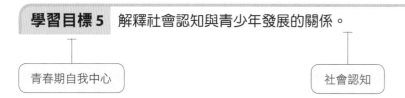

學習目標 5　解釋社會認知與青少年發展的關係。

青春期自我中心　　　　　　　社會認知

社會認知（**social cognition**）是指個體理解及推理社會世界的方式——亦即待人接物、人我關係、參與團體、思考自己與他人的行為等。本節著重探討青少年的自我中心與社會認知（後面章節將再深入討論）。

青春期自我中心

青春期自我中心（**adolescent egocentrism**）是指青少年的自我意識過強，體現在他們對自己很感興趣，而且覺得別人也同樣對他們很感興趣，自認為獨一無二、無可比擬。David Elkind（1976）認為青少年的自我中心可分成兩種社會思維類型：想像觀眾和個人神話。

想像觀眾（**imaginary audience**）意指青少年尋求注意的行為——想被看見、想成為舞台的焦點，以為別人都注意到他那亂翹的頭髮、以為同學都在盯著她的膚色。青少年甚至以為自己是舞台上的主角，別人都是注視自己一舉一動的觀眾。就像本章開頭我女兒翠西的故事一樣，她以為餐廳裡的人都在注意她那撮亂髮，這就是典型的青少年自我中心。

青少年的自我中心有哪些特徵？
©*Image Source/Getty Images*

根據 Elkind，**個人神話**（**personal fable**）意指青少年過度強調自己的與眾不同與無可比擬，覺得這世界上沒有人真的瞭解他的心情，例如，青少女認為媽媽不懂她分手的情傷。為了保有個人這種獨一無二的感覺，青少年編織充滿幻想的故事，沉浸在遠離現實的世界裡，例如，他們常在日記中創造一個屬於個人的世界。

Elkind（1985）主張，想像觀眾與個人神話和青少年進展到形式運思期的認知自我中心現象有關。但 Daniel Lapsley 等人（Hill, Duggan, & Lapsley, 2012; Lapsley & Stey, 2012）卻認為，可從想像觀眾與個人神話的扭曲現象，一窺青少年的自我。青少年逐漸脫離父

母，發展出自我認同，他們的個人神話思維是一種適應性的自戀（adaptive narcissism），支撐住剛萌芽的自我。

有些發展心理學家指出，自我中心產生的獨特感（uniqueness）與無敵感（invincibility）可以解釋青少年為何會做出飆車、吸毒、不安全性行為、自殺等魯莽行為（Dolcini & others, 1989）。例如，相較之下，自我中心強的十一年級和十二年級青少女更有可能說自己不會因為沒有避孕就懷孕（Arnett, 1990）。

一項針對六年級到十二年級學生的研究，探討個人神話是否與青少年的各個適應面向有關（Aalsma, Lapsley, & Flannery, 2006）。研究發現無敵感和冒險行為如：抽菸、喝酒、不法行為脫不了關係；而獨特感則與憂鬱和自殺意念有關。其後研究證實前述發現，獨特感與憂鬱和自殺意念相關（Goossens & others, 2002）。

這些研究顯示，個人神話中的獨特感可說是心理問題的危險因子，尤其應該注意青少女的憂鬱與自殺傾向（Aalsma, Lapsley, & Flannery, 2006）。至於無敵感是否為適應問題的危險因子，尚難斷定（Aalsma, Lapsley, & Flannery, 2006），無敵感不僅與冒險行為有關，也和正向的適應有關，如：因應與自我價值。

個人神話與青少年的適應問題有何關聯？
©Car Culture/Getty Images

越來越多研究表明，青少年不但沒有自認無敵，反而覺得自己可能會因意外而早死（Jamieson & Romer, 2008; Reyna & Rivers, 2008）。例如，一項調查詢問 12 至 18 歲的青少年，來年及 20 歲前死亡的可能性（Fischhoff & others, 2010），顯示青少年高估了死亡的機率。

Elkind 的早期研究認為，青春期自我中心在青春期早期達到顛峰，然後下降（Elkind

& Bowen, 1979）。然而，以 11 至 21 歲年輕人為研究對象，發現青春期自我中心在 18 至 21 歲時依然顯而易見，且因性別而異（Schwartz, Maynard, & Uzelac, 2008）。例如，在想像觀眾的得分上，準成年男性的分數高於 15 至 18 歲的青少男，但在女性身上卻沒有差異。

社會認知

　　學界對社會認知的興趣，已經體現在青少年發展的諸多研究面向上。在第四章的自我與認同章節中，將進一步探討社會認知對自我與認同的作用。如 Kohlberg 的道德發展理論，就是研究青少年社會認知的重要面向。另外，談到家庭，也會一併評估青少年的認知能力增長對親子衝突與教養方式的影響。同樣地，說到同儕關係，更要強調社會知識與社會訊息處理對友伴關係的重要性。

　　下一章「自我、認同、情緒與性格」，將帶領讀者深入探討青春期的自我瞭解出現哪些變化。如本章所述，大腦發育加上訊息處理進步提升，為青少年的自我瞭解奠定基礎，使他們更懂得覺察與反思。

回顧與反思

│ **學習目標 5** │ 解釋社會認知與青少年發展的關係。

│ **複習本節所學** │

　· 青春期自我中心有哪些特徵？

　· 社會認知和本書其他章節有何關聯？

│ **分享與連結** │

　· 比較想像觀眾與個人神話的異同。

│ **反思個人經驗** │

　· 想想你的朋友在青春期早期、後期和成年初顯期的狀態。他們的青春期自我中心是否隨著年齡下降了？請說明，如果到了成年初顯期還是一樣強烈主張個人觀點，堅持青春期自我中心立場，會發生什麼適應不良的情況？

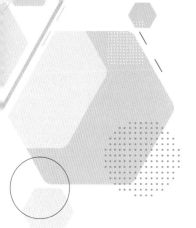

CHAPTER 4 ————————————

自我、認同、情緒與性格

章節概要

1 · 自我

│ 學習目標 1 │

說明青春期的自我發展。

· 自我認識與理解他人

· 自尊與自我概念

· 自我調節

2 · 認同

│ 學習目標 2 │

解釋認同發展的諸多面向。

· Erikson 對認同的看法

· 認同的四種狀態

· 認同的發展變化

· 認同與社會脈絡

· 認同與親密關係

3 · 情緒發展

│ 學習目標 3 │

討論青春期的情緒發展。

· 青春期的情緒

· 荷爾蒙、經驗與情緒

· 情緒調節

· 情緒能力

· 社會情緒教育課程方案

4 · 性格發展

│ 學習目標 4 │

摘述青春期性格發展的特徵。

· 性格

· 氣質

　　青少年會如何描述自己？15歲時的你，是怎麼形容自己的呢？你會強調自己的哪些特徵？與兒童期相比，青春期的孩子更常自我反思，常自問：「我是誰？」「我有什麼長處？」「我有什麼缺點？」「我的未來會是什麼樣子？」等這類的問題。

　　他們探索自我，想著自己所有的一切、未來的模樣。以下是青少年常自我反思的問題：

　　「我不大確定自己是誰。有時候我覺得自己很有魅力、人緣很好，跟朋友相處融洽，沒有什麼是我做不到的。但也許才隔一天，我卻覺得自己醜斃了、扭扭捏捏放不開、一無是處，跟朋友也合不來。」

　　「很多人根本就不瞭解真正的我，他們不知道我真實的樣貌。我在不同人面前有不同的樣貌。我可以跟朋友嘻嘻哈哈地玩鬧，在喜歡的人面前卻害羞得說不出一句話。爸媽一點都不瞭解我，反而是閨密和姊妹淘比較懂我。」

　　「我很害羞，到哪裡都覺得渾身不自在。我很怕自己說錯話，大家就會討厭我、取笑我。」

　　「我知道用功讀書、取得好成績才能上好的大學，但是一直讀書也讓我沒空跟朋友一起出去玩。人生好難，善用時間更難。」

　　「最近我花太多時間在臉書上了。上個禮拜，有人在我的臉書頁面留了難聽的話，所以我不得不緊盯著留言，才能一有風吹草動，就趕快刪掉那些惡意的評論。」

　　「我已經開始在思考長大後要做什麼，可是還無法下定決心。我想從事助人工作，像是醫生或護理師。可是我又很喜歡動物，當獸醫好像也不錯。」

引言

　　這些青少年的自我陳述內容透露出他們的自我反思、探索認同與情緒變化增加，是青少年發展的特點。與兒時相比，青少年特別執著於認識自我、生活的一切，以及未來的方向。本章將帶領讀者瞭解何謂自我與認同──那也是青少年人格發展最為核心的部分，接下來繼續探討青少年的情緒發展，最後則是青少年的性格特徵與氣質。

1.自我

學習目標 1 說明青春期的自我發展。

自我認識與理解他人　　自尊與自我概念　　自我調節

　　自我（**self**）包括一個人所有的特徵。專門探究自我的理論學家通常認為自我是人格的核心，是人格不同面向的綜合（Ferris, Johnson, & Sedikides, 2018; Harter, 2013; Tsekeris, 2017; Twenge & Campbell, 2017; van der Cruijsen & others, 2018; Vater, Moritz, & Roepke, 2018）。有幾個自我的面向特別受到學者關注，如：自我認識與理解他人、自尊與自我概念，以及自我調節。

　　比起兒時，青少年更常思考「我是誰」、「我跟別人有哪裡不一樣」。一位青少年這樣形容自己：「我是男生，聰明、熱愛運動、主張政治自由、性格外向、富有同情心。」他對自己的獨特性感到自豪：「沒有人跟我一樣。我 180 公分，73 公斤。我住在郊區，打算讀州立大學。我想成為一名體育記者。我擅長造獨木舟。不用上學或讀書的日子，我會寫些有關運動人物方面的短文，希望有一天能獲得出版社青睞。」不管這是真實抑或想像出來的情節，青少年不斷發展的自我感和獨特感，成為他們生活的動力。在本節裡，我們先從青少年的自我認識和理解他人談起，再來闡述他們的自尊與自我概念。

> 認識你自己。唯有認識自己，才會懂得照顧自己，否則我們永遠學不會。
> ——Socrates（蘇格拉底，古希臘哲學家，西元前 5 世紀）

自我認識與理解他人

　　雖然青少年比較懂得內省，到成年初顯期更是如此，但自我認識並非只朝向內在。更確切地說，自我認識是一種社會認知建構（Harter, 2006, 2012, 2013, 2016）。亦即，青少年與準成年人的認知能力與社會文化經驗相互作用，從而影響他們的自我認識。以下是本節要探討的問題：何謂自我認識？青春期與成年初顯期的自我認識包含哪些重要面向？從理解他人可看出哪些發展的變化？

何謂自我認識？

　　自我認識（**self-understanding**）意指個體對自我的認知表徵——即自我概念的實質與

內容。例如，一個 12 歲的青少年知道他是個學生、橄欖球選手、家庭成員、喜歡玩電動；一個 14 歲的青少女知道她是足球選手、學生會成員、喜歡看電影、聽搖滾樂。青少年的自我認識有部分是奠基在定義自己的各種角色和成員身分類別（Harter, 2006, 2012, 2013, 2016）。儘管自我認識有其合理性，但並非個人身分的全部。

青春期的自我認識

青春期的自我認識非常複雜，涉及自我的諸多面向（Harter, 2006, 2012, 2013, 2016）。我們先來看看青春期的自我認識和兒童期有何不同，再來說明成年初顯期的自我認識如何變化。

抽象概念與理想化

還記得前面有關 Piaget 認知發展理論的章節，曾提到許多青少年開始能以抽象和理想化的方式思考。若請青少年描述自己，他們的確比兒童更善於使用抽象和理想化的詞彙。例如 14 歲的勞麗對自己的抽象描述：「我是人類，我的個性優柔寡斷，我不知道我是誰。」以及她對自己的理想化描述：「我天生敏感，過於在乎別人的感受。我覺得我很漂亮。」不是所有的青少年都會以理想化的方式描述自己，但多數青少年懂得區別真實的自己和理想的自己。

青少年的自我認識有哪些特徵？

©Jupiterimages/Getty Images

分化

隨著時間過去，青少年的自我認識越來越**分化**（differentiated）（Harter, 2006, 2012, 2013, 2016）。相較於兒童，青少年在描述自己的時候，更會留意脈絡或情境變化（Harter, Waters, & Whitesell, 1996）。例如，15 歲的青少女會說自己和家人在一起時是一個樣子、和朋友在一起時是另一個樣子、和約會對象在一起時又是另一個樣子。總之，青少年更明白自我的不同面貌，每個自我在某種程度上都反映了特定的角色或脈絡。

波動的自我

有鑑於青春期自我的矛盾性，要說自我會隨情況和時間波動，一點也不令人意外（Harter, 1990b）。例如本章開頭提到的 15 歲青少女，說她無法理解自己為何能一下子欣喜若狂、一下子鬱鬱寡歡，不一會兒又奚落他人一番。學者把青少年這種波動的自我，稱為「陰晴不定的自我」（the barometric self）（Rosenberg, 1979）。直到青春期後期甚至成年

早期，在自我還沒統合前，自我並不是很穩定。本章稍後會再談到青少年的情緒波動狀況。

自我的內在衝突

隨著青少年依不同關係背景，將自我概念分化成多種角色，他們同時也感受到分化的自我間出現矛盾衝突。在一項研究中，Susan Harter（1986）請七年級、九年級、十一年級的學生描述自己，她發現學生提到的自我描述衝突（喜怒無常與通情達理、難看與漂亮、煩悶無趣與好奇心旺盛、關心與冷漠、內向與風趣等）的數量，在七年級到九年級間急遽增加。儘管學生提到的自我描述衝突數量在十一年級時有所下降，但仍然比七年級學生提到的多了不少。青少年在建構一般自我時，已經發展出偵測這些不一致自我的認知能力（Harter & Monsour, 1992）。

真實我與理想我、真我與假我

青少年建構理想我的能力可能會困擾他們。雖然體認到**真實我**（real self）和**理想我**（ideal self）的落差，代表認知能力進步，但人本理論學家 Carl Rogers（1950）認為，真實我和理想我出現巨大落差，是適應不良的徵兆。現實我（actual self）和理想我差距太太，恐引發個體的挫敗感和自我批評，甚至陷入沮喪。

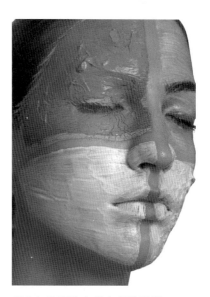

青少年的可能自我有哪些特徵？
©Hugh Arnold/The Image Bank/Getty Images

儘管理論學家擔心真實我和理想我相去太遠，不利於良好適應，但也有些學者並不這麼認為——尤其是在青春期。有種觀點是，理想我或想像我的其中一個重要面向是**可能自我**（**possible self**）：即可能成為什麼樣的人、想成為什麼樣的人、害怕成為什麼樣的人（Markus & Nurius, 1986）。因此，青少年的可能自我包含：希望成為什麼樣的人及害怕成為什麼樣的人（Molina, Schmidt, & Raimundi, 2017; Wainwright, Nee, & Vrij, 2018）。這種觀點認為，此種期望及害怕的理想我同時存在，是心理健康的表現，可以平衡青少年的判斷與動機。也就是說，正向未來自我——想上好的大學、想得到讚許、想要事業成功——引導青少年積極向上，而負面未來自我——失業、孤獨、名落孫山——提醒青少年要避免這種狀況。一項針對香港中學的研究發現，期望的可能自我的內容主要集中在學業和事業（Zhu & others, 2014）。在這個研究中，女孩比男孩更具備實現正向自我的策略。

青少年區分得出他們的**真我**（true self）和**假我**（false self）嗎？研究顯示他們可以

隨著個體來到青春期，他們的自我意識如何變化？

（左圖）©*Regine Mahaux*/*Getty Images;*（右圖）©*Randy Faris*/*Corbis*/*Getty Images*

（Harter & Lee, 1989）。心儀的對象或同學是青少年呈現假我的對象，而他們最不可能對密友展現虛假的那一面。青少年可能會利用假我來打動他人、嘗試新的行為或角色，他們可能會覺得別人不懂得他們的真我，或別人強迫他們裝模作樣一番就好。有些青少年說他們並不喜歡這種假我行為，但有些青少年說沒關係，無妨。研究發現，得到父母支持的青少年，真實自我的體驗分數最高（Harter, Stocker, & Robinson, 1996）。

社會比較

　　青少年比孩提時期更會與他人比較，並明白其他人也在和他們比較（Sebastian, Burnett, & Blakemore, 2010）。認定別人怎麼看待自己，稱為**鏡中**自我（*looking glass* self）。但，多數青少年並不願承認他們有在社會比較，因為跟他人比較不是社會樂見的現象，也就是說，若承認自己在和他人比較，恐損及個人聲譽。仰賴社會比較訊息常讓青少年感到困惑，因為有太多參照團體可以比較。例如，應該要跟一般同學比較？還是跟同性別的朋友比較？跟受歡迎的人比較？跟長得好看的人比較？還是跟運動選手比較？要同時顧及這麼多社會比較團體，當然令青少年手足無措。

自我意識

　　青少年比兒童更具**自我意識**（self-conscious），更心心念念在自我認識（Harter, 2006）。雖然青少年更懂得內省，但他們並非在社會孤立的情況下發展自我認識。青少年尋求朋友的支持、自我澄清（self-clarification），在定義自我時徵求朋友的意見。如自我發展的研究表示，朋友通常是青少年自我評價的主要訊息來源，是青少年急切窺照的社會鏡子（Rosenberg, 1979）。

┃自我保護

在青春期，自我認識的同時常激發困惑與矛盾的感覺，因此有必要**保護自我**（protect the self）。為了保護自我，青少年傾向於否認自己的負面特質。例如，在 Harter 的自我認識調查研究中發現，青少年更常以正向詞彙描述自己，如：**人緣好、幽默風趣、細心體貼、親切可人、求知若渴**等，把這些正向特質視為自我的核心面向；而把負面的自我描述，如：**難看、平庸、陰沉、自私、焦慮**等，視為自我的次要面向（Harter, 1986）。這種傾向和青少年常以理想化的方式描述自己不謀而合。

┃潛意識自我

青少年更加瞭解到自我認識包括潛意識的部分與有意識的部分。但是，這種認識要等到青春期後期才會出現。也就是說，年紀大一點的青少年才能領會某些心理經驗超出他們的意識或控制範圍。

┃尚未連貫、整合的自我

由於青春期的自我擴展與不切實際的自我描述，使得整合這些各個相異的自我概念成為艱鉅的工程（Harter, 2006, 2012, 2016）。通常要等到成年初顯期，個體才能成功整合多個自我面向。

🔵 成年初顯期與成年早期的自我認識

成年初顯期的自我認識更為統整，自我的各個部分更加有系統地連貫在一起。準成年人在嘗試建構一般自我、一種統合的自我感時，可能會發現到與先前的自我描述有不一致的地方。

Gisela Labouvie-Vief（2006）得出的結論是，自我在成年初顯期會大幅重新建構。她強調，成年初顯期的自我發展關鍵面向包括自我反思增加和選擇特定的世界觀。

成年初顯期的自我認識有何變化？
©*Peter Cade/Getty Images*

Labouvie-Vief（2006）亦主張，儘管準成年人的思辨能力比青春期時更為複雜嚴謹，但仍有許多人很難整合他們對這世界的複雜觀點。之所以會出現這種困難，是因為準成年人仍很容易被情緒左右，以致過於站在自己的立場，太過自我保護，因而扭曲了他們的思考。在她的研究中，直到 30 至 39 歲，成年人才能有效地發展出一致、整合的世界觀。

｜自我覺察

在成年初顯期與成年早期的自我認識中，**自我覺察**（self-awareness）變得越來越重要——亦即，覺察個人的心理構面，包括長處與短處。許多人對自己的心理狀態、技能和弱點不甚瞭解（Hull, 2012），例如，怎麼知道自己是好的傾聽者還是差的傾聽者？怎麼知道這是解決問題的最佳方法？怎麼知道化解衝突是該當機立斷、還是稍安勿躁？認識生活各個層面的優劣勢是成年後自我認識的重要內容。成年初顯期也是改善弱點的最佳時期。

｜可能自我

成年初顯期自我認識的另一個重要面向是**可能自我**（Aardema & others, 2018; Anders, Olmstead, & Johnson, 2017; Markus & Kitayama, 2012; Zhu & others, 2014）。可能自我意指個體可能成為什麼樣的人、想成為什麼樣的人，以及害怕成為什麼樣的人（Molina, Schmidt, & Raimundi, 2017）。準成年人常說起各種可能自我，希望自己成為什麼樣的人。有的不切實際，例如想一輩子無憂無慮、富可敵國；隨著年齡漸長，他們的可能自我描述越來越少，代之以更為具體實際的說法。到了中年，個體的可能自我描述轉向已經做得很好的地方，例如：工作表現不錯或擁有美滿的婚姻（Cross & Markus, 1991）。

🔵 自我認識與社會脈絡

青少年的自我認識因人際關係和社會角色而異。研究發現，青少年的自我描述內容會因敘說的對象是父母、密友、伴侶或同儕而有所不同。他們也會依自己是學生、運動員或員工等角色，而有不同的自我描述。同樣地，青少年也會因族裔、文化背景、後天經驗等，構建不同的自我（Chandler & Dunlop, 2015）。

不同族裔青少年的多重自我，反映出他們在家庭、同儕、學校和社區裡形形色色的經歷（Cooper, 2011）。當不同族裔的美國年輕人來到和原本文化不同的另一個地方，他們會遇到語言、族裔、性別、移民、貧窮等諸多障礙。但是，他們還是可以在各自的世界裡找到資源，如：機構、其他人，甚至自己本身就是資源。難以在不同世界間順利移動的年輕人，恐怕會與學校、家庭或同儕格格不入，衍生其他問題；而能在不同世界間有效移動的年輕人，則可發展出雙文化或多文化的自我，並成為其他人的「文化經紀人」。

> 當代對自我的觀點，強調在不同關係脈絡中建構出多樣的自我表現。
> ——Susan Harter（當代發展心理學家，丹佛大學）

當然，想成為一名有本領的年輕人，不僅要認識自己，也要理解他人（Carpendale & Lewis, 2015; Lee & others, 2017）。與青少年發展至關重要的理解他人面向，包括：感知他人的特質與理解多元觀點。

｜感知他人的特質

研究青少年如何感知他人特質的方法之一，是請他們評估他人自我陳述的準確性。比較 6 歲和 10 歲的兒童，發現 10 歲兒童對他人自述的智力和社交技巧較持懷疑態度（Heyman & Legare, 2005）。從這個研究可看出，10 歲兒童已經知道他人有時會為了讓別人對自己留下好的印象，而刻意去扭曲真相。

青少年的社會理解包含哪些重要面向？

©*Jim Craigmyle/Corbis/Getty Images*

隨著青春期發展，青少年越來越能理解他人。他們逐漸明白人心難測，每個人都有公開和私下的一面（Harter, 2006, 2012, 2013）。

｜觀點取替

觀點取替（**perspective taking**）意指假設他人觀點，以理解其想法和感覺的能力。Robert Selman（1980）提出 3 至 15 歲觀點取替變化的發展理論。這些發展變化從兒童早期的自我中心開始，到青春期終於能達到深度的觀點取替。

直到最近才有青春期觀點取替的研究（Conson & others, 2018; Rasmussen & others, 2018），以下是一些研究調查的結果。六年級到八年級的女童，比男童更懂得社會觀點取替（Smith, 2009; Smith & Rose, 2011），但也因為同理朋友的沮喪心情，使得她們更容易陷入共情的痛苦。中學二年級的學生若觀點取替能力較差，會與關係攻擊的行為（透過散布謠言等策略來故意傷害他人）增加有關（Batanova & Loukas, 2011）。觀點取替技巧不佳的青少年，同儕關係也不是很好，攻擊行為較多（Nilsen & Bacso, 2017）。研究顯示，比起生活在一般社區的青少年，入監服刑的青少年的觀點取替能力較差（Morosan & others, 2017）。

｜社會認知監控

認知監控（cognitive monitoring）是後設認知的重要面向，有助於理解社交情境。隨著覺察自我與他人的能力增強，青少年對社會世界的監控也比兒時更為全面。青少年幾乎每天都在進行社會認知監控，例如：「我想多認識這個人，但他好像不願意敞開心胸。也許我可以先跟其他人問看看他是什麼樣的人。」又或者核實他聽到的某一團體的消息，判

斷是否與他對該團體的印象一致；抑或詢問對方或闡述對方的說法與感受，以確保自己正確理解他人。青少年監控社會認知的能力，是社會成熟度的重要指標（Flavell, 1979）。

到這裡，我們已經討論自我認識與社會理解的諸多層面。但自我不僅涉及自我認識，還有自尊與自我概念。也就是說，青少年不僅嘗試定義與描述自我的特質（自我認識），也要學習評估這些特質（自尊與自我概念）。

自尊與自我概念

什麼是自尊與自我概念？如何測量？有哪些領域更為強調青少年的自尊？親子關係與同儕關係對青少年的自尊有何影響？低自尊會導致什麼後果？如何提升青少年和準成年人的自尊？

何謂自尊與自我概念？

發展心理學界的首席專家 Susan Harter（2006, 2012, 2016）將自尊與自我概念區分開來。在她看來，**自尊**（**self-esteem**），又稱**自我價值**（self-worth）或**自我意象**（self-image），是指對自我的整體評價。例如，說自己是個好人。當然，不是所有青少年都對自己抱持正向看法，低自尊的青少年會形容自己是壞人。

至於**自我概念**（**self-concept**），Harter 認為指的是對特定領域的自我評價，如：學業、運動、外表等。例如，因為成績差而有負面的學業自我概念，同時因為游泳成績佳而有正向的運動自我概念。簡而言之，自尊是整體的自我評價，自我概念則是特定領域的自我評價。

學術研究中並未明確劃分自尊與自我概念，甚至兩者交互使用，定義模糊不清（Miller & Cho, 2018）。接下來談到自尊與自我概念時，讀者可以謹記自尊是整體的自我評價，自我概念則是特定領域的自我評價，有助於釐清兩者的差別。

測量自尊與自我概念

測量青少年的自尊與自我概念並非易事。多年來，這方面的測量主要以兒童或成人為對象，鮮少關注青少年。隨後，Susan Harter（1989）發展出青少年自我知覺量表（Self-Perception Profile for Adolescents），評估學業、運動、社交、外表、行為、友誼、魅力、工作能力等八個向度，最後加上整體自我價值。其中，工作能力、魅力、友誼是專為青少年發展出來的測量向度。

有些學者主張應結合數個方法來評估自尊。除了自我報告外，還要加上他人對青少年自尊的評價，以及在不同情境下觀察青少年的行為，才算是完整正確的評估。同儕、教師、父母，甚至其他不認識的人，都可以是評估青少年自尊的調查對象。

青少年的臉部表情以及他們自豪或自責的方式，也是評估他們如何看待自己的良好指標。例如，很少微笑或悶悶不樂的模樣，正是透露自尊狀態的重要訊息。

一項使用行為觀察來評估自尊的調查研究顯示，某些正向或負面的行為可以作為推測青少年自尊的線索（見圖 1）（Savin-Williams & Demo, 1983）。運用各種方法（如：自我報告與行為觀察），並從不同來源（如：青少年自己、雙親、朋友、師長）獲取訊息，比僅靠單一評估方法得到的結果更令人信服。

正向指標

1. 給予他人指示或建議
2. 視場合調整聲音語調
3. 表達意見
4. 融入社交場合
5. 與他人合作
6. 說話時面向對方
7. 與他人對話時，眼睛看著對方
8. 主動親近他人
9. 和他人保持適當舒適的空間
10. 表達流暢，口語流利

負面指標

1. 用嘲笑、辱罵、說閒話來貶低他人
2. 不看場合、矯揉造作的姿態
3. 不當的肢體接觸或避免身體接觸
4. 為失敗找藉口
5. 過度吹捧自己，空口說白話
6. 自我貶抑
7. 大聲喧嘩、插嘴或固執武斷

圖 1 | **自尊的行為指標**

自尊：感知與現實

自尊反映了個人的知覺，但不一定符合現實（Krizan & Herlache, 2018; Oltmanns, Crego, & Widiger, 2018）。例如，自尊顯示個體對自己是否聰明、是否有吸引力的覺知，但這種看法不一定正確。高自尊者對自我價值、成就的覺知可能較為正確、合理，但也可能展露出傲慢、浮誇、毫無根據的優越感。同樣地，低自尊可能是對個人缺點的正確認識，或是對不安全感或自卑感的扭曲、甚至病態的感受。

自 戀（narcissism）意指以自我為中心、用只關心自己的態度來對待他人。自戀者通常不瞭解自己的真實我，也不去理解別人是怎麼看他們的。這種缺乏覺察的情況會引發適應問題（Lambe & others, 2018; Maples-Keller & Miller, 2018; Rogoza & others, 2018）。自戀者過於自我中心，慣於沾沾自喜，放大自己的需要與欲望，導致自戀者不但不關心他人，還常常貶低他人以保護他那岌岌可危的自尊。若別人不誇獎他，或不去配合他自負的幻想時，自戀者就會大發雷霆，或覺得蒙受羞辱。當自尊受到威脅，自戀者的行徑更是誇張；如果表現沒有得到眾人稱讚，令其大失所望，自戀者恐怕會歇斯底里到近乎發狂。

自戀者有哪些特徵？

©CSP_karelnoppe/Age Fotostock

研究顯示，自戀的青少年在惱羞成怒的時候更具攻擊性（Thomaes & others, 2008）。低自尊和攻擊性無關，與極強攻擊性有關的是自戀加上高自尊。一項縱貫研究發現，自戀的青少年與準成年人在孩提時期，會比其他人衝動、做作、活躍、聚焦在自己身上（self-focused）（Carlson & Gjerde, 2010）。此一研究也顯示，自戀的情況在 14 至 18 歲時增加，18 至 23 歲時略為下降。

目前，自戀看似為負面的向度。不過 Daniel Lapsley 與 Matthew Aalsma（2006）發現，大學生的適應能力因他們表現出來的自戀型態而異。他們發現，中度自戀者呈現健康的適應能力，而隱性和顯性自戀者的適應能力較差。隱性自戀者（covert narcissists）的特徵是「自命清高與孤芳自賞的感覺潛藏在能力不足、自卑與脆弱的虛偽外表下」（p. 68）。顯性自戀者（overt narcissists）則是毫不避諱地展現他們的自高自大與盛氣凌人的剝削態度。

當今的青少年和準成年人會比前幾世代的人更為自我中心和自戀嗎？Jean Twenge 等人（2008a, b）的研究指出，與 1975 年調查的戰後嬰兒潮世代相比，2006 年調查的十二年級學生整體看來較為自滿、自信心十足，自認會是好員工、好伴侶和好爸媽。有人稱當今青少年為「我世代」（Generation Me），然而，大規模分析顯示，從 1976 到 2006 年，高中生和大學生的自戀程度並沒有增加（Trzesniewski & Donnellan, 2010; Trzesniewski, Donnellan, & Robins, 2008a, b）。總之，近代青少年是否比前幾世代還要高自尊或更為自戀，結果尚無定論（Arnett, 2010; Donnellan & Trzesniewski, 2010; Eckersley, 2010; Rieger & others, 2016; Roberts, Edmonds, & Grijalva, 2010; Twenge & Campbell, 2010; Twenge, Carter, & Campbell, 2017）。

青春期和成年初顯期的自尊會變化嗎？

研究發現，從小學兒童期過渡到國高中的青春期，自尊呈現下降狀態（Twenge & Campbell, 2001）。確實，在許多的生命過渡期前後，個體的自尊通常會下滑。

另一研究發現，原有的自尊性別差異（男性較高），到了九年級和十二年級之間會縮小（Falci, 2012）。高社經背景的青少年，自尊要比低社經背景的青少年來得高。

自尊在整個生命週期都會波動（Miller & Cho, 2018; Trzesniewski, Donnellan, & Robins, 2013; von Soest & others, 2018）。一項橫斷研究測量大量來自不同地區 9 到 90 歲的 326,641

名受試者的自尊（Robins & others, 2002），其中約有三分之二的受試者為美國人。受試者要回答「我有高自尊」這類的題目，以 5 點量尺評定，5 代表「非常同意」，1 代表「非常不同意」。研究顯示，自尊在青春期下降，20 歲世代時提高，30 歲世代趨於穩定，40歲世代到 65 歲世代間上升，接著在 70 歲世代和 80 歲世代又下降（見圖 2）。在多數年齡區段，男性的自尊都比女性高。

　　還有別的研究發現，自尊的性別差異（女性較低），隨著個體成長到 18 至 25 歲的成年初顯期有所降低（Galambos, Barker, & Krahn, 2006）。社會支持與婚姻和自尊上升有關，失業則與自尊降低有關。

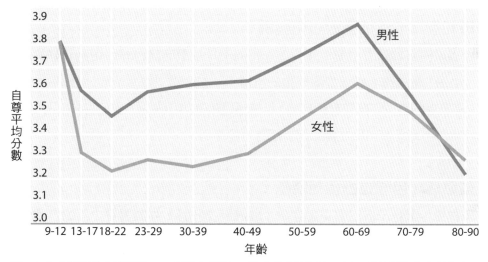

圖 2 ｜ **生命週期的自尊變化。** 一項調查超過 30 萬人的大型研究，以 5 點量尺評定自尊程度。5 是「非常同意」，1 是「非常不同意」。自尊在青春期和成年後期下降。在整個生命週期中，女性的自尊低於男性。

資料來源：Robins, R. W., Trzesniewski, K. H., Tracey, J. L., Potter, J., & Gosling, S. D. "Age differences in self-esteem from age 9 to 90." *Psychology and Aging, vol. 17,* 2002, 423–434.

　　有些學者主張，自尊在青春期雖然降低，但下降幅度很小，沒有媒體所報導的那麼明顯（Harter, 2013; Hyde, 2005; Hyde & Else-Quest, 2013; Kling & others, 1999）。此外，如圖 2 所示，儘管青少女的自尊下滑，但她們的平均分數（3.3）仍高於量表的平均分數（3.0）。

　　青少女的自尊下滑，一種可能的解釋是，與男孩相比，青春期發育的變化讓女孩對身體意象的看法更為負面（Harter, 2006）。另一解釋是青少女對於社交關係較有興趣，但社會卻小看這種價值，吝於給予肯定鼓勵。

　　近期引發高度關注的議題是，今日的大學生在成長過程中接收到太多虛誇的讚美，因此自尊心膨脹（Graham, 2005; Stipek, 2005）。就連表現平庸、甚至差勁，都可以受到稱

讚；等到他們上了大學，反而難以面對競爭和批評。《誰把孩子變成笨蛋：為什麼美國兒童自我感覺良好，卻不會讀寫或算術？》（暫譯）（*Dumbing Down Our Kids: Why American Children Feel Good about Themselves but Can't Read, Write, or Add*）（Sykes, 1995）生動地道出許多美國學生的學業問題，部分來自於為了支撐他們的自尊，而一直灌輸他們無用的讚美。同樣地，《破除教育裡的自尊崇拜》（暫譯）（*Challenging the Cult of Self-Esteem in Education*）（Bergeron, 2018）一書，強調要提高學生的自尊，尤其是那些貧困和被邊緣化的孩子。經過一系列研究發現，言過其實的讚美，儘管出於好意，卻會讓低自尊的學生不敢去嘗試有挑戰性的任務，錯失重要的學習經驗（Brummelman & others, 2014）。

自尊和學業成就或進取心有關嗎？

學校表現與自尊只有中度相關，這些相關不足以證明高自尊會帶動良好的學校表現（Baumeister & others, 2003）。提高學生的自尊不一定能改善學校表現（Davies & Brember, 1999）。高自尊的青少年雖較自動自發，但結果有好有壞（Baumeister & others, 2003）。高自尊的青少年，親社會和反社會的行動都有可能參與。

某些領域和自尊更密切相關嗎？

許多青少年沉迷於自己的身體意象（Markey, 2010）。外表對青少年的自尊特別具有影響力（Harter, 2006, 2012），例如，在 Harter（1999）的研究中，整體自尊和外表最為密切相關，美國和其他國家皆是如此（見圖 3）。另一研究顯示，青少年對自己外表吸引力的看法，是整體自尊的最強預測因子（Lord & Eccles, 1994）。外表和整體自我價值的強烈相關並不限於青春期，而是貫穿從兒童期到中年期的大部分生命週期（Harter, 1999）。

領域	Harter的美國樣本	其他國家
外表	.65	.62
學業能力	.48	.41
社會接納	.46	.40
行為舉止	.45	.45
運動能力	.33	.30

圖 3｜**整體自尊與能力領域之間的相關。**注意，這裡的相關性是計算許多研究得出的平均相關。這項研究調查的國家有：英國、愛爾蘭、澳大利亞、加拿大、德國、義大利、希臘、荷蘭、日本。相關係數介於–1.00 至 +1.00 之間。在美國和其他國家，外表和整體自尊呈中高度相關（分別為 .65 與 .62）。

社會脈絡與自尊

家庭、同儕、學校等社會情境也影響著青少年的自尊發展（Lockhart & others, 2017; Miller & Cho, 2018）。研究發現，家庭凝聚力增加，青少年的自尊也隨之提高（Baldwin & Hoffman, 2002）。此研究的家庭凝聚力以家人一起度過的時間、溝通品質、青少年參與家庭決策的程度為主。另一調查指出，青少年的高自尊與情感表達、關心孩子的問題、家庭氣氛和諧、共同參與家庭活動、及時有效地伸出援手、設定清楚的規則、遵守規則、允許孩子在定義明確的界線內享有自由等親子教養特性有關（Coopersmith, 1967）。在一項縱貫研究中，兒童的家庭環境品質（如：教養品質、認知刺激、家庭物理環境等），和成年早期的自尊有關（Orth, 2017）。此一研究闡明驗證本書第一章「導論」所提到的，童年與後期經驗的重要性。

同儕的評價在青春期變得越來越重要（Villanti, Boulay, & Juon, 2011），到了青春期，同儕認同與自我價值的關聯更加密切（Harter, 1990b）。小學升上國中、或國中升上高中的過渡期，和自尊下降有關（Harter, 2012）。小學最後一年的自尊高於國一或高一，過渡後的第一年下降得尤為顯著（Simmons & Blyth, 1987）。

低自尊的後果

對多數青少年和準成年人來說，低自尊造成的情緒困擾只是短暫的，但對有些人而言，低自尊還會衍生其他問題。低自尊與肥胖、焦慮、憂鬱、自殺、偏差行為有關（Hill, 2016; Paxton & Damiano, 2017; Rieger & others, 2016; Stadelmann & others, 2017）。研究顯示，低自尊的年輕人，在 30 歲時的生活滿意度偏低（Birkeland & others, 2012）。另一研究也發現，青少年自尊下降，可能導致二十年後的成年憂鬱症（Steiger & others, 2014）。一項長期研究證實，低自尊青少年在 26 歲時的心理和生理健康程度不佳、經濟能力較差、犯罪行為較多（Trzesniewski & others, 2006）。

注意，這些問題的嚴重性，不僅取決於低自尊，還有其他因素須考慮進去。低自尊加上就學過渡時有困難、家庭問題或其他壓力事件，讓問題雪上加霜。

關於自尊的諸多研究都指向一個重點：它們都是相關研究，而非實驗研究。相關不等於因果關係。因此，若相關研究發現自尊和憂鬱存在關聯，可能是低自尊導致憂鬱，或者是憂鬱造成低自尊。一項縱貫研究探討自尊究竟是年輕人社會支持的因還是果（Marshall & others, 2014），該研究顯示，自尊可以預測社會支持的後續變化，但社會支持無法預測自尊的後續變化。

自我調節

青少年的自我調節有何特徵？

©*martiapunts / Shutterstock*

自我調節（**self-regulation**）意指不必仰賴他人協助，就能控制個人行為的能力。為了實現目標，個體自發地對思考、感覺、行為進行認知監控（Duncan, McClelland, & Acock, 2017; Galinsky & others, 2018）。不論哪個年齡階段，比起讓外在因素掌控生活，自我調節能力較好的人更易獲得高成就、良好的健康狀態與生活滿意度（Sinatra & Ta-asoobshirazi, 2017; Usher & Schunk, 2018）。

例如，研究發現，與低成就學生相比，高成就學生的自我調節能力更佳。他們懂得設定具體明確的學習目標、運用策略學習與適應、時時自我監控，以及系統性地評估達到目標的進度（McClelland & others, 2017; Schunk & Greene, 2018）。

自我調節的關鍵是**主動控制**（effortful control，又譯奮力控制），亦即克制衝動，不從事破壞性行為；儘管有讓人分心的事務，也能集中及維持注意力；就算是苦差事，但若具有長遠的價值，也能自動自發、有始有終地完成（Eisenberg, 2017; Esposito & others, 2017; Lansford, 2018）。近期研究顯示，2 至 3 歲時的主動控制，可以預期 14 至 15 歲時學習成就較佳（Dindo & others, 2017）。另一研究發現，17 歲時的主動控制，可以預測 23 至 25 歲時的學習毅力與教育程度（Veronneau & others, 2014）。在這個研究中，主動控制和父母的教育程度、以往的學業平均成績一樣，是預測之後教育程度的有力指標。此外，對墨西哥裔青少年的研究也顯示，主動控制與有效因應壓力有關（Taylor, Widaman, & Robins, 2018）。再者，青少年的學校參與及自我調節也存在交互關係（Stefansson & others, 2018）。

兒童期與青春期自我調節的發展，是成年期健康乃至長壽的關鍵因素（Drake, Belsky, & Fearon, 2014; Wigfield & others, 2015）。例如，Nancy Eisenberg 等人（2014）綜合各項研究得出的結論是，自我調節與學業動機／成就和內化遵從規範直接相關，培養了往後對人生負責的態度。

回顧與反思

｜學習目標 1｜ 說明青春期的自我發展。

｜複習本節所學｜

・何謂自我認識？青春期的自我認識有哪些關鍵面向？關於理解他人，又有哪些重要面向？

・何謂自尊與自我概念？如何測量？是不是有哪些領域的自尊，相形之下比其他的更為重要？社會脈絡和青少年的自尊有何關聯？低自尊有何後果？如何提升青少年的自尊？

・青春期的自我調節有哪些特點？

｜分享與連結｜

・比較自尊、自我概念、自戀的異同？

｜反思個人經驗｜

・想想你的未來自我會是如何。什麼樣的你，在未來會是最快樂的呢？未來的你，暗藏著哪些負向發展的可能性？

2. 認同

| Erikson 對認同的看法 | 認同的四種狀態 | 認同的發展變化 | 認同與社會脈絡 | 認同與親密關係 |

　　認同（**identity**）意指個體認定自己是誰，是整合自我瞭解而得出的信念。當代最全面、最具啟發性的認同發展理論，當屬 Erik Erikson 的理論。事實上，有些青少年發展專家認為 Erikson 的理念是最具影響力的青少年發展理論。以下先從他的認同理論談起。

> 「妳是誰呀？」毛毛蟲問。愛麗絲怯生生地回答：「我……我現在也還不是很清楚。早上起床的時候，我還知道自己是誰。可是後來，我的樣子又變了好幾次。」
> ——Lewis Carroll（19 世紀英國作家）《愛麗絲夢遊仙境》

Erikson 對認同的看法

　　我是誰？我是怎樣的人？我未來要做什麼？我和別人有何不同？我要如何達成目標？年幼的孩子通常不會想這麼多，但這些卻是青少年普遍存在的疑問。青少年渴望探究認同問題的解答。Erik Erikson（1950, 1968）可說是第一個意識到這些問題對青少年發展是多麼重要的人。當代之所以將認同視為青少年發展的重要議題，都要歸功於 Erikson 精闢的思想與論析。

◆ 認同 vs 認同混淆

　　在 Erikson 的理論中，**認同 vs 認同混淆**（**identity versus identity confusion**）是人生發展的第五個階段（或危機），約發生在青春期。這個時期的青少年面臨著決定「我是誰？」「我要做什麼？」「我的未來要走向何方？」等問題。他們初次面對許多新的角色，如：職業、戀愛關係等。作為認同探索的一部分，青少年經歷到**心理社會延緩償付**（**psychosocial moratorium**）。Erikson 用這個詞說明介於兒童期安全感與成年期自立自主兩者之間的鴻溝。在探索、追尋文化認可的身分認同過程時，他們

Erik Erikson.
©*Bettmann/Getty Images*

得嘗試許多不同的角色。能夠成功應對各種衝突角色和身分的年輕人，慢慢地會形成讓人耳目一新、能被他人接受的全新自我。可惜的是，未能成功解決認同危機的青少年，陷入了 Erikson 所說的**認同混淆**，有些人退縮不前，有些人與同儕和家人疏離，或沉浸在同溫層的世界，在人群中失去認同。

角色實驗

　　Erikson 理論中關於認同發展的核心內涵是角色實驗（role experimentation）。如前所述，Erikson 強調青少年面臨太多數不清的選擇，並且從某個時候起，進入了心理社會延緩償付期。在這段期間，青少年的自我還不穩定。他們嘗試各種不同的角色和行為，一下子跟人爭得面紅耳赤，下一刻卻又十分合作；今天穿得整整齊齊，隔天卻邋邋遢遢；上星期還看他跟誰很要好，不一會兒卻聽他批評同一個人。這種認同實驗是青少年找尋自我定位所嘗試的努力。

　　隨著青少年逐漸意識到要為自己的人生負責，他們試著確定生活的方向。許多慣於要孩子照著他們意思做的家長和成人，常被青少年的挖苦、叛逆和劇烈的情緒起伏弄得困惑不已或氣得火冒三丈。其實成人必須給青少年時間探索不同的角色和個性，到頭來，青少年最終會揚棄不合宜的角色。

　　青少年有數百種角色可以嘗試，而有多少種角色，就有多少種探尋的方法。Erikson 認為到了青春期，職業角色就成了認同發展的重心，特別是像美國這樣高科技的社會。受過良好教育訓練的年輕人自信蓬勃地進入職場，他們在認同發展階段鮮少感到壓力。有些年輕人拒絕接受高薪和高地位頭銜的工作，而是選擇能真正助人的行業，如：和平工作團、心理健康服務機構、低收入地區的小學校等。有些年輕人寧願待業，也不要選擇看似有前途的工作，他們覺得自己不適任，或那些工作會讓他們覺得自己沒用。Erikson 認為這樣的選擇反映出為了實現更有意義的身分認同，他們忠於自己，而不是讓自己的認同被社會淹沒。

　　學界多以廣義的觀點定義「認同」這個概念，對其進行研究。認同可說是由許多面向組成的自我寫照：

- 感興趣的職涯與工作路徑（職業／生涯認同）
- 保守、自由或中間的政治傾向（政治認同）
- 精神信仰（宗教認同）
- 單身、已婚、離婚或同居（關係認同）
- 成就動機或智力取向程度（成就認同）

- 異性戀、同性戀或雙性戀（性認同）
- 來自哪個地方或國家，以及對文化傳承的認同程度（文化／族裔認同）
- 喜歡做的事情，如：運動、音樂、嗜好（興趣）
- 性格特徵，如：內向或外向、焦慮或穩重、友善或敵意等（性格）
- 身體意象（生理認同）

Erik Erikson 解釋認同發展本質的方法之一，就是分析著名人物的生命史。其中一個代表人物是 20 世紀中期印度的精神領袖 Mahatma Gandhi（甘地）（圖中），寫於 Erikson（1969）《甘地的真理》（*Gandhi's Truth*）一書。

©Bettmann/Getty Images

可惜的是，近來對認同的各個面向的研究並不多，乏善可陳（Galliher, McLean, & Syed, 2017）。

當代對認同的看法

當代的觀點顯示，認同發展是一個漫長、漸進的過程，也不像 Erikson 所講的**危機**那般巨變（Landberg, Dimitrova, & Syed, 2018; Maher, Winston, & Ur, 2017; Meeus, 2017; Reece & others, 2017; Syed, Juang, & Svensson, 2018; Vosylis, Erentaite, & Crocetti, 2018）。當代的理論學家注意到，認同發展是一個相當複雜的歷程，既非始於青春期，亦不終於青春期。它從嬰兒期依附關係建立、自我發展、獨立自主出現時就開始了，結束於回顧與統整生命的老年期。青春期和成年初顯期認同發展的重點在於，這是首次生理、認知、社會情緒發展進步到個體可以分類選擇、統整兒童期的各種身分認同，從而建構出一條邁向成熟的道路（Marcia & Carpendale, 2004）。解決認同問題並非意指從此之後認同就固定不變了。健康的認同是有彈性的，可以適應並且接受社會、關係和生涯的變化。這種開放性確保個人的一生可以有無數次的認同重組。

如同越來越多學者用多重自我來說明青少年和準成年人的自我認識一樣，目前也有以多元認同來展現認同的趨勢，如族裔、靈性信仰、性傾向等（Galliher, McLean, & Syed, 2017; Schwartz & others, 2013; Vosylis, Erentaite, & Crocetti, 2018）。雖然自我認同在兒童期就開始了，但核心問題如：「我是誰？」在青春期之後更加頻繁探問。尋求獨立自主和與人連結之間的平衡，是青春期和成年初顯期認同發展的主要特徵。

認同形成鮮少一帆風順，但也沒那麼嚇人（Adler & others, 2017; Galliher, McLean, & Syed, 2017）。認同至少就涉及對職業方向、意識形態立場、性取向等方面的承諾，將認同

的各個部分整合起來，是一個長期、承先啟後
的過程，伴隨各種不同角色的肯定與否定。認
同發展是一點一滴累積形成的（Duriez & oth-
ers, 2012）。決定並非一勞永逸，反倒是需要

> 只要不斷尋找，答案自然就出現了。
> ——Joan Baez，20 世紀美國鄉村民謠
> 女歌手

一再檢視（Schwartz & others, 2013, 2014）。儘管當下的決定——要跟誰約會、要不要發生
性行為、要不要分手、要不要吸毒、要升學還是就業、要玩還是讀書、要不要熱衷於政治
活動等——看似小事，但多年下來，它們也漸漸形成個人的核心思想。

　　William Damon（2008）的著作《邁向目的之路：幫助孩子發現內心的召喚，踏上自
己的英雄旅程》（*The Path to Purpose*），特別關注青少年和準成年人的認同發展。Damon 主
張，成功的認同發展是長期探索與反思的過程；在某些情況下，可能會推遲決定數年之
久。但 Damon 擔心的是，時下太多年輕人並沒有朝著任何明確認同的方向前進。以
Damon（2008, pp. 5, 7）的話來說，就是：

> 　　年輕人的延遲所表現出來的，多是優柔寡斷，而非反省思考；他們迷惘困
> 惑，不去追求更明確的目標；瞻前顧後，下不了決心。像這樣一再地轉變方向，
> 不論從個人發展或社會的角度來看，都不能算是建設性的延緩償付。如果沒有設
> 定方向，機會就會從手邊溜走，隨之而來的，是陷入自我懷疑與自我封閉。不良
> 的習慣一旦建立，遑論建立良好的習慣……最常消失不見的……是那種懷著嚴肅
> 目的、全心全意獻身於一種活動或興趣的熱情——正是這樣的目的，賦予人生的
> 意義和方向。

當代對認同形成與發展的觀點為何？
©Somos/Veer/Getty Images

Damon（2008, p. 47）認為，許多年輕人放任自流，不去問自己這些人生大哉問：「我的使命是什麼？」「我能為世界做些什麼？」「我此生的目的為何？」成人雖然不能幫年輕人做決定，但父母、老師、良師及其他成人可以擔任引導、回饋、提供良好環境的角色，協助年輕人發展健康的認同。成人必須營造能啟發、鼓舞年輕人的文化氛圍，支持他們實現理想，而不是挫折他們的銳氣。

認同的四種狀態

James Marcia（1980, 1994, 2002）延續 Erikson 的認同發展理論，依青少年感受危機與承諾的程度，提出四種認同狀態（又稱解決認同危機的四種方式）：迷失型、早閉型、延遲型、定向型。他把**危機**（**crisis**）一詞定義為青少年在認同發展的過程中，欲做出有意義的選擇（多數研究者改稱**探索** [exploration]），**承諾**（**commitment**）則指個體對目標的投入程度。

以下說明 Marcia 的四種認同狀態：

- **迷失型**（**identity diffusion**）的青少年並未經歷到認同危機（亦即，沒有去做有意義的探索），也不立下承諾。迷失型青少年不但對職業或價值觀的選擇茫無頭緒、猶豫不決，而且也沒有興趣投入。
- **早閉型**（**identity foreclosure**）的青少年雖然做出承諾，但並未經歷認同危機。這種狀態最常發生在父母幫孩子擅做決定。因此，早閉型青少年沒有足夠的機會自行探索不同的路徑、價值觀與職業。
- **延遲型**（**identity moratorium**）的青少年正處於認同危機中，但尚未立下承諾。
- **定向型**（**identity achievement**）的青少年已經走過認同危機，也立下承諾。

圖 4 摘述 Marcia 的四種認同狀態。

職業與價值觀立場	認同狀態			
	迷失型	早閉型	延遲型	定向型
危機	無	無	有	有
承諾	無	有	無	有

圖 4｜**Marcia** 的四種認同狀態

　　接下來舉例說明 Marcia 的四種認同狀態。13 歲的瑪雅尚未開始用有意義的方式探索她的認同，也未做出認同承諾，她是**迷失型認同**。18 歲的哈登，爸媽要他當醫生，所以他計畫選讀醫學預科，沒有去探索其他的選項，他是**早閉型認同**。19 歲的莎夏還不確定她的生涯方向，但她最近去大學的諮商中心，準備瞭解各個行業，她是**延遲型認同**。21 歲的大學生馬塞洛廣泛地探索多種生涯路徑，最後選讀科學教育。他計畫先到高中教一年書，他是**定向型認同**。雖然這些認同狀態的案例以職涯為主，但也要提醒讀者，整體認同包含多個向度。

　　本章前面曾說明許多認同面向，可惜的是各面向的研究仍然有限（Galliher, McLean, & Syed, 2017; Vosylis, Erentaite, & Crocetti, 2018）。請用圖 5 探索你各個面向的認同狀態。

　　有些學者對 Marcia 的理論提出嚴厲批評，認為他的論點扭曲及過度簡化 Erikson 的危機與承諾的概念（Coté, 2015; Klimstra & others, 2017）。Erikson 強調，年輕人會對文化和社會的既定立場提出質疑，但 Marcia 卻把這些複雜的問題簡化成年輕人是否思考過某些議題及選項。同樣地，在 Marcia 的論點中，承諾概念也失去了 Erikson 的個人終生投入探求的意思，而被簡化為做出決定就好。儘管如此，學界仍然肯定 Marcia 對於我們瞭解認同有其重大貢獻（Crocetti & Meeus, 2015; Kroger, 2015; Kunnen & Metz, 2015）。

仔細思考你對以下列出的每個認同項目的探索與承諾程度，勾選其為迷失型、早閉型、延遲型或定向型。

認同項目	認同狀態			
	迷失型	早閉型	延遲型	定向型
職業／生涯				
政治				
宗教				
關係				
成就				
性				
性別				
族裔／文化				
興趣				
性格				
生理				

圖 5｜**探索你的認同。**若有任何項目呈現迷失或早閉的狀態，建議你花點時間想想需要做些什麼，才能前進到延遲型認同的狀態。

比利時心理學家 Luc Goossens、Koen Luyckx 等人（Goossens & Luyckx, 2007; Luyckx & others, 2010, 2013, 2014, 2017）擴展 Marcia 探索與承諾的概念。他們修正後的理論強調，有效的認同發展牽涉到持續評估認同的承諾向度。檢視此一認同持續發展的兩個過程是：（1）深入探索，尤其是與他人討論承諾；（2）個人對承諾的信心與安全感。

例如，一名立志成為律師的大一新鮮人，其深入探索這一志向承諾的方式是盡可能地瞭解律師這一行業，如：學歷要求、不同領域律師的工作內涵、要修哪類課程、實際訪談幾位執業律師等。透過這種深入的探索，這名大學生才有信心說她適合當律師。接下來，她可以再花數年時間繼續評估成為律師這一承諾，也有可能隨著接收到新的訊息，使得她改變承諾。一項研究顯示，計畫性（planfulness）是預測認同探索與承諾的可靠指標（Luyckx & Robitschek, 2014）。

因此，新近發展出來的**雙週期認同模式**（dual cycle identity model），把認同發展分成兩個歷程：（1）形成週期：廣泛地探索與確立承諾；（2）維持週期：深度地探索與再三思考承諾（Luyckx & others, 2014, 2017）。

深入探究認同變化的方法之一是採用**敘說取向**（narrative approach），亦即邀請個體敘說生命故事，並評估故事的意義和整合的程度（Adler & others, 2018; Galliher, McLean, & Syed, 2017; Habermas & Kober, 2015; McAdams & Zapata-Gietl, 2015; McLean & others, 2018; Pasupathi, 2015; Singer & Kasmark, 2015; Sauchelli, 2018; Svensson, Berne, & Syed, 2018）。**敘說認同**（narrative identity）一詞，即意指「個體建構及敘說自身故事，藉此定義自己和他人。從青春期到成年早期，敘說認同就是我們賴以生活的故事」（McAdams, Josselson, & Lieblich, 2006, p. 4）。

認同的發展變化

在青春期早期，許多青少年還處在**迷失、早閉、延遲**的認同狀態。根據 Marcia（1987, 1996），至少有三個面向對青少年認同形成發展至關重要：雙親的支持、勤勉不懈（對工作的積極態度），以及時時反思未來。

研究學者已有共識，許多重大的認同變化最有可能發生在約為 18 至 25 歲的成年初顯期，而非青春期（Arnett, 2015; Kroger, 2015; Landberg, Dimitrova, & Syed, 2018）。例如，Alan Waterman（1985, 1992）發現，從高中畢業前到大學最後幾年，認同定向的人數越來越多，而認同迷失的人數則逐漸下降。許多青少年的認同仍然茫然無緒，而與高中生或大學新生相比，大三大四學生更容易達到定向型認同。

成年初顯期的認同有何變化？

©lev dolgachov/ age fotostock

為何大學會對認同造成關鍵變化？由於大學生推理能力的複雜度提高，加上多彩多姿的新經驗，凸顯家庭與大學、自己與他人的差異，刺激他們更上一層樓，整合各個面向的認同（Phinney, 2008）。透過各類多樣化的課程及與來自不同背景的同儕接觸，大學環境充當了認同發展的虛擬「實驗室」。此外，成年初顯期的重點是不需要擔負許多社會承諾，使得他們在生涯發展的道路上具有極大的獨立性（Arnett, 2014; Arnett & Fischel, 2013）。

James Coté（2015）主張，基於這樣的自由，要在成年初顯期發展正向的認同，得有相當大的自律力和計畫性，否則很容易隨波逐流或漫無目標。Coté 也強調，受過高等教育的準成年人較有可能走在積極正向的認同道路上；而沒有接受高等教育的人可能頻繁換工作，不是因為他們還在尋找認同，而是想在這個重視學歷的社會中求生存。

由 Jane Kroger 等人（2010）對 124 個研究進行的統合分析發現，在青春期和成年初顯期，延遲型認同狀態穩步上升到 19 歲，之後逐漸下降。到了青春期後期，定向型認同的情況回升。早閉型認同和迷失型認同狀態在高中期間下降，但在青春期後期出現起伏波動。研究另發現，絕大多數人到 20 歲前還無法達到定向認同。從研究發現可見，要在青春期結束前達到定向型認同狀態，比 Erikson（1968）所設想的還要難得多。

回顧各項研究可知，成年期的認同狀態比青春期穩定（Meeus, 2011）。但是，就算在青春期和成年初顯期就確定認同，也不保證之後就會穩定不變（Kroger, 2015; McAdams & Zapata-Gietl, 2015）。許多發展出正向認同的人，走的其實是「MAMA」週期。亦即，他們的認同狀態從延遲走到定向，再從定向走到延遲（from *m*oratorium to *a*chievement to *m*oratorium to *a*chievement）（Marcia, 1994）。這個週期在整個人生不斷循環反復（Francis, Fraser, & Marcia, 1989）。Marcia（2002）指出，不應該把第一個認同視為唯一且最終的結果。

研究顯示，成年初顯期的認同整合（將認同選擇去蕪存菁的過程）會一直持續到成年早期甚至成年中期（Kroger, 2015）。一項研究發現，女性和男性同樣在 27 至 36 歲之間持續發展認同，最大的變化是投入的承諾更多（Pulkkinen & Kokko, 2000）。成人更容易達成定向認同或早閉認同，而非延遲或迷失認同。此外，從成年早期到成年中期，認同更加確定。例如，一項對史密斯學院（Smith College）女學生的縱貫研究顯示，從 30 歲到 50 歲，認同確定感更為提高（Stewart, Ostrove, & Helson, 2001）。

認同與社會脈絡

社會脈絡會影響青少年的認同發展（Cheon & others, 2018; Galliher, McLean, & Syed, 2017; Kiang & Witkow, 2018; McLean & others, 2017; Syed, Juang, & Svensson, 2018; Umana-Taylor & others, 2018）。以下要探討的問題有：家庭關係會影響認同發展嗎？同儕、戀愛關係及數位環境對認同形成，又是扮演什麼角色？文化與族裔與認同有何關聯？男性和女性的認同發展有差異嗎？

家庭對認同的影響

父母是青少年認同發展的重要他人（Cooper, 2011; Crocetti & others, 2017）。例如有研究發現母親和青春期孩子的溝通不佳，加上與同儕衝突不斷，恐阻礙青少年發展正向認同（Reis & Youniss, 2004）。Catherine Cooper 等人（Cooper, 2011; Cooper, Behrens, & Trinh, 2009; Cooper & Grotevant, 1989）發現，鼓勵孩子發展個體性，又兼具情感連結的家庭氣氛，最有助於青少年的認同發展：

● **個體性**（**individuality**）包括兩個向度：（1）自我肯定，意即有表達自我主張的能力；（2）分化自主，意即使用溝通模式說明自己與他人不同之處。

● **情感連結**（**connectedness**）也包括兩個向度：（1）互惠性（mutuality），意即體察與尊重他人的觀點；（2）滲透性（permeability），意即對他人的觀點保持開放的態度。

越來越多研究探討依附關係在認同發展上的角色。統合分析研究顯示，安全依附型的青少年更易達到定向認同（Arseth & others, 2009）。

父母如何影響青少年的認同發展？

©moodboard / Corbis

認同與同儕／戀愛關係

　　研究者發現在青春期與成年初顯期探索個人認同的能力，與同儕、友誼、浪漫戀愛關係等有關（Galliher & Kerpelman, 2012; Quimby & others, 2018; Rivas-Drake & Umana-Taylor, 2018）。例如，當青少年與同儕相處融洽，開放、積極的探索認同有助於提升友誼（Doumen & others, 2012）。朋友是探索認同相關議題時的安全港，是自我揭露時他人如何看待自己的測試平台（McLean & Jennings, 2012）。縱貫研究亦證實，青少年的族裔認同受正向且多樣的友誼影響（Rivas-Drake & others, 2017; Santos, Komienko, & Rivas-Drake, 2017）。

戀愛關係在認同發展中扮演什麼角色？
©Mike Kemp/Rubberball/Corbis

　　至於在青春期及成年初顯期的認同與戀愛關係的關聯，戀愛關係既是建構個人認同的過程，也提供彼此探索認同的環境（Pittman & others, 2011）。彼此的安全依附程度會影響對方的個人認同建構。

認同發展與數位環境

　　當代的年輕人身處於數位環境，IG、Snapchat、Facebook 等社群軟體成為他們表達與探索認同的介面（Davis & Weinstein, 2017）。他們盡其所能地在個人的數位設備上彰顯自我——張貼他們最有吸引力的照片、把自己形容得完美無瑕、不斷地編輯和更新他們的線上大頭貼，凸顯自己的存在。網路世界為年輕人提供廣大的機會表現認同，獲取回饋。當然，和離線下的現實世界一樣，他們得到的回饋不一定都是正向的。

文化與族裔認同

　　多數的認同發展理論，都是以美國與加拿大的非拉美裔年輕白人為資料蒐集對象（Gyberg & others, 2018; Landberg, Dimitrova, & Syed, 2018; Polenova & others, 2018; Schwartz & others, 2012; Yoon & others, 2017），這些人多是在重視個人自主的文化背景下成長的。然而，世界上許多國家的青少年生長於集體主義的氛圍，強調與團體和諧共處（Polenova & others, 2018）。東亞文化如中國，特別重視集體主義。在東亞國家，以自我為導向的認同探索並非定向型認同的主流（Schwartz & others, 2012）。相反地，東亞的青少年以認同及仿效其文化中的他人來發展認同（Bosma & Kunnen, 2001），此一相互依存的文化鼓勵

青少年承接社會與家庭角色（Berman & others, 2011）。因此，某些認同發展模式，如早閉型認同，在東亞國家反倒比在北美國家更能適應社會的期待（Chen & Berman, 2012）。

　　在某些國家／地區，認同發展所需的時間較長（Schwartz & others, 2012）。例如，義大利青年可能會將重大的認同探索延至青春期後才開始，直到 25 歲之後才安頓下來（Crocetti, Rabaglietti, & Sica, 2012）。延遲認同的原因是，義大利青年到 30 歲之前都還跟父母親住在一起。

　　Seth Schwartz 等人（2012）指出，許多人會認同某一特定「文化」，把主流文化團體的身分視為理所當然。也因此，許多身處於美國主流文化的非拉美裔白人青少年，並不會花太多時間去思考自己是「美國白人」。然而，對生長於美國的少數族裔或移民青少年來說，文化變成他們重要的認同面向。在高中和大學階段，拉美裔學生比非拉美裔學生更常提到文化認同是整體自我概念的重要內涵（Urdan, 2012）。

　　放眼全世界，少數族裔在融入主流文化的同時，還必須努力維持自身的文化認同（Erikson, 1968）。**族裔認同（ethnic identity）**是一個長久存在的自我面向，包含身為某一族裔的歸屬感、抱持與該團體一致的態度與知覺（Adams & others, 2018; Douglass & Umana-Taylor, 2017; Meeus, 2017; Polenova & others, 2018; Umana-Taylor & Douglass, 2017; White & others, 2018; Yoon & others, 2017）。因此，對少數族裔的青少年來說，認同形成的過程多了一個面向：在兩個或多個認同來源——自身的族裔和主流文化間做選擇（Abu-Rayya & others, 2018; Benet-Martinez & Hong, 2014）。許多青少年以發展出**雙文化認同（bicultural identity）**來解決這個選擇題，亦即，某些部分認同自身文化，某些部分則認同主流文化（Cooper, Gonzales, & Wilson, 2015）。對墨西哥裔及亞裔大學生的研究顯示，他們既認同美國主流文化，也認同自身族裔的文化（Devos, 2006）。

在中國和義大利等國家，有哪些關於認同的跨文化差異？

（左圖）©Imagemore Co,. Ltd./Getty Images;（右圖）©Christian Goupi/age fotostock

隨著抽象思考和自我反思的認知能力進步，青少年（尤其是年紀稍大的青少年）越來越常思考族裔的意義，也累積許多與族裔相關的經驗（Syed & McLean, 2016）。由於青少年的行動力與獨立性強，他們在學校或其他場合與不同人互動時更容易蒙受族裔刻板印象和歧視（Potochnick, Perreira, & Fuligni, 2012），包括非裔、拉美裔、亞裔等少數族裔（Hughes, Way, & Rivas-Drake, 2011）。此外，家境貧困的非裔和拉美裔青少年，就算有上大學的能力，也欠缺上大學的資源，只得排除追求大學學經歷的這一認同選項（Oyserman & Destin, 2010）。有些少數族裔青少年還得打工養活家人，遑論接受高等教育了（Schwartz & others, 2012）。

時間是影響族裔認同的另一脈絡因素。每一代的移民後裔，各有不同的身分指標（Phinney, 2006; Phinney & Baldelomar, 2011; Phinney & Vedder, 2013）。第一代移民覺得自己是「美國人」的程

> 許多少數族裔年輕人在建構認同時，必須彌合「多元世界」的分歧。
> ——Catherine Cooper（當代發展心理學家，加州大學聖克魯茲分校）

度，和他們是否學習美語、是否有與族裔以外的人交流，以及學習新國度文化的能力有關。對移民第二代來說，族裔認同則與母語保留程度和社交網絡有關。第三代之後的認同議題變得更加複雜，諸多社會因素影響這一代個體保留自身族裔認同的程度。例如，媒體形象可成為認同或保留部分文化的阻力或助力，歧視也可能迫使個體與主流群體切割，轉向尋求自身族裔文化的支持（Marks & others, 2015）。

近期研究指出，青少年以自身族裔為榮能帶來正向效益（Anglin & others, 2018; Douglass & Umana-Taylor, 2017; Umana-Taylor & Douglass, 2017; Umana-Taylor & others, 2018）。例如，穩固的族裔歸屬感與連結感，具有降低精神疾病風險的保護作用（Anglin & others, 2018）。在另一研究中，亞裔青少年的族裔認同，與高自尊、正向的人際關係、學業動機、沮喪程度低有關（Kiang, Witkow, & Champagne, 2013）。

16 歲的青少女 Michelle Chinn 對族裔認同提出她的獨到見解：「我的爸媽不暸解青少年為何需要找出自己的認同。這是經歷很多嘗試錯誤、心情起伏與尷尬困窘的過程。和其他青少年一樣，我也面臨到認同危機。我正在努力弄清我究竟是亞裔，還是有亞洲眼睛的美國人？」青春期的族裔認同發展還有哪些問題？

©Red Chopsticks/Getty Images

族裔認同發展的脈絡

少數族裔年輕人的生活環境影響著他們的認同發展（Cheon & others, 2018; McLean & others, 2017; Syed,

社會脈絡如何影響青少年的族裔認同？

©ericsphotography / Getty Images

成年初顯期的族裔認同發展有哪些特徵？

©Mark Edward Atkinson / Getty Images

Juang, & Svensson, 2018; Umana-Taylor & others, 2018; Yoon & others, 2017）。在美國，許多少數族裔年輕人住在低社經地位的貧民區，缺乏發展正向認同的資源。這些年輕人生活貧困，暴露於毒品、幫派和犯罪活動，交流對象盡是一些中輟和失業等三教九流之輩。在這樣的環境下，唯有靠支持性的組織與方案來推動他們的正向認同發展。

　　青少年所處的社會脈絡，有哪些面向可以促進其正向族裔認同？研究分析 60 個組織，這些組織在五年內服務了 24,000 名青少年，特別擅長於建立貧民區青年的族裔自豪感（Heath & McLaughlin, 1993）。許多住在貧民區的年輕人終日無事可做、無處可去，這些組織主動地回應青少年的需要，培養他們的興趣，促進他們的認同發展。他們視青少年為有能力的個體、值得受到尊重、渴望過健康而有活力的生活，為少數族裔青年的認同發展做出貢獻。

成年初顯期的族裔認同

　　對於許多具有少數族裔背景的個體而言，成年初顯期可說是認同發展的重要關頭（Adams & others, 2018; Espinosa & others, 2018; Landberg, Dimitrova, & Syed, 2018; Meeus, 2017; Syed, Juang, & Svensson, 2018; Vosylis, Erentaite, & Crocetti, 2018）。Jean Phinney（2006）說明成年初顯期的族裔認同如何變化，特別強調某些經驗可能會縮短或延長少數族裔的成年初顯期。必須負擔家計、無法上大學的少數族裔青少年，確定認同承諾的時間相對提早不少。相反地，有上大學的少數族裔青少年，由於探索與認識到雙文化認同的複雜性，認同形成所需的時間更長。高等教育的認知挑戰，刺激他們反思自己的身分認同，檢視是否需要改變認同的方向。這些反思的重點是整合少數族裔文化和主流的非拉美裔白人文

化，例如，有些人必須在忠於家庭、相互依存的少數族裔文化，以及重視獨立、自我肯定的主流非拉美裔白人文化間，做出取捨與解決（Arnett, 2014）。

Moin Syed 與 Margarita Azmitia（Azmitia, 2015; Syed, 2013; Syed & Azmitia, 2008, 2009）研究成年初顯期的族裔認同，發現從上大學開始到畢業，族裔認同探索與承諾的投入程度皆有所增加（Syed & Azmitia, 2009）。探索在大二時開始增多，一直持續到大三大四。在另一個研究中，Syed 與 Azmitia（2008）發現延遲型認同與定向型認同狀態的準成年人，其自我敘事較常提及與認同感和自我整合有關、更具個人意義的經歷。認同已達到定向的準成年人，比那些未檢視認同狀態的同齡人，談到更多遭受歧視與文化連結的經驗。

🟢 性別與認同

女性較男性自認其認同形成達到較高水平（延遲型或定向型認同）（Galliher & Kerpelman, 2012）。此外，女性的認同敘事呈現出較為細緻的自我（Fivush & others, 2003; Fivush & Zaman, 2015）。再者，青少女更可能從事與約會相關活動的認同探索（Pittman & others, 2012）。

Erikson（1968）對認同發展的經典描述，反映了當時傳統的男女性別分工。Erikson 寫

認同發展有哪些性別差異？
©*Aldo Murillo/Getty Images*

道，男性主要朝職涯與意識形態方向承諾，女性則朝婚姻與育兒方向承諾。在 1960 及 1970 年代，此一認同的性別差異涇渭分明，例如，職業仍是男性認同的重點，女性的認同仍圍繞在找到歸宿（LaVoie, 1976）。然而，過去幾十年來，隨著女性的職業興趣高漲，這些性別差異逐漸消退（Hyde & Else-Quest, 2013; Sharp & others, 2007）。

認同與親密關係

Erikson（1968）主張在個體形成穩定及成功的認同之後，接下來就是發展親密關係。**親密 vs 孤立（intimacy versus isolation）**是 Erikson 的第六個發展階段，時間約為成年早期。當此時，個體面臨的發展任務是與他人建立親密關係。Erikson 形容親密是既擁有自我，但又能融入他人。健康的友誼或親密關係有助於獲得親密感，否則就會感到寂寞疏離。

認同達成是發展正向親密關係的重要先決條件。研究證實 Erikson 的論點，即青春期

的正向認同發展可以預測成年期之後良好的戀愛關係（Beyers & Seiffge-Krenke, 2011）。親密感程度高，認同感也強，不過研究結果顯示大學女性的親密感得分高於男性（Montgomery, 2005）。

回顧與反思

│ **學習目標 2** │ 解釋認同發展的諸多面向。

│ **複習本節所學** │

· 說明 Erikson 的認同發展理論。

· 何謂認同發展的四種狀態？

· 認同有哪些發展變化的特色？

· 社會脈絡如何影響認同發展？

· Erikson 對認同與親密的看法為何？

│ **分享與連結** │

· 比較家庭和族裔／文化對認同發展的影響。

│ **反思個人經驗** │

· 青春期時的你，有哪些身分認同？自青春期以來，你的認同有何變化？

∃.情緒發展

學習目標 3　討論青春期的情緒發展。

青春期的情緒　　荷爾蒙、經驗與情緒　　情緒調節　　情緒能力　　社會情緒教育課程方案

　　定義情緒有其難度，要分辨青少年的情緒狀態更不容易。本書將**情緒**（**emotion**）定義為個體處於對其福祉很重要的狀態或人際互動時，所表現出的感覺或情感。情緒的特色是個體的行為反映（表現）出其目前的狀態或經驗是愉悅或不舒服。

　　情緒和本章前面提到的自我與認同有何關聯？情緒和自尊息息相關。負面情緒（如：難過）和低自尊有關；正向情緒（如：喜悅）和高自尊有關。性、約會、邂逅、駕駛等事件涉及的情緒體驗，都在青少年認同發展中占有一席之地（Rosenblum & Lewis, 2003）。

青春期的情緒

青少年的情緒有哪些特徵？
©Robert Daly/ age fotostock

　　長久以來，青春期被形容是情緒起伏動盪的時期（Hall, 1904）。其實這是過時刻板的觀念，青少年並非一直處在「風暴狂亂」（storm and stress）的狀態。但，青春期早期的情緒波動，的確比以往更為迭盪（Rosenblum & Lewis, 2003; Hollenstein & Lanteigne, 2018; Zimmerman & Iwanski, 2018）。青少年一會兒高興得像飛上天，不一會兒又沮喪得落入谷底。在許多情況下，他們的情緒幅度似乎和引發的事件不成比例。青少年有時怒不可遏，但不知道如何適當表達自己的感受，他們會無緣無故地朝爸媽或兄弟姊妹發脾氣，把不愉快的情緒一股腦兒地往別人身上宣洩。

　　與父母相比，青少年的極端情緒更多，來得快也去得快（Larson & Richards, 1994）。例如，青少年自陳「非常快樂」的次數多出父母五倍，「非常不快樂」的次數多出父母三倍，從這些研究可看出青少年的情緒變化的確較為喜怒無常（Rosenblum & Lewis, 2003）。研究者也發現從五年級到九年級，男孩和女孩「非常快樂」的狀態都下降了 50%（Larson & Lampman-Petraitis, 1989），青少年比兒童期更常經驗到輕微的負面情緒狀態。

　　成人必須瞭解，青少年的情緒起伏是**正常的**現象，多數青少年最終都可以走過情緒低落的時期，成為獨當一面的大人。然而，有些青少年的強烈負面情緒可能反映出嚴重的問題，例如，青少女情緒沮喪的頻率變高（Mash & Wolfe, 2019; Parritz, 2018）。本書稍後將再詳細探討青少年的憂鬱情緒。

　　情緒表達的性別期望因文化而異（Lewis & others, 2017）。研究顯示，美國男性的正負面情緒表達皆較女性為少（Brody, 1997）；亞裔準成年男女性之間並無情緒表達差異，但亞裔男性較亞裔女性更常顯現丟臉羞愧（shame）的情緒。在美國，男性傾向於壓抑情緒（Flynn, Hollenstein, & Mackey, 2010）。

荷爾蒙、經驗與情緒

　　青春期荷爾蒙的劇烈變化，可能與青少年的情緒波動起伏有關。隨著青少年邁向成年期，情緒也趨於緩和，可能是因為逐漸適應荷爾蒙變化或前額葉皮質發育成熟（Cohen & Casey, 2017; Dahl & others, 2018; Rosenblum & Lewis, 2003; Rovner & others, 2018; Toro, Aylwin, & Lomniczi, 2018; Zanolie & Crone, 2018）。

　　青春期變化與負面情緒增加有關（Dorn & others, 2006; Zimmerman & Iwanski, 2018）。但荷爾蒙的影響力並不大，通常須考量其他因素，如：壓力、飲食習慣、性活動、社會關係（Susman & Dorn, 2013）。當然，環境經驗對青少年情緒的影響更勝於荷爾蒙變化。一項研究顯示，在青少女的憂鬱與憤怒情緒中，社會因素變項的解釋力至少是荷爾蒙因素變項的二至四倍（Brooks-Gunn & Warren, 1989）。

　　在所有可能造成青春期情緒變化的壓力事件中，影響最大的莫過於升上中學或初嘗戀愛滋味或發生性行為（Furman, 2018; Furman & Rose, 2015）。真實與幻想的性／戀愛關係，影響了約莫三分之一的九年級到十二年級學生的情緒（Wilson-Shockley, 1995）。

　　總之，荷爾蒙變化與環境經驗都會改變青少年的情緒；青少年調節情緒的能力亦然，如下一小節所示。

情緒調節

　　培養有效管理及控制個人情緒的能力，是青春期正向發展的關鍵面向（Allen & Nelson, 2018; Modecki, Zimmer-Gembeck, & Guerra, 2017）。情緒調節包括有效地管理被喚起的情緒，加以調整以達到目標。喚起（arousal）意指警醒或激活狀態，在青春期時可能

青少年的情緒調節有哪些特點？
©funstock/Getty Images

高漲到一個難以有效發揮功能的地步，因此像是憤怒，就需要加以調節。

　　情緒調節涉及青少年發展的諸多面向，調節情緒能力也因人而異（Calkins & Perry, 2016; Goldschmidt & others, 2017; Hollenstein & Lanteigne, 2018）。確實，從有問題行為的青少年身上，常可見其難以控制自己的情緒。無效的情緒調節與大腦執行功能低下、在校表現不佳、道德發展低落（例如：缺乏良知和內化規則）、未能適當因應壓力及同儕關係不佳有關（Blair, 2016, 2017; Blair, Raver, & Finegood, 2016; Laursen & Adams, 2018）。許多學者認為兒童情緒調節能力增長，是社會能力發展的基本要素（Calkins & Perry, 2016; Cole, 2016; Eisenberg, Spinrad, & Valiente, 2016; Hollenstein & Lanteigne, 2018; Perry & Calkins, 2018）。

　　隨著年紀增長，青少年越來越懂得靈活運用認知策略，以調節情緒、調整情緒喚起、隨機應變降低負面情緒，以及選用適當的方式因應壓力。當然，誠如上述，調節情緒的能力因人而異。

情緒能力

　　青春期的孩子更能覺察到個人情緒週期的變化，例如對生氣感到內疚。此種覺察改善了他們因應情緒的能力，同時也更懂得適當地向他人表露情緒，例如，在社交場合須壓抑怒氣。他們也越來越瞭解如何以建設性的方式表達情緒，以改善關係（Saarni & others, 2006）。

　　雖然青少年的認知能力與覺察提升，有助其更有效地因應壓力與情緒波動，但仍有許多青少年做不到。也

青春期和成年初顯期的情緒能力有哪些特徵？
©izusek/Getty Images

因此使得他們變得容易憂鬱、生氣、情緒調節不良，進而引發學習問題、藥物濫用、行為偏差或進食障礙。例如，一項研究說明情緒調節對學習成就的重要性（Gumora & Arsenio, 2002）。若對於課業活動的負面情緒經驗較多，學業成績也會跟著長期低落。

青少年應當培養的重要情緒能力如下（Saarni, 1999）：

情緒能力	範例
• 覺察到情緒表達對關係具有重要影響。	• 知道經常對朋友發怒會損害友誼。
• 運用自我調節策略適當地處理負面情緒，縮短負面情緒的強度與持續時間。	• 遠離負面情境或分心去做別的事，以緩和怒氣。
• 瞭解內在情緒狀態不必然顯露於外（隨著青少年日益成長，他們逐漸明白情緒表現可能會影響他人，故在表達情緒時會把這點考慮進去）。	• 可以生氣，但也可以控制情緒表達的方式。
• 覺察個人的情緒狀態，不被情緒淹沒。	• 能區辨難過與焦慮的不同，集中精神應對，不被這些情緒弄得不知所措。
• 能識別他人的情緒。	• 覺察到別人是難過，而非害怕。

社會情緒教育課程方案

青少年的教育多半側重在學業與認知發展上，但是，關於生理與社會情緒發展方面也不可偏廢。

有越來越多課程方案可以用來改善兒童與青少年的社會情緒發展。其中最負盛名的當屬兒童委員會（Committee for Children, 2018）發展出來的「第二步」（Second Step）課程方案，以及學業、社會與情緒學習協會（Collaborative for Academic, Social, and Emotional Learning, CASEL）方案（2018）：

參與「第二步」課程方案的學生。這個課程有何特色？

©Education Images/UIG/Getty Images

● 第二步著重於幼兒園到八年級階段在下列各方面的社會情緒學習：（1）自我調節與執行功能技巧，可改善注意力及控制行為；（2）交友與解決社會情緒問題；（3）

溝通技巧、因應壓力、做決定,以避免涉入問題行為。

● **學業、社會與情緒學習協會**(CASEL)以改善小學及中學階段的五個核心社會情緒學習領域為目標:(1)自我覺察(如,認識情緒及瞭解情緒如何影響行為);(2)自我管理(如,自我控制、壓力管理、衝動控制);(3)社會覺察(如,換位思考及同理心);(4)建立關係技巧(如,培養正向關係、與多元背景的人有效溝通);(5)負責任的決定(如,謹守道德規範、瞭解行為後果)。

回顧與反思

學習目標 3 │ 討論青春期的情緒發展。

│ **複習本節所學** │

· 青少年的情緒有哪些特徵?

· 青少年的情緒和荷爾蒙與環境經驗有何關聯?

· 青春期的情緒調節有哪些特徵?

· 青少年需要具備的情緒能力有哪些?

· 何謂社會情緒教育課程?有哪兩個著名的課程方案?

│ **分享與連結** │

· 說明情緒能力發展與自尊發展的關聯。

│ **反思個人經驗** │

· 請描述你青春期早期的情緒。中學階段的你,是否比現在的你經歷更多極端的情緒?你已經學會如何善加控制情緒了嗎?試說明之。

4.性格發展

到目前為止，我們已經探討了青少年的自我、認同與情緒。接下來說明青少年的性格與氣質。

性格

如何定義性格？**性格**（**personality**）係指個體持久一貫的個別人格特質。性格與自我、認同、情緒有何關聯？性格通常涵蓋自我與認同，描述個體的性格特質時，也通常會提到他的情緒狀態，例如，以情緒穩定／不穩定、開朗／陰沉來形容一位青少年。這些特質在青春期如何展現？哪些特質最為顯著重要？

五大性格特質

特質理論提出**五大性格特質**（**Big Five factors of personality**）——性格由經驗開放性（**o**penness to experience）、盡責性（**c**onscientiousness）、外向性（**e**xtraversion）、親和性（**a**greeableness）、神經質（**n**euroticism）等五大因素組成（見圖 6）（這些首字母可縮略為OCEAN）。許多研究證實這是性格的五個重要向度（Costa & McCrae, 1998, 2013; Hampson & Edmonds, 2018; McCrae, Gaines, & Wellington, 2013; Roberts & Damian, 2018; Wrzus & Roberts, 2017）。

支持五大性格特質的研究指出，它們和健康、智力與認知功能、成就與工作、人際關係等人生重要的層面有關（Roberts & Damien, 2018; Roberts & Hill, 2018）。以下研究支持這些關聯：

● **經驗開放性**高的人更願意進行認同探索（Luyckx & others, 2014）；能寬容（McCrae & Sutin, 2009）；擁有較好的認知功能、成就與智商（Briley, Domiteaux, & Tucker-Drob, 2014; Sharp & others, 2010）；擁有健康與幸福感（Strickhouser, Zell, & Krizan, 2017）；多吃水果與蔬菜（Conner & others, 2017）；有效因應壓力（Leger & others, 2016）。

● **盡責性**是此研究中青少年適應與能力展現的關鍵預測指標（Roberts & others, 2009）。盡責性高的人，在生活各方面的表現都出色。例如，大學成績較佳（McAbee & Oswald, 2013; Roberts & Damian, 2018）；醫學院的學習成就突出（Sobowale & others, 2018）；有良好的學習習慣（Klimstra & others, 2012）；較能達成設定的目標（McCabe & Fleeson, 2016）；人緣較好（Jenson-Campbell & Malcolm, 2007）；飲酒風險低（Raketic & others, 2017）；健康狀況較佳及壓力較少（Gartland & others, 2014; Strickhouser, Zell, & Krizan, 2017）；有優秀的問題因應技巧（Sesker & others, 2016）；更為長壽（Graham & others, 2017; Martin, Friedman, & Schwartz, 2007）；不容易網路成癮（Zhou & others, 2017）。

● **外向性**高的人壽命較長（Graham & others, 2017）；關係滿意度高（Toy, Nai, & Lee, 2016）；更願意參與社交活動（Emmons & Diener, 1986）；更能有效因應壓力（Soto, 2015）；睡眠問題較少（Hintsanen & others, 2014）；較能樂觀面對未來（Soto, 2015）。

● **親和性**較高的人大方、樂於助人（Caprara & others, 2010）；擁有滿意的戀愛關係（Donnellan, Larsen-Rife, & Conger, 2005）；對他人抱持正向看法（Wood, Harms, & Vazire, 2010）；能有效因應壓力（Leger & others, 2016）；在交友網站上的個人資訊較不會作假（Hall & others, 2010）；較能樂觀面對未來（Soto, 2015）。

● **神經質**程度高的人較可能年輕早逝（Graham & others, 2017）；健康狀況較差，容易擔心生病（Strickhouser, Zell, & Krizan, 2017）；負面情緒多於正向情緒，且難以排解負面情緒（Widiger, 2009）；容易藥物依賴（Valero & others, 2014）；四十年後幸福感較低（Gale & others, 2013）。

經驗開放性 **O**penness	盡責性 **C**onscientiousness	外向性 **E**xtraversion	親和性 **A**greeableness	神經質 （情緒穩定性） **N**euroticism
·富有想像力或腳踏實地 ·興趣廣泛或專一 ·獨立或順從	·條理分明或雜亂無章 ·謹慎小心或粗心大意 ·自律甚嚴或衝動魯莽	·隨和或害羞 ·幽默風趣或陰鬱不快 ·情感豐富或矜持內斂	·心地善良或冷酷無情 ·信任他人或多疑警覺 ·樂於配合或不願合作	·穩重冷靜或急躁焦慮 ·安心自在或惶惶不安 ·怡然自得或自怨自艾

圖 6｜五大性格特質。每個廣義的上層特質，涵蓋數個狹義的特徵。運用 OCEAN 這個首字母縮略詞來記誦五大性格特質（經驗開放性、盡責性、外向性、親和性、神經質）。

一項以 2,000 多名大學生為對象的研究發現，情緒穩定和外向性格與定向型認同達成有關（Lounsbury & others, 2007）。

五大性格特質在青春期有何變化？一項大規模的橫斷研究發現，有幾項特質在青春期早期呈現負面走向（Soto & others, 2011）：盡責性、外向性、親和性皆有下降傾向，不過，盡責性與親和性在青春期後期和成年初顯期皆慢慢回升。

盡責性高的青少年善於組織日常行程，規劃如何有效地運用時間。盡責的特徵是什麼？和青少年的能力有何關聯？
©Alejandro Rivera/Getty Images

五大性格特質是否為說明性格的最佳概念，學界迄今爭論不休（Veselka, Schermer, & Vernon, 2011）。一項分析提出了六因素模型——在五大性格特質外，增加了誠實謙遜（honesty-humility）這個向度（Lee & Ashton, 2008）。某些跨文化學者主張，僅外向性、親和性與盡責性這三項特質即能表現不同文化的一貫性格（De Raad & others, 2010）。

樂觀

另一個重要的性格特徵是**樂觀**（**optimism**），意指對未來抱持積極正向的看法，不會把問題想得很嚴重。樂觀也常被視為一種思考風格。

出乎意料的是，近來鮮少有關兒童與青少年樂觀的研究。在《一生受用的快樂技巧：幫助孩子建造心中穩固堅定的樂觀金字塔》（*The Optimistic Child*）一書中，Martin Seligman（2007）說明父母與師長如何灌輸孩子樂觀的情緒，他認為這樣有助於培養孩子的韌力，不容易罹患憂鬱症。研究發現青少年的樂觀思考風格，能使其經歷負面或創傷的生命事件時，減少自殺意念發生（Hirsch & others, 2009）。另一研究顯示，比起悲觀的青少年，樂觀的青少年更不易產生憂鬱症狀的風險（Patton & others, 2011）。此外，青少年的樂觀程度高與情緒困擾程度低有關（Jimenez, Montorio, & Izal, 2017）。悲觀情緒較強的大學生心情更容易焦慮不安，出現壓力症狀（Lau & others, 2017）。再者，樂觀也與較佳的健康生活品質有關（Haggstrom Westberg & others, 2018）。七年級學生的性格越是樂觀，五個月後的學業成績進步越大（Tetzner & Becker, 2018）。

特質與情境

許多心理學家認為，性格不僅應從特質面探討，也應考慮情境脈絡（Berger, 2019; Carver & Scheier, 2017; Cloninger, 2019; Schultz & Schultz, 2017）。他們認為特質取向忽略了環境因素，過於強調穩定性和不變性。社會認知學家 Walter Mischel（1968）率先提出這項批評，他主張性格會依情境變化，因此，青少年在圖書館的行為，當然和參加派對時的行為不一樣。

今日的心理學家多採相互作用論，認為在理解性格時，特質和情境都需納入考量（Berger, 2019）。以內向的珍娜和外向的南西為例，珍娜會比較喜歡去圖書館，而南西則是去參加派對能玩得比較開心。

氣質

性格特質的研究多以成人為主，而氣質的研究則多半以嬰兒和兒童為對象（Abulizi & others, 2017; Gartstein, Putnam, & Kliewer, 2016; Janssen & others, 2017）。但性格和氣質都是瞭解青少年發展的重要面向。

氣質（**temperament**）係指個體的行為風格與反應特徵，是性格形成的基礎。透過能力發展與環境互動，兒童期的氣質慢慢演變成更為細膩的青春期性格特質。

研究證實，氣質與性格特質密切相關。該研究將五大性格特質和氣質類別作呼應（Shiner & DeYoung, 2013）。例如，正向情緒的氣質類別和外向性格特質有關；負面情緒的氣質類別和神經質（情緒不穩定）性格特質有關；努力控制則和盡責性格特質有關（Putnam, Sanson, & Rothbart, 2002）。

氣質類型

和性格一樣，氣質也可分成幾個關鍵向度（Chen & Schmidt, 2015; Rothbart, 2011）。精神科醫師 Alexander Chess 與 Stella Thomas（Chess & Thomas, 1977; Thomas & Chess, 1991）追蹤嬰幼兒到青春期的成長，將氣質分成三個基本類型：

● **易養型孩子（easy child）**性情開朗，容易建立規律的生活作息、適應新的經驗。
● **難養型孩子（difficult child）**拒絕周遭環境，接受新經驗的速度較慢。
● **慢熱型孩子（slow-to-warm-up child）**活動力低，反應消極，情緒傾向低落。

不斷有學者提出新的氣質類別（Bates, 2012a, b; Rothbart, 2011）。綜合許多研究後，

Mary Rothbart 與 John Bates（1998）修訂上述 Chess 與 Thomas 的分類，目前將其大致分成下面三類：

- **正向情緒型**（positive affect and approach）的人態度積極，類似外向型性格特質。
- **負面情緒型**（negative affectivity）的人容易沮喪、愁容滿面，類似內向型性格特質和神經質（情緒不穩定）。
- **努力控制型**（effortful control，即**自我調節** [self-regulation]）能力較高的人能控制自己的情緒，避免情緒過度激昂，懂得自我安撫。相比之下，努力控制能力差的青少年，情緒容易激動、起伏強烈（Eisenberg & others, 2002）。本章前面曾提到努力控制在堅持完成課業與教育成就的重要性（Veronneau & others, 2014）。3 歲時努力控制程度低的兒童，較有可能在 13 歲時發展成 ADHD 的症狀（Einziger & others, 2018）。

　　研究指出，正向情緒高、負面情緒低、努力控制程度高的青少年，憂鬱症狀相對較少（Verstraeten & others, 2009）。

青少年的氣質分成哪些類別？

©Paul/age fotostock

發展的連續性與背景脈絡

　　從兒童期到成年期，氣質是否穩定不變？青少年的行為模式與獨特的情緒反應，和嬰幼兒時期一樣嗎？例如，活動水準是氣質的重要面向，兒童期的活動水準與成年早期的性格是否有關？一項縱貫研究顯示，4 歲時活動力強的孩子，在 23 歲時非常外向，反映出

活動水準的連續性（Franz, 1996, p. 337）。但，另一方面，氣質也可能改變。從青春期到成年早期，大多數人的情緒波動變小、責任感增加、冒險行為減少，這些特徵反映了氣質的不連續性（Caspi, 1998）。

至於兒童期的氣質是否與青春期和成年期的適應性有關？以下是一些縱貫研究的結果（Caspi, 1998）。以 Chess 與 Thomas 針對氣質類別做的長期研究發現，1 歲時評估的氣質與 17 歲時的適應性有關（Guerin & others, 2003）。易養型的嬰幼兒到了青春期後期，在行為與智力等領域的發展較為理想。比起難養型，易養型的人家庭環境刺激充足、凝聚力強、青春期的親子關係正向。此外，難養型的人若再身處高衝突的家庭環境，恐增加外在行為問題（如：品行不端、犯罪等）出現的狀況。

研究顯示，3 至 5 歲易養型的幼兒在成年早期的適應情況較好，由此可看出童年氣質與成年適應的相關性（Chess & Thomas, 1977）；相反地，難養型的幼兒在成年後的適應較差。另一研究發現，難養型的男童在長大後容易輟學，難養型的女童在成年後較易發生婚姻衝突（Wachs, 2000）。

總之，許多縱貫研究都指出，易養型的兒童長大後的發展與適應狀況較佳。若個體的生長環境出現問題，例如家庭充滿衝突，難養型氣質的後續效應更不樂觀。

抑制（inhibition）是另一個被廣泛研究的氣質特徵（Kagan, 2013）。研究發現，兒時抑制型氣質強的孩子，到了青春期仍較為怯懦、缺乏社會支持，也較晚找到穩定的工作（Wachs, 2000）。一項長期研究指出，青春期的害羞傾向，與成年期的社交焦慮、情緒不穩，甚至物質濫用障礙有關（Tang & others, 2017）。

氣質的另一向度是情緒感受力（emotionality）與控制情緒的能力（Rothbart, 2011）。3 歲時就顯示出良好情緒控制能力的孩童，成年後即使面對壓力，也能保持韌力，有效管理情緒（Block, 1993）。反之，情緒控制力和韌力差的孩童，長大後的問題狀況還是一樣。另外，情緒感受力高和成年初顯期的憂鬱症有關（Bould & others, 2015）。

簡而言之，這些研究顯示兒童期的某些氣質特徵和成年早期的適應狀況具有連續性（Shiner & DeYoung, 2013; Wachs & Kohnstamm, 2013）。不過，這些發現僅基於少數研究得出的結果，需待更多研究證據支持。確實，Theodore Wachs（1994, 2000）主張，兒童期氣質與成年期性格之間的關係因人而異，取決於各種中介背景脈絡與個人經驗（見圖 7）。

氣質與個體必須應付的環境要求，其間的適配性稱為**適配度（goodness of fit）**，攸關青少年的適應能力（Rothbart, 2011）。一般來說，努力控制、管理能力、合群等氣質特徵可以減少不利環境的影響，但負面的情緒感受力則會加大不利環境的衝擊（Rothbart, 2011）。

初始氣質特徵：抑制

兒童 A	兒童 B
中介背景脈絡	

	兒童 A	兒童 B
照顧者	照顧者（父母親）體察入微，接受孩子的性情，允許孩子設定自己的步調。	照顧者「低管控」教養方式使用不當，強迫孩子進入新的環境。
物理環境	保留「遮蔽刺激處」或「防禦空間」。若刺激過多，孩子可以躲在此處不受干擾。	孩子一直處在吵雜、混亂的環境，無法逃脫刺激。
同儕	有其他興趣相似、相同抑制性情的友伴，孩子感覺被接納。	同儕團體好動外向，孩子自覺被排擠。
學校	學校雖「門可羅雀」，但抑制型的孩子反而得到接納，甚至有所發揮。	學校「人滿為患」，抑制型的孩子感覺不受接納、重視。

性格結果

長大成人後較為外向、開朗、合群，情緒穩定。	長大成人後，個性退縮內向，更易出現情緒問題。

圖 7｜**兒童期氣質、成年期性格與中介背景脈絡**。照顧者、物理環境、同儕、學校等後天經驗各異，可能會改變兒童期氣質與成年期性格之間的關聯性。此處舉的例子是抑制。

回顧與反思

│**學習目標 4**│摘述青春期性格發展的特徵。

│**複習本節所學**│

- 青少年有哪些重要的性格特質？性格會受情境影響嗎？

- 何謂氣質？與性格有何關聯？氣質分成哪些類別？氣質具有哪些發展的連結性與背景脈絡？

│**分享與連結**│

- 五大性格特質和冒險行為有何關聯？

│**反思個人經驗**│

- 想一想你個人的氣質。本章說明了許多不同的氣質類別，哪一種最契合你的氣質？你的氣質是否隨著年齡增長而變化，或者還是跟兒時或青少年時一樣？如果有改變，是哪些因素促成了改變？

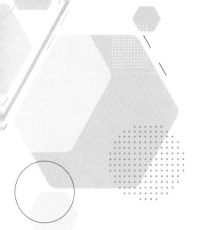

CHAPTER 5
性　別

章節概要

1．生理、社會、認知對性別的影響

│學習目標 1│

説明生理、社會、認知對性別的影響。

・生理對性別的影響

・社會對性別的影響

・認知對性別的影響

2．性別刻板印象、相似性與相異性

│學習目標 2│

探討性別刻板印象、相似性與相異性。

・性別刻板印象

・性別的相似性與相異性

・性別爭議

・情境脈絡下的性別

3．性別角色分類

│學習目標 3│

指出性別角色分類的差異。

・男性氣質、女性氣質與雙性氣質

・跨性別

4．發展的變化與關鍵時期

│學習目標 4│

概述性別的發展變化。

・青春期早期與性別強化

・青春期早期是女性的關鍵時期嗎？

©Cathy Yeulet/Getty Images

「女生好像比男生情緒化吧，尤其是青春期的少女。雖然我們不知道原因，但某些情況的確反映出這樣的事實。到了 12 歲，青少女的身體開始發育，就好像媽媽天生疼愛小寶寶一樣，能敏銳地感受到他人的情緒，給予關愛與支持。不過，我們的文化教給男生的卻是另外一套。男生要『堅強』、不能被感情帶著走……。儘管如此，千萬別認為女生就不能果斷、男生也不能敏感。事實上，男生也有情緒，只是不知道如何表達，怕被取笑罷了。」

——佐伊，13 歲

（Zager & Rubenstein, 2002, pp. 21-22）

「女性主義所倡導的平等，有時會讓這個國家的男生進退兩難。男生也許會做些自認為對的事，但卻成了攻擊的箭靶。如果你對女生不好，她會覺得你不關心她；如果你對她很好，她又指控你對她過於客氣。女生根本不暸解男生，男生也不是很暸解女生。」

——托比，17 歲

（Pollack, 1999, p. 164）

這兩位青少年（一個女生，一個男生）的意見，反映出許多青少年對於該如何扮演男性或女性的困惑。近年來，青少年的社會情緒發展中，性別的變化最劇烈。這些變化導致了對性別行為表現的困惑。

引言

性別到底是什麼？性別（gender）意指男性或女性的特徵。在青少年的生活中，性別對其認同和社會關係的重要性不言而喻。性別常被提及的一個重點是性別角色（gender role），期待男性或女性應如何思考、行動和感受。例如，男性應該比女性更為果斷、女性應該比男性更懂得體恤他人的感受。儘管早在兒童時期，個體就意識到了性別，但隨著青春期發育帶來的性成熟，性別又增添了新的意義。本章首先討論生理、社會、認知對性別的影響；繼而區辨性別刻板印象和實際的性別差異，檢視青少年可以採納的性別角色範圍；最後探討青春期特有的性別發展變化。

1.生理、社會、認知對性別的影響

學習目標 1　說明生理、社會、認知對性別的影響。

- 生理對性別的影響
- 社會對性別的影響
- 認知對性別的影響

性別發展受生理、社會、認知因素影響。本節的討論集中在以下的問題：生理對性別的影響有多大？經驗如何形塑兒童與青少年的性別發展？認知對性別發展的影響又是如何呢？

> 只當一個純粹的男人或女人是很危險的；人必須以男人的方式當女人，或是以女人的方式當男人。
> ——Virgina Woolf（吳爾芙，20 世紀英國小說家）

生理對性別的影響

青春期發育的變化意謂著青春期的生理影響性別行為（Hines, 2013, 2015）。Freud 與 Erikson 都主張男性與女性的生理特徵會影響我們的行為，演化心理學家則強調性別在適者生存上發揮的作用。

青春期發育的變化與性

青春期發育激化了青少年性別態度與行為的「性」（sexuality）這一面向（Galambos, Berenbaum, & McHale, 2009; Hines, 2015）。隨著體內荷爾蒙的騷動，青少男

少女把「性」納入性別態度與行為當中，特別是被同性或異性吸引時。因此，遇到心動的對象，女孩就會表現出細膩、性感、輕聲細語的舉止，男孩則可能表現出不可一世、妄自尊大的態度，認為這種行為可以提升他們的性和戀愛地位。

很少人意識到青春期的性徵變化和性別行為之間有關。研究發現，性行為和青春期的荷爾蒙變化有關（Li, Kung, & Hines, 2017）。最確定的莫過於睪固酮對人類攻擊行為與性行為的影響（Dreher & others, 2016; Hyde & DeLamater, 2017）。睪固酮的濃度和青春期男孩的性行為息息相關（Nguyen, 2018）。簡而言之，青春期的發育變化可能引發男性特質與女性特質的重新調整，這些重新調整與性脫不了關係。本章最後會再回來探討青春期發育在性別態度與行為上扮演的角色。

Freud 與 Erikson──身體結構決定命運

Sigmund Freud 與 Erik Erikson 都主張一個人的生殖器官會影響他／她的性別行為，因此，身體結構決定了命運。Freud 的基本假設之一是，人類的行為與生殖過程直接相關。從這個假設出發，他相信性別與性行為本質上不須學習，而是依本能行動。Erikson（1968）進一步擴展 Freud 的主張，宣稱男性和女性的心理差異源自於身體構造不同。Erikson 認為，由於生殖器官結構的緣故，男性較具侵略性、衝動，女性則較具包容性、被動。批評身體結構決定命運的人指出，該論點並未看到經驗的重要性。批評者認為，女性與男性在選擇性別角色方面，比 Freud 和 Erikson 設想的要自由多了。Erikson 從善如流，修改他的論點，說當代的女性正在超越生理傳統的框架，也主張社會不該那麼強調男性的侵略性。

演化心理學與性別

演化心理學強調，人類在演化過程的適應行為造成男性和女性的心理差異（Buss, 2015）。演化心理學家認為，由於在生殖上擔任不同的角色，原始環境下的男性和女性各自面臨不一樣的壓力（Antfolk, 2018; Mason & others, 2018）。尤其，擁有多重性關係可以增加男性傳遞自身基因的機會，自然選擇（natural selection）更偏袒採用短期交配策略的男性──他們比其他男性擁有更多資源，得以接觸女性。男性也因此演化出傾向於暴力、競爭和冒險的性格（Hoefnagels, 2018）。

相反地，女性則透過確保後代的資源來提高基因庫傳承，藉由與男性建立長期關係來守住家庭。結果，自然選擇就偏好那些能專心養育後代、又能找到可以為後代提供資源與保護的配偶的女性（Marzoli, Havlicek, & Roberts, 2018）。女性因而比較偏愛有成就、有野心、資源豐沛的男性（Jonason, 2017）。

這種演化論點可以解釋性態度與性行為的關鍵性別差異（Buss, 2015）。例如，在一項研究中，男性說在理想的情況下，他們希望一生中能有 18 個以上的性伴侶，而女性則說理想的情況是只要有 4 或 5 個就好（Buss & Schmitt, 1993）。在另一研究中，高達 75% 的男性曾對有魅力的陌生異性提出性要求，但沒有女性這麼做過（Clark & Hatfield, 1989）。

> 男人注視女人，女人看著男人；奇怪的是他們互相注意著對方，但也僅止於此。
> ──Bryan Procter（19 世紀英國詩人）

David Buss（2015）說，此一性別差異和演化心理學家預測的如出一轍。Buss 主張，男性和女性在演化的過程中面臨不同的適應問題，因而衍生出這些心理面向上的差異。至於其他面向，Buss 預測，男女兩性應

該是一樣的。

　　演化心理學的批評者認為，這些假設完全是推測史前的情況，而非基於實徵證據，無論如何，人類並不受限於過去的演化適應行為。批評者也宣稱，演化論的觀點過於重視生理層面，卻無視環境經驗對性別差異的影響（Hyde & DeLamater, 2017）。

社會對性別的影響

　　許多社會科學家並未在心理性別差異的原因中找到生理因素方面的傾向（Helgeson, 2017; Lord & others, 2017）。相反地，他們主張這些差異主要來自於社會經驗。Alice Eagly（2001, 2010, 2012, 2013, 2016, 2018）提出**社會角色理論（social role theory）**，指出性別差異主要是由於女性和男性的角色對比之故。放眼世界大多數文化中，女性的權力和地位皆比不上男性，擁有的資源也比較少（UNICEF, 2018）。與男性相比，女性從事更多家務勞動，有薪工作的時間較少，獲得的薪水較低，在組織中擔任最高職級的比重微乎其微。Eagly 認為，女性為了適應位卑權輕的社會角色，得表現出合作、順從男性的姿態。因此，社會階級與分工是造成兩性在權力、自信與養育行為上出現差異的主因（Eagly & Wood, 2017）。

雙親的影響

　　父母親透過行動與示範影響了兒童與青少年的性別發展（Brannon, 2017; Leaper & Bigler, 2018）。從兒童期過渡到青春期這段期間，父母親給兒子的獨立自主空間多過女兒。由於擔心女兒容易遭受性攻擊，導致父母親嚴密監控女孩的行為，緊跟在旁。有青少女的家庭表明，他們在性、擇友和門禁方面的衝突比有青少男的家庭更為激烈（Papini & Sebby, 1988）。

　　父母親對青春期的兒子和女兒可能有不同的期待，尤其是在數學和科學等學術領域（Wigfield & others, 2015）。例如，許多父母親認為，數學對兒子的未來比對女兒的未來重要。這樣的信念影響青少男和青少女對數學成績重視與否。本章稍後再詳細探討性別與成就的關聯。

　　母親和父親對待青少年的方式通常並不一樣（Endendijk & others, 2017）。母親較父親更常涉入兒童與青少年的生活。有兒子的家庭，父親會花比較多的時間育兒，比較不會離婚（Diekman & Schmidheiny, 2004）。母親與青春期孩子的互動多半在照顧與管教相關的活動，父親則是休閒活動（Galambos, Berenbaum, & McHale, 2009）。

母親與父親對待兒子和女兒的方式也有差異。一項研究回顧得出下列結論（Bronstein, 2006）：

● **母親的社會化策略**。在許多文化裡，相較於兒子，母親會把女兒社會化成更順從、更有責任感。她們對女兒的自主權施加較多限制。

● **父親的社會化策略**。比起女兒，父親較關注兒子，花更多心力提升兒子的學業成就。

因此，儘管社會上許多方面的性別角色趨於平等，但仍有不少父母親對待兒子和女兒的方式有明顯的差異。這些差異一直持續到青春期（Bronstein, 2006; Galambos, Berenbaum, & McHale, 2009）。

母親與父親對待女兒和兒子的方式有何差異？
（左圖）©*Ariel Skelley/Getty Images;*（右圖）©*Dylan Ellis/Corbis*

近期研究進一步證實，性別角色在某些面向仍然不平等（Eagly, 2016, 2018; Lord & others, 2017）。在一項研究中訪談了大學生對不久的將來（一年後）和遙遠的將來（10 到 15 年後）的看法（Brown & Diekman, 2010）。該研究發現，相較於不久的將來，性別模式在遙遠的將來更為堅定難移。對於遙遠的將來，女性較常列出「家庭」，男性更常列出「職涯」。至於將來的「家庭」，男性常說自己的角色是「經濟提供者」，女性則常說自己的角色是「照顧者」。

社會認知理論在理解社會對性別的影響上殊為重要（Bussey & Bandura, 1999; Leaper, 2015）。**性別社會認知理論（social cognitive theory of gender）**強調，兒童與青少年的性別發展，受他們觀察與模仿他人的性別行為所影響，以及他們因性別合宜與性別不合宜行為而受到獎懲的經驗而定。透過在家裡、學校、社區及大眾傳播媒體觀察父母、周遭成人與同儕友伴，青少年接觸到無以計數展現男性特質與女性特質的形象（Brown & Stone, 2018;

Chen, Lee, & Chen, 2018; Lever-Duffy & McDonald, 2018; Liben, 2017）。父母親經常口頭嘉許女兒的女性特質（如說：「凱倫，妳穿那件衣服很漂亮。」），對兒子則要求他展露男性特質（如說：「鮑比，你在那場比賽很敢拼敢衝，做得好！」）。

手足

手足在性別社會化上也發揮著作用（Galambos, Berenbaum, & McHale, 2009）。一項研究顯示，在青春期開始的兩年內，年紀小的手足會在性別角色和休閒活動方面模仿年紀大的手足（McHale & others, 2001）。例如，年紀小的手足若有較為陽剛且喜歡從事男性化休閒活動的兄姊，在這兩年裡，年紀小的手足會變得更為男性化、參與更多男性化休閒活動。相反地，年紀大的手足在這兩年裡，並不會模仿年紀小的手足的行為。

同儕友伴

父母親是性別行為的第一個樣版，但不久之後，同儕友伴也開始回應和仿效女性特質與男性特質的行為（Chen, Lee, & Chen, 2018; Martin, Fabes, & Hanish, 2018; Rose & Smith, 2018）。兒童中後期的孩子，顯然較喜歡跟同性友伴在一起（Maccoby, 1998, 2002）。對小學遊戲場進行廣泛觀察後，兩位學者把這種遊戲場合描述為「性別學校」（gender school）——男孩會彼此教導必要的男性特質行為，並增強男性特質的行為；女孩也會彼此教導必要的女性特質行為，並增強女性特質的行為（Luria & Herzog, 1985）。

性別在青少年的同儕關係中扮演什麼角色？
©Corbis

青少年和同儕友伴在一起的時間更長（Furman & Rose, 2015; Rose & Smith, 2018）。友伴的認可或否定強烈影響青少年的性別態度與行為（Prinstein & Dodge, 2008）。與兒童期相比，青少年的同儕團體混合了男孩與女孩。然而，一項以 15 到 17 歲青少年為對象的研究顯示，性別區隔（gender segregation）仍是青少年某些社交生活面向的特色（Mehta & Strough, 2010）。在這個研究中，72% 的青少年說他們最常跟同性友伴一起「消磨時間」（hang out）。

同儕友伴根據性別相關屬性接納或拒絕他人，在一定程度上將性別行為社會化（Bagwell & Bukowski, 2018; Rose & Smith, 2018）。從青春期到成年後期，友誼以同性別的友伴為主（Mehta & Strough, 2009, 2010）。

同儕友伴會毫不客氣地獎賞與懲罰性別行為（Leaper, 2015）。例如，當兒童與青少年表現出文化所認可、和性別相稱（sex-appropriate）的行為時，就會得到同儕的獎勵；那些從事和性別不相稱活動的人往往會被同儕批評或排擠。比起男孩表現得像女孩，女孩若表現得男孩子氣，通常較能為同儕所接納。因此，**男人婆**（tomboy，或譯假小子、野姑娘、女漢子）這個詞就是用來描述個性陽剛的女生，比用**娘娘腔**（sissy）形容女性化的男孩子還來得不具貶義（Pasterski, Golombok, & Hines, 2011）。最近一項英國研究指出，性別表現不一致（gender-nonconforming）的男性，被同儕排擠的風險最高（Braun & Davidson, 2017）。在這項研究中，性別表現不一致的女孩比性別表現一致的女孩更受歡迎——兒童常常以陽剛特點來作為遊戲選擇的理由。以中國上海、印度新德里、比利時根特及美國巴爾的摩 11 到 13 歲青少年的跨文化研究顯示，越來越多女孩選擇男孩造型的服裝、加入傳統男性參與的活動，如：足球或美式橄欖球；但對於男孩從事傳統女性化的活動，接受度相對之下低多了（Yu & others, 2017）。

🍂 學校與師長

學校與師長對男孩和女孩的偏見令人擔憂（Leaper & Brown, 2015）。有哪些證據顯示課堂學習環境不利於男孩？以下是一些值得思考的因素（DeZolt & Hull, 2001）：

- 許多課堂重視及讚許順從、守規矩、整潔有序的價值觀。女孩顯然比男孩更容易展現這些行為。
- 絕大多數教師是女性，尤其是小學老師。相較於女孩，這種情形使得男孩較難與老師相處並模仿老師的行為。一項研究表明，男老師看待男孩的角度，比女老師更為正向積極，並認為男孩更有學習潛力（Mullola & others, 2012）。
- 男孩比女孩更容易出現學習障礙或 ADHD（注意力不足過動症），被迫輟學。

● 男孩比女孩更容易被老師批評責怪。

● 學校工作人員容易忽略男孩顯露的學習問題，特別是在語言藝術課程。

● 學校工作人員傾向於認定男孩有行為問題。

有哪些證據顯示課堂學習環境不利於女孩？以下是 Myra 與 David Sadker（2012）的觀點：

● 在典型的教室中，女孩較順從，男孩較粗暴；男孩渴求注意，女孩則乖乖地排隊等候。老師比較會苛責男孩、送交紀律處分。教育學者擔心女孩這般乖順，恐付出缺乏自信的代價。

● 在許多教室裡，老師會花比較多時間觀察及與男孩互動，讓女孩在一旁靜靜地做自己的事。老師並非刻意花時間陪伴男孩，但不知何故教室最後卻形成這樣的性別型態。

● 碰到難解問題的時候，男孩比女孩得到更多的指導與幫助。老師通常會給男孩更多時間回答問題、給予更多正確答案的提示，甚至當男孩回答錯誤時，還會讓他們多加嘗試。

● 男孩的成績通常較女孩差，更容易被留級，但女孩卻不太相信自己能在大學裡獲得傑出表現。

● 女孩和男孩在進入小學一年級時，自尊大致相等。但到了中學，女孩的自尊卻變得比男孩低。

● 當要求小學生列出長大後的志向，男孩描述的職業選項會比女孩多。

因此，有證據表明，學校裡同時存在對男性與女性的性別偏見（Leaper & Brown, 2015）。許多學校工作人員並未意識到他們的性別偏見態度，這些根深蒂固的態度在無形中被既有一般文化支持著。提高學校對性別偏見態度的覺察，顯然是減少性別偏見刻不容緩的策略。

但是，對兒童來說，單一性別教育（single-sex education）（譯注：又稱性別隔離教育、男女分校）有比男女合校好嗎？單一性別教育的論點是，它消除了對異性的分心，降低性騷擾發生。單一性別公立教育近年來急劇增加。

性別如何影響青少年的學校經驗？
©FatCamera/Getty Images

2002 年，美國僅有 12 所公立學校是單一性別教育，但在 2011 到 2012 學年間，增加到 116 所公立學校；另有 390 所學校提供單一性別教育體驗（NASSPE, 2012）。

「不讓任一孩子落後」法案對單一性別教育的增加更是推波助瀾，因為該法案要求改善低收入有色人種兒童的教育與學業成就。許多公立單一性別教育學校的低收入有色人種學生比例極高（Klein, 2012）。然而，多項研究結論指出，沒有文獻證實單一性別教育的益處（Goodkind, 2013; Halpern & others, 2011; Pahlke, Hyde, & Allison, 2014）。Diane Halpern 等人（2011）發表的「單一性別學校的偽科學」（The Pseudoscience of Single-Sex Schooling）一文中提到，單一性別教育被嚴重誤導、誤解，而且並未得到任何有效的科學證據支持。該研究團隊強調，在眾多反對單一性別教育的論點中，最有力的莫過於它減少了男孩和女孩在受到管理、有目標的環境中一起工作合作的機會。在性別研究方面首屈一指的專家也認為，更能促進學生教育與發展的是跨性別教育（男女同校同班），而非單一性別教育（Bigler, Hayes, & Liben, 2014; Huston, 2015; Liben, 2015）。

有學者特別呼籲對特殊族群──尤其是非裔男孩──實施單一性別公立教育，因為他們的學業成就一向低落，輟學率居高不下（Mitchell & Stewart, 2013）。2010 年，城市青年預備學院（Urban Prep Academy for Young Men）成為第一所全男性、全非裔的公立特許學校。儘管學校位於芝加哥一個充斥貧困、幫派和犯罪的地區，第一批畢業生仍以百分之百的升學率進入大學。由於很少公立學校專門以教育非裔男孩為主，此類單一性別教育的效果是否能廣泛推論到其他族群，尚無定論（Barbarin, Chinn, & Wright, 2014）。

近來美國的單一性別教育出現哪些變化？研究是否支持單一性別教育的優點？

©Jim Weber/The Commercial Appeal/Landov

大眾傳播的影響

如前所述，青少年在與父母、師長及同儕的日常互動中形成性別角色。大眾傳播媒體挾帶的性別角色對青少年的性別發展也有重要的影響（Kinsler & others, 2018; Senden, Sikstrom, & Lindholm, 2015）。電視節目對性別——尤其是青少女——的刻板印象極為陳腐（Adams, 2012; Starr, 2015）。一項研究發現，青少女常被描繪成熱衷約會、購物和重視外表（Campbell, 1988），對學校課業或生涯規劃興趣缺缺。迷人的女性常被定型成「頭腦簡單」（airheads）的尤物，而聰明的女生則被定型為毫無女性魅力可言。

在娛樂和音樂影片中，女性經常以性感挑逗的模樣呈現。
©*Joeri DE ROCKER/Alamy*

另一個專為青少年閱聽者設計規劃、極度刻板印象的節目型態，莫過於 music videos（MTV，音樂影片）（Roberts & Foehr, 2008）。青少年在 MTV 及其他電視節目看到的內容充斥著強烈的刻板印象，明顯迎合偏向男性觀眾的喜好。MTV 被形容為是青少年的「夢想國度」（dream world），裡面充滿了無數美麗、性致盎然的女性。女性人數雖超過男性，但由男性主動物色女伴，甚至攻

社群媒體如何影響青少年的身體意象？

擊女性，強迫性交；即使女性拒絕（say no），也會被當成暗有此意（mean yes）（Jhally, 1990）。一項研究發現，MTV 影片的內容強化了女性是性物件、女性附屬於男性的刻板印象概念（Wallis, 2011）。

青少年早期是對電視節目宣傳的性別角色訊息相當敏感的時期。越來越多青少年觀看為成人設計的節目，其中傳達了許多在異性戀關係中應有的性別適當行為。青少年的認知發展比兒童期更趨於理想化思考，而媒體塑造出諸多青少年會想認同及模仿的理想化形象，例如年輕、纖瘦、迷人的演員和模特兒。

電視節目刻劃的是高度性別刻板印象的世界，對女性和男性的相對權力與重要性傳遞清楚明確的訊息（Bazzini & others, 2015）。在許多電視節目中，男性顯得比女性更為強壯威風；在 MTV 中，男性角色比女性角色更具有侵略性、支配性、能力出眾、有主見、積極進取，女性則處於被動順從的姿態。一項針對黃金時段商業廣告的研究指出，除了健康

和美容產品廣告外，女性擔任廣告主角所占的比例少之又少（Ganahl, Prinsen, & Netzley, 2003）。

媒體影響青少年的身體意象，研究也顯示其間的性別差異（Griffiths & others, 2017; Karsay, Knoll, & Matthes, 2018; Mitchison & others, 2017; Tiggermann & Brown, 2018）。 例如，以 10 到 17 歲的青少年為研究對象發現，女孩對自己的身體意象比男孩更容易受到媒體的影響（Polce-Lynch & others, 2001）。另一研究顯示，花越多時間觀看娛樂節目的青少男和青少女，對自己的身體意象觀感越負面（Anderson & others, 2001）。青春期男孩最常接觸到專業運動員和電玩遊戲廣告裡肌肉發達的男性理想身體形象（Near, 2013）。對男性雜誌的分析發現，裡面的廣告有一半以上反映出超級陽剛特質的信念（hyper-masculine beliefs）（如堅強就是控制情緒、暴力就是男子氣概、危險令人興奮、對女性和性要表現冷酷的態度）（Vokey, Tefft, & Tysiaczny, 2013）。有些雜誌裡超過 90% 以上的廣告，至少顯露出上述一種極為強調陽剛特質的信念。

近十年來，青少年花費大量時間在社群媒體上（Saul & Rodgers, 2018）。社群媒體會影響青少年（尤其是青少女）的身體意象嗎？近期一項針對美國女大學生的研究顯示，花越多時間在 Facebook 上，對自己的身體越是不滿（Eckler, Kalyango, & Paasch, 2017）。此外，長時間觀看 Instagram 上漂亮的女性名人或同儕的照片，更是損害女大學生的身體意象（Brown & Tiggermann, 2016）。總之，網路與社群媒體正在各個方面加劇青少年和準成年人對個人身體意象的不滿（Wick & Harriger, 2018）。

認知對性別的影響

根據社會認知理論，觀察、模仿、獎賞與懲罰等都是性別發展的機制，從這個角度來看，兒童／青少年與社會環境的互動是對其性別發展最具影響力的機制。不過，有些採取認知取向的批評者認為，社會認知論忽視青少年自身的心智與理解，把青少年描繪成被動地接受性別角色（Martin, Ruble, & Szkrybalo, 2002）。

最負盛名的認知理論——**性別基模理論**（**gender schema theory**）主張，隨著兒童與青少年慢慢發展出其文化中性別合宜與性別不合宜的性別基模，性別型態逐漸浮現（Martin, Fabes, & Hanish, 2014; Liben & others, 2018; Martin & others, 2017）。基模是一種認知架構——一種指引個體感知世界的連結網絡。性別基模以男性和女性身分為單位組織以理解世界。兒童與青少年將其內化後，以此覺知世界，並按照其發展中的基模行動。兒童與青少年一點一滴地學會文化中性別合宜與性別不合宜的事物，發展出影響其世界觀和記憶內容

的性別基模,促使兒童與青少年以符合性別基模的方式行動。

總之,認知因素會影響青少年以男性和女性的方式思考與行動(Halim & others, 2016; Liben & others, 2018; Martin & others, 2017)。透過生理、社會及認知歷程,兒童與青少年逐漸發展出性別態度與行為(Brannon, 2017; Rose & Smith, 2018)。

無論影響性別行為的因素為何,性別造成的結果已成為過去數十年來受到高度關注與研究的主題。下一節將探討女性和男性之間有無差異的迷思和真相。

回顧與反思

學習目標 1 說明生理、社會、認知對性別的影響。

複習本節所學

- · 如何定義性別與性別角色?有哪些重要的生理因素對性別產生影響?
- · 有哪些重要的社會因素會對性別產生影響?
- · 有哪些重要的認知因素會對性別產生影響?

分享與連結

- · Piaget 的形式運思期階段,有哪些特徵可能和青少年對性別的看法有關?

反思個人經驗

- · 你認為哪個理論最能解釋你在青春期的性別發展?性別發展的折衷觀點可能會提出什麼樣的解釋?

2.性別刻板印象、相似性與相異性

學習目標2 探討性別刻板印象、相似性與相異性。

性別刻板印象　　性別的相似性與相異性　　性別爭議　　情境脈絡下的性別

　　性別刻板印象有多普遍？男孩和女孩之間真正的差異是什麼，以及這個問題為何會爭議不休？本節目標不只要回答上述問題，更要深入剖析性別的爭議，並將性別行為放入脈絡中探討。

性別刻板印象

　　性別刻板印象（gender stereotypes）是指對女性和男性的一般印象與信念。例如，男性很強壯，女性很柔弱；男性擅長機械，女性擅長照護；男性善於數字，女性善於言語；女性很情緒化，男性則否。這些都是刻板印象，反映出對某一族群的概括信念。研究發現，當今世界無論在兒童或成人的生活裡，仍然存在許多性別刻板印象（Ellemers, 2018; Leaper & Brown, 2015）。研究亦發現對男孩的性別刻板印象比女孩更為僵化（Blakemore, Berenbaum, & Liben, 2009）。

　　1970年代初期的一項經典研究，評估了大學生認為哪些是女性的特質與行為、哪些又是男性的特質與行為（Broverman & others, 1972）。和男性有關的特質幾乎是**工具性的**（instrumental），如：獨立、積極、以獲取權力為目標；和女性有關的特質幾乎是**表達性的**（expressive），如：溫暖和敏感。

　　因此，與男性有關的工具性特質，使他們適合成為出外養家活口的傳統男性角色；與女性有關的表達性特質，使其成為類似於傳統女性在家相夫教子的照顧者角色。然而，這些角色和特質不僅僅是差異而已，在社會地位和權力方面也不對等。傳統的女性角色像孩子般，適合那些喜歡依賴、順從他人的人；傳統的男性角色尤其適合應付廣闊的世界與行使權威。

　　研究持續發現性別刻板印象無所不在（Ellemers, 2018; Leaper, 2015; Liben, 2017）。例如，對女性和男性的情緒刻板印象存有極大的差異（Durik & others, 2006）。女性比男性更易表現出害怕、內疚、愛意、難過、羞愧、驚訝、同情等情緒，男性則比女性更易表現出憤怒與自豪等情緒。

性別的相似性與相異性

性別刻板印象背後的真實情況為何？以下檢視性別之間的差異，並請牢記下述各點：

- 差異是建立在平均值，並不適用於所有女性或男性。
- 即使發生性別差異，男性和女性之間也有相當大的交集重疊，尤其是在認知與社會情緒發展方面。
- 差異可能起因於生物或社會文化因素，或兩者兼而有之。

首先來看看生理的相似性與相異性，接著是認知和社會情緒的相似性與相異性。

生理的相似性與相異性

我們可以花很多篇幅說明一般男性和女性之間的生理差異，如：女性的體脂肪約為男性的兩倍，大部分的脂肪集中在胸部和臀部；男性的脂肪則集中在腹部。平均來說，男性身高約比女性高出 10%，也比女性有力氣。

男性與女性之間的生理差異，和健康息息相關。從受孕開始，女性的預期壽命就比男性長，也比男性更不容易罹患生理或心理疾病。女性比男性更能抵抗感染，血管更具彈性。男性的壓力荷爾蒙濃度較高，更易凝成血塊或形成高血壓。例如，一項針對準成年人的研究發現，進行心理壓力測試後，男性的「下視丘—腦下垂體—腎上腺」（hypothalamic-pituitary-adrenal, HPA）軸線反應大於女性（Uhart & others, 2006）。男性的 HPA 軸線反應大於女性，反映在和壓力有關的荷爾蒙，如皮質醇（cortisol，又稱可體松）的濃度升高。

大腦的性別相似性與差異性研究，大多以成人而非兒童或青少年為對象（Giedd & others, 2012）。在對成人的研究中，發現到的差異有：

- 與性行為有關的下視丘部分區域，男性比女性大（Swaab & others, 2001）。
- 掌管視覺空間能力的頂葉區域，男性比女性大（Frederikse & others, 2000）。
- 女性的大腦容量約比男性少 10%（Giedd, 2012; Giedd & others, 2012）。
- 女性的大腦具有更多、更大的皺褶（稱作溝回 [convolutions]），使得女性頭骨內的腦表面積大於男性（Luders & others, 2004）。

儘管大腦的結構與功能有些性別差異，但這些差異要不是太小，就是研究結果不一致（Halpern, 2012; Hyde, 2014）。同樣地，就算大腦有性別差異，但在許多情況下，和心理差異並無直接關聯（Blakemore, Berenbaum, & Liben, 2009）。雖然大腦的性別差異研究仍處於起步階段，但女性和男性的大腦相似性可能遠多於相異性（Halpern, 2012; Hyde, 2014）。男性和女性的大腦相似性與相異性，源自於演化、遺傳及經驗。

認知的相似性與相異性

總體智力並沒有性別差異——但在某些認知領域，確實有性別差異存在（Blakemore, Berenbaum, & Liben, 2009; Ganley, Vasilyeva, & Dulaney, 2014; Halpern, 2012）。

數學能力是否有性別差異？一項以美國七百萬名以上二年級到十一年級學生為對象的大規模研究指出，男孩和女孩的數學成績並無差異（Hyde & others, 2008）。最新的全國教育成果評量（National Assessment of Educational Progress, NAEP, 2016）報告顯示，十二年級男孩的數學成績略高於女孩。

數學當中的視覺空間能力（如：能在想像中旋轉物體，同時推算出旋轉時物體的外觀）可能有性別差異；這種能力在平面與立體幾何、地理等課程相當重要。研究顯示男孩的視覺空間能力優於女孩（Halpern, 2012; Halpern & others, 2007）。例如，儘管平等地參加國家地理小蜜蜂競賽（National Geography Bee）（譯注：由國家地理學會舉辦的全國性地理知識競賽），多年來的十位決賽選手都是男孩（Liben, 1995）。研究回顧發現，不管是男性或女性，男性特質較強的人，視覺空間能力也比較好（Reilly & Neumann, 2013）。

然而，有些性別專家，如 Janet Shibley Hyde（2005, 2007, 2014, 2016）得出的結論是，女性和男性的認知差異被誇大了。Hyde 指出，女性和男性在數學與視覺空間能力任務分數分布上，有很大的重疊（見圖 1）。

閱讀和寫作能力是否有性別差異？有充分證據表明，女性的閱讀和寫作能力優於男性。2014 年全國教育成果評量（NAEP）報告指出，十二年級女孩的閱讀分數遠高於男孩（NAEP, 2015）。此份報告也顯示女孩的寫作能力一貫優

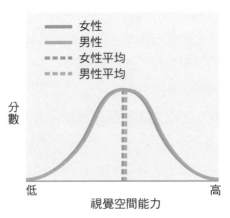

圖 1｜**男性與女性的視覺空間能力。** 請注意，雖然男性的視覺空間能力平均分數高於女性，但兩個性別的分數幾乎重疊。並非所有男性的視覺空間能力都優於女性。重疊的部分顯示，儘管男性的平均分數稍高，但許多女性在此類任務的表現優於多數男性。

於男孩。

　　請記住，學校的成就評量或標準化測驗分數反映的可能是認知能力以外的因素。例如，在校表現可能僅反映了企圖符合性別角色，或動機、自我調節等其他社會情緒特徵方面的差異（Eccles, 2014; Watt, 2008; Watt & Eccles, 2008）。

　　接下來進一步探討與學校教育和成就有關的性別差異。美國的輟學率具有性別差異特徵，男性比女性容易輟學（6.3% vs 5.4%，2015 年的數據）（National Center for Education Statistics, 2017）。高中半數班級成績墊底的經常是男性。也就是說，雖然許多男性的課業表現處於平均或中上，但排名倒數的 50% 主要也是男性。半個世紀前，即 1961 年，只有不到 40% 的高中畢業女性繼續升大學。從 1996 年開始，女性進入大學的比例超過男性。到了 2012 年，有 76% 的高中畢業女性升上大學，而男性只有 62%（Pew Research Center, 2014; Women in Academia, 2011）。1994 年，63% 的高中畢業女性和 61% 的高中畢業男性進入大學，亦即，女性升大學的比例高於男性。同樣地，在 2012 年，非裔（69% 的女性 vs 57% 的男性）與拉美裔（76% 的女性 vs 62% 的男性）的大學入學率，形成顯著的性別差距，但亞裔（86% 的女性 vs 83% 的男性）的男女入學比相當（Pew Research Center, 2014）。此外，近期資料顯示，女性比男性更易獲得大學學位。在 2015 年，女性在 27 歲前取得大學學歷的可能性較男性高出 33%（U.S. Bureau of Labor Statistics, 2015）。

　　把輟學率、高中班級後半段成績的男性比例、男性進入大學的比例及男性取得大學學位比例等資訊匯整在一起，可以得出一個結論：當前美國女性的綜合學業興趣與成就，都比男性高出許多。女性在參與學習、專心上課、付出努力等方面，都比男性投入（DeZolt & Hull, 2001）。一項大規模研究顯示，女孩對學業的態度比男孩積極（Orr, 2011）。女孩對課業的積極態度與學業分數高有關；男孩對課業的興致缺缺與學業分數低有關。

　　儘管女孩具備積極學習的特點，也有越來越多證據表明女孩和男孩的數學與科學能力不相上下，以及近年來對於促進性別平等所做的立法努力，但科學、技術及數學職涯的性別差異仍是對男性有利（Eccles, 2014; Liben & Coyle, 2014; Wigfield & others, 2015）。在最新的全國科學成果評量中，八年級和十二年級男孩的科學成績明顯高於女孩（NAEP, 2016）。

　　到了高中階段後期，女孩不太會去選修高階數學課程，也沒有準備申請進入由科學、技術、工程和數學等課程組成的「STEM」職涯領域（Eccles, 2014; Liben & Coyle, 2014; Wigfield & others, 2015）。更多有關性別差異的內容，請見本書第 10 章「成就、工作與職涯」。

　　研究評估提供家長有關數學與科學課程價值、儲備未來職涯成功訊息的介入措施效果（Harackiewicz & others, 2012）。家長得知這些訊息的青少年（尤其是母親受過大學教育的青少女），比較願意在高中時選讀數學與科學課程。

社會情緒的相似性與相異性

　　難道真如 John Gray（1992）在其暢銷書標題所暗示的「男人來自火星」而「女人來自金星」（"men from Mars" and "women from Venus"），兩性在關係中具有性別差異？這個問題的答案為「否」，男性和女性的差異並未大到彷彿來自兩個不同的星球（Hyde, 2014）。研究檢視所有想得到的社會情緒特質，欲找出男性和女性之間是否具有差異。以下探討其中四個社會情緒特質：攻擊性、人際溝通、親社會行為（使他人受益的行為）及情緒。

研究對於兒童與青少年關係攻擊的性別相似性與相異性有何發現？
©*SW Productions/Getty Images*

攻擊性

　　最具一致性的性別差異之一是，男孩比女孩更具有肢體攻擊性。這項差異普世皆然，並且在兒童早期就顯現出來了（Kistner & others, 2010）。挑釁兒童時，肢體攻擊的性別差異尤其顯著。雖然男孩比女孩更常用肢體攻擊，不過女孩的言語攻擊（如：喊叫）是不是就和男孩一樣多呢？當檢視言語攻擊，則發現性別差異消失，或者女孩反倒比男孩明顯（Eagly & Steffen, 1986）。

　　近來，學界開始關注**關係攻擊**（relational aggression）。所謂關係攻擊，意指透過操縱關係的方式來傷害他人，包括：散布惡意的謠言或者排擠不理、驅使他人討厭對方（Casper & Card, 2017; Eisman & others, 2018）。從兒童中後期起，關係攻擊開始增多（Dishion & Piehler, 2009）。至於女孩是否比男孩更常使用關係攻擊，研究結果尚無定論。唯一的共識發現是，關係攻擊在女孩整體攻擊中所占的比例較男孩為大（Putallaz & others, 2007）。一項研究回顧顯示，青春期女孩比男孩更常涉入關係攻擊，但兒童期則否（Smith, Rose, & Schwartz-Mette, 2010）。

人際溝通

　　社會語言學家 Deborah Tannen（1990）比較男性與女性的溝通型態，將其區分成關係式談話與報告式談話：

● 關係式談話（**rapport talk**）是一種建立連結與協商關係的對話語言。女性比男性更喜歡這種以關係為導向的融洽談話。

● 報告式談話（**report talk**）是提供訊息的談話，公開演講即為一例。男性透過此類談話與口頭演示，如：說故事、說笑話及授課講道，欲成為全場注目的焦點。

　　Tannen 認為男孩和女孩生長在不同的談話世界——爸媽、手足、同儕、教師及其他人用不同的方式跟男孩和女孩說話。男孩和女孩玩的遊戲也不同。男孩習慣在階級結構分明的大團體遊戲，他們的團體通常有一位領導者負責告訴他們該做什麼、如何去做。男孩的遊戲有贏家，也有輸家，這是爭執發生的主因——誇耀吹噓自己的能力，爭論誰才是最棒的。相反地，女孩喜歡小團體遊戲或結伴遊戲，女孩的世界通常以一位最好的朋友為中心。在女孩的友誼與同儕團體中，親密無所不在；輪流是女孩遊戲的特色。多數時候，她們喜歡坐著聊天談話，在意自己是否被他人喜歡，而不是用明顯的方式爭奪地位。

　　研究發現，女孩較「以人為導向」（people oriented），男孩較「以物件為導向」（things oriented）（Galambos, Berenbaum, & McHale, 2009; Su, Rounds, & Armstrong, 2009）。一項研究回顧支持以下論點：女孩把時間花在關係維持上，男孩則把時間花在獨處、玩電動及運動上；女孩多從事以人為導向的兼職工作（如：服務員和保姆），男孩則從事體力勞動與使用工具的兼職工作；女孩感興趣的是以人為導向的職業（如：教師或社工），男孩則對機械或工程等以物件為導向的職業較感興趣（Perry & Pauletti, 2011）。同樣地，有研究支持 Tannen 的觀點，發現青少女在親密關係中樂於自我揭露（分享個人的隱私）、比男孩更懂得主動傾聽、重視隸屬與合作（Hall, 2011; Leaper, 2015）。尤其是青春期少女，更喜歡自我揭露，對友伴提供情感支持（Leaper, 2015）。相反地，男孩在與同儕友伴互動時，比女孩更看重自我主張與統御能力（Leaper, 2015; Rose & Rudolph, 2006）。

在人際溝通中，兩性有哪些相似性與相異性？
©Ariel Skelly/Blend Images/Corbis

但是，Tannen 的觀點也飽受批評，理由是過於簡化。男性和女性之間的交流要比 Tannen 所說的複雜多了（Edwards & Hamilton, 2004）。此外，有些研究發現，男性和女性的人際關係溝通策略類似（Hyde, 2014; Hyde & Else-Quest, 2013），女性和男性討論與回應關係問題的方式，相似性多於相異性（MacGeorge, 2004）。

親社會行為

親社會行為是否具有性別差異？在兒童和青少年時期，女孩不僅比男孩樂於助人、善體人意（Eisenberg, Spinrad, & Knafo, 2015; Eisenberg, Spinrad, & Morris, 2013），她們也表現出許多親社會的行為，比男孩更具同理心（Christov-Moore & others, 2014; Eisenberg, Spinrad, & Knafo, 2015）。統合分析研究結論指出，女性在和善、體貼及分享等方面都優於男性（Thompson & Voyer, 2014）。

情緒與調節

情緒的某些面向存在性別差異（Brody, Hall, & Stokes, 2018; Leaper, 2015）。女性比男性更願意表達情感、情緒解碼能力比男性好，在微笑、哭泣、快樂等情緒方面也比男性多（Gross, Fredrickson, & Levenson, 1994; LaFrance, Hecht, & Paluck, 2003）。男性自述比女性經驗到、亦表達出較多憤怒的情緒（Kring, 2000）。統合研究分析發現，兒童的情緒表達整體性別差異並不大，但女童的正向情緒（如：同情心）和內隱情緒（如：傷心、焦慮）較多（Chaplin & Aldao, 2013）。隨著年齡增長，正向情緒的性別差異越來越顯著，女孩在兒童中後期與青春期表現出更多的正向情緒。

調節與控制個人的情緒與行為是非常重要的能力（Blair, 2017; Hollenstein & Lanteigne, 2018; Schunk & Greene, 2018; Usher & Schunk, 2018）。男孩的情緒自我調節能力通常比女孩弱，這樣的低自我控制能力恐惡化為行為問題（Berke, Reidy, & Zeichner, 2018; Pascual & others, 2012）。

性別爭議

> 性別內的差異比性別間的差異還大得多。
> ——Ivy Compton-Burnett
> （20 世紀英國小說家）

關於性別差異的程度及成因，爭論依舊沒完沒了（Burt, Slawinski, & Klump, 2018; Leaper, 2015）。如前所見，演化心理學家如 David Buss（2015）主張，性別差異是廣泛的，肇因於性別在演化過程中所面臨的適應問題。Alice Eagly（2013, 2016, 2018）也認為性別差異雖大，但成因截然不同。她強調性別差異是社會條件所導致，與男性相比，女

性的權力和能控制的資源更少。

　　反之，Janet Shibley Hyde（2014, 2016）則主張性別差異被誇大了，尤其是 John Gray（1992）的《男人來自火星，女人來自金星：男女大不同》（*Men Are from Mars, Women Are from Venus*）與 Deborah Tannen（1990）的《男女親密對話：兩性如何進行成熟的語言溝通》（*You Just Don't Understand*）兩本書出版之後。Janet 認為，研究已經證實女性和男性的多數心理特質是相似的。Hyde（2005）回顧及摘述 44 個性別差異性與相似性的統合分析研究發現，在多數領域（包括數學與溝通能力），性別差異不是找不到，就是很小。最大的差異發生在動作能力（男性較好），其次是性行為（男性更常自慰、進行隨機無承諾關係的性行為），以及肢體攻擊性（男性比女性更常身體攻擊）。一項研究回顧還發現，青春期的性別差異其實微乎其微（Perry & Pauletti, 2011）。

　　Hyde 的統合分析及 Perry 與 Pauletti 的研究評論，短時間內不大可能平息性別差異性與相似性的爭論，但的確為未來研究能做出更為正確的結論打下基礎。

情境脈絡下的性別

　　想到性別，也得思考行為的脈絡，性別行為常因背景脈絡不同而異（Looze & others, 2017; Yu & others, 2017）。以助人行為為例，男性更會在處於危險、且自覺有能力的情況下出手救援（Eagly & Crowley, 1986），例如男性比女性更懂得幫助車子拋錨的用路人，因為汽車問題是許多男性的強項。相反地，當問題涉及花時間志願協助孩童的個人問題時，女性就比男性更願意提供幫助，因為幾乎沒有危險性，而且女性在教養方面自覺較有能力。從許多文化中可看出女性的照顧行為比男性多。然而，在少數不管哪種性別的青少年均須照顧年幼手足的文化裡，女孩和男孩的照顧傾向幾乎沒有差別（Whiting, 1989）。

　　脈絡也與情緒表現的性別差異有關。以生氣為例，當男性受到挑戰時，更容易對陌生人展現怒氣，尤其是對其他男性。男性也比女性容易將怒氣化為攻擊行動，特別是所處文化認可這種行為時（Tavris & Wade, 1984）。

　　關於性別在特定情況下的脈絡差異，不僅限於某一文化，在跨文化間也會出現（Matsumoto & Juang, 2013）。儘管近幾十年來，美國男性和女性的角色承擔漸趨相似，但許多國家仍然維持特定的性別角色。例如，在許多中東國家，男女的

與美國青少女相比，伊朗青少女的性別角色社會化過程如何？
©*Andres Hernandez/Getty Images*

勞力分工依舊分明：男性被社會化成出外打拼工作，女性則待在家裡養兒育女；男人的職責是養家活口，女人的職責是相夫教子——任何偏離傳統性別角色的差異都會招致嚴重的反對。近期一項以 36 個國家八年級學生的研究指出，每個國家的女孩對性別的態度都比男孩更為平等（Dotti Sani & Quaranta, 2017）。在社會性別平等較高的國家中，女孩的性別態度也更加平等。另一研究以卡達（Qatar） 15 到 19 歲的年輕男性為對象，發現他們對性別平等的態度較女性消極（Al-Ghanim & Badahda, 2017）。

回顧與反思

| **學習目標 2** | 探討性別刻板印象、相似性與相異性。

| **複習本節所學** |

・性別刻板印象有多普遍？

・青春期男性和女性的生理、認知和社會情緒發展，有何相似性或相異性？

・關於性別差異的成因有哪些爭議？

・性別發展如何受到情境脈絡的影響？

| **分享與連結** |

・男女之間的社會情緒異同，和自尊的發展有何關聯？

| **反思個人經驗** |

・數十年前，「依賴」（dependency）一詞被用來形容女性氣質的關係取向。對女性來說，「依賴」帶有負面的意涵——例如，女性無法照顧自己，但男性可以。如今，「依賴」已被較具有正向意涵的「**關係能力**」（relational abilities）一詞所取代（Caplan & Caplan, 1999）。與其被視為依賴，女性現在更希望被視為具有建立與維持關係的能力。列出一張和男性氣質與女性氣質相關字詞的清單，這些字詞帶有對男性和女性的負面意涵嗎？若有，請思考一些具有積極正向意涵的字詞來代替。

3.性別角色分類

學習目標 3　指出性別角色分類的差異。

男性氣質、女性氣質與雙性氣質　　　　　　跨性別

性別可以有各種分類方式。不久前,男孩被要求要有男人的樣子、女孩要有女人的樣子。「小男孩是『青蛙和蝸牛』做的,小女孩是『糖和香料』做的。這些都很好。」近年來,人們更重視的是性別角色的彈性與平等(Dean & Tate, 2017; Leaper, 2017; Mehta & Keener, 2017)。

男性氣質、女性氣質與雙性氣質

過去,一個適應良好的男孩應該是獨立、進取和強壯的,而一個適應良好的女孩則應該是依賴、體貼,對權力絲毫不感興趣。社會一般認為男性氣質是健康和良好的象徵,女性氣質則是弱者。

1970 年代,由於男性和女性都對刻板角色印象帶來的沉重壓力感到不滿,故轉向探討「男性氣質」(masculinity)與「女性氣質」(femininity)。男性氣質與女性氣質與其說是連續光譜,不如說是某一氣質多的話,另一氣質就少,個體可以同時擁有表達性與工具性的特質。**雙性氣質(androgyny)**一詞於焉形成,意指同一個人身上同時具備高度男性氣質和女性氣質的特徵(Bem, 1977; Spence & Helmreich, 1978)。具有雙性氣質的個體可能是既進取(男性氣質)又敏察他人感受(女性氣質)的男性,或是既主導(男性氣質)又關懷他人(女性氣質)的女性。

目前已有評估雙性氣質的量表。其中,班氏性別角色量表(*Bem Sex-Role Inventory*)是最廣為使用的性別量表,由率先提倡雙性氣質的 Sandra Bem(1977)所編製

男性氣質題項範例

捍衛個人信念
強硬決斷
敢於冒險
支配統御
積極進取

女性氣質題項範例

說話婉轉含蓄
親切慈愛
喜歡小孩
善體人意
溫婉嫻淑

圖 2｜班氏性別角色量表(BSRI)。 這些題目取自班氏性別角色量表。施測 BSRI 時,以 7 點量尺說明 60 個特質描述裡符合自己的程度。1 為從不或幾乎不,7 為總是或幾乎總是。這些題項分別以男性氣質、女性氣質、雙性氣質及未分化等類別計分。資料來源:Bem, Sandra, *Bem Sex Role Inventory*. Consulting Psychologists Press, 1978, 1981.

而成。圖 2 呈現班氏性別角色量表裡男性氣質與女性氣質題項範例。根據受試者對各題項的反應，將個人劃分為四種性別角色取向之一：男性氣質、女性氣質、雙性氣質，或未分化（見圖 3）：

- 雙性氣質者是同時擁有高度男性氣質和女性氣質的男性或女性。目前尚無新的特點用來形容雙性氣質。
- 女性氣質者表達性特質較高，工具性特質較少。
- 男性氣質者工具性特質較高，表達性特質較少。
- 未分化者則是男性氣質和女性氣質都很低。

　　根據 Bem 的說法，雙性氣質的男性和女性比單是男性氣質者或女性氣質者更為彈性、心理更健康；未分化者最無法發揮能力。一項研究發現雙性氣質和幸福感與壓力感低有關（Stake, 2000）。另一項研究以準成年人為對象，發現相較於男性氣質者、女性氣質者及未分化者，雙性氣質者的健康習慣較佳（如：繫安全帶、少抽菸）（Shifren, Furnham, & Bauserman, 2003）。近期研究發現，雙性氣質的男孩和女孩的自尊感較高、內隱問題行為較少（Pauletti & others, 2017）。

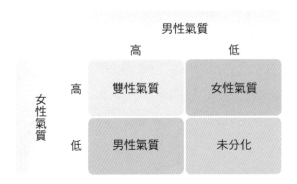

圖 3 | **性別角色分類**

🔹 脈絡、文化與性別角色

　　性別角色分類的概念和個人的性格—特質—喜好（personality-trait-like）類別有關。然而，重要的是從特質和脈絡，而非單從特質本身來思考性格（Carver & Scheier, 2017）。在親密關係中，女性氣質或雙性氣質的性別角色或許較為理想，因為親密關係的本質就是表達情感；但是，在學術及職場等需要採取行動與魄力的環境，反而是男性氣質或雙性氣質的性別角色較能發揮。例如，相較於女性氣質者或未分化者，男性氣質者或雙性氣質者更期待努力取得好的課業成績（Choi, 2004）。在瞭解性別認同時考慮其情境脈絡因素，也

就是從**功能彈性**（functional flexibility）的角度來看，亦即個體的性別認同是為了彈性適應特定情況，與個人的適應和能力有正向關聯（Lips, 2017; Martin & others, 2017）。

　　從情境脈絡思考性別，比檢視世界不同國家女性和男性的文化規定的行為（culturally prescribed behavior）更為重要（Matsumoto & Juang, 2017）。另外，亦可從人境互動（person-situation interaction）而非單就特質來思考性別（Twenge & Campbell, 2017）。因此，討論性別角色類別時，別忘了在特定文化脈絡下，特定的性別角色會更為適合。

　　越來越多美國及已開發國家（如瑞典）的兒童與青少年正以雙性氣質的方式行事。美國過去三、四十年來，按照傳統性別角色行事的比率下降不少。例如近年來，美國女大學生展現出在家庭之外工作的傾向。1967 年，超過 40% 的女大學生及 60% 的男大學生認同「已婚女性最好待在家裡」這個說法，但到了 2005 年，已經下降到只有 15% 的女大學生及 26% 的男大學生表示認同（Pryor & others, 2005）。如圖 4 所示，這種態度最大的變化發生在 1960 年代後期到 1970 年代初期。

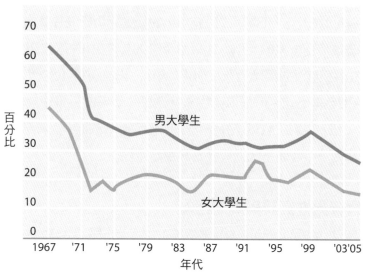

圖 4│**性別角色的態度變化。**注意，數據顯示從 1967 年到 2005 年，美國大一學生認同「已婚女性最好待在家裡」這個説法的百分比。

　　但是，傳統的性別角色仍在當今世界各地許多國家的文化中占主導地位。如前所述，在這樣的文化中，男性的職責是養家活口，女性的責任是照顧家庭，任何偏離傳統性別角色的行為都會受到嚴厲的譴責。在美國，青少年的文化背景影響了女孩和男孩被社會化的方式。隨著年紀增長，拉美裔青少男與青少女的社會化方式逐漸出現差異（Raffaelli & Ontai, 2004），拉美裔青少女的宵禁、與異性互動、取得駕照、職業探索、課外活動等的限制比同齡青少男更多。

女孩受教育的機會雖已改善，但仍遠遠落後於男孩（UNICEF, 2018）。例如，根據聯合國兒童基金會（UNICEF, 2003）的全球教育分析，在 18 歲之前，女孩的平均受教育年數約少男孩 4.4 年。缺乏教育削弱了她們發揮全部潛能的機會。女性的入學率和完成率較低的例外情況，僅限於西方國家、日本和菲律賓（Brown & Larson, 2002）。在多數國家，男性取得進階訓練或高等教育學位的機會皆比女性多（Fussell & Greene, 2002）。

儘管性別差距存在，但也有越來越多證據顯示性別正在趨於平等。例如，「在印度和日本的高收入家庭裡，父親已開始承擔起更多育兒的責任。全球許多地區的女性就業率和生涯選擇持續增加中。在某些國家，對青少女的社會關係控制，尤其是戀愛與性關係，也悄然鬆綁」（Brown & Larson, 2002, p. 16）。

雙性氣質與教育

是否應教育學生培養雙性氣質呢？通常，教導女孩培養雙性氣質要比教導男孩容易得多，而且最好能在中學畢業之前，例如，在幼兒園、五年級、九年級就開設性別課程（Guttentag & Bray, 1976）。研究顯示，對五年級的學生運用與雙性氣質有關的書籍、討論材料及課堂活動是能發揮效果的；但九年級學童，尤其是男孩，竟然出現回彈效應（boomerang effect），在接受雙性氣質教育後反而更加堅持傳統性別角色態度。

雖然研究結果參差不齊，但提倡雙性氣質教育的學者仍主張傳統的性別定型對全體學生有百害而無一利，特別是阻礙了許多女孩的平等機會。批評者則認為，雙性氣質教育方案價值教條意味太重，忽略當代社會性別角色的多樣性。

青少年的傳統男性氣質與問題行為

直到目前對男性氣質的討論中，我們思考的是美國或絕大多數文化如何賦予男性氣質重要地位。但是，傳統的男性氣質真的對青少年沒有負面影響嗎？越來越多性別理論家和研究者提出如下的結論（Levant, 2001）。

用傳統的方式養育男孩所帶來的影響，逐漸引起世人的關注，William Pollack（1999）在《教養新好男孩》（*Real Boys*）一書中將其稱為「全國性的少年時期危機」（national crisis of boyhood）。他說，儘管關於「敏感男性」（sensitive male）的討論很多，但幾乎沒有改變他所謂的「男孩信條」（boy code）。

Pollack 主張，這些信條告訴男孩在成長過程中不可以顯露任何情緒，男孩被社會化成必須壓抑情緒，表現出強悍的那一面。男孩在不同的場合——公園沙地、遊戲場、教室、營地、和朋友出去玩等——學到男孩信條；父母、同儕、教練、教師及周遭成人都在

教男孩信條。Pollack 等學者注意到，
應該教導男孩表達他們的焦慮與擔
心，而不是一直叫他們壓抑，同時也
要教他們如何調節攻擊欲望。

　　至於過度展示男性氣質角色的
青少年也有特別令人憂心之處，越來
越多證據顯示它可能和問題行為有
關。Joseph Pleck（1983, 1995）指出，
在許多西方國家中，傳統男性氣質的
定義包含了不被社會容許、但卻被肯
定為青少年男性氣質的行為。亦即，
在青少男的文化裡，他們誤以為從事

對於過度展示男性氣質角色的男孩，有哪些令人憂心之
處？
©*image100/Corbis*

婚前性行為、飲酒、吸毒和違法活動是充滿男子氣概的行為。近期研究顯示，涉入極端性
別定型（高度性別 [hyper-gender]）行為的男孩和女孩，學校出席率和學校依附度相對較低
（Ueno & McWilliams, 2010）。

超越性別角色

　　批評雙性氣質的學者認為，關於性別的討論已經多到令人厭煩了，應該要適可而
止。他們強調，雙性氣質最初只是個構想，不是靈丹妙藥。另一個替代選項是**超越性別角
色**（**gender-role transcendence**）。個人的能力才是爭論的重點，應該要從個別化的基礎來
看一個人，而非男性、女性或雙性氣質（Pleck, 1983）。也就是說，我們應該先把自己視
為人，而非具有男性氣質、女性氣質或雙性氣質的人。父母親應該把孩子培養成為有能力
的人，而不是把他／她養成男性、女性或雙性氣質，否則性別角色分類只會助長刻板印
象。

跨性別

　　廣義而言，**跨性別**（**transgender**）意指性別認同和出生時生理性別不一樣（Budge &
Orovecz, 2018; Budge & others, 2016）。例如，生理性別是女性，但體現出更多的男性氣
質；或生理性別是男性，但體現出更多的女性氣質。生理性別是男性但跨性別認同是女性
的人，比生理性別是女性但跨性別認同是男性的人多（Zucker, Lawrence, & Kreukels,

Mack Beggs，17 歲高中生，想從女性變性為男性。她贏得 2017 年與 2018 年女子 110 磅重量級摔角冠軍。這位跨性別摔角選手正為了變性接受睪固酮治療，加強她的男性特徵。有些反對者說 Mack 的睪固酮治療，使她在女子摔角選手中取得不公平的優勢。NCAA（全國大學體育協會）和德州高中對性別運動參與的法規並不一致，因此 Mack 上大學後將可以參加男子部摔角。你的看法如何？Mack 應該被允許加入高中的女子部摔角嗎？

©*Leslie Plaza Johnson/Icon Sportswire/Getty Images*

2016）。多數的跨性別者希望他人以其自主選擇的性別認同標籤看他／她們，但有些人不希望被貼上「他」或「她」的標籤，而改用較為中性的代名詞如「they」或是「ze」（Scelfo, 2015）。

由於性別分類涉及到細微差別與複雜性，一些專家認為應該有一個有別於生理性別，更能識別各種性別認同與表現方式、含義更廣的總括名詞（Moradi & others, 2016）。多樣化的性別認同包括：跨性別、性別酷兒（gender queer）（又稱性別拓展 [gender expansive]，此一廣義的性別認同類別包含不完全是男性或不完全是女性）、性別不從（gender-nonconforming，指個體的行為／外表不遵從社會對其性別的期待）。另一個最近出現的新名詞是**順性別**（cisgender），指性別認同和表現方式與生理性別一致的人（Moradi & others, 2016）。

跨性別者可能是異性戀、同性戀或雙性戀。研究回顧發現跨性別青少年罹患憂鬱症、有自殺企圖、進食障礙的比例高於順性別青少年（Connolly & others, 2016）。對於疾病高發率的解釋有：身為性少數族群遭受生錯身體的痛苦、歧視與誤解（Budge, Chin, & Minero, 2017; Budge & others, 2018）。

對跨性別者的態度也存在文化差異。近期一項跨文化研究指出，與印度相比，美國對跨性別者的態度較為正向（Elischberger & others, 2018）。

認同自己是跨性別者的人，絕大多數最後會採用和自己生理性別一致的性別認同（Byne & others, 2012; King, 2017, 2019）。有些跨性別者會尋求變性手術（從男性身體變性為女性身體，反之亦然），但多數不會。有些人採荷爾蒙治療，如生理女性使用睪固酮來加強男性特徵，生理男性使用雌激素來加強女性特徵。另有一些跨性別者採取其他更廣泛的策略，選擇不融入兩種相反性別的性別認同（King, 2017, 2019; Savin-Williams, 2017）。由於跨性別者遭受相當大的歧視，社會應該展現更為友善和接納的態度。

回顧與反思

|**學習目標 3**|指出性別角色分類的差異。

|複習本節所學|

・如何描述傳統的性別角色？何謂雙性氣質？雙性氣質與社會能力有何關聯？性別角色有哪些情境脈絡上的差異？

・跨性別青少年有哪些特徵？

|分享與連結|

・比較雙性氣質、超越性別角色及跨性別的異同。

|反思個人經驗|

・你會如何形容你現在的性別角色類別？你對你的性別角色類別滿意嗎？哪些因素促成你的類別歸屬？

4.發展的變化與關鍵時期

學習目標 4　概述性別的發展變化。

青春期早期與性別強化

青春期早期是女性的關鍵時期嗎？

青春期早期發生了哪些變化可能會影響到性別角色？青春期早期是女孩發展的關鍵時期嗎？

青春期早期與性別強化

本章一開始曾探討青春期發育的變化和性別行為的關聯，以下延續深入探討。隨著青少男少女經歷青春期早期的生理和社會變化，他們必須適應新的性別角色定義（Pascoe, 2017）。在青春期早期，個體發育出其性別的成人生理特徵。有些學者主張，隨著青春期發育開始，女孩和男孩同樣感受到周遭強化了與性別有關的期待（Basow, 2006）。**性別強化假說**（**gender intensification hypothesis**）指出，由於順應傳統男性與女性性別角色的社會化壓力提高，使得女孩和男孩的心理與行為差異，在青春期早期益發明顯（Hill & Lynch, 1983; Lynch, 1991）。青春期發育就像是對父母、同儕、師長等其他人發出社會化的信號——提醒他們青少年正邁向成年期，應該開始以典型的男性與女性方式表現行為舉止。研究已指出青春期早期性別強化現象凸顯的證據（Hill & Lynch, 1983）。不過，針對7 到 19 歲兒童與青少年的長期研究顯示，他們對活動的興趣呈現穩定的性別差異，但這段年齡男性和女性型態的活動興趣均有下降（McHale & others, 2009）。其他研究也沒有發現男性或女性氣質在青春期早期被強化的證據（Priess, Lindberg, & Hyde, 2009）。性別強化假說的有效性尚無定論，其正確性有待釐清。隨著青少男少女年齡增長，他們的刻板行為反倒逐漸減少（Galambos, Berenbaum, & McHale, 2009; Karniol & others, 1998）。

何謂性別強化假說？支持該假說的證據有多強？
©*Tony Freeman/PhotoEdit*

青春期早期是女性的關鍵時期嗎？

Carol Gilligan 大量訪談 6 到 18 歲的女孩（Gilligan, 1982, 1996; Gilligan, Brown, & Rogers, 1990），研究團隊報告指出，女孩是透過與他人的互動逐漸建立起細膩的人際關係知識。Gilligan 認為，女孩能夠敏感地覺察到關係中不同的節奏與情緒；女孩的生活體驗和男孩大異其趣，以她的話來說，就是女孩有「不同的聲音」（different voice）。

Carol Gilligan。她的女性發展論點為何？
Courtesy of Dr. Carol Gilligan

Gilligan 還強調，青春期早期是女孩發展的關鍵時期。從青春期早期（約 11 到 12 歲）伊始，女孩意識到就算社會看重女性關懷與利他的特質，在男性主導的文化下，依然不重視她們對親密關係強烈的興趣。女孩面臨要嘛就自私（獨立自主），不然就無私（回應他人的需要）的兩難抉擇。隨著青少女陷入兩難的掙扎，她們只好「噤聲不語」，「消音」（silence）掉她們「不同的聲音」，變得在表達意見時沒那麼有自信、遲疑不決。這樣的消音通常持續到成年期。女孩在青春期早期經歷的自我懷疑與矛盾心理，易衍生成憂鬱症或飲食障礙等症狀。

情境脈絡的差異會影響青少女「消音」的程度（Ryan, 2003）。Susan Harter 等人（Harter, Waters, & Whitesell, 1996）發現，女性化的女孩自陳在公眾場合（如：在學校跟老師或同學在一起時）發表意見的情況會減少，但私人關係中（和好朋友或父母在一起時）就不會；雙性化的女孩自陳在所有場合都敢於發言。Harter 等發現，接受「女性應該被看到、而不是被聽到」的社會訊息的青少女，發展遇到的風險最大。最不利的是那些不但不會「發出聲音」，還特別注重外表的女孩。這些女孩注重外表，在滿足迷人吸引力的文化標準上面臨艱鉅的挑戰。

一些批評者認為，Gilligan 等過於強調性別差異（Dindia, 2006; Hyde, 2014）。其中，發展心理學家 Eleanor Maccoby（2007）認為 Gilligan 誇大了男性和女性在親密與連結上的差異。其他批評者則指出 Gilligan 研究方法上的錯誤，因為她未將男孩納為比較組或進行統計分析，反之，Gilligan 僅對女孩進行大規模的訪談，從她們的敘說中摘錄出有利於自己的觀點。另有些批評者擔心，Gilligan 的結論反倒強化了女性以養育和自我犧牲為重的刻板印象，削弱女性爭取性別平等的努力。這些批評者主張 Gilligan 的「不同的聲音」或

許應該改成「受害者的聲音」（the voice of the victim）。批評者認為應該強調的是提供女性更多的機會，使她們能夠達到更高的成就水準與自我決定。

　　無論你接受的是 Gilligan 的關係連結論點，抑或批評者的成就／自我決定論點，越來越多證據表明，青春期早期是女性心理發展的關鍵時期（Basow, 2006）。一項大規模的全國性研究顯示，青春期時青少男和青少女的自尊下降，但女孩下降的幅度比男孩更大（Robins & others, 2002）。另一項由美國大學女性學會（American Association of University Women, 1992）進行的全國性調查報告指出，女孩在青春期的自尊下降，明顯比男孩大。另一項研究得出的結論相同（Rosner & Rierdan, 1994）。在 8 歲和 9 歲時，相較於 67% 的男孩，有 60% 的女孩充滿自信，對自我抱持樂觀看法。但是，在接下來的八年中，女孩的自尊下降了 31 個百分點——僅 29% 的高中女生抱持正向自我概念。同一年齡階段，男孩自尊僅下降 21 個百分點，有 46% 的高中男生維持高自尊，性別差距拉大到 17 個百分點。另一研究顯示，高中女生的自尊還低於小學女生和大學女生（Frost & McKelvie, 2004）。不過請注意，有些心理學家仍認為青春期自尊的性別差異相當小（Hyde, 2007）。

　　許多專家強調，青少女和年輕女性需要在關係當中保持她們的能力，同時自我激勵（Brabeck & Brabeck, 2006）。以 Phyllis Bronstein（2006, p. 269）的話來說，就是：「把一套價值觀和行為指定分派給一種性別、另一套分派給另一種性別，對個人和整個社會都沒有好處。」我們該如何將這種觀點付諸實踐？

　　從本章內容中，各位讀者已經學到性別的各種面向，從中可看出「性」（sexuality）對青春期的性別所造成的影響，遠比兒童期還大。下一章將進一步討論青春期的性。

回顧與反思

| **學習目標 4** | 概述性別的發展變化。

| **複習本節所學** |

　・青春期早期如何影響性別發展？

　・青春期早期是女性的關鍵時期嗎？

| **分享與連結** |

　・性別強化和媒體的影響之間有何關聯？

| **反思個人經驗** |

　・你的性別行為有隨著你步入青春期而出現變化嗎？

CHAPTER 6
性

章節概要

1.探討青少年的性

|學習目標 1|

討論和青少年的性有關的基本概念。

· 青少年發展的正常面向
· 性文化
· 性認同的發展
· 青少年性行為的研究

2.性態度與性行為

|學習目標 2|

概述青春期的性態度與性行為。

· 異性戀者的性態度與性行為
· 性少數青少年的性態度與性行為
· 自我刺激
· 避孕措施

3.青春期的性問題及後果

|學習目標 3|

説明青春期主要會出現的性問題及後果。

· 青少女懷孕
· 性傳播疾病
· 強迫性行為與性騷擾

4.性知識與性教育

|學習目標 4|

説明青少年性知識與性教育的特色。

· 性知識
· 性資訊來源
· 認知因素
· 學校性教育

「我猜如果你要深情擁吻女孩子，你應該要張開雙唇，把舌頭伸進她的嘴裡。在我看來，那不是很性感。我沒辦法想像一個女孩子怎麼會喜歡這樣。如果她戴著牙套，你的舌頭反倒被割傷，那該怎麼辦？你要怎麼呼吸？有時候我真希望有個哥哥可以教教我。」

——法蘭克，12 歲

「真不敢相信我竟然墜入愛河！我上個禮拜才剛認識他，但我知道我是真的愛上他了。他比以前喜歡我的男孩要來得成熟。他現在大四，還有自己的車。當他昨晚送我回家，我們之間熱情如火，我以為我們會發生性關係呢。我確信下次出去就會發生了。這顛覆了我以前所學的一切——但是我愛得無法自拔，而他又令我意亂情迷，我不覺得那有什麼錯。」

——艾美，15 歲

「上週末我和肯去旅行露營，我很確信我是男同志了。很長一段時間以來，只有男孩會吸引我，待在學校的更衣室裡有時候會讓我覺得很尷尬。肯和我是好朋友，我們花很多時間廝混、胡搞瞎搞。我猜他和我有一樣的感覺。現在我清楚了。就像他們說的，我遲早要出櫃，承認我是男同志。這一定會對我和爸媽帶來極大的壓力。」

——湯姆，15 歲

「我很幸運，因為我的身材很好，很受歡迎。從中學時代我就開始交男朋友，而且我知道怎麼保護自己。跟男生一起出去、卿卿我我是件有趣的事，唯一要擔心的是，我和丹在幾個禮拜前發生了性關係，我怕我會懷孕。他有戴保險套，但有可能無效。也許只是我的經期來晚了。管他的，如果有了小寶寶，我會想辦法解決。我的阿姨就是未婚生子，現在還不是活得好好的。」

——克萊兒，16 歲

「大約一個月前，媽媽朋友的女兒驗出 HIV 陽性。在那之前，媽媽和繼父從沒跟我談過性方面的事，但現在他們輪流對我說教個不停，告訴我一定要先婚後性。別煩我了，妮可和我已經交往一年半了，當我們兩個出去玩，他們以為我們只是聊天而已嗎？再說，我的生父一直沒有再婚，但是他有女朋友。我每天看的

電影和戲劇節目都在演未婚上床，最差的狀況不過是分手罷了。我不認識那個女人的女兒，但她一定是跟太多壞男人搞在一起。不像我，我都有戴保險套。」

——尚恩，17 歲

—— 引言 ——

> 在青春期和成年初顯期這段期間，青少年的生活充斥著性（sexuality）。他們將時間花在性探索，並將性納入自我認同。我們在前面的章節已經學到性成熟的生理基礎，包括變化出現的時間及荷爾蒙的作用。本章聚焦在性的經驗、態度、感覺和行為。首先概述青少年與準成年人的性；接著探討和性活動有關的問題，如青少女懷孕、性傳播疾病、強迫性行為；最後說明青少年學習性的方式。

1. 探討青少年的性

學習目標 1　討論和青少年的性有關的基本概念。

青少年發展的正常面向　｜　性文化　｜　性認同的發展　｜　青少年性行為的研究

青少年對性的神祕懷有無窮無盡的好奇心。他們擔心自己是否具有性吸引力、該怎麼表現得性感一點、想像未來會有什麼樣的性生活。儘管性的旅程一路跌跌撞撞、一頭霧水，還好多數青少年最終會發展出成熟的性認同。

> 性興奮是青春期開始出現的現象，重要的是，要將性視為青少年發展的一個正常面向。
> ——Shirley Feldman（史丹福大學當代心理學家）

青少年發展的正常面向

常聽到青少年的性事問題多如牛毛，如青少女懷孕、性傳播疾病等。雖然這些都是重要、值得擔心的問題，但千萬不要忽略「性是青春期的正常面向」這一事實。

本書一再強調，青春期經常被負面刻板印象化了（Lerner, Morris, & Suzuki, 2017）。負面的刻板印象和青少年問題也汙染了青少年的性這個主題（Diamond & Alley, 2018）。儘

管本書會探討許多青少年面臨的性問題，但請謹記在心：多數青少年具有健全的性態度、對性懷抱正向的情緒，也從事不會對成年造成負面影響的性行為。

　　每個社會都會留意青少年的性。某些社會的成年人會監護青少女，保護她們不受男性傷害；有的社會則提倡早婚。還有一些社會，如美國，則允許青少年嘗試性的體驗，但允許的程度還未達成共識。

　　前面章節介紹的主題，為瞭解青少年的性態度與性行為奠定基礎。和性成熟有關的青春期發育變化，包括男性睪固酮與女性雌激素急遽上升。當代的青春期來得比前面的世代早，可能衍生提早約會及性活動。

　　前額葉皮質（處理自我控制、推理與決策等高等認知功能的腦部區域）的發育比邊緣系統（情緒及酬賞經驗所在的較下層皮質系統）慢。因此，青少年的前額葉皮質可能尚未發展到可以適當控制性感覺與激情的能力。

　　性認同也是個人認同的重要向度之一。與他人的親密關係是青少年性行為雙向性質的重要面向。

　　我們已經瞭解女性與男性的心理與生理差異。根據性別強化假說，青春期的變化可能導致男孩和女孩分別遵循傳統的男性化與女性化行為。此外，請大學生評估他們的性欲時，男性自陳的性欲強度高於女性。青春期位於發展過渡期，因此，可視為從兒童期的無性狀態，過渡到性認同發展完全成熟的成年期。

　　在理解青少年的性時，也要探討父母親的長期失和緊張，如何與青少年的性問題有關；缺乏家長監督即為一例。良好的親子關係使得青少年不至於過早發生性行為，性頻率及性對象也較少。接下來，我們會看到青少年其實很少從父母親那邊學到性教育，彼此幾乎對性閉口不談。

　　我們還會學到同性手足、同儕、密友之間如何談論性，以及過早約會與青少年諸多性問題息息相關，還有戀愛對青少年（尤其是青少女）的重要性。

　　學校在青少年的性當中擔任重要的角色。許多家長也意識到學校性教育是重要的教育面向。

　　本章還將說明性的巨大文化差異。有些文化極度壓抑性，有些文化對性的標準則寬鬆許多。

　　如你所見，性貫穿了青少年發展的各個層面。以下開始探討美國青少年所接觸的性文化。

性文化

　　無庸置疑地，應該將青少年的性納入較廣泛的美國性文化內來看（Carroll, 2019; King & Regan, 2019）。20 世紀中葉的觀念是，已婚夫婦才適合有性關係，時至今日，已婚和單身成人都可以擁有性行為。未婚青少年的性，是這種允許成人發生性行為的自由風氣的延伸。在美國，社會向青少年傳遞各種莫衷一是的性訊息——一方面，青少年（尤其是青少女）不可以有性行為；另一方面，媒體又大肆（對青少年）鼓吹性。也難怪青少年的性發展和性選擇如此混亂困惑。看看媒體怎麼說性：

> 　　（媒體）傳達的性訊息並非總是那麼美好……性通常限制重重、不切實際、陳腐老套。支配是一種性的娛樂取向，求愛是競爭，是一場性的戰爭，欺騙、賭注、操縱是其特點……同樣醒目的是性別角色的刻板印象，把女性刻劃成性玩物，僅存的價值是外表；男性是性玩家高手，不惜一切代價要上壘「得分」……（Ward, Day, & Epstein, 2006, p. 57）。

　　電影、電視節目、影片、流行音樂歌詞、MTV、網站等大剌剌地談性說愛（Bleakley & others, 2017; van Oosten & Vandenbosch, 2017）。性暴力與虐待、性濫交、缺乏避孕措施、無視危險性行為的後果，是青少年觀看黃金時段節目常見的內容（Kinsler & others, 2018）。近期研究也顯示電視節目常出現與泛泛之交發生性行為，頻率幾乎和與固定戀愛關係的伴侶發生性行為一樣（Timmermans & Van den Bulck, 2018）。此外，觀看越多露骨性愛電視節目的 12 到 17 歲青少年，在未來 12 個月內更容易發生性行為（Collins & others, 2004）。最常觀看性愛節目的前 10% 青少年，發生性行為的可能性是後 10% 觀看者的兩倍。再者，一項

在美國文化中，性幾乎無所不在。性可以用來置入販售任何商品。

©*The McGraw-Hill Companies, Inc. / John Flournoy, photographer*

電視節目和網路中，性幾乎無孔不入。
青少年對性感到好奇、想嘗試性也就不
令人意外了。

©*The CW / Courtesy Everett Collection*

為期三年的研究顯示，觀看電視節目的性愛內容，其後的懷孕風險較高（Chandra & others, 2009）。研究拉美裔和非拉美裔白人青少女愛看的電視節目發現，與男性角色相比，女性角色更常被描繪成性感尤物的形象（衣著、性言論等）（McDade-Montez, Wallander, & Cameron, 2017）。另外，與非裔青少年相比，非拉美裔白人青少年從家長那裡獲得性資訊的量，比從媒體那邊獲得的量還多（Bleakley & others, 2018）。

青少年越來越容易接觸到色情網站（Doornwaard & others, 2017）。研究指出，曾造訪色情網站的青少年對性更加開放，更易有多重性伴侶；在過去三個月中，曾有一位以上的性伴侶；性交時會使用酒精或其他藥物；進行肛交等（Braun-Courville & Rojas, 2009）。一項對韓國青少男的研究指出，網路成癮高風險與性經驗有關聯（Sung & others, 2013）。

青少年和準成年人越來越常利用網路作為獲取性資訊的來源（Doornwaard & others, 2017）。研究 177 個性健康網站後發現，資訊的正確性雖高，但品質堪憂（如：作者的信譽、資訊來源的可信度）（Buhi & others, 2010）。品質最差的主題類別是性攻擊。

性短訊（sexting）尤其令人憂心。性短訊意指透過電子媒介發送色情性意味圖片、影像或訊息（Barrense-Dias & others, 2017; Englander & McCoy, 2018; Frankel & others, 2018; Van Ouytsel, Walrave, & Ponnet, 2018）。研究調查全國 13 到 18 歲的青少年，有 7% 的人曾發送或展示自己的性照片（Ybarra & Mitchell, 2014）。分享性照片涉及廣義的性行為，包括口交和陰道性交。某些學校的性短訊發送頻率更高，例如調查某間學校的 656 名高中生，發現有 15.8% 的男學生和 13.6% 的女學生曾發送性短訊，40.5% 的男學生和 30.6% 的女學生曾在手機上收到性短訊（Strassberg, Cann, & Velarde, 2017）。另一研究調查 13 到 21 歲拉美裔年輕人，顯示性短訊和參與性行為（口交、陰道性交及肛交）有關（Romo & others, 2017）。

美國兒科醫學會（American Academy of Pediatrics, 2010）發表政策聲明指出，電視、影片、音樂及網路等，都會變得越來越明目張膽。但這些媒體卻鮮少提供有關節制性欲、性責任、生育控制等方面的訊息。

性認同的發展

處理湧現的性感覺及形成性認同感，是一個多面向的過程（Diamond & Alley, 2018; Savin-Williams, 2018）。這個漫長的過程包括學會：處理性興奮與性吸引力等性感覺、經營親密關係、調節性行為避免不當後果等（Goldberg & Halpern, 2017）。

> 我們共出生兩次。第一次是為了生存，第二次是為了生活。先成為人，再成為男人和女人。
> ——Jean-Jacques Rousseau（盧梭，18 世紀瑞士出生的法國哲學家）

性認同的發展不僅指性行為而已。性認同還涉及青春期荷爾蒙等生理因素、社會因素及文化因素，而大多數社會對青少年的性行為設下種種限制。青少年的性認同強烈受到與性相關的社會規範影響——如覺察同儕有性經驗的程度、使用保護措施等。這些社會規範在在影響青少年的性行為，例如，當青少年感到同儕對性抱持開放態度，就會提高他們進行性交或嘗試危險性行為的風險（Potard, Courtois, & Rusch, 2008）。

青少年的性認同還牽涉到性取向（指個體被同性或異性吸引），也涉及性活動、興趣及行為風格。一項對 470 位十年級到十二年級澳洲青少年的研究，發現他們的性態度與性活動存在極大差異（Buzwell & Rosenthal, 1996）。有些人還是處子之身，從未有過性活動；有些人對性極度焦慮，擔心自己的身體發育不佳、不夠吸引他人；有些人則對性沒那麼焦慮，有意願去探索性的選項；另有一些人深信自己具有性吸引力、性經驗豐富，自覺有能力應付各種性的狀況。

青少年性行為的研究

評估性態度和性行為不是件直截了當的事（Pfeffer & others, 2017; Saewyc, 2011）。如果有人問你：「你多久發生一次性行為？」或「你曾和幾個人發生過性關係？」你會如何回答？最有可能回答這類性問題的，是那些對性持開放態度、性行為自由的人。因此，蒐集不到極端隱私問題的答案，再加上拒絕誠實回答陌生人有關性的問題，是這類研究的限制。此外，當問及性活動時，有的人會如實回答，有的人會回答社會期許的反應。例如，九年級的男生即使沒有性經驗，也可能回答「有」，因為他怕別人笑他還是處男。一項針對高中生的研究表明，8% 的女生少報了她們的性經驗，14% 的男生則多報了他們的性經驗（Siegel, Aten, & Roghmann, 1998）。因此，男生傾向於誇大他們的性經驗，好藉此誇耀其性能力；女生則淡化她們的性經驗，以免給別人留下不負責任或性關係隨便的印象。

回顧與反思

| 學習目標 1 | 討論和青少年的性有關的基本概念。

| 複習本節所學 |

· 如何將性解釋為青少年發展的正常面向？

· 美國的青少年接觸到哪些性文化？

· 青春期發展的性認同涉及哪些因素？

· 要研究青少年的性，在蒐集資訊方面會碰到哪些困難？

| 分享與連結 |

· 你在本節學到的性文化，會如何加深性別刻板印象？

| 反思個人經驗 |

· 青少年時期的你，有怎樣的性認同？有哪些因素促成這樣的性認同？你的性認同是如何演變的？你是何時開始覺察到的？

2.性態度與性行為

接下來探討青少年的性態度與性行為。首先說明異性戀者的性態度與性行為，再來是性少數青少年的性態度與性行為。

> 在人體器官中，生殖器官是唯一人體只攜帶一半的器官，因此我們才要花費極大的時間精力去找尋另一半。
>
> ——François Jacob（20 世紀法國生物學家）

異性戀者的性態度與性行為

青少年會多早嘗試各種性活動？青少年遵循哪些性腳本？某些青少年更容易涉入不負責任的性行為嗎？本節將一一檢視這些問題。

青少年的性活動發展

青少年的性活動現況為何？在 2015 年全美性活動調查中，58% 的十二年級學生自陳曾有過性經驗，而 30% 的九年級學生自陳曾有過性經驗（Kann & others, 2016a）。到了 20 歲，77% 的年輕人說已有過性經驗（Dworkin & Santelli, 2007）。2015 年的全國調查發現，整體而言，約有 46% 的十二年級學生、33.5% 的十一年級學生、25.3% 的十年級學生、16% 的九年級學生自陳近期有性經驗（Kann & others, 2016a）。

近幾十年來，青少年的性活動出現哪些趨勢？從 1991 到 2015 年，報告以下情況的青少年逐年減少了：曾有過性經驗、近期有性經驗、13 歲之前有過性經驗、一生當中曾跟四位以上對象有過性經驗（Kann & others, 2016a）（見圖 1）。

在美國，第一次性經驗的年齡因族裔而異（Kann & others, 2016a）。非裔發生性行為的年齡較其他族裔早，亞裔較晚（Feldman, Turner, & Araujo, 1999）。美國在 2015 年針對九年級到十二年級學生進行調查，發現 49% 的非裔、43% 的拉美裔、40% 的非拉美裔白人自陳已有性經驗（Kann & others, 2016a）。在此研究中，8% 的非裔（相較於 5% 的拉美裔和 3% 的非拉美裔白人）說在 13 歲之前就有過第一次性經驗。這些數據表明自 2011 年以來，非裔與拉美裔青少年的性行為顯著減少（Eaton & others, 2012; Kann & others, 2016a）。

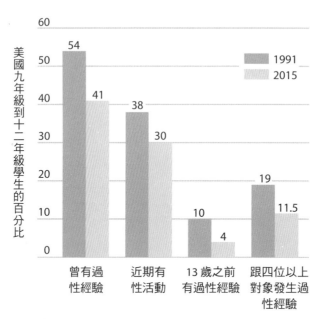

圖 1 | **1991 到 2015 年美國青少年的性活動**
資料來源：Kann, L., & others. "Youth Risk Behavior Surveillance–United States 2015." *MMWR, 65,* June 10, 2016, 1–174.

口交

研究顯示，口交（oral sex）在美國青少年中相當普遍（Fava & Bay-Cheng, 2012; Song & Halpern-Felsher, 2010）。調查全國 7,000 名以上的 15 到 24 歲年輕人，58.6% 的女性自陳曾做過口交，60.4% 的女性說曾接受口交（Holway & Hernandez, 2018）。同樣地，另一項全國性的調查顯示，51% 的 15 到 19 歲青少男和 47% 的青少女有口交經驗（Child Trends, 2015）。可見口交的比例比陰道性交還高，可能是因為年輕人越來越能接受口交，且健康風險較低。

Bonnie Halpern-Felsher（2008）曾在《青少年健康期刊》（*Journal of Adolescent Health*）的編輯室報告中討論口交與陰道性交的利弊。與陰道性交相比，口交免除了懷孕的風險，不良後果較少。但口交並非零風險，還是有可能發生性傳播疾病（如：疱疹、衣原體、淋病）等不良健康後果。因此，建議青少年口交時仍要使用保險套。不過，僅有 7.6% 的女性和 9.3% 的男性在最近一次的口交中使用保險套（Holway & Hernandez, 2018）。

Halpern-Felsher 等人進一步檢視口交相較於陰道性交的優點（Brady & Halpern-Felsher, 2007; Goldstein & Halpern-Felsher, 2018; Song & Halpern-Felsher, 2010）。研究分析青少年性活動的口交與陰道性交時間順序（Song & Halpern-Felsher, 2010）。在此研究中，多數青少年在初次口交後的六個月內發生第一次陰道性交。在九年級結束前有第一次口交經驗的青少年，有 50% 的機會在十一年級結束前發生陰道性交；但在十一年級結束前才有口交經

驗的人，僅有少於 20% 的機會發生陰道性交。

　　另一研究探討口交與陰道性交的後果（Brady & Halpern-Felsher, 2007）。與有陰道性交經驗（不管有沒有伴隨口交）的青少年相比，僅進行口交的青少年懷孕或感染性疾病的風險較低、較不會有罪惡感或被剝削的感覺、雙方關係較不易惡化、較不會讓父母捲入有關性的麻煩事裡。與僅有陰道性交或同時有口交與陰道性交經驗的同儕相比，僅進行口交的青少年也說較能體驗快感、自我感覺較佳、雙方關係拉近。

　　在第一次性行為是陰道性交的青少女中，31% 自陳曾青春期懷孕；而第一次是口交的青少女中，只有 8% 曾青春期懷孕（Reese & others, 2013）。因此，青少年如何開始他們的性生活，可能會為其性健康帶來正向或負面的影響。

跨文化比較

　　青少年開始性行為的時間，因文化和性別而異，且在多數的情況下，與文化的價值觀和習俗有關（Carroll, 2019; King & Regan, 2019）。馬利（Mali）（譯注：位於西非的內陸國家）女性 17 歲之前就有第一次性經驗的比例約為 72%，美國約為 47%，坦尚尼亞約為 45%（Singh & others, 2000）。牙買加男性 17 歲之前就有第一次性經驗的比例約為 76%，美國約為 64%，巴西約為 63%。並非所有國家都參與研究，但亞洲國家（如中國與日本）第一次性經驗的年齡一般都比美國晚。

　　放眼全世界，15 到 19 歲青少男與青少女的性活動差異極大（Singh & others, 2000）。在發展中國家，絕大多數有性經驗的 15 到 19 歲青少男未婚，但三分之二以上該年齡層的青少女已經結婚了。不過，已開發國家如荷蘭、瑞典及澳洲，絕大多數的 15 到 19 歲青少女未婚。

性腳本

　　隨著青少年與準成年人開始探索性認同，就受到性腳本的牽制（Kollath-Cattano & others, 2018; Landgraf, von Treskow, & Osterheider, 2018; Singleton & others, 2016; Whitaker & others, 2018）。**性腳本（sexual script）**是社會灌輸個體應當如何進行性行為的刻板角色模式（Morrison & others, 2015; Starks & others,

青少年的性行為有哪些趨勢？青少年的性腳本有哪些特徵？
©*apomares/Getty Images*

2018; Willie & others, 2018）。當個體來到青春期，女孩與男孩被社會化成應該遵循不同的性腳本。女性與男性的性腳本差異造成青少年在建立性認同時出現問題與混淆。研究回顧顯示，性別的雙重標準屹立不搖——女性的性行為社會規範與限制嚴苛，而男性被賦予更多性自由，即使擁有多重性伴侶也不會受到苛責（Bousuard, van de Bongardt, & Blais, 2016）。另一個性腳本是，青少女要性愛合一（Michael & others, 1994）。她們得告訴自己是被當下激情沖昏了頭，來合理化自己的性行為。許多研究發現，青少女比青少男更常說墜入愛河是她們之所以發生性行為的主要原因（Carroll, 2019; Crooks & Baur, 2017; Hyde & DeLamater, 2017）。青少女發生性行為的其他理由還有：屈服於男性壓力、性是能交到男朋友的賭徒心態、好奇心，以及與愛無關的性渴望。

大多數青少年的性經驗和男性提出性挑逗，以及女性對男性欲拒還迎有關。強大的同儕壓力驅使青少年發生性行為。如同一位青少年所言：「來自哥兒們的壓力迫使我們不得不想辦法射門得分。」

Deborah Tolman（2002）訪談數名青少女的性事，驚訝地發現雙重標準仍對女孩的性體驗與談論性事設下種種限制，但卻允許男孩自由奔放地駕馭性。在電影、雜誌及音樂中，女孩的形象被描繪為是某人渴望擁有的物品，但不能坦誠接受自己的情欲。Tolman認為女孩面臨了和性自我（sexual selves）有關的艱鉅挑戰：要成為完美的性對象，必須顯得性感但要控制欲望。同樣地，青少女常從社會或學校接收到性的雙重標準，只能向密友圈尋求支持或接納，以緩衝來自雙重標準的壓力（Lyons & others, 2010）。

一項研究採焦點團體方式，訪談 18 到 26 歲的男女異性戀性腳本（Sakaluk & others, 2014）。常見的性腳本如下：

- **性驅力**（Sex Drive）。男人已經準備好發生性行為，女人得壓抑性表現。
- **肉體性與感情性**（Physical and Emotional Sex）。男人傾向於肉體的性，女人傾向於關係／感情的性。
- **性表現**（Sexual Performance）。男人和女人都應該具備性技巧與性知識。新的性腳本甚至要求女性尤其應該要具備口交技巧。
- **發動攻勢與守門員腳本**（Initiation and Gateway Scripts）。由男人發動性攻勢（多數男性和某些女性認同這個腳本），女人是守門員（多數男性和女性認同應該由女性守住界線）。
- **性評價**（Sexual Evaluation）。性感的單身女人被嚴加批判，性感的男人卻受到推崇。然而，太性感的男人給人的觀感卻不是很好，因為他們可能過於風流，會隨便和不同的女人上床。

關於成年男性的性腳本還有：（1）傳統的男性「花花公子」腳本；（2）強調互給對方性快感腳本（Morrison & others, 2015）。

青少年性行為的風險因素

許多青少年並未對性做好心理準備（Charlton & others, 2018; Hingson & Zha, 2018; Ihongbe, Cha, & Masho, 2017; Weisman & others, 2018）。過早進行性活動的風險包括：吸毒、犯法及學校適應問題（Cai & others, 2018; Boisvert, Boislard, & Poulin, 2017; Donenberg & others, 2018; Rivera & others, 2018）。一項針對韓國青少女的研究顯示，早發性初經可能與過早發生性行為有關（Kim & others, 2017）。過早發生性行為（早於 14 歲）與高風險性因素（強迫性行為、性交時吸毒／飲酒、最近一次性行為未使用保險套、多重性伴侶、懷孕）

青春期性問題的風險因素有哪些？
©Stockbyte/PunchStock

有關，也容易遭受約會暴力（Kaplan & others, 2013）。此外，研究超過 3,000 名瑞典青少年發現，14 歲前就有性經驗，與 18 歲時的危險行為如：性伴侶數目增加、口交與肛交經驗、不良健康行為（抽菸、物質濫用）、反社會行為（暴力、偷竊、逃家）有關（Kastbom & others, 2015）。再者，南非的研究也發現，過早發生性行為與高中輟學有關（Bengesai, Khan, & Dube, 2017）。

除了過早發生性行為外，青春期性問題還有其他風險因素，包括情境因素，如：社經地位（socioeconomic status, SES）與貧困、移民／少數族裔地位、家庭／父母與同儕、學校、體育活動等（Warner, 2018）。在市中心的低收入戶地區，青少年性活動的比例偏高（Morrison-Beedy & others, 2013）。一項研究顯示，社區貧困集中度可以預測 15 到 17 歲青少男與青少女的初次性行為（Cubbin & others, 2010）。許多家庭因素和性風險有關（Ashcraft & Murray, 2017; Ruiz-Casares & others, 2017），例如，家長知識程度越高及關於約會的家規越多，八年級到十年級青少年發生初次性行為的可能性越低（Ethier & others, 2016）。在另一項研究中，拉美裔青少年和父母的關係衝突與過早發生性行為有關（Cordova & others, 2014）。最能預測青少年低風險性行為的是支持性的親子教養方式（Simons & others, 2016）。此外，兄姊的性經驗活躍或家中有懷孕的青春期姊妹，都會提高青少女的懷孕風險（Miller, Benson, & Galbraith, 2001）。

　　同儕、學校及體育活動等情境，可讓我們進一步暸解青春期的性風險因素（Widman & others, 2016）。青春期早期的偏差同儕越多，越有可能在 16 歲出現多重性伴侶的情況（Lansford & others, 2010）。和學校的連結良好與正向的性結果有關（Markham & others, 2010）。同樣地，良好的中學學業成就是免於青少年發生過早性行為的保護因子（Laflin, Wang, & Barry, 2008）。此外，輟學或考試成績差的青少女，較容易頻繁發生性行為，也不太使用避孕措施（Hensel & Sorge, 2014）。參與體育活動的青少男，性風險情況升高；但參與體育活動的青少女，性風險情況反而較低（Lipowski & others, 2016）。

　　認知與性格因素和青少年的性風險情況越來越有關聯，尤其是注意力缺陷問題和自我調節能力薄弱（難以管控自己的情緒和行為）。一項長期研究顯示，注意力缺陷問題與諸多攻擊／破壞行為，提高了中學時期多重行為問題（學校適應不良、反社會行為、物質使用等）出現的風險，可能導致過早開始性活動（Schofield & others, 2008）。8 到 9 歲時自我調節能力薄弱，以及 12 到 13 歲時的冒險傾向（尋求感官刺激與做出錯誤決定），成了 16 到 17 歲時性風險提高的起因（Crockett, Raffaelli, & Shen, 2006）。

　　青少年的性格特質與靈性信仰是否可保護其免受負面性結果的影響？研究顯示，**親社會規範**（prosocial norms）（提供青少年有關風險行為規範的訊息、要求青少年善待他人、不可涉入危險行為、教導親社會行為的好處）和**靈性信仰**（spirituality）（相信有更崇高的精神、宗教力量存在），都與青少年正向的性結果有關：不太可能發生性行為、不太可能太早發生性行為、減少性行為頻率，以及減少懷孕風險（House & others, 2010）。另一項

一位青少年參加卡內基美隆大學社會與決策科學系 Julie Downs 等人開發的互動式影片課程。這些影片協助青少年學習評估他們在高風險性環境下的反應與決定。
©Michael Ray

研究發現，父母的宗教信仰虔誠能降低青少年子女的危險性行為，這可能是因為父母會要求子女不可結交對性行為容忍度高的朋友（Landor & others, 2011）。相較於宗教信仰相當虔誠的非裔青少女，低到中度宗教信仰者較早發生初次性行為（George Dalmida & others, 2018）。

近來學者正努力推動青少年正向發展（positive youth development, PYD），期能減少青少年性行為的負面結果（Lerner & others, 2015）。青少年正向發展方案旨在提高青少年的人際關係與技巧，協助他們發展積極的未來願景，加強學業、經濟及志工參與活動。運用青少年正向發展方案改善青春期性結果，正如火如荼實施中（Arbeit & others, 2014; Catalano, Gavin, & Markham, 2010; Gavin & others, 2010）。

一項針對高風險、低收入地區青少女（平均年齡 16.5 歲）的介入措施，成功地增加了介入組在實驗後一年以上沒有發生性行為的人數（Morrison-Beedy & others, 2013）。在性活躍的青少女中，介入組青少女還減少了陰道性交與不安全性行為的次數，懷孕的機率降低了 50%。這項介入措施包括在課程結束三個月及六個月後，進行四次每週 2 小時的團體討論（6 至 9 位女孩一組）及兩次 90 分鐘的加強訓練課程。介入內容為：（1）提供 HIV 資訊；（2）強化減少性風險行為的動機；（3）教導因應性風險情況的人際關係與自我管理技巧，如使用保險套。

準成年人對性的進一步探索

前面已經介紹過異性戀準成年人性態度與性行為的某些面向，例如異性戀男性和女性的性腳本。這些性腳本持續在成年初顯期發酵（Lefkowitz & others, 2014; Sakaluk & others, 2014）。以下進一步分析與統整異性戀準成年人的性模式。

調查顯示，從成年初顯期開始（18 歲），半數以上的人都已經有性經驗了；到了成年初顯期結束（25 歲），絕大多數成人

準成年人的性模式有哪些特徵？
©Sam Edwards/ age fotostock

皆有過性經驗（Lefkowitz & Gillen, 2006; Regenerus & Uecker, 2011）。此外，美國男性的平均結婚年齡約為 29 歲，女性約為 27 歲（U.S. Census Bureau, 2017）。因此，多數的準成年人處於有性活動但未婚的狀態（Lefkowitz & Gillen, 2006; Waterman & Lefkowitz, 2018）。

異性戀準成年男性和女性的性模式大致如下（Lefkowitz & Gillen, 2006）：

- 男性的隨意性伴侶較多，女性較審慎選擇性伴侶。

- 在過去一年中，約有 60% 的準成年人只與一個人發生性關係；但與 20 多歲和 30 多歲的年輕人相比，準成年人更有可能與兩個以上的人發生性關係。

- 儘管準成年人易有多位性伴侶，但性行為的頻率卻不高。約 25% 的準成年人說一年只有幾次性行為，或根本沒有（Michael & others, 1994）。

- 不確定性是許多準成年人性關係的特徵。將近一半的約會交往者和同居者說關係分分合合（分手後又復合）（Halpern-Meekin & others, 2013）。

- 準成年人表示有發生陰道性交的日子，他們比較會有正向情緒產生。但是，若與非約會對象發生性關係，或遭受負面性經驗，則會有較高程度的負面情緒（Vasilenko & Lefkowitz, 2018）。

- 準成年人的性風險因素更多。男性涉入的風險因素尤勝女性（Mahalik & others, 2013）。

　　與 20 世紀末相比，隨意性行為（casual sex，又譯一夜情）在成年初顯期更為普遍常見（Sizemore & Olmstead, 2017; Waterman & Lefkowitz, 2018; Wesche & others, 2018）。「勾搭上床」（hooking up）這種雙方無關係的性（從接吻到性行為）更是蔚為風潮（Blayney & others, 2018; Montes, Blanco, & LaBrie, 2017; Penhollow, Young, & Nnaka, 2017; Savage, Menegatos, & Roberto, 2017; Sullivan & others, 2018）。研究發現，在某一大型大學裡，竟有 20% 的大一女生在整個學年度裡，至少有一次勾搭上床的經驗（Fielder & others, 2013）。衝動、尋求感官刺激及飲酒，是勾搭上床的預測因子。此外，40% 的 22 歲年輕人提到最近有過隨意性行為伴侶（Lyons & others, 2015）。以 3,900 名以上 18 到 25 歲的準成年人為對象的研究指出，隨意性行為與幸福感呈負相關，與心理困擾呈正相關（Bersamin & others, 2014）。

　　除了勾搭上床外，近來興起另一種形式的隨意性關係，名為「互利朋友」（friends with benefits, FWB）（譯注：又名好友萬萬睡／朋友也上床／炮友關係／戀搞好朋友），是一種融合友誼與性、卻沒有互許明確承諾的獨特親密關係（Weger, Cole, & Akbulut, 2018）。但近期一項研究卻發現，自殺意念和加入並延續這種互利朋友關係有關（Dube & others, 2017）。

　　有哪些因子可以預測異性戀準成年人的危險性行為（如：隨意性行為、不安全性行為）？研究發現，青春期時性活動頻繁的人，步入成年初顯期後易涉入危險性行為（Pflieger & others, 2013; Scott & others, 2011; Shulman, Seiffge-Krenke, & Walsh, 2017）。從事

不安全性行為的大學生，恐怕在高中時期就已經習以為常了（Wetherill, Neal, & Fromme, 2010）。與沒有高中學歷的人相比，就讀大學或大學畢業的準成年人較不會有發生隨意性行為的情形（Lyons & others, 2013）。宗教信仰虔誠的準成年人，性伴侶人數和危險性行為較少（Lefkowitz, Boone, & Shearer, 2004）。飲酒容易導致隨意性行為，遑論可能造成的風險（Simons & others, 2018; Sutarso & others, 2018）。與僅喝酒的人相比，那些既喝酒又抽大麻的人最近一次的性行為很有可能是跟偶然相識的人發生的，而且會被既不喝酒也不抽大麻的同儕瞧不起（Fairle & others, 2018）。此外，研究發現把酒和能量飲料混在一起喝，會使得女大學生容易預醉（指參加聚會或尋歡作樂前就先喝醉）（Linden-Carmichael & Lau-Barraco, 2017）。另一項研究發現大學生常看色情片，與勾搭上床和多重性伴侶有關聯（Braithwaite & others, 2015）。

關於性，兩性之間的差異究竟有多大？統合分析研究顯示，男性自陳較常自慰、看色情影片及發生隨意性行為，且對隨意性行為的態度較為包容（Petersen & Hyde, 2010）。

社會學家 Mark Regenerus 與 Jeremy Uecker（2011）在《美國的婚前性行為：美國年輕人如何相遇、求愛及其婚姻觀》（暫譯）（*Premarital Sex in America: How Young Americans Meet, Mate, and Think About Marrying*）一書中形容，成年後那種自由、短暫、自我獎勵的性「利益」是膚淺的，根本比不上長期、安全的婚姻關係。準成年人的性生活通常以一次一個對象的單偶關係為主。Regenerus 與 Uecker 還指出，這些準成年人的性行為模式，使得女性的性得不到滿足、幸福感下降，因為女性非常看重關係連結。許多成年女性並不暸解這種短暫的、一次一個對象的單偶關係會對她們的情緒健康帶來多大傷害。批評者則認為 Regenerus 和 Uecke 的分析過於偏袒男性、貶抑女性（Katz & Smith, 2012）。

性少數青少年的性態度與性行為

絕大多數的性少數者（sexual minority individuals）在青春期時就體驗到被同性吸引、發生了性行為，及自我標籤為男／女同志（gay or lesbian）（Diamond & Alley, 2018; Diamond & Savin-Williams, 2015; Savin-Williams, 2015, 2018）。不過，有些性少數者要等到成年初顯期才有這些經驗。同樣地，多數男／女同志在青春期前後就有了第一次同性性經驗，到了成年初顯期，也繼續拓展同性性關係。在性發展里程碑的時間及順序上，異性戀和性少數青少年幾乎沒有個體差異，只是性少數青少年在處理性認同方面的壓力更大，還得向其他人公開其為性少數身分（Savin-Williams, 2018）。

對同性或異性性伴侶的偏好，並不是終生一成不變的決定。特別是男性，在青春期的

時候會嘗試同性交往，到了成年時卻不會從事同性性行為。但有些人則是恰恰相反。

直到 20 世紀中葉，世人普遍認為，人要不是同性戀，就是異性戀。然而，因為「同性戀」（homosexual）一詞隱含的負面意味，一般逐漸不喜歡用這個詞了（Carroll, 2018; Crooks & Baur, 2017）。同理，「同性戀」一詞將性過於簡化、截然區分。許多人宣稱受到同性吸引，但覺得自己並非**性少數**（**sexual minority**）族群（男／女同志或雙性戀者）。**雙性戀**（**bisexual**）是指受兩種性別吸引的人。學者目前傾向少用「同性戀」這一難以清楚說明的詞，改用「被同性吸引」（individuals with same-sex attractions）或「從事同性性行為」（individuals who have engaged in same-sex behavior）兩種說法。另一種方式是不以類別來劃分，改以在性或戀愛「完全受異性吸引」到「完全受同性吸引」的連續光譜向度來衡量（Savin-Williams, 2016）。

最新的全國性取向調查報告顯示，18 到 44 歲的男性和女性中，聲稱曾被同性吸引的女性（17.4%）是男性（6.2%）的三倍（Copen, Chandra, & Febo-Vazquez, 2016），聲稱只受異性吸引的男性（92.1%）較女性（81%）為多。92.3% 的女性和 95.1% 的男性表示自己絕對是異性戀。此外，1.3% 的女性和 1.9% 的男性表示自己是同志，5.5% 的女性和 2% 的男性表示自己是雙性戀。

性少數行為的相關因素

研究正在探討性少數行為的可能生物基礎（LeVay, 2016）。在這方面，須探討的有同性吸引力的荷爾蒙、大腦及雙胞胎研究。荷爾蒙研究的結果莫衷一是。的確，就算對性少數男性注入睪丸酮，也不會改變他們的性傾向，只會增加他們的性欲。

某一特別的關鍵時期極可能影響性取向（Hines, 2013, 2015; LeVay, 2016; Li, Kung, & Hines, 2017）。受孕後第二個月到第五個月，胎兒接觸到的女性荷爾蒙濃度，會影響個體（無論男性或女性）往後被男性吸引的程度（Ellis & Ames, 1987）。若關鍵期荷爾蒙假說是正確的，就可以解釋為什麼在臨床上很難改變性取向——實際上根本無法矯正性取向（Meyer-Bahlburg & others, 1995）。

雙胞胎研究主要在檢視遺傳對性取向的影響（Sanders & others, 2017）。瑞典一項針對將近 4,000 名雙胞胎研究發現，在男性中，遺傳差異約可解釋 35% 的同性戀行為變異，在女性中，遺傳差異約可解釋 19% 的同性戀行為變異（Langstrom & others, 2010）。此一研究結果顯示，雖然遺傳在性取向上起了一些作用，但並不是唯一因素（King, 2017, 2019）。也就是說，不管一個人是異性戀、同性戀或雙性戀，至少在成年初顯期伊始，是無法斷定其性取向的（King, 2017, 2019）。

　　研究另外探討性少數青少年的童年行為模式。一項研究以超過 4,500 位男女孩為對象，檢視其童年性類型行為（sex-typed behavior）是否與青少年期的性取向有關（Li, Kung, & Hines, 2017）。在此研究中，3.5 歲和 4.75 歲的性別類型行為（gender-typed behavior）（如打鬧遊戲是男性類型行為，扮家家酒遊戲是女性類型行為）可以預測 15 歲時的性取向（但 2.5 歲的預測力較差），其中對男孩的預測力顯著高於女孩。

　　一個人的性取向極有可能是遺傳、荷爾蒙、認知及環境等因素共同影響的結果（Carroll, 2019; King, 2017, 2019）。多數同性關係的專家認為，沒有哪一個單一因素可以造成性取向，每個因素的相對權重因人而異（Savin-Williams, 2018）。

性少數青少年具有哪些特徵？
©Nati Harnik/AP Images

發展路徑

　　大部分的性少數青少年於童年時期就在同性吸引力之間悄悄地掙扎，不與異性約會交往，到了青春期中期或後期才慢慢地意識到自己是同志（Diamond & Alley, 2018; Diamond & Savin-Williams, 2015）。然而，在這個發展的里程碑階段，性取向的變動性遠比我們想像中來得大（Savin-Williams, 2017, 2018）。許多年輕人遵循著既定的發展路徑，有些人則否。例如，許多人並沒有被同性吸引的印象，但卻突然在青春期後期對同性怦然心動（Savin-Williams & Cohen, 2015）。研究也發現，多數被同性吸引的青少年，在生命中的某些時候也會被異性吸引，女性尤為如此（Garofalo & others, 1999; Savin-Williams, 2018）。

而且，儘管有些受同性吸引的人陷入熱戀，但也有人宣稱同性吸引力只限於肉體層面（Savin-Williams, 2015, 2017, 2018）。

　　總之，性少數年輕人的發展軌跡各不相同，包括：情竇初開的模式、是否對兩種性別都有性與浪漫愛情的吸引力，以及有可能對同性或異性皆採性愛分開的態度（Savin-Williams, 2018; Savin-Williams & Cohen, 2015）。

同志身分認同與出櫃

　　建立同志身分認同並向他人揭露，是一段漫長的歷程，通常在青春期之前或青春期早期就開始了，一直到成年初顯期下定結論（Diamond & Alley, 2018; Savin-Williams, 2018）。一項以男同志青少年為對象的研究顯示，早在兒童期，他們就覺得自己和別的男生不一樣（Newman & Muzzonigro, 1993），第一次暗戀別的男孩的平均年齡約為 12.7 歲，而發覺自己是同志的年齡約為 12.5 歲。意識到自己是男同志時，大多數男孩陷入困惑、茫然失措。半數以上的男孩說一開始會試圖否認自己是男同志。

與異性戀青少年的異同

　　異性戀關係中出現的諸多性別差異也發生在同性關係中（Diamond & Alley, 2018; Savin-Williams, 2017, 2018）。一項大規模研究調查異性戀、被同性吸引及雙性戀青少年生活的異同處（Bisséri & others, 2006），相似處包括：友誼的品質、學業表現和感知學校氣氛。雙性戀青少年陳述的負面結果最多，包括：親子關係、心理功能及受害情形。與完全異性戀青少年相比，被同性吸引的青少年自陳的親子關係、心理功能及受害情形的正向經驗較少。這些研究結果證實了其他研究的發現——非異性戀青少年的生活的確面臨許多風險與挑戰。慶幸的是，這些發現也表明，被同性吸引的青少年，他們的生活也有正向光明的地方，如：個人潛能（學業表現）與人際資源（友誼的品質）（Bisséri & others, 2006）。

> 近十年來，越來越多年輕人向父母公開自己的同志或雙性戀身分（出櫃）。
> ——Ritch Savin-Williams（當代心理學家，康乃爾大學）

歧視、偏見與暴力

　　對具有同性吸引力的人抱持非理性負面情緒，稱為**恐同症（homophobia）**。走到極端的話，恐同症會導致個體有嘲弄、肢體攻擊甚至殺害同志的行動出現（Baldwin & others, 2017; Conlin, Douglass, & Ouch, 2018; Douglass & others, 2017; Valdiserri & others, 2018）。有

恐同症的人普遍會避免與同志交流互動、誤解同志的生活型態（如：以為兒童性侵害者都是同志），以及在居住、就業等生活各方面公然或隱性歧視同志（Meyer, 2003）。

同性吸引力被汙名化的害處之一，就是造成性少數族群的自我貶抑（Diamond & Alley, 2018）。自我貶抑常見的形式為「蒙混通關」（passing），即隱藏個人真正的社會身分。因缺乏足夠的支持，加上恐懼被汙名化，許多性少數年輕人不敢出櫃，寧願日後到了一個較安全的環境（如：大學）再公開同志身分。

在許多情況下，性少數年輕人比一般異性戀年輕人更容易成為被施暴的目標，如：強迫性行為、約會暴力，以及在學校和社區裡被言語及肢體騷擾（Coker, Austin, & Schuster, 2010; Ryan & others, 2009; Shramko, Toomey, & Anhalt, 2018）。性少數青少年也常有被家人、同儕、學校和社區歧視及排擠的經驗（Diamond & Savin-Williams, 2015; Savin-Williams, 2015, 2018; Schrager, Goldbach, & Mamey, 2018）。遭受汙名化和歧視的性少數年輕人容易衍生出問題（Saewyc, 2011），例如，因出櫃而被家人排斥的性少數年輕人，憂鬱、物質使用、不安全性行為的比率偏高（Ryan & others, 2009）。一項針對 15 歲青少年的研究顯示，性少數的身分使其容易成為同儕騷擾的對象，進而引發憂鬱症狀（Martin-Storey & Crosnoe, 2012）。幸而，儘管有這些不利條件，許多性少數青少年仍成功地迎向挑戰，並發展出和異性戀同儕一樣的身心健康水準（Diamond & Alley, 2018; Savin-Williams, 2018）。

健康

絕大多數性少數青少年都有能力順利地度過青春期的發展，成為健康又具生產力的成人。不過，性少數年輕人仍存在一些健康風險，尤其是因為遭受歧視和偏見而導致的風險，例如，性少數青少年的確容易涉入高健康風險的行為（使用藥物及性冒險行為）（Kann & others, 2016b）。無論是性少數或異性戀青少年，過早發生性行為（13 歲之前）和性冒險行為、物質使用、暴力受害及自殺意念／企圖都有相關（Lowry & others, 2017）。

同樣地，綜合 300 多個以上的研究得出結論，雙性戀青少年的自殺意念／企圖，比被同性吸引和異性戀青少年還高（Pompili & others, 2014）。研究 72,000 名以上的青少年（其中超過 6,200 位是性少數者）發現，性少數青少年的自殺意念、計畫及企圖，顯然比異性戀青少年高（Bostwick & others, 2014）。家庭支持可以降低性少數青少年的自殺企圖風險（Reisner & others, 2014）。

性少數青少年更容易有過早發生性行為的情形（13 或 14 歲之前），其性伴侶人數較多、罹患性傳播疾病的可能性較異性戀同儕為高，至於在使用保險套方面，研究結果尚無定論（Parkes & others, 2011; Saewyc, 2011）。

一個特別令人擔憂的問題是，男男性行為者性傳播疾病（尤其是 HIV）的高罹患率（Morgan, 2014）。具有同性性伴侶的青少女，性傳播疾病的罹患率亦相對較高（尤其是又與男性性伴侶發生關係的話）（Morgan, 2014）。此外，一項針對 15 到 20 歲的全國性研究顯示，雙性戀女性和女同志的初次性行為比異性戀同儕來得早，男性性伴侶和女性性伴侶也比較多（Tornello, Riskind, & Patterson, 2014）。其中，雙性戀女性的初次性行為時間最早、性伴侶人數最多、緊急事後避孕藥用得最多、終止懷孕的頻率也最高。另一研究也發現，與其他族群相比，雙性戀青少男和青少女的性健康風險偏大（Morgan, 2014）。

在此雖然提到性少數青少年的許多健康風險，但我們也要記得，絕大部分性少數青少年都具備健康發展的潛能。

自我刺激

無論是被同性吸引或異性戀青少年，都會經歷到持續上揚的性興奮（sexual arousal）。許多沒有交往對象、刻意不從事性行為或性探索的年輕人，會以自我刺激（self-stimulation）或自慰（masturbation）的方式來因應接二連三的性興奮感。

如前所述，接吻、愛撫、性交或口交等這一連串行為，是許多青少年的性經驗特徵。然而，相當多青少年有過自慰經驗，多數男孩的第一次射精經驗約發生在 12 到 13 歲。自慰、與同性或異性伴侶進行生殖器官的接觸，或是夢遺，都是射精常見的情況。

自慰是許多青少年常用的性發泄方式。研究 14 到 17 歲的青少年，發現 74% 的青少男與 48% 的青少女曾有自慰經驗（Robbins & others, 2012）。

今日的青少年對於自慰，不若前幾個世代那樣的懷有罪惡感，當然他們還是會覺得尷尬或充滿戒心。在過去的年代，從長疣到精神失常，自慰被痛斥為一切的元凶。時至今日，僅有 15% 的青少年對自慰貼上污名標籤（Hyde & DeLamater, 2017）。

在一項研究中，研究者調查大學生的性行動（Leitenberg, Detzer, & Srebnik, 1993）。男性自慰的人數幾乎是女性的兩倍（81% vs 45%），男性在青春期早期和成年早期的自慰頻率，是相同年齡階段女性的三倍。成年期的性適應品質（quality of sexual adjustment）與青春期開始前／青春期早期的自慰史，兩者之間似乎沒有關聯。

很難解釋現有關於自慰的資料，因為這些研究都是根據青少年的自陳報告，不一定反映真實的情況。許多青少年性學專家認為，青少男的自慰應比青少女多——但青少女的自慰行為較常被污名化，因此，青少女的自慰有可能比她們在自陳報告中指出的多。

避孕措施

性行為是繁衍生命的必要行為，但如果沒有採取適當的安全措施，就會發生非預期、意想不到的懷孕及性傳播疾病風險（Chandra-Mouli & others, 2018; Crooks & Baur, 2017; King & Regan, 2019）。透過使用保險套等避孕措施，可以大大地降低這些風險。

最新的全國性研究顯示，美國高中生在最近一次性行為有使用避孕措施的比例大為增加（2015 年為 57%，1991 年為 46%，但低於 2011 年的 60%）（Kann & others, 2016a）。此外，與年紀較大的青少年相比，年紀較小的青少年通常不會使用避孕措施。

許多性行為活躍的青少年不使用、偶爾使用，或使用效果不佳的避孕措施（Apter, 2018; Diedrich, Klein, & Peipert, 2017; Fridy & others, 2018; Goldstein & Halpern-Felsher, 2018; Jaramillo & others, 2017）。2015 年，14% 的性活躍青少年最近一次性行為未使用任何避孕措施（Kann & others, 2016a）。美國青少年比歐洲青少年更少使用保險套（Jorgensen & others, 2015）。

近來，許多重要的醫療組織和專家建議青少年應使用長效可逆型的避孕措施（long-acting reversible contraception, LARC）（Apter, 2018; Fridy & others, 2018）。倡議的組織有：青少年健康與醫療協會（Society for Adolescent Health and Medicine, 2017）、美國小兒科與美國婦產科學會（American Academy of Pediatrics and American College of Obstetrics and Gynecology）（Allen & Barlow, 2017）及世界衛生組織（World Health Organization, 2018）。長效可逆型的避孕措施（LARC）包括使用子宮節育器（intrauterine devices, IUDs）、避孕植入物（contraceptive implants）等，與避孕藥和保險套相比，LARC 的失敗率較低，更能有效預防非預期懷孕（Diedrich, Klein, & Peipert, 2017; Society for Adolescent Health and Medicine, 2017）。

15 到 19 歲非預期懷孕生產的美國青少女中，50% 未使用任何避孕措施，還有 34% 認為她們當時不會懷孕（Centers for Disease Control and Prevention, 2015a）。與性伴侶的年齡差距越大的青少年，越不常使用保險套（Volpe & others, 2013）。

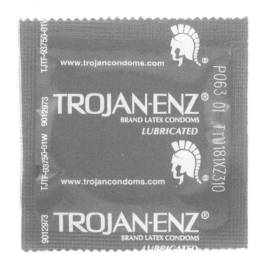

©Zoltan Kiraly/ Shutterstock

　　研究者也發現，美國青少年使用保險套的比率低於歐洲青少年，這可能是歐洲國家的兒童與青少年性教育普及的緣故（Jorgensen & others, 2015）。研究 15 歲的歐洲青少年發現，72% 青少女與 81% 青少男最近一次的性行為都有使用保險套（Currie & others, 2008），歐洲國家避孕藥的使用率也較高（Santelli, Sandfort, & Orr, 2009）。這些比較顯示為什麼美國青少女懷孕的比率高於歐洲國家。

回顧與反思

學習目標 2 | 概述青春期的性態度與性行為。

複習本節所學

- 說明異性戀青少年的性態度和性行為。
- 性少數青少年的性行為和性態度有哪些特徵？
- 說明你對青少年自慰的瞭解。
- 說明美國青少年使用避孕措施的情形。

分享與連結

- 將你學到的有關身分認同的討論，與在本節學到的同志身分認同與出櫃相連結。

反思個人經驗

- 回想你在青春期的性經驗（或缺乏性經驗）。如果能回到當時，你會想做些什麼改變？

3.青春期的性問題及後果

　說明青春期主要會出現的性問題及後果。

青少女懷孕

性傳播疾病

強迫性行為與性騷擾

　　青春期的性問題及後果包括：青少女懷孕、性傳播疾病、強迫性行為、性騷擾等。以下先來探討美國和世界各地青少女懷孕的現況及盛行率。

青少女懷孕

　　降低青少女懷孕的發生率是亟待努力解決的問題（Brindis, 2017; Chandra-Mouli & others, 2018; Kahn & Halpern, 2018; Romero & others, 2017; Tevendale & others, 2017）。例如，15 歲的安潔拉說：「我現在懷孕三個月，懷孕毀了我整個人生。我對未來本來有生涯規劃，但現在全都泡湯了。我沒有商量的對象，不能跟爸媽說。他們不會懂的。」懷孕的青少女過去被視而不見、令人感到難以啟齒，她們被送到未婚媽媽之家，放棄孩子交由他人撫養是她們唯一的選項，或遭受危險與違法的墮胎。但昨日的祕密已成為今日的難題。本節對青少女懷孕的討論，著重在發生率、性質、青少年小爸媽可能涉及的後果與認知因素，以及降低青少女懷孕的方法等。

青少女的懷孕率

　　懷孕的青少女雖來自各種不同的種族及區域，但她們所承受的生理與情緒壓力卻是一樣的。對許多美國成年人來說，青少女懷孕象徵社會結構的缺陷。在美國，每年有 20 萬名以上的青少女在 18 歲前生下孩子。像前面提到的安潔拉，太多青少女在青春期前期或中期就懷孕了。正如一位育有 1 歲孩子的青少女所言：「我們是有孩子的孩子。」

　　跨文化的比較顯示，在工業化國家中，美國青少女的懷孕率及生育率居高不下，僅在 1980 年代下降一些（Cooksey, 2009）。美國青少女的懷孕率是荷蘭的六倍，儘管美國青少女的性活躍程度不如荷蘭，但仍存在這麼大的差距。在 21 個國家的跨文化比較中，美國 15 到 19 歲青少女的懷孕率是最高的，瑞典則最低（Sedgh & others, 2015）。

　　為什麼其他國家的青少女懷孕率低於美國？跨文化比較得出以下三個原因（Boonstra, 2002）：

1.**懷孕生子是成人的事**。尤其在北歐國家及加拿大，人民普遍認為生孩子之前要先完成學業、從父母身邊獨立、維持穩定的戀愛關係和工作。

2.**有效、清楚的避孕訊息及早期、全面的性教育**。許多國家都要求及允許青少年使用有效的避孕措施，他們很早就全面推廣性教育課程，由政府來規劃推動安全性行為。

3.**獲得家庭計畫服務**。與美國相比，許多國家的青少年可以輕而易舉地獲得家庭計畫服務。在法國、英國及北歐國家，避孕器具及相關知識都已經包含在許多免費或費用低廉的健康服務裡；相反地，美國青少年要取得性健康服務卻是困難重重。

● 美國青少女懷孕率的趨勢

儘管將美國和其他已開發國家做了負面比較，但美國青少女的懷孕率近年來也有鼓舞人心的趨勢。2015 年，15 到 19 歲每 1,000 名青少女的生育率為 22.3，創下有始以來最低紀錄──比 2014 年下降了 8%，比 1991 年大幅下降了 61.8%（Martin & others, 2017）（見圖 2）。下降的原因有：學校／社區健康課程、避孕措施使用率增加、擔心罹患性傳播疾病，如 AIDS。

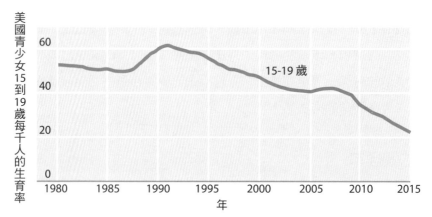

圖 2 | **1980 到 2015 年，美國 15 到 19 歲青少女的生育率**
資料來源：Martin, J. A., & others. "Births: Final data for 2015." *National Vital Statistics Reports, 66* (1), 2017, 1.

青少女懷孕的情形有族裔差異（Bartlett & others, 2014; Centers for Disease Control and Prevention, 2015a; Kappeler & Farb, 2014）。美國 2015 年 15 到 19 歲拉美裔青少女的生育率是每 1,000 名 34.9 人（2014 年為 38‰）；非裔是 31.8‰（2014 年為 35‰），非拉美裔白人是 16‰（2014 年為 17‰），亞裔是 6.9‰（2014 年為 8‰）（Martin & others, 2017）。這些數據表明拉美裔和非裔青少女的懷孕率大幅下降（自 2011 年來約下降 73%），但是，拉美裔和非裔青少女仍比非拉美裔青少女容易生第二胎（Rosengard, 2009）。青少女小媽

媽的女兒，日後青春期懷孕的風險大增，如此永無休止的代間傳遞。全國青年縱貫調查（National Longitudinal Survey of Youth）的資料顯示，青少女小媽媽的女兒有 66% 的可能性未成年懷孕（Meade, Kershaw, & Ickovics, 2008）。家長監督不周與貧窮，是青少女懷孕代間傳遞增加的因素。

　　即使青少女的整體生育率在過去半個世紀來已經下降不少，但未婚青少女的生育率仍以驚人的態勢成長，從 1950 年的 13% 上升至 2013 年的 89%（Martin, Hamilton, & Osterman, 2015）（見圖 3）。造成此一態勢的因素有二：第一，青春期就結婚，如今已相當罕見（當今美國女性的初婚平均年齡為 27.4 歲，男性為 29.5 歲）。第二，懷孕不再成為結婚的理由。與所謂的「奉子成婚」（shotgun marriage）相反，僅有極少數懷孕的青少女在孩子生下來前進入婚姻。

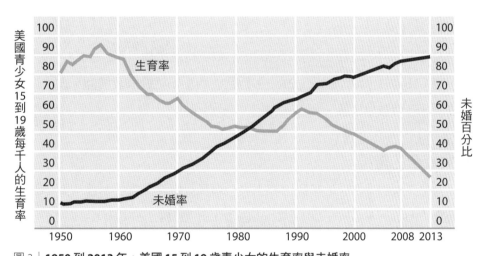

圖 3｜**1950 到 2013 年，美國 15 到 19 歲青少女的生育率與未婚率**
資料來源：Martin, J. A., Hamilton, B. E., & Osterman, M. J. "Births in the United States, 2014." *NCHS Data Brief, 216,* September 2015, 1–8.

🖌 墮胎

　　墮胎是美國現在的熱門爭議話題，這場爭議恐怕會延燒一陣子（Coleman & Rosoff, 2013）。美國想要墮胎的青少年因州、因宗教而異。為了保障「胎兒體外存活力」（fetal viability），有 38 個州禁止在懷孕後某個時間點墮胎（Alan Guttmacher Institute, 2010）。34 個州要求未成年者決定墮胎時需要家長陪同參與。

　　與汙名化墮胎和青少年性活動的美國相比，某些國家（尤其是北歐國家）較認可墮胎。墮胎的危險性在許多開發中國家（如奈及利亞）高於美國。比較 21 個國家後發現，英國和瑞典 15 到 19 歲青少女的墮胎率最高，瑞士最低（Sedgh & others, 2015）。在 2008

到 2014 年間，墮胎率下降了 25%，每 1,000 名 15 到 44 歲的女性，墮胎率從 19.4‰ 下降到 14.6‰（Jones & Jerman, 2017）。16 到 19 歲青少女的墮胎率下降了 46%，是所有年齡組中下降幅度最多的。另一項研究分析發現，美國 15 到 19 歲青少女的墮胎率在 2002 到 2011 年間下降了 21%，這個年齡組的墮胎率較其他年齡組減少了 34%（Pazol & others, 2014）。青少女比成年女性更有可能拖到懷孕 15 週後才墮胎，加重墮胎的風險。

出於以下幾個假設，故立法強制要求青少女需有家長同意才能墮胎，包括：墮胎傷害的高風險、青少女無法適當地做出充分知情的決定、家長參與的好處等（Adler, Ozer, & Tschann, 2003）。

在美國，與青少女生育相比，如果在懷孕的前三個月合法墮胎，幾乎沒什麼醫療風險。至於心理風險，研究顯示墮胎並不會造成青少女心理健康問題（Warren & others, 2010）。其他研究也發現，墮胎並不會導致青少女心理傷害（Pope, Adler, & Tschann, 2001; Quinton, Major, & Richards, 2001）。

無論研究結果如何，支持生命權（pro-life）或支持選擇權（pro-choice）的人都堅信自己的立場正確（Hyde & DeLamater, 2017）。他們的觀點根植於宗教信仰、政治信念及道德價值。這些衝突一時難以化解。

青少女懷孕的後果

美國青少女高懷孕率造成的後果已經引發社會極大關注。青少女懷孕對嬰兒與母親都帶來健康風險（Bartlett & others, 2014; Kappeler & Farb, 2014; Leftwich & Alves, 2017）。青春期懷孕出生的嬰兒更有可能早產、出生體重過輕（以上是嬰兒死亡的主要因素）、有神經系統方面的問題及兒童期疾病（Khashan, Baker, & Kenny, 2010）。青少女小媽媽通常會中斷學業（Siegel & Brandon, 2014），雖然她們日後會恢復就學，但經濟能力已趕不上 20 多歲後才生育的女性。長期研究顯示，青少女小媽媽的幾個特徵，和她們成年後出現學業、違法、物質使用及心理健康等問題有關（Oxford & others, 2006）。另外，一項針對都會區非裔青年的研究發現，曾是青少女小媽媽的女性在 32 歲時更有可能失業、貧窮、依賴社會福利救助、無

青少女懷孕有哪些後果？
©*Geoff Manasse*/*Getty Images*

法完成大學學業（Assini-Meytin & Green, 2015）。同樣地，曾是青少男小爸爸的男性在 32 歲時更有可能失業。一項近期的研究評估青春期懷孕生下的孩子與非青春期懷孕生下的孩子，於不同教育程度的閱讀與數學成就軌跡（Tang & others, 2016），發現到母親的教育水準和孩子八年級前的成就水準有關。然而，青少女小媽媽所生的孩子，其成就水準永遠不及成年母親所生的孩子。

特別需要注意的是青春期反覆懷孕。青春期反覆懷孕的比率從 2014 年的 21%，至 2015 年下降到 17%（Dee & others, 2017）。使用有效的避孕措施，尤其是 LARC，以及教育相關因素（如：教育程度提高及繼續教育），可以降低青春期反覆懷孕；憂鬱及墮胎史也和青春期反覆懷孕有關（Maravilla & others, 2017）。

與成年母親相比，青少女小媽媽比較不懂得與嬰兒有效互動。青少女小媽媽與嬰兒的消極互動時間多、遊戲與正向互動時間少（Riva Crugnola & others, 2014）。「寶寶與我」（My Baby and Me）介入方案三年多來透過密集、頻繁地家訪（55 次）輔導青少女小媽媽，從而改善她們的母嬰互動（Guttentag & others, 2014）。

雖然美國青少女高懷孕率的後果令人擔憂，但懷孕並非是造成青少女小媽媽及其後代負面後果的唯一因素。青少女小媽媽通常出身低社經地位背景（Mollborn, 2017），許多青少女小媽媽在懷孕前素行不佳（Malamitsi-Puchner & Boutsikou, 2006）。然而，並非每位青少女小媽媽都過著貧窮與低成就的生活。因此，儘管青春期懷孕是一種高風險的情況，沒有懷孕的青少女整體狀況通常比懷孕的青少女好，但仍有些青少女小媽媽的在校表現良好，人生朝積極的方向前進（Schaffer & others, 2012）。

青少年小爸媽

青少年小爸媽的孩子，出生前就得面臨許多問題（Jeha & others, 2015）。只有五分之一的青少女小媽媽在懷孕前三個月接受產前檢查。與 20 到 24 歲懷孕的女性相比，懷孕的青少女更容易發生貧血及早產相關併發症。青春期懷孕造成嬰兒出生體重過輕（低於 5.5 磅，約 2,500 公克）的風險，是一般正常懷孕的兩倍，增加其罹患身心缺陷的機率（Dryfoos & Barkin, 2006）。但在某些情況下，嬰兒的問題可能源於貧窮而非母親的年齡。

就算青少女小媽媽的嬰兒沒有醫療上的危險，但

為人父母的青少年有哪些特徵？
©ERproductions Ltd/Getty Images

可能難免有心理和社會問題風險（Leftwich & Alves, 2017）。青少女小媽媽的育兒能力薄弱，對孩子的發展懷抱不切實際的期待（Osofsky, 1990）。與 20 多歲女性生的孩子相比，青少女小媽媽的孩子智力測驗表現欠佳、行為問題較多（Silver, 1988）。同樣地，青少女小媽媽在青春期所生的第一胎子女，長大後的成就測驗分數較低、行為問題較多（Hofferth & Reid, 2002）。

到目前為止，我們談的都是青少女小媽媽。雖然有些青少男小爸爸保持和孩子的關係，但大多數成了缺席的父親。只有四分之一帶著三歲幼兒的青少女小媽媽說，仍與孩子的爸爸保持密切關係（Leadbeater, Way, & Raden, 1994）。

與到了 20 多歲才有孩子的男性相比，青少男小爸爸的收入低、教育程度不高、有較多子女。造成這些困境的原因之一是年紀輕輕就輟學，使得青少年為人父母的問題雪上加霜（Resnick, Wattenberg, & Brewer, 1992）。

減少青少女懷孕

減少青少女懷孕、改善懷孕青少女及小媽媽的就學與就業機會，是刻不容緩的目標（Finley & others, 2017; Leftwich & Alves, 2017; Mueller & others, 2017; Romero & others, 2017）。John Conger（1988）為降低青少女的高懷孕率，提出以下四個建議：（1）性教育與家庭計畫，（2）可以取得避孕措施，（3）生命選擇的方法，（4）廣泛的社區參與及支持。以下依序討論之。

推動適合青少年的家庭—生活教育（family-life education），會對青少年有所助益（Asheer & others, 2014）。其中一個可運用的方案為「三思而行娃娃」（Baby Think It Over

照片中為加州私立學校青春期懷孕與育兒課程的學生。你認為這樣的課程應該教授學生哪些策略與方法？

©Zuma Press, Inc./Alamy

doll），以實際嬰兒大小的電動洋娃娃表現真實的
互動反應，讓青少年體驗負起為人父母責任的感
覺。以拉美裔九年級學生為研究對象後發現，這
個體驗課程可以延後他們想生孩子的年齡、加強
探索生涯與學業規劃的興趣，以及認識生育會如
何干擾他們的規劃（de Anda, 2006）。

除此之外，也要教導性活躍的青少年取得避
孕措施（Crooks & Baur, 2017），例如提供完善、
高品質的青少年健康診療服務。

良好的性教育、家庭計畫及避孕措施，尚不
足以化解青春期的懷孕危機，特別是對高風險青
少年。只有讓青少年展望未來，賦予他們自立自
主、邁向成功的動力，能使他們產生降低懷孕風
險的動機。為實現此一目標，必須提升青少年的
學業與生涯相關技巧、工作前景、生活計畫諮詢
與普及的心理健康服務。

有哪些方法可以減少青少女懷孕？
©ideabug/ Getty Images

最後，若要順利預防青少女懷孕，須帶動社區加入支持高風險青少年（Mueller & others, 2017）。這是已開發國家青少女懷孕、墮胎及生育率比美國低的主要原因。在荷蘭、瑞典等歐洲國家，性並不像在美國這般神祕、引起爭議性。荷蘭並未推行強制的性教育課程，但青少年依然能夠以極低的費用在政府補助的診所獲得避孕諮詢服務。荷蘭的媒體頻繁播放生育控制、墮胎等相關議題，在教育大眾性知識方面發揮重要作用。也因此，鮮少荷蘭青少年在未使用避孕措施的情況下發生性行為。

在美國，一個名為「女孩」（Girls Inc.）的組織提出四個計畫，目的是提高青少女避孕的動機，直到她們成熟到足以做出成為負責任的母親的決定（Roth & others, 1998）。其中，「一起長大」（Growing Together）是一個為母親和青少年子女設計的一系列五次、每次 2 小時的工作坊。「要不要由你」（Will Power/Won't Power）是為 12 到 14 歲青少女設計的一系列六次、每次 2 小時的肯定訓練課程。對於年紀稍大的青少女，九次的「照顧我自己」（Taking Care of Business）課程則著重在生涯規劃與提供正確的性、生產及避孕方面的知識。「搭起健康橋」（Health Bridge）整合健康與教育服務，可以把它當成戶外活動來參與。研究顯示參與方案的青少女，懷孕的機率大為降低（Girls Inc., 1991）。

除了上面提到的四個計畫之外，教導青少年節制性欲（abstinence）也不失為第五個思

考方向。節欲逐漸成為性教育課程的主題內容，但是，也有人大肆抨擊節欲的性教育計畫（Constantine, 2008; Schalet, 2011）。

2010 年，美國政府在新成立的「青少年健康辦公室」（Office of Adolescent Health）指導下推動「預防青少女懷孕計畫」（Teen Pregnancy Prevention, TPP）（Koh, 2014）。目前，該計畫正傾全國之力資助一連串的研究，試圖減少青少女懷孕。

性傳播疾病

15 歲的塔咪剛在健康教育課聽完專家的演講。她在走廊上跟朋友說：「真是令人作嘔的演講。真不敢相信光是發生性行為就會染病，她應該是想嚇唬我們。花那麼多時間談 AIDS，我聽說正常人才不會得那種病，對吧？只有同性戀和毒蟲才會得 AIDS。我也聽說淋病和其他性病都治得好，如果真的得了，有什麼大不了的？」塔咪對性傳播疾病的看法——只有別人會得、容易治癒、不會造成任何傷害、聽在好人耳裡很噁心、應該隨它去等等，一般年輕人大概也這麼想。其實塔咪的觀念完全錯誤，只要青少年有發生性行為，就有罹患性傳播疾病的風險。

性傳播疾病（**sexually transmitted infections, STIs**）是指主要透過性接觸而傳染的疾病（譯注：又稱花柳病）。這種接觸不限於陰道性交，還包括口交、肛交等。STIs 是個日益嚴重的健康問題，每年有超過三百萬名的美國青少年（大約是有性經驗者的四分之一）罹患 STIs（Centers for Disease Control and Prevention, 2018）。最新的估計顯示，15 到 24 歲的年輕人僅占有性經驗者的 25%，卻有將近一半最近剛罹患 STIs（Centers for Disease Control and Prevention, 2015b）。

青少年最常罹患的 STIs 包括由病毒引起的後天免疫缺乏症候群（AIDS）、生殖器疱疹、尖銳濕疣。其他因細菌感染引起的則有：淋病、梅毒、衣原體。

HIV 與 AIDS

近十年來，人類免疫缺乏病毒（human immunodeficiency virus, HIV）造成的死亡人數、對性行為的影響及造成的恐慌程度，遠勝於其他 STIs（Carroll, 2019）。以下說明其性質與盛行率、如何傳染及如何防止感染散播。

AIDS（**愛滋病**）即後天免疫缺乏症候群，是一種由人類免疫缺乏病毒（HIV）造成的性傳播疾病，會破壞人體的免疫系統。接觸 HIV 病毒後，平常連正常免疫系統可以殺死的病菌，都能夠輕易地侵害被感染的人。

一個青年團體在坦尚尼亞莫羅戈羅的當地市場表演戲劇，教導社區民眾認識 AIDS 與 HIV。
©*Wendy Stone/Corbis/Getty Images*

非洲撒哈拉以南某社區的一名 13 歲男孩，推著坐在攤車上的朋友。自從雙親死於 AIDS 後，他只好出來賺錢養家。
©*Louise Gubb/Corbis/Getty Images*

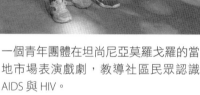

截至 2012 年 12 月，美國 13 到 24 歲的年輕人中，感染 AIDS 的人數已累計將近 62,400 名（Centers for Disease Control and Prevention, 2015b）。其中有 32,000 名是未被確診的 HIV 感染患者。全世界 AIDS 最受關注的區域是非洲撒哈拉以南的國家，那裡已經達到流行病的程度（UNICEF, 2015）。許多非洲國家的青少女，特別容易因與成年男性發生性接觸而感染 HIV（Sherwood & others, 2017）。這些國家的青少女罹患 AIDS 的機率是青少男的六倍。在肯亞，有 25% 的 15 到 19 歲青少女是 HIV 陽性，同一年齡組的青少男僅有 4% 是 HIV 陽性。在非洲南部的波札那（Botswana），懷孕的青少女中超過 30% 感染 HIV。一些撒哈拉以南的國家，不到 20% 的女性及不到 40% 的 15 到 19 歲年輕人說最近一次性行為有使用保險套（Bankole & others, 2004）。

AIDS 還導致非洲兒童與青少年成為孤兒的人數飆升，因雙親罹病過世而留他們自生自滅（UNICEF, 2017）。2006 年，1,200 萬名兒童與青少年因父母死於 AIDS 而變成孤兒（UNICEF, 2006）。在 21 世紀的第二個十年，這個數字預計會上升到 1,600 萬名，屆時 AIDS 孤兒將占撒哈拉以南國家總人口的 15% 至 20%。由於 AIDS 孤兒急遽增加，這些兒童與青少年只能交由祖執輩照顧或乏人照料，往往以犯罪或賣淫為生。

不僅在非洲撒哈拉以南，全世界許多地方也非常關注 AIDS（UNICEF, 2018）。在美國，尤其要針對 AIDS 高發生率的族群人口提出預防對策，如：藥毒品使用者、其他 STIs 患者、年輕男同志、生活在低收入環境的個體、拉美裔及非裔（Centers for Disease Control and Prevention, 2018）。另外，近年來，美國的異性戀 HIV 傳播者也增加不少。

與成年的 AIDS 病例相比，青少年 AIDS 病例呈現些許差異：

● 青少年 AIDS 病例大多透過異性戀傳播。

● 青少年多為無症狀感染者（到了成年才顯現症狀，亦即，他們是 HIV 陽性，但非 AIDS）。

● 非裔與拉美裔 AIDS 病例，以青少年居多。

● 檢測與告知青少年的伴侶與家長檢驗結果，涉及一系列特殊的倫理與法律議題。

● 與成人相比，青少年取得避孕措施的機會更少。

專家說，HIV 病毒只會透過性接觸、共用針頭或輸血（近年已嚴密監控中）傳播（Carroll, 2019; King & Regan, 2019）。美國約有 90% 的 AIDS 病例發生於男男性交及毒品靜脈注射。陰莖肛交容易造成細微撕裂傷，導致血液與精液接觸的風險。近年來，伴侶為雙性戀男性或毒品靜脈注射的女性人數暴增（Centers for Disease Control and Prevention, 2018），顯示擁有多重性伴侶的異性戀者族群中，罹患 AIDS 的風險正在攀升。圖 4 說明哪些是傳播 AIDS 與 HIV 的高風險活動，哪些則否。

當然，僅詢問約會對象的性行為史並不保證不會得 AIDS 或其他性傳播疾病。例如，研究請 655 位大學生回答有關說謊與性行為的問題（Cochran & Mays, 1990），其中 422 位表示自己是性活躍者，但這當中，34% 的男性與 10% 的女性說曾對伴侶撒謊，好讓伴侶跟他／她發生性關係；更有不少人（47% 的男性與 60% 的女性）說可能被性伴侶欺騙。問到他／她們最常隱瞞哪些過去，超過 40% 的男女性說會少報性伴侶的人數，20% 的男性（但僅有 4% 的女性）說會粉飾 HIV 血液檢測結果。另一研究指出，40% 性活躍的 HIV 陽性青少年沒有對性伴侶據實以告自己的狀況（Michaud & others, 2009）

高風險族群有可能感染多重 STIs，因此，只要想辦法避免得到其中一種性病，就有助於阻止其他疾病傳播。防治 AIDS 可降低青少女懷孕及其他性相關問題。行為介入措施，如：使用保險套、減少或延遲插入式性行為、教導安全性行為的伴侶溝通技巧，能有效地削弱 HIV 傳播（Johnson & others, 2011）。此外，總結 2001 到 2013 年的 150 個研究發現，以下干預措施能有效降低青少女感染 HIV 的風險：（1）創造友善支持的環境，包括督促學習、促進性別平等、減少性別暴力；（2）提供資訊與服務，包括適齡的性教育與性知識、如何取得服務的訊息；（3）社會支持系統，包括與成人建立良好關係、為失親兒童與弱勢兒童提供必要的支援（Hardee & others, 2014）。

HIV 病毒並不是像感冒或流感那樣傳播，而是透過交換被汙染的血液、精液及陰道分泌物等而傳染，通常是經由性交、共用針頭、母子垂直感染等途徑。

不會感染 HIV 病毒的情況	·學校、職場、聚會、幼兒園或商店等地的日常接觸。 ·到有 AIDS 感染者的游泳池游泳。 ·被蚊子、床蟲、虱、蠅類等昆蟲叮咬。 ·沾染唾液、汗液、淚液、尿液或糞便。 ·接吻。 ·碰觸衣物、電話、馬桶座。 ·使用別人用過的杯子或飲食器具。 ·與 HIV 帶原者或 AIDS 患者一起搭乘公車、火車、擁擠的電梯等。
高風險行為	以下情況會增加接觸病毒的風險： ·多重性伴侶。 ·共用藥毒品針頭或注射器。 ·不用保險套就進行肛交、陰道性交或口交。 ·與毒品使用者進行陰道性交或口交。 ·與不熟識或有多重性伴侶的人發生性行為。 ·和感染者進行不安全的性行為（未使用保險套）。
捐血與輸血	·你不會因為到捐血中心捐血而接觸 HIV 病毒。 ·因輸血而感染AIDS的風險已大為降低。高風險的捐血者會被篩除，並對捐贈血液做 HIV 抗體檢驗。
安全的行為	·不要有性行為。 ·進行不涉及交換體液的性行為（愛撫、擁抱、按摩）。 ·與對伴侶忠實、未感染病毒者發生性行為。 ·在適當的保護下進行性行為。 ·不注射藥毒品。

圖 4｜**認識 AIDS**：哪些是高風險活動、哪些則否
資料來源：*America Responds to AIDS*. U.S. Government educational pamphlet, 1988.

🔵 生殖器疱疹

生殖器疱疹（**genital herpes**）是由一大群不同病毒株家族引發的性傳播疾病，這些病毒株也會引發非性接觸疾病，如：唇疱疹（cold sores）、水痘（chicken pox）、單核白血球增多症（mononucleosis）。接觸三到五天後，可能會出現搔癢和刺痛感，接著爆發疼痛的爛瘡與水泡。這種狀況持續長達三週，每隔幾週或幾年又再復發，病毒甚至頑強到可以穿透非乳膠保險套、避孕泡沫劑和乳霜。據估計，大約 20% 的青少年患有生殖器疱疹（Centers for Disease Control and Prevention, 2018）。亦有估計顯示，美國 15 到 24 歲年輕人每年新增超過 60 萬個生殖器疱疹病例。

儘管諸如阿昔洛韋（acyclovir）的藥物可以緩解症狀，但目前尚無治癒疱疹的方法。因此，感染疱疹者除了嚴重的身體不適外，也常蒙受巨大的情緒困擾。他們可能對性產生矛盾或排斥的心情，對於怎麼被感染的感到憤怒、提心吊膽地擔心下一次的疼痛復發。由

於這些原因，許多社區已著手為疱疹受害者成立支持團體。

尖銳濕疣

　　尖銳濕疣（**genital warts**）（譯注：又稱性器疣或性病疣，俗稱椰菜花或菜花）是由人類乳突病毒（human papillomavirus, HPV）引起的。這種病毒難以檢測，看似沒有症狀，但其實具有極強的傳染性。尖銳濕疣通常長在陰莖、陰道或肛門周圍等部位，為小、硬、無痛的腫塊。據估計，美國 15 到 24 歲的人口中，約有九百萬以上的 HPV 感染病例，是該年齡層最常罹患的性傳播疾病。治療方式包括局部用藥、冷凍治療或手術。不幸的是，治療後仍會復發，有些病例還與子宮頸癌和其他生殖器癌症有關。保險套可以預防 HPV 感染。2010 年，美國疾病管制與預防中心（Centers for Disease Control and Prevention, CDC）建議所有 11 到 12 歲青少女及 13 到 26 歲女性接種三劑的 HPV 疫苗，預防 HPV 及子宮頸癌（Friedman & others, 2011）。9 歲以下的女童也可以施打 HPV 疫苗。

　　接下來說明細菌引起的性傳播疾病：淋病、梅毒及衣原體。

淋病

　　淋病（**gonorrhea**）又常被稱為「滴漏」（drip）或「白濁」（clap），是由**淋球菌**（Neisseria gonorrhoeae）引發的性傳播疾病，好發於口腔、喉嚨、陰道、子宮頸、尿道和肛門的濕潤粘膜中。病菌從患者被感染的濕潤粘膜，透過接觸傳染給另一個人。雖然淋病的發生率有所下降，但 15 到 24 歲年齡層每年依然有超過 40 萬的新增病例（Weinstock, Berman, & Cates, 2004）。女性、非裔及 16 歲以上的族群最容易被篩檢出罹患淋病（Han & others, 2011）。

　　男性較容易出現淋病的早期症狀——陰莖流出分泌物及排尿時出現灼痛感。女性的早期症狀不易察覺，只有輕微陰道異常分泌物。男性的淋病併發症有前列腺、膀胱、腎臟及不孕症問題，女性則可能因腹腔粘黏或骨盆腔發炎（pelvic inflammatory disease, PID）引發不孕症（Crooks & Baur, 2017）。及早施予青黴素或其他抗生素，可以充分治癒淋病。

梅毒

　　梅毒（**syphilis**）是梅毒**螺旋體**（Treponema pallidum）引起的性病。螺旋體菌需要溫暖、潮溼的環境才能生存，並透過陰莖─陰道、口腔─生殖器或肛門接觸傳播。懷孕第四個月後的母親也會直接傳染給胎兒，若能在此之前接受青黴素治療，就能預防梅毒母子垂直感染。

如果未及時治療，梅毒的病程將以四個期程進展：第一期，出現疼痛的下疳；第二期，出現大面積的皮疹；潛伏期，持續數年無明顯症狀；第三期，心血管疾病、失明、癱瘓、皮膚潰瘍、肝臟損傷、精神問題、死亡（Crooks & Baur, 2017）。早期階段的梅毒可用青黴素有效治療。

衣原體

衣原體（**chlamydia**）是所有性傳播疾病中最常見的，因**砂眼衣原體**（Chlamydia trachomatis，又稱披衣菌）而得名，是一種經由性接觸傳播並感染兩性生殖器官的生物體。衣原體雖不如淋病和梅毒般讓人聞之色變，但得病率高得多，以 15 到 25 歲女性為好發族群。衣原體篩檢陽性的青少年多數是女性、非裔、16 歲以上（Han & others, 2011）；約有 10% 的大學生罹患衣原體。此種性病具有高度的傳染性，女性與帶原者只要發生過一次性接觸，感染風險即為 70%；男性的感染風險估計在 25% 到 50% 之間。據估計，15 到 24 歲的衣原體年發病率為 100 萬人（Weinstock, Berman, & Cates, 2004）。

感染衣原體的女性幾乎沒有或少有症狀。當有症狀出現時，女性的症狀通常包括：月經中斷、骨盆腔疼痛、體溫升高、噁心、嘔吐、頭痛；男性的症狀則有：陰莖分泌物、排尿時有燒灼感。

由於女性感染衣原體後幾無症狀，因此常在沒有接受治療下擴散到上生殖器區域，造成骨盆腔發炎（PID）。輸卵管的組織結疤會造成不孕症或異位妊娠（ectopic pregnancies）（子宮外孕 [tubal pregnancies]）──也就是受精卵在子宮以外的地方著床。骨盆腔發炎的女性有四分之一會變得不孕，而骨盆腔反覆發炎女性的不孕率會升高一倍。有研究建議，衣原體是女性不孕的頭號可預防原因。

尿道或膀胱感染、陰道酵母菌感染（又稱鵝口瘡 [thrush]）等在沒有性接觸的情況下也可能發生，因此不算是性傳播疾病，但性活躍的女性，尤其是「蜜月期間」密集發生性行為，特別容易罹病。這兩種疾病可以透過藥物快速治癒，但它們顯現的症狀（如：尿急、尿道灼痛、搔癢、紅腫發炎、陰道白色分泌物等）令人不適，徒增對性的焦慮害怕。許多青少女因這些非性傳播疾病前來就醫，這是教導她們性教育與避孕措施的大好機會。

強迫性行為與性騷擾

大多數人可以自主選擇要不要從事性活動，不幸的是，有些人被迫與他人發生性行為。太多青少女及女性認為她們沒有獲得足夠的性權利（UNICEF, 2018），包括：不想發

生性行為的權利、告訴伴侶他太過粗暴的權利，或在性交時使用任何生育控制措施的權利。20% 的 14 到 26 歲性活躍女性認為她們無權決定避孕方法、無權告訴伴侶她不想在沒有避孕的情況下發生性行為、無權說她們想用不同方式做愛，或無權告訴伴侶他過於粗暴，以及在前戲或性交的任何時間喊停（Rickert, Sanghvi, & Wiemann, 2002）。學業成績差和性經驗不足，與女性缺乏性的自我肯定感（sexual assertiveness）有關。

強迫性行為

強暴（rape）意指未經同意即強迫他人發生性行為。強暴的法律定義因州而異，例如，某些州的法律允許丈夫強迫妻子與之發生性行為。由於強暴舉證困難，很難確定其發生率（Carretta, Burgess, & DeMarco, 2016; Walfield, 2016）。6.7% 的美國九年級到十二年級學生表示曾發生違反其意願的性行為經驗（Kann & others, 2016a），其中，女學生約為男學生的兩倍。並非所有的受害者都敢報案。60% 的強暴受害者不敢承認被強暴，而大學生未被呈報的強暴黑數比例特別高（Wilson & Miller, 2016）。

為什麼強暴在美國文化如此普遍？女權作家直言，男性被社會化成要在性方面主動出擊、把女性視為次等生物、自己在性交上得到的快樂凌駕一切（Vasquez & others, 2018）。強暴加害者常見的特徵如下：攻擊性強化了他們的力量感或男子氣概、對女性懷抱敵意怒氣、想傷害受害者（Kaplan, 2017）。使用酒精和大麻時更容易發生強暴事件（Brown, Horton, & Guillory, 2018; Tyler, Schmitz, & Adams, 2017）。無論受害者是否使用藥毒品，使用藥毒品者更容易發生性侵犯（Brecklin & Ullman, 2010）。與女性和輕度飲酒者相比，男性和重度飲酒者的強暴迷思更強（如：避免強暴也是女性的責任）（Hayes, Abbott, & Cook, 2016）。

近來，「我也是」（Me Too）運動提高了女性對性騷擾的認識。

©*Juanmonino/E+/Getty Images*

約會強暴（date rape）（又稱熟人強暴 [acquaintance rape]）即認識的加害人所施加的強迫性行為，直到最近幾年才逐漸廣為大眾所知。高中及大學校園裡的熟人強暴問題日益嚴重（Angelone, Mitchell, & Smith, 2018; Osborn & others, 2018; Persson, Dhingra, & Grogan, 2018）。約三分之二的男大學生坦承在違反對方意願的情況下撫弄女性，半數承認曾強迫對方發生性行為。研究 1,423 位大四學生發現，學費高、違規飲酒多、兄弟會及運動員人數多的學校，熟人強暴的案件也越多（Wiersma-Mosley, Jozkowski, & Martinez, 2017）。

　　青春期遭受約會暴力，到了成年期有升級為伴侶暴力的風險。超過 20% 的女性與 15% 的男性在成年後淪為強暴受害者或遭受親密伴侶肢體虐待（Black & others, 2011）。一項名為「改變界限」（Shifting Boundaries）的介入方案強調約會暴力與性騷擾的法律／後果、建立界限及安全的親密關係，可以有效減少青少年約會暴力性受害發生頻率（Taylor, Mumford, & Stein, 2015）。

　　有研究者以電話訪問 4,446 名二到四年制女大學生關於校園性侵害事件的經驗（Fisher, Cullen, & Turner, 2000），略低於 3% 的受訪者說她們在大學期間曾被強暴或差點被強暴，將近十分之一的女大學生表示以前曾被強暴。非情願或非樂意的性接觸相當普遍，超過三分之一的女大學生曾親身經歷這類事件。如圖 5 所示，多數女性（約十分之九）認識性侵害她們的人。她們知道要採取保護行動遠離性侵害犯，但不願意報案告發受害情況。與性侵害有關的因素有：住校、未婚、時常醉酒，以及曾遭受性侵害。

　　許多大學指出，大學一年級是女學生最容易遭遇性侵害風險的「紅區」（red zone）（Cranney, 2015）。相較於大二，大一學期剛開始是女學生被性侵害的高危險期（Kimble & others, 2008）。

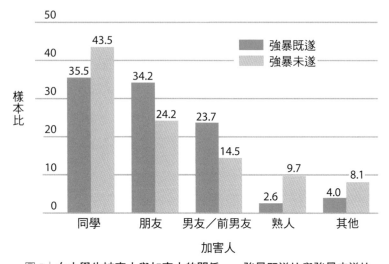

圖 5 | **女大學生被害人與加害人的關係──強暴既遂比與強暴未遂比**

　　先前研究指出，約三分之二的性受害事件為約會強暴（Flanagan, 1996）。另一研究訪查約 2,000 名九年級到十二年級女孩的肢體與性暴力經驗（Silverman & others, 2001），約 20% 的受訪者提到曾被約會對象肢體虐待或性虐待，而且這些暴力虐待與物質使用有關。

　　青少年涉入約會暴力是否與家族史和童年攻擊行為有關？長期研究發現，6 歲時在家中的攻擊破壞行為以及 12 歲時在家中及學校的攻擊行為，與 18 歲時出現約會暴力有關（Makin-Byrd, Bierman, & The Conduct Problems Prevention Research Group, 2013）。

一項研究針對 2,000 名以上、由教練提供名單的高中男性運動員進行處遇措施，教導他們認識虐待行為、性別平等態度，以及目睹虐待行為發生時如何介入處理（Miller & others, 2012）。研究顯示，該介入方案成功提高參與者出面干預約會暴力事件的意願（Miller & others, 2012）。此外，「全球強暴防治計畫」（No Means No Worldwide）（https://nomeansnoworldwide.org）旨在減少肯亞與馬拉威等非洲國家的性暴力事件，成效斐然（Baiocchi & others, 2017）。該計畫的 12 小時課程加強口語互動技巧、角色扮演等，鼓勵參與者大聲疾呼、預防或制止性暴力。

強暴對受害者及周遭親近的人來說是一個重大的創傷經驗（Dworkin & others, 2017; Gray, Hassija, & Steinmetz, 2017）。強暴受害者起初不敢置信、情感麻木、陷入混亂；有的聲淚俱下，有的暗自痛苦。受害者雖努力想讓生活恢復正常，仍不免蒙受經年累月的憂鬱、恐懼、焦慮、物質濫用、創傷後壓力症候群（post-traumatic stress disorder）及自殺意念侵擾（Bovin, Wolf, & Resick, 2017; Dworkin & others, 2018; Londono, 2017）。50% 的強暴受害者出現性功能障礙，如性欲降低、無法達到性高潮。許多強暴受害者改變生活方式，搬離原來的住處或晚上不敢再出門。約五分之一的強暴受害者企圖自殺——此比率是未受害者的八倍。

女性能否從強暴中復原，取決於她們被強暴前的因應能力與心理適應能力（Gray, Hassija, & Steinmetz, 2017）。醫事人員、父母、伴侶、其他親近人員的社會支持，以及強暴危機處理中心的專業諮商資源，是復原的重要因素（Wilson & others, 2017）。報警及出面指控被捕的加害人也能讓許多強暴受害者找回力量。我們鼓勵女性採取法律行動，在專業諮商人員的協助下度過司法難關。至於是否要報警，必須由每位女性當事人自己做決定。

儘管多數的強暴受害者是女性，但其實男性受害者也所在多有（Chaffin, Chenoweth, & Letourneau, 2016）。監獄裡的男性特別容易被強暴，通常是異性戀男性藉由強暴同性戀男性來確立他們在監獄裡的支配地位與權力（Kubiak & others, 2017; Shermer & Sudo, 2017）。

性騷擾

女性遭遇的性騷擾形式可謂不計其數——從性別歧視的言論、隱微的肢體接觸（輕拍、拂觸），甚至露骨地開黃腔或性攻擊。確實，每年有數以百萬的女性在學校與職場裡遭受性騷擾（Ladika, 2018; Recupero, 2018; Wolff, Rospenda, & Colaneri, 2017）。高達 90% 的青少女說她們至少曾有過一次被性騷擾的經驗（Leaper & Brown, 2008），而 52% 的青少

女曾遭學術歧視（科學、數學、電算科技等），
76% 曾遭運動歧視。

此外，最新的全國青少年關係調查發現，涉及各種關係虐待（含加害與受害）的青少年百分比如下（Taylor & Mumford, 2016）：

- 關係虐待（relationship abuse）：68% 曾是關係虐待的受害者，62% 曾犯下關係虐待的罪行。

- 心理虐待（psychological abuse）：64% 曾為心理虐待（被辱罵、跟蹤等）的受害者。

2006 年展開的「我也是」（Me Too）運動，旨在協助性暴力倖存者發聲。在多位企業主管與名人的連續性虐待惡行遭到指控後，該運動躍升為全球運動。
©*Chelsea Guglielmino/FilmMagic/Getty Images*

- 性虐待（sexual abuse）：18% 曾是性虐待的受害者，12% 曾是性虐待加害者。

- 性騷擾（sexual harassment）：31% 曾被性騷擾，11% 說曾性騷擾別人。13% 曾遭受網路性騷擾，4% 聲稱曾網路性騷擾別人。

此外，女性於 12 到 14 歲時比男性更容易遭受嚴重威脅或肢體暴力，男性則於 15 到 18 歲時最常做出上述行為。

美國大學女性學會（American Association of University Women, 2006）調查 2,000 名女大學生後發現，62% 的受訪者說她們在大學期間曾遭遇性騷擾。性騷擾包括非肢體的接觸，如：黃色笑話、粗魯不堪的言論和手勢等。不過，將近三分之一女性說性騷擾以不當的身體接觸為大宗。一項針對將近 1,500 位大學女性的研究顯示，性騷擾損害女性的心理與生理健康，增加飲食失調的風險（Huerta & others, 2006）。

美國教育部人權辦公室（Office for Civil Rights）公布 40 頁有關性騷擾的政策指南，指出交換型性騷擾與敵意環境型性騷擾的差別（Chmielewski, 1997）：

- 交換型性騷擾（**quid pro quo sexual harassment**）意指學校教職員工以教育決定（如分數）為要脅，威嚇學生屈從其不受歡迎的性言行。例如，教師因學生容忍性騷擾，就給好的成績；或教師因學生拒絕性騷擾，就給不及格的分數。

- 敵意環境型性騷擾（**hostile environment sexual harassment**）意指學生蒙受嚴重、持續、全面且不受歡迎的性言行，從而限制學生從教育獲益的能力。這樣的敵意環境通常是由一連串事件造成的，如：反覆不斷地性暗示。

　　不管是在職場或教育場域，交換型性騷擾或敵意環境型性騷擾都是違法的，但潛在的受害者要投訴時卻經常遍尋不著明確的管道和調查機制。

　　性騷擾涉及一個人強行對另一個人宣示自己的權力與支配地位，對受害者的傷害難以估計。當加害者是教師、雇主或其他握有相當權勢的成人，被害者遭受性騷擾的傷害尤其深遠。身為社會的一分子，我們必須降低對性騷擾的容忍度（Nielsen & others, 2017; Rospenda & others, 2017; Wolff, Rospenda, & Colaneri, 2017）。

回顧與反思

｜學習目標 3｜ 說明青春期主要會出現的性問題及後果。

｜複習本節所學｜

・青少女懷孕有哪些特徵？

・青春期常見的性傳播疾病有哪些？

・青春期強迫性行為和性騷擾的本質為何？

｜分享與連結｜

・從本章學到的性傳播疾病相關知識，能如何應用以促進青少年的健康與福祉？

｜反思個人經驗｜

・你曾在青春期和成年初顯期蒙受懷孕、性傳播疾病、強迫性行為或性騷擾等方面的苦果嗎？如果有的話，可以採取哪些措施來降低負面後果？如果沒有遇到，是因為採取了哪些預防措施？

4.性知識與性教育

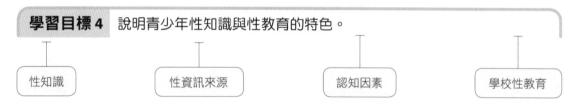

學習目標4 說明青少年性知識與性教育的特色。

性知識　　性資訊來源　　認知因素　　學校性教育

有鑑於美國的性傳播疾病（STIs）盛行率居高不下，提高青少年與成人對疾病與性的各方面的認識刻不容緩。美國人的性知識水準如何？青少年性資訊來源為何？性教育能否發揮效用，與哪些認知因素有關？學校在性教育中擔任何種角色呢？

性知識

根據金賽性、性別與生殖研究中心（Kinsey Institute for Sex, Gender, and Reproduction）前所長 June Reinisch（1990）的說明，美國人民對汽車功能的瞭解，恐怕比對自己身體性功能的瞭解還多。美國青少年與成人避不開無所不在的性訊息；實際上，如 Reinisch 所言，美國人周遭充斥的是性訊息，不是性事實。性資訊豐富沒錯，但絕大部分是假消息。例如，某些性教育老師對性的無知，令人搖頭。一名高中性教育老師稱「性感帶」（erogenous zones）為「誤區」（erroneous zones），導致學生對性感帶的認識錯誤。

一項研究評估六年級學生對性相關議題的知識與好奇心（Charmaraman, Lee, & Erkut, 2012）。六年級學生最常問的問題有：性行為、女性身體構造、生育及青春期發育。至於性傳播疾病、性暴力、與性有關的藥毒品等方面的問題則乏人問津。低風險的學校傾向於避開性議題，而高風險的學校則喜歡提出如何發動性攻勢、避孕措施、陰道性交與肛交等方面的議題。從以下問題可看出六年級學生多麼缺乏性知識：

- 月經來的前一晚發生性行為，並不會懷孕，對吧？
- 把男生的陰莖放進女生的嘴巴裡，女生會懷孕嗎？
- 肛交算性行為嗎？
- 想節欲卻又發生不只一次的性行為，這樣算節欲嗎？

性資訊來源

青少年可以從各種管道獲知性資訊，如：父母、兄弟姊妹、親戚、學校、朋友、雜

誌、電視及網路。令人擔憂的是，青少年在網路上看到的性資訊，有些並不正確。青少年最常諮詢性資訊的對象是同儕、師長、母親和媒體（Bleakley & others, 2009）。從父母、祖父母和宗教領袖那邊學習性，和青少年延遲性行為發生有關；但若從朋友、堂表兄弟姊妹和媒體那邊學習的話，恐怕會促使其提早發生性行為。

　　許多父母對於和青少年子女談性感到彆扭，反過來，青少年也是（Guilamo-Ramos & others, 2008; Tanton & others, 2015）。94% 的父親與 76% 的母親從未和女兒談性論愛（Feldman & Rosenthal, 1999）。

　　許多青少年說無法自在地與父母談性，而那些可以與父母自在談性的青少年比較不會隨意發生性行為（Chia-Chen & Thompson, 2007）。能與父母自在談性的青少女較願意使用避孕措施（Fisher, 1987）。另外，能與母親自在談性的大一女生，對於使用保險套的態度較為正向（Lefkowitz & Espinosa-Hernandez, 2006）。

　　比起父親，青少年比較願意和母親談性方面的議題（Kirkman, Rosenthal, & Feldman, 2002），而青少女與母親談性的頻率高於青少男（Feldman & Rosenthal, 2002）。

認知因素

　　值得一提的是認知變化對青少年性教育的影響（Lipsitz, 1980）。隨著理想主義與抽象、假設思維能力增長，有些青少年沉浸在遠離現實的內心世界裡。他們誤以為自己是萬能、無堅不摧的，壞事不會降臨己身——這是青少年自我中心主義的特徵。自我中心主義反映在一位 14 歲青少年的個人神話上：「別傻了，這才不會發生在我身上呢！」幸好，越來越多青少年意識到他們其實比自己想像的還要不堪一擊（Fischhoff & others, 2010）。

　　僅向青少年介紹避孕措施是不夠的——是否使用避孕措施的最好預測因子是他們對自己及性的接納態度。這樣的接納態度不僅有賴於情緒的成熟度，還有認知的成熟度。

　　多數有關青少女懷孕及預防策略的討論都假定青少年有能力預見、權衡行為（如性行為）的可能後果。也就是說，預防是基於青少年已發展出規劃、組織、分析以解決問題的認知能力。然而，即便多數 16 歲以上的青少年具備這些能力，但並不表示他們懂得如何運用，尤其是在情緒激動，如性欲亢奮或伴侶施壓的情況下。

　　的確，年紀輕的青少年（10 到 15 歲）似乎以一種去人格化的方式（depersonalized way）體驗性，充滿焦慮與否認，此種去人格化的傾向不太可能讓他們願意採取預防措施；到了青春期中期（15 到 17 歲）則是將性浪漫化；青春期後期（18 到 19 歲）的性則像生涯與婚姻一樣，走向現實與未來考量。

學校性教育

調查顯示，明尼蘇達州有 89% 的父母建議教導青少年有關節欲的性知識，以及提供青少年包括避孕措施在內的全面性教育（Eisenberg & others, 2008, 2013）。這些父母說，多數性教育的議題應該在中學時期初步介紹。美國的父母希望學校能夠為青少年提供全面的性教育（Constantine, Jerman, & Juang, 2007; Ito & others, 2006），也有父母認為青少年太常從朋友和媒體那邊獲取性資訊（Lagus & others, 2011）。

AIDS 的流行使得人們越來越重視青少年性教育。
©Lisa Wollett/Photofusion Picture Library/Alamy

調查發現 93% 的美國人贊成高中教導性教育，84% 支持國中教導性教育（SIECUS, 1999）。HIV/AIDS 與其他性傳播疾病急遽增加，是近年來美國人越來越支持學校實施性教育的主要原因。超過十分之八的美國人認為應該提供青少年自我保護與節欲好處的相關資訊，助其免於意外懷孕或感染性病。85% 的九年級到十二年級學生說學校有教導 AIDS 或 HIV 的知識（Kann & others, 2014）。

美國有多少比例的青少年接受正規的性健康教育？2011 到 2013 年間，80% 以上的 15 到 19 歲青少年獲知性傳播疾病、HIV/AIDS 及如何對性說「不」等方面的訊息（Lindberg, Maddow-Zimet, & Boonstra, 2016）。然而，只有 55% 的青少男與 60% 的青少女獲得有關生育控制方面的訊息。高中階段教的性健康資訊也比國中時期來得多（Alan Guttmacher Institute, 2017）。例如 2014 年，美國有 72% 的公私立學校教導預防懷孕；76% 的人認為節欲是避免懷孕、染上 HIV 及性病的最好方法；61% 的人認為避孕有效；35% 的學生知道如何使用保險套（HHS and Centers for Disease Control and Prevention, 2015）。但只有 38% 的中學有教預防懷孕、50% 教節欲、26% 教避孕、10% 教如何使用保險套。

美國的學校性教育課程究竟應該包含哪些內容，至今仍無定論（MacKenzie, Hedge, & Enslin, 2017）。處理這場爭議應著重在下列四個方向：（1）青春期節欲；（2）婚前節欲；（3）全面的性教育，包括使用避孕措施的知識；（4）推動節欲延伸課程（abstinence-plus programs），在促進節欲的同時，也提供全面的性教育和使用避孕措施的相關知識。

在許多國家裡，性教育課程包括傳授避孕知識。照片為中國大陸北京某性教育課程正教導學生使用保險套。

©Mark Leong/Redux

回顧與反思

學習目標 4 │ 說明青少年性知識與性教育的特色。

│ **複習本節所學** │

· 美國青少年對性的認識與瞭解程度如何？

· 青少年的性資訊來源有哪些？

· 影響性教育成效的認知因素有哪些？

· 你會如何形容學校的性教育？

│ **分享與連結** │

· 回想你過去學到的有關青少年注意力與記憶方面的知識。這些資訊對於教導青少年性知識有何啟發？

│ **反思個人經驗** │

· 想想你所學過的「性知識」（facts of life）。那些資訊是否來自所謂的消息靈通人士？你能跟父母自在開放地談性論愛嗎？你是否在嘗試摸索中得到錯誤的觀念？是否隨著年齡增長，才發現某些性觀念不正確？你在學校是否學到足夠的性教育？你希望學校的性教育能教些什麼不一樣的知識？

CHAPTER 7

道德發展、價值觀與宗教

章節概要

1・道德發展的定義與面向

│學習目標 1│

探討道德發展的定義與面向。

・道德發展的定義

・道德思考

・道德行為

・道德感

2・道德發展的脈絡

│學習目標 2│

說明親子教養與學校教育如何影響道德
發展。

・親子教養

・學校教育

3・價值觀、宗教信仰與靈性

│學習目標 3│

解釋價值觀、宗教信仰與靈性對青少年
的影響。

・價值觀

・宗教信仰與靈性

©Tim Pannell/Corbis/VCG/Getty Images

這位市長說她「無所不在」。她說服該市的學校委員會考慮廢止因學生遲到而不讓其進入教室上課的規定。她還企圖影響社區居民支持冬季就業計畫提案。根據某位市議員的說法，「她的論述能力和論點之周密，令人印象深刻」（Silva, 2005, pp. B1, B4）。她的名字是 Jewel E. Cash。

Jewel 住在波士頓的社會住宅，由單親媽媽撫養長大，她就讀於 Boston Latin Academy 時期，即身兼

Jewel Cash 坐在母親旁邊，正參與一場社區中心的犯罪觀察會議。她是青少年積極參與社區事務的典範。
©Matthew J. Lee/The Boston Globe/Getty Images

波士頓學生諮詢委員會委員、教導兒童課業，擔任婦女中途之家的志工、劇團經理及舞者、社區觀察團的成員等。Jewel 接受《波士頓環球報》採訪時說道：「我看到問題會去思考：『我能做些什麼？』……即便我去嘗試，可能也改變不了這個世界……但我想帶領其他人跟我一起向前走。」（Silva, 2005, pp. B1, B4）。成年後，Jewel 持續參與公民諮詢團體，協助教導並推動社區組織。

引言

　　Jewel Cash 對社區居民的關懷，反映出道德發展的積極面向。道德發展涉及分辨對錯、重要性及應當做的事。本章首先探討道德發展的三個面向——道德思考、道德行為、道德感；接著探討培養道德發展的脈絡，尤其是家庭和學校教育；最後檢視青少年的價值觀、宗教信仰與靈性。

1.道德發展的定義與面向

學習目標 1 探討道德發展的定義與面向。

道德發展的定義　　道德思考　　道德行為　　道德感

　　道德發展一直是社會、社區和家庭關注的議題，也是自古以來好奇探究人性者有興趣的主題。幾個世紀以來，哲學家與神學家著書立說，反覆地鑽研探討。到了 20 世紀，心理學家開始研究並建構道德發展的理論。

道德發展的定義

　　道德發展（moral development）意指在是非對錯標準判斷上，思考、情感與行動的變化。道德發展具有**內省**的向度，於個體未參與社交互動時管理著個體的行動；道德發展也具有**人際**的向度，調節社會互動、仲裁衝突。要瞭解道德發展，首先須思考下面五個基本問題：

　　第一，青少年如何**推理**（或思考）**道德行為規則**？例如，請青少年判斷故事中的人在某一特殊情況下（如學校考試）能不能作弊。青少年要說明那個人的適當作為及理由，重點放在青少年如何為其道德決定的合理性提出辯護。

　　第二，青少年在道德情境下的**實際行動表現為何**？例如，作弊之所以發生與持續再犯，可能跟情境因素有關。透過單面鏡觀察青少年的考試情形，可以暗中得知他們是否拿出小抄或偷看別人的答案等。

　　第三，青少年**對道德事務的感受如何**？以作弊為例，青少年是否具備足夠的罪惡感以抵擋誘惑？作弊後的罪惡感，能讓他們下次面臨誘惑時不再作弊嗎？

　　第四，青少年的**道德人格內涵為何**？再以作弊為例，青少年是否具備強大的道德認同與道德品格，足以抵擋作弊的誘惑？

　　第五，青少年的**道德領域**，和青少年的**社會規範領域與個人領域**有何區別？在領域理論中，作弊與撒謊、偷竊、傷害他人一樣，屬於道德領域。但插隊或失言則歸類於社會規範領域，選擇交友對象則屬於個人領域。

　　請注意，雖然本書將道德發展分為數個面向，但各個組成元素其實相互關聯。例如，儘管著眼點在青少年的行為，仍有必要評估青少年的意圖（道德思考）。同樣地，情緒很可能伴隨或扭曲道德推理。

道德思考

　　青少年如何思考對錯標準？Piaget 曾對兒童的道德發展提出看法，Lawrence Kohlberg（勞倫斯‧柯爾伯格）（1958, 1976, 1986）則對青少年如何思考是非對錯提出理論假設，他的道德發展理論主要奠基於隨年齡發展而變化的道德推理。

Kohlberg 的認知發展理論

　　Kohlberg 的道德發展研究針對不同年齡的受試者，請其判斷故事主角面臨的道德兩難情境。以下是最著名的道德兩難範例：

　　　　歐洲一名婦人罹患特殊癌症瀕臨死亡，醫生說只有鎮上某位藥商新研發的藥能救得了她。但製藥的費用相當昂貴，藥商索取的價格是成本價的 10 倍（例如成本價 200 美元，藥商開價 2000 美元）。婦人的丈夫漢斯到處借錢，卻只能借到一半。他告訴藥商說自己妻子快死了，請他賣便宜一點或以後再付錢。但藥商不答應，他說：「我千辛萬苦研發出這種藥，我要靠它大賺一筆。」漢斯徹底絕望，不得已之下，他只好闖入藥局，偷藥為妻子治病。（Kohlberg, 1969, p. 379）

　　這是 Kohlberg 設計用來探究道德思考的 11 個故事之一。讀完這個故事後，受試者要回答一系列有關道德兩難的問題：漢斯應該偷藥嗎？偷藥是對還是錯？為什麼？如果沒有其他辦法可想，丈夫的職責是為太太偷藥嗎？好丈夫會偷藥嗎？如果法律沒有設定價格限制，藥商是否有權索取那麼高的藥價？為什麼？

Kohlberg 的道德發展三階段

　　從受訪者對道德難題的回答，Kohlberg 提出道德發展的三階段理論假設。階段進展的關鍵概念是，道德發展會變得越來越看重內在動機，思慮益發成熟。也就是說，受訪者對行為是否合乎道德的對錯判斷，從年紀輕輕時只會想到外在或表面的原因，逐漸轉而涵蓋、統合各種複雜的觀點。

Lawrence Kohlberg.
UAV 605. 295. 8, Box 7, Harvard University Archives

第一階段：道德循規前期

　　道德循規前期（**preconventional reasoning**）是道德發展理論的最低層級，這個階段的道德推理深受外在獎賞與懲罰的影響。例如，兒童與青少年之所以服從成人，是因為成人要求他們要服從；或者覺得對別人好，這樣別人也會對他們好。這個階段可概括為：「對我有什麼好處？」

第二階段：道德循規期

　　道德循規期（**conventional reasoning**）是道德發展理論的中間層級。個人雖信守某些內在準則，但那些都是父母或法律設定的外在標準。個體在這個階段，形成對某些社會角色的期待。

第三階段：道德循規後期

　　道德循規後期（**postconventional reasoning**）是道德發展理論的最高層級。這個階段的道德推理更加考量內在因素。個體體認到有替代的道德方針，探求各種選項，最終決定出道德準則。進行道德循規後期推理時，個體會仔細檢查推理過程，確保其符合最高的倫理道德標準。Kohlberg 認為道德發展是隨年齡成長依序發生的：9 歲以前的孩童多半處於道德循規前期，青春期早期則進展到道德循規期；但到了成年早期，僅有少數人能達到道德循規後期。在為期 20 年的縱貫調查中，可看出減少使用道德循規前期的推理方式（Colby & others, 1983）。

　　青春期後期與成年早期之間的道德推理變化，相對來說進展較為緩慢（Eisenberg & others, 2009）。一項研究發現，要求 16 到 19 歲的青少年和 18 到 25 歲的準成年人思考真實發生的兩難問題，並用 Kohlberg 的階段論來編碼，會發現兩個年齡層的道德推理程度並無顯著差異（Walker & others, 1995）。

影響道德發展階段的因素

　　Kohlberg 的理論主張，個體的道德判斷取向是其認知發展與社會經驗的產物。兒童與青少年從一個階段進展到下一個階段，逐步建構自己的道德觀點，而不是被動地接受文化的道德規範。研究顯示，影響道德階段進展的因素有示範、認知衝突、同儕關係及角色扮演的機會。

　　有些研究提出假設，若提供個體稍微超出其既有認知水平的道德思考爭議，或可提高個體的道德發展階段。這些研究基於認知平衡與衝突的觀點（Walker & Taylor, 1991），藉由提供略微超出個體認知發展水準的道德資訊，製造出失衡的狀態，促使個體重新建構道德思考；透過解決認知失衡與衝突，從而提高個體的能力。和 Piaget 一樣，Kohlberg 強調同儕互動是重要的社會刺激，挑戰個體改變其道德思考方向。成人總愛灌輸孩子教條規

章，而同儕互動中的交換意見、互相協調，才能提供兒童角色扮演的機會，以民主的方式制定出規則（Rubin, Bukowski, & Parker, 2006）。Kohlberg 也非常看重角色扮演的機會。原則上，任何同儕互動都能創造角色扮演的機會。同儕之間若能進行有挑戰性、甚至稍微爭論衝突的對話，將可以推高道德推理的層次（Berkowitz & Gibbs, 1983; Walker, Hennig, & Krettenauer, 2000）。

　　Kohlberg 特別留意到，某些親子互動型態有助於兒童與青少年發展更高層次的道德推理。當父母願意和孩子一起討論價值觀問題，更可提升孩子的道德思考層次。可惜的是，許多父母並未系統性地給予孩子角色扮演的機會。近年來，學界越來越強調親子教育在道德發展上擔負的重任（Gryczkowski, Jordan, & Mercer, 2018; Schuhmacher, Collard, & Kartner, 2017; Smith & Rizzo, 2017）。

Kohlberg 為何認為同儕關係在道德發展中如此重要？
©Randy Faris/Corbis/VCG/Getty Images

Kohlberg 的理論對理解青少年道德發展的重要性

　　Kohlberg 的理論基本上是用來理解社會合作如何進步的概念。簡言之，此理論說明了人類如何試圖理解社會、規則與角色、機構與關係之類的發展故事。這些基本概念對青少年來說尤其重要，青少年的生活就是思想型態在引導、協助他們做決定。然而，恰如以下的評析，Kohlberg 理論的影響力正在逐年減弱。

Kohlberg 理論的評析

Kohlberg 的理論激起不少討論、研究與批評（Graham & others, 2017; Gray & Graham, 2018; Hoover & others, 2018; Killen & Dahl, 2018; Narváez, 2016, 2017, 2018a, b, c; Smetana & Ball, 2018; Turiel, 2018）。其中最關鍵的批評，在於道德思考與道德行為之間的關聯──道德推理究竟是有意識／深思熟慮的，或為無意識／自動化的反應，以及對於情緒、文化和家庭、關心他人在道德發展中發揮的作用顯然著墨不足。

道德思考與道德行為

Kohlberg 的理論過於強調道德思考，而忽略了道德行為。道德推理總是會被用來當作不道德行為的藉口。有些國家領袖、企業主管或宗教人物在提到道德困境時，口口聲聲採最高道德標準，但自己的行為卻稱不上合乎道德。沒有人想住在看似道德推理程度最高、但本質卻是背叛者和騙子的國家。這些背叛者和騙子知道何謂對錯，但他們還是執意做錯的事。

評估道德思考與道德行為之間的關聯時，須考量合理化等自我防衛機轉，如何讓個體逃過自責。例如：往有利於自己的方向解釋，把責任歸咎於當局、環境或受害者（Bandura, 1991）。研究發現，道德判斷與道德行為，和反社會行為與違法犯罪有關。道德推理程度差的青少年，更容易涉入反社會行為與違法犯罪（Gibbs, 2014; Taylor & Walker, 1997）。道德推理甚至與利他行為有關（Maclean, Walker, & Matsuba, 2004）。

2001 年的 911 恐怖攻擊事件及接連不斷的反恐戰爭，許多令人髮指的危險行為都暗藏在道德的糖衣下。社會認知學家 Albert Bandura（1999, 2002）認為，在自我說服自己的行動是合乎道德之前，人是不會先採取傷害行動的。在為道德辯護（moral justification）的過程中，不道德的行為被包裝成具有社會價值或道德目的，藉此說服自己或讓社會大眾接受。縱觀人類歷史，許多暴力加害者刻意扭曲神學，把所做所為歸於上帝的旨意。Bandura 舉伊斯蘭極端分子為例，他們以反獨裁、反墮落、反對奴役伊斯蘭世界，為自身的恐怖行動辯護。

依 Bandura 的說法，恐怖分子是如何為其行動辯護的？

©*Spencer Platt/Getty Images*

道德思考：有意識／深思熟慮的，或為無意識／自動化的反應

社會心理學家 Jonathan Haidt（2010, 2013, 2018）指出，Kohlberg 理論的主要缺失在於，他以為個體會花很多時間沉思和推理道德問題，以及道德思考是深思熟慮的。但 Haidt 認為，多數的道德思考比較像是一種直覺反應，經過深思熟慮的道德推理通常是事後諸葛。因此，許多道德推理出自於對他人的快速評估判斷，而非根據道德情境進行有條不紊的推理。

情緒的角色

Kohlberg 主張情緒對道德推理有負面影響。然而，越來越多證據表明，情緒在道德推理擔任關鍵角色（Kagan, 2018; Seibt & others, 2017; Singer & others, 2017; Valdesolo, 2018; Zaki, 2018）。本章稍後將進一步探討情緒在道德發展中的重要性。

文化與道德發展

Kohlberg 強調他的道德推理階段普世皆然，但批評者指出他的理論帶有文化偏見（Christen, Narváez, & Gutzwiller, 2018; Graham & others, 2017; Gray & Graham, 2018）。雙方的論點各自師出有名。一項回顧涵蓋 45 個研究、全球 27 種文化（多數為非歐洲文化），證實 Kohlberg 理論的前兩個階段普遍適用（Snarey, 1987）。正如 Kohlberg 所預測，不同文化下個體的道德依三階段順序發展，但並非所有文化都能達到第三個階段——道德循規後期（Gibbs & others, 2007; Snarey, 1987）。

尼泊爾的年輕佛教僧侶。Kohlberg 的理論無法說明尼泊爾僧侶為何關心受苦大眾及慈悲心理的重要性。
©*Thierry Falise/ Getty Images*

總之，Kohlberg 的理論已能大致說明世界各個文化多數的道德推理過程。但如前所述，就某些特定文化下的重要道德概念而言，他的理論仍有疏漏及誤解（Gray & Graham, 2018）。

Darcia Narváez 與 Tracy Gleason（2013）提出道德發展的世代效應（cohort effects）。近年來，大學生的道德循規後期每況愈下——不只下降到道德循規期（遵守社會規範），而是退步到道德循規前期（重視個人利益）（Thoma & Bebeau, 2008）。Narváez 與 Gleason（2013）也指出，親社會行為逐年減少，而人類，尤其是西方文化的人民，正在「急速走向滅亡」（on a fast train to demise）。他們提出改善人類道德生活的解決方案，在於良好的育兒策略與提供家庭和兒童社會支持。Narváez 等人（Christen, Narváez, & Gutzwiller, 2018）強調，在這個日益複雜與充滿挑戰的人類社會，我們必須加緊腳步以應付越來越多的誘惑和可能的不法行為。

家庭與道德發展

Kohlberg 認為家庭對兒童與青少年的道德發展無足輕重。前面提到，他覺得親子關係僅給予少數交換意見或角色扮演的機會，反而是同儕關係較能提供這樣的機會。Kohlberg 是否低估了家庭關係對道德發展的貢獻？比起 Kohlberg，多數發展心理學家強調父母在兒童與青少年道德發展上發揮重要的作用（Carlo & others, 2017; Christen, Narváez, & Gutzwiller, 2018; Narváez, 2018b）。他們強調親子溝通、紀律訓練、親子關係等許多因素，在在影響兒童與青少年的道德發展（Gryczkowski, Jordan, & Mercer, 2018），本章稍後將進一步探討。不過，同儕的影響力仍如 Kohlberg 和 Piaget 所說的，不容小覷。

性別與關懷觀點

對 Kohlberg 理論的批評，最廣為人知的莫過於 Carol Gilligan（1982, 1992, 1996）認為 Kohlberg 的理論反映了性別偏見。根據 Gilligan 的說法，Kohlberg 的理論是建立在男性常模，把抽象原則看得比關係與對人的關心還重，將人視為獨立存在、獨立做決定的個體，把公平正義放在道德的核心。與 Kohlberg 的**正義觀點**（**justice perspective**）相反，Gilligan 主張的是**關懷觀點**（**care perspective**），強調人際連結、人際溝通、與他人的關係與關懷他人。就 Gilligan 來看，Kohlberg 過於淡化了關懷觀點的重要性。或許是因為他是男性，也有可能是因為他的大部分研究受試者是男性，故以男性的反應建構他的理論模型。

Gilligan 等人大量訪談 6 到 18 歲的女孩，發現她們通常會從人際關係的角度解釋道德兩難困境，並將解釋建立在觀察與聽取他人的意見之上（Gilligan, 1992; Gilligan & others, 2003）。然而，統合分析（一種將許多不同研究結果相結合的統計分析）的結果卻對 Gilligan 認為有巨大的性別差異存在提出質疑（Jaffee & Hyde, 2000）。另一研究分析結論指出，女孩的道德取向「比起抽象的正義原則，女孩更注重關懷他人，但必要的時候，她們可以同時使用兩種道德取向（像男孩一樣……）」（Blakemore, Berenbaum, & Liben, 2009, p. 132）。

Carol Gilligan 對青少女面臨道德困境時的理論解釋為何？
©*AntonioGuillem/Getty Images*

道德行為

對 Kohlberg 理論的其中一個批評是，它並不看重道德思考與道德行為之間的關聯。以下是我們探討道德行為時側重的幾個問題：行為主義者對於構成青少年道德行為的基本

歷程，提出哪些主張？社會認知理論學家如何看待青少年的道德發展？親社會行為的本質為何？

🔹 基本歷程

　　行為主義注重青少年的道德行為，以增強、懲罰和模仿等早已耳熟能詳的歷程，解釋青少年如何及為何學習道德行為，以及不同個體的行為為何會出現差異。得出的一般性結論和其他社會行為大同小異。青少年的行為若符合法律與社會規範，並得到正增強，他們就會重複該行為；若有道德楷模可以模仿，他們就有可能表現相似的行為。同樣地，青少年若做出不道德或不被允許的行為因而受到懲罰，就會消弱該行為，但施加懲罰的附加代價是引起青少年的負面情緒。例如，青少年安全負責地駕駛並得到父母的獎賞；如果安全駕駛的行為就會持續下去；如果讓青少年看到父母安全駕駛，他們就會依樣效法；沒有安全駕駛的話就吊銷他的駕照，不過此舉雖然可以消弱不安全駕駛行為，但也會讓青少年因遭受懲罰而感到羞愧。

　　針對上述一般性結論，還要再加上幾個限定條件：增強和懲罰的有效性取決於持續執行與程序規劃；模仿的有效性則取決於楷模的特質（權力、溫暖、獨特性等），以及能加強模仿行為留存的認知歷程（如：符號代碼及圖像）。

　　美國社會的青少年接觸到哪些成人的道德模範？這些模範真的心口如一嗎？青少年應該小心成人偽善的一面。許多成人依雙重標準行事——他們的道德行為和其所主張的道德思考並不一定相符（Bandura, 1991）。

　　除了強調環境因素的作用及道德思考與道德行為間的落差外，行為主義者也特別強調道德行為依情境變動，亦即，青少年會依不同情境而表現不同的道德行為（Eisenberg & others, 2009）。

　　道德行為的經典研究，也是有史以來最為廣泛的調查——Hugh Hartshorne 與 Mark May（1928-1930）在讓受試者有機會說謊、作弊及偷竊的各種環境（家裡、學校、社交場合、運動場等）下，觀察 11,000 位兒童與青少年的道德反應。結果發現，很難找到一個完全誠實或完全不誠實的小孩。特定情境的道德行為是遵守規則，但青少年較易在朋友施壓，而且被抓到的機率很小時作弊。有些青少年比其他人更會說謊、作弊和偷竊，反倒顯示某些青少年的道德行為較為前後一致（Burton, 1984）。

　　為進一步驗證道德的情境因素，研究發現僅有少數 7 歲孩子在觀看聯合國兒童基金會（UNICEF）宣導貧困兒童的影片後，會主動捐出零用錢救助（van IJzendoorn & others, 2010）。但是，經過大人溫和地提醒後，許多孩子也樂意捐出一些錢。

道德發展的社會認知理論

　　道德發展的社會認知理論（**social cognitive theory of moral development**）強調青少年的道德能力（moral competence）（表現道德行為的能力）與道德表現（moral performance）（在特定情境下表現這些行為）之間的差異（Mischel & Mischel, 1975）。能力，或習得能力（acquisition），是認知─感覺過程的產物。能力包括青少年的技能、知識、對道德規範的認識及建構行為的認知能力。相反地，青少年的道德表現（或道德行為），取決於他們的動機以及表現特定的道德行為後得到的酬賞或獎勵。

　　Albert Bandura（1991, 2002）也推論，同時考量社會與認知因素，尤其是自我控制這一因素，才算完整理解道德發展。他主張，建立「道德自我時，個體以對錯標準為依歸，抑制某些行為。透過這種自我調節（自律）機制，個體監控自己的行為及行為發生的條件，根據道德標準做出判斷，依行為後果調整行動，做出讓自己感到滿意且能提升自我價值感的事情，避免做出有違道德標準的行為以免受到自我良心的譴責。自我制裁（self-sanctions）使得我們的行為符合內在標準」（Bandura, 2002, p. 102）。因此，自我調節（而非抽象的道德推理）才是正向道德發展的關鍵。

　　道德行為包含負面的行為（如：作弊、說謊、偷竊）及正向的行為（如：體貼他人、做有意義的事）。以下先探討親社會行為。

親社會行為

　　親社會行為（prosocial behavior）和利他（**altruism**）有關，是無私的助人行動。利他放諸四海可見，是各大宗教如基督教、佛教、印度教、伊斯蘭教和猶太教的指導原則。青少年雖處於自我中心時期，但利他行為不勝枚舉

> 生命中最美麗的報償之一，便是幫助他人的同時，也幫助了自己。
> ──Charles Dudley Warner（19 世紀美國作家）

（Carlo & others, 2018; Dirks, Dunfield, & Recchia, 2018; Streit & others, 2018）。或許你也曾經看過辛勤工作的青少年，每週捐獻不少錢給教會、幫忙免費洗車、參加義賣活動或勸募音樂會等，為的是要幫助飢餓或身心障礙的兒童，或投入動物保護。心理學家如何解釋這些利他行為？

　　最有可能讓青少年表現利他行為的情況有：對需要幫助的人展現同理心（同情心），或建立施與受的關係（Clark & others, 1987）。青春期的親社會行為較兒童期多，不過關懷他人、安慰受苦者的行動，在學齡前兒童身上就可看到（Eisenberg & others, 2018）。

　　為什麼親社會行為會在青春期時增加？這和抽象思考、理想主義及邏輯推理等認知能力進步，加上同理心與情緒理解能力增長有關。有了這些認知能力，青少年如虎添翼，越來越能對原本不熟悉的族群（如：貧窮國家的人民）深感同情（Eisenberg, Spinrad, & Knafo, 2015）。志願服務場合增多，也讓青少年有更多表現親社會行為的機會。

　　青春期的親社會行為是否存在性別差異？青少女認為她們比青少男更關注社會利益、更善解人意，也更常表現親社會行為（Eisenberg, Spinrad, & Knafo, 2015）。Gustavo Carlo 等人（2010, pp. 340-341）把青少年的親社會行為分成下列六種類型：

- 利他（altruism）（做慈善工作就是做好事。）
- 公開（public）（別人看到我在助人，我會更加賣力。）
- 情緒（emotional）（我會去幫助心情不好的人。）
- 迫切（dire）（我會救助受重傷的人。）
- 匿名（anonymous）（就算別人不知道，我也會去捐款。）
- 聽從（compliant）（只要別人提出請求，我一定會及時伸出援手。）

　　從研究中得知，青少女的情緒、迫切、聽從及利他等類型較青少男多，青少男表現較多的是公開的親社會行為。家長的鞭策，與情緒、迫切及聽從呈正相關；聽從、匿名及利他等類型與宗教信仰呈正相關。

　　多數的研究把親社會行為視為整體、單一的面向。但從 Carlo 等人（2010）所做的研究可知，親社會行為是多向度的。

　　父母對青少年的親社會行為產生什麼影響？以五年級、十年級、十二年級的學生為研究對象發現，比起稍微要求、不干涉的父母，開明權威型的教養方式（authoritative parenting）（以溫暖的態度約束孩子）更能激勵青少年表現親社會行為（Carlo & others, 2018）。另外，母親對青少年親社會行為表現的影響力較父親為大（Carlo & others, 2011）。小學期間的正向學校氛圍，有助於延續青少年的親社會行為（Luengo Kanacri & others, 2017）。

　　寬恕（**forgiveness**）也算是一種親社會行為，意指受到傷害的人不對加害者採取報復行動（Flanagan

青春期的親社會行為有哪些特徵？
©*Angela Hampton Picture Library/Alamy*

& others, 2012）。研究調查小學四年級到大學生和成年人的寬恕意向（Enright, Santos, & Al-Mabuk, 1989）發現，同儕壓力是他們願意寬恕他人的動力。此外，青少年在學校受到傷害，若兼有厭惡加害者的心情，將使得他們更為憤世嫉俗、怒氣升高、出現迴避／報復心態（Peets, Hodges, & Salmivalli, 2013）。研究也顯示，寬恕可以降低青少年的自殺意念（Dangel, Webb, & Hirsch, 2018; Quintana-Orts & Rey, 2018）。

感恩（**gratitude**）是指對他人的善行善意，心懷感激與謝意（Algoe, Kurtz, & Hilaire, 2016; Barcaccia & others, 2017; Zeng & others, 2017）。青少年究竟懂不懂得感恩，多個研究結論如下：

- 越懂得感恩的中學生，生活目的感越強（Malin, Liauw, & Damon, 2017）。
- 在中國，越懂得感恩的學生，越能適應學校生活（Tian & others, 2016）。
- 感恩與許多青少年的正向發展面向有關，如：家庭生活滿意度、樂觀及親社會行為（Froh, Yurkewicz, & Kashdan, 2009）。
- 表達感恩與憂鬱症狀呈負相關（Lambert, Fincham, & Stillman, 2012）。
- 一項縱貫研究評估 10 到 14 歲青少年的感恩心理（Bono, 2012）。經過四年，比起較少感恩（後 20%）的青少年，較常感恩（前 20%）者的生命意義感及生活滿意度更強、更快樂、更有希望感，負面情緒也較少。

道德感

關於道德感的發展，值得一提的還有心理分析論、同理心和情緒在其間發揮的作用。

心理分析論

在 Sigmund Freud 的心理分析論裡，超我是人格結構之一（另外兩個是本我及自我）。**超我**是人格的道德部門，當兒童早期在解決伊底帕斯衝突（Oedipus conflict）、認同同性父母後，超我於焉發展。根據 Freud，兒童得去解決伊底帕斯衝突，是因為擔心失去父母的愛，也不想因為對異性父母懷有不被容許的性欲而受到懲罰。為減輕焦慮、逃避懲罰、留住父母的愛，兒童透過認同同性父母而發展出超我。透過此一認同機制（identification），兒童內化了父母反映社會禁令的對錯標準。於此同時，兒童把先前對同性父母的敵意轉向自我。此種轉向自我的敵意成了（下意識裡）自我懲罰的罪惡感（內疚自責）。依心理分析對道德發展的解釋，自我懲罰的罪惡感阻止了兒童與青少年做出違法行為。也就是說，兒童與青少年之所以願意遵守社會規範，是為了降低罪惡感。

超我的組成要素有二：自我理想與良心，兩者共同提升兒童與青少年的道德情感發展。**自我理想（ego ideal）**涉及父母認可的理想標準，**良心（conscience）**則包括不被父母認可的行為。當個體按照道德標準行事，自我理想會以自豪感與個人價值感施予個體獎勵；當個體做出不道德的事，則是由良心的內疚與無價值感對個體施予懲罰。如此一來，自制自律漸漸取代父母的約束控制。

Freud 關於自我理想與良心的觀點並未得到證實。但，研究者可以檢視兒童犯錯時的內疚自責程度。當代的觀點強調良心深植於親密關係中，隨著兒童自我認識與理解他人能力進步而逐步形成，而且也和他們的情緒內涵有關（Thompson, 2009, 2014）。當代的觀點也強調，良心的發展不能光靠懲戒糾正，也應該將親子的情感交流與對話溝通納入（Thompson, 2009, 2014）。

Erik Erikson（1970）也提出他的道德發展三階段：兒童期的特定道德學習（specific moral learning in childhood）、青春期的理念關注（ideological concerns in adolescence）、成年期的倫理鞏固（ethical consolidation in adulthood）。根據 Erikson，青少年正在建構自我認同，如果青少年對兒童期建立起來的道德與宗教信仰破滅，至少會有一段時間茫然無所適從，生活空虛沒有目標。這樣的失落感反倒促使青少年重新尋找能帶來生活目的的理念（ideology）。理念若要得到認可，必須有憑有據，符合青少年的邏輯推理能力。如果他人有與之相同的理念，就能從而培養出社群感。理念成為青春期自我認同的守衛者，它啟發了生活目標，連接現在到未來，並賦予行為意義（Hoffman, 1988）。

青少年的同理心有哪些特徵？
©ThinkStock/Getty Images

同理心

正向情緒，如同理心，對青少年的道德發展功不可沒（Herrera-Lopez & others, 2017; Van der Graaff & others, 2018; Van Lissa, Hawk, & Meeus, 2017; Zaki, 2018）。**同理心（empathy）**意指感受到對方的情緒並回應給對方。同理心既是情緒，也是一種認知能力——能辨別他人內在心理狀態的能力，也就是**觀點取替（perspective taking）**（譯注：又稱換位思考）。

大約在 10 到 12 歲時，個體發展出同理悲慘遭遇者的能力（Damon, 1988）。此

時兒童關心的問題不再侷限於需親眼目睹不幸事件，相反地，他們關注的範圍擴展到窮人、身心障礙者、社會邊緣人等的不幸處境。靠著這一新發展出來的感受能力，兒童表現利他行為，並為青春期的理念與政治觀點發展注入人道色彩。

雖然每位青少年都有同理回應他人的能力，但不是所有人都樂意表現同理心。青少年的同理行為參差不齊。同理失調（empathic dysfunctions）可能導致反社會行徑。有些暴力犯罪加害者沒有辦法感受被害人的痛苦，例如，一名被控搶劫女性失明長者的 13 歲少年辯稱：「關我什麼事？我又不是她！」（Damon, 1988）

研究發現，同理心在 12 到 16 歲時進步不少（Allemand, Steiger, & Fend, 2015）。該研究也發現，女孩的同理能力比男孩好。青春期的同理心也能預測二十年後的社交能力（成年期同理心、溝通技巧、關係滿意度等）。此外，同理能力高與青少年的公民參與度高有關（Metzger & others, 2018）。

當代的觀點

古典心理分析理論重視潛意識罪惡感的力量，其他學者如 Damon 側重的是同理心發揮的作用。當今許多發展心理學家指出，同理心、同情心、欽佩、自尊等正向情緒，以及憤怒、羞愧、罪惡感等負面情緒，都與青少年的道德發展有關（Carlo & others, 2018; Rote & Smetana, 2017; Van der Graaff & others, 2018; Zaki, 2018）。當情緒體驗夠強烈，就會影響青少年的行事對錯標準。同情、羞愧、罪惡感，和對他人違反道德標準時的焦慮等情緒，在人生早期就已經存在，且在整個兒童期和青春期持續發展變化。同樣地，這些情緒交織在一起，也會影響青少年的發展。例如，罪惡感加上同理心可以增加親社會行為（Torstveit, Sutterlin, & Lugo, 2016）。

同情（sympathy）──一種以他人為導向（other-oriented）（關注他人）、感同身受的情感反應──通常能激發出親社會行為（Eisenberg, Spinrad, & Knafo, 2015; Zuffiano & others, 2018）。兒童期的同情心強度，可以預測青春期早期的道德推理與社會正義價值觀（Daniel & others, 2014）。

這些情緒為青少年習得道德價值奠定基礎，帶領並激勵青少年密切關注道德事件（Thompson, 2014）。然而，光靠道德情緒並無法建立青少年的道德意識，它還不足以產生道德責任感，亦非道德調節（moral regulation）的「實質」──即青少年必須瞭解並採取行動的規則、價值觀及行為準則。道德情緒與青少年的認知與社會發展密不可分。

回顧與反思

｜學習目標 1｜ 探討道德發展的定義與面向。

｜複習本節所學｜

· 何謂道德發展？

· 簡要說明 Kohlberg 的道德發展理論。他的理論受到哪些批評？

· 行為主義認為道德發展有哪些基本歷程？道德發展的社會認知理論提出哪些觀點？親社會行為的本質為何？

· 心理分析論對道德發展的觀點為何？同理心在道德發展中擔任什麼角色？當代對於道德發展提出哪些觀點？

｜分享與連結｜

· 本節提到性別在道德發展中的作用。以你對性別異同的瞭解，這些發現有超乎你的預期、令你感到訝異嗎？

｜反思個人經驗｜

· 本節介紹認知、心理分析、行為／社會認知等取向，哪種最能說明你的道德發展？請說明之。

2.道德發展的脈絡

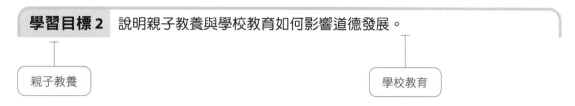

學習目標2　說明親子教養與學校教育如何影響道德發展。

親子教養　　　　　　　　　　　　　　　　　　　　學校教育

　　Piaget 與 Kohlberg 的理論主張同儕關係是道德發展的重要情境因素，然而，青少年的家庭與學校經驗也不容小覷。

親子教養

　　Piaget 和 Kohlberg 都認為父母並非兒童道德發展的獨特且必要條件。雖然父母的確提供了認知衝突與觀點取替的機會，但 Piaget 和 Kohlberg 還是把道德發展的主要作用歸因於同儕。其實，父母和同儕都會影響道德成熟的發展（Christen, Narváez, & Gutzwiller, 2018; Eisenberg & others, 2018; Goffin, Boldt, & Kochanska, 2018; Gryczkowski, Jordan, & Mercer, 2018; Laible, Padilla-Walker, & Carlo, 2018; Narváez, 2018b, c）。總的來說，支持性的親子教養方式、鼓勵孩子發問及探索，有助於提升青少年的高層次道德推理（Eisenberg, Spinrad, & Knafo, 2015; Goffin, Boldt, & Kochanska, 2018）。

　　家庭文化在道德發展上起了一定的作用。近期研究顯示，在重視家庭價值觀下成長的墨西哥裔青少年，親社會傾向較強（Knight & others, 2016）。與北美兒童與青少年相比，亞裔的孩子更樂於表現親社會行為（Eisenberg, Spinrad, & Morris, 2013）。

　　父母的管教對道德發展的重要性不言而喻。在 Freud 的心理分析論即可看出，鼓勵道德發展的管教方式有灌輸對懲罰與撤回關愛的恐懼。研究兒童的發展心理學家把注意力放在父母的管教策略（Holden & others, 2017; Hudnut-Beumler, Smith, & Scholer, 2018），包括撤回關愛、權力壓制、循循善誘（Hoffman, 1970）：

- **撤回關愛（love withdrawal）**最接近心理分析強調的，是害怕父母的懲罰與撤回關愛。父母拒絕給予孩子關愛，例如：冷戰或冷言以對。

- **權力壓制（power assertion）**意指父母試圖控制孩子或控管孩子的資源，例如：掌摑、威脅、取消特權。

- **循循善誘（induction）**意指父母用說理和解釋的方式，對孩子說明他的反社會行為會如何影響到別人。例如：「不可以打他，他只是想幫忙。」或「為什麼對她大喊

大叫呢？她不是故意要傷你的心。」

道德發展理論學家 Martin Hoffman（1970）指出，任何一種管教方式都會喚起青少年的情緒不快。撤回關愛與權力壓制激起高漲的情緒——撤回關愛引發焦慮，權力壓制則升高敵意。循循善誘激發的中等程度情緒，則讓青少年還保有認知理性的空間。

撤回關愛或權力壓制所激發的情緒，可能導致青少年聽不進父母對其行為後果的解釋。權力壓制更是父母無法適當表達情緒的不良示範，導致青少年遇到壓力時有樣學樣；反之，循循善誘引導青少年看到行為的後果。基於以上理由，Hoffman（1988）提醒父母應以循循善誘的管教方式，促進青少年的品德發展。

研究者發現，相較於撤回關愛或權力壓制的管教方式，循循善誘顯然更有利於道德發展，但效果也得依兒童的發展水準與家庭社經地位而定。例如，相較於學齡前或低社經家庭的孩子，循循善誘對年紀大一點（Brody & Schaffer, 1982）、中社經地位家庭的孩子較管用（Hoffman, 1970）。年紀稍大一點的孩子比較能懂得父母的說明、觀點取替能力也較好。相較於低社經地位家庭，中社經地位家庭更傾向內化社會道德標準（Kohn, 1977）。

學校教育

學校教育也是重要的道德發展培育環境（Dahlbeck, 2017; Lapsley, Reilly, & Narváez, 2018; Veugelers, 2017）。道德教育一直是教育界激烈辯論的熱門話題，以下先分析道德教育的內涵及當代對道德教育的看法。

潛在課程

八十多年前，教育家 John Dewey（杜威）（1933）即呼籲，就算學校沒有專門的道德教育課程，也可以透過潛在課程（hidden curriculum）融入各科教學，傳達學校重視道德教育的氛圍。

校規與班規、教職人員的道德取向及教材內容都可創造道德氛圍。教師可以是道德行為的楷模，也可以是不道德行為的借鏡。班規與同儕關係傳達出對作弊、說謊、偷竊以及關心他人的態度。此外，亦可透過執行規章制度，貫徹及體現學校的價值體系。

品德教育

品德教育（character education）逐漸引發大眾關注，它是一種直接教導學生基本道德

素養的教育取向，避免學生做出違反道德、傷己或傷人的行為（Arthur, 2014）。2018 年，全美有 18 個州立法強制學校開設品德教育課程，另有 18 個州鼓勵開設品德教育課程，7 個州支持（但不立法強制）開設品德教育課程，只有 8 個州沒有立法規定。批評者則認為說謊、偷竊、作弊等行為本來就是錯的，應該在所有的學校課程就教導學生上述道理（Berkowitz, 2012; Berkowitz, Battistich, & Bier, 2008; Davidson, Lickona, & Khmelkov, 2008）。

提倡品德教育的人強調，每所學校都應該訂定明確的道德守則，並讓學生清楚瞭解。根據傳統的品德教育觀點，任何違反守則的行為都必須受到處分；但近期的觀點轉向採取更為民主的解決方法。特定的道德概念（如作弊），可舉案例說明、班級討論及角色扮演，或獎勵學生適當的行為。如今，鼓勵學生關心他人成為品德教育的重點（Noddings, 2008, 2014, 2016）。與其只告訴學生不可以做出違反道德的行為，提倡關懷取向的人認為，更應該要鼓勵學生表現親社會行為，如：考慮和體貼他人的感受、助人為樂等（Frank, 2013）。

Lawrence Walker（2002）認為，品德教育的意義不是只在班級公布欄上面張貼美德標語，而是要讓學生參與重要價值觀的討論，思考如何將美德融入到日常生活裡。Walker 另提倡要讓孩子接觸值得模仿的榜樣並參與社區服務（Walker, 2016）。

價值澄清法

第二種道德教育方法是**價值澄清法（values clarification）**，係指協助個體確立生活目標，自主決定值得努力的方向。不像品德教育告訴學生應採取何種價值觀，價值澄清法鼓勵學生定義自己的價值觀，並理解他人的價值觀。

提倡價值澄清法的人追求價值中立（value-free）。但批評者指出，這些價值澄清的課程內容根本違反社群守則（community standards），也看不出有在強調什麼正確的行為。

服務學習

過去幾十年來，大眾逐漸意識到，如果人民可以積極參與社區與國家服務，將可大大提升社會的素質。甘迺迪總統於 1961 年 1 月 20 日的就職演說上率先呼籲：「別問國家為你做了什麼，應該要問自己為國家做了什麼。」聯邦政府委員會的計畫方案回應了總統的理

服務學習有哪些優點？
©Hero Images/ Getty Images

念，歷年來，催生了和平工作團（Peace Corps）、美國服務隊（Americorps）、長青志工團（Senior Corps）及美國志願服務隊（Volunteers in Service to America, VISTA）。這些工作多半以國家和社區服務公司的組織方式精心安排。欲詳細瞭解計畫內容與志願服務機會，請造訪 www.nationalservice.gov。

本章一開始曾提到 Jewel Cash 的故事。她具有強烈的社會使命感，積極地想對社區做出貢獻。越來越多的服務學習方案欲藉此豐富學生的社區服務機會。**服務學習（service learning）** 的方式有：課業輔導、長者服務、醫院志工、托育中心志工、社區清潔等，目標是協助青少年減少自我中心意識，更有動力幫助他人（Hart, Goel, & Atkins, 2017）。為使服務學習發揮效果，需滿足以下兩個條件（Nucci, 2006）：（1）賦予學生選擇權，（2）反思參與學習後的經驗。

服務學習將教育帶入社區（Hart, Goel, & Atkins, 2017; Hart & others, 2017; Hart & van Goethem, 2017）。青少年志工通常為性格外向、對他人懷抱責任感、自我覺察程度高（Eisenberg & Morris, 2004）。此外，參與服務學習的青少女比例也高於青少男（Webster & Worrell, 2008）。

服務學習的好處數不勝數（Hart, Goel, & Atkins, 2017; Hart & van Goethem, 2017）。它可以提升青少年的學業成績、設定目標、提高自尊、為他人做點有意義的事、自我統合、探討道德議題，以及在未來投入志工服務。74% 的非裔和 70% 的拉美裔青少年認為，服務學習方案對於阻止學生中輟有「相當大或非常大的影響」（fairly or very big effect）（Bridgeland, Dilulio, & Wulsin, 2008）。

26% 的美國公立高中要求學生須參與服務學習（Metz & Youniss, 2005）。服務學習對提供服務或接受服務的人而言利大於弊，應該鼓勵更多青少年參與（Enfield & Collins, 2008; Hart, Goel, & Atkins, 2017; Hart & others, 2017）。

作弊

作弊有多猖獗及如何查出作弊是道德教育關注的重點（Miller, 2017; Popoola & others, 2017）。作弊的方式很多，如：抄襲、使用小抄、偷看鄰座同學的答案、購買論文、假造實驗結果。一項 2006 年的調查顯示：60% 的中學生說過去一年有作弊、三分之一的學生說曾抄襲網路上的內容（Josephson Institute of Ethics, 2006）。一項針對 8 到 12 歲兒童的遊戲作弊研究發現，多數受試者會謊稱遊戲成功的準確性；年紀大的兒童作弊情形較年紀小的兒童少（Ding & others, 2014）。該研究也發現，工作記憶及抑制控制力（inhibitory control）佳的兒童，作弊情形較少。

為什麼學生要作弊？他們給出的理由包括：考好成績的壓力、作答時間不夠、教學品質低劣、缺乏學習興趣（Stephens, 2008）。關於教學品質低劣這一項，「如果覺得老師不稱職、不公平或不關心他們，學生就更容易作弊」（Stephens, 2008, p. 140）。

情境對作弊的影響甚鉅（Cheung, Wu, & Huang, 2016; Hartshorne & May, 1928-1930; Vandehey, Diekhoff, & LaBeff, 2007）。

有哪些因素會影響學生是否作弊？
©Rubberball/Nicole Hill/Getty Images

例如，監考不嚴、同學也作弊、同學作弊是否被抓到、分數是否會被公布等（Anderman & Murdock, 2007; Harmon, Lambrinos, & Kennedy, 2008）。涉及學業作弊的大學生通常缺乏責任感、社會親和力不佳（Williams, Nathanson, & Paulhus, 2010）。

預防和減少學業作弊的措施包括：確保學生瞭解何謂作弊、清楚說明作弊的後果、確實監考、重視學術榮譽的道德責任感。為促進學術誠信，許多大學推動榮譽守則政策，強調自我負責、公平、信任及學術風範。但是，中學制定榮譽守則政策的風氣尚未推展開來。學術誠信中心（Center for Academic Integrity）的網站 www.academicintegrity.org 裡有相當多的內容可供參考。

統整取向

Darcia Narváez（2006, 2008, 2010a, b, 2014, 2016, 2017a, 2018b）提出以**統整取向**（integrative approach）推動道德教育，內容既包含反思 Kohlberg 理論中倡導的公平正義式道德反思，也涵蓋道德教育中提倡應該培養特定的品格。Narváez 推動的「兒童發展方案」（Child Development Project）即為統整取向的絕佳範本。該方案給學生很多討論經驗的機會，激發同理心與換位思考，並加入一些練習，鼓勵他們從公平與社會責任的價值觀角度反思自己的行為（Battistich, 2008）。成人指導學生進行道德決策思考，懂得更關心他人。學生不僅在課堂上，也在課後活動和父母的參與中，經驗到這是一個充滿關愛的社區環境。研究評估發現，兒童發展方案能改善學生的社區意識、增進親社會行為、提高人際理解及社交問題解決能力（Battistich, 2008; Solomon & others, 1990）。

另一種統整取向為**統整式倫理教育**（integrative ethical education）（Narváez, 2006, 2008）。該計畫以支持性社區專業知能發展為理念基礎，目標是透過教導四種倫理技

能——倫理敏感度、倫理判斷、倫理聚焦、倫理行動，將學生從道德新手培養成道德專家（Narváez, 2010b）。圖 1 說明四種倫理技能的內涵。

倫理敏感度	理解情感表達 換位思考 與他人建立關係 應對多元族群 控管社會偏見 解釋情境 有效的溝通	倫理聚焦	尊重他人 培養良心 行動負責 助人為樂 找尋生命的意義 重視傳統與規章制度 培養道德認同感與正直的品格
倫理判斷	瞭解道德問題 使用準則並確定判斷標準 一般推理 道德推理 瞭解後果 反思過程與結果 應對問題並保持彈性	倫理行動	化解衝突問題 理直氣壯 挺身而出，當仁不讓 實施決策 培養勇氣 堅持到底 努力不懈

圖 1 | **統整式倫理教育涵蓋的倫理技能**
資料來源：Narváez, D., *Handbook of Moral Development*. New York: Taylor & Francis, 2006.

回顧與反思

| **學習目標 2** | 說明親子教養與學校教育如何影響道德發展。

| **複習本節所學** |

· 父母的管教方式如何影響道德發展？有哪些親子教養方式較有助於孩子的道德發展？

· 何謂潛在課程？目前學校採取哪些道德教育作法？服務學習對青少年產生哪些影響？

| **分享與連結** |

· 文化與族裔認同如何影響父母對兒童道德發展的態度？

| **反思個人經驗** |

· 你的父母對你採用哪種管教方式？對你的道德發展有什麼影響？

3.價值觀、宗教信仰與靈性

學習目標 3　解釋價值觀、宗教信仰與靈性對青少年的影響。

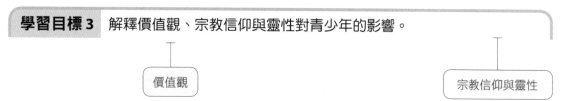

價值觀　　　　　　　　　　　　　　　宗教信仰與靈性

　　現今青少年和準成年人的價值觀為何？宗教信仰與靈性對青少年的生活還具有影響力嗎？

價值觀

　　價值觀（**values**）是指對事情應該如何的態度與信念，和我們認為重要的事情有關。我們對各式各樣的事情，如：政治、宗教、金錢、性、教育、助人、家庭、朋友、生涯、作弊、自尊等等賦予價值。價值觀反映了道德的內在向度。

　　測量個人價值觀的方式之一是詢問其生活目標為何。過去三十年來，大學生變得更為關心個人的福祉，對他人，尤其是弱勢者的關心逐漸減少（Eagan & others, 2017）。如圖 2 所示，與四十年前的同齡者相比，現今的大學新生更追求經濟富裕，對於活得有沒有價值意義，則顯得興趣缺缺。2016 年，82.4% 的學生（這是該調查有史以來最高的百分比）將經濟富裕視為「必要」或「非常重要」的目標，而 1971 年只有 42%。

　　不過，有跡象顯示，美國大學生正轉而關注社會福利。如前述調查所示，從 2001 年到 2016 年，對於活得有沒有價值意義的關注從 39% 升高到 46.8%（Eagan & others, 2017）（見圖 2）。這表示很願意參加志工活動或社區服務計畫的大學新生比例，從 1990 年的 18%，在 2016 年升高到 36.1%（Eagan & others, 2017）。

　　其他關於價值觀的研究也發現，樂於參加學校、社區或信仰團體的青少年，都說他們的社會信任及利他程度較高，更致力於維護人類的共同利益、支持移民完全融入社會的權利等（Flanagan & Faison, 2001）。不樂意參加此類團體的青少年，價值觀則偏向利己與功利主義。

　　本書對價值觀的討論，和 William Damon（2008）在《邁向目的之路：幫助孩子發現內心的召喚，踏上自己的英雄旅程》（*The Path to Purpose*）一書裡提出的觀點不謀而合。Damon 總結道，現今年輕人面臨的困境在於對自己的生活缺乏清晰的目標——太多年輕人「迷航了」（rudderless）。Damon（2008, p. 8）發現，12 到 22 歲的年輕人中，僅有 20%

表示他們「清楚知道自己的人生方向和目標願景」。他發現，年輕人的目標和價值觀過於短淺，只想著高分通過本週的考試或找到約會的舞伴，而不是以積極的價值觀訂定未來的目標。成人可以提出下列問題來引導年輕人思考：「什麼是你生命中最重要的事？你為什麼會在乎這些事？……做一個好人意味著什麼？」（Damon, 2008, p. 135）。

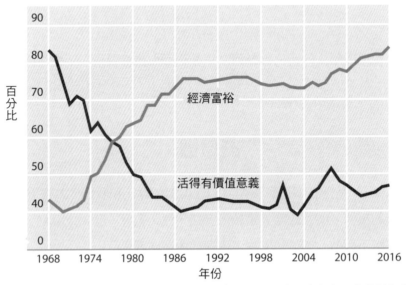

圖 2｜**1968 到 2016 年大學新鮮人的生活目標變化**。過去四十年來，大學新生的生活目標出現重大變化。當今越來越多大學新生說經濟富裕「必要」或「非常重要」，但認為活得有價值意義是「必要」或「非常重要」的大學新生卻越來越少。

宗教信仰與靈性

在 Damon（2008）看來，宗教信仰是長期生活目標的來源之一。宗教信仰與靈性有何區別？ Pamela King 等人（King, Ramos, & Clardy, 2013）指出它們的差異如下：

> 宗教啟發、威嚇、制伏人心；它給人信仰、引發悔恨、激發決心，讓人奮不顧身地獻出自我。
> ——Henry Newman（19 世紀英國牧師及作家）

- 宗教信仰（**religion**）是一套有組織的信念、實踐方式、儀式及符號象徵，強化個體與神聖或超然存在（如：上帝、高靈或最高真理）的連結。

- 信仰虔誠度（**religiousness**）意指皈依於一個有組織的宗教、參加既定儀式，以及與教義信仰及信徒團體相連結的程度。

- 靈性（**spirituality**）係指經歷到一種忘我的超常體驗，並以利於眾生和社會的方式生活。

　　宗教對許多青少年和準成年人而言是生活重心（King & Boyatzis, 2015）。但到了 21 世紀，大學生對宗教的興趣已經開始下降。一項針對全美大學新生的調查顯示，在 2016 年，68.9% 的大學新生說在高中時還常常或偶爾參加宗教儀式。該比例低於 2010 年的 73%、也低於 1997 年的 85%（Eagan & others, 2017）。此外，2016 年大學新生說沒有宗教偏好的比例（16%），是 1978 年（8%）的兩倍。另一研究發現，大學生在入學後的前三個學期很少參加宗教儀式或宗教活動（Stoppa & Lefkowitz, 2010）。

　　發展研究表明，美國人從 14 到 20 歲，信仰虔誠度逐漸減弱（Koenig, McGue, & Iacono, 2008）（見圖 3）。以禱告頻率、討論教義頻率、出於宗教理由決定道德行動、宗教在日常生活的整體重要性等題項評估信仰虔誠度，如圖 3 所示，14 到 18 歲的信仰虔誠度變化，比 20 到 24 歲的變化大。同樣地，參加宗教儀式的比例在 14 歲時最高，14 到 18 歲下降，直到 20 歲才又增加。參加宗教儀式活動的變化比信仰虔誠度的變化大。

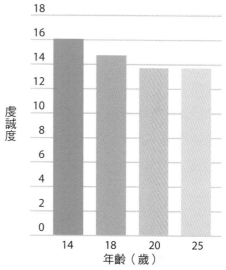

圖 3｜**14 到 25 歲的信仰虔誠度發展變化。**
注意：信仰虔誠度量表分數範圍為 0 到 32。得分越高表示信仰越虔誠。

　　對 18 到 24 歲青年進行的「世界價值觀調查」（World Values Survey）分析報告顯示，與已開發國家的同齡者相比，發展程度較低國家準成年人的信仰虔誠度較高（Lippman & Keith, 2006）。例如，對於宗教在生活的重要性，日本年輕人的回答是 0，奈及利亞則高達 93%；而信奉上帝的程度，瑞典為 40%，巴基斯坦高至 100%。

　　青少女的信仰虔誠度比青少男更高（King & Boyatzis, 2015; King & Roeser, 2009）。研究發現，13 到 17 歲的青少女較常參與宗教儀式、認為宗教塑造了她們的生活、更常參加青年團契活動、經常禱告、感覺更親近上帝（Smith & Denton, 2005）。

　　越來越多美國人認為自己傾向靈性修為而非宗教信仰。2017 年的全國民意調查顯示，27% 的人說他們關注的是靈性而非宗教，這在五年內上升了 8 個百分點（Lipka & Gecewicz, 2017）。這個廣泛的趨勢遍及不同的性別、年齡、教育程度及族裔。

宗教信仰與靈性對青少年及準成年人的正向影響

　　宗教的各個面向都可為青少年帶來正向的發展（Longo, Bray, & Kim-Spoon, 2017; Talib

& Abdollahi, 2017）。投入教會的程度高（加入年數、自主選擇加入、參與活動等），與青少年的學業成績高有關（Kang & Romo, 2011）。參加教會活動之所以對青少年有好處，在於宗教社群常鼓勵青少年表現社會認可的行為，例如當個好學生。參加教會活動也有利於為青少年提供正面的榜樣。

　　青少年對靈性通常抱持正面印象（James, Fine, & Turner, 2012）。10 到 18 歲青少年的靈性自評分數與青少年正向發展（PYD）中的五 C——能力（competence）、信心（confidence）、性格（character）、連結（connection）與關懷（caring）呈正相關。青少年的靈性自評分數可以預測其一年後的性格分數。

　　宗教也對青少年的健康和是否涉入問題有正向影響（Salas-Wright & others, 2012）。統合分析發現，靈性／信仰虔誠度與幸福感、自尊、五大性格特質（Big Five）中的三個特質（盡責性、親和性、經驗開放性）呈正相關（Yonker, Schnabelrauch, & DeHaan, 2012），與危險行為和憂鬱呈負相關。隨機取樣全國 2,000 名以上的 11 到 18 歲青少年，宗教信仰虔誠度高者涉入抽菸、飲酒、使用大麻、逃學、違法行為及憂鬱的情形較少（Sinha, Cnaan, & Gelles, 2007）。宗教活動參與程度高，可以預測九年級到十二年級學生隔年的低程度物質濫用（Good & Willoughby, 2010）。另外，碰到問題時懂得尋求靈性信仰的高中生比較不會涉及濫用藥毒品（Debnam & others, 2018）。橫跨英國、蘇格蘭、加拿大三國的研究亦表明，靈性層次高的青少年，健康情形更為良好（Brooks & others, 2018）。

　　許多信仰虔誠的青少年也將應當關心他人的教義內化（Lerner & others, 2013; Saroglou, 2013）。例如，信仰虔誠的青少年投入社區服務的比例是沒有宗教信仰者的三倍（Youniss, McLellan, & Yates, 1999）。

教會合唱團的青少年。宗教為青少年的生活帶來哪些正向的影響？
©Digital Vision/Getty Images

發展變化

青春期和成年初顯期是宗教靈性發展的重要關頭（Day, 2010; King & Roeser, 2009）。就算兒童被父母灌輸自己的宗教信仰，隨著青少年認知發展成熟，他們會開始探問自己真心想信仰的宗教是什麼。

認知變化

談到影響宗教信仰發展的認知變化，大多和 Piaget 的認知發展理論有關。與兒童期相比，青少年的抽象思考、理想主義及邏輯

宗教思維在青春期出現哪些變化？宗教和青少年的健康有何關聯？
©*Christopher Futcher/Getty Images*

推理能力提高不少。抽象思考能力讓青少年能夠思考宗教與靈性的各種概念，例如，青少年可能會問，面對世間如此多人遭受苦難，真的有所謂慈愛的上帝存在嗎？（Good & Willoughby, 2008）青少年的理想主義幫助他們思考宗教是否為創造一個更好、更為理想世界的途徑。此外，邏輯推理能力進步也讓青少年得以對靈性議題提出假設，並梳理出不同系統性的答案（Good & Willoughby, 2008）。

身分認同

身分認同發展是青春期和成年初顯期的核心議題（Erikson, 1968; Kroger, 2015）。他們一直在尋找「我是誰？」「我想成為怎樣的人？」「我想過什麼樣的生活？」等問題的答案。在尋求身分認同的過程中，他們開始認真探問的是更為複雜、邏輯的問題，如：「為什麼我會誕生於世？」「真的有所謂的上帝或高靈的存在嗎？還是說我一直以來相信的是父母和教會灌輸給我的觀念？」「我真正的信仰是什麼？」研究發現，大學生的認同整合（道德觀與個人認同融合的程度）和內在宗教取向（從事宗教修為的動機）及利他行動有關（Maclean, Walker, & Matsuba, 2004, p. 429）。有學者就提出，可善用青少年的身分認同與靈性之間的這種相關性作為培養靈性認同的敲門磚，以「超越（但不一定排除）兒童期被灌輸的宗教認同」（Templeton & Eccles, 2006, p. 261）。

一項以拉美裔、非裔、亞裔及非拉美裔白人青少年為對象的研究顯示，他們的宗教認同持續穩定維持到高中時期，但宗教參與度也在此時期下降（Lopez, Huynh, & Fuligni, 2011）。在此研究中，拉美裔及亞裔青少年的宗教認同程度最高，拉美裔青少年的宗教參與度也最高。

宗教社會化與親子教養

由成人創設的宗教機構，旨在向兒童介紹特定信仰，以確保他們繼承宗教傳統。為實現此一目標，各個社會採用的方式不一，如：主日學校、教會學校、部落代代相傳的宗教傳統，以及父母對孩子的教導等。

這樣的宗教社會化（religious socialization）有發揮效果嗎？答案是肯定的（Oser, Scarlett, & Bucher, 2006）。通常，孩子是在成長過程中接受父母的宗教教導，而青春期或成年初顯期是最容易發生改信宗教或宗教覺醒的時期。青少年對父母信仰虔誠度的評估，與青少年本身的信仰虔誠度呈正相關，接著又與成年後的信仰虔誠度有關（Spilman & others, 2013）。當孩子跟著爸媽一起參加宗教儀式，這些活動還能提高親子教養對孩子心理健康的正面影響（Petts, 2014）。

於此同時，也要考慮親子關係的品質，以及是母親抑或父親更具影響力（Granqvist & Dickie, 2006; King, Ramos, & Clardy, 2013; Ream & Savin-Williams, 2003）。與父母關係良好或是安全依附關係的青少年，較可能承襲父母的宗教信仰。但，若與父母關係不佳或是不安全的依附關係，青少年的宗教信仰極有可能和父母分道揚鑣（Streib, 1999）。研究也表明，母親對孩子宗教發展的影響力更甚於父親（King & Roeser, 2009）。可能的原因是，與父親相比，母親較常上教堂、帶領家人祈禱、和孩子一起討論宗教。

同儕也對青少年的宗教興趣起了一些作用。一項針對印尼青少年的研究發現，同儕之間的宗教信仰相近類似。此種宗教信仰相近的交友網絡不但能促進青少年反思個人信奉的宗教教義，亦能預測青少年是否涉及反社會行為（French, Purwono, & Rodkin, 2012）。

許多兒童與青少年展露對宗教的興趣，於是成人創立宗教機構（如這所位於馬來西亞的穆斯林學校），向他們介紹宗教信仰，確保其繼續堅守宗教傳統。
©Paul Chesley/Getty Images

信仰虔誠度與性

宗教還會影響青少年的性行為。雖然教會對教義的詮釋會因時制宜，難以一概而論，但多數教會其實並不鼓勵婚前性行為。也因此，比起皈依於哪個宗教，青少年投入宗教組織的程度更能預測其婚前性態度與性行為。經常參加宗教儀式的青少年，接收到的多是遠離性行為的教誨，投入宗教組織也使得青少年結交的多半是對婚前性行為持保留態度的朋友。信仰虔誠的青少年較不會發生性行為（Gold & others, 2010）。自認宗教在其生活中僅占低到中度重要性的非裔青少女，初次發生性行為的年齡早於自認宗教重要性高的非裔青少女（George Dalmida & others, 2018）。

父母的信仰虔誠度和青少年的危險性行為呈負相關，原因可能在於父母要求青少年不可結交對性行為容忍度高的朋友（Landor & others, 2011）。靈性對青少年發展的好處還有：不易發生性行為、初次性行為發生的時間較晚、性行為頻率低、懷孕率低（House & others, 2010）。

回顧與反思

學習目標 3｜解釋價值觀、宗教信仰與靈性對青少年的影響。

複習本節所學

· 何謂價值觀？現今大學生的價值觀為何？過去 30 年來，大學生的價值觀發生了哪些變化？

· 宗教信仰與靈性對青少年和準成年人的生活有多重要？青少年和準成年人的宗教信仰與靈性發展有哪些特徵？

分享與連結

· 靈性如何影響青少年的身分認同發展？

反思個人經驗

· 你在國高中時期的價值觀、宗教投入程度，以及你對靈性的興趣為何？從那之後有變化嗎？若有變化，又是怎樣的變化呢？

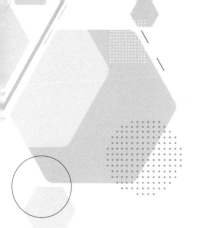

CHAPTER 8
家　庭

章節概要

「我和媽媽的感情很好。不過，如果說有什麼事情讓我們必須分隔兩地，我想我自己也可以過得去。我知道媽媽對我一直都有影響力，有時她會讓我心煩，但我是愛她、敬重她的。雖然免不了爭吵，我也不是每次都占上風，不過媽媽都會聽我說話。」

──艾美，16 歲

「從爸媽為你負責到你爭取獨立，到最後，你必須學習對自己負責，否則，在這個世界上，你將無立足之地。父母還是會在一旁守護你，這一點很重要。但你必須看向鏡中的自己，對自己說：『你辦得到。』」

──約翰，18 歲

「我跟爸媽相處得不是很好。他們只會命令我該穿什麼、跟誰約會、讀多少書、放假該做什麼、該花多少時間在社群軟體上，管東管西煩死了。為什麼他們不讓我自己做決定？我已經長大了，夠格處理這些事情。他們從早到晚指著我罵，我實在是氣壞了，所以才對他們口出惡言。他們為什麼就是不肯多了解我一些呢？」

──艾德，17 歲

「爸爸從沒空陪我。他工作很忙，就算回到家，也是累癱在電視機前面，不想被打擾。他覺得我不夠認真，也不像他們那一代有堅定的價值觀。我跟他還滿疏離的，反而跟媽媽比較有話說。我知道我應該多花一些時間在課業上，可是他沒有資格念我。我比較喜歡媽媽，媽媽對我比較好。」

──湯姆，14 歲

「我們有意見不合的時候，有時我也很氣爸媽，但那比較像是一場據理力爭的辯論。我必須說出我的想法，因為爸媽的觀念不完全是對的。如果雙方觀點不同，我們可以就事論事地討論，達成共識。當然，不是每一次都圓滿收場。即使我們之間的衝突未解，我們還算相處得融洽。」

──安，16 歲

> 光是瞭解子女還不夠。做父母的還必須讓孩子知道，爸媽有瞭解他們的權利。
> ──Milton Saperstein（20 世紀美國作家）

─── 引言 ───

> 儘管親子關係變化相當大，但研究人員發現，多數情況下，親子關係不但是青少年發展的重要面向，而且是正面、積極的影響。本章從家庭脈絡檢視青少年發展，首先探討家庭歷程、親子關係及手足關係；接著說明變動社會中變動的親子關係；最後介紹有助於增進青少年及家庭福祉的社會政策建議。

1.家庭歷程

學習目標 1　探討青春期的家庭歷程。

相互社會化與家庭系統　　　　　　　　　　成熟

還記得第 1 章談到 Urie Bronfenbrenner（1986, 2004; Bronfenbrenner & Morris, 2006）的生態系統理論嗎？Bronfenbrenner 用五個環境系統分析發展的社會脈絡如下：

● **微觀系統**，指個體生活的環境，如：家庭、同儕、學校、職場等。

● **中間系統**，各個微觀系統之間的連結，如家庭歷程和同儕關係之間的連結。

● **外部系統**，指青少年與未直接參與的生活環境（如父母的工作場所）間的連結。

● **巨觀系統**，或指青少年身處的文化背景，如族裔或國家。

● **時間系統**，又稱社會歷史環境，例如美國近幾十年來，母親外出工作、離異家庭、繼親家庭、同志家庭、多族裔家庭的數量有增多趨勢。

相互社會化與家庭系統

多年來，父母和孩子之間的社會化被誤認為是單向的歷程──孩子是父母社會化技巧操弄下的產物。然而，現今已將親子關係視為雙向的歷程（Cox & others, 2018; Klein & others, 2018）。**相互社會化**（**reciprocal socialization**）是孩子社會化父母的過程，如同父母社會化孩子一般。

越來越多基因與表觀遺傳因素的研究發現，不是只有父母會影響孩子，孩子也會影響父母（Baptista & others, 2017; Lomanowska & others, 2017）。**表觀遺傳學**（epigenetic view）強調，發展是遺傳與環境之間持續雙向交流的結果（Moore, 2017）。例如，嚴厲敵對的教

養方式，與青少年的偏差反叛等負面結果有關（Deater-Deckard, 2013; Thompson & others, 2017）。這可能是雙向互動的影響，而非單向的育兒結果。也就是說，嚴厲敵對的教養方式和青少年偏差反叛的行為彼此相互作用。在這種雙向影響下，父母與青少年的行為之間，既牽涉到遺傳也關係到後天經驗。

　　作為一個社會系統，家庭可說是由世代、性別及角色等次系統組成的群集（Schwartz & Scott, 2018）。家庭成員的勞務分工劃分出幾個特定的子單位，彼此的情感連結又另外劃分出幾個子單位。每個家庭成員都加入參與到幾個次系統中——有些是雙人組合，有些是多人組合（Chen, Hughes, & Austin, 2017; Ruff, Durtschi, & Day, 2018; Solomon-Moore & others, 2018）。例如：父親與孩子是一個雙人組合的次系統；母親與父親是另一個雙人組合的次系統；母親、父親與孩子是多人組合的次系統；母親和其他兩三個孩子是另一個多人組合的次系統。因此，當某一個家庭成員的行為改變，就會對其他家庭成員造成影響（Clarke-Stewart & Parke, 2014）。

　　圖 1 說明家庭成員和家庭次系統交互影響的樣態（Belsky, 1981）。如圖中箭頭方向所示，婚姻關係、親子教養、孩子的行為等，無不直接或間接地相互影響。直接影響如父母的行為對孩子的影響，間接影響如夫妻關係介入影響了他們對待孩子的方式。例如：婚姻衝突降低教養效能，在這種情況下，婚姻衝突對孩子行為的影響就是間接影響。

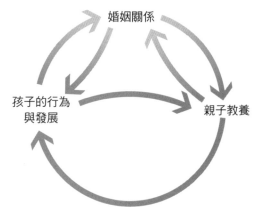

圖1｜青少年與父母的交互作用：直接與間接效應
©LJM Photo/Getty Images

　　如今對家庭的研究，已不單著眼於親子關係，越來越多家庭系統研究探討婚姻關係與親子教養的關聯（Liu & Wang, 2015; Schwartz & Scott, 2018）。研究不約而同發現，婚姻幸福的父母，更懂得以溫暖和尊重的態度體察、回應孩子（Fosco & Grych, 2010）。婚姻滿意度與良好的親子教養有關，婚姻關係支撐起艱難的教養任務（Liu & Wang, 2015;

Williams, Sawyers, & Wahlstrom, 2017）。夫妻關係越好、溝通越佳，他們就會更善待孩子（Grych, 2002）。因此，婚姻關係強化方案的另一個好處就是改善了親子養育方式，進而教育出身心健康的孩子。由此可知，在提升親子教養技巧的同時，也要留意婚姻關係。

正向的家庭氣氛不僅涉及親子教養效能，也和父母之間的關係是否正向有關（無論婚姻存續與否）。長期研究顯示，正向的家庭氣氛甚至可以預測青少年二十年後對待配偶的正向態度（Ackerman & others, 2013）。

成熟

美國作家 Mark Twain（馬克吐溫）回憶道，14 歲的他認為父親是個平庸之輩，一刻也不想待在他身邊。但到了 21 歲，他卻驚訝地發現父親在這七年當中學了不少知識！馬克吐溫真是一語中的，成熟（maturation）在親子關係中確實有著重要的作用。青少年從兒童期過渡到成年期的這段期間歷經成熟變化，同樣地，他們的父母親也在這段期間出現了變化。

青少年的變化

影響青春期親子關係變化的因素有：生長發育、邏輯推理能力進步、理想主義思維萌發、各種超乎意料的行為，以及學校、同儕、友誼、戀情的變化、爭取獨立等。親子衝突，尤其是母親與兒子之間的衝突，在青春期發育間最為劇烈（Steinberg, 1988）。此外，相較於晚熟或按期發育的青少年，早熟的青少年更容易和父母起衝突（Collins & Steinberg, 2006）。

在認知變化方面，青少年比孩提時期更懂得向父母據理力爭。小時候，父母若說：「好，就這樣，照我說的話去做。」孩子就會屈服了；但隨著青少年認知能力進步，他們不再乖乖聽從父母的指示。青少年想充分瞭解自己為什麼要接受處分。即使父母說明處分的理由，青少年的認知成熟度也已經可以讓他們注意到理由的漏洞。

哪些認知與社會情緒的變化，可能影響到青少年與父母的親子關係？
©Creatas/Punchstock

此外，青少年的理想主義思維也在親子關係中發揮作用。他們拿理想父母的樣版逐一檢視自己的爸媽，但現實生活中與父母的互動不可能十全十美，更難與理想父母相提並論。同樣地，青少年的自我中心使得他們過分在意別人的看法，對父母的言詞反應過度。例如，媽媽提醒青春期的女兒該換件新衣服了，女兒可能會回嘴道：「怎樣？妳不覺得我很有品味嗎？妳是不是看我不順眼？有毛病！」同樣的提醒如果發生在這位女兒幾年前還是兒童的時候，她的反應或許不會那麼大。

青少年認知發展對親子關係的影響也體現在對彼此的期望上。青春期前的孩子多半順從聽話，邁入青春期後，他們開始會質疑挑戰爸媽的要求。有些父母會將這些行為視為叛逆不學好，因為孩子跟以前乖乖聽話的模樣簡直判若兩人。對不聽話的孩子，父母常常只會施加更多壓力令其屈服。在發育相對緩慢的兒童期所形成的期望，到了變化劇烈的青春期，顯然跟不上青少年的行動。

青少年的社會情緒又會如何影響親子關係呢？所謂社會合宜的行為，到了青春期都必須重新定義。在多數社會，這些定義和學校教育環境變化有關。進入中學後，青少年得在校園廣闊、老師更多樣化的地方學習，外界對學生的要求變多，學生也得更積極奮發才能脫穎而出。青少年要花更多時間和同儕相處，友誼複雜的程度也比兒童期難上許多（Raudsepp & Riso, 2017; Rubin & Barstead, 2018）。青少年也開始強力爭取更多獨立的空間。

總之，父母應該調整自己，方以應付青少年因學校教育、同儕關係及追求獨立而帶來的變化。

父母的哪些成熟變化會影響親子關係？
©Corbis Premium RF/Alamy

父母的變化

影響親子關係的父母變化包括：婚姻滿意度、經濟負擔、職涯重新評估、時間限制、健康問題等。多數夫妻的婚姻滿意度在青少年或準成年人離家後有所提升（Gorchoff, John, & Helson, 2008）。不過，當子女進入青春期或成年初顯期，父母肩上的經濟負擔恐怕也會跟著加重。這段期間，有些父母會重新評估他們的職業成就是否達到年輕時設定的成功標準，思考未來還剩多少時間可以實現人生目標。於此同時，青少年對未來充滿無限的樂觀想像，認為自己有足夠的時間完成夢想。青少年的父母可能會變得過度在意

健康、體型和性吸引力（Almeida, 2011）。即使外表和性吸引力沒有變差，但他們還是覺得自己在走下坡。相反地，此時的青少年正處於外貌吸引力、體力和健康的巔峰。

多元發展軌跡

多元發展軌跡（multiple developmental trajectories）意指成人和青少年各有各的發展軌跡（Clarke-Stewart & Parke, 2014）。成人與兒童／青少年發展軌跡契合的狀況會影響到各種家庭任務出現的時間點。成人的發展軌跡包括結婚、同居或為人父母的時間點；兒童的發展軌跡則包括進入幼兒園和就讀國中的時間點。有些家庭任務或家庭變化可以預先規劃，例如重返職場或延遲生育；有些變化則始料未及，例如失業或離婚（Parke & Buriel, 2006）。

前面提到青少年父母的變化，描述的是成年中期發展的典型特徵（Fingerman & others, 2014; Sechrest & Fingerman, 2018）。多數青少年的父母正處於中年期，或剛要邁向中年期。然而，過去二十多年來，美國為人父母的時間點出現顯著變化。有些人提早成為父母，有些人則晚了許多。首先，1970 年代和 1980 年代，美國青少女懷孕人數激增。儘管此後青少女懷孕率已然下降，但仍高居已開發國家之首。其次，直到三、四十歲才生育的女性同時也增加了（Welch, 2014）。第 6 章「性」已談到青少年小爸媽的情況，接下來我們將探討的重點放在延遲生育的社會歷史背景。

在青春期就成為父母，與在 15 到 30 年後才為人父母，這兩種情況可謂天差地別。延遲生育讓男性或女性有充裕的時間在教育和職業上取得重大進展，完成學業，建立生涯發展。

婚姻關係因生育時間不同，也隨之出現變化。一項研究調查 20 多歲生育與 30 多歲生育的伴侶（Walter, 1986），結果發現晚生育的伴侶關係較為平等，男性也更常參與育兒及家務。

把生育時間延遲到 30 或 40 多歲的家庭，親子互動是否有所不同？與年輕的父親相比，年長的父親較溫暖、好溝通、鼓勵孩子追求成就、對孩子的要求較少、家規執行寬鬆，但年長的父親也比較不會跟孩子一起從事耗費體力或運動方面的活動（MacDonald, 1987）。從這些研究可看出，社會歷史變化導致許多家庭的發展軌跡出現差異。這些變化造成的軌跡差異，涉及伴侶互動與親子互動方面。

> 一代又一代的生命轉瞬即逝，如同跑者接棒傳承下去。
> ——Lucretius（西元前一世紀，羅馬共和國晚期詩人）

回顧與反思

學習目標 1 探討青春期的家庭歷程。

複習本節所學

・何謂相互社會化？家庭何以被稱為系統？

・青少年的成熟和父母的成熟在親子關係上起了什麼作用？

分享與連結

・傳統對青春期的看法，對於我們將家庭視為一個系統帶來什麼啟示？

反思個人經驗

・從家庭是一個系統的觀點來看，父母的婚姻關係對你的青春期發展有何影響？

2.青少年與父母的關係

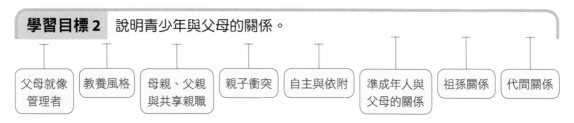

學習目標 2 說明青少年與父母的關係。

| 父母就像
管理者 | 教養風格 | 母親、父親
與共享親職 | 親子衝突 | 自主與依附 | 準成年人與
父母的關係 | 祖孫關係 | 代間關係 |

由於青春期發育的劇烈變化，青少年與父母也在衝撞對彼此的期望。許多家長看著原本順從聽話的孩子，搖身一變成了叛逆、乖張、處處和爸媽設定的標準唱反調的人。父母通常採取高壓手段，要求青少年唯命是從，彷彿期待孩子下一刻馬上長大成熟。但，從兒童期過渡到成年期，是一段漫長崎嶇的旅程，青少年不可能立即千依百順。明白青少年得花很長時間才能「回歸正軌」的父母親，方能冷靜有效地應對青春期孩子的反常行為。與其嚴格要求青少年就範，導致孩子陽奉陰違，倒不如稍微遷就他們，讓他們隨心所欲一下。

不管是強力要求順從，或不願意監督而放任孩子發展，都不能算是明智的管教方式。此外，另一個常被誤用的管教策略是討好，迴避任何的衝突。其實衝突在所難免，何況衝突還能發揮若干積極功能。本節也將探討準成年人與父母的關係。最後，討論代間關係如何影響青少年發展。

父母就像管理者

父母就像孩子的管理者，掌理、發起和籌劃他們的社交關係（Kelly, Becker, & Spirito, 2017; Low & Shortt, 2017）。青春期的一項重要發展任務是學習如何做出明智、自主的決定。為協助青少年完全發揮潛能，父母可以擔任蒐集資訊、居間聯繫、列出選項和指引方向的角色（Cope & others, 2017; Gauvain & Perez, 2007）。善盡管理職責的父母帶領青少年免於落入人生陷阱，順利度過層層抉擇難關的考驗（Mounts, 2007, 2011）。

父母也可以擔任管制孩子接觸同儕、友伴和周遭成人的角色（Seedall & Anthony, 2015）。比起父親，母親能在管教責任上發揮更大作用，例如參加親師座談會和注意孩子的家庭作業完成情形。

實施家庭管理策略（family-management practices）可以提高孩子的學業成績和自我負責，減少在學期間相關問題（Lowe & Dotterer, 2013）。維持結構化和有組織的家庭環境，如：例行事務、家事分工、就寢時間等，就是相當重要的家庭管理策略。研究調查非裔家

庭母親的家庭管理策略和青少年問題行為的關聯（Taylor & Lopez, 2005），發現家庭例行事務井井有條，和孩子的學業成績、上課專注程度、學校出席率呈正相關，與在學相關問題呈負相關。

父母的管理監督

父母作為管理者的角色，其中一個很重要的面向是有效的管理監督，尤其是在孩子進入到青春期這幾年（Bendezu & others, 2018; Kelly, Becker, & Spirito, 2017; Lindsay & others, 2018; Low & Shortt, 2017; Rusby & others, 2018）。管理監督的範圍包括孩子選擇的社交環境、活動及朋友。一項以五年級到八年級學童為對象的研究指出，父母的管理監督程度高與孩子的在校成績好有關（Top, Liew, & Luo, 2017）。父母的管理監督程度低與青少年憂鬱症有關（Yap & others, 2014）。此外，父母的管理監督程度低，是預測青少年偏差行為與物質使用發展軌跡的關鍵因素（Wang & others, 2014）。良好的管理監督可以降低青少年的大麻使用（Haas & others, 2018）、狂飲（Rusby & others, 2018）、過早發生性行為，以及持續使用保險套（Dittus & others, 2015）。此外，主動監控與連結裝置共用（刻意使用和孩子同樣的媒體）這兩種父母監控孩子使用媒體的類型，都可降低青少年的媒體使用率（Padilla-Walker & others, 2018）。

父母可以使用的管理監督方式有三：探問（詢問）、控管（明示規則），以及若孩子依然不從，就暗中窺探。不過，窺探是最侵犯孩子隱私的方式（Hawk, Becht, & Branje, 2016）。此外，窺探雖是父母較不常使用的監督方式，但能比探問和控管更快找出孩子與家庭功能出現的問題。

青少年的訊息管理

父母的教養效能還涉及可以從孩子那邊獲知多少訊息，特別是孩子願意對父母揭露或隱瞞多少行蹤訊息（Rote & Smetana, 2016; Smetana, Robinson, & Rote, 2015; Tilton-Weaver & others, 2013）。研究者發現孩子對爸媽透露去向、行蹤、交友，有利於正向適應（Cottrell & others, 2017）。10到 18 歲的孩子若背著父母祕而不

青少年如何管理可讓父母知道的訊息？
©Ryan McVay/Getty Images

宣，恐怕與涉入反社會行為有關（Criss & others, 2015）。研究美國與中國青少年後發現，青少年對父母揭露訊息，與學業能力佳（良好的學習策略、自動自發、成績提升）有關（Cheung, Pomerantz, & Dong, 2012）。

　　青少年願意對父母揭露訊息，也和父母的積極回應式教養風格（responsive parenting）與高度監督控管孩子的行為有關。這也是正向、**開明權威型**教養風格（authoritative parenting）中很重要的內涵。父母的開明權威型教養風格，可以用來預測青少年願意和父母分享訊息、降低問題行為的發生率（Low, Snyder, & Shortt, 2012）。

教養風格

　　父母都希望能將孩子培育成為成熟的社會一分子，但為人父母談何容易，挫敗感在所難免。多年來，心理學家致力於找出能提升青少年社會能力發展的教養方式（Baumrind, 1971; Maccoby, 2015; Sears, Maccoby, & Levin, 1957）。例如，行為主義學家 John Watson（1930）就奉勸父母不該對孩子太過親切。早期的研究將生理與心理劃分為二，或僅分成控制與溺愛兩種教養類型。直到最近，才對教養效能有了更為明確清楚的闡釋（Grusec & Davidov, 2015）。

　　Diana Baumrind（1971, 1991, 2012）所提出的觀點最廣為人知，她認為父母對孩子不該過於嚴厲，也不能過於放縱，而應既制定出規則又能溫暖相待。她主張有四種教養風格——專制權威型、開明權威型、忽視冷漠型、縱容放任型，對青少年的社會行為影響如下：

- **專制權威型**（**authoritarian parenting**）是指父母施加限制、懲罰於孩子，強迫他們聽令行事，重視工作成效。專制權威型的父母控制嚴格，幾乎沒有商量餘地。他們會說：「閉嘴，照我說的去做。」專制權威型教養風格下的孩子社會行為失能、擔心和他人比較、畏首畏尾、溝通技巧較差、外顯問題較多（Pinquart, 2017）；亦比開明權威型教養風格下的孩子更容易出現憂鬱症狀（King, Vidourek, & Merianos, 2016）。

- **開明權威型**（**authoritative parenting**）的父母鼓勵孩子獨立自主，但仍會約束孩子的行動。他們願意和孩子討論協商，對待孩子和顏悅色、悉心照料。開明權威型的父親會輕摟著孩子的肩膀說：「你知道這樣做不對。我們來談談下次該怎麼做會比較好。」開明權威型教養風格下的孩子社會能力良好、自信負責，親社會行為較其他教養風格的孩子多（Carlo & others, 2018）。此外，開明權威型是最能有效預測孩

CHEEVERWOOD

©Michael Fry. Used with permission.

子日後是否超重或肥胖的教養風格因子（Sokol, Qin, & Poti, 2017）。

● **忽視冷漠型**（**neglectful parenting**）的父母不關心孩子的生活。如果別人問：「現在是晚上 10 點，你知道孩子現在在哪裡嗎？」他們肯定回答不出來。忽視冷漠型教養風格下的孩子社會能力差，尤其缺乏自制力，渴求父母關注，但漸漸發現爸媽根本不看重他們，別的事情還比他們重要。缺乏父母照管的孩子，日後的發展相當不樂觀。

● **縱容放任型**（**indulgent parenting**）的父母關心孩子，卻不加以約束管教。他們任由孩子想做什麼就做什麼，結果孩子學不會控制自己的行為，凡事任性妄為。有些父母故意放任孩子，誤以為高溫暖少控制的管教才能培育出創造力強、有自信的孩子。其實，縱容放任型教養風格下的孩子社會能力差，也缺乏自制力。

	接納，有回應	拒絕，無回應
要求，控制	開明權威型	專制權威型
不要求，不控制	縱容放任型	忽視冷漠型

教養風格反映出父母在接納、回應、要求及控制向度上的差異，如圖 2 所示（Maccoby & Martin, 1983）。

圖 2｜**四種親子教養風格**
©Ariel Skelley / Blend Images

整體而言，開明權威型教養風格最能促進正向發展（Cai & others, 2013; Steinberg, 2014; Pinquart & Kauser, 2018）。例如，雙親之一為開明權威型父母，孩子的偏差行為最少；忽視冷漠型家庭的孩子，偏差行為最多（Hoeve & others, 2011）。開明權威型是最有效能的教養風格，理由如下（Steinberg & Silk, 2002）：

- 開明權威型父母在控制與自主方面建立適當的平衡，既提供孩子發展獨立的機會，也依孩子需求設定行為標準、限制並給予指導。
- 開明權威型父母願意和孩子協商討論，讓他們表達意見。此種家庭討論有利於青少年瞭解社會關係，以及社會能力需要具備的條件。
- 開明權威型父母的溫暖關懷和投入參與，使孩子更樂於接受父母的影響。

教養風格與族裔

開明權威型教養風格的優點是否因族裔、社經地位與家庭組成型態而有別？儘管有些例外，但有證據顯示，開明權威型教養風格有助於孩子展現能力，顯見於不同的族裔、社經地位、文化及家庭結構（Steinberg, 2014）。例如，多數墨西哥裔家庭父母的回應與要求孩子的方式，和開明權威型殊為一致（White & others, 2013）。

其他有關族裔的研究表明，專制權威型教養風格也和兒童正向發展結果有關（Clarke-Stewart & Parke, 2014）。專制權威教養方式依情況不同，也有不同的涵義與效果。例如，亞裔父母以亞洲傳統方式育兒，干預控制孩子的生活，常被說成過於專制權威。不過，Ruth Chao（2005, 2007; Chao & Otsuki-Clutter, 2011）認為，許多亞裔父母的教養方式，和專制權威型的支配控制並不一樣。相反地，控制反映了家長關心及參與孩子的生活，這是一種訓練——亞裔學生的高學業成就，可說是父母嚴格「訓練」的成果（Stevenson & Zusho, 2002）。亞裔青少年與父母對家長的控制多持肯定態度，服膺恆心毅力、用功讀書、孝順、體察父母的心意等儒家精神（Russell, Crockett, & Chao, 2010）。

亞裔家庭多採取哪種教養風格？
©JGI/Tom Grill/Blend Images/Corbis

對教養風格的進一步思考

以下對教養風格附加幾點說明。第一，教養風格無法彰顯相互社會化與親子同步的概念（Clarke-Stewart & Parke, 2014）。如前所述，父母社會化孩子，孩子也會社會化父母（Bush & Peterson, 2013; Cox & others, 2018）。第二，許多家長混用多種管教方式，非單用一種管教技巧，但可能會以某一管教方式為主。雖說管教方式一致是最好，但聰明的爸媽知道，某些情況要睜隻眼閉隻眼，某些情況則要拿出威嚴。同樣地，有些批評指出，教養風格的內容過於概括，需有更多研究闡明組成教養風格的各個元素，深入探究教養風格的內涵（Grusec & Davidov, 2015）。例如，父母的監督（monitoring）真能比溫暖（warmth）這一變項更能預測青少年發展的結果嗎？同樣地，支持性的教養方式真能比疏忽不管的教養方式更能預測青少年發展的結果嗎？一項針對拉美裔家庭的研究可看出，支持性的教養方式和青少年的正向適應有關，其次為參與投入的教養方式；干涉及疏離的教養方式和負面適應結果最相關（Bamaca-Colbert & others, 2018）。

此外，許多教養方式只談到母親這一方，而沒有將父親納入。許多夫妻教養方式不一致，各行其是。尤其是受傳統文化影響的家庭，常看到爸爸扮黑臉、媽媽當白臉。父母雙方的教養方式一致固然很好，但假若一方是專制權威型且不願改變，另一方應改採開明權威的方式，才是最有利於孩子的作法。

母親、父親與共享親職

關於教養，絕大多數研究的焦點放在母親而非父親。本節探討母親和父親的角色，以及共享親職對青少年發展的重要性。

母親、父親與青少年

以往育兒的重任多半落在母親肩上。近幾十年來，許多父親也積極參與教養。

母親和父親常各自以不同的方式跟青春期子女互動。母親比父親更常參與教養，但父親會花較多時間和兒子相處，有兒子的夫妻也比較不會離婚（Diekman & Schmidheiny, 2004）。母親與孩子的互動多半環繞在照顧和教導，父親則以和孩子一起進行休閒活動為主（Galambos, Berenbaum, & McHale, 2009）。

母親和父親與兒子、女兒的互動方式也有差異（Bronstein, 2006）。在許多文化中，母親會教導女兒要順從、承擔責任，限制女兒的自由，對兒子則沒那麼要求。父親較會把注意力放在兒子身上、陪兒子一起玩、付出更多努力以提升兒子的認知發展。

　　本章提到的研究幾乎皆以訪談或觀察母親為對象。以下說明幾個父親與青少年互動的研究。

　　一項以非拉美裔白人雙親家庭為對象的研究，調查母親和父親在孩子 8 到 18 歲時的相處時間，以及時間的運用與孩子成長發展的關聯（Lam, McHale, & Crouter, 2012）。進入青春期後，青少年與父母的相處時間變少了。他們大部分的時間都花在「社交」，包括與親朋好友共度的時間。不過，從 8 歲到 12、13 歲這段期間，青少年與父母一對一的相處時間變多，一直持續到青春期中期趨於穩定，然後在 15 到 18 歲期間減少。青少年傾向於花較多時間和與自己同性別的父母親相處。此外，與父親一對一的相處時間越多，青少年的自我價值感和社交技巧越好。這項研究提醒大家注意青少年的社交時間及與父母一起度過的私下相處時間，這兩類時間在青春期的不同發展軌跡。

　　另一研究以非裔雙親家庭與青少年為對象（Stanik, Riina, & McHale, 2013）。非裔母親認為比起孩子的父親，她跟孩子的關係較為溫暖。父母雙方都表示，對年紀小的孩子較為寬容。母親的溫暖關懷可以降低兒子罹患憂鬱症與從事高風險行為；父親的溫暖關懷與相處陪伴，也可以減少青少年的高風險行為。

　　前述研究談的是雙親家庭。當然，在單親家庭下成長的青少年也不少，尤其是父親完全缺席或幾乎沒時間跟孩子相處（Raeburn, 2014; Raymo & others, 2014）。父親缺席的不良影響有：青少年的高中畢業率低、青春期的社會情緒調節問題、成年期心理健康問題（McLanahan, Tach, & Schneider, 2013）。本章稍後會再探討離異家庭與繼親家庭中父親的角色。

共享親職

　　共享親職（coparenting）最常犯的錯誤有：協調困難、製造糾紛、互扯後腿、一意孤行或和對方聯手過度干涉，將孩子的發展置於危險境地（Bertoni & others, 2018; Pruett & others, 2017）。反之，父親和母親雙方團結同心、呵護關懷，與孩子的親社會行為與社會能力密切相關。當父母雙方能相互尊重、合作無間、平等溝通、協調彼此的需要，這些優點必有助於孩子對男性和女性發展出正向的看法（Tamis-LeMonda & Cabrera, 2002）。研究發現父母共同承擔教養，可以預測青少年較少涉入危險行為（Riina & McHale, 2014）。另一項研究則發現，共享親職若無法解決歧見，恐干擾青少年與母親的安全依附關係及自主能力發展，危及青少年的適應（Martin & others, 2017）。

親子衝突

　　有人說，親子之間在價值觀與態度上存在著巨大的鴻溝，也就是所謂的代溝（generation gap）。其實，代溝並沒有想像中的大，那是不準確的刻板印象。例如，多數青少年和父母一樣，相當認同努力工作、追求成就和職業抱負等價值觀（Gecas & Seff, 1990），他們的宗教信仰與政治理念通常也很相近。雖有少數青少年（約 20% 到 25%）與父母衝突不斷，但絕大多數的衝突為中低程度。

　　話雖如此，青春期早期的親子衝突較兒童期為高，仍是不爭的事實（Juang & Umana-Taylor, 2012）。這可能是因為青少年和父母同時經歷生理、認知、社會能力等各方面的成熟變化。一直到青春期後期，衝突才趨於緩和（Laursen, Coy, & Collins, 1998）。以亞裔家庭為例，親子衝突在青春期早期加劇，在 16 歲時達到高峰，然後在青春期後期及成年初顯期前漸趨和緩（Juang & others, 2018）。

　　儘管親子衝突在青春期早期升高，但也還不到 G. Stanley Hall 在 20 世紀初設想的那般混亂。許多衝突涉及家庭日常生活，如：打掃房間、穿著打扮、外出時間、講電話時間太長等，反而跟毒品和犯罪等重大問題沾不上邊。以中產階級非裔家庭為例，親子衝突雖常見但並不激烈，不過是一些跟房間、家務、課外活動和家庭作業有關的事而已（Smetana & Gaines, 1999）。幾乎所有的衝突都以孩子向父母屈服就能化解；但隨著青少年年齡漸長、羽翼日豐，他們越來越不肯讓步。

青少年與父母的衝突在青春期早期時有所聞。多數美國家庭的親子衝突狀況為何？
©*Wavebreakmedia/ age fotostock*

　　不過，親子衝突加劇仍是許多青少年和父母關係惡化的特徵（Brouillard & others, 2018; Nguyen & others, 2018; Van Lissa & others, 2017）。據估計，約 20% 到 25% 的家庭裡，青少年與父母陷入長期緊張、沒完沒了、毫無建設的衝突（Montemayor, 1982）。雖然這個數據僅代表少數青少年，但也顯示有四、五百萬的家庭正面臨高度嚴重的親子衝突壓力。

　　長期激烈的衝突可能導致青少年逃家、偏差行為、中輟、未成年懷孕、早婚、加入邪教、藥毒品濫用等

諸多問題（Brook & others, 1990; Delgado & others, 2018; Juang & others, 2018）。例如，親子衝突程度高，和青少年的高焦慮、高憂鬱、高攻擊性和低自尊有關（Smokowski & others, 2015）。另一研究橫跨青少年 13 到 18 歲這六年，親子衝突程度越高，青少年的同理程度就越差（Van Lissa & others, 2015）。另外，在對拉美裔家庭的研究中，亦可看出親子衝突程度高與青少年的攻擊行為多有相關（Smokowski & others, 2017）。對亞裔家庭的研究亦發現，親子衝突程度越高，親子關係就越疏離；疏離的親子關係和青少年憂鬱、犯罪、低學業成就有關（Hou, Kim, & Wang, 2016）。

　　儘管某些青少年的問題是因長期激烈的親子衝突而起，但有些人的問題卻是在青春期開始前就已經存在了（Darling, 2008）。由於兒童的身型較父母小得多，父母還能壓得住他們的反抗行為。但到了青春期，青少年的體格和力氣變大，以致於越來越不甩爸媽的話，或敢和爸媽頂嘴。有些心理學家甚至認為，衝突是青春期發展的正常現象。

　　跨文化研究表明，某些國家的親子衝突相對較少，例如日本和印度（Larson, 1999; Rothbaum & others, 2000）。

　　當家庭移民到別的國家，青少年通常能比父母更快適應當地的規範與價值觀（Fuligni & Tsai, 2015; Nair, Roche, & White, 2018; Nguyen & others, 2018）。這得歸功於青少年在學校接觸所在國家的文化與語言之故。但是，移民青少年接觸到的新規範與價值觀，尤其是獨立自主與戀愛關係，往往和父母固有的規範和價值觀背道而馳，進而升高移民家庭的親子衝突。Andrew Fuligni（2012）指出，這些衝突有時並未浮上檯面，而是把不滿放在心裡。例如，爸媽覺得孩子應該要為了家庭捨棄個人所好，但孩子卻認為這樣的期望不公平。像這種文化適應方面的衝突，多集中在核心文化價值觀有關的議題上，常見於移民到美國居住的他國家庭，如拉美裔家庭或亞裔家庭（Fuligni & Tsai, 2015; Nguyen & others, 2017）。

自主與依附

　　有人說，父母能長久留給孩子的贈禮只有兩樣，一是根，二是翅膀。這些話反映出自主（autonomy）與依附（attachment）對於青少年成功適應生活的意義有多麼重大。以往的發展心理學家較看重青春期的自主獨立，近來則注意到依附在青少年身心健康發展的作用（Arriaga & others, 2018; Hocking & others, 2018; Hoffman & others, 2017; Kerstis, Aslund, & Sonnby, 2018; Meins, Bureau, & Ferryhough, 2018; Roisman & Cicchetti, 2017）。青少年和父母同樣生活在一個需要自主與依附相互協調的社會裡。首先就按照歷史脈絡，先從自主談起。

自主

　　有些父母把青春期典型的自主意識抬頭解讀為叛逆。其實在許多情況下，青少年爭取自主權和他們對父母的感情是兩回事。健康的家庭會把青少年當作成人看待，做家庭決定的時候也納入青少年的意見。不健康家庭的父母依然緊握權力不放，甚至更為獨裁專制。

父母親可以採用哪些策略，來引導青少年有效地管理想要更多自主權的渴望？
©*Wavebreakmedia/Getty Images*

　　青少年爭取自主權與自我負責，令許多父母頭痛，認為他們越來越不受控制。父母越想控制孩子，親子衝突越演越烈，互相叫囂、威脅、不擇手段想爭奪主控權。父母心裡的挫敗感可想而知，因為他們不過是苦口婆心希望孩子聽勸、多留些時間跟家人在一起、好好長大不要誤入歧途。確實，父母可以預見孩子在適應青春期變化時遇到困難，但很少父母能夠想像並預料孩子想跟友伴在一起的決心，並且展示該是自己，而非爸媽，要為他們的人生成功或失敗負責了。

青少年自主的複雜度

　　青少年自主的定義，比一開始想的還要複雜和難以拿捏（Fuligni & Tsai, 2015）。**自主**一詞通常帶有自我指導與獨立的意涵，但這到底是什麼意思？是指青少年慢慢形成不受父母影響的內在性格特質嗎？還是有能力自己做決定？抑或表示青少年在學校、財務、約會、同儕關係等各方面的行為表現一致？同儕與其他成人對青少年的自主性發展有何影響？一項針對 13 到 23 歲的青少年和準成年人的長期研究顯示，不受同儕影響的自主性能預測長期、成功的遠離問題行為，但也導致準成年人不易與同儕建立牢固的友誼（Allen, Chango, & Szwedo, 2014）。一項近期研究發現，16 到 20 歲的青少年認為自主性增加的同時，與父母的關係也有改善（Hadiwijaya & others, 2017）。

　　自主的另一個特別重要的面向是**情感獨立**（**emotional autonomy**），亦即不再像孩子般依賴父母的能力。發展情感獨立時，青少年開始把父母去理想化（de-idealize），把父母視為「人」，而不只是育兒的人物。他們變得越來越不需要從父母那邊得到即時的情緒支持。

性別、文化與族裔

　　青春期自主性的性別差異，顯現在賦予青少男的自主性通常比青少女多。這在傳統性別角色分明的美國家庭尤其明顯（Bumpus, Crouter, & McHale, 2001）。此外，相較於非拉美裔白人家庭，拉美裔家庭對女兒的保護與監控更為嚴密（Allen & others, 2008）。

　　若青少年身處高風險的環境（如犯罪率高的社區），或生於重視家庭團結與尊重長輩的價值觀文化，父母的控制和青少年的問題行為不但無關，甚至有利於青少年發展（McElhaney & Allen, 2012）。何時為青少年發展自主性的最佳時機，不同文化、家長和青少年，有各自的期待和盤算（McElhaney & Allen, 2012）。例如，與亞裔、拉美裔、雙親家庭、父母本身相比，非拉丁裔白人、單親家庭、青少年自己普遍期望在青春期就享有更多的自主權（Feldman & Rosenthal, 1999）。儘管拉美文化更強調父母的權威，限縮孩子的自主性，但美國的墨西哥裔青少女，無論出生地是美國境內或境外，她們預期獲得自主的年齡都比母親期望的還要早（Bamaca-Colbert & others, 2012）。

│自主性的發展過渡期與離家上大學

　　離家上大學是許多準成年人發展自主性的過渡期（Tibbetts & others, 2016）。從高中到大學，多數青少年越來越自主（Nelson & others, 2011）。有些青少年會開始想家，有些則覺得沒有爸媽在旁盤旋不去，心情特別舒暢。但對於父母離異或分居的青少年來說，離家不見得是好事。他們在家中要擔任爸／媽或兄弟姊妹的撫慰者、知己，甚至照顧者的角色。一位大學新生說：「我覺得我對父母有責任，我知道不需要這樣，但就是沒辦法。與他們分開、擺脫他們的問題，以及追求我自己的認同是這麼困難重重。」對其他青少年而言，離家上大學獨立雖有壓力，但不至於難以應付。例如，另一位 18 歲大學生說：「做個大人並不容易。我必須學習平衡收支、自己訂機票、洗衣服，最難的是早上要自己起床。可不能再靠媽媽敲門叫我起床了。」

　　研究人員評估 130 位大一新生與123 位大學高年級生的心理分離與適應能力（Lapsley, Rice, & Shadid, 1989）。不出所料，與大學高年級生相比，大一新生對父母的心理依賴度高、社會與個人適應能力較差。女大生對父母的心理依賴程度也比男大生高。

上大學後，青少年和父母的關係出現哪些變化？
©Tom Stewart/Corbis/Getty Images

│結語

　　總之，青少年追求自主與行為自制能力提高，有賴於成人的適當回應。青少年並不是一開始就懂得對生活各方面做出成熟的決定，而是在發展自主性的過程中，成人就青少年力所能及之處放寬控制，就他們知識不足之處耐心指導，漸漸培養出青少年自己做成熟決

定的能力。接下來的討論進一步說明在與父母保持連結的狀況下，培養自主性發展的重要性。

依附與連結

青春期並不是要擺脫父母的影響，來到孤身一人做決定的世界。隨著青少年更加獨立自主，能繼續與父母保持連結反倒較有利於心理健康（Jones & others, 2017）。以下先說明安全依附的定義，再來探討嬰兒期、兒童期和青春期的依附關係。

安全依附（secure attachment）意指兩人之間維持正向、持久的情感連結。嬰兒期、兒童期和青春期的安全依附通常需要孩子與照顧者建立情感連結，才能有利於孩子探索環境與成長發展。到了成年期，安全依附不僅限於親子之間，也適用於伴侶或夫妻關係。

嬰兒期與兒童期

John Bowlby（1989）與 Mary Ainsworth（1979）等理論學者主張，嬰兒期的安全依附對社會能力發展至關重要。理論上來說，安全依附是往後人生心理發展的重要基石。**不安全依附**（insecure attachment）的孩子不是避開照顧者，就是對其產生抗拒或矛盾的情緒。不安全依附恐造成日後的人際關係與發展出現困難（Hoffman & others, 2017; Meins, Bureau, & Ferryhough, 2018）。例如，未與父母建立安全依附關係的孩子，可能會有焦慮或其他內隱心理問題（Kerns & Brumariu, 2014）。

青春期

嬰兒期的社會情緒發展中，最廣受學界討論的就是與照顧者的安全依附關係（Roisman & Cicchetti, 2017; Shahar-Maharik, Oppenheim, & Koren-Karie, 2018）。過去十年來，研究人員也探討青春期的親子安全依附關係（Allen & Tan, 2016; Lockhart & others, 2017）。許多青少年具有相當穩定的依附風格，這種穩定性一直延續到成年期（Jones & others, 2018）。成人的社會環境較青少年

青春期的安全依附關係有哪些特徵？
©Tetra Images/Getty Images

穩定，也有比較多的時間鞏固依附風格。家庭衝突與父母分居／離婚是破壞依附風格穩定性的潛在風險因子。此外，Joseph Allen 等人（2009）發現，自述在 14 歲時擁有安全依附關係的青少年，21 歲時較有可能享有相互承諾、自在的親密關係與財務獨立。另外，對拉美裔家庭的研究發現，與母親的安全依附程度越高，青少年藥毒品使用的比例越低（Gattamorta & others, 2017）。15 到 20 歲的青少年和準成年人若與母親為不安全依附關

係，恐提高罹患憂鬱症（Agerup & others, 2015）或有企圖自殺的風險（Sheftall & others, 2013）。家庭貧困但有安全依附關係的青少年，較不會從事高風險行為（Delker, Bernstein, & Laurent, 2018）。與父母的安全依附關係越強，青少年越不容易出現憂鬱症狀（Kerstis, Aslund, & Sonnby, 2018）。安全依附研究最一致的結果是正向的同儕關係與增進情緒調節能力（Allen & Miga, 2010）。

　　安全依附與父母的教養風格是否有關？對中國青少年的研究表明，開明權威型教養風格對親子安全依附具有正向預測力，且與高自尊、正向同儕關係有關（Cai & others, 2013）。觀察母親對兒童與青少年子女的敏感度，可以預測青少年與準成年人的安全依附（Waters, Ruiz, & Roisman, 2017）。

　　許多研究以成人依附訪談法（Adult Attachment Interview, AAI）請受訪者回憶重要的依附關係，藉此評估其依附類型（George, Main, & Kaplan, 1984）。根據受訪者的回答，分成安全型／自主型（secure/autonomous），以及以下三種不安全型：

- **拒絕型／迴避型依附**（**dismissing/avoidant attachment**）的人貶抑依附的重要性。他們可能長期被照顧者拒絕排斥，親子關係疏離，不願受父母影響左右。
- **糾結型／矛盾型依附**（**preoccupied/ambivalent attachment**）的人心思被依附的回憶占據，因為父母的態度反覆無常，導致他們反而出現過度渴求依附的行為，混雜著對父母的憤怒情緒。親子衝突可能會高到危及心理健康發展。
- **未解決型／混亂型依附**（**unresolved/disorganized attachment**）的人擔驚受怕的程度異乎尋常地高，茫茫然無所依。這可能是因為喪親或受虐等創傷經驗造成的。

　　研究使用重要人物訪談法（Important People Interview, IPI）評估高中生（14 至 18 歲）和準成年人（18 至 23 歲）對四個重要他人和四個重要友伴的依附程度（Rosenthal & Kobak, 2010）。接著按照依附連結（親密、分離痛苦、緊急情況下讓人安心）、尋求支持（平常相處的舒適自在或提供支持的程度）、親和力（相處愉快程度）等情況排出他們的順序。結果顯示，與高中生相比，大學生會把戀愛對象放在較前面的位置，父親則置於末端。把朋友排在前面、父親排除在外或列為不重要人物，和行為問題增加（如憂鬱和違反規定）有關。

｜結語

　　簡言之，以前的親子關係模式顯示，隨著青少年長大成人，他們慢慢脫離父母獨立，走向自立自主；以前的模式也主張，青春期的親子衝突一觸即發、狂暴猛烈。然而新近的模式強調，青少年雖向外探索更廣闊複雜的世界，但父母還是青少年的重要依附對象、資

源和支持系統。多數家庭的親子衝突情節輕微，並不嚴重。拌嘴爭執像是家常便飯，反倒發揮了促進獨立自主與認同形成的正向功能（見圖3）。

以前的模式
・脫離父母獨立；父母和友伴是兩個不相干的團體
・親子衝突激烈緊張；天天都是風暴壓力

新近的模式
・依附與自主；父母是重要的支持系統與依附對象；父母與友伴之間互有聯繫
・輕微的親子衝突；具有促進正向發展的功能；多發生於青春期早期

圖3｜青少年親子關係的新舊模式
©UpperCut Images／Getty Images

準成年人的依附

伴侶關係和親子關係雖不能相提並論，但伴侶亦像爸媽對待孩子一樣，滿足了我們的需求（Arriaga & others, 2018; Fraley & Roisman, 2018; Gewirtz-Meydan & Finzi-Dottan, 2018; Hocking & others, 2018）。**安全依附**（securely attached）的嬰兒得到照顧者提供的安全堡壘，得以安心地探索外在環境。同理，年輕人在伴侶提供安全堡壘的保護下，即使在外受到壓力，也有一個避風港可以喘氣休息（Simpson & Steven Rholes, 2017）。

成年初顯期的依附關係有哪些關鍵向度？它們和關係模式與幸福感的關聯性為何？
©Fuse／Getty Images

成年早期與伴侶的依附模式，是否反映了兒童期與父母的依附模式？Cindy Hazan 與 Philip Shaver（1987）發現，與伴侶有安全依附關係的人，他們和父母大多也是安全依附關係。一項長期研究發現，1 歲時安全依附的嬰兒，二十年後與伴侶的關係也是安全依附（Steele & others, 1998）。但另一研究卻表明，壓力與破壞性經驗，如喪親或照顧狀況不穩定，會削弱童年依附型態與日後依附型態的關聯性（Lewis, Feiring, & Rosenthal, 2000）。研究者統合分析 127 個研究，得出的結論如下（Pinquart, Feubner, & Ahnert, 2013）：（1）從嬰兒期到成年期，安全依附的穩定性為中等；（2）時間間隔超過十五年，沒有顯著的依附穩定性；（3）時間間隔短於二年或大於五年，依附穩定性變大。

Hazan 與 Shaver（1987, p. 515）運用以下段落簡單評估依附型態：

閱讀每個段落，在最能描述你的句子旁打勾：

1. 親近他人對我來說還算容易，我也能放心地倚賴別人或讓別人倚賴我。我並不擔心被拋棄或跟別人太靠近。

2. 與別人接近讓我有點不自在。我很難完全信任和放心地倚賴他人。若有人試圖親近我，我會緊張不安；別人的靠近讓我覺得不舒服。

3. 別人不想如我所願般的親近。我常擔心伴侶不愛我或不想跟我在一起。我想和伴侶更親近些，但這麼做有時會把人嚇跑。

這些段落對應出三種依附型態，分別是安全依附型（段落 1），以及兩種不安全依附型——迴避依附型（段落 2）、焦慮依附型（段落 3）：

● **安全依附型**（secure attachment style）的人對關係抱持正面態度，善於親近他人，對戀愛關係不至於過度在意或深感壓力。他們很享受一對一承諾關係下的性愛，不太可能跟伴侶以外的人發生一夜情。

● **迴避依附型**（avoidant attachment style）的人不想投入戀愛關係。就算建立關係，也會和對方保持距離。

● **焦慮依附型**（anxious attachment style）的人渴望親近但又不信任他人。情緒化、善妒、占有欲強。

約 60% 到 80% 的成人說自己是安全依附型，也難怪成年人都希望和安全依附型的伴侶在一起（Zeifman & Hazan, 2008）。

研究人員正在探究成人依附型態與生活其他各面向的關聯（Arriaga & others, 2018; Hocking & others, 2018; Mikulincer & Shaver, 2014; Simpson & Rholes, 2017; Umemura & others, 2018）。例如，安全依附型的人較滿足於現有的親密關係。他們的關係建立在信任、承諾、維持長久上。1988 到 2011 年一項以 94 名美國大學生為樣本的統合分析發現，安全依附型的比例近年有下降趨勢，不安全依附型的比例則在上升當中（Konrath & others, 2014）。

以下研究證實成人依附型態的影響力：

● 安全依附型可以預測較佳的戀愛關係（Holland & Roisman, 2010）。

● 新婚伴侶中，若其中一方為焦慮依附型，雙方皆有可能涉入不忠行為（Russell, Baker, & McNulty, 2013）。

- 不安全依附和慢性病形成有關，尤其是心血管疾病（McWilliams & Bailey, 2010）。

- 迴避依附型與焦慮依附型的性滿意度，較安全依附型為低（Brassard & others, 2012）。

- 與不安全的迴避依附型與焦慮依附型相比，安全依附型的睡眠困擾較少（Adams & McWilliams, 2015）。

- 焦慮依附型的人對自身健康的焦慮程度也較高（Maunder & others, 2017）。

- 不安全依附和高社交焦慮有關（Manning & others, 2017）。

- 對 13 到 72 歲的個體進行長期研究發現，迴避依附隨年齡增長下降。若有與他人戀愛交往，可用以預測較低的焦慮依附與迴避依附（Chopik, Edelstein, & Grimm, 2018）。

　　不安全依附型態是否難以撼動改變，注定陷入有問題的關係？研究顯示兒童期與青春期的依附型態較成年期具有可塑性（Fraley & Roisman, 2018），但，成人仍有能力改變他們的依附思考與行為。不安全依附雖與關係議題有關，但依附型態對關係的作用僅有中等程度的貢獻，其他因素也會影響關係的滿意度和順利與否（Mikulincer & Shaver, 2014）。

準成年人與父母的關係

　　多數成年孩子離家獨立後，與父母的關係反倒改善了。他們的心更為靠近，願意多與父母分享心事（Arnett, 2015; Padilla-Walker, Memmottt-Elison, & Nelson, 2017）。然而，由於準成年人自主性增加，親子關係仍面臨許多挑戰。準成年人在許多方面具有成人身分，但在某種程度上又依賴著父母。他們可以自己決定住所、是否上大學、過什麼樣的生活、要不要結婚等（Padilla-Walker, Memmott-Elison, & Nelson, 2017）。於此同時，即使成年子女離家，父母仍會提供許多奧援，如貸款、學費、購車費用、生活費、情緒支持等。

　　成功的成年初顯期，意味著脫離原生家庭獨立，但不是完全切斷情感連結或另尋一個情感替代品。完全跟父母切斷連結對解決情緒問題沒有助益。成年初顯期是在情感上梳理要從原生家庭繼承什麼、放下什麼以及自己該開創什麼的時期。

　　多數有關教養型態的研究著重在母親與子女的關係，鮮少關注父親。父母應當作為孩子的「鷹架」或「安全網」，支持他們順利地過渡到成年初顯期（Swartz & others, 2011）。研究探討母親和父親對準成年子女的教養型態（Nelson & others, 2011）。開明權威型父母和準成年子女的正向發展（如：高自我價值感、高社會接納度、低憂鬱）有關，控制—放任型父母對子女的發展最為不利（如：低自我價值、高憂鬱、高焦慮）。高控制型父母對

於準備離家獨立、發展自主性的子女尤其有害，縱容放任型（如：低回應、低控制）父母也對準成年子女的發展造成諸多負面影響。開明權威型的父親對準成年子女的正向發展最好。

研究顯示，當代的父母和準成年子女的聯繫較前幾個世代多，尤其是 21 世紀以來的聯繫數量，有增多的趨勢（Fingerman, Cheng, & others, 2012）。受惠於科技進步，今日的年輕人可以經常傳訊息給爸媽、在 Facebook 上和父母成為好友。研究也發現現在的年輕人很感謝父母在情感和經濟上提供支持。

有些國家的父母更為涉入大學子女的生活。跨文化研究顯示，美國、德國、香港、南韓大學生的父母，傾向頻繁聯絡與支持孩子（Fingerman & others, 2017）。與美國和德國學生相比，亞洲學生得到的支持雖多，滿意度卻低。

父母的支持若過多，恐限縮成年子女的自主性（Fingerman, Pillemer, & others, 2012）。從「直升機父母」（helicopter parents）一詞就可看出這種過度支持介入的現象。直升機父母和家長參與、某些正向教養（如：引導、開誠布公、情緒支持）呈正相關，但與自主性和學習投入呈負相關（Padilla-Walker & Nelson, 2012）。此外，家長控制度高與直升機父母，皆有損子女的職業認同發展與成年後的能力表現（Lindell, Campione-Barr, & Killoren, 2017）。直升機父母恐與負面情緒、決策能力低、大學課業低落與適應欠佳有關（Luebbe & others, 2018）。

許多成年子女不再覺得有必要滿足父母的期望。他們轉而學習以成人對成人的姿態與父母互動，尊重彼此，欣賞與接納父母原本的樣子。

處在當今經濟不確定的時代，許多成年子女在上大學或畢業離家幾年後，或為了工作省錢的同時，選擇回家和父母同住（Furman, 2005）。失業或離婚也是成年子女返家與父母同住的原因。有些成年子女因為經濟無法獨立，遲至接近 30 歲才離家。美國社會稱這群人為「迴力鏢孩子」（boomerang kids）或「返家回巢」（B2B，Back-to-Bedroom）（Furman, 2005）。

成年子女返家，有利也有弊。最常聽到的抱怨是失去隱私、限制太多、性生活受限、不能太常聽音樂、還把他們當作小孩般對待。爸媽也常抱怨安靜的家變得吵吵鬧鬧、熬夜等晚歸的孩子回家、吃飯時間喬不攏、夫妻生活被干擾、為孩子負擔太多責任。總之，當成年孩子返家居住，原本平衡的家庭生活又被打亂，必須重新調整安排。

祖孫關係

平均壽命延長正在影響祖父母的角色
（Fingerman & others, 2018; Huo & Fingerman,
2018; Huo & others, 2018）。1900 年，僅 4% 的
10 歲兒童有四個祖父母（爺爺奶奶及外公外
婆）。到了 2000 年，這數字不但上升，還上升
到 40%。預期壽命不斷增加，這個趨勢未來還
會持續下去，只不過延遲生育可能會減緩此一
態勢（Szinovacz, 2009）。

青春期的祖父母／孫子女關係有哪些特色？
©*Gurpal Singh Dutta/Getty Images*

許多祖父母在孫子女的生活中擔任重要角色（Bol & Kalmijn, 2016; Hayslip, Fruhauf, &
Dolbin-MacNab, 2017; Huo & Fingerman, 2018），尤其是當家庭出現危機，如：離婚、死
亡、生病、遺棄或陷入貧困時（Dolbin-MacNab & Yancura, 2018; Hayslip, Fruhauf, & Dol-
bin-MacNab, 2017）。祖父母協助育兒，有利於女性投入勞動市場。據估計，全世界目前
約有超過 1.6 億個祖父母協助撫養孫子女（Leinaweaver, 2014）。

許多人在中年過後初次當祖父母。比起祖父，祖母較常跟孫子女聯絡（Watson, Ran-
dolph, & Lyons, 2005）。或許女性認為祖母的角色責任之一就是維繫代間關係。男性對祖
父角色則不抱什麼期望，多半按自己的意願行事。

2014 年，美國有 10% 的兒童（約 740 萬）與至少一名祖父母同住，較 1981 年以來
增加許多（當時約 470 萬）（U.S. Census Bureau, 2015）。離婚、青少女懷孕、父母藥毒品
使用等，讓祖父母又得再擔起好不容易卸下的「父母」角色。與雙親親生家庭相比，祖父
母的參與，與單親或繼親家庭的良好適應有關（Attar-Schwartz & others, 2009）。

與孫子女住在一起的祖父母中，超過 65 歲的不到 20%。將近半數隔代教養的孫子女
由祖母單獨撫養，這些家庭多半是非裔家庭（53%）。若為祖父母兩人共同撫養孫子女，
則幾乎為非拉美裔白人家庭。

多數與孫子女同住的祖父母除了負擔家庭生計外，還協助在職爸媽照料孫兒。僅
10% 的三代同堂家庭生活貧困。三代同堂的多為移民家庭。由於女性比男性長壽，故和
孫子女同住者多為女性（祖母），約占 70%。

祖父母特別關心的還有孫子女的探視權利問題（visitation privileges）（Kivnik & Sinclair,
2007）。過去二十年來，許多州已經立法通過，即使父母拒絕，祖父母仍然可以向法院提
出探視孫子女的權利。至於這樣是否符合兒童的最佳利益，多方據理力爭，各持己見。

代間關係

代間關係在人生全期發展中發揮重要作用（Antonucci, Birditt, & Akiyama, 2016; Sechrest & Fingerman, 2018）。新的世代會去複製或改變上一代的性格、態度和價值觀，儘管家族長輩過世，但他們的基因、智力、

> 如果你擔心年輕一代會變成什麼樣子，事實就是，他們會長大，然後繼續擔心下一代會變成什麼樣子。
> ——Roger Allen（20 世紀美國作家）

情緒、風範，仍延續到下一代。代代相傳，世代交替。研究發現，有孩子的年輕人會比沒有孩子的年輕人更常去探視他們的父母親（Bucx, Raaijmakers, & van Wel, 2010）。

中年世代對老一輩及年輕世代生活的重要性不言而喻（Antonucci, Birditt, & Akiyama, 2016; Fingerman & others, 2018; Polenick & others, 2018）。中年世代分享經驗及傳承價值觀給下一代，推著青少年走向成年期、適應成年子女返家，或成為祖父母等。有的接受子女奉養，有的要提供子女經濟支援，或照顧喪失老伴、年邁患病的父母。

中年世代常被戲稱為「三明治」（sandwich）、「榨乾」（squeezed）或「超載」（overload）世代，一手顧孩子，一手顧父母（Etaugh & Bridges, 2010）。不過，也有美國人認為，與其說是「三明治世代」（要同時照顧父母及子女），不如說是「樞紐世代」（pivot generation）（指中年世代交替關注成年子女與年邁父母的需求）（Fingerman & others, 2017, 2018; Luong, Rauers, & Fingerman, 2015; Sechrest & Fingerman, 2018; Suitor & others, 2017）。中年世代積極擔起養育家庭的責任，但對於照顧年邁父母則心情矛盾，認為這既是一種快樂，也是一種負擔（Igarashi & others, 2013）。

代間關係也有性別差異（Luong, Rauers, & Fingerman, 2015）。在維繫代間關係上，女性擔任舉足輕重的角色。女性的代間關係一向比其他家族成員的連結更為緊密（Antonucci, Birditt, & Akiyama, 2016）。

文化與族裔也是代間關係的重要面向。例如，越來越多孩子成為移民父母的文化中間人（cultural brokering），傳譯文化與語言（Villanueva & Buriel, 2010）。

以下研究證實代間關係對青少年發展的重要性：

● 一項長期研究顯示，青少年 14 歲時與父母在家庭互動中的敵意及積極投入程度，和十七年後與配偶婚姻互動中的敵意及積極投入程度有

代間關係如何影響青少年的發展？
©Digital Vision/Getty Images

關（Whitton & others, 2008）。青春期時原生家庭的敵意程度高，和十七年後的婚姻敵意程度高、投入參與程度低有密切相關。

- 3 到 15 歲時支持性的家庭環境與父母的教養方式，與 26 歲時和中年父母的正向關係（指聯絡、親密、衝突、互助這幾個面向）有關（Belsky & others, 2001）。

- 父母的婚姻破裂與後代子孫的婚姻破裂息息相關。父母婚姻破裂會使後代子孫婚姻破裂的數目增加 16%（Amato & Patterson, 2017）。完整家庭中的婚姻衝突，對後代子孫婚姻破裂難辭其咎。

- 一項針對非裔的代間關係研究顯示，與親生父親關係良好的成年男性，當了父親後較會積極參與育兒（Brown, Kogan, & Kim, 2018）。

- 相較之下，中年父母較樂意資助子女，而非年邁父母（Fingerman & others, 2011）。

- 相較於與年邁父母發生衝突，中年父母若與成年子女發生衝突，傾向於採積極應對策略（如：討論問題）（Birditt & others, 2018）。若中年父母採被動策略（如：避而不談），成年子女更易出現憂鬱症狀。

回顧與反思

｜學習目標 2｜ 說明青少年與父母的關係。

｜複習本節所學｜

- ·父母如何成為孩子的有效管理者？
- ·有哪四種重要的教養風格？教養風格和青少年發展有何關聯？
- ·父母在青少年發展上扮演什麼角色？如何發揮共享親職的效能？
- ·如何準確描述青少年與父母的衝突？
- ·自主與依附在青少年發展過程中的作用為何？
- ·準成年人和父母的關係涉及哪些議題？
- ·祖孫關係的本質為何？歷經哪些變化？
- ·代間關係如何影響青少年發展？

｜分享與連結｜

- ·青少年的情緒發展和自主與依附之間，可能有哪些關聯？

｜反思個人經驗｜

- ·請說明你個人到目前為止的自主與依附狀態。

3. 手足關係

學習目標 3　說明青春期手足關係的特色。

　　手足的角色 | 出生次序

　　手足的角色有何特徵？手足衝突雖屢見不鮮，但在社會發展過程中，手足所扮演的角色值得探究（Buist, Dekovic, & Prinzie, 2013; Feinberg & others, 2013; McHale, Updegraff, & Whiteman, 2013）。此外，出生次序也會影響青少年的發展。

手足的角色

　　在美國，約 80% 的青少年有至少一個以上的手足（兄弟姊妹）（Fouts & Bader, 2017）。有兄弟姊妹的人大概都知道，吵架衝突幾乎是家常便飯，必定出現的互動戲碼。不過，衝突僅是手足關係的其中一個面向（Dunn, 2015）。青少年的手足關係還包括協助、分享、教導、打鬥、遊戲，以及情感支持、競爭、談心的對象（Campione-Barr, 2017; Noel, Francis, & Tilley, 2018）。

　　青少年通常花多少時間和手足相處？研究發現，平均每週約 10 小時，其中 12% 在做有益的事情（如：藝術、音樂、嗜好、運動、宗教活動及遊戲），25% 在做無益的事情（如：看電視、閒逛）（Tucker, McHale, & Crouter, 2001）。墨西哥裔家庭的手足相處時間更多，平均每週 17 小時（Updegraff & others, 2005）。然而，與兒時相比，青少年的手足關係雖沒有那麼親密、濃烈，但變得更為平等（East, 2009）。長期研究 12 到 18 歲的青少年，發現隨著年紀增長，兄姊們逐漸釋出權力（Lindell & Campione-Barr, 2017）。從青春期起，手足情誼逐漸淡化，青少年開始把生活重心轉移到家庭外的世界（McHale, Updegraff, & Whiteman, 2013; Whiteman, Jensen, & McHale, 2017）。

　　青春期的手足在一起會聊些什麼呢？兄弟姊妹間最常談的話題是課外活動、媒體及學校的事（Tucker & Winzeler, 2007），只有不到 10% 的時間在聊朋友、家庭、飲食和身體意象等。

　　手足關係專家 Judy Dunn（2015）曾形容手足關係的三個重要特徵如下：

● **百感交集的關係**。許多青少年對手足是又愛又恨，夾雜著各種正負向情緒。

● **熟悉與親密**。兄弟姊妹通常對彼此相當熟悉了解，這樣的親密有時雖能成為相互的

支持後盾，有時卻也難保會成了
對方的笑柄。

● **手足關係的差異性**。有些手足描
述彼此的關係，比其他手足描述
的還正向，可見手足關係的差異
性極大。有些人對手足懷著矛盾
的情感，有些人談起手足則是咬
牙切齒，而有許多人總說他們的
兄弟姊妹溫暖可靠。

80% 的人至少有一個兄弟姊妹。青春期的手足關係有
哪些特點？
©*Alain Shroder/Getty Images*

父母會偏袒其中一個手足嗎？這種
偏心會影響青少年發展嗎？研究 384 對青少年手足後發現，65% 的母親及 70% 的父親說
他們的確偏愛其中一個孩子（Shebloski, Conger, & Widaman, 2005）。若有偏心情形發生，
不受寵的孩子低自尊及難受的心情可想而知。確實，平等與公平是手足關係的主要關注
點，也會影響父母對待他們的方式（Campione-Barr, 2017; Campione-Barr, Greer, & Kruse,
2013）。

在某些情況下，手足對社會化的影響力可能比父母或同儕還要大（Dunn, 2015）。年
齡相近的手足比父母還瞭解彼此碰到的問題，是交流心聲的好對象。與同儕打交道、應付
難搞的老師、討論敏感禁忌的話題（如：性），手足的意見比父母管用。年長手足公認是
汲取社交和校園活動訊息的可靠來源（Tucker, McHale, & Crouter, 2001）。

年長兄姊的問題行為是年幼弟妹成長的危險因子。素行不良的兄姊是弟妹起而效尤的
壞榜樣（Defoe & others, 2013）。

手足衝突對青少年發展的影響為何？手足衝突程度高與溫暖程度低是青少年發展的絆
腳石（Tanskanen & others, 2017）。低衝突、高溫暖的手足關係與內隱及外顯行為較少有關
（Buist, Dekovic, & Prinzie, 2013）。手足衝突升高和憂鬱症增加有關。反之，手足相親相愛
則與同儕社交能力增進及女孩的憂鬱症減少有關（Kim & others, 2007）。

手足衝突再加上不當的教養方式，對青少年發展的破壞性可謂雪上加霜（Kramer,
2010; Milevsky, 2011）。一項縱貫研究發現，10 到 12 歲時的無效教養方式（如：問題解決
能力差、監督能力薄弱、親子衝突等）加上手足衝突（互毆、偷竊、欺騙等），與 12 到
16 歲時的反社會行為、同儕關係不佳有關（Bank, Burraston, & Snyder, 2004）。

如前所述，負向、衝突不斷的手足關係不但有礙青少年發展，甚至還對行為產生不良

影響。例如，兄姊的學習習慣不佳、品行不端，年幼的弟妹也有樣學樣。相反地，親密而可靠的手足關係可以減輕青少年生活壓力所帶來的負面效應（East, 2009）。

成年初顯期的手足關係又是如何呢？兄弟姊妹的相處時間的確變少了，但對手足的矛盾情緒依舊。然而，隨著兄弟姊妹陸續離家，可以自由選擇要不要聯繫，衝突情況也趨於緩和（Hetherington & Kelly, 2002）。

出生次序

有些人認為青少年的出生次序和某些性格發展有關。例如，「老大最聰明、有成就、負責任；老么最叛逆、不受拘束、討人喜歡」（Paulhus, 2008, p. 210）。與老么相比，老大較為成熟穩重、樂於助人、順從及自律。不過，實際進行研究測量發現，出生次序造成的差異微乎其微。研究出生次序對智力的影響，發現老大的智力雖然稍高，但在生活滿意度、內／外控、信任、冒險、耐性、衝動等方面並無顯著差異（Rohrer, Egloff, & Schukle, 2017）。

出生次序對手足關係發揮一定作用（Vandell, Minnett, & Santrock, 1987）。年長手足總占上風，居主導地位，不滿爸媽特別關愛年幼弟妹。

社會大眾咸認獨生子女是「被寵壞的小孩」，把他們冠上喜歡依賴、缺乏自制力、自我中心等負面印象。但研究顯示，相較於老么和大家庭的孩子，獨生子女非但成就動機強，且具有個性討喜等正向特質（Thomas, Coffman, & Kipp, 1993）。

整體而言，出生次序的影響力被高估了。批評者認為，考量所有影響因素後，出生次序對青少年行為的預測力著實有限。單就手足關係來說，其不僅受出生次序影響，還受手足的人數、年紀、年齡差距、性別等影響。比起姊妹／兄妹／姊弟，兄弟之間相互扶持的情誼薄弱許多（較沒那麼關心對方、較不親密、較不會去化解衝突）（Cole & Kerns, 2001）。氣質（如易養型及難養

為限制人口增長，獨生子女家庭在中國越來越普遍。一胎化政策的後續效應有待研究釐清。一般而言，獨生子女的典型特徵為何？
©XiXinXing/Getty Images

型）再加上父母的差別對待，更會影響手足的相處方式（Brody, Stoneman, & Burke, 1987）。易養型手足加上父母的公平對待，手足間的相處最為融洽；難養型手足或父母偏袒不公，手足間的相處最為不睦。

　　除了性別、氣質、父母的差別待遇等因素之外，遺傳、父母平日有無做好榜樣、同儕、學校、社經地位、社會歷史背景、文化差異等其他重要因素，在在影響青少年的行為。出生次序或許不是預測青少年行為的良好指標，手足的關係和互動才是家庭歷程的重要面向（Campione-Barr, 2017; Dunn, 2015; Whiteman, Jensen, & McHale, 2017）。

回顧與反思

| 學習目標 3 | 說明青春期手足關係的特色。

| 複習本節所學 |

・手足角色的本質為何？

・出生次序和青少年發展有何關聯？

| 分享與連結 |

・從家庭即系統的觀點（family-as-a-system）來看，多個孩子的家庭及只有一個孩子的家庭，兩者有何不同？

| 反思個人經驗 |

・你和兄弟姊妹的感情如何？若能重返青春期改變你們的關係，你會想改變什麼？如果你是獨生子女，請想像手足關係會如何影響你的發展？

4.變動社會中變動的家庭

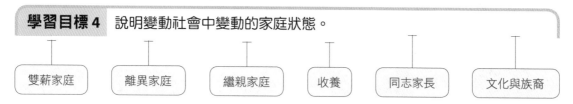

學習目標 4 說明變動社會中變動的家庭狀態。

- 雙薪家庭
- 離異家庭
- 繼親家庭
- 收養
- 同志家長
- 文化與族裔

　　美國青少年成長的家庭結構越來越多元化。許多父母無暇跟孩子相處，在美國，育有 5 歲以下幼兒的母親中，每兩位就有一位投入勞動市場；每三位職場母親中就有兩名孩子年齡介於 6 到 17 歲。美國生長於單親家庭的青少年數量超越其他國家，攀升之快令人驚訝（見圖 4）。此外，美國約四分之一以上的兒童，在 18 歲之前成為繼親家庭的一分子。

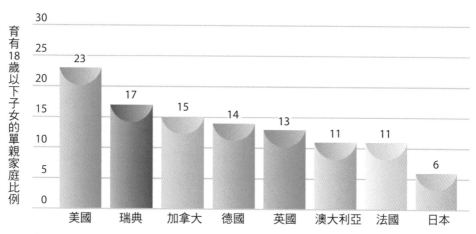

圖 4 | 不同國家的單親家庭比例

雙薪家庭

　　近年來，越來越多研究探討雙親皆出外工作對兒童及青少年發展的影響。尤其是母親從事全職工作的趨勢增加，儼然是當代生活的常態，但其影響仍存在爭議。

　　關於雙親工作的研究多數著眼於幼兒與母親就業（Brooks-Gunn, Han, & Waldfogel, 2010）。然而，雙親工作的影響，應該將父親以及工作時間安排、家庭與工作壓力、失業等因素納入考量（Clarke-Stewart & Parke, 2014; O'Brien & Moss, 2010）。例如，以近 3,000 名青少年為對象的研究發現，父親失業（而非母親失業）與青少年健康之間呈負相關（Bacikova-Sleskova, Benka, & Orosova, 2014）。

父母的工作時間安排與工作壓力對青少年的發展
有何影響？
©*The Photo Works/Alamy*

鮮少研究關注雙親工作對青少年的影響（Lee & others, 2017）。對青少年發展來說，重要的是雙親工作的性質，而不是父母雙方都在工作或僅有一方工作（Goodman & others, 2011；Parke & Clarke-Stewart, 2011）。Ann Crouter（2006）曾描述父母如何把工作情緒帶回家。職場環境較差的父母，如：超時、加班、壓力大、缺乏自主性等，回到家容易發脾氣，遑論教養效能。父母的職場環境不佳，與青少年的行為問題多和學業成就低有關。若父親每週工作時數超過 60 小時，工作量多到幾乎沒有時間做自己想做的事時，恐加劇親子衝突（Crouter & others, 2001）。母親下班回家後心情正向愉快，和青少年的正向心情、睡眠品質佳、睡眠時間長有關（Lawson & others, 2014）。母親的工作經驗越佳，青少年的負面情緒和健康問題越少。母親就業的兒童（尤其是女兒）比較沒有性別刻板印象，性別觀更為平等（Goldberg & Lucas-Thompson, 2008）。

青少年容易趁父母工作不在家時不守規矩嗎？下午放學後及暑假確實是最容易發生不良行為的兩個時間點。家長應該為孩子安排一些結構性的課外活動或交由其他成人監督（如：課後輔導）。

離異家庭

20 世紀中期，離婚在美國幾乎成了流行風潮。近幾十年來，離婚率稍微下降緩和，從 1981 年達到每千人中就有 5.1 對離婚的高峰值，至 2014 年降到每千人中 3.2 對離婚（Centers for Disease Control and Prevention, 2015）。2014 年的離婚率為千分之 3.2，同年度的結婚率為千分之 6.2。

儘管離婚率已下降，美國仍是世界上離婚率最高的國家之一（俄羅斯最高，每千人中有 4.6 對）（OECD, 2016）。在美國，近一半的初婚在二十年內破裂（Copen, Daniels, & Mosher, 2013）。

近年來，育有青少年子女的中年父母，離婚率有升高的趨勢。比較 1990 到 2015 年不同年齡層的離婚率，年輕成人的離婚率雖然下降，中年人的離婚率反倒上揚了（Stepler, 2017）：

25 至 39 歲	40 至 49 歲	50 歲以上
-21%	+14%	+109%

是什麼原因導致中年離婚增加？其中一個解釋是女性的觀念改變，約 60% 的離婚是由 40 歲以上的中年女性提出的。與幾十年前相比，對離婚女性的汙名減輕，使得她們更願意離開不快樂的婚姻。越來越多女性投入職場，削弱對丈夫收入的依賴。此外，再婚人數增加，但再婚的離婚率是初婚的 2.5 倍。

以下探討離婚造成的影響：在完整、非離異家庭下長大的青少年，適應情況會比離異家庭的青少年好嗎？父母應該為了孩子而繼續在一起嗎？離異家庭的親子教養應該注意哪些問題？離異家庭的青少年有哪些風險及脆弱因素（risk and vulnerability）？社經地位在離異家庭青少年的生活中扮演何種角色？（Hetherington, 2005, 2006; Hetherington & Kelly, 2002; Hetherington & Stanley-Hagan, 2002）。

> 隨著婚姻成為當代社會的一個選項，而非永久存續的制度，孩子們正面臨父母婚姻過渡期間引發的壓力與適應挑戰。
> ——E. Mavis Hetherington
> （當代心理學家，維吉尼亞大學）

離異家庭青少年的適應情況

多數研究發現，離異家庭子女的適應情況確實比非離異家庭差（Arkes, 2015; Hetherington, 2005, 2006; Lansford, 2013; Wallerstein, 2008; Weaver & Schofield, 2015）（見圖 5）。從 E. Mavis Hetherington 等人進行的縱貫研究中得知（Hetherington, 2005, 2006; Hetherington, Cox, & Cox, 1982; Hetherington & Kelly, 2002），離異家庭中 25% 的兒童有情緒問題，但至成年初顯期後比例降到 20%。非離異家庭子女中 10% 有情緒問題。

在 Hetherington 的研究中，離異家庭的準成年子女仍然存在的情緒問題包括：衝動、不負責任、反社會行為、憂鬱等，日後在工作、戀愛方面也會遇到困難。非離異家庭的準成年子女之所以會有情緒問題，主要是因為家庭衝突激烈、父母鮮少以開

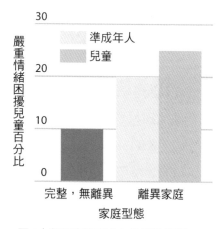

圖 5 | **離異家庭青少年的情緒問題。**
從 Hetherington 的研究可看出，離異家庭中 25% 的兒童有情緒問題，但至成年初顯期後比例降到 20%。非離異家庭子女中，約 10% 有情緒問題。

明權威教養方式育兒。若童年期處於一個高衝突的完整家庭，但父母離異後，家庭氣氛反倒變得和諧，以及跟的是一位懂得關心孩子、能幹的父／母，成人後的情緒問題不增反降。另一縱貫研究顯示，早年父母離異與父子關係不佳、戀愛或婚姻關係不穩定、成年後教育程度低落較有關（Amato, 2006）。

經歷多次父母離異的子女，面臨的風險更多。離異家庭青少年更容易出現學業問題、外顯行為問題（衝動行為及偏差行為）、內隱行為問題（焦慮及憂鬱）、社會責任感薄弱、缺乏親密關係、中輟、過早發生性行為、使用藥毒品、結交反社會人士、低自尊等（Conger & Chao, 1996; Hetherington, 2005, 2006; Hetherington & Kelly, 2002）。父母分居的憂鬱青少年，憂鬱復發風險較完整家庭的憂鬱青少年為高（Bohman & others, 2017）。離異家庭的青少女建立親密關係的能力較差（Shulman & others, 2012）。但是，母親若能向女兒坦誠分享她們年少時的戀愛經驗（前後內容要一致連貫），即可削弱離婚對女兒親密行為的負面影響。另一研究發現，離異家庭子女終生的自殺企圖風險較高（Alonzo & others, 2014）。

兒時父母離婚，經過二十年之後，約 80% 的成人認為父母當時離婚是明智的決定（Ahrons, 2004）。但也有別的研究表明，兒時父母離婚，與 16 到 30 歲時同居／婚姻伴侶數多、伴侶關係不佳有關（Fergusson, McLeod, & Horwood, 2014）。很重要的一點是，其他因素與社會背景，如：父母的非法藥物使用史、兒時遭受性虐待、孩子出生時社經地位低、父母的犯罪史等，也可以用來解釋兒時父母離婚的影響。

無論婚姻存續與否，婚姻衝突或許才是對子女造成負面影響的主因（Bergman, Cummings, & Davies, 2014; Cummings, Koss, & Davies, 2015; Cummings & others, 2017; Davies, Martin, & Cummings, 2018）。非離異家庭的家內衝突和兒童的情緒問題有關（Amato, 2006）。西班牙一項以 14 到 17 歲青少年為對象的研究發現，和離異家庭的青少年相比，父母雖未離婚但家庭衝突不斷的青少年，從事不安全性行為的頻率要高出許多（Orgiles, Carratala, & Espada, 2015）。

確實，離異家庭子女的問題多半在父母吵翻天的離婚之前就發生了。因此，要說是父母離婚造成孩子出現問題，倒不如說是婚姻衝突所致（Thompson, 2008）。

E. Mark Cummings 等人（Cummings, Koss, & Davies, 2015; Cummings & others, 2017; Cummings & Valentino, 2015; Davies, Martin, & Cummings, 2018）提出**情緒安全理論**（emotional security theory），以依附理論為本。該理論主張兒童以家庭安全感來評估父母的婚姻衝突，有對孩子不利的壞衝突（如：展露敵意、刁難破壞）和對孩子有利的好衝突（如：冷靜地討論彼此的觀點並找到解決方案）。Cummings 等人（2012）發現，幼兒時期父母

的婚姻衝突，與孩子稍長在兒童期的情緒不安感有關；接著又造成青少年時期的適應困難，包括高焦慮與高憂鬱。此外，國小低年級時父母衝突加劇，可以預測五年後青春期早期的情緒不安感增加、友誼歸屬感薄弱、社會能力退步（Davies, Martin, & Cummings, 2018）。

雖然某些離異家庭的孩子有情緒問題，但不可否認地，多數孩子都能成功克服父母離婚的難關，也未出現明顯的適應問題（Ahrons, 2007; Barber & Demo, 2006）。

父母應該為了孩子而繼續在一起嗎？

父母是否應該為了孩子而繼續留在不快樂或爭執不斷的婚姻中，是談到離婚時最常見的問題之一（Hetherington, 2005, 2006; Morrison, Fife, & Hertlein, 2017）。如果離婚能減緩衝突不睦的家庭關係對孩子造成的壓力與干擾，那麼離婚或許還不算壞事（Yu & others, 2010）。然而，若離婚造成資源減少及風險增加，加上教養不力及夫妻、親子、手足衝突依舊，那麼就算是不快樂的婚姻，對孩子來說可能還是最好的選擇（Hetherington & Stanley-Hagan, 2002）。但，這些都是「如果」，很難確定父母繼續留在激烈爭執的婚姻中或離婚的話，結果究竟會是如何。

父母是否應該為了孩子而繼續在一起還是離婚，要注意哪些問題？
©ejwhite/ Getty Images

離異家庭親子教養的重要性

離異家庭的親子教養十分重要（Bastaits, Pasteels, & Mortelmans, 2018; Braver & Lamb, 2013; Jones & others, 2017; Strong, 2017; Warshak, 2014）。離婚的雙親若能和睦相處並採開明權威的教養型態，就可以提升青少年的適應能力（Hetherington, 2006）。即使離婚，若

雙親能就撫養方式達成共識、保持友好關係、沒有監護權的一方也能時常去探視孩子，那是再好不過了（Fabricus & others, 2010）。如果離婚後，家庭環境不佳、文化刺激不足、母親不夠敏察孩子的需要或陷入憂鬱、家庭收入差等，孩子極可能出現行為問題（Weaver & Schofield, 2015）。此外，共享親職（雙親相互支持、共同合作、取得協議）則有助於減緩孩子的焦慮與憂鬱，提升自尊與學業成就（Lamela & Figueiredo, 2016）。

然而，兩個縱貫研究顯示，離婚雙親激烈且長期的衝突，和青少年的情緒困擾、不安全的社會關係、反社會行為息息相關（Hetherington, 2006）。安全依附關係很重要。研究解釋離婚後的第一年，家庭會暫時失去平衡，如：親職管教技巧退步，到了離婚兩年後才慢慢趨於穩定，管教技巧也改善不少（Hetherington, 1989）。

近期有學者研究離婚後沒有住在一起的父親，發現父親的高度參與，和雙親衝突較少與正向的兒童發展有關（Flam & others, 2016）。可惜的是，父親的參與往往較母親的參與大幅減少，尤其是父女之間的相處。不過，若至少能有一位家人以外的成人關心孩子，如良師，如此一來，拉開親子距離不失為緩衝不良家庭環境的解方。

離異家庭青少年的風險及脆弱因素

青少年的風險及脆弱因素包括：父母離婚前的適應能力、性格、氣質、發展狀況、性別、監護權歸屬。父母日後離婚的兒童及青少年，在雙親婚姻破裂前的適應情況較差（Amato & Dorius, 2010）。

性格、氣質及智力也影響離異家庭兒童及青少年的適應。社會能力成熟、有責任感、幾乎沒有行為問題且為易養型氣質的孩子，較能應付處理父母的離婚。難養型氣質的孩子通常難以適應變化（Hetherington & Stanley-Hagan, 2002）。離婚前母親的敏感度及兒童的智商，是減少離婚後兒童問題的保護因子（Weaver & Schofield, 2015）。

以發展狀況為探究重點時，必須將離婚時孩子的年齡及評估適應情況的時間點納入考量。多數研究常把這些因素和離婚後經過的時間混淆在一起。學齡前父母就離婚的幼兒，罹患長期問題的風險較年長兒童為大（Zill, Morrison, & Coiro, 1993）。脆弱性提高的可能解釋是，幼兒尚無法依據現實評估離婚的前因後果，他們擔心被遺棄、自責害爸媽離婚、不會使用家庭外的保護性資源等。但，就算離婚發生得早，適應問題也有可能遲至青春期才顯露出來。如前所述，不管父母離婚是發生在兒童期或青春期，都和問題類型有關（Lansford & others, 2006）。

數十年來，越來越多孩子生活在父親監護和共同監護的家庭中（Bergstrom & others, 2018; Laftman & others, 2014）。他們的適應情況與母親監護的家庭相較有何不同？儘管這

方面的研究很少，但綜合多個研究來看，共同監護對孩子最好，它讓父母持續積極參與孩子的生活（Bauserman, 2003）。父母離婚後若能和平相處，共同監護最適合子女（Warshak, 2014）。

有些研究指出，男孩歸父親監護、女孩歸母親監護的適應狀況較好。但也有研究持不同看法，認為父親監督不周的青少年，偏差行為甚至更多（Buchanan, Maccoby, & Dornsbusch, 1992）。

另一個離異家庭青少年適應有關的因素是搬家。孩子若被迫搬家遠離父母其中一方，將有損其適應能力（Braver, Ellman, & Fabricus, 2003）。

社經地位對離異家庭的影響

平均而言，離婚後有監護權的母親，收入較離婚前約減少 25% 至 50%。相比之下，有監護權的父親收入僅減少 10%（Emery, 1999）。母親的收入減少通常伴隨著工作量增加、工作不穩定、搬到環境或學區較不佳的社區（Braver & Lamb, 2013）。分居／離婚前家庭收入較高的孩子，內隱行為問題較少（Weaver & Schofield, 2015）。

繼親家庭

當代社會不僅離婚率高，再婚的人也比以前多（Antfolk & others, 2017; Ganong, Coleman, & Russell, 2015; Jensen & Pace, 2017; Papernow, 2018a, b）。一對伴侶歷經結婚、生子、離婚、再婚，為時良久，難怪繼親家庭的孩子多已為小學和中學年紀。

近年來，帶著孩子再婚的人數呈穩定增長。由於父母投入一段又一段的婚姻，約半數以上離異家庭的孩子，在父母分開四年內又多了一個繼父。

繼親家庭類型

繼親家庭的類型不一而足，有些以家庭結構分類、有些以關係分類。除了配偶死亡外，絕大多數繼親家庭的前身是離婚。

三種常見的繼親家庭結構為：（1）生母／繼父，（2）生父／繼母，（3）繼父／繼母的混合家庭或複合家庭（blended or complex）。生母／繼父家庭通常是母親帶著孩子再嫁；在生父／繼母家庭中，則是父親握有孩子的監護權，接著再娶；混合家庭則為雙方各自帶來前一次婚姻所生的子女至新成立的家庭。

適應情形

　　和離異家庭一樣，繼親家庭青少年的適應問題比非離異家庭青少年多（Ganong, Coleman, & Russell, 2015; Hetherington, 2006; Hetherington & Kelly, 2002）。繼親家庭和離異家庭青少年的適應問題十分相似，例如：課業落後、外顯與內隱問題行為、低自尊、過早發生性行為、偏差行為等（Hetherington, 2006）。繼親家庭的親子磨合可能需要五年以上，離異家庭恢復穩定則僅需兩年（Anderson & others, 1999; Hetherington, 2006）。青少年與繼父的正向關係與良好的生理和心理健康有關（Jensen & Harris, 2017; Jensen & others, 2018）。繼親家庭適應出現困難的其中一個問題是**界限混淆（boundary ambiguity）**，亦即不確定誰是家庭成員、誰不是家庭成員，抑或承擔及執行家務的責任歸屬不明。

　　孩子與監護父母（生父／生母）的關係，通常比繼父／繼母好（Antfolk & others, 2017; Santrock, Sitterle, & Warshak, 1988）。此外，單一繼親家庭的青少年，適應情形通常也比混合繼親家庭的青少年好（Anderson & others, 1999; Hetherington, 2006）。

　　甫進入再婚家庭的青少年，適應問題不甚樂觀（Hetherington, 2006; Hetherington & Clingempeel, 1992）。James Bray 等人（Bray, Berger, & Boethel, 1999; Bray & Kelly, 1998）指出，組成繼親家庭通常意味著青少年必須搬家、轉學、離開原來的朋友，繼父母得花時間認識孩子，配偶之間也要面對建立關係的挑戰，共同撫養孩子。繼親家庭就像融合兩個不同文化。

　　Bray 等人也發現，繼父母雖試圖管教孩子，但往往效果不彰。專家建議，繼親家庭初期應由生父／生母負起管教責任。繼父母若願意花時間陪繼子女參加他們喜歡的活動，彼此的關係漸入佳境指日可待。

生活在繼親家庭如何影響孩子的發展？
©Todd Wright/Blend Images/Getty Images

　　Hetherington（2006）最新的研究分析顯示，和剛進入再婚家庭不久與衝突不斷的非離異家庭，或者是混合繼親家庭的青少年相比，在單一繼親家庭生活數年的青少年，其適應情況要好得多。75% 以上在單一繼親家庭生活多年的青少年說他們和繼父母的關係「很親」。Hetherington（2006）結論道，長期穩定、單一繼親家庭的青少年最終能受惠

於繼父母的加入與提供的資源。

就孩子的年齡而言，青春期早期是組成繼親家庭特別困難的時期（Bray & Kelly, 1998）。之所以如此，是由於繼親家庭會加劇青少年對身分認同、性及自主性的擔憂。

收養

收養（adoption）是兒童的生長家庭出現變動的形式之一。亦即無出生血緣的雙方，透過社會與法律程序形成親子關係。近年來，美國的收養兒童漸趨多樣化。

近年來，美國的收養服務政策發生哪些變化？

©Xinhua/ZUMApress/Newscom

養子女與養父母的多樣性增加

過去三、四十年來，養父母／養子女的特徵出現許多變化（Brodzinsky & Pinderhughes, 2002; Compton, 2016; Farr, 2017; Farr & Goldberg, 2018; Farr & others, 2018）。20 世紀中期以前，美國人收養的多半為剛出生不久、健康的非拉美裔白人嬰孩，但近幾十年來，隨著墮胎合法化及避孕普及，可收養的嬰孩越來越少。美國夫婦轉而收養不同國家、族裔、有生理或心理問題、被虐待或忽視等各式各樣的孩子（Compton, 2016; Pinderhughes, Zhang, & Agerbak, 2015）。

養父母的特徵也有很大變化（Brodzinsky & Pinderhughes, 2002）。同樣地，在 20 世紀中期以前，多數的養父母為非拉美裔中上階級、已婚、沒有任何殘疾的白人。近幾十年來，養父母也漸趨多元。今日許多收養機構不再設定收入要求，各種不同背景的成人，如單身、同志、年長者，都可以收養小孩（Farr, 2017）。此外，許多收養人為親戚關係（叔伯姨姑或祖父母）。目前，約 30% 的收養人是親戚（Ledesma, 2012）。美國的收養人口中，約 50% 透過寄養系統媒合。2014 年，仍有將近 11 萬名寄養機構兒童還在等待收養。

收養的管道有三：（1）透過公共福利系統進行國內收養，（2）透過私人機構與中介機構進行國內收養，（3）國際收養（Grotevant & McDermott, 2014）。預估未來十年，除了少數的國內收養與國際收養外，擬擴大透過兒童福利系統媒合的收出養服務（Grotevant & McDermott, 2014）。

過去數十年來收養方式的變化，更難以對一般養子女／養父母的特徵一概而論（Woolgar & Scott, 2013）。以下是一些關於收養兒童與非收養兒童的實徵研究比較結果。

被收養兒童與非收養兒童的發展狀況

被收養兒童的生活過得如何呢？他們出現外顯行為問題（如：攻擊性與行為問題）、內隱行為問題（如：憂鬱和焦慮）和注意力問題（如：ADHD）的風險較高（Grotevant & McDermott, 2014）。儘管多數國際收養的青少年適應良好，但被收養者的心理健康仍比非收養同齡者高（Askeland & others, 2017）。然而，大部分被收養的兒童與青少年（包括年紀較大、跨族裔、國際收養等）不但調適得很好，養父母也表示相當滿意其收養決定（Brodzinsky & Pinderhughes, 2002; Castle & others, 2010）。

收養要持續面臨的一個問題是：該不該跟出養孩子的生父母聯繫（Farr, 2017）。公開收養意指分享身世訊息、與生父母聯繫；封閉收養則是既不聯繫也不分享身世訊息。現今，多數收養機構會讓養父母自由選擇公開收養抑或封閉收養。縱貫研究發現，養子女長大成人後，養父母給予公開收養正向的評價，最符合孩子的最佳利益（Siegel, 2013）。與沒有聯繫者相比，有聯繫的生母、養父母、養子女對收養安排較為滿意（Grotevant & others, 2013）。收出養聯繫和青少年的正向適應有關（Grotevant & others, 2013）。此外，對收養安排較為滿意的生母，12 到 20 年後未解決的悲傷較少。

養子女的教養

有效教養養子女和有效教養親生子女的關鍵策略並無太大不同，一樣要支持關懷孩子、參與和監督孩子的行為與去處、良好的溝通、培養孩子的自制力等。不過，養父母會面臨一些特殊的情況。養父母必須認識收養家庭生活相處的差異、就差異部分坦誠溝通、尊重孩子的出生家庭，以及支持孩子尋找自我與身分認同。

約莫 4 到 6 歲的時候，被收養兒童開始會想知道他們的身世背景，此時養父母應以簡單易懂的方式向孩子說明（Warshak, 2008）。有些養父母決定不告訴孩子任何收養訊息（這種狀況已經不像以前那麼多了），如果孩子後來發現自己是被收養的，保守祕密可能會增加孩子發現真相後的心理風險。

同志家長

同志伴侶育兒的家庭近來有增多趨勢（Farr, 2017; Oakley, Farr, & Scherer, 2017）。據估

計，在美國約 20% 的同志伴侶正在養育 18 歲以下的孩子（Gates, 2013）。

　　孩子出生或收養當時，父母的性向認同是個重點（Patterson, Farr, & Hastings, 2015）。很多孩子的爸爸／媽媽是直到與異性結婚後，其中一位（或兩位）才確定自己是男／女同志。他／她們或為單身，或有同性伴侶。此外，越來越多同志透過人工授精（又稱異源授精）或收養，以取得家長身分（Simon & others, 2018）。透過人工生殖科技（如：體外受精）受孕的孩子，適應情況和自然受孕的孩子一樣好（Golombok & Tasker, 2015）。

　　前面曾提到共享親職的好處。研究比較育有學齡前幼兒的異性戀養父母與男／女同志伴侶共享親職的比率（Farr & Patterson, 2013），從自陳報告和觀察資料皆發現，同志伴侶共同育兒的情況更多。其中，又以女同志伴侶最為相互支持。此外，相較於異性伴侶家庭，男同志伴侶家庭多採正向教養，孩子的外顯行為問題也較少（Golombok & others, 2014）。

　　另一個重要的問題是監護權安排。許多同志在與異性戀配偶離婚後，失去孩子的監護權。因為這個緣故，許多同志爸爸和同志媽媽成了非監護家長。

　　成長於同志家庭的孩子和異性戀家庭的孩子幾乎沒有什麼差別（Patterson, Farr, & Hastings, 2015）。例如，同志家庭的孩子在同儕間一樣受歡迎，適應和心理健康狀況與異性戀家庭的孩子並無差異（Hyde & DeLamater, 2017）。早在嬰孩時期就被同志或異性伴侶收養的學齡兒童，兩者的適應情況並無差異（Farr, 2017）。兒童早期的適應情況與家長的壓力，是預測其行為模式與家庭功能的指標。另一研究顯示，98% 的同志家長認為孩子在學校適應良好（Farr, Oakley, & Ollen, 2016）。此外，絕大多數在同志家庭長大的孩子為異性戀傾向（Golombok & Tasker, 2015）。

文化與族裔

不同文化背景的家庭有哪些差異？不同族裔的家庭又是如何變化的呢？

跨文化比較

　　與家庭有關的文化差異包括：父親的角色、可取得的支持系統、管教孩子的方式等（Matsumoto & Juang, 2017; Nieto & Bode, 2018）。雖然親子教養方式因文化而異，但一項針對全球 186 個文化的教養行為研究發現，採高溫暖、高控制的教養方式者居多，既非縱容放任也非壓抑鉗制（Rohner & Rohner, 1981）。幾個世紀以來，多數文化早已發現、但西方世界直到最近才認清的「真相」——亦即，愛以及父母適度合宜的控制，才能最有效

地促進兒童與青少年健康的社會發展。

　　然而，在某些國家，專制權威的教養型態仍相當盛行（Smetana & Ball, 2018）。現今阿拉伯世界的家庭依舊由父系家長統制支配（Booth, 2002），青少年必須嚴格遵守行為規範，並展現出對家庭的絕對忠誠。

　　文化變異正在衝擊全球的家庭（Eo & Kim, 2018; Matsumoto & Juang, 2017; Suh & others, 2017），例如：家庭的流動性增加、移往都會區、家人到外地工作、家庭規模變小、大家庭數減少、母親就業增加等（Brown & Larson, 2002）。這些趨勢可能改變青少年可取之使用的資源，例如，家庭成員少、住得遠，導致對青少年的支持與指導也減少了。反過來說，小家庭人數少，或許能讓親子之間的溝通更為開放坦誠。

族裔與親子教養

　　少數族裔家庭在規模、結構、組成、對親族的依賴程度、收入及教育水準等方面，和非拉美裔白人家庭迥然不同（Gollnick & Chinn, 2017; Gonzales & others, 2016; Nieto & Bode, 2018）。少數族裔以大家庭（或稱擴展家庭）居多，例如，30% 以上的拉美裔家庭包含五位以上的成員；非裔與拉美裔孩童和祖父母、叔姨、堂表兄弟姊妹、遠房親戚的互動，較非拉美裔白人家庭頻繁（McAdoo, 2006）。

　　與非拉美裔白人青少年相比，少數族裔青少年多來自低收入家庭（Umana-Taylor &

德州奧斯汀 Limon 一家的團圓照。墨西哥裔兒童生長的家庭通常涵蓋數十位親戚成員。
©Ariel Skelly/Blend Images LLC

Douglass, 2017）。單親是非裔與拉美裔家庭常見的家庭型態（Nieto & Bode, 2018）。單親家庭的資源有限，時間、金錢、精力常感不足，在資源短缺的情況下，促使家長鼓勵孩子提早自立更生。少數族裔家長的教育程度與共同決定比率偏低，儘管貧困家庭還是能教出能力出眾的孩子，但家境貧窮恐削弱家長的支持能力和親職參與。

14 歲青少年和他 6 歲的妹妹及祖母。非裔大家庭文化傳統幫助許多非裔父母因應不利的社會條件。
©Erika Stone

有些家庭生活面向可保護少數族裔青少年免受社會不公對待。社區和家庭可以過濾有害的種族歧視訊息，父母可以提供別的參考架構或稱職的楷模角色，抗衡主流多數的框架。少數族裔龐大的家族系統可發揮緩衝外界壓力的作用。針對拉美裔九年級學生家庭輪廓（family profiles）的研究發現，投入（engaged）、支持（supportive）、侵擾（intrusive）、疏離（disengaged）這四種家庭輪廓中，支持家庭孩子的適應情況最佳（高自尊、低憂鬱），其次為投入家庭（Bamaca-Colbert & others, 2018）。侵擾及疏離家庭的孩子適應力最差。

不同族裔對家庭責任和義務的期待也有差異（Fuligni & Tsai, 2015）。比起非拉美裔白人家庭，亞裔和拉美裔家庭更看重家庭責任和義務（Perez-Brena, Updegraff, & Umana-Taylor, 2015）。許多亞裔和拉美裔青少年認為他們應該照顧手足、做家事、幫爸媽工作、和家人在一起（Fuligni, Tseng, & Lamb, 1999）。墨西哥裔青少年的研究顯示，家庭義務價值觀和物質使用較少有關。原因可能是無暇與行為不端的同儕廝混、親子之間有較多交流談心的時間（Telzer, Gonzales, & Fuligni, 2014）。

過去數十年來，移居到美國的拉美裔與亞裔家庭人數急遽增加（Bas-Sarmiento & others, 2017; Giuntella, 2017; Koppelman, 2017; Non & others, 2018）。移民家庭面臨的壓力一言難盡，如：語言隔閡、搬家導致遠離家庭的支持網絡、陷入維持身分認同和文化適應的兩難、社經地位變化、健康出現危機等（Anguiano, 2018; Cano & others, 2017; Chaudry & others, 2017; Gangamma & Shipman, 2018; Wang & Palacios, 2017）。

當然，家家有本難念的經，每個家庭都不一樣。少數族裔家庭應對壓力的能耐取決於許多因素（Cano & others, 2017; Chaudry & others, 2017），不管父母是本國人或移民，家庭

在美國的居住時間、社經地位和原生文化傳統都會造就差異（Yoshikawa & others, 2017）。家庭的社會背景特徵也會影響其適應狀況——社區或城市對該族裔的態度友善與否？孩子可以就讀好的學校嗎？社區願意接納該族裔的人嗎？同一族裔的人是否有組織互助團體？等等。

回顧與反思

| 學習目標 4 | 說明變動社會中變動的家庭狀態。

| 複習本節所學 |

· 雙親工作如何影響青少年的發展？

· 離婚對青少年有什麼影響？

· 在繼親家庭中成長如何影響青少年的發展？

· 被收養如何影響青少年的發展？

· 同志家長對青少年的發展有何影響？

· 文化和族裔在青少年的家庭中扮演何種角色？

| 分享與連結 |

· 用你所學到有關手足的知識，來進一步瞭解繼親家庭與他們碰到的問題。

| 反思個人經驗 |

· 假設你決定寫一本自傳，回顧你青少年時期的家庭生活。你會給這本書取什麼書名？這本書的主題會是？

5.社會政策、青少年與家庭

學習目標 5 說明協助青少年及其家庭的社會政策應有哪些內容。

　　讀到這裡，我們已經知道父母在青少年發展中扮演非常重要的角色。儘管青少年正走向獨立，他們與家庭的連結仍然超乎我們想像。父母若能做到下列事項，青少年的發展將更為順遂：

社區方案提供青少年一個受到監督、結構化的課後學習環境。除了多一個課後去處的選擇外，美國社會政策還可以為青少年家庭提供哪些資源？
©*Ben McKeown/AP Images*

- 有效管理家中事務，監督青少年的生活。
- 予以支持、溫暖及尊重。
- 持續關注他們的生活。
- 理解並隨其認知與社會情緒變化而做調整。
- 對其品行及成就寄予高度期望。
- 以權威建設性的方式處理問題及衝突。

　　相較於有幼兒的家庭，社區方案與社會政策顯然不夠重視青少年家庭。卡內基青少年發展協會（Carnegie Council on Adolescent Development, 1995）曾在 1995 年指出改善青少年狀況的社會政策方向。可惜，當年提出的諸多建議，時至今日仍未全部實施。

- 學校、文化藝術中心、宗教和青年組織，以及衛生保健機構，應儘量鼓勵父母參與青少年的各項活動，設計出能讓親子兩代都喜歡參加的活動內容。
- 教師、心理學家、護理師、醫生、青年事務專家以及其他與青少年有接觸的專業人員，不能單只服務青少年，還要與青少年的家人多接觸互動。
- 雇主應將現在僅適用於幼兒父母的職場政策延伸到青少年的父母。這些政策包括：彈性工時、工作共享（job sharing）、遠距辦公和兼職福利。這些工作／家庭政策的調整得以讓父母有更多時間陪伴青少年子女。
- 企業、學校和青年組織等社區機構應多規劃課外活動方案。提供給小學生的課外活動不斷增加，但提供給青少年的活動卻少之又少。實有必要在放學後、週末和假期

期間，提供給青少年更多高品質、社區型的方案計畫。

許多全國性組織致力於推動各級政府制定支持家庭的政策。以下為四個美國國內知名的組織：

- The Annie E. Casey Foundation（www.aecf.org）
- First Focus（www.firstfocus.net）
- The Institute for Youth, Education, and Families at the National League of Cities（www.nlc.org）
- The National Collaboration for Youth（www.collab4youth.org）

回顧與反思

| 學習目標 5 | 說明協助青少年及其家庭的社會政策應有哪些內容。

| 複習本節所學 |

- 有哪些和青少年及其家庭有關的社會政策亟待改善？

| 分享與連結 |

- 目前的社會政策有把家庭視為一個系統嗎？

| 反思個人經驗 |

- 如果你是美國參議員，你打算採取哪些措施來改善和青少年家庭有關的社會政策？你的第一要務是？

CHAPTER 9 ————————————

同儕、戀愛關係與生活型態

章節概要

1 · 同儕關係與友誼

│ 學習目標 1 │

探討同儕關係、友誼、孤單
在青少年發展中的角色。

· 同儕關係

· 友誼

· 孤單

2 · 青少年團體

│ 學習目標 2 │

簡述青少年團體的樣貌。

· 兒童與青少年的團體

· 朋黨與群體

· 青年組織

3 · 性別與文化

│ 學習目標 3 │

説明性別與文化在青少年同儕團
體和友誼中的角色。

· 性別

· 社經地位與族裔

· 文化

4 · 約會與戀愛關係

│ 學習目標 4 │

説明青少年的約會與戀愛關係的特色。

· 約會的功能

· 約會的種類與發展變化

· 情緒、適應與戀愛關係

· 浪漫愛

· 性別與文化

5 · 準成年人的生活型態

│ 學習目標 5 │

描述準成年人多樣的生活型態。

· 單身

· 同居

· 已婚

· 離婚

· 同志

©bowdenimages/Getty Images

Lynn Brown 與 Carol Gilligan（1992）對 100 名正邁入青春期的 10 到 13 歲青少女進行深度訪談，聽著這些女孩訴說朋友對她們有多重要。這些女孩對生活充滿好奇，想知道同儕和朋友的近況。她們談到從友伴關係的親密與樂趣中得到的喜悅，還有受到的傷害。她們特別提到朋黨（或小圈圈）結群的重要性。

有位女孩說，她深切體驗過被大家討厭的痛苦。不少女孩提到許多人表面說好話，心裡想的卻是另外一套。她們很清楚至少要給人「我是完美的、快樂的好女孩」的印象。儘管內心懷疑真的有人會喜歡「完美的女孩」嗎？她們還是得塑造形象，帶給別人快樂。

小圈圈讓那些不受青睞的女孩能靠在一起相互取暖、提供情感支持。有位女孩說她和其他兩三個不太受歡迎的女生「自成一團」，難過悲傷時就向她們尋求慰藉。就算她們像是「別人不要的剩菜剩飯」，打不進那些上流女孩的小圈圈，但只要她們四個人彼此喜歡就好了。

另一個女孩說到她對浪漫愛情的憧憬。雖然她跟朋友才 13 歲而已，可是談起男孩子們的話題，卻可以講上一天一夜呢！

引言

回想你的青少年時期，你想到的可能是跟朋友一起消磨的歡樂時光——聊不完的電話、校園生活、鄰居八卦、約會戀愛、舞會聯誼或出門亂逛等等。青少年的友伴比兒時還多。打從青春期開始，青少年通常比較喜歡小團體式的友誼。這種友誼更為緊密、親近，朋黨和群體是青少年一起打發時間的重要伙伴。約會和戀愛關係也成為多數青少年和準成年人生活不可或缺的一環，特有的生活型態在成年初顯期逐步成形。

1.同儕關係與友誼

學習目標 1　探討同儕關係、友誼、孤單在青少年發展中的角色。

同儕關係　　　　　　　　　　　友誼　　　　　　　　　　　孤單

同儕關係

　　同儕團體有什麼功能？家庭和同儕關係如何連結？青少年從眾的程度如何？同儕分成哪些位階？社會認知與情緒如何影響同儕關係？如何提升社交技巧？以上是本節討論的重點。

同儕團體的功能

　　青少年特別希望能被朋友與同儕團體喜歡和接納，被接納就大喜過望，被排擠則痛不欲生。對許多青少年來說，同儕怎麼看他們可是生活大事。

　　同儕（**peers**）是指同齡或成熟度相似的個體。同齡的同儕互動在美國文化中扮演獨特的角色，青少年自然而然地跟年齡相似的人聚在一起。同儕團體最重要的功能之一為，他們是家庭以外世界的訊息來源。青少年從同儕團體的回饋獲知自身能力，由此得知自己做得比別人好還是差。這些評價很難從家人那邊得到，因為兄弟姊妹的年紀不一樣，加上手足競爭更讓人無從比較起。

　　讀到這些有關同儕的內容時，請注意，儘管同儕經驗深切影響青少年的發展，但影響力仍依測量同儕經驗的方式、特定結果和發展軌跡而異（Bukowski, Laursen, & Rubin, 2018; Nesi & others, 2017; Rose & Smith, 2018; Rubin & Barstead, 2018）。同儕和同儕團體（peer group）雖是全球共通的概念，但也必須考量差異。例如，**同儕**可以用來指稱熟人、圈內人、鄰居、朋友和隊友等。

同儕提供了哪些功能？
©Eric Audras/PhotoAlto/Getty Images

同儕背景

影響同儕互動的背景因素包括：對象類型（如熟人、圈內人、朋友、戀人等）、碰面或聚集的地方（如學校、社區、活動中心、舞會、教會、體育賽事等），以及青少年居住地的文化風氣（Coplan & others, 2018; Juvonen, 2018; Nishina & Bellmore, 2018; Prinstein & others, 2018; Witkow, Rickert, & Cullen, 2017）。當青少年接觸不同背景的同儕，他們可能因此接收到不一樣的訊息，涉入不當行為的機遇各異，從而影響其發展（Nesi, Choukas-Bradley, & Prinstein, 2018）。這些同儕背景同時也受父母能否有效管控孩子的交友情形，以及是否有成人在場等因素影響（Prinstein & Giletta, 2016）。例如，若父母未善盡監督之責，青少年就更容易被同儕壓力左右（Steinberg, 1986）。

近年來，青少年用網路科技和朋友聯繫的頻率是前所未有的密切（Glover & Fritsch, 2018; Yau & Reich, 2018）。幾十年前，絕大多數青少年是和朋友見面交流，今日的青少年則熱衷於用社群軟體交友。一項全國性的調查發現，美國青少年平均每天約花 1 小時以上時間使用社群軟體（Common Sense, 2015）。有些青少年更是沉迷於網路（特別是Facebook），難以自拔。此外，用手機傳訊息成為青少年與朋友聯繫的主要管道，甚至超過了面對面的溝通交流（Lenhart & others, 2015）。

研究分析出社群軟體改變青少年同儕關係的五種方式，分別為：（1）**改變體驗的頻率或迫切性**（獲得即時、頻繁的社交支持、再保證、負面回饋及共同反芻）（譯注：共同反芻 [co-rumination] 意指過分沉迷和討論同一個問題的行為）；（2）**擴大經驗和需求**（在意及尋求回饋、期待關係能繼續維持和靠近）；（3）**改變互動的品質**（社交支持豐富度減少、互動的自在度增加）；（4）**催化新的補償行為**（compensatory behaviors）（獨占的線上關係、遠距離交友）；（5）**創造全新的行為**（宣傳「高端朋友」[top friends] 和人際關係的機會）（Nesi, Choukas-Bradley, & Prinstein, 2018）。本章稍後將進一步探討社群軟體在青少年戀愛關係中扮演的角色。

有哪些例子可以說明社會背景與個別差異對青少年同儕關係的影響？

©Creatas/Punchstock

個別差異因素

同儕之間的個別差異也對同儕關係產生重要影響（Prinstein & Giletta, 2016; van Aken & Asendorpf, 2018）。可能影響同儕關係的個別差異因素為性格特質（如：外向活潑或內向害羞）。例如扭捏怕羞的青少年放不開心胸認識新朋友，比善於交際的青少年更容易被同儕忽視不理；另一可能有損同儕關係的個別差異因素是負面情緒特質，也就是易怒、畏縮、焦慮、急躁，這類青少年在跟同儕或戀愛對象互動時，傾向表現負向人際行為（Hatton & others, 2008）。其他個別差異因素包括：接受同儕影響的開放程度、青少年本人及同儕或同儕團體的地位／權力高低（Brown & Larson, 2009）。在二人組或多人團體中處於從屬社會地位的青少年，影響他人的權力相對較小，反倒較容易被他人影響。

同儕相處時間的發展變化

到了兒童中後期及青春期，男女孩跟同儕相處的時間越來越多。調查顯示，2 歲時與友伴互動的時間比約為 10%，4 歲時為 20%，到了 7 歲和 11 歲，互動時間已經超過 40%（Barker & Wright, 1951）。在一般的上學日，每天大概有 299 個同儕互動片段。到了青春期，同儕相處已占據大部分的時間。週末假期間，青少年與同儕的互動時間是和父母互動時間的兩倍（Condry, Simon, & Bronfenbrenner, 1968）。

同儕是發展必需的嗎？

良好的同儕關係是青少年正常社會發展的必要條件。社會孤立或無法融入社會群體，可能會導致各種適應不良問題或心理疾病，如：偏差行為、飲酒、憂鬱、學業困難（Bukowski, Laursen, & Rubin, 2018; Prinstein & others, 2018; Vitaro, Boivan, & Poulin, 2018）。

正面和負面的同儕關係

同儕既有正面影響，亦有負面影響（Laursen, 2018; Markovic & Bowker, 2017; Rubin & Barstead, 2018; Ryan & Shin, 2018）。研究發現，9 歲時結交親社會行為友伴的兒童，10 歲時的自制力較好；相對地，9 歲時結交偏差行為友伴的兒童，10 歲時的自制力較差（Meldrum & Hay, 2012）。

透過與同儕化解歧見，青少年藉此探索公平與正義的原則，還學會敏銳地觀察同儕的興趣和觀點，好讓自己能順利地融入同儕的活動。青少年和選定結交的朋友建立親密的友誼，慢慢地學會在戀愛關係裡成為善體人意的伴侶，他們帶著這些從同儕身上學到的親密關係技巧，為往後經營戀愛或婚姻關係打下基礎。

同儕關係有哪些正面或負面影響？
（左圖）©*Tom Grill/Corbis*；（右圖）©*KatarzynaBialasiewicz/Getty Images*

　　當然，同儕也有負面的影響力（Barstead & others, 2018; Chung, Ersig, & McCarthy, 2017; Dirks, Dunfield, & Recchia, 2018; Kindermann & Gest, 2018; Salmivalli & Peets, 2018; Shih & others, 2017）。例如，一項以 13 到 23 歲個體為對象的縱貫研究顯示，青少年不受同儕影響的自主性程度，雖是預測其長期不涉入問題行為的指標，但也使得他們難以在成年初顯期建立穩固的友誼（Allen, Chango, & Swedo, 2014）。此外，同儕關係也和使用藥毒品、偏差行為、憂鬱、性行為及自我傷害有關。結交品行不端的朋友，可能導致偏差行為的早發與持續出現（Evans, Simons, & Simons, 2016）。涉足高風險社交網絡的大學生（如：結交喜歡飲酒的朋友），飲酒過量的可能性高出十倍之多（Mason, Zaharakis, & Benotsch, 2014）。還有研究調查父母和同儕對青少年抽菸的影響力，發現同儕的影響力勝過父母（Scalici & Schulz, 2017）。

家庭—同儕的連動關係

　　父母可能透過許多方式，直接和間接地影響子女的同儕關係（Chan, Brown, & Von Bank, 2015; Llorca, Richaud, & Malonda, 2017; Miklikowska, 2017），包括親子互動、管控手法，以及是否給孩子接觸同儕的機會等（Hu, Zhou, & Lee, 2017）。

　　有些學者認為父母對青少年的交友選擇，能管束掌控的面向不一。例如，親子雙方咸認同儕關係是一個父母無法插手干涉的領域，父母幾乎沒有權力命令孩子該交什麼朋友；反之，在道德、宗教、教育等方面，父母的權力就大得多，形成鮮明對比（Jambon & Smetana, 2018; Killen & Dahl, 2018; Turiel & Gingo, 2017）。

　　青少年想和同儕在一起、想從父母身邊獨立的動機的確強烈。但，若說靠向同儕與獨立自主，和親子關係毫無關聯也不合理。青少年生活在父母和同儕相互連動的世界中，兩

方並非彼此脫節、井水不犯河水（Cox & others, 2017; Mason & others, 2017）。

　　父母和同儕兩方有哪些聯繫的管道？父母選擇居住的社區、教會、學校、社交對象，即可影響孩子的交友群（Cooper & Ayers-Lopez, 1985）。例如，父母可以選擇比鄰運動遊戲場、公園和青年社福組織等民風善良的社區。

　　父母可以做好榜樣或循循善誘，教導孩子如何和同儕維繫關係。一項研究中發現教導孩子培養社交技巧的具體方法，有助於他們發展較正向的同儕關係（Rubin & Slomon, 1994），例如，親子共同討論如何解決爭端、如何表現大方得體的行為舉止。父母亦可鼓勵孩子寬宏大量，禁得起同儕壓力。有研究表明，母親縱容放任的管教方式，恐導致青少年與同儕間的不安全依附關係（Llorca, Richaud, & Malonda, 2017）。

　　青少年依附研究最一致的結果之一是，與父母的安全依附，和正向的同儕關係有關（Allen & Miga, 2010; Cai & others, 2013）。一項統合分析發現母親依附與同儕依附的關聯，要比父親依附和同儕依附的關聯顯著得多（Gorrese & Ruggieri, 2012）。

　　雖然親子依附關係和發展結果有關，但只有中等程度的相關，可見安全或不安全的親子依附並不能保證同儕關係順遂或失利。顯然，安全依附的親子關係是青少年寶貴的資源，有助於培養與他人建立親密關係的信任感，為社交技巧奠定良好的基礎。但是，即使家庭強力支持，少數青少年的同儕關係仍連連受挫，可能原因有：外表缺乏吸引力、晚熟、文化與社經地位（SES）差異等。另一方面，有些青少年雖然家庭堪憂，但在同儕的鼓勵下積極振作向上，反而彌補了有問題的家庭背景。

親子關係和同儕關係之間有哪些關聯？
（左圖）©Tom Grill/Corbis;（右圖）©Somos/SuperStock

同儕壓力

青少年比兒童更順從同儕標準。順從同儕——尤其是同儕的反社會標準——在約八年級、九年級時達到高峰（Berndt, 1979; Nesi & others, 2017; Prinstein & Giletta, 2016）。例如，跟著同儕去偷汽車的輪圈蓋、在牆上塗鴉或在商店裡順手牽羊。研究發現，美國青少年比日本青少年更會慫恿同儕反抗父母（Rothbaum & others, 2000）。此外，男孩比女孩更容易被與性行為有關的同儕壓力影響（Widman & others, 2016）。

青少年的同儕壓力有哪些特徵？
©Christin Rose/Getty Images

哪些青少年特別會順從同儕？Mitchell Prinstein 等人（2009）研究發現，對自己的社會身分認同不安、低自尊及高社交焦慮者，最為順從同儕。這樣的不安通常發生在轉換學校或家庭過渡期間。再者，在社會地位比自己還高的同儕面前，青少年更有可能俯首聽從。

同儕社會地位

社會地位計量（**sociometric status**）一詞意指被同儕喜歡或不喜歡的程度。社會地位計量典型的作法是請學生對班上每位同學評比喜歡或不喜歡的程度（Achterberg & others, 2017; Cillessen & Bukowski, 2018），或者請學生提名他們最喜歡和最不喜歡的同學。多數青少年符合主流同儕團體的標準，不過，叛逆或離經叛道的青少年往往背離主流同儕團體的期待，故意與團體唱反調。兒童期社會地位低和成年期失業及罹患心理健康問題的可能性增加有關（Almquist & Brannstrom, 2014）。

兒童團體常見的五種同儕社會地位，分述如下（Wentzel & Asher, 1995）：

- 受歡迎兒童（**popular children**）：常被同學提名為最好的朋友，很少被視為不受歡迎的對象。
- 一般兒童（**average children**）：被同儕喜歡和不喜歡的程度相當。
- 被忽視兒童（**neglected children**）：很少被同學提名為最好的朋友，但也不至於被同儕討厭。
- 被拒絕兒童（**rejected children**）：很少被同學提名為最好的朋友，且被同儕嫌棄討厭。
- 有爭議兒童（**controversial children**）：常被提名為最好的朋友，同時也常被提名為最討厭的人。

受歡迎兒童的社交技巧優秀，使他們廣受同學喜愛（McDonald & Asher, 2018）。受歡迎兒童懂得讚美、認真聆聽、善於溝通、性情開朗、不會亂發脾氣、真心關懷別人、自信但不自滿（Hartup, 1983; Rubin, Bukowski, & Parker, 1998）。在青春期早期，受歡迎的重要性遠勝於其他關注事項（如：友誼、課業、戀愛）（LaFontana & Cillessen, 2010）。青少年受同儕歡迎的程度，與其約會受歡迎程度有關（Houser, Mayeux, & Cross, 2015）。被忽視兒童與同儕互動的頻率低，害羞內向不起眼。相較於被忽視兒童，被拒絕兒童通常有很嚴重的適應問題（Prinstein & others, 2018）。同儕排斥與青春期憂鬱之間存在相關（Platt, Kadosh, & Lau, 2013）。一項研究評估五年級男童長達七年的時間，直到他們高中畢業（Kupersmidt & Coie, 1990）。被拒絕兒童到了青春期是否會違法或中輟，最好的預測指標是小學時對同學是否具有攻擊性。近期對青少年的研究顯示，同儕拒絕可預測日後攻擊與違規行為增加（Janssens & others, 2017）。John Coie（2004, pp. 252-253）的分析提出三個原因，說明攻擊性強、被同儕拒絕的男孩，容易出現社交關係問題。

- 首先，被拒絕、攻擊性強的男孩性情容易衝動，注意力難以集中維持，導致他們時常干擾課堂活動或小組遊戲。
- 其次，被拒絕、攻擊性強的男孩情緒容易激動。他們不只易怒，而且一旦生氣就很難恢復平靜。所以他們常遷怒同儕，甚至大打出手或口出穢言。
- 第三，被拒絕兒童在結交朋友及與同儕保持正向關係的社交技巧不足。

並非所有被拒絕兒童都具有攻擊性（Rubin, Bukowski, & Bowker, 2015）。儘管攻擊性和衝動、破壞等相關特質是他們被拒絕的主因，但約有 10% 到 20% 的被拒絕兒童是過於害羞怕生。後文的「改善社交技巧的策略」小節將探討如何協助被拒絕及被忽視兒童及青少年提升社交技巧。

社會地位的另一重要面向是位階。許多有關同儕社會地位的研究以中小學生為樣本，鮮少探討青春期後期。原因在於要評估同儕社會地位，需要以一群定義明確、彼此熟識並定期互動的同學為對象（Bellmore, Jiang, & Juvonen, 2010）。與中小學生從早到晚待在同一班級（小學更是如此）相反，高中生接觸的同儕團體人數較多，對班上同學也不是那麼熟悉，所以很難評估他們的同儕社會地位。

青少年的同儕社會地位通常分成哪幾種？
©Corbis/VCG/Getty Images

社會認知與情緒

　　青少年的社會認知技巧、社會知識，以及管理和調節情緒的能力，是建立良好同儕關係的起步。

社會認知

　　社會認知（social cognition）意指對社會議題的思考，可分成知識與歷程兩大部分。青少年的社會知識及他們如何處理同儕互動時的訊息，是瞭解其同儕關係的關鍵（Carpendale & Lewis, 2015; Fiske, 2018; Greifneder, Bless, & Fielder, 2018）。

同儕相處涉及哪些社會認知？
©SW Productions/Getty Images

　　隨著兒童邁入青春期，他們逐漸學到更多社會知識（又稱社會智能 [social intelligence]）。對於如何結識朋友、如何受歡迎等各方面知識的瞭解程度，每位青少年的個別差異極大。例如，青少年是否知道：同儕位階較高的青少年，在瞭解他人的需求、目標、意圖並採取相對應的行動，具有較大的優勢；懂得適當讚美別人的青少年，人緣也會比較好，亦即，小娜是否知道若她懂得跟小儀說：「妳今天穿的衣服真好看」或「妳一定很受大家歡迎」，那麼小儀想跟她做朋友的可能性就會增加。另外，青少年是否知道，友誼涉及分享心事、彼此信任交心，善於安慰及傾聽也能改善同儕關係。

　　一項研究調查 14 到 15 歲青少年的社會智能與受同儕歡迎程度之間的關聯（Meijs & others, 2010），發現社會智能和受同儕歡迎程度有關，但與學業成就無關。

　　從社會認知的角度來看，青少年可能是因為社會認知技巧不足，致使其同儕關係不佳（Dodge, 2011b; Rubin, Bukowski, & Bowker, 2015）。研究調查社會認知技巧不足和人際關係不佳兒童的特徵（Asarnow & Callan, 1985），首先，找出有／無人際適應困難的男孩，接著評估他們的社會認知歷程（或技巧），包括：提出解決問題的替代方案、評估解決方法的有效性、表達意見等。結果發現，無人際適應困難的男孩提出較多的替代方案，這些解決方案也較為成熟可行、不至於貿然行事、可以視情況調整，也不會任意解讀對方有意攻擊。如圖 1 所示，同儕社會地位低的小六男生較不懂得預先調整計畫，也比較想不出替代方案。

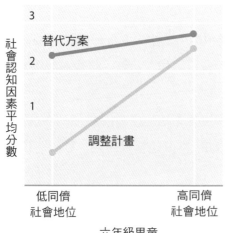

圖1｜**同儕社會地位高／低的男孩提出替代方案及調整計畫的表現。**低同儕社會地位的小六男生較不懂得預先調整計畫，也比較想不出替代方案。
©*kali9/Getty Images*

社會訊息處理（social information processing）會影響同儕關係（Dodge, 2011a, b）。例如，假設甲不小心絆倒乙，害他手上的汽水瓶掉了。乙誤解這是個帶有敵意的舉動，欲採取報復行動。這種情況若反覆發生，同儕就會認為乙喜歡攻擊人。Kenneth Dodge（1993）指出，青少年處理社交訊息的五個步驟為：解碼、詮釋、搜尋反應、選擇最佳反應、行動。Dodge 發現，當他人的意圖不明，攻擊性強的男孩較習慣把他人的舉動解讀為敵意。此外，攻擊性強的男孩搜尋線索來判定他人的意圖時，往往不加思索、思慮不夠周密。以上都是青少年與同儕發生衝突的社會認知因素。

成人的社會認知能力是否比青少年好？研究顯示，青少年的確在（1）心智理論（theory of mind）（思考自己和他人的心智歷程）；（2）情緒辨識（emotion recognition）這兩種社會認知能力不及成人（Vetter & others, 2013）。

｜情緒

不只認知，情緒也在同儕關係中扮演重要角色（Flannery & others, 2017）。例如，情緒調節能力和良好的同儕關係有關。喜怒無常、情緒負面消極者，容易被同儕排斥；反之，情緒正向者人緣較好（Saarni & others, 2006）。經常氣呼呼或鬱鬱寡歡的青少年，往往讓同儕退避三舍（Martinez & others, 2015）。具備有效調節情緒能力的青少年，即使同儕說了不好聽的話或遭遇其他引發強烈情緒的情境，也能調整心情，泰然處之（Schunk & Greene, 2018）。

改善社交技巧的策略

改善社交技巧、促進良好同儕關係的方法不勝枚舉。其中，**多角化策略**（**conglomerate strategies**）（亦稱教練式引導 [coaching]）結合多種技巧，如：示範、討論、講理、實際演練、增強及鞏固，來改善青少年的社交技巧。

一項課程方案使用整體多角化策略，帶領中學生學習如何提高自制力、因應壓力及參與社會問題解決（Weissberg & Caplan, 1989）。例如，當問題情境出現，教師可以引導學生練習以下六個步驟：

1. 停下來，冷靜，三思而後行。
2. 仔細思考問題，說出你的感覺。
3. 設定積極可行的目標。
4. 思考各種解決方案。
5. 為後果提前做好準備。
6. 開始行動，繼續嘗試最好的計畫。

參與該課程的學生，不但設計合作解決方案的能力提高了，老師也說學生的課堂互動關係有所改善。

要如何具體協助被忽視兒童及青少年，加強他們與同儕的互動呢？使用訓練方案的目的是要協助他們以積極正向的方式獲得同儕的注意，例如教導及示範如何透過提問邀請、溫暖友善的傾聽及共享興趣來引起同儕的注意。同時也要教導被忽視兒童及青少年有效地融入團體，訓練他們聆聽別人的談話，而非一直想控制團體互動。至於被拒絕兒童及青少年，也是要訓練他們加入團體，而非刻意去改變團體的現狀。

儘管這些方案的宗旨是希望提升青少年的社交技巧，但現實是，要改善被討厭及被拒絕青少年的社交能力並不容易。這些青少年之所以被同儕排斥，多半是因為他們的攻擊性強、行事衝動、缺乏自制力及不守規矩。幸好，許多介入方案仍能有效地減少這些青少年的攻擊與衝動行為（Ladd, Kochenderfer-Ladd, & Rydell, 2011）。

社交技巧訓練方案對於 10 歲以下兒童的成效較為顯著（Malik & Furman, 1993）。隨著朋黨和同儕團體在青春期的重要性提高，同儕名聲也益發固定。青少年一旦被同儕說成「狡猾」、「怪咖」、「孤僻」的人，壞名聲傳播出去，大家對他的印象就會慢慢定型，即使日後修正也難以扭轉。因此，技巧訓練方案必須輔以一起改變同儕的看法，例如同心團體訓練（cooperative group training）（Slavin, 2015）以共同朝著改變名聲的目標而努力。多數的同心團體訓練方案實施於教育場合，但也可嘗試應用在其他情境，例如，一起參與合作式遊戲、運動團隊甚至電玩，共享達成任務的喜悅。

友誼

前面提到，同儕是指年齡或成熟度相近的個體，**朋友（friends）**則是同儕中能互相陪伴、支持、情感親密的同伴。因此，朋友關係比同儕關係更為親近，參與彼此的生活。有些青少年朋友很多，有些只有一個，甚至有人連一個朋友都沒有。

友誼的重要性

青少年的友誼大致具有以下功能（Gottman & Parker, 1987）（見圖 2）：

1. **作伴**。朋友是青少年熟識、願意一起共度時光、共同參與活動的對象。

2. **刺激**。朋友可以分享有趣的訊息，提供刺激和娛樂。

3. **實質支持**。朋友提供資源和協助。

4. **支持自我**。朋友的激勵和打氣，協助我們維持良好的內在自我形象。

5. **社會比較**。朋友提供回饋，讓我們瞭解自己和其他人比較後的結果。

6. **親密／情誼**。朋友讓我們體驗到溫暖、親近、信賴的關係。

一項為期兩年的縱貫研究揭示友誼的重要性（Wentzel, Barry, & Caldwell, 2004）。相較於有一兩個朋友的同學，沒有朋友的小六學生親社會行為（合作、分享、助人）較少、成績較差、情緒低落（沮喪、不快樂）。兩年後，沒有朋友的小六學生在八年級時情緒低落的程度依然比較嚴重。

圖 2 ｜ **友誼的功能**
©Michael Pole/Corbis/Getty Images

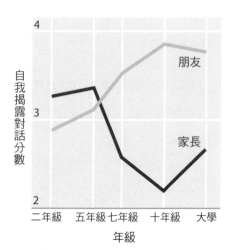

圖 3 | 自我揭露對話的發展變化。和朋友間的自我揭露對話（分享心事）在青春期急遽增加，於此同時，與父母之間的對話卻急速減少。不過，上大學以後，又恢復和父母分享心事。此自我揭露測量採五點量尺的型式，由兒童與青少年填答，分數越高，表示自我揭露越多。圖中數據代表每個年齡層的平均值。

青少年交往的朋友，對其發展帶來哪些正負面影響？

©*Walter Hodges/Jetta Productions/Getty Images*

青少年的友誼

多數兒童都希望受同儕歡迎（Bagwell & Bukowski, 2018），此時期的同儕關係多集中在同班同學、遊戲伙伴或午餐時間聊聊天。然而，到了青春期，青少年傾向和人數偏少、但感情更好的朋友圈在一起。

研究青少年友誼的權威學者 Harry Stack Sullivan（1953）指出朋友在形塑兒童與青少年發展的重要性。每個人都有基本的社會需求，如：安全依附、玩伴、社會接納、親密與性關係。這些需求能否得到滿足，深切影響我們的情緒健康。例如，玩伴需求未能得到滿足，可能會讓生活變得無聊煩悶；如果社會接納需求未能得到滿足，恐怕會削弱自我價值。

Sullivan 認為，來到青春期，朋友在滿足青少年社會需求方面益形重要，尤其是對親密感的需求，驅使青少年尋覓知音。若無法建立真誠的友誼，恐難以排解孤單寂寞的感受、建立自我價值感。

Sullivan 的論點歷久彌新。例如，青少年比兒時更常對密友傾吐心事（Buhrmester, 1998）（見圖 3），也更需要朋友的陪伴、肯定與親密。和朋友相處的點點滴滴、悲喜交雜，影響青少年的身心健康（Laursen, 2018; Nesi & others, 2017; Prinstein & Giletta, 2016）。

Willard Hartup（1996）研究同儕關係四十年後，得出的結論是：朋友一向是我們的社會與認知資源。此外，面臨進入中學等常規生活轉換（normative transition）時，有朋友的人適應狀況會比沒有朋友的人好。

朋友雖然讓發展較具優勢，但友誼也有好壞之分，不能一概而論，也得要考慮友誼的品質（Mason & others, 2017; Raudsepp & Riso, 2017; Rubin & Barstead, 2018）。所謂「欲知

其人，先觀其友」，與益友交往的好處有：減少犯罪、物質濫用、不安全性行為、霸凌等不良行為，提升學業與運動成就（Mason & others, 2017; Ryan & Shin, 2018; Witkow, Rickert, & Cullen, 2017）。連一個密友也沒有、鮮少與朋

> 一個人的成長，可以從朋友的讚不絕口中得到證實。
> ——Ralph Waldo Emerson（愛默生，19世紀美國文學家）

友互動、身旁有朋友罹患憂鬱症，或被同儕拒絕，都可能加重青少年的憂鬱風險（Rose & Smith, 2018; Rubin & others, 2018; Waller & Rose, 2013）。研究者也發現「近墨者黑」，與品行不端的人交朋友，恐增加誤入歧途的危險性（Deutsch & others, 2012）。青少年的抽菸和飲酒習慣幾乎都是跟朋友有樣學樣來的（Wang & others, 2016）。同樣地，從朋友的飲食習慣可以預測青少女是否正在減重或採取極端節食的行為（Balantekin, Birch, & Savage, 2018）。

　　以下兩個研究證實正向特質的朋友如何影響青少年的發展。其一，朋友的學業平均成績，是在校成績良好的一致性預測指標，同時也和藥物濫用、行為失序較少有關（Cook, Deng, & Morgano, 2007）。其二，校內朋友多、校外朋友少的青少年，學業成績較佳（Witkow & Fuligni, 2010）。

準成年人的友誼

　　準成年人的友誼和青少年時期大同小異，但還是存在一項差異（Collins & van Dulmen, 2006）。不管是朋友、家人或伴侶關係情感，在這個時期都更為融洽和親密。但是，朋友數也逐漸減少。

　　上了大學一年級，即使是最好的朋友，對於友誼的滿意度與承諾度也會降低（Oswald & Clark, 2003）。但只要能繼續與高中朋友保持聯繫，並在升大學這段期間穩住好友圈，就可以預防友誼變淡。

請說明友誼的親密感和相似性這兩大特徵的內涵。
©Don Mason/Getty Images

親密感與相似性

親密感與相似性是友誼的兩大重要特徵。

親密感

親密感（intimacy）的定義依友誼而定。例如，廣義的親密感包括顯示關係親近或緊密的各種要素；然而，在大多數研究中，**友誼中的親密感**（**intimacy in friendship**）被狹義地定義為自我揭露或分享心事。知道朋友的隱私或個人訊息通常也被視為親密感的指標。

親密感是青少年友誼的重要特徵（Berndt & Perry, 1990）。詢問青少年他們對朋友的期待，或怎麼認定誰是好朋友，最常聽到的回答是：好朋友是可以一起討論問題的對象，能理解他們的處境、傾聽他們訴說煩惱和心情；而兒童則很少談到友情中分享心事或相互理解的功用。研究發現，13 到 16 歲的友誼親密感較 10 到 13 歲為高（Buhrmester, 1990）。

相似性

一般說來，在兒童期和青春期間，朋友在許多方面——年齡、性別、族裔等——彼此非常相似。相似性（similarity）又稱為**同質性**（homophily），意指相近、類似的人聚在一起（Daw, Margolis, & Verdery, 2015）。朋友對學校、抱負、成就的態度通常相近一致。

混齡友誼

多數青少年是和年齡相近的同儕建立友誼，但也有些是和比自己年紀大或小的人成為好朋友。結交年紀大的朋友，會使青少年更容易從事違法行為或過早發生性行為嗎？確實如此，但其中的因果關係尚未明朗。目前還不清楚是年紀大的誤導年紀小的，或是他們結夥之前，就已經有違法傾向了。一項研究顯示，從六年級到十年級，女孩更有可能認識年紀大的男性，進而與之交往，增加問題行為發生的風險（Poulin & Pedersen, 2007）。不過，混齡友伴（mixed-grade friends）對那些在同齡中交不到朋友、焦慮退縮的青少年，起了保護其免受孤單與不被欺負的作用（Bowker & Spencer, 2010）。

其他性別的友誼有哪些特點？
©Symphonie/Corbis

其他性別友誼

雖說青少年較常與同性朋友往來，但有其他性別友人者也不在少數（Brown, 2004）。其他性別友誼（other-sex

friendships）人數增加，是青春期早期的現象。青少女的其他性別友人數目較青少男多。隨著年紀增長，其他性別友誼有增多的趨勢（Poulin & Pedersen, 2007）。其他性別友誼和混齡友誼賦予青少年學習與不同性別的人交流的機會，降低社交焦慮及與異性約會的焦慮。

　　儘管具有上述優點，但其他性別友誼與不當行為（如：過早性行為、飲酒與違法）之間也存在些許關聯（Mrug, Borch, & Cillessen, 2012）。比起兒子，父母更密切監控女兒的異性友誼，擔心男性對女兒產生不良影響，將其帶壞（Poulin & Denault, 2012）。一項研究顯示，家長對女兒高度監控、阻撓女兒與男性交往，有助於減少青少女日後的飲酒行為（Poulin & Denault, 2012）。

孤單

　　在某些情況下，沒有朋友令人感到孤單寂寞；離開一段親密關係，孤獨感油然而生（Rubin & Barstead, 2018; Rubin & others, 2018）。生活中難免有孤單的時刻，但對某些人來說，孤單是長期揮之不去的困擾。長期孤單不只是不受歡迎而已，也容易損害身心健康（Ge & others, 2017）。例如，一項以馬來西亞青少年為對象的研究證實，孤單和憂鬱症狀有關（Kaur & others, 2014）。另一研究發現，拉美裔高中生的長期孤單恐導致其學業不佳（Benner, 2011）。反之，朋友的支持有助於減輕上述困擾。

　　哪些因素造成青少年孤單呢？個人因素（如：低自尊、害羞）和負面同儕經驗（如：社會接納度低、被欺負、朋友很少、友誼品質差）等，都和青少年強烈的孤單感有關（Vanhalst, Luyckx, & Goossens, 2014）。

面臨人生過渡期，常引發孤單感受。有哪些方法可以緩解孤單？
©PunchStock/Image Source

　　孤單和享受孤獨，兩者差別甚遠。有些人喜歡獨處，享受獨處的時光。孤單通常發生於人生過渡期，如：搬到陌生的地方、離婚、喪親或失去摯友。離開家鄉上大學也常是引發孤單的時期。高中時代的知名度與社會地位和大學環境不可同日而語，光是一棟宿舍可能就有一打籃球明星、全國優良獎學金得主、前學生會主席等，尤其是到異地就讀大學，還得重新建立新的社交關係。

一項以 2,600 名大學生為對象的研究指出，孤單者積極應對壓力的能力較差（Cacioppo & others, 2000）。同樣地，相較於那些善於交朋友的人，孤單的大學生壓力荷爾蒙指數偏高、睡眠品質較差。

回顧與反思

學習目標 1｜探討同儕關係、友誼、孤單在青少年發展中的角色。

複習本節所學

· 同儕在青少年發展中發揮什麼作用？

· 友誼如何促進青少年發展？

· 如何區分孤單與享受孤獨？

分享與連結

· 情感能力與社會認知有何關聯？

反思個人經驗

· 在青少年時期，你和朋友一起度過多少時光，做了哪些事呢？你都結交什麼樣的朋友？你們有哪些異同點？長大後，你們的友誼發生哪些變化？

2.青少年團體

學習目標2　簡述青少年團體的樣貌。

兒童與青少年的團體　　　朋黨與群體　　　青年組織

　　青少年時期的你，或許是某正式或非正式團體的一員。正式團體如籃球隊、啦啦隊、男女童軍團、學生會等，非正式團體則是一群人組成的集團。本節詳細說明兒童與青少年團體、朋黨與群體，以及青年組織的差異。

兒童與青少年的團體

　　兒童團體與青少年團體的主要差異如下：兒童團體的成員通常是朋友或鄰居同伴，也不像青少年團體那麼形式化。青少年團體的成員較為多元，亦即，除了朋友或鄰居之外，還有其他青少年加入。以高中時的學生會、榮譽學會（honor society）、藝術社團、足球隊等有組織的團體為例，如果你是其中的一員，應該可以發現許多人你以前根本沒見過；相較於兒童團體是一個更為異質性的團體。團體有明確的規章與制度，會選出或指派隊長或領導者。

　　從 Dexter Dunphy（1963）的經典研究可看出，青春期以後，社交團體中的異性人數逐漸增加。兒童後期的男孩／女孩團體通常是人數少的同性團體，而來到青春期，同性團體之間開始互動交流。接下來，團體中的領導者和地位較高的人另外組成混合性別的團體，最後，形成新的混合性別團體取代原先的同性團體。混合性別團體也可能參加其他大群體辦的活動，例如舞會或運動盛事，彼此互動交流。到了青春期後期，隨著情侶等認真對待的關係配對成形，以訂婚／結婚為前提長久交往，群體開始各自解散。Dunphy 的研究結果摘要如圖 4 所示。

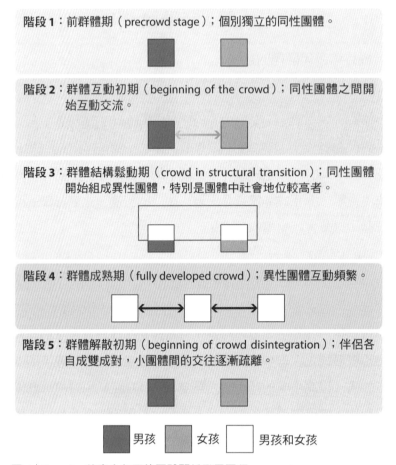

圖 4 | **Dunphy** 的青少年同儕團體關係發展歷程

資料來源：Dunphy, Dexter C. "The Social Structure of Urban Adolescent Peer Groups," *Sociometry, Vol. 26,* 1963.

朋黨與群體

朋黨和群體在青春期承擔更重要的角色（Brown, 2011; Ellis & Zarbatany, 2018）。**朋黨（cliques）**是 2 到 12 個人組成的小團體（平均 5 至 6 人），通常是由同性別或同齡人所組成。

青少年常因參加相同的活動而形成朋黨，例如在同一個社團或運動隊伍（Brown, 2011）。剛開始，他們不一定是朋友，但在彼此陪伴、相互消磨時光下，久而久之建立起友誼。

青少年在朋黨團體裡都在做些什麼事呢？他們分享想法、一起出去玩，形成內團體認同，深信他們這個朋黨比別的朋黨好。

青少年的朋黨有哪些特徵？和群體有哪些差別？
©*PunchStock/Brand X Pictures*

群體（**crowds**）比朋黨大，彼此間卻不那麼熟悉。青少年通常是依名聲（reputation）性質而加入群體，但並不一定會花時間相處。群體多半依活動命名，如「jocks」是指擅長體育活動的男孩們；「brains」則是學霸；另外還有聚在一起吸毒的「druggies」（Brown, 2011）。以名聲為基礎的群體通常在青春期早期成形，到青春期後期逐漸式微（Collins & Steinberg, 2006）。在一項研究中發現，群體成員身分與青少年的自尊有關（Brown & Lohr, 1987）。例如運動細胞絕佳的 jocks、人緣好且會帶動風潮的 populars、平凡普通沒什麼特色的 normals、使用非法藥物或行為不檢的 druggies（或稱 toughs），以及社交能力差或頭腦笨的 nobodies，其中以 jocks 和 populars 的自尊最高，nobodies 的最低。有一群不屬於任何群體的青少年，自尊和 jocks 及 populars 一樣，正是所謂的特立獨行者，自詡群體對他們來說一點都不重要。請注意，這些是相關研究得出的結論；有可能是因為自尊而幫青少年打開加入某一群體的門路，或因具某一群體成員身分而提升了自尊。

青年組織

　　正向青年活動包括青年發展方案與有組織的青年活動（Lerner & others, 2015）。青年組織對青少年的發展影響深遠（Loyd & Williams, 2017; Vandell & others, 2015）。目前，美國已有 400 個以上的全國性青年組織，這些組織包括以職業培訓為主的青年成就團（Junior Achievement, JA）、培養健全品格的男女童軍團（Girl Scouts and Boy Scouts）、共和黨青年部與民主黨青年部（Young Republicans and Young Democrats），以及傳承族裔文化的美國印第安青年（Indian Youth of America），總計每年服務的青年超過 3 千萬名。最大的青年組織 4-H（四健會），有將近 500 萬名參與者。小型組織如拉丁美洲青年團體 ASPIRA，每年也為 13,000 名青少年提供教育強化方案。另外，預防中輟的 WAVE 計畫，每年也服務 8,000 名以上的青少年。

　　參與此類社團組織的青少年長大成人後，通常會比未參與者更積極投入社區活動，自尊程度也較高。他們的教育程度和家庭收入皆比未參與者好（Erickson, 1982）。參加青年

參加男女童軍團活動的青少年。青年組織對青少年有什麼影響？
（左圖）©Jason DeCrow/AP Images;（右圖）©Jonathan Fickies/AP Images

團體有助於青少年練習社交技巧、培養組織能力，為日後成功擔負成人角色預做準備。

　　The Search Institute（1995）的研究闡明參加青年團體的利弊得失。該研究以明尼亞波利斯市為重點調查城市。該市年輕人與美國其他主要城市一樣面臨相似的挑戰。平日放學後與暑假，是青少年得以和成人及同儕建立正向關係的兩個空檔時間。但該研究發現，超過 50% 的年輕人說他們沒有參加過任何類型的平日課後社團活動；此外，有 40% 以上表示未曾在暑假期間報名參加青年團體活動。

　　明尼亞波利斯市共登記約有 350 個青年方案，每個方案約服務 87 位青少年。然而，將近一半的青少年及家長認為方案數不足；低收入戶家長對於方案使用不便頗有微詞。中學生對參加青年計畫興致缺缺的原因是：活動不吸引人、交通不便、不知道可從哪裡獲知活動訊息。

　　根據 Reed Larson 等人（Larson, 2000; Larson, McGovern, & Orson, 2018; Larson, Orson, & Bowers, 2017; Larson, Shernoff, & Bempechat, 2014; Larson, Walker, & McGovern, 2018）的研究顯示，有組織的青年志工活動特別有助於家境不好的青少年培養主動性。在研究團隊的帶領之下，他們參加藝術與戲劇團體、運動團隊、男女童軍、YMCA 的幫派干預計畫等其他社區組織（Heath, 1999; Heath & McLaughlin, 1993）。青少年剛開始加入時，雖看似意興闌珊，但不到一個月，就說他們有信心改變自己，為了朝目標邁進而願意調整行為。總之，這些活動和組織都為青少年打造培養正向特質的良好環境（Vandell & others, 2015），提升了他們的學業成就，降低犯罪率（Larson, 2000）。

回顧與反思

|學習目標 2| 簡述青少年團體的樣貌。

|複習本節所學|

- ·兒童團體與青少年團體有何不同？

- ·何謂朋黨和群體？它們在青少年發展中扮演什麼角色？

- ·青年組織有哪些特色？

|分享與連結|

- ·比較身為朋黨的一員和孤單的經驗。它們對青少年發展產生哪些影響？

|反思個人經驗|

- ·在你還是青少年時，青年活動有滿足你的需求嗎？

3.性別與文化

學習目標3　說明性別與文化在青少年同儕團體和友誼中的角色。

性別　　　　　　　　社經地位與族裔　　　　　　　　文化

青少年同儕團體的社交生活和友誼，和性別與文化息息相關（Al-Attar & others, 2017; Chen, Lee, & Chen, 2018; Rose & Smith, 2018）。小學期間，兒童大部分的閒暇時間是和同性別的友伴一起度過，與異性相處的時間每週不到 1 小時（Furman & Shaffer, 2013）。不過，隨著青春期發育，如同前面提到 Dunphy 的青少年同儕團體關係發展歷程，青少年與混合性別團體相處的時間越來越多（Buhrmester & Chong, 2009）。到了十二年級，男孩一週平均花 5 小時和異性在一起，女孩則約為 10 小時（Furman, 2002）。但是，由青少男組成的同儕團體和青少女組成的同儕團體之間，還是有明顯的差異。

性別

越來越多證據表明，性別在同儕團體和友誼中起著重要的作用（Al-Attar & others, 2017; Rose & Smith, 2018）。女孩比男孩更擅長於交朋友嗎？一項統合分析（Gorrese & Ruggieri, 2012）發現，女孩的友情更為緊密、深刻、相互依賴，更懂得關懷彼此，展現同理心，顯示女孩對撫慰的需求，渴望維持長久的關係。相較之下，男孩重視意氣相投並可以一起分享興趣、嗜好、運動的朋友，比女孩更懂得相互合作。另一統合分析發現，青少

青少年的同儕關係和友誼，有哪些性別差異？
（左圖）©Kevin Dodge/Corbis/Getty Images;（右圖）©Robert Niedring/Getty Images

女在信任和溝通方面，較青少男更為依戀友伴（Gorrese & Ruggieri, 2012）。

然而，最近一項研究挑戰男孩不擅經營友誼的觀點（Rose & Asher, 2017）。先前的研究結論過猶不及，可能是不夠重視男孩的友誼，以及窄化了友誼的任務與類別。男孩其實也很在意友情；在享受樂趣、陪伴之外，當朋友做出破壞友誼的行為，或是朋友在交了其他新朋友的情況下還能繼續維持友誼等，男孩甚至比女孩更懂得應對。另外，女孩比男孩更強調友誼的下列面向：（1）關心與稱讚對方；（2）互助、同情與安慰；（3）分享心事。

女孩的某些友誼面向可能與青春期問題有關（Rose & Smith, 2018; Schwartz-Mette & Rose, 2012; Tompkins & others, 2011; Waller & Rose, 2013）。例如，一項對三年級到九年級學生的研究顯示，女孩們喜歡聚在一起共同反芻（反覆討論同一問題），雖可預測正向的友誼品質，但也加重了憂鬱與焦慮症狀（Rose, Carlson, & Waller, 2007）。幸而，某些受內在心理問題困擾的女孩，也因為有了友誼的支持得以度過難關（Rose & Smith, 2018）。

社經地位與族裔

許多學校依學生的社經地位和族裔，實施嚴格的隔離政策（Graham & Echols, 2018; Way & Silverman, 2012）。在中產階級和低社經地位家庭學生皆眾多的學校，中產階級學生多半擔任社團、學生會、榮譽生會、兄弟會和姊妹會的幹部。而在運動團隊，非裔學生及低收入家庭學生才得以跟中高社經地位學生平起平坐，甚至拔得頭籌。

對許多少數族裔年輕人，尤其是移民來說，和自己同族裔的同儕相濡以沫，為他們在主流團體夾縫中，提供了至關重要的兄弟情誼（或姊妹情誼）（Graham & Echols, 2018）。他們的同儕團體可以和主流團體相抗衡，提供適應環境的支持，減輕孤單感。

文化

除了性別、社經地位與族裔外，以下接著探討某些異國文化的同儕團體，是否有別於美國青少年的同儕團體。

某些國家的成人會限制青少年的同齡交友（Chen, Lee, & Chen, 2018）。例如，在印度和阿拉伯國家的許多農村地區，會嚴格限制青少女與同儕接觸（Brown & Larson, 2002）。女孩就算能夠上學，也只能就讀性別隔離學校（男女分校）。這些國家雖沒有明文禁止異性談戀愛，但卻立下種種規定（Booth, 2002）。

　　研究者也發現，與美國青少年相比，日本青少年從父母身邊獨立的時間較晚，親子衝突也較少。美國青少年顯然較日本青少年看重同儕（Rothbaum & others, 2000）。日本青少年的戶外和休閒時間少，很少與友伴一起參加課外活動（White, 1993）。另外，美國青少年常向同儕施壓，要求其反抗父母親的影響力（Rothbaum & others, 2000）。

　　但以往嚴格限制青少年與同儕接觸的社會，近來也阻擋不了青少年在學校互動交流、共同參加休閒活動的趨勢，尤其是中社經地位家庭的青少年（Brown & Larson, 2002）。例如，在東南亞及某些阿拉伯地區，青少年越來越看重同儕的意見，互相分享嗜好及興趣（Booth, 2002; Santa Maria, 2002）。

　　在許多國家及地區，同儕在青少年的生活中具有舉足輕重的地位（Brown & Larson, 2002; Chen, Lee, & Chen, 2018; French & Cheung, 2018; Way & Silverman, 2012）。例如，在撒哈拉以南非洲，同儕團體和青少年生活密不可分（Nsamenang, 2002）；歐洲與北美也有類似的社會動力（Arnett, 2014）。

　　在某些國家，兒童與青少年在很小的時候就得和同儕團體生活在一起（French & Cheung, 2018）。例如，在印度東部的穆斯林文化地區，男童和女童從六歲起就得住在宿舍，直到結婚為止（Barnouw, 1975）。這些宗教性質的宿舍，住在裡面的人都要從事勞動和修行。兒童為父母工作，父母為子女安排婚事。而在某些文化，同儕甚至要擔負起理應是成人父母需擔當的責任。例如，無家可歸的南美街頭青年，要靠同儕網絡才得以在嚴酷的都市中生存（Welti, 2002）。

　　在某些文化裡，能不能被同儕接納是否左右青少年的生活滿意度？研究發現，重視家庭價值觀的文化（如：印度），同儕的接納對青少年生活滿意度的重要性，不如那些強調應該要離家獨立的文化（如：美國和德國）（Schwarz & others, 2012）。

同儕關係有哪些跨文化的差異？美國和日本青少年的同儕社交活動有哪些差異？
©Eri Morita/Getty Images

回顧與反思

| **學習目標 3** | 說明性別與文化在青少年同儕團體和友誼中的角色。

| **複習本節所學** |

‧性別在青少年的同儕團體和友誼中扮演什麼角色？

‧社經地位與族裔和青少年的同儕關係有何關聯？

‧文化如何影響青少年的同儕關係？

| **分享與連結** |

‧比較家庭和社經地位對青少年同儕關係發展的影響？

| **反思個人經驗** |

‧青春期時的同儕關係和友誼，因你的性別（男性或女性）而出現哪些差異？

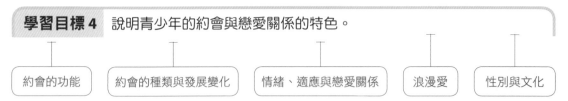

4.約會與戀愛關係

學習目標 4　說明青少年的約會與戀愛關係的特色。

約會的功能　　約會的種類與發展變化　　情緒、適應與戀愛關係　　浪漫愛　　性別與文化

　　儘管青少年平日不乏同儕團體的社交互動，但透過約會，異性之間的交流更為頻繁（Bonache, Gonzalez-Mendez, & Krahe, 2017; Furman, 2018; Furman & Rose, 2015; Lantagne & Furman, 2017）。以下先說明約會的功能。

約會的功能

20 世紀中葉以前，約會是為了求婚鋪路。
©*Bob Barrett/FPG/Hulton Archive/Getty Images*

時至今日，約會的功能除了求愛之外，還有哪些功能？
©*Photodisc/Getty Images*

　　約會是新興的時代潮流。1920 年代以後，約會才逐漸成為現況，即便如此，約會的主要功能是尋找伴侶。當其時，擇偶是約會唯一的目的，父母會仔細監控「約會」情形，嚴格掌握整個兩性約會過程。父母通常會就青春期孩子約會對象品頭論足，甚至為孩子選擇結婚對象。如今，青少年對約會已有較多自主權，有較多的自由空間選擇交往對象。因此，約會已不再是為了求婚目的而設（Furman, 2018; Lantagne & Furman, 2017）。

　　約會至少有以下八個功能（Paul & White, 1990）：

1. 約會是一種娛樂方式。約會是青少年的樂趣，是一種休閒享樂。
2. 約會是地位和成就的象徵，是青春期社會比較的評價指標——評比誰的約會對象最帥、最美、最受歡迎？
3. 約會是社會化的過程之一。青少年藉此學習如何與人相處，展現適當的社交禮儀與行為。

4. 約會涉及親密關係，它提供與異性建立獨特、有意義關係的機會。

5. 約會具有嘗試與探索性行為的功能。

6. 在與異性互動的過程中，約會滿足了相互陪伴的需求。

7. 約會的經驗有助於認同形成與發展。青少年透過約會釐清自我認同，從原生家庭中獨立。

8. 約會是挑選伴侶的方法，進而達成求愛的終極目的。

約會的種類與發展變化

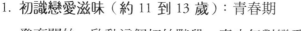

約會和戀愛的形式千變萬化。本節首先探討異性戀者的戀愛關係，接下來再檢視性少數青少年（男女同志）的戀愛關係。

青春期的約會關係是什麼樣子？
©Image Source/PictureQuest

異性戀愛關係

青春期的戀愛關係大致經歷三個階段（Connolly & McIsaac, 2009）：

1. **初識戀愛滋味（約 11 到 13 歲）**：青春期發育開始，啟動這個初始階段。青少年對戀愛充滿興趣，是同性之間聊的主要話題。青少年陷入迷戀時所有聞，會迫不及待與同性好友分享，但他／她們不一定與迷戀對象實際互動。約會通常以團體形式進行。

2. **摸索嘗試戀愛關係（約 14 到 16 歲）**：此時的約會多半採隨興、團體的方式。**隨興約會**（casual dating）的雙方多半相互吸引，但這些約會歷時短暫，最多僅維持數月甚至幾個星期而已。**團體約會**（dating in groups）則是與同儕團進團出，朋友可以充當啦啦隊、交換情報，或協助判斷約會對象是否互有情意。

3. **穩固的成對戀愛關係（約 17 到 19 歲）**：大約在高中畢業的時候，發展出認真專一的戀愛關係。這個階段的特色是情感連結深厚，近似於成人的戀愛關係。雙方的情感連結穩固，通常可持續一年以上。

這些階段呈現青春期戀愛關係的發展變化差異：早起步者及晚開竅者（Connolly & McIsaac, 2009）。15% 至 20% 的 11 到 13 歲青少年說目前熱戀中，另有 35% 說曾有戀愛經驗，此為**早起步者**（early starters）。約有 10% 的 17 到 19 歲青少年從未談過戀愛，另有

15% 說其戀情撐不過四個月，則屬於**晚開竅者**（late bloomers）。Jennifer Connolly 等人（2013）的研究支持，既有戀愛關係三階段「按時開始者」（on-time），也有兩個不準時開始的族群（即，早起步者及晚開竅者）存在。在這個研究中，早起步者的外顯行為症狀（攻擊與偏差行為）較多，而晚開竅者和按時開始者則沒有顯露任何適應不良的跡象。

　　研究隨機抽樣小六學生，其中有 40% 宣稱「有喜歡的人」（Buhrmester, 2001）（見圖 5）。然而直到十年級，才有 50% 的青少年聲稱擁有維持兩個月或更長時間的戀愛關係。直到高中，仍有 25% 的人從未擁有過穩定的戀愛關係。多數曾經擁有穩定戀愛關係的青少年（14 歲以下有 20%、15 到 16 歲有 35%、17 到 18 歲有 60%）表示，其關係至少持續 11 個月以上（Carver, Joyner, & Udry, 2003）。

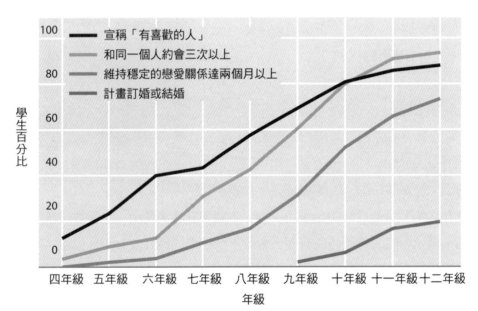

圖 5｜**開始談戀愛的年齡。**宣稱「有喜歡的人」最早出現，接著是和同一個人約會三次以上、維持穩定的戀愛關係達兩個月以上，最後是計畫訂婚或結婚（在十二年級前僅占少數）（Buhrmester, 2001）。

資料來源：Buhrmester, Duane. *"Romantic Development: Does Age at Which Romantic Involvement Starts Matter?"* Paper presented at the meeting of the Society for Research in Child Development, Minneapolis, MN, April 2001.

　　在摸索戀愛關係初期，和團體一起出遊比較自在（Connolly & McIsaac, 2009）。剛開始的時候，可能是到某位朋友家聚會，或央求大人開車帶他們去購物中心逛街、看電影。約會初期及跟某人單獨「出去」，要特別留意青少女的懷孕風險與在家庭、學校出現行為問題。

　　青少年和準成年人的戀愛關係有哪些不同？一項為期十年的研究顯示，與青少年的短

期戀愛關係相比，準成年人的短期戀愛關係在支持、陪伴與照顧伴侶程度上更高（Lantagne & Furman, 2017）。青少年長期戀愛關係的支持程度雖高，但關係不穩，負面互動、支配控制與嫉妒吃醋的情況相對較多。準成年人的長期戀愛關係支持性程度高，且負面互動、支配控制與嫉妒吃醋的情況減少。

性少數青少年的戀愛關係

　　青少年戀愛關係研究多半以異性戀族群為主。關於男／女同志、雙性戀者的戀愛關係研究才剛起步（Diamond & Alley, 2018; Savin-Williams, 2017, 2018）。

　　女同志的戀愛關係約始於 14 到 18 歲之間，男同志約始於 13 到 15 歲之間（Savin-Williams, 2015），最初交往的同志伴侶大多為身邊親密的朋友。女同志在與同性交往之前，多數已與異性發生性行為，男同志的交往順序則與女同志恰恰相反（Diamond & Alley, 2018）。

　　性少數青少年多半已有同性性行為經驗，但由於接觸機會受限、家人與同儕不認同，他／她們的同性戀愛關係相對較少（Diamond & Alley, 2018）。性少數青少年的戀愛關係錯綜複雜（Savin-Willams, 2018），不能用異性戀關係去類比。相反地，必須全方位考量性少數青少年對同性及異性伴侶的性需求和戀愛感覺。

性少數青少年的戀愛關係有哪些特徵？
©Pinto/Corbis/Getty Images

情緒、適應與戀愛關係

　　青少年和準成年人洋溢著浪漫情懷（Furman, 2018; Lantagne & Furman, 2017）。在某些情況下，這些因戀愛而引發的情緒讓人忽喜忽憂。負面的情緒若過於強烈，久久無法消散，恐會造成適應問題。

戀愛關係中的情緒

　　一位 14 歲的少年說談了戀愛之後，腦袋就無法思考其他的事情（滿腦子想的都是她）。另一位 15 歲的少女洩氣說道：「每個人都有男朋友，就只有我沒有。」可見青少年對戀愛有多心心念念。戀愛有時令人雀躍不已，有時又將人推入煩憂失望、嫉妒的深淵，分手更是容易引發憂鬱難過和其他問題。

　　戀愛牽動青少年的情緒（Furman, 2018）。一項以九年級到十二年級學生為對象的研究顯示，女孩對愛情懷抱浪漫不切實際的幻想，使其三分之一以上的強烈情緒都和愛情有關；男孩則是有 25% 的強烈情緒和愛情有關（Wilson-Shockley, 1995）。青少年的強烈情緒和學校有關的占 13%，和家庭有關的占 9%，和同性同儕有關的僅占 8%。正向情緒仍居多數，但也有少部分（42%）的焦慮、生氣、嫉妒、難過等負面情緒。

　　有交男／女朋友的青少年說，他們一天當中的情緒波動，要比沒有交男女朋友的同儕來得大（Richards & Larson, 1990）。以三天一期為例，一位十一年級青少女的情緒忽而因「跟丹尼在一起很快樂」，忽而因「大吵一架」、「一直煩我，講也講不聽」而苦惱不已；一下子因為「爭吵到很想死」，一下子又因為「兩人相處得很甜蜜」而心頭甜滋滋。

青少年談戀愛的時候會出現哪些情緒？戀愛關係與青春期適應有何關聯？
©Pascal Broze / SuperStock

約會與適應

　　約會和戀愛關係經研究證實與青少年和準成年人的各種適應指標有關（Bhatia & Davila, 2017; Breitensein & others, 2018; Davila & others, 2017; Furman, 2018; Furman & Rose, 2015; Lantagne & Furman, 2017; Rogers & others, 2018; Soller, 2014）。著名的研究結果如下：

- 青春期時，友誼品質和戀愛關係品質有關（Kochendorfer & Kerns, 2017）。
- 17 歲時與戀愛對象的敵意衝突，可以預測 17 到 27 歲時罹患內隱行為問題（如：憂鬱）的風險增加（Kansky & Allen, 2018）。同樣地，17 歲時戀愛對象的支持，可以預測 17 到 27 歲時的外顯行為問題（如：攻擊）減少。
- 十年級學生的戀愛經驗越多，其社會接納、社交能力及戀愛能力（romantic competence）越佳。然而，戀愛經驗越多，也可能與物質使用、違法及過早發生性行為有關（Furman, Low, & Ho, 2009）。
- 青少女的約會頻率高，與罹患憂鬱症及父母情緒疏離有關（Steinberg & Davila, 2008）。
- 與年紀大的對象交往的青少女（而非青少男），憂鬱及物質使用風險提高（Haydon & Halpern, 2010）。

　　年紀輕輕的約會與戀愛經驗也可能衍生問題（Connolly & others, 2013; Furman & Rose,

2015）。過早約會和戀愛交往，與青少女懷孕及家庭、學校問題有關（Florsheim, Moore, & Edgington, 2003）。

不過，在某些情況下，青春期的戀愛關係亦有助於正向發展。例如，支持性的戀愛關係能為母子（女）關係不佳的青少年帶來正向影響（Szwedo, Hessel, & Allen, 2017）。另一項研究指出，10 歲時分享心事的程度越高，12 到 15 歲時戀愛關係的陪伴品質越好（Kochendorfer & Kerns, 2017）；與友伴的衝突越多，15 歲時戀愛關係的陪伴品質越差。

青少年的關係教育

關係教育課程以往主要是協助互許終身的成年伴侶強化關係，近來，為青少年與準成年人設計的關係教育課程如雨後春筍般出現（Hawkins, 2018）。**關係教育**（relationship education）由許多介入方案組成，提供促進正向戀愛關係與婚姻的訊息與技巧。這些介入方案種類多元，包括：以授課方式教導基本關係知能、以小團體形式進一步探索關係議題，以及婚前教育課程。

對 30 個青少年與準成年人關係教育課程所做的統合分析研究，證實了這些課程的成效（Simpson, Leonhardt, & Hawkins, 2018）。人際溝通、問題與衝突解決策略、自我調節等是最常見的成效評估向度（Simpson, Leonhardt, & Hawkins, 2018）。關係教育課程對準成年人的成效優於青少年，對弱勢族群的效果也是有目共睹。

感情瓦解（分手）

當愛情不順遂，可能要考慮分手（Bravo, Connolly, & McIsaac, 2017; Norona & Welsh, 2017）。尤其是那些一再背叛信任、消耗心力和金錢，以及根本不會回應你的感情的人，分手方為上策。

愛情得不到回報，會導致憂鬱、強迫性思考、性功態障礙、工作效率降低、難以結交新朋友、自責等。情緒劇烈波動的狀態下，要保持頭腦冷靜談何容易。

有些人很懂得利用關係。不管你有沒有

有哪些因素可以預測準成年人的戀愛關係會走向分手？
©Tetra Images/Getty Images

意識到這一點，關係其實是以支配—從屬的角色形態演變發展的。察覺這種模式，方能決定是要重新建構關係，或在問題無法解決的情況下終止關係。

　　有關分手的研究多著眼於其負面結果。例如，一項針對 18 到 20 歲人士的研究表明，酗酒、抽大麻、抽菸，會加速戀愛關係瓦解（Fleming & others, 2010）。另一以 9,000 多名成人為對象的研究結果發現，分手會降低個人的自尊，幸而該影響會在一年後逐漸減弱（Luciano & Orth, 2017）。感情上承諾付出得越多，關係結束後憂鬱及自殺意念的風險越高（Love & others, 2018）。

　　為什麼會走向分手？從準成年人的情境、關係、個人因素等都可見端倪（Lantagne, Furman, & Novak, 2017）。以情境而言，生活壓力事件越多（如：生重病或受傷），越有可能分手。此外，支持性的互動關係品質越差（如：漠不關心），也常以分手收場。個人魅力不足、不解風情亦是分手的理由。長遠看來，攻擊性強等外顯行為和物質使用，分手也在意料之中。

　　不過，分手也未必全是壞事（Waterman & others, 2017）。例如，某研究探討大學生在分手之後的成長（Tashiro & Frazier, 2003）。研究參與者是過去九個月來有分手經驗的 92 位大學生，請他們說明「分手帶來的正向轉變，對未來的戀愛關係有何助益」（p. 118）。得到的回答顯示分手後成長確有其事。最常見的成長有：情緒上變得更堅強、更有自信、獨立、發展新的友誼；女性的成長更較男性為多。

浪漫愛

　　浪漫愛（**romantic love**），又稱激情或**愛欲**（eros），帶有強烈的性欲與迷戀意味，在愛情初期比重極大。浪漫愛是青少年和大學生的戀愛特色。研究調查未婚男女大學生自認和誰最親密（Berscheid, Snyder, & Omoto, 1989），超過半數以上的人回答「愛侶」，而非爸媽、手足或朋友。

　　浪漫愛令人五味雜陳——擔心、生氣、性欲、喜悅、嫉妒等情緒交織在一起。顯然，有些情緒是痛苦的根源，愛情比友情更讓人苦惱鬱悶（Berscheid & Fei, 1977）。年輕人若是浪漫愛情緒高漲，恐加重憂鬱與焦慮症狀，不過，睡眠品質反倒較佳（Bajoghli & others, 2014）。

> 愛情是一幅以本能為畫布、用想像力創作出來的作品。
> ——Voltaire（伏爾泰，18 世紀法國哲學家）

　　另一種愛情類型是**深情愛**（**affectionate love**），又稱友伴愛（companionate love），伴侶之間渴望對方在身旁作伴，真心關懷對方（Blieszner & Ogletree, 2018; Youyou & others, 2017）。成人的深情愛較青少年為多；戀愛初期的浪漫愛情成分居重（Berscheid,

2010; Sternberg & Sternberg, 2013）。

外表吸引力與相似性是戀愛關係的重要面向。外貌越佳的青少年，愛情滿意度越高（Furman & Winkles, 2010）。在一項研究中，青少年傾向與族裔、社經地位、學業成就相似的人約會交往（Furman & Simon, 2008）。另一項研究中，青少年在開始交往之前，他們的人緣、外表吸引力及憂鬱症狀就已經有極大的相似性（Simon, Aikins, &

線上交友約會有哪些特點？
©Oleksiy Maksymenko Photography/Alamy

Prinstein, 2008）。另有研究探討交往對象對青少年的長遠影響。隨著關係進展，高功能的一方顯然帶來好的影響。例如，原本憂鬱程度高的青少年和憂鬱程度低的伴侶交往後，11個月之後的憂鬱程度明顯降低。

近年來，網路戀情有漸增趨勢（Fullwood & Attrill-Smith, 2018; Jung & others, 2017; Potarca, 2017）。2006 年，美國約有 100 萬人嘗試線上交友。到了 2017 年，數字飆升到 4,900 萬人以上（Masters, 2008; Statisticbrain, 2017）。2017 年，光是 match.com 就有 2,400 萬名會員。

有些批評者認為線上交友缺乏人際連結，但也有人認為網路為面對面溝通容易害羞或焦慮的人開啟交友管道（Holmes, Little, & Welsh, 2009）。線上交友的問題多為故意變造個人特徵，如：年齡、外表或職業。男性最常謊報的是年齡、身高及收入，女性最常謊報的是體重、體型和年齡（Statisticbrain, 2017）。儘管類似的不誠實行為時有所聞，網路戀情仍比真實世界的戀情更可能持續兩年以上（Bargh & McKenna, 2004）。一項調查 19,000 人的大規模研究發現，超過三分之一的婚姻是先從網路聯繫開始的。可貴的是，這些婚姻不但不容易破裂，其婚姻滿意度甚至略高（Cacioppo & others, 2013）。

細究青少年及準成年人與家人和朋友的互動經驗，有助於瞭解他們如何建立戀愛關係（Davila & others, 2017; Furman, 2018; Furman & Collibee, 2018; Lantagne & Furman, 2017）。與父母親關係不佳的青少女容易轉而尋求愛情的慰藉與支持，進而過早發生性行為（de Graaf & others, 2012）。

早年成形的親子依附型態會影響青春期之後與伴侶的關係（Furman & Collibee, 2018; Manning & others, 2017; Simpson & Steven Rholes, 2017）。14 歲時與父母和同儕的不安全依附傾向越高，22 歲時恐演變為嚴重的焦慮型依附（Pascuzzo, Cyr, & Moss, 2013）。青春期正向的親子關係為成年初顯期良好的親密關係品質奠定基礎（Madsen & Collins, 2011）。青春期時約會品質越佳，成年後的戀愛越是順遂，造成的負面影響也越小。

與家人相處的經驗，對青少年的約會交友有何影響？
©*Ronnie Kaufman/Corbis/Getty Images*

　　Wyndol Furman 與 Elizabeth Wehner（1998）探討不安全依附風格如何影響青少年的戀愛關係。安全依附型青少年追求的是親密溫暖的浪漫愛情關係；拒絕型／迴避型依附的青少年認為他人不會回應他們的期待，對親密關係敬而遠之；糾結型／矛盾型依附的青少年對親密關係抱持的是既失望又悲觀的心情。

　　E. Mavis Hetherington（1972, 1977）的經典研究發現，相較於喪親或生活在完整家庭的青少女，父母離異的青少女對男孩較感興趣。此外，父母離異的青少女對男性的看法也比其他家庭結構的青少女更為負面。父母離婚和喪父家庭的女孩，更有可能嫁給與父親形象相似的對象。Hetherington 強調，出身完整家庭的女性有更多的機會和父親修通關係，因此，有更多心理自由空間選擇約會交往的對象，婚嫁的對象因而不受限於父親的形象。

　　父母離異會影響青少年的戀愛關係。例如，離異家庭的青少年開始第一段戀情的年齡較完整家庭青少年為早，但只限於父母離異發生在青春期早期之前的情況（Ivanova, Mills, & Veenstra, 2011）。父母的離異讓這段敏感的過渡時期（青春期早期）雪上加霜。

　　與兒子相比，父母通常更為關心女兒的約會對象和人際關係。例如，女大學生回憶到，青春期時父母企圖影響安排約會的對象（Knox & Wilson, 1981），她們也說父母介入約會人選和人際關係的情形屢見不鮮。

　　同儕關係和友誼也是青少年戀愛關係的樣版（Furman & Collibee, 2018; Lantagne & Furman, 2017）。長期研究顯示，兒童中期的友誼，與 16 歲時的異性交往安全感和親密感有關（Collins, Hennighausen, & Sroufe, 1998; Collins & van Dulmen, 2006）。

　　Jennifer Connolly 等人（Connolly, Furman, & Konarski, 2000; Connolly & Stevens, 1999;

Connolly & others, 2004）研究證實，同儕在青少年的愛情萌芽上發揮著重要的作用，比起較不常參與混合性別同儕團體的青少年，較常參與的青少年更容易步入戀愛關係（Connolly, Furman, & Konarski, 2000）。青少年與混合性別團體互動的時間越來越多（Connolly & others, 2004），這種團體互動「不是以約會交往為主，而是男女孩們隨興地互動……混合性別團體之所以重要，是因為它讓青少年可以輕鬆地依個人自在狀態參加活動」（p. 201）。

性別與文化

約會與戀愛依性別和文化而異。回想你的國高中時期，並思考性別如何影響你的戀愛關係。

性別

青少男和青少女的約會動機是否有別？Candice Feiring（1996）發現的確有差異。15歲的青少女看重的是人際特質，青少男則著眼於外表吸引力。陪伴、親密及支持等親和特質是青少年最注重的優點，而非愛意和安全感。同樣地，所謂的外表吸引力，指的是長得可愛、漂亮或英俊，而不是性感（如：接吻技巧好不好）。不過，也有可能是受訪時，青少年不好意思向陌生人透露對性的興趣。

約會腳本（**dating scripts**）是青少年和成人據此指引與評估約會互動的認知模型。初次約會的腳本是依照性別劃分設定的（Rose & Frieze, 1993）。男性要採主動腳本，女性採被動腳本。男性的腳本內容有：開口邀約（及安排約會行程）、在公共領域展現紳士風度（開車及開車門）、挑起性欲（親熱、接吻）。女性的腳本則著重在私領域（穿著打扮、享受約會）、配合男性提供的約會架構（搭車、等男士開車門）、回應男性的性挑逗。這些性別差異讓男性在關係初期即擁有更多權力。

青少年的約會腳本有哪些特徵？
©*moodboard / Corbis*

族裔與文化

社會文化背景強力主導青少年的約會模式與伴侶選擇（Yoon & others, 2017）。各種文化中的價值觀與宗教

信念早已暗示可以約會的年齡、自由度、哪些情況需成人在場，及男女性在約會中應扮演的角色等。在阿拉伯世界、亞洲國家及南美洲國家，成人通常會嚴厲控管青少女的戀愛關係。

　　移民們雖來到美國，這些限制依舊如影隨形。例如，與白人家庭相比，拉美裔和亞裔家庭對青少年約會持保留態度。尤其當青少年想和不同族裔的人外出約會時，家長常認為應該要等年紀大一點再約會，或立下種種限制，或想跟著出去，或禁止女兒約會等，家庭內的文化衝突恐一觸即發（Romo, Mireles-Rios, & Lopez-Tello, 2014）。

　　住在美國中西部的拉美裔青少年，談到他們的約會與性行為社會化過程（Raffaelli & Ontai, 2001）。由於他們的父母大多認為美國式約會風格違背其傳統的求愛方式，因此對年輕人設下嚴格的限制，導致許多拉美裔青少年約會前的家庭氣氛劍拔弩張。拉美裔青少女開始約會的平均年齡為 15.7 歲，有的會在家長不知情或不允許的情況下提早和男孩約會；半數以上的青少女曾瞞著家長「偷偷約會」。另外，墨西哥裔家庭的母女衝突和女兒談戀愛有關（Tyrell & others, 2016）。

青春期的約會有哪些族裔差異？
©Jenny Acheson/Getty Images

戀愛關係的跨文化差異

　　文化強烈影響人類方方面面的發展，戀愛關係也不例外（Gao, 2016）。中國和韓國等集體主義社會注重團體連結更甚於兩人世界，故稀釋掉了愛情中的親密感。相較之下，歐美等個人主義社會由於個人的社交網絡較小、社交網絡鬆散、不以團體為導向，談起戀愛來濃情蜜意許多（Gao, 2016）。另外，美式愛情的特色是熱情洋溢（Gao, 2016），與日本人相比，美國人在戀愛關係中更常自我揭露（Kito, 2005），而華人的戀愛關係較看重承諾（Dion & Dion, 1993）。

日本人的戀愛關係有哪些特色？　　　　　　　　阿根廷的戀愛關係又有哪些特色呢？

（左圖）©*I love Photo and Apple/Getty Images*;（右圖）©*James Carman/Blend Images/Getty Images*

　　近年，一項研究探討戀愛關係的跨文化差異，以日本、阿根廷及法國為比較對象（Ansari, 2015）。在日本，結婚率正在急速下降，政府當局非常擔心再這樣下去，日本人口將大量減少。2013 年，16 到 24 歲的日本女性中，45% 說對性沒有興趣或根本不屑一顧。此外，近年來不參加任何聯誼活動的日本男女性，比例也大幅增加不少。

　　阿根廷人對戀愛的興趣顯然比日本人強得多（Ansari, 2015），性愛與調情是許多阿根廷人的日常生活方式。線上交友並不像美國那麼頻繁，男性對於追求愛情可是摩拳擦掌，生龍活虎。

　　法國人和阿根廷人一樣，對熱戀的興致高昂。不過，比較三個國家之後，法國人對婚外情的容忍度，令他國難以望其項背。相較於 69% 的日本人及 72% 的阿根廷人，僅 47% 受訪的法國人說婚外情是道德瑕疵（Wike, 2014）。在上述調查中，高達 84% 的美國人認為婚外情是不道德的。簡而言之，戀愛的種種面向可說是存在相當大的文化差異。

　　探討不同文化的戀愛關係時，另有對中東的卡達進行研究（Ansari, 2015）。卡達禁止隨興約會，公開表達愛意可能會被判入監服刑。然而，隨著智慧手機、社群媒體及網路日益普及，越來越方便年輕人在旅館房間舉辦男女聯誼。這種私下活動的方式，得以暫且遠離家長、鄰居和政府機關的監控。

回顧與反思

| **學習目標 4** | 說明青少年的約會與戀愛關係的特色。

| **複習本節所學** |

· 約會有哪些功能？

· 約會有哪些種類？青春期的約會有哪些發展變化？

· 戀愛關係和情緒與適應有何關聯？

· 何謂浪漫愛？它是怎麼形成的？

· 性別與文化如何影響戀愛關係？

| **分享與連結** |

· 美國青少年的約會型態與目的，和世界其他地區的青少年有何不同？

| **反思個人經驗** |

· 回想你的國高中時期。你花多少時間思考約會的事？你的約會經驗如何？有沒有哪些一再重複的模式？你會有不一樣的作法嗎？你希望約會的對象，通常具備哪些特質？你太理想化了嗎？關於約會和戀愛，你會想給現在的青少年什麼建議？

5.準成年人的生活型態

學習目標 5　描述準成年人多樣的生活型態。

單身　　同居　　已婚　　離婚　　同志

　　成年初顯期不僅是戀愛關係發生變化的時期，也是居住與生活方式改變的時期。2014年，美國當代首度出現最多 18 到 34 歲年輕人與父母同住的情形（Fry, 2016）。從 1880 年到 2010 年，與愛侶（配偶或重要他人）同住是年輕人最常見的居住方式。到了 2014 年，有 32.1% 的 18 到 34 歲年輕人與父母同住，其次為 31.6% 與配偶或愛侶另住他處，再其次是 14% 獨自居住。剩下的 22% 與其他家人、室友同住，或過著團體生活（如住在大學宿舍）。

　　準成年人在考慮各種生活方式時，常問自己以下問題：我該結婚嗎？什麼時候結婚？如果一直等下去，會不會錯過結婚時機？再單身下去會孤獨終老嗎？我想要有小孩嗎？

　　近幾十年來的社會出現驚人變化，對那些不以建立傳統家庭模式的個體，降低了以往對其汙名化的程度。當今的年輕人有多樣的生活方式可供選擇，建立許多不同型態的家庭（Benokraitis, 2015; Schwartz & Scott, 2018）。他們或獨居、或同居、或結婚、或離婚，或與同性伴侶一起生活。

　　社會心理學家 Andrew Cherlin（2009）在《婚姻迴路》（*The Marriage-Go-Round*）（暫譯）一書中提到，美國的結婚率、再婚率、離婚率和短期同居率，都較其他國家為高。綜合這些生活方式來看，美國人對於關係顯然進出自如。下面就來看看這些多樣的關係生活型態。

單身

　　近幾十年來，單身成人人口比例急遽增加。2016 年，18 歲以上的人約有 45.2% 為單身（U.S. Census Bureau, 2017）。單身成人人口激增，是同居率上升和結婚年齡延後的結果。

　　即使單身人士享受著自己的生活、能力出眾令人稱羨，但他們也深受刻板印象束縛（Schwartz & Scott, 2012）。和單身有關的刻板印象從「單身貴族」（swinging single）到「寂寞厭世」（desperately lonely, suicidal single）都有。當然，多數單身男女介於這兩個極端之

間。單身者常碰到的問題有：與他人建立親密關係、面臨孤單的挑戰、如何在一個以婚姻為導向的社會中找到自己的安身立命之處。Bella DePaulo（2007, 2011）指出，社會普遍存在著對未婚人士的偏見，從不提供工作津貼，到其他社交與財務深植的偏見即可見一斑。

單身的優點包括：有時間決定自己的人生方向、有時間累積達成人生目標的資源、可自主安排生活、追求個人興趣、到外地探索、嘗試新事物、享有個人隱私。

調查美國 5,000 多名 21 歲以上單身、目前未有承諾關係的成人，發現比起上一代，現代男性仍十分嚮往愛情和結婚生子（Match.com, 2011）。比起母親那一代，當代女性渴望在關係中擁有更多的獨立自主性。無論哪個年齡層，越來越多女性希望追求個人目標興趣、擁有自己的空間和銀行帳戶、晚上和朋友一起出去聚會、獨自度假等等。另一份調查顯示，許多單身人士雖渴求愛情，但並不想結婚（Match.com, 2012）。39% 的單身成人不確定是否要結婚，34% 說會結婚，27% 說不想結婚。

千禧世代其實比前幾個世代更追求浪漫與承諾（Match.com, 2017）。調查顯示，主動約會的單身成人中 40% 是透過網路交友，僅 24% 透過朋友介紹。千禧世代在第一次約會就發生性關係的比例，比前幾個世代高出 48%。這種「性愛速食，愛情慢熟」（fast sex, slow love）的現象，反映出千禧世代想要在對關係認真之前，盡可能地認識對方（Fisher, 2017）。另一份調查針對 18 到 70 歲以上的單身男性，其中有 95% 希望女性主動獻吻、詢問男方的聯繫方式，但僅 29% 的單身女性說她們會主動獻吻，僅 13% 會主動詢問男方的電話號碼（Match.com, 2017）。

同居

同居（cohabitation）意指在沒有婚姻的情況下，過著同住一屋且有性關係的生活。近年來，同居出現相當大的變化（Perelli-Harris & others, 2017; Sassler, Michelmore, & Qian, 2018; Thorsen, 2017; Willoughby & Belt, 2016）。美國的同居率近年持續上升（Stepler, 2017）。最近一項全國性調查顯示，從 2007 到 2016 年，同居成人人口增加 29%，約為 1,800 萬人（U.S. Census Bureau, 2016）。2016 年，美國有 14% 的 25 到 34 歲的成人及 10% 的 18 到 24 歲的準成年人同居中。某些國家（如：瑞典）的同居率甚至更高，同居幾乎是婚前非常普遍、理所當然的作法（Kiernan, 2013）。

有些伴侶不認為同居是婚姻的前奏，而是生活方式的延伸（Rose-Greenland & Smock, 2013），他們不想要正式的婚姻。美國的同居多半歷時短暫，三分之一的同居不到一年就結束了（Hyde & DeLamater, 2017），能持續五年以上的不到十分之一。當然，解除同居關

係要比離婚容易多了。一項大規模的研究發現，發生性關係後一年內就同居的女性，結婚的可能性比發生性關係一年後才同居的女性低（Sassler, Michelmore, & Qian, 2018）。

　　成人同居的理由不外乎是：有多一點時間相處、分擔費用、評估彼此的適配性（Huang & others, 2011）。同居的弊端出現性別差異：男性擔心失去自由，女性擔心結婚因而延遲。

　　同居伴侶面臨的問題也不少（Rhoades, Stanley, & Markman, 2009）。家人的不贊同可能會讓兩人飽受情緒壓力；有些同居伴侶難以共有財產；與離婚相比，解除同居關係的法律權利模糊不明。相較於只有約會（未同居），同居期間雙方的關係特徵為承諾度提高、滿意度降低、負面溝通及肢體攻擊變多（Rhoades, Stanley, & Markman, 2012）。此外，同居伴侶的心理健康不如已婚伴侶（Braithwaite & Holt-Lunstad, 2017）。針對成年初顯期長期同居（同居三年以上）的研究顯示，有同居伴侶者情緒困擾程度比單身時期還高，男性尤其深受其苦（Memitz, 2018）。不過，單身時期重度飲酒的情況，較長期同居時更為普遍。

同居與婚姻穩定性／幸福感

　　一對伴侶若在婚前即先同居，對於其後建立穩定或快樂的婚姻是助力還是適得其反？多數研究證實，婚前同居的夫婦婚姻滿意度較低、離婚率較高（Rose-Greenland & Smock, 2013）。然而，婚前同居與初次婚姻不穩定性的關聯，在近幾個世代已經減弱（Copen, Daniels, & Mosher, 2013; Manning & Cohen, 2012; Reinhold, 2010; Rose-Greenland & Smock, 2013; Smock & Gupta, 2013）。

　　有哪些原因可以解釋同居與離婚之間的相關？最常見的解釋是：同居這種非傳統的生活方式，吸引的也是較不受傳統約束的人，這些人原本就不信任婚姻。另一種解釋是，同居的經驗改變了他們的生活態度和習慣，提高了離婚的可能性。

　　最近的研究澄清了同居的結果。若僅檢視與最後一任婚姻伴侶的同居情況，同居和婚姻不穩定性之間的關聯性並未得到支持，顯示同居者對於共同生活，仍是賦予肯定意義（Jose, O'Leary, & Moyer, 2010）。就初婚來看，相較於訂婚後再同居，未訂婚

同居與結婚有哪些差異？同居對往後的婚姻是助力還是阻力？
©Reed Kaestener/Corbis

就同居的負面結果較多，離婚的可能性也較高（Stanley & others, 2010）。相比之下，不管有沒有訂婚，再婚（第二次婚姻）前的婚前同居會增加離婚的風險。未訂婚就先同居的夫妻婚姻能維持 10 至 15 年的機會，較訂婚後同居的夫妻小（Copen, Daniels, & Mosher, 2013）。如果夫妻婚前各自沒有同居經驗，也沒有未婚生子，那麼同居對婚姻並不會帶來負面影響（Cherlin, 2009）。若 25 歲之後才同居，同居與否和其後婚姻破裂的關聯微乎其微（Kuperberg, 2014）。

已婚

©Luca Santilli / Shutterstock.

> 當兩個人沉浸在最猛烈、最瘋狂、最虛妄、最短暫的激情當中時，他們總會對愛人發誓：自己一生都將保持在這種興奮、不尋常、令人精疲力竭的狀態中，直到死亡將他們分開。
> ——George Bernard Shaw（蕭伯納，20 世紀愛爾蘭劇作家）

直到 1930 年左右，社會大眾咸認穩定的婚姻是成人發展的終點。然而，近八十年來，從婚姻中與婚姻外找到個人可以自我實現的目標，已足以與有穩定的婚姻相抗衡。婚姻中男女趨向平等，以及對婚姻的期待變高，在在使得婚姻關係較前幾個世代更為脆弱和緊繃（Schwartz & Scott, 2018）。個性樂觀的新婚夫婦，第一年的婚姻滿意度較高。但對婚姻過度樂觀的夫妻，婚姻卻較可能出現問題（Neff & Geers, 2013）。另一研究發現，婚前的戀愛次數越多，自陳婚姻品質高的可能性越低（Rhoades & Stanley, 2014）。許多年輕人以為，在婚前多談幾次戀愛更有可能找到真命天子／天女，但事實卻是，戀愛次數一多，就越容易對外表吸引力、性能力、溝通能力、性格等方面進行社會比較，以致於對日後的婚姻配偶越比越不滿。此外，多段戀情也意味著分手經驗相對較多。

婚姻趨勢

2016 年，美國有 48.6% 的成人已婚，低於 1960 年的 72%（U.S. Census Bureau, 2017）。2016 年時，美國男性的初婚年齡上升到 29.5 歲，女性上升到 27.4 歲，是史上新高（Livingston, 2017）。1980 年時，美國男性的初婚年齡為 24 歲，女性為 21 歲。此外，想在成家前先立業、同居率提高、離婚後再婚的比率些微下降，都是造成美國結婚率降低

的原因。另外，男性比女性更易終生未婚（Wang, 2014）。

儘管結婚率下降，平均結婚年齡提高，但多數年輕人仍表示婚姻是非常重要的人生目標。的確，年輕人甚至說婚姻比育兒、事業或休閒活動更重要（Willoughby, Hall, & Goff, 2015）。《婚姻悖論》（暫譯）（*The Marriage Paradox*）（Willoughby & James, 2017）一書提到，年輕人之所以覺得結婚重要，是因為結婚驅使他們先打好穩固的事業與財務基礎，提高日後婚姻成功的可能性。從這個角度來看，年輕人並不會因為不喜歡或沒興趣而放棄結婚，相反地，他們想好好地找到自己的人生定位，以發展健康持久的婚姻關係。

有研究探討美國未婚男性和女性的擇偶條件（Wang, 2014），以下是其各項重視條件的百分比：

重視條件	男性	女性
育兒觀念相似	62	70
穩定的工作	46	78
相同的道德觀與宗教信仰	31	38
教育程度相似	26	28
相同的族裔背景	7	10

從該研究可看出，未婚男性最重視的擇偶條件為育兒觀念相似，但未婚女性更看重的是穩定的工作。

儘管結婚率下降，美國仍是個婚姻社會（Livingston, 2017）。80% 以上的美國人至少曾結過一次婚（American Community Survey, 2015）。幾年前的全國調查表明，有 40% 以上未滿 30 歲的美國人說婚姻制度即將消亡，但其中只有 5% 的人說不想結婚（Pew Research Center, 2010）。Andrew Cherlin（2009）指出，這些發現顯示婚姻仍是用以向親朋好友展示自己擁有成功社交生活的工具。

有沒有所謂的最佳適婚年齡呢？與成年期結婚相比，青春期結婚更容易以離婚告終（Waite, 2009）。在美國，23 到 27 歲之間結婚的離婚率最低（Glenn, 2005），但整體而言，仍無法斷定在哪個特定年齡或年齡區間結婚最好（Furstenberg, 2007）。

越來越多孩子在父母沒有結婚的家庭中長大，父母的教育程度較低時更容易發生這種情況（Pew Research Center, 2015）。教育程度較低的女性更有可能在同居時未婚懷孕（Gibson-Davis & Rackin, 2014）。教育程度高的女性，婚後生子的可能性為 78.4%，相較之下，教育程度較低的女性婚後生子的可能性只有 11.5%。

（左圖）在北歐國家，同居是普遍現象；僅少數 20 到 24 歲成人結婚。©*Johner Images/Getty Images*
（右圖）與多數國家／地區的人相比，日本年輕人婚前與父母同住的時間較長。©*BloomImage/Getty Images*

　　國際比較研究發現，北歐國家的結婚年齡較美國晚，而許多非洲、亞洲、中南美洲和東歐國家的人結婚年齡較早（Waite, 2009）。以丹麥為例，高達 80% 的 20 至 24 歲女性及 90% 的男性從未結過婚；在匈牙利，則是不到 40% 的 20 至 24 歲女性及低於 70% 的男性從未結過婚。北歐國家年輕人的同居情況雖然普遍，但他們最終大多結婚了（Popenoe, 2008）。瑞典女性的平均結婚年齡延後到 31 歲，男性延後到 33 歲。匈牙利政府已大力鼓吹人民早點結婚生子，以緩和人口減少的壓力。和北歐國家一樣，日本的未婚比例正在增加，但不像北歐國家的同居人口多，日本男女未婚前多半仍與父母同住。

幸福婚姻的好處

　　幸福的婚姻有幾個好處（Schwartz & Scott, 2018; Seccombe, 2015）。比起離婚或婚姻不幸的人，婚姻美滿的伴侶壽命較長、身心更健康（Proulx & Snyder-Rivas, 2013; Shor & others, 2012）。一項針對美國 50 歲以上成人的研究顯示，婚姻生活短暫與早逝有關（Henretta, 2010）。再者，婚姻對壽命的好處在男性身上尤其顯著（Rendall & others, 2011）。綜合檢視已婚、離婚、喪偶、單身者的健康情形，發現已婚者的心血管狀態最佳，單身男性最差（Manfredini & others, 2017）。此外，不幸的婚姻會使壽命縮短約四年（Gove, Style, & Hughes, 1990）。

離婚

離婚已成為美國的流行病（Braver & Lamb, 2013）。幸好，離婚率近幾十年來已緩慢下降。最高峰是 1981 年的每千人 5.1 對離婚，2014 年下降至每千人 3.2 對離婚（Centers for Disease Control and Prevention, 2015），而 2014 年的結婚率為千分之 6.9。儘管如此，除了全世界離婚率最高的國家俄羅斯（千分之 4.6）之外，美國仍是世界上離婚率最高的國家之一（OECD, 2016）。在美國，將近半數的初婚在 20 年內以離婚收場（Copen & others, 2012）。

某些族群的離婚率更高（Perelli-Harris & others, 2017）。年紀輕輕結婚、低學歷、低收入、沒有宗教信仰、父母離異、婚前生子等，都是提高離婚風險的因子（Hoelter, 2009）。伴侶若有酗酒、精神問題、家庭暴力、不忠、家務分配不均等問題，也會增加離婚的可能性（Perelli-Harris & others, 2017）。

某些人格特質也和離婚有關。以五大性格特質（Big Five）為例，親和性與盡責性低、神經質高與經驗開放性高，長久下來會對關係造成不良影響，最後導致婚姻破裂（Solomon & Jackson, 2014）。

英國研究發現，導致離婚與同居關係結束的理由差異不大（Gravningen & others, 2017），包括：「感情變淡」（男性：39%，女性：36%）；「爭執不斷」（男性：27%，女性：30%）；「不忠／出軌」（男性：18%，女性：24%）；「缺乏尊重／欣賞」（男性：17%，女性：25%），及「家庭暴力」（男性：4%，女性：16%）。

前面提到，並無法斷定所謂的最佳結婚年齡，或什麼時候結婚最不容易走向離婚。然而，若真的離婚的話，以結婚第五年到第十年最有可能發生（National Center for Health Statistics, 2000）（見圖 6）。例如，荷蘭的離婚高峰期是結婚第五年到第七年，其後的離婚率逐漸降低（Kulu, 2014）。這段期間可能是雙方先努力維持婚姻，試圖解決問題，如果努力數年還是無法改善關係，最後就勞燕分飛、各自東西。

離婚後要面臨的挑戰重重（Lee & others, 2011）。離婚者罹患憂鬱、焦慮、生病、自殺、交通意外事故、酗酒、死亡的發生率大增（Affleck, Carmichael, & Whitley, 2018; Braver & Lamb, 2013），酒精使用情況堪憂（Kendler & others, 2017）。且離婚的男性和女性都抱怨飽受孤單之苦、自尊下降、對未知感到焦慮，以及難以再次建立滿意的親密關係（Sbarra & Borelli, 2018）。

離婚者最常見的心理為難以再信任親密關係伴侶，但也有人在離婚後產生 180 度的大轉變。例如，20% 的人在離婚後「變得更有能力、適應得更好，以及追求自我實現」

（Hetherington & Kelly, 2002, p. 98）。他們在生活各方面都過得很充實，具有從壓力中恢復的韌力，從中創造不一樣的生命意義。

離婚的過程和結果具有性別差異（Braver & Lamb, 2013）。以結婚一到十六年的夫婦為例，婚姻生活令妻子的情緒日益緊繃，與最後走向離婚有關（Birditt & others, 2017）。與男性相比，女性更容易覺察婚姻出現問題，做出離婚的決定。女性的情緒適應能力也較為良好，將離婚視為「重生機會」，離婚後變得更快樂、社交生活改善、找到更好的工作機會、覓得另一段良緣。不過，離婚對女性的經濟影響，通常比男性更為不利。

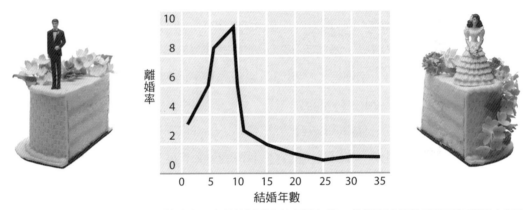

圖 6｜**離婚率與結婚年數的關係**。請注意，多數離婚發生於婚姻初期，離婚高峰是結婚第五年到第十年間。
©*Digital Vision/Getty Images*

同志

不久之前，法律還不允許同性伴侶結婚。然而，到了 2015 年，全美 50 州已經全部通過同性婚姻合法化（Diamond, 2017）。男／女同性戀關係在滿足、愛意、愉悅及衝突等方面，其實和異性戀關係無異（Balsam, Rostosky, & Riggle, 2017）。例如，和異性戀一樣，同性伴侶也需要在激情、愛意、自主和平等之間取得共識與平衡（Kurdek, 2008）。

女同志伴侶尤其強調關係平等（Fingerhut & Peplau, 2013）。的確，男／女同志的性別角色比異性戀更為彈性靈活。例如，同性雙薪伴侶在洗衣（44% vs 31%）、修繕（33% vs 15%）、例行事務（74% vs 38%）、照顧病兒（62% vs 32%）等方面共同承擔責任的比例，都比異性伴侶來得高（Matos, 2015）。

世人對同性伴侶的誤解不少（Savin-Williams, 2017, 2018; Simon & others, 2018）。與刻板印象相反，僅少數同性伴侶是其中一方陽剛（男性氣質），一方陰柔（女性氣質），也僅有極少數男同志的性伴侶眾多，更不用說女同志了。此外，同性伴侶反而喜歡長長久

久、互許承諾的關係（Fingerhut & Peplau, 2013）。僅約半數互許承諾的男同志伴侶採行開放式關係，仍允許對方與他人發生性關係（但有性無愛），而女同志伴侶通常不採行開放式關係。

由於仍有許多人貶低同志關係，使得同性戀者和雙性戀者蒙受汙名、偏見和歧視（Balsam, Rostosky, & Riggle, 2017; Conlin, Douglass, & Ouch, 2018; Holley, 2017; Valdiserri & others, 2018）。幸而，汙名化反倒使他們越挫越勇，更願攜手度過難關（Frost, 2011）。

回顧與反思

│學習目標 5│ 描述準成年人多樣的生活型態。

│複習本節所學│

· 單身成人有哪些特性？

· 同居生活有哪些特徵？

· 已婚成人的生活有哪些特點？

· 離婚會對生活造成哪些影響？

· 男／女同志的生活方式為何？

│分享與連結│

· 同居與結婚有哪些異同點？

│反思個人經驗│

· 你現在的生活型態是哪一種？這樣的生活型態有哪些好處和壞處？如果能有不同的選擇，你會想要哪種生活型態呢？為什麼？

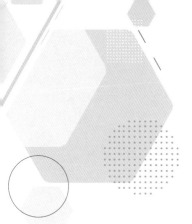

CHAPTER 10
成就、工作與職涯

章節概要

1・成就
│學習目標 1│
探討青少年的成就。
- ·成就在青春期的重要性
- ·成就建立的過程
- ·社會動機、關係與社會背景脈絡
- ·阻礙成就的動機

2・工作
│學習目標 2│
說明工作在青春期和大學時期的作用。
- ·青春期的工作
- ·大學時期的工作
- ·以工作／職涯為基礎的學習
- ·成年初顯期的工作

3・職涯發展
│學習目標 3│
說明青春期的職涯發展特色。
- ·發展變化
- ·認知因素
- ·認同發展
- ·社會背景

©Laurence Monton / Getty Images

　　當年在越南，鄭金枝（Kim-Chi Trinh）只有九歲。爸爸用他的積蓄，買了一張上船的通行證。對全家來說，這是一筆昂貴且冒險的犧牲。他們把金枝放在滿是陌生人的漁船上，希望她能平安抵達美國，到那裡接受良好的教育，過更好的生活。

　　金枝來到美國，受過三個寄養家庭的照顧。1988 年從聖地牙哥的高中畢業時，她的平均成績是 A，獲得許多大學提供的獎學金。別人問她何以能表現得如此出色，她說這要感謝留在越南的父母的栽培。

　　金枝是一群移民美國、聰明又有上進心的亞裔人士之一。亞裔曾是美國人口增長最快的少數族裔，自 2000 年以來增長了 72%。2017 年，亞裔雖僅占美國總人口的 5.6%，但他們在加州大學柏克萊分校的新生中占 43%，在哈佛大學新生中占 22%。

　　但是，並非所有的亞裔年輕人都能做到這一點。教育程度落後的越南、柬埔寨和苗族難民青年，尤其容易陷入與學校有關的問題。許多難民兒童的成長史充滿了失落與創傷。例如，12 歲的越南女孩翠（Thuy）已經在美國生活兩年，和父親兩人與叔叔一家五口擠在西岸都會區內城一間狹小的出租公寓裡（Huang, 1989）。當年試圖逃出西貢時，「家人走散了……太太和兩個小孩至今仍留在越南……。翠的父親難以適應美國生活，英文學得辛苦，換了幾個工作，只能當服務生」（Huang, 1989, p. 307）。後來，翠收到母親來信，說五歲的弟弟死了。翠的功課開始退步，顯現缺乏精力、失去食慾、社會退縮及無望感等憂鬱症狀。在學校的要求下，翠和父親向社區的兒童與青少年心理健康中心求助。治療師花了很長的時間與他們建立信賴關係，翠和父親才終於敞開心房，聽從治療師的建議，學習如何在這個新國度生存。治療師還聯絡翠的老師，瞭解翠在學校涉入的幾件族裔間的小規模衝突。在心理健康中心的協助下，學校成立跨族裔學生交流平台，期能解決文化差異，商討如何化解族裔敵意。翠獲選加入學生交流平台。她的父親參加了社區互助協會，翠的成績也漸有起色。

引言

　　本章介紹青少年的成就、工作與職涯。隨著青春期和成年初顯期的開展，成就逐漸在發展中占有一席之地，工作也成了生活的首要之務，職涯更是扮演著舉足輕重的角色。本章首先說明青春期為何是成就的關鍵時期；接下來探討工作在青春期與成年初顯期的角色；最後綜觀主要的生涯發展理論，檢視影響青少年職涯選擇的背景脈絡因素。

1.成就

學習目標 1　探討青少年的成就。

成就在青春期的重要性 ｜ 成就建立的過程 ｜ 社會動機、關係與社會背景脈絡 ｜ 阻礙成就的動機

有些發展心理學家擔心，美國正在快速成為一個匆匆忙忙、步調緊湊的國家，孕育出的下一代亦復如此──對成敗錙銖必較，腦中想的盡是如何勝過別人。然而，越來越多專家發現，青少年的成就期望低落，缺乏企圖心。有許多青少年並沒有獲得足夠的支持和引導，以實現他們的成就抱負。

生命是個禮物……收下它吧。
生命是場冒險……迎向它吧。
生命是個謎題……解開它吧。
生命是場抗爭……面對它吧。
生命是個謎團……解決它吧。
生命是場機遇……接受它吧。
生命是個任務……完成它吧。
生命是個目標……實現它吧。
──作者未知

成就在青春期的重要性

青春期是成就的關鍵時期（Elliot, Dweck, & Yeager, 2017; Haimovitz & Dweck, 2017; Schunk & DiBenedetto, 2016; Schunk & Greene, 2018; Wigfield, Rosenzweig, & Eccles, 2017; Yeager, Dahl, & Dweck, 2018）。前所未有的社會與學業壓力迫使青少年承擔不同角色，這些新的角色通常意味著得負起更多的責任。成就變成一件要認真看待的事情，是活生生的現實。青少年甚至必須把當前的成功失敗視為預測未來成年生活結果的指標。此外，隨著外界對青少年的要求日增，各方壓力相互競爭，衝突迭生。青少年的社會興趣被壓縮，因為得空出時間來完成沉重的課業；對某一領域的抱負也可能妨礙追求其他領域的成就（Schwartz, Kelly, & Duong, 2013）。

青少年如何有效地因應這些新的社會與學業壓力，部分取決於其心理、動機與情境因素（Conroy, 2017; Schunk & Greene, 2018）。的確，青少年的成就反映的不光是智力高低。不比他人聰明的孩子，也可以發揮他們的適應性動機模式（adaptive motivational pattern），例如：展現堅持到底的決心與解決問題的自信，表現出很高的成就。相反地，有些資質聰穎的學生因適應性動機模式不良，如輕易放棄或缺乏信心，反而表現欠佳、成就低落。

成就建立的過程

成就和動機歷程有關。以下先從區別內在動機與外在動機開始說起。

內在動機與外在動機

高中時代的 Meredith MacGregor 即是心懷理想抱負的科學家。她曾是科羅拉多州頂尖的高中長跑運動員，平均成績保持在 4.0，參加過許多學校組織，是 AfriAid Club 的共同創辦者。她入選今日美國（*USA Today*）高中學術全明星，並榮獲英特爾基金會青年科學家獎（Wong Briggs, 2007）。她的成就動機可能和哪些因素有關？

©*Kevin Moloney*

內在動機（intrinsic motivation）是指出於內在因素而引發的動機，如：自我決定、好奇心、挑戰及努力；外在動機（extrinsic motivation）則是受外在刺激而引發的動機，如：獎懲。人本和認知取向皆強調內在動機對成就的重要性。有些青少年刻苦學習，因為受到內在的動力驅使，想達到更高的目標（內在動機）；有些青少年之所以用功，是想取得好成績，或擔心得不到父母的認可（外在動機）。

目前的證據強烈支持需建立一個可以激發學生內在動機的課堂氛圍（Flannery, 2017; Luyckx & others, 2017; Ryan & Moller, 2017）。例如，一項對三年級到八年級學生的研究發現，內在動機與學業成績、標準化測驗考試分數呈正相關，而外在動機則與學業成就結果呈負相關（Lepper, Corpus, & Iyengar, 2005）。另一項研究發現高中生的內在動機與高學業成就有關（Wormington, Corpus, & Anderson, 2012）。另有一項對五年級和六年級學生的研究顯示，由外界設定目標，與自主動機低及任務達成堅持度低有關（Vansteenkiste & others, 2008）。研究少數族裔、低社經地位的青少年，也發現內在動機可以預測他們追求健康與科學相關職涯的打算（Boekeloo & others, 2015）。

父母的內在／外在動機，也和孩子的動機有關。相較於外在任務導向型父母（根據孩子的表現提供外在獎勵），內在任務導向型父母（鼓勵孩子的學習樂趣、參與孩子的學習）的 9 到 17 歲孩子具有較高的數理內在動機（Gottfried & others, 2009）。此外，以九年級數

學班學生進行的一項實驗研究發現，強調家庭對數學的興趣，以及數學在日常生活及未來職涯的實用性，可以提高學生重視數學及努力研讀數學的內在動機（Hafner & others, 2017）。

若給予學生選擇的機會，他們會更有內在動機去學習，一心一意地想提升自己的能力。他們看重知識的價值，而非操控知識；稱讚與表揚也可以提高學生的內在動機。為進一步瞭解成就在青少年發展中的重要性，以下首先探討內在動機的各個面向，包括：（1）自我決定與個人選擇；（2）最佳體驗與心流；（3）認知投入與自我負責。最後對內在與外在動機提出綜合評論意見。

自我決定與個人選擇

內在動機論強調，做事是發自內心想做而做，不是為了外在的成功或獎勵（Deci, Koestner, & Ryan, 2001; Ryan & Moller, 2017）。最近的統合分析得出結論，自我決定（self-determination）在動機上起了關鍵作用（Howard, Gagne, & Bureau, 2018）。若給予學生選擇的機會，承擔學習責任，即可增強他們對課業的內在動機和興趣（Harackiewicz & Knogler, 2017）。讓學生可以選擇參加何種活動、決定何時完成活動，並鼓勵他們對自己的行為負責，如此他們更有可能從高中畢業，並取得較高的成就（deCharms, 1984）。

自我決定論者 Richard Ryan 與 Edward Deci（2009, 2016）指出，能創造出支持學生自主環境的教師稱為**支持自主性的教師**（autonomy-supportive teachers）。一項針對 34 個高中教室的研究發現，在學期開始前幾週認為教室是允許和鼓勵他們自主的學生，整個學期的課堂參與度提高（Hafen & others, 2012）。另外，中國一項研究亦顯示，**自主支持性高的教養方式**（autonomy-supportive parenting）與青少年的學校良好適應有關；反之，父母的強行操控易導致子女的學校適應不良（Xiang, Liu, & Bai, 2017）。

最佳體驗與心流

Mihaly Csikszentmihalyi（Abuhamdeh & Csikszentmihalyi, 2012; Csikszentmihalyi, 1990, 1993; Csikszentmihalyi & Csikszentmihalyi, 2006）研究最佳體驗三十多年。最佳體驗（optimal experiences）是一種深刻享受與幸福的感受。Csikszentmihalyi 以**心流**（**flow**）一詞指稱生活中的最佳體驗。心流最常發生在全神貫注、心無旁騖地做好眼下的事，特別是當面臨的挑戰對個體而言正好難易適中時。

對於挑戰的程度和自身能力的判斷，可能導致不同的結果（見圖 1）。心流最有可能發生在青少年感受到挑戰並認為自己的能力足夠應付的時候（Strati, Shernoff, & Kackar, 2012）。當青少年的能力高、但活動卻沒什麼挑戰性時，結果就是無聊；當挑戰和能力水準都較低時，引發不了青少年的興趣。而當青少年認為自己沒有足夠的能力來應付所面臨

的挑戰性任務時，他們會感到焦慮。在充滿挑戰性、主題相關和愉快的環境中，學生的課堂參與度最高（Shernoff, 2009）。有組織的體育活動、知識內容和藝術氣息豐富的課後課程，最能提高學生參與度（Shernoff, 2009）。另外，有心流體驗的學生比沒有心流體驗的學生更有可能獲得高分及準確地預測自己的成績結果（Sumaya & Darling, 2018）。

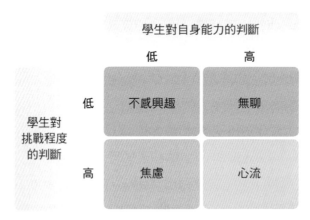

圖 1｜學生對能力與挑戰的判斷結果

認知投入與自我負責

越來越多人明白，認知投入（cognitive engagement）與自我負責是獲致成就的關鍵（Wigfield, Rosenzweig, & Eccles, 2017; Wigfield & others, 2015）。Phyllis Blumenfeld 等人（2006）提出了內在動機的另一種變化形式，強調創造學習環境的重要性。這種學習環境鼓勵學生進行認知活動並承擔學習責任，目的是激勵學生堅持下去和精進思考，而不是做些簡單的工作，只想著及格就好。特別重要的是將學習的主題內容和技能嵌入有意義的脈絡中，尤其是與現實生活和學生的興趣相吻合（Wigfield & others, 2015）。屢獲教學榮譽的教師通常都懂得創造有意義的真實世界體驗，促使學生參與學習。

結語

家長和教師一致認同，必須要激發孩子的內在動機，並創造促進學生認知投入和自我負責的學習環境（Harackiewicz & Knogler, 2017; Ryan & Moller, 2017; Usher & Schunk, 2018; Winne, 2018）。也就是說，不能只顧及內在動機，或把內在動機和外在動機視為相互對立的存在。其實，內在動機和外在動機應相輔相成（Schunk, 2016; Schunk & Greene, 2018）。唯需謹記，光施加外在動機並不是一個良好的策略。

探討學生的學習動機時，除了外在動機與內在動機外，還有其他認知歷程牽涉其中，這些認知歷程分別是：（1）歸因；（2）精熟動機與心態；（3）自我效能；（4）期許；（5）

設定目標、制定計畫、自我監控；（6）專注、努力、不屈不撓；（7）延後滿足；（8）目的感。

歸因

歸因理論（**attribution theory**）主張，人天生就有為自己的表現和行為找出潛在原因的動機。歸因（**attribution**）是指為結果找原因（Graham & Weiner, 2012; Perry & Hamm, 2017; Maymon & others, 2018）。在某種程度上，青少年就像「直觀科學家」（intuitive scientist），試圖解釋發生這種情況的原因（Weiner, 2005）。例如，一名中學生問道：「為什麼我在這門課的表現不好？」或「我得到好成績是因為我用功讀書，還是老師的考題簡單？抑或兩者兼而有之？」當意外且重要的事件以失敗告終，如一向表現優秀的同學這次卻考差了，這時就會開始尋找原因或提出解釋。成功和失敗最常見的原因有：能力、努力、任務難易度、運氣、心情、他人出力相助或從中作梗。

有哪些好的策略可以協助那些習慣將失敗歸咎於能力不足、運氣不佳、別人從中作梗等因素的學生？教育心理學家建議，應該要提醒學生將表現不佳歸因於內在因素（如：不夠努力），而不是歸因於運氣不好或考試太難等外在因素（Perry & Hamm, 2017; Wigfield, Rosenzweig, & Eccles, 2017）。他們也強調，應指導青少年專注於眼下需完成的學習任務，而不是擔心失敗會如何；帶領青少年一步步地回溯，找出錯誤；透過分析問題，發現另外的解決方法。

精熟動機與心態

從具有精熟動機的學生身上，可以看到他們認知投入與自我激勵的精神。這些青少年也具有成長的心態，堅信努力就會成功。

精熟動機

發展心理學家 Valanne Henderson 與 Carol Dweck（1990）發現，面臨困難或挑戰的情境時，青少年通常會有兩種截然不同的反應。精熟取向（**mastery orientation**）的青少年以任務為導向，專注於運用學習策略與致力於完成任務，而不是擔心自己的能力不夠或一心想著希望結果如何。無助取向（**helpless orientation**）的青少年被過去遭遇困難的經驗嚇到，把困難歸因於自身能力不足。他們常把「我不會」掛在嘴邊，即使過去有許多成功經驗，仍然容易灰心喪志。他們常將自己視為失敗者，整日惶惶不安，表現每況愈下。圖 2 說明反映出無助感的行為徵兆（Stipek, 2002）。

學生：
· 說：「我不能」（I can't）。
· 不理會教師的指示。
· 必要時也不求助。
· 無所事事（例如：看著窗外發呆）。
· 隨便亂猜答案。
· 對成功不感興趣。
· 百般無聊。
· 對老師的鼓勵無動於衷。
· 容易洩氣。
· 不會主動回答老師的問題。
· 想方設法逃避（例如：去健康中心偷懶）。

圖 2 | 無助感的行為徵兆

相反地，精熟取向的青少年會提醒自己注意、慎思並記住以前用過的有效策略。他們常說即使任務艱鉅，仍然躍躍欲試（Xiang, Liu, & Bai, 2017）。研究證實，七年級到十一年級的學生，精熟目標與其學習數學的努力程度有關（Chouinard, Karsenti, & Roy, 2007）。

採用精熟取向還是表現取向，與動機有關。**表現取向**（**performance orientation**）的青少年不看重成果，一心求勝，認為只有贏才能帶來快樂。但這並不是說精熟取向的青少年不想取得勝利，或表現取向的青少年沒有動力去體驗因成就達成而獲得的自我效能與榮譽感。精熟取向或表現取向是重視程度多寡的問題。對精熟取向的青少年而言，勝利不是一切；對表現取向的青少年而言，精進技巧與自我效能遠不如贏來得重要。

「不讓任一孩子落後法」（NCLB）強調測驗與責任歸屬（accountability）。儘管該法案或能激勵某些老師和學生更加認真努力，但也有可能將學生誤導為表現取向，而非精熟取向（Haimovitz & Dweck, 2017）。

最後仍要提醒讀者，精熟取向與表現取向，兩者並非互斥。青少年既可以精熟為取向，亦可以表現為取向。精熟目標與表現目標相結合，成功指日可待（Schunk, 2016）。

心態

Carol Dweck（2006, 2007, 2012, 2015, 2016; Dweck & Molden, 2017）對成就動機的分析，強調培養特定**心態**（**mindset**）的重要，亦即個體如何看待自我的認知觀點。她總結出個體有兩種心態之一：（1）定型心態（fixed mindset）——相信個人素質已經定型，無法改變；（2）成長心態（growth mindset）——相信個人素質可以透過努力來提升改善。定型心態類似無助取向，成長心態類似精熟動機。

在《心態致勝》（*Mindset*）一書中，Dweck（2006）指出，個人的心態會影響他們對自己的看法（無論是樂觀還是悲觀）、設定的目標，以及他們會付出多少努力去實現這些目標；另外也影響生活許多層面，如課業和運動方面的成功。Dweck 說，當兒童與青少年和父母、老師、教練互動伊始，心態即逐漸成形。有的父母、老師和教練是定型心態，有的是成長心態。然而，近期研究表明，許多具有成長心態的父母和老師，未必懂得如何將成長心態灌輸給兒童與青少年（Haimovitz & Dweck, 2016, 2017）。以下為培養青少年成長心

態的方法：教導學生理解、提供回饋以增進理解、給學生機會修正、教導學生如何精益求精、與學生一同合作學習（Haimovitz & Dweck, 2017; Hooper & others, 2016; Sun, 2015）。

　　Dweck 等人研究證實，低收入家庭的學生，比富裕家庭的學生更缺乏成長心態（Claro, Paunesku, & Dweck, 2016）。然而，成長心態可激勵低收入家庭學生奮發向上，不向貧困低頭。

　　Dweck 等人（Blackwell & Dweck, 2008; Blackwell, Trzesniewski, & Dweck, 2007; Dweck, 2012, 2015, 2016; Dweck & Master, 2009; Dweck & Molden, 2017）近期結合大腦可塑性的知識，以改善學生的成就與成功動機。在一項研究中，她將兩組學生分派到：（1）學習技巧指導；（2）學習技巧指導，再添加培養成長心態的重要性的訊息（在該研究中稱為增量理論 [incremental theory]）（Blackwell, Trzesniewski, & Dweck, 2007）。成長心態組其中一項練習名為「開發大腦」（You Can Grow Your Brain），強調大腦就像肌肉一樣，隨著鍛鍊而變化成長，長出新的連

Carol Dweck。她強調在學生的成就裡，最重要的面向是什麼？
Courtesy of Dr. Carol S. Dweck

> 把成長心態放進你的腦海裡。往後，當你的人生遭遇困境……你可以轉向它，它將為你指出通往未來的道路。
> ──Carol Dweck（當代心理學家，史丹佛大學）

結。實驗者告訴學生，你越挑戰大腦去學習，你的大腦細胞就會長得更多。這兩組學生在參加實驗前，數學成績一路下滑，但經過實驗介入後，僅接受學習技巧指導組的學生，數學仍然未見起色；但接受學習技巧指導以及成長心態這一組，課程內容著重在受到挑戰時大腦如何發展，則是成功地阻止數學成績下滑，改善了數學成就。在 Dweck 與同事（Paunesku & others, 2015）進行的另一研究中，請成績欠佳的高中生閱讀線上有關於大腦如何因努力學習而改變的單元教材。結果，接觸到有關大腦和學習的知識後，成績欠佳學生的平均成績也提高了不少。

　　另一方面，Dweck 創建一個透過計算機程式演算，名為「大腦學」（Brainology）的工作坊，教導學生他們的智力是可以改變的（Blackwell & Dweck, 2008）。學生將學習六個模組，瞭解大腦如何運作，以及如何改善自己的大腦。Dweck 等人對紐約市 20 所學校的學生進行方案測試後，學生們強烈肯定這套程式設計出來的大腦模組的價值。誠如某位學生

所說:「我會更加努力,因為我知道,我越嘗試,我的大腦就會知道得越多」(Dweck & Master, 2009, p. 137)。

　　Dweck 等人也發現,成長心態可以避免負面刻板印象暗中削弱成就。例如,相信數學能力是可以靠學習努力得來的,能保護女性擺脫數學不好的負面性別刻板印象(Good, Rattan, & Dweck, 2012)。此外,成長心態亦可保護女性及少數族裔不受偏見干擾或動搖心志(Rattan & Dweck, 2018)。

進入虛擬大腦。Carol Dweck「大腦學」計畫的其中一個畫面,旨在培養成長心態。
Courtesy of Dr. Carol S. Dweck

自我效能

　　就像具有成長心態一樣,**自我效能**(**self-efficacy**)──相信自己可以掌握情況,獲致滿意的結果──是青少年追求成就時相當重要的認知信念。Albert Bandura(1997, 2004, 2010a, b, 2012, 2015)主張,自我效能是決定

> 他們做到了,因為他們相信自己可以做到。
> ──Virgil(古羅馬詩人,西元前一世紀)

青少年能否達成目標的關鍵因素。自我效能和精熟動機存在許多共同點。自我效能是「我可以」(I can)的信念,無能感則是「我做不到」(I cannot)的心態(Stipek, 2002)。自我效能高的青少年抱持的想法是「我知道我可以學會這堂課老師教的內容」或「我希望在這個活動好好表現」。

　　Dale Schunk(2008, 2012, 2016)將自我效能的概念應用於成就的各個面向。自我效能影響青少年的活動選擇。自我效能低的青少年會逃避學習任務,尤其是那些具有挑戰性的

學習任務；自我效能高的學生則熱衷於完成這些學習任務，比較會堅持到底、努力不懈（Zimmerman, Schunk, & DiBenedetto, 2017）。自我效能高的青少年學習抱負高、花更多時間在課業上，也更能在學習中感受到最佳體驗（Bassi & others, 2007）。

期許

期許對青少年及準成年人的成就影響深遠（Shane & Heckhausen, 2017）。期許不僅涉及青少年的自我期許，還涉及父母和教師的期許。

自我期許

青少年認真投入的程度，取決於期許自己可以完成多少任務。若希望自己成功，就比較願意為了達成目標而全力以赴。Jacquelynne Eccles（1987a, b, 1993）將期許（expectations）定義為：對即將到來的任務，懷抱著努力做好、成功做到的信念，不管是立即需完成的目標或長遠的未來。根據 Eccles 的看法，對自我能力的信念包括下列三個方面：在某一特定活動的表現、與他人比較之後的結果，以及在其他活動的表現。

青少年的學習努力程度，還取決於他們對目標的**重視程度**（values）（Lauermann, Tsai, & Eccles, 2017; Wigfield & Cambria, 2010）。的確，綜合期許與重視程度兩方面來看，才能更加瞭解學生成就動機的努力重點（Muenks, Wigfield, & Eccles, 2018）。Eccles（1993, 2007）的模式假定，學生的期許與重視程度直接影響他們的表現、毅力及任務選擇。青少年的期許（如：「你對下學年數學成績的期望如何？」）及重視程度（如：「你覺得數學有用嗎？」）可以預測高中畢業後接下來十五年與數學相關的職涯成就（Lauermann, Tsai, & Eccles, 2017）。

父母與教師的期許

學生的動機通常也會受到父母、教師及周遭成人對其成就的期許所影響。當父母和教師對青少年寄予厚望，並提供必要的支持助其實現期望時，對於提升青少年的成就大有裨益（Anderman, Gray, & Chang, 2013; Gershenson & Papageorge, 2018; Loughlin-Presnal & Bierman, 2017; Pinchak, 2018）。值得關注的是，與非裔青少女相比，父母和教師對非裔及拉美裔青少男的期許普遍較低（Rowley & others, 2014）。

父母的期許與青少年的學業成就有關（Loughlin-Presnal & Bierman, 2017; Rodriquez & others, 2017）。母親對一年級孩子的成就期望高，子女長大後（23 歲時）的教育程度會比母親期望低的子女高（Englund, Luckner, & Whaley, 2003）。再者，若父母對子女的期許比青少年對自己的期許高，或青少年感受到父母對他的期許很高，也能提升青少年的學業成就（Wang & Benner, 2014），反之亦然。一項縱貫研究發現，父母、英文及數學老師對十

芝加哥某小學的學生和老師。這所學校的老師對學生寄予厚望。教師的期許會如何影響學生的成就？
©Ralf-Finn Hestoft/Corbis/Getty Images

年級學生的正向期待，更能預測其四年後中學畢業的狀態（學生的最高學歷）（Gregory & Huang, 2013）。由此研究亦可看出，比起青少年本身的特質（社經地位、學業表現），成人的期望更能預測他們中學畢業後的成就。

父母親常為了保護孩子的自尊而把標準降低（Graham, 2005; Stipek, 2005）。事實上，設定具有挑戰性的標準並期待孩子盡力表現，才是為他們好。沒有接受挑戰磨練的人為自己設定低標準，但即使達成這些低標準，他們脆弱的自信心也可能因第一次碰到高標準、高挑戰性的任務而碎裂。

教師的期許對學生的成就也發揮關鍵作用（Pinchak, 2018; Sebastian Cherng, 2017）。在對 12 個教室進行的觀察研究可看出，對學生期望高的教師願意花比較多時間協助他們學習、詢問更有深度的問題、有效管理學生的行為（Rubie-Davies, 2007）。有研究顯示，實習教師對女孩的數學成績期許比對男孩的數學成績期許低（Mizala, Martinez, & Martinez, 2015）。此外，即使控制了數學成績得分、功課完成率及其他因素，十年級的數學和英文老師仍認為課堂學習對非裔及拉美裔學生而言是較為困難的（Sebastian Cherng, 2017）。

設定目標、制定計畫、自我監控／自我調節

設定目標、制定如何實現這些目標的計畫、自我調節並監控實現目標的進度，是達成成就的竅門（Schunk & Greene, 2018; Winne, 2018）。設定明確且具有挑戰性的長期和短期目標，有利於青少年及準成年人追求成就（Anderman, Gray, & Chang, 2013; Ormrod, Anderman, & Anderman, 2017; Schunk, 2012, 2016）。「我想成功」是不明確、模糊的目標，應改成具體、明確的目標，如：「這學期我的功課要名列前矛」。

學生須學習設定長期（遠程）目標和短期（近程）目標。長期目標如：「從高中畢業」、「上大學並取得理學士學位」、「25 歲時我要獲得法學院學位」。短期目標通常是長期目標的細部規劃，例如：「在下一次的數學考試中拿到 A」或「在星期天下午四點前做完所有的作業」。

另一個好的策略是設定具有挑戰性的目標（Elliot & Hulleman, 2017; Fisher & others, 2018; Xiang, Liu, & Bai, 2017）。有挑戰性的目標是一種自我提升的承諾，太容易達成的目

標反而讓人提不起勁，挑戰可以激發濃厚的興趣和投入參與。但是，理想的目標應該和個人的能力相稱。如果目標不切實際、好高騖遠，導致一再嚐到失敗的苦果，恐損害自我效能。

　　單單設定目標是不夠的。於此同時，也必須規劃如何實現這些目標（Braver & others, 2014）。懂得做計畫意指知道如何做好時間管理、設定優先順序，並能有條不紊地完成。

　　我們不僅要懂得規劃活動行程，還應該堅持完成計畫。一旦決定要做某件事，必須監控進度、判斷個人表現狀況、評估結果以作為未來的參考（Schunk & Greene, 2018）。高成就者通常也是自我調節高手（Schunk & Greene, 2018; Zimmerman, Schunk, & DiBenedetto, 2017）。例如，高成就者更懂得監控自己的學習情形、有條有理地評估達到目標的進步程度。鼓勵青少年自我監督，就是教育他們為自己的行為負責，積極主動地投入參與。

　　Barry Zimmerman 等人（Zimmerman, 2002, 2012; Zimmerman & Kitsantas, 1997; Zimmerman & Labuhn, 2012）建構出一套在成就達成過程中，自我調節的三階段模式：

- **預先計畫**（forethought）：評估任務要求、設定目標，並衡量達到目標的能力。
- **行動表現**（performance）：制定自我調節策略，例如：時間管理、集中注意力、尋求協助，及後設認知。
- **自我反思**（self-reflection）：評估行動表現，包括找出影響結果的因素、對行為表現的滿意程度。

一位青少女正在規劃她的日程表。目標、計畫及自我調節如何影響青少年的成就？
©Westend61/Getty Images

專注、努力、不屈不撓

　　在學校、工作和職涯中持續保持專注、努力、不屈不撓的精神，是青少年實現目標的過程中不可或缺的能力（Padilla-Walker & others, 2013）。**專注**（sustained attention，持續性注意力）是指能長時間把注意力聚焦在選定的刺激物上面。維持注意力得付出相當的努力，隨著年齡增長，課業、計畫及工作等各項任務變得更加複雜，較之於童年時期，更需全神貫注、盡心竭力和鍥而不舍。長大後生活依然貧困的人，多半是面對艱鉅任務時無法持之以恆（Fuller-Roswell & others, 2015）。

　　青少年不屈不撓的精神是否與成年後的職涯成功有關？研究顯示，13 歲時始終不懈地完成工作的態度，與中年期的事業成功有關（Andersson & Bergman, 2011）。

何謂棉花糖任務？延後滿足和以後的發展有何關聯？
©Bill Aron／PhotoEdit

延後滿足

延後滿足也是達成目標——尤其是長期目標——的重要面向（Barragan-Jason & others, 2018; Doebel & Munakata, 2018; Mischel, 2014; Neuenschwander & Blair, 2017; Schlam & others, 2013）。**延後滿足**（**delay of gratification**）意指為了獲得之後更大、更有價值的獎勵，願意推延眼前立即的獎賞。例如，儘管跟同學出去玩比做作業還有吸引力，但若不延後滿足，恐怕對學業成績產生不良影響。

Walter Mischel 等人（Mischel, Ebbesen, & Zeiss, 1972; Mischel & Moore, 1973; Zayas, Mischel, & Pandey, 2014）以棉花糖任務測試學前兒童的延後滿足情形。在這個經典研究中，實驗者對兒童說他得離開房間去做某事。在實驗者離開的這段時間，兒童可以選擇立刻吃掉眼前的棉花糖，或者等實驗者回來之後，就有兩顆棉花糖可以吃。多數兒童確實等了一會兒，但僅有少數兒童能夠等待整整 15 分鐘，直到實驗者回來。平均而言，學前兒童在短短一分鐘內就屈服於誘惑，吃掉了棉花糖。

Mischel 等人的長期研究也發現，能夠做到延後滿足的學前兒童，學業成就、SAT 分數及大學學業平均成績均有較佳的表現，且較能因應青春期及成年初顯期的壓力（Mischel, 2014; Mischel & others, 1989）；成年之後的年薪較高、更為守法、身體質量指數（BMI）更低、心境更快樂（Mischel, 2014; Moffitt, 2012; Moffitt & others, 2011; Schlam & others, 2013）。不過，儘管學前兒童的延後滿足能力，與青春期的學業成就、因應能力以及成年期的能力有關，但 Mischel（2014）也強調，即使到了青春期和成年期，依然可以透過訓練提高延後滿足能力。

目的感

在第 4 章「自我、認同、情緒與性格」中，已經說明 William Damon（2008）對目的感的觀點，以及目的感對認同發展及價值觀的重要性。本節再進一步延伸探討為何許多青少年在追求成就的過程中缺乏目的感。

Damon 認為，所謂的**目的感**（purpose），指的是為了完成對自己有意義的事情，並為世界貢獻一己之力、超越自我的意圖。找出你的目的，包括回答諸如「我**為什麼**要這樣

做？」「**為什麼**這很重要？」「**為什麼**這對我和世界很重要？」「我**為什麼**要努力實現這一目標？」之類的問題。

在對 12 至 22 歲年輕人進行的訪談中，Damon 發現，約只有 20% 的人清楚知道自己的生命想走的方向、想要實現的目標及原因。多數人（約 60%）參加過一些有潛力形成目的感的活動，例如服務學習，或與職涯輔導老師商討未來，但他們還沒有下定決心或擁有實現目標的合理計畫。約 20% 以上的人缺乏抱負，甚至有人表示他們看不出要懷抱理想的理由。

Damon 結論道，大多數老師和父母都會告訴孩子目標的重要性，例如要努力學習和獲得良好的成績，但卻很少和孩子討論這麼做究竟是為了什麼。Damon

William Damon。Damon 認為目的感是許多年輕人追求成就過程中缺少的要素。成人可以採取哪些策略來指導年輕人將目的納入他們的成就之路？
Courtesy of William Damon, Stanford University

強調，很多時候，學生只專注於短期目標，而不是從長遠的角度來探索自己想過怎樣的生活。Damon（2008, p. 135）提出以下問題，鼓勵學生反思自己的目的：

- 什麼是你生命當中最重要的事？
- 你為什麼重視這些事情？
- 你的長期目標是什麼？
- 這些目標對你而言為什麼重要？
- 對你來說，什麼是美好的生活？
- 對你來說，什麼樣的人才是好人？
- 如果現在回顧你的一生，你希望別人記得你什麼？

社會動機、關係與社會背景脈絡

與童年時期相比，社會動機在青春期的成就中扮演著更重要的角色。青少年與父母、同儕、教師和良師的關係是他們取得成就的重要動力。此外，社經地位、族裔和文化則是影響青少年成就的社會背景脈絡。

社會動機

社會動機（**social motives**）是從與社會世界互動的經驗中所習得的需求和渴望。青少年的社會需求體現在渴望受到同儕歡迎、擁有親密的朋友，並深受所愛的人吸引（McDonald & Asher, 2018）。儘管每位青少年都有歸屬或連結的需求，但有些青少年的需求比其他人更為強烈。有些青少年喜歡和朋友膩在一起，有些若在國高中時期沒有定期約會的對象，則悵然若失，宛如人生遭遇重大挫敗（Furman, 2018）。有些青少年對歸屬感的需求不若他人強烈，就算沒有知己，也不會六神無主；就算沒有親密伴侶，也不會整日惶惶不安。

青春期可謂成就動機和社會動機發展的重要關頭（Juvonen, 2018）。新的課業與社會壓力，迫使青少年得承擔起新的角色、擔負更多責任。隨著加諸在青少年成就的要求越來越高，他們不得不壓縮投入社會興趣的時間。或者對某一領域的企圖心，可能損害到對另一領域的目標實現，例如，學業與社交難以兼顧。在青春期早期，青少年常陷入兩難，不知道到底要將時間花在社交還是學業上。這項決定的結果，對青少年的教育程度和職涯追求造成長期的影響。

近年來興起的**歸屬心態**（belonging mindset）一詞，指的是在學校裡有同類相屬的感受（Rattan & Dweck, 2018; Rattan & others, 2015）。許多青少年，尤其是某些被負面刻板印象定型的族群，與學校的情感連結薄弱，在學校裡常有格格不入之感，像這樣的消極歸屬心態與學業成就低落有關。然而，若能讓這群少數自外於人群的學生對學校產生歸屬感，不但可改善他們的身心健康，還能提升學業成就（Walton & Cohen, 2011; Walton & others, 2014; Rattan & Dweck, 2018）。可採用的策略為讓他們多多參與有關歸屬感的討論，即可提高課業成績（Stephens, Hamedani, & Destin, 2014）。

此外，最近的一項大規模研究中提到，在進入大學前，對辦學績效優良的城市特許學校（urban charter schools）（譯注：指公辦民營的學校）實施社交歸屬訓練，可以增加學生就讀全日制大學的意願，提高課業及社交適應能力（Yeager & others, 2016）。例如更懂得運用學術

青少年的歸屬心態與社會歸屬感有哪些特徵？同儕和友伴如何影響青少年的成就？
©Comstock/PunchStock

資源、參與課外活動,以及增加在校園生活的時間。

社會關係

父母、同儕與友伴、教師和良師,在青少年的成就中扮演重要角色。

父母

父母的期望對青少年的成就影響深遠。以下是提高青少年學業相關成就的正向教養方式(Wigfield & others, 2006):

- 對青少年子女有足夠的瞭解,並提供適當的挑戰和支持。
- 提供正向的情緒氛圍,激勵孩子內化父母的價值觀和目標。
- 示範積極進取的行為──勤奮努力,面對困難的任務依然堅持到底。

同儕與友伴

同儕在青少年的成就中經常扮演關鍵角色(Knifsend & others, 2018; Ryan & Shin, 2018)。**同儕**一詞,從泛泛之交到親密知己都可含括在內。如果周遭朋友的功課很好,通常也能激勵青少年在課業上多加努力(Ryan & Shin, 2018)。

同儕透過社交目標、社會比較和同儕地位來影響青少年的成就(Ryan & Shin, 2018; Wentzel, 2013)。考量青少年的成就時,要同時留意其學業目標和社交目標(Juvonen, 2018)。研究顯示,想在同儕中占據主導地位的青少年,學業成就通常不高(Kiefer & Ryan, 2008)。受同儕歡迎和青少年的成就幾乎沒有關聯。

雖然嘴上否認,但青少年其實常與同儕比較,以確定自己在學業和社會上的地位(Harter, 2012)。例如,透過社會比較,才知道別的同學考差了,然後暗想:「我果然比較聰明。」正向的社會比較可以提高自尊;反之,負面的社會比較則會降低自尊。青少年最常與和自己年齡、能力、興趣相近的人做比較。

被同儕接納、具備良好社交技巧的青少年,學校表現不僅較佳,也較積極追求學業成就(Ryan & Shin, 2018)。相比之下,被同儕拒絕,尤其是攻擊性強的青少年,課業往往岌岌可危,如成績落後,甚至輟學(McDonald & Asher, 2018; Vitaro, Boivin, & Poulin, 2018)。青春期時結交攻擊性、破壞性強的朋友,恐與無法從高中畢業有關(Veronneau & others, 2008)。

教師

前面曾談到教師對青少年成功的期許有多麼重要(Pinchak, 2018)。本節將進一步探討教師在青少年成就中所扮演的關鍵角色。觀察教室時,研究人員發現,熱心投入、教學效能高的教師,不但能協助學生進步,還懂得如何鼓勵青少年自動自發(Perry & Rahim,

2011）。教師創造支持的課堂氣氛，提供鼓勵，在這樣的環境下，才能始終如一地引導青少年積極進取，努力去發展自我效能感。

Nel Noddings（1992, 2001, 2006）強調，只有感受到教師的關心，學生才有意願成長為有能力的人。教師必須盡力去瞭解學生，雖然在班級人數多的大型學校中很難做到這一點，但她建議教師能帶學生兩到三年（雙方皆自願），以便安心地照顧每位學生的興趣和能力。該項提議正運用於高危險群青少年學校，且得到「比爾暨梅琳達蓋茲基金會」（Bill and Melinda Gates Foundation）的贊助。

｜良師（人生導師）

良師（**mentors**，人生導師）通常是指年齡較大、經驗更豐富的人，有志於提升年輕人的能力和品格。透過良師長時間的示範、教導、挑戰和鼓勵，隨著正向的指導經驗開展，良師與被指導的年輕人形成承諾的紐帶，且年輕人會對指導者產生尊重和認同感（Grossman & others, 2012; Hamilton & Hamilton, 2009; Keller & Pryce, 2012）。

良師的指導可以順其自然地進行，也可以藉由良師啟導計畫進行（Chan & others, 2013; Hamilton & Hamilton, 2006; Hurd & Sellers, 2013; Hurd, Varner, & Rowley, 2013; Larose & others, 2018; Sulimani-Aidan, Melkman, & Hellman, 2018）。自然式良師（natural mentoring）不用事先設計任何正式計畫，而是在個人現有的關係中形成，如：家人、朋友、親戚、鄰居、教練、課外活動指導老師、神職人員、心輔團隊領導者、老闆或教師。統合分析結果顯示，有親緣關係、社會支持和自主支持的自然式良師，對提高青少年的學業和職業成就特別有效（Van Dam & others, 2018）。

達拉斯的聖路加循道會（St. Luke's Methodist Church）建立一套有效的良師啟導計畫，以解決少數族裔學生缺乏楷模的問題。該計畫已媒合 200 多名成年男性和 100 名男孩（4 至 18 歲）。計畫內容包括：課業輔導、體育和文化活動之旅，還曾帶這些孩子到休斯頓航太中心參觀。圖為 Leonard Berry 博士和 13 歲的 Brandon Scarborough（圖前）以及博士 12 歲的兒子 Leonard。Brandon 不只受教於 Berry 博士，還和他的兒子成為好朋友。

©*The Dallas Morning News, Irwin Thompson*

良師啟導計畫（mentoring program）比自然式良師更為正式，例如將成年良師與年輕人配對。在許多良師啟導計畫中，良師承擔著類父母的角色。優秀的良師可幫助年輕人發展 William

Damon（2008）所倡導的目的感，這是當今年輕人追求成就的關鍵要素。

　　研究檢視不同類型良師（親戚、教師、朋友、社區）及學生接觸良師指導的年紀，對其教育程度的預測程度（Fruiht & Wray-Lake, 2013）。與其他類型的良師相比，教師的指導是教育程度最好的預測指標；高中畢業後仍受良師指導，也與教育程度有關。至於親戚和社區良師，則有助於青少年完成高中學業。

　　對處於失敗風險的中學生和大學生，良師啟導計畫可以用來作為提高其成就的策略（Van Dam & others, 2018）。其中最負盛名的，當屬「大哥哥大姐姐計畫」（Big Brothers Big Sisters, BBBS）——即媒合愛心志工與高風險青少年的計畫（Larose & others, 2018）。研究顯示，高風險學生的學業成績、在校行為表現、出席率和學業自我效能感均能得到顯著改善（Herrera & others, 2007）。當然，某些指導關係比其他指導關係更有效，因此需謹慎挑選和監督青少年與良師的適配度（Rhodes & Lowe, 2009）。

　　大學生可以為處於高風險的兒童和青少年提供輔導。一項研究表明，對處於高風險的四年級學生進行指導，可以提高大學生對孩子的理解、輔導和社區工作的價值（Schmidt, Marks, & Derrico, 2004）。

　　對於住在大學生或研究生很少的社區內移民青少年來說，良師的指導尤其重要（Flye, 2017）。良師啟導計畫如「個人決心推動計畫」（Advancement Via Individual Determination, AVID），帶著移民青少年到當地大學，請拉美裔大學生或研究生擔任良師和嘉賓演講者（Watt, Huerta, & Martinez, 2017）。參加 AVID 計畫後的非裔男高中生更有可能修讀嚴格的課程，例如進階和榮譽課程（Taylor, 2016）。

🔘 社會背景脈絡

　　族裔與社經地位如何影響青少年的成就？文化又是如何影響青少年的成就呢？

｜族裔與社經地位

　　少數族裔青少年的成就差異極大（Broda & others, 2018; Nieto & Bode, 2018）。例如，許多亞裔學生具有強烈的學業成就取向，有些則否。

　　除了瞭解不同文化族裔青少年的成就有多樣性外，同時也要區分差異（difference）與不足（deficiency）兩者的不同。少數族裔青少年（尤其是非裔、拉美裔、美國原住民）的成就往往被中產階級白人的標準解釋為**能力不足**（deficits），但其實他們自有其**文化特色**（culturally different and distinct）。

　　同時，許多研究都忽略了少數族裔學生的社經地位（Graham & Taylor, 2001）。社經地位對成就的預測力確實比族裔佳。無論族裔背景為何，中上階級的學生在許多成就方面

（如：對成功的期許、抱負及努力程度），
都 比 低 收 入 家 庭 學 生 來 得 好（Gibbs,
1989）。低收入家庭學生的成就低落，其
中一個特別重要的因素是缺乏足夠的資源
來輔助學習，如最新的電腦設備，有的家
庭甚至連電腦都沒有（Schunk, Meece, &
Pintrich, 2014）。一項縱貫研究顯示，相較
於高收入家庭，若能常讓非裔或低收入家
庭的孩子寫家庭作業、在家中上網查閱資
料、擁有社區圖書館借閱卡，他們會進步
很快（Xia, 2010）。此外，貧困家庭收入增
加與中學時學業成就提高有關，也可以提
升學生的教育程度（Duncan, Magnuson, &
Votruba-Drazal, 2017）。

加州大學洛杉磯分校教育心理學家 Sandra Graham
與青少年談論動機。她的多項研究顯示，中產階
級非裔學生和非拉丁裔白人學生一樣，具有強烈
的成就期望，並將成功歸因於內在因素（如：努
力），而非外在因素（如：運氣）。
Courtesy of Dr. Sandra Graham

　　Sandra Graham（1986, 1990）進行了許多研究，顯示社經地位與成就差異的相關雖高
於族裔與成就差異的相關，但從一般動機理論的角度來瞭解少數族裔學生的動機也很重
要。她的研究著重在探討非裔學生的成就取向，發現中產階級的非裔學生其實並不如刻板
印象那般缺乏動機。他們就像中產階級的非拉美裔白人學生一樣，具有高成就期望，也將
失敗歸因於自身努力不夠，而非運氣不好。

｜文化

　　國際學生能力評量結果顯示，美國學生在數學和科學成就方面，相比許多其他國家，
表現較為不佳（Desilver, 2017）。2015 年以 15 歲學生為評量對象的「國際學生能力評量計
畫」（Programme for International Student Assessment, PISA），美國在 71 個國家中，數學領
域排名第 38，科學領域排名第 24（PISA, 2015）。另外， 對四年級和八年級學生進行的
「國際數學與科學教育成就趨勢調查」（Trends in International Mathematics and Science Study,
TIMSS）發現，美國學生的表現稍微好一些，在 48 個國家中，四年級數學排名第 11，四
年級科學排名第 8（TIMSS, 2015）。同樣在 TIMSS 研究中，美國學生在 37 個國家中的數
學和科學領域分別排名第 8，前五名主要集中在東亞國家，尤其是新加坡、中國和日本。
近年來，僅有兩個非亞洲國家在數學和科學領域均名列前五名，分別是芬蘭和愛沙尼亞。

　　尤其令人擔心的是，在大多數國際評比中，美國學生在閱讀、數學和科學方面的排
名，從小學到高中呈現下降趨勢。此外，美國學生在數學和科學方面的成績得分，仍遠低

於許多東亞國家的學生。

Harold Stevenson（1995）探討美國學生表現不佳的可能原因。Stevenson 等人（1990）比較美國、中國、台灣和日本學生的成績，三個亞洲國家的學生表現始終高於美國學生，而且學生在學校學習的時間越長，兩者之間的差距就越大。亞洲學生和美國學生之間差異最小的是一年級，最大的是十一年級（該研究的最高年級）。

為深入瞭解造成這種巨大跨文化差異的原因，Stevenson 等人（1990）花費數千小時觀察課堂活動，訪談老師、學生和家長。他們發現，亞洲老師比美國老師花更多的時間在數學上。例如在日本，一年級總課堂時間的四分之一以上在數學教學，相比之下，美國一年級的數學時間只有十分之一。此外，亞洲學生平均每年在學校上學 240 天，美國只有 178 天。

除了數學教學時間的巨大差異之外，亞洲父母與美國父母的教養方式也不一樣。美國父母對孩子的教育和成就期許，比亞洲父母低得多。再者，美國父母多半將孩子的數學成績歸因於先天能力，而亞洲父母則認為數學成績在於孩子的努力和訓練（見圖 3）。亞洲學生比美國學生更常做數學作業，亞洲父母也比美國父母更願意協助孩子完成數學作業（Chen & Stevenson, 1989）。

Harold Stevenson 等人發現，亞洲學校接受了美國人對學校的諸多理想，但在以有趣且富有成效的方式實施這些理想方面更勝一籌，使學生的學習更加愉快。

©*Robert A. Isaacs/Science Source*

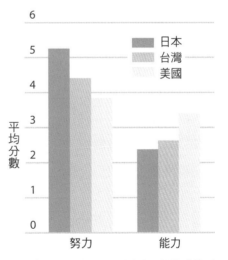

圖 3｜**三個國家的母親對孩子數學成就的歸因信念。**日本和台灣的母親更相信孩子的數學成績是靠努力得來，而非受限於天賦能力；但美國母親則認為孩子的數學成績是由天賦能力決定（Stevenson, Lee, & Stigler, 1986）。若父母認為孩子的數學成績是因為天賦能力不足，使得數學成績表現不佳，表示父母不太可能認為孩子需要付出更多努力以提高分數。

　　最近，許多研究檢視青少年在學習和成就方面的跨文化差異，尤其關注在美國非拉美裔白人、亞裔和東亞家庭的比較（Hsin & Xie, 2014; Pomerantz & Grolnick, 2017; Qu, Pomerantz, & Deng, 2014）。例如，研究探討亞裔兒童學習成績優異的可能因素（Hsin & Xie, 2014）。他們得出的結論是，亞裔的優勢主要來自於孩子們在學業上付出了極大的努力，而不是因為頭腦聰明或社經背景因素的優勢。

　　與美國母親相比，中國母親對子女施加更多控制（尤其是心理控制）（Ng, Pomerantz, & Deng, 2014）。中國母親的自我價值取決於孩子們的成就，是所謂的教練家長（training parents）。此為專制權威教養方式的一種變形，是許多亞洲父母培訓孩子以取得高水平學業成就的型態。2011 年，蔡美兒（Amy Chua）的著作《虎媽的戰歌》（*Battle Hymn of the Tiger Mother*），點燃了大眾對於父母在子女成就中所扮演角色的濃厚興趣，蔡美兒在書中用「虎媽」一詞來表示嚴格執行紀律的媽媽。另一方面，Kim Wong Keltner（2013）撰寫了《虎寶的逆襲》（*Tiger Babies Strike Back*）一書，指出虎媽的教養要求如此嚴格，孩子就像被關進「情感監獄」（emotional jail）裡。「虎媽」的專制權威教養風格確實為子女帶來一些好處，例如強力追求自己想要的東西，以及不可以說「不」。但這種教養方式的後果，往往不值得隨之而來要付出的情感代價。

　　對有一年級和二年級孩子的美國華裔移民家庭的研究發現，相較於非專制權威的教養方式，專制權威教養方式（高度控制）下長大的孩子更具攻擊性，其憂鬱、焦慮程度更高，社交能力也較差（Zhou & others, 2012）。加州大學文化與家庭中心主任 Qing Zhou（2013）帶領許多工作坊，教導華裔母親正向教養策略，如：傾聽技巧、稱讚孩子良好的行為，以及用更多的時間陪伴孩子參加有趣的活動。同樣地，在中國最近的一項研究中發現，相較於專制權威型，父母為開明權威型教養風格的青少年，適應能力更佳（Zhang & others, 2017）。

　　Su Yeong Kim 等人（2013）在一項針對華裔從青春期早期到成年初顯期的縱貫研究中，界定了四種不同的教養方式：支持式（supportive）、虎式（tiger）、溫和式（easygoing）和嚴苛式（harsh）。這些教養方式反映了正向教養向度（溫暖、循循善誘、監督和民主教育）和負面向度（父母敵對、心理控制、羞辱和懲罰教育）的各種組合。在整個青春期，母親的虎式教養（指正向教養和負面教養向度都很高）百分比重有所下降，但父親的虎式教養百分比重則上升。支持式教養（指正向教養向度高、負面教養向度低）對孩子的發展結果最好，其次為溫和式教養（正向教養和負面教養向度都很低），再其次為虎式及嚴苛式（指正向教養向度低、負面教養向度高）。

　　在這個研究中，虎式教養（相較於支持式教養）的學業平均成績較差、家庭義務感較

低、課業壓力更大、憂鬱症狀更多、疏離感更重。因此，該研究表明，虎式教養不是華裔家庭中最常見的方式，也和青少年的最佳適應無關。

阻礙成就的動機

當個人沒有設定目標、沒有實現目標的計畫，以及不確實監控實現目標的進度時，成就便會出現問題。拖延成性、過於追求完美、被焦慮壓倒，或企圖用逃避失敗來維護自我價值時，也會出現問題。這些阻礙成就的動機中，有許多在中學時期就已經浮上檯面，到了大學期間更加嚴重。本節要來探討這些阻礙，並提供教師、輔導人員、導師和父母可以用來幫助青少年克服成就障礙的策略；許多大學生自己也可以從採用這些策略中獲益。

拖延

拖延（procrastination）是青春期及成年初顯期常見的阻礙成就的因素（Chen, 2017; de Palo & others, 2017; Otermin-Cristeta & Hautzinger, 2018; Rozental & others, 2018; Steel & others, 2018; Sumaya & Darling, 2018）。拖延的形式很多，例如以下行為（University of Illinois Counseling Center, 1984）：

- 忽略任務，希望它會自然消失。
- 低估任務需付出的努力程度，或高估自身的能力與資源。
- 耗費太多時間在電腦遊戲和閒逛網路。
- 欺騙自己表現平平或差勁是可以被接受的。
- 先進行優先順位較低的活動，把真正該做的事情放到後面。例如，先打掃房間而非準備考試。
- 誤以為反覆、輕微的拖延不礙事。
- 誇言會完成任務，卻不見行動。例如：把書帶在身邊，卻一頁也沒打開來看。
- 只能完成部分任務。例如，反覆撰寫論文的第一段，但不繼續往下寫。

拖延的原因常包括了（University of Buffalo Counseling Services, 2014; Strunk & Steele, 2011）：時間管理不當、難以集中注意力、陷入擔心焦慮（如：被任務壓得喘不過氣、害怕考差）、負面信念（如：「我永遠做不到」）、個人問題（財務困難、跟伴侶吵架）、任務無聊乏味、不切實際的期望和完美主義（如：以為在寫論文之前必須先閱讀完所有與主題相關的文獻內容）、害怕失敗（如果沒有拿到 A，我就是個失敗者）。

近期關於拖延的研究，探討了學業拖延行為和目標達成情形；後設認知與拖延；以及拖延、痛苦與生活滿意度。研究顯示大學生的學業拖延行為越嚴重，目標達成情況越差（Gustavson & Miyake, 2017）。另一項後設認知模式研究顯示，大學生的自我調節與執行功能越好，拖延的情況越少（Fernie & others, 2017）。此外，被分派到強調自我調節學習策略（如教導時間管理與避免分心）的實驗組學生，學業拖延行為減少，自我調節學習能力增加（Grunschel & others, 2018）。還有一項針對 14 至 95 歲個體的研究發現，14 至 29 歲的年輕人最會拖延（Beutel & others, 2016），其中男性又比女性更會拖延。另外，拖延程度高，壓力、焦慮、憂鬱、倦怠的程度也跟著提高，生活滿意度降低。

完美主義

為自己設定高標準並努力實現，通常能獲致不錯的結果。然而，致力於追求完美、一點錯誤都不能犯，容易適應不良，而且壓力超大（Campbell & others, 2018; Dimaggio & others, 2018; Gade, Schermelleh-Engel, & Klein, 2017; Madigan & others, 2018）。1989 至 2016 年，以美國、加拿大和英國大學生為對象的研究指出，學生的完美主義在這 27

完美主義和焦慮如何損害成就？
©kzenon/Getty Images

年間呈直線上升（Curran & Hill, 2018）。完美主義日益增強的趨勢顯示，近幾個世代的大學生認為別人對他們的要求越來越高，而他們對自我的要求也提高不少。

完美主義者傾向於設定過高、不切實際的目標（Leone & Wade, 2018）。當完美主義者沒有達到如此高遠的目標時，他們容易陷入自我批評，認為自己一文不值。這種思維會產生高度的焦慮感，干擾專注及清晰思考的能力（Smith & others, 2018a）。與為了成功而自己設定高標準的大學生相比，陷入強烈自我批評、完美主義者傾向的大學生，自尊顯然較低、引發的負面效應更大（Dunkley, Berg, & Zuroff, 2012）。此外，完美主義也與進食障礙、強迫症、焦慮症、憂鬱症有關（Limburg & others, 2017）。

完美主義與自殺意念和自殺企圖有關（Kiamanesh & others, 2014; Smith & others, 2018a, b）。統合分析發現，完美主義思考（在意錯誤、躊躇不前）、完美主義態度、完美主義要求（訂立高標準）、雙親的批判及過高的期望等，都和自殺意念有關（Smith & others, 2018b）。許多完美主義青少年及準成年人的父母對成功抱持超乎尋常的期待。在某些情況下，遠非子女的能力所能達到。

為打破完美主義這種不健康的執著，個體必須設定合乎實際且可達成的目標，而不是只為了滿足他人的高要求（Counseling Center, University of Illinois, 2018）。每個人都會犯錯，重要的是從錯誤當中學習。如果你是完美主義者，請去接受諮商，與專業助人者好好探討如何降低完美主義傾向。

焦慮

焦慮（**anxiety**）是一種模糊、非常不愉快的恐懼和擔憂感受。面對學校課業，會焦慮是正常的，例如想考出好成績的時候。確實，許多成功的學生懷有中等程度的焦慮（Bandura, 1997）。然而，有些學生過於焦慮，擔心東、擔心西，這些特質大大削弱他們的學習能力（Carey & others, 2017）。近期的研究發現，考試焦慮當中的擔心成分，與十一年級學生的低成就有關（Steinmayr & others, 2016）。

有些青少年之所以高焦慮，是父母不切實際的成就期望和壓力造成的結果。研究顯示，父母的完美主義與青少年子女的高焦慮有關（Affrunti & Woodruff-Borden, 2014）。

對於許多人來說，「學校頻繁的考試評量、社會比較及失敗經驗」使學生的焦慮更形惡化（Eccles, Wigfield, & Schiefele, 1998, p. 1043）。假使這種情況一再累積，焦慮感更容易居高不下。

已有許多介入措施被設計用來減輕學生的焦慮程度（Garcia-Lopez & others, 2014; Mash & Wolfe, 2019; Wigfield & Eccles, 1989）。有些措施強調放鬆技巧，雖能有效地降低焦慮，卻未必能改善學習成就。與擔憂相關的焦慮介入措施強調要修正高焦慮學生負面、自我要求的思考方式，代之以正向、任務焦點的思考方式（Meichenbaum & Butler, 1980; Watson & Tharp, 2014），這些措施比單只教放鬆技巧更能有效提高學生的學業成就。

逃避失敗以維護自我價值

有些人一心維護自我價值、逃避失敗，最後變得不再專注於追求目標，蓄意破壞自己的成就，例如採取以下策略（Covington, 2002; Covington & Teel, 1996）：

- **不作為**（nonperformance）：避免失敗最明顯的策略就是根本不去做、不去嘗試。在課堂上，不作為的手段包括：看似想回答老師的問題，但其實暗自希望老師叫別的學生回答，不要叫到自己，因此就把身體從座椅上稍微下滑內縮，不想被老師看見，也避免跟老師四目相對。這些看似是小小的欺騙伎倆，但可能預示了其他更長期的不作為手法，如：缺席次數過多或輟學。
- **拖延**：直到最後一刻才趕忙研讀考試科目，最後再把失敗歸咎於時間管理不善，如

此一來就可以把注意力從能力不足轉向他處（Steel, 2007）。

● **設定不切實際的目標**：藉由設定超高難度、幾乎不可能成功的目標，個體得以跳脫自我無能的暗示。因為幾乎沒有人可以實現這個不切實際的目標。

千方百計地避免失敗，通常與哪些自我設限策略有關？

©*monkeybusinessimages*/*Getty Images*

千方百計地避免可能的失敗，通常與**自我設限**（**self-handicapping**，又稱自我跛足）策略有關（Akin & Akin, 2014; Ferradás Mdel & others, 2016）。亦即，有些人會故意以不付出努力、拖延到最後一刻、到考試前一晚還在鬼混等方式來妨礙自己、扯自己後腿。這麼一來，如果之後的表現不盡理想，甚至低於應有的水準時，就可以歸因於情境因素，而不是自己的能力不足。

以下是一些能減少耽溺於維護自我價值、避免失敗的策略（Covington, 2002）：

● 設定具有挑戰性且合乎現實的目標。

● 鞏固努力和自我價值之間的連結。以自己的努力為榮，並儘量減少社交比較。

● 對自己的能力抱持正向的信念。

回顧與反思

│學習目標 1│ 探討青少年的成就。

│複習本節所學│

· 為什麼成就在青春期如此重要？

· 有哪些重要的成就動機歷程？

· 有哪些重要的社會動機、人際關係和情境因素會影響青少年的成就？

· 有哪些動機會阻礙成就？要如何應對這些障礙？

│分享與連結│

· 在青少年剛進入國中或高中的這段艱苦過渡時期，成就的哪些面向可以助其一臂之力？

│反思個人經驗│

· 你認為自己有強烈的成就動機嗎？或者缺乏動力去實現目標？為什麼？

己.工作

學習目標 2　說明工作在青春期和大學時期的作用。

青春期的工作　　大學時期的工作　　以工作／職涯為基礎的學習　　成年初顯期的工作

　　成就和動機不僅體現在學校中，也在於工作上。近年來，青少年生活中出現的最大變化之一是，他們通常必須一邊打工、一邊定期去學校上課。本節著重於探討青春期和大學時期的工作、以工作／職涯為基礎的學習，以及成年初顯期的工作。

青春期的工作

　　青春期工作的社會歷史背景為何？青少年的兼職工作（打工）有哪些特點？世界各地青少年的工作情況如何？

青春期工作的社會歷史背景

　　儘管求學接受教育使得許多當代青少年無法從事全職工作，但卻無法阻止他們一邊上學一邊打工。在 1940 年代，僅有二十五分之一的十年級男生邊求學邊工作，到了 1970 年代，比例已經增加到四分之一。今日，據估計，80% 至 90% 的青少年曾在高中時期打工（Staff, Messersmith, & Schulenberg, 2009）。如圖 4 所示，從八年級到十二年級，青少年的打工百分比和平均時數逐年上升（Staff, Messersmith, & Schulenberg, 2009）。多數八年級到十年級的學生並未打工，但到了十二年級，僅剩四分之一的學生沒有打工。打工的十二年級學生中，將近 10% 每週工作 30 小時以上。

青少年打工

　　美國的青少年都在從事哪些打工工作？打工的十二年級學生中，約 21% 在餐飲業，如在麥當勞或漢堡王擔任服務生及清潔人員（Staff, Messersmith, & Schulenberg, 2009），其他則在零售業擔任收銀員或銷售員（23%）、行政助理（7%），或非技術性勞工（約 10%）。

　　整體而言，有力證據顯示，花大量時間打工對青少年的發展恐怕弊多於利，甚至可能涉入冒險行為，付出身體健康的代價（Larson, Wilson, & Rickman, 2009）。這並不是說打

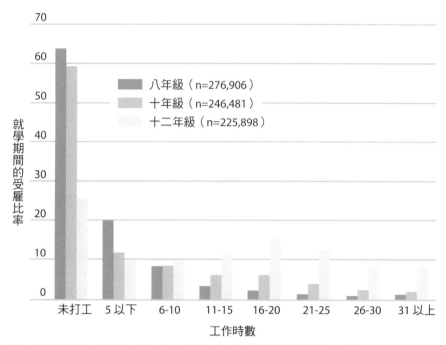

圖 4｜青少年打工情形。 八年級、十年級和十二年級學生就學期間的打工百分比和每週工作時數（1991 至 2006 年的合併數據）。

資料來源：*Combined data for 1991 to 2006 Monitoring the Future, Institute of Social Research, cohorts.*

工本身影響到課業，而是指花在打工的時間（Greenberger & Steinberg, 1986）。每週打工超過 14 小時的十年級學生及超過 20 小時的十一年級學生，根本無暇準備考試和完成家庭作業，成績明顯下降。此外，打工的青少年鮮少參與學校活動、更常蹺課、不想上學。與沒有打工的青少年相比，有打工的青少年與家人相處的時間變少，但和同儕在一起的時間還是一樣多。長時間打工的青少年也比較常喝酒和吸食大麻。

　　一項研究重新分析 1986 年的數據資料（Monahan, Lee, & Steinberg, 2011），包括建立良好的對照組（沒有去打工的學生）。詳細檢視各個組別，仍可發現每週工作 20 小時以上的十年級和十一年級學生，不但學校出席狀況不佳，物質濫用和違法行為也增加不少（Monahan, Lee, & Steinberg, 2011）。將打工時數減低到每週 20 小時以下的青少年，負面結果隨即消失。此外，打工的高中生更有可能飲酒、狂飲和使用大麻（Leeman & others, 2014）。韓國最近的一項研究表明，打工與青少年涉入菸酒有關（Lee & others, 2017）。

　　幸而，有些年輕人從事具有挑戰性的工作，受到成人建設性的監督，並享有良好的工作條件（Staff, Messersmith, & Schulenberg, 2009）。在這種情況下，工作可以為低收入青少年提供經濟利益及成人監督，增加學校參與度並減少違法行為。

　　高貧困社區的年輕人通常很難找到工作，這是亟需關注的問題。失業、學校素質差、

高犯罪率是高貧困社區的共同特徵。對居住在巴爾的摩高貧困社區多年的非裔青年進行研究，發現在他們到達合法工作年齡之前，男孩比女孩更有可能從事非法的工作（Clampet-Lundquist, 2013）。

世界各地青少年的工作樣態

青少年打工有哪些優點和缺點？
©Dennis MacDonald/PhotoEdit

到目前為止，我們看的都是美國青少年打工的樣態。其他國家的青少年又是如何呢？

許多開發中國家的青少年無法穩定上學，男孩通常比女孩花費更多的時間從事能賺取收入的勞動力工作，而女孩比男孩花費更多的時間從事無償勞動（Larson & Verma, 1999; Larson, Wilson, & Rickman, 2009）。在許多未工業化、未受教育的人口中，青少年平均每天工作 8 小時以上。在已開發國家（除了美國青少年以外），兒童與青少年每天平均工作時間少於 1 小時，例如，美國青少年比歐洲和東亞青少年更有可能從事有償勞動。如前所述，美國許多高中生每週工作 10 小時、甚至 20 小時以上。一項研究發現，美國高中生平均每天花在工作的時間為 50 分鐘，而北歐青少年僅 15 分鐘（Alsaker & Flammer, 1999）。在法國和俄羅斯，幾乎沒有青少年就業。在另一項研究中，80% 的明尼亞波利斯市十一年級生有在打工，相比之下，日本僅 27%，台灣僅 26%（Fuligni & Stevenson, 1995）。

整體而言，相當多的證據表明，將大量時間花在有償勞動上，對青少年的發展弊大於利，甚至對某些青少年來說，恐將冒著涉入危險行為和付出身體健康的代價（Larson & Verma, 1999; Larson, Wilson, & Rickman, 2009）。總之，鑑於世界各地青少年從事的大多為勞動且重複性高的工作，在這種勞動條件中每週工作 15 到 25 小時，不太可能對發展有所助益（Larson & Verma, 1999）。

大學時期的工作

美國全日制（日間部）的大學生打工的比率，從 1970 年的 34% 增加到 2008 年的 47%，接著在 2014 年下降至 41%（2000 年曾高至 52%）（National Center for Education Statistics, 2015）。2014 年，非全日制的大學生中，80% 有在工作，高於 2011 年的 74%，略低於 2008 年的 81%。

　　打工雖可以支付學費或抵消部分上大學的費用，但打工也限制了學生的學習機會，對成績產生負面影響。隨著每週工作時數增加，學生的成績不但變差，也波及到選課和讀書的時間（National Center for Education Statistics, 2002）（見圖 5）。

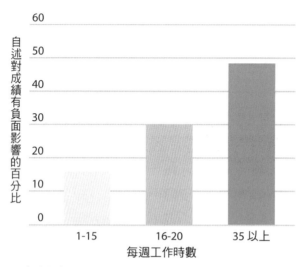

圖 5 ｜ **大學每週工作時數與成績的關係。** 在為支付學費而工作的學生中，每週工作 1 至 15 小時者，16% 說工作對他們的成績有負面影響（National Center for Education Statistics, 2002）。每週工作 16 至 20 小時的大學生中，30% 持同樣看法；而每週工作 35 小時以上者，48% 持同樣看法。

　　其他研究發現，大學生每週工作時數越多，輟學的可能性就越高（National Center for Education Statistics, 1998）。因此，大學生必須仔細檢視他們的工作時數，衡量工作對學業成績的不良影響。儘管借貸來支付教育費用，會使學生背上沉重的債務，但長時間工作減少的學習，卻也導致課業表現欠佳，甚至無法好好讀完大學。

以工作／職涯為基礎的學習

　　許多專家指出，希望加強學校和職場之間的連結。改善的方法之一為強化以工作／職涯為基礎的學習——尤其是針對從中學畢業後，就要直接進入勞動力市場的青少年。

高中

　　以工作／職涯為基礎的學習逐漸成為幫助年輕人從學校過渡到就業的努力方向之一。美國每年大約有五十萬名高中生參加建教合作或其他相關安排，透過辦公行政、零售業和其他行業打工來實現學習目標。高職課程也需要大量學生參與產學合作，例如：房屋修

繕、餐飲管理、汽車修理、零售經營、托兒服務等。

最近，職業教育出現一些重要變化。如今的高中文憑已較難獲得穩定、高薪的工作，因此，有越來越多針對特定職業的培訓，且多半由兩年制大學和大專院校開設。

在高級中學，與職業相關的教育新形態為許多學生提供不一樣的選擇，包括身心障礙學生到資優學生。新的模式包括：職涯學苑、技能預備課程、高中預修大學課程和校本企業（Perry & Wallace, 2012）：

- **職涯學苑**（career academies）。這些學苑既可作為綜合高中裡的小型學苑，也可作為單獨的學校使用。通常在九年級或十年級時，會有 150 至 200 名學生開始參加該計畫。課程側重的主題廣泛，例如健康科學或商業，學生亦可參加以工作為基礎的學習。

- **技能預備課程**（technical preparation programs）。學生的高中最後兩年加上社區大學的兩年，由此獲得技術學位（technical degree）。他們可能會、也可能不會參加以工作為基礎的學習。

- **高中預修大學課程**（early college high schools）。通常是開放給位於大學附近的小型高中，目的是使高中生有機會獲得高中文憑和副學士學位，或取得兩年的大學學分，然後順利轉入四年制大學。

- **校本企業**（school-based enterprises）。學生探索社區需求，並參加高中的服務學習課程。

大學

大學生可以參加建教合作計畫，或從事與他們的學習領域相關的打工或暑期工作。這些經驗有助於他們畢業後找到喜歡的工作（Martinez, 2006）。許多雇主期待求職者具備相關工作經驗。調查發現，將近 60% 以上的雇主說大學畢業層級的員工曾有建教合作或實習經驗（Collins, 1996）。

超過一千所以上的大學提供有薪學徒制的建教合作（cooperative education）計畫，通常開放給大三以上學生申請建教合作。

成年初顯期的工作

過去一個世紀以來，準成年人的工作模式出現極大變化。隨著越來越多準成年人接受高等教育，許多人離家上大學，較慢進入職場。不斷變化的經濟狀況，使得就業市場的競

爭更為激烈，對訓練有素的勞工人才需求日殷（Chen & others, 2012）。

準成年人擁有多種就學和工作模式（Arnett, 2014; Buchmann & Malti, 2012; Staff, Mont'Alvao, & Mortimer, 2015; Swanson, 2013）。有些人上大學，有些在高中畢業後便進入職場，有些則在大學畢業後才開始全職工作。不少大學生在畢業之前就休／退學，提早工作；這些人當中，有些之後會復學。有些人讀二技（兩年制大學），有些則念四年制大學；有些人在半工半讀，而另一些人則否。

特別令人擔憂的是大學畢業生的失業率，以及最近有極高比例的大學畢業生從事不需要大學學歷的工作。2013 年，大學畢業生的失業率，從 2009 年經濟衰退高峰時的 6.4%下降至 5.6%（Gabor, 2014）。然而，在 2013 年找到工作的 22 歲大學畢業生中，超過 50%的工作不需要大學學歷（Center for Economic and Policy Research, 2014）。

美國大學畢業生的就業市場近來改善不少。根據最近的一項調查，74% 的雇主說計畫僱用 2017 年應屆畢業的大學生，比例高於 2016 年的 67%（CareerBuilder, 2017）。74%的統計數據是自 2007 年以來，最佳的大學畢業生工作前景。2017 年應屆大學畢業生的另一個好消息是，雇主聲稱他們計劃向該屆大學畢業生支付的薪水，會比 2016 年的還要高。

美國勞動力的趨勢是：越來越多的成年人（尤其是在私人企業上班的男性）終身行業消失。許多終身行業工作消失的原因之一是其他國家的技術急起直追，再加上他們有用之不盡的廉價勞動力。許多年輕成人和年紀較大的成人一樣，身兼數份工作，或從事短期工作（Greenhaus & Callanan, 2013）。早期的職涯尤其不穩定，因為有些年輕的求職者為了尋求與個人興趣／目標相匹配的工作，從「溫飽工作」（survival jobs）轉向「職涯工作」（career jobs）（Mortimer, 2012; Staff, Mont'Alvao, & Mortimer, 2015）。一項針對 18 至 31 歲、1,100多人的研究表明，在 2007 年開始經濟嚴重衰退期間，心懷高遠志向和確定職涯目標更有

助於個人有效地抵擋失業的浪潮（Vuolo, Staff, & Mortimer, 2012）。

在探索喜歡又能勝任的工作類型時，重要的是瞭解各個領域和公司企業的資訊。由於經濟情況瞬息萬變，每年的職缺不一，有時多有時少，因此，必須特別留意各個領域的職業前景。美國政府出版的《職業展望手冊》（*Occupational Outlook Handbook*）是一個很好的訊息來源，該手冊每兩年修訂一次。

一群準備創業的大學畢業生。準成年人各有不同的工作型態與教育途徑，他們的教育和工作有哪些差異存在？
©*Monkey Business Images Ltd/Getty Images*

根據 2016 至 2017 年的《職業展望手冊》，預計到 2024 年，風力機維修工程師、職能治療助理、物理治療助理和助手、居服員、職業駕駛、護理師、物理治療師和統計學家，將會是最有前景的行業。這些行業要求的教育資格不一，要求大學學歷的工作預計成長最快；多數收入最高的職業都需要大學學歷。

回顧與反思

│學習目標 2│ 說明工作在青春期和大學時期的作用。

│複習本節所學│

- 青春期工作的社會歷史背景為何？中學和大學打工有哪些優缺點？世界各地青少年的工作樣態為何？
- 大學期間打工如何影響學生的學業成就？
- 以工作／職涯為基礎的學習包含哪些方面？
- 成年初顯期的工作有哪些特徵？

│分享與連結│

- 相較於第 1 章「導論」中所描述的青少年工作的歷史淵源，本節對青春期工作的最新社會歷史背景說明，有哪些差異？

│反思個人經驗│

- 你在高中期間曾有過打工經驗嗎？如果有，它的優缺點是什麼？上大學以後，你還有繼續打工或是做全職工作嗎？工作對你的學業成就有什麼影響？

3. 職涯發展

學習目標 3　說明青春期的職涯發展特色。

發展變化　認知因素　認同發展　社會背景

　　青少年的職涯選擇有哪些發展變化？有哪些認知因素影響職涯發展？職涯發展與認同發展有何關聯？社會文化因素如何影響職涯發展？本節將探討這些問題的答案。

發展變化

　　兒童對於長大後要做什麼抱有理想主義的幻想。例如，許多幼兒幻想自己能成為超級英雄、體育明星或電影明星。到了高中，志向考量才漸漸務實。約莫 20 多歲時，他們才會認真地探索不同的職業可能性以及不可能從事的工作，進而做出職業決定。在大學裡，這通常意味著選擇能在特定領域工作的主修學位。到了 25 歲前後，許多年輕人已經完成教育或培訓，準備展開全職工作。從 25 歲到成年早期這段時間，個體常渴望在某個特定領域建立自己的新創事業。他們兢兢業業地努力工作，爬向職業階梯頂端，一步步地改善財務狀況，累積財富。

　　William Damon（2008）主張，不僅兒童對職業抱有理想主義的幻想，當今太多青少年都還在幻想從事跟現實不大相關的職業。青少年常常不知道要怎麼成為職業明星，生活中也沒有人可以把他們推向職業的頂峰。例如，一個夢想成為下一個職籃明星 LeBron James 的青少年，或參加劇團想成為 Angelina Jolie 的青少女，在在缺乏這樣的資源。

認知因素

　　探索、決策能力和計畫在青少年的職涯選擇中起著重要作用（Porfeli & Lee, 2012）。在就業機會平等的國家裡（如：美國、加拿大、英國和法國），探索各種職業路徑對青少年的職涯發展至關重要。青少年須在意義相當模糊、不確定性和壓力下進行職業探索和決策。年輕人做的許多生涯決定，不免經歷一番費力掙扎，有時計畫還趕不上變化。許多青少年沒有充分地探索職涯，也沒有得到學校輔導老師的指導。一般來說，高中生每年得到輔導老師指導的時間不到 3 小時；而在某些學校，指導的時間甚至更少。許多學校的學生

不僅不知道要蒐集哪些職業訊息，也不知道要如何搜尋。

在《邁向目的之路》一書中，William Damon（2008）指出，多數高中生並非缺乏企圖心，而是沒有實現職涯目標的適當計畫。太多年輕人在高中階段漫無目的地生活，使他們處於無法發揮潛能、找不到能終生追求的目標的危險境地中。

在大規模的縱貫調查中，Mihaly Csikszentmihalyi 與 Barbara Schneider（2000）研究美國青少年如何發展態度並培養技能，以實現其職涯目標和期望。他們評估了來自美國 13 個學區、1,000 多名學生的學習進度，學生隨機記錄自己的想法和感受，並填寫有關學校、家庭、同儕和職業抱負的調查表。研究人員還採訪了青少年以及他們的朋友、父母和老師。該研究的發現如下：

- 女孩期望與男孩擁有相似的教育和收入。
- 比起家境富裕的學生，低收入的少數族裔學生對學校的態度更為積極正向。
- 最會運用學校資源、對未來最具理想抱負的學生，是那些把學習當樂趣而非苦差事的學生。
- 明確的職業目標和良好的工作經驗無法保證成年工作一帆風順。無論什麼活動，積極投入參與才是形成樂觀心態與韌性的不二法門，也才能實現令人滿意的工作生活。這一發現與 Csikszentmihalyi 的心流概念相符。

如今，90% 以上的高中畢業生希望上大學，70% 以上的人希望從事專業工作。四十年前只有 55% 的人想上大學，42% 的人希望從事專業工作，情況與今日大不相同。父母親可以多瞭解孩子在學校選修的課程、申請大學的條件、不同職涯選擇的資訊，並切實地評估孩子與這些職業相關的能力和興趣。

認同發展

職涯發展與青少年及準成年人的認同發展有關（Porfeli & Lee, 2012）。職涯決定與計畫，與定向型認同呈正相關，與延遲型及迷失型認同呈負相關（Wallace-Broscious, Serafica, & Osipow, 1994）。個體的認同狀態大致可分為四類：迷失型、早閉型、延遲型、定向型。延遲型的人雖然尚未做出認同承諾，但願意去探索各種可能的選項。迷失型的人既不做出承諾，也沒有感受到應該要去探索各種選項的危機。認同正在成形的青少年及準成年人更能清楚地表達他們的職業選擇，下一步就是準備去實現短期和長期目標了。相反地，延遲型及迷失型的人還苦於無法決定職業規劃的方向。

　　一項針對 1,099 名七年級至十二年級高中學生進行的橫斷研究，探討職業認同發展與其他不同領域認同發展的關聯（Skorikov & Vondracek, 1998）。結果顯示，青少年職業認同發展進程的特色是，迷失型和早閉型認同的學生比例增加。至於一般意識形態、宗教信仰、生活型態和政治等領域的認同狀態，則落後於職業認同發展（見圖 6）。因此，和 Erikson（1968）的理論一致，職業認同發展在不同領域認同發展中起著主導作用。

領域／認同狀態	八年級	十年級	十二年級
職業／			
延遲型	33.5	38.0	42.1
定向型	13.5	13.5	19.6
一般意識形態／			
延遲型	25.5	27.8	36.4
定向型	5.1	11.2	5.6
宗教信仰／			
延遲型	14.6	15.6	20.0
定向型	5.6	7.8	5.4
生活型態／			
延遲型	14.0	18.9	15.6
定向型	3.6	6.5	4.6
政治／			
延遲型	11.3	13.8	11.2
定向型	3.1	4.8	6.5

圖6│**不同領域的認同狀態發展。**注意：此處數字為百分比。

社會背景

　　並非每個出生在這世界上的人，長大後都能成為核子物理學家或醫生——遺傳的限制使得某些青少年無法具備進入從事此類職業所需的高知識水平。同樣地，遺傳限制也使得某些青少年無法成為職業足球運動員或職業舞者。但是大多數人可以從事的職業很多，這些職業與我們的能力相似適配。我們的社會文化經驗對萬中挑一的職業選擇有著深遠的影響。影響職業發展的重要社會背景因素包括：文化、社經地位、父母與同儕、學校、性別和族裔。

文化

對 11,000 多名來自 18 個國家中上社經家庭青少年的研究發現，青少年對自己的未來承受著相當大的壓力（Seiffge-Krenke, 2012）。他們特別擔心無法得到進入某專門職業所要求的培訓或教育，許多人還擔心將來會失業。

某些國家的年輕人，工作和職業願景遠比其他國家差。例如在義大利和西班牙等南歐國家，大學畢業生人數眾多，但勞動市場對這些畢業生的需求相對較低（Tomasik & others, 2012）。

社經地位

教育是開放給低社經地位者向上流動的主要管道（Johnson & Reynolds, 2013; Vuolo, Mortimer, & Staff, 2014）。從小學到中學，再到大學和研究所的學校層級，都可以使個人適應某種職業。不到一個世紀前，僅需八年的教育即可獲致一般職業能力，任何超出該能力的條件，都可以使人有資格升任高級職位。到了 20 世紀中葉，高中學歷已成為就職的基本門檻。當今的職場，大學學歷更是進入高階行業的必要條件。

許多生涯發展理論是建基在中上階級和受過良好教育人士的經驗上。這些理論強調的概念是：個人具有廣泛的職業選擇，可以從中挑選和追求。然而，許多低收入家庭的年輕人職涯選擇限制重重，他們要面臨的困境有：學校素質差、暴力威脅、行業資訊不足等，在在限制了他們追求理想的職業（Ballentine & Roberts, 2009）。

父母與同儕

父母和同儕對青少年的職涯選擇也有很大的影響。有些專家認為，美國父母對孩子的成就期許過低，但有些人則認為父母對青少年施加太多壓力，超過孩子的負荷能力。

許多因素會影響父母在青少年職涯發展中的角色。其一，出外工作的母親表現出努力認真、以工作為榮的樣子，會對青少年的職涯選擇產生重大影響。這是因為當父母雙方都工作、享受工作時，青少年會從父母雙方學習到工作的價值。

父母通常以提供有關職業和價值觀的

父母在青少年的成就中扮演舉足輕重的角色。父母不應給孩子太多壓力，但也不要給孩子太少挑戰。箇中拿捏尤其重要。
©Aldo Murillo/Getty Images

訊息，以及言傳身教來潛移默化地影響孩子的職涯選擇。例如，父母向孩子耳提面命：上大學、追求高等專業學歷的價值，是將來從事醫學、法律或商業的入門票。有些父母則表示，大學並沒有那麼重要，他們更希望孩子成為冠軍運動員或電影明星。

同儕也會影響青少年的職涯發展（Kiuru & others, 2011）。青少年在學校裡通常會選擇與自己成就水準相似的朋友（Vondracek & Porfeli, 2003）。研究發現，當青少年交往的朋友，其父母的職涯水準很高時，即使青少年出身貧寒，他們也更有鬥志去尋求更高地位的職業（Simpson, 1962）。

學校的影響

學校、教師和諮商師對青少年的職涯發展，影響力不容小覷（Ghosh & Fouad, 2017; Paixao & Gamboa, 2017）。學校是個體最先接觸到的工作世界，為日後的成就與職涯發展奠定基礎。學校也是這個社會上唯一能夠提供多樣化生涯教育（教學、輔導、安置、社區連結）的機構。

學校諮商一直以來飽受教育系統內外各界批評（Heppner & Heppner, 2003）。教育界內抱怨，每位諮商師要負責的學生人數太多，行政業務繁重。一項全國調查發現，美國 50% 以上的高中，學生與學校諮商師的比例超過 250：1（Radford & Ifil, 2009）。

教育界外則抱怨學校諮商無效、充滿偏見、浪費金錢。除了加緊建立新的專業外，另有幾個解決方法（William T. Grant Foundation Commission on Work, Family, and Citizenship, 1988）：首先，僱用兩倍以上的諮商師人力，滿足學生需求。第二，重新定義教師角色，同時加強教師的在職訓練以及減輕教學負擔，使教師在授課的時候，更能承擔處理青少年的諮商需求。專業諮商師的作用是訓練與協助教師進行輔導，至於教師無法處理的部分，則由專業諮商師對學生提供直接諮商服務。第三，全面廢除學校諮商，將諮商師安置到他處——如社區的社會機構或勞工服務處（例如，德國禁止教師提供生涯諮商，而將這項任務委派給體制完善的勞工就業專員）。

性別

由於女性被社會化成擔任照顧者的角色，不能像男性那般追求事業或成就，使得有些女性沒有認真規劃職涯、廣泛探索生涯選項，僅屈就於刻板印象的行業（Matlin, 2012）。其實兩性的工作動機類似，但卻因社會化經驗及社會力量侷限了可利用的機會，使得兩性做出了不同的生涯選擇（Petersen & Hyde, 2014; Tracey, Robbins, & Hofsess, 2005）。例如，許多女性不敢在高中或大學修習 STEM 領域（即科學、技術、工程及數

學）的課程，使其職業選擇受限（Lauermann, Tsai, & Eccles, 2017; Watt & Eccles, 2008; Watt, Eccles, & Durik, 2006）。

隨著越來越多年輕女性追求職涯成就，她們也面臨到與職業和家庭相關的問題（Matlin, 2012; Richardson & Schaeffer, 2013）。她們可以先立業再成家嗎？或者可以在她們 20 多歲時，同時建立事業、婚姻和育兒？過去十年中，有些女性仍依傳統的模式走入家庭，結婚生子、當全職母親。這些全職母親的工作斷斷續續，就算真的有工作，工作角色也不若家庭角色重要。

但是，越來越多女性已經偏離上述路徑，和男性一樣投入職場，與工作發展出密不可分的牢固關係（Richardson & Schaeffer, 2013）。等到她們的事業穩定，才想生兒育女；她們也不想離開職場，而是努力找出可以兼顧職涯與母職的方法。儘管有些女性寧可追求事業，不願結婚，但當代女性多半希望「魚與熊掌兼得」，甚至「囊括所有一切」。

社經地位與族裔

許多家境貧寒的青少年及準成年人在尋求向上流動的過程中面臨極大挑戰。這些青少年過早承擔成人的角色，也無法充分探索職涯。

少數族裔青少年，尤其是低收入家庭的青少年，面前也橫亙著為成功職涯做準備的障礙（Banerjee, Harrell, & Johnson, 2011; Bounds, 2017）。一項針對 18 至 20 歲都會區拉美裔青少年的研究表明，家庭義務是他們高中畢業後，決定生活和職涯方向的核心主題（Sanchez & others, 2010）。財務狀況是決定就業或升大學的主要考量。

為有效處遇少數族裔青少年的職涯發展，諮商師必須加強他們的溝通能力、關於家庭重要性的價值觀、語言流利度，及瞭解各個少數族裔對成就的期望（Waller, 2006）。諮商師亦須覺察和尊重少數族裔青少年的文化價值觀，並在他們的教育和職涯現實環境條件下討論這些價值觀（Ulloa & Herrera, 2006）。

回顧與反思

| 學習目標 3 | 說明青春期的職涯發展特色。

| 複習本節所學 |

- 青少年的職涯選擇有哪些發展變化？
- 認知因素如何影響青少年的職涯發展？
- 認同發展與青少年的職涯發展有何關聯？
- 社會背景在青少年的職涯發展中扮演什麼角色？

| 分享與連結 |

- 關於大腦的執行功能，有哪些面向可以用來幫助我們理解青少年職涯發展中涉及的認知因素？

| 反思個人經驗 |

- 你有哪些職涯目標？請寫下你未來 20 年、15 年及 5 年後的工作和職涯目標。盡可能地具體、明確一些。說明你的職涯目標時，請從最遠端開始（即距現在 20 年），再往現在推演。若從現在開始推演，恐怕目標不夠精確，或與長期職涯目標不太相關。

CHAPTER 11

青春期與成年初顯期的問題

章節概要

1・探討青春期與成年初顯期的問題

│學習目標 1│

探討青春期與成年初顯期問題的性質。

- ・生物心理社會取向
- ・發展心理病理學取向
- ・青少年和準成年人問題的特徵
- ・壓力與因應對策
- ・韌力

2・問題與身心疾病

│學習目標 2│

說明青少年和準成年人常見的問題和身心疾病。

- ・物質使用
- ・青少年犯罪
- ・憂鬱與自殺
- ・進食障礙

3・問題與預防／介入策略的相互關係

│學習目標 3│

摘述問題與預防／介入策略的相互關係。

- ・有多重問題的青少年
- ・預防和介入策略

©Tom & Dee Ann McCarthy/Corbis/Getty Images

15 歲的啦啦隊長安妮，一頭金髮、身材高眺、魅力十足。去買酒的時候，沒有人質疑她的年齡。她有當保姆的收入和媽媽給她的午餐錢。安妮因蹺掉練習太多次而被踢出啦啦隊，但這並沒有阻止她喝酒。不久之後，她和幾個友伴幾乎每天聚在一起喝酒，有時蹺課去沒人發現的地方狂飲。安妮的生活開始圍繞著酒打轉。過了一陣子，她的父母才發現安妮的問題。他們試圖用懲罰來阻止她喝酒，可惜並沒有成功。就這樣持續了兩年，安妮每天都醉醺醺的。不久前，安妮開始和一個她真正喜歡的男孩約會，不過，他無法忍受她喝酒。安妮同意去匿名戒酒協會，已經能做到連續四個月保持清醒。她的目標是繼續禁酒。

阿尼，13 歲，有竊盜和人身攻擊的前科。第一次偷竊是 8 歲時，一年後，他犯下了傷害罪。當時他把 7 歲的弟弟用力推去撞牆，導致他頭破血流，而且威脅要用刀殺死他。最近，他更變本加厲。短短一星期內，他不但偷了電視機、反覆毆打母親並威脅要殺死她，還破壞了社區的路燈，用扳手和鐵錘威脅其他年輕人。阿尼的父親在他 3 歲時離家，在父親離開之前，父母就爭吵不斷，家暴連連。阿尼的母親表示，在阿尼很小的時候，她還可以控制他，但是最近幾年，她已經管不動了。針對阿尼的暴力和危險行為，專家建議把他與其他觸法少年一起集中安置在團體家屋（group home）中。

引言

前面的章節曾談到青少年和準成年人的問題，例如與性、學校和成就等有關的問題。本章特別關注青少年和準成年人的問題，說明理解這些問題的不同取向，並概述預防和介入這些問題的策略。

---

1. 探討青春期與成年初顯期的問題

| 學習目標 1 | 探討青春期與成年初顯期問題的性質。 |

生物心理社會取向　　發展心理病理學取向　　青少年和準成年人問題的特徵　　壓力與因應對策　　韌力

是什麼原因讓青少年出現問題？青少年和準成年人的問題是如何發展出來的？壓力與因應方式和問題有何關聯？深具韌力的青少年有哪些特徵？

生物心理社會取向

生物心理社會取向（**biopsychosocial approach**）強調，生物、心理和社會因素的相互作用，導致青少年、準成年人或其他年齡階段的人出現問題（見圖 1）。因此，如果青少年有物質濫用的問題，可能是由於生物因素（例如：遺傳和腦部發育）、心理因素（例如：責任感弱和自制力差）和社會因素（例如：親子和同儕關係不佳）共同作用的結果。接下來將詳細說明造成青春期問題的生物、心理和社會因素。

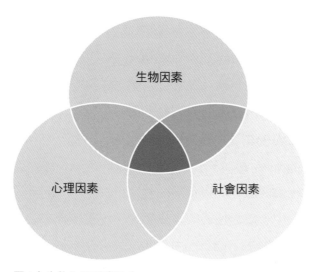

圖 1｜**生物心理社會取向**

生物因素

基因、青春期發育、荷爾蒙和大腦等，是導致青少年及準成年人出現問題的生物因素。

早熟與青少女的許多問題有關，如：藥毒品使用、憂鬱和違法行為（Mendle & others, 2018; Platt & others, 2017; Ullsperger & Nikolas, 2017）。此外，青春期發育的荷爾蒙變化，有可能是青少女憂鬱症盛行率比青少男高的原因之一（Conley & Rudolph, 2009）。青少年如何處理萌發的性興趣，也和他們是否會出現問題有關（Ihongbe, Cha, & Masho, 2017）。過早發生性行為，與物質濫用和違法行為有關（Donenberg & others, 2018; Rivera & others, 2018）。

前額葉皮質發展較慢與杏仁核較早成熟兩相結合，可能造成青春期冒險和尋求感覺刺激的行為增加（Cohen & Casey, 2017; Crone, 2017; Dahl & others, 2018; Reyna & others, 2018）。青春期的大腦變化，導致青少年的思考能力不夠成熟，無法好好控制在危險情況下的行為，所以才會出現問題（Souza & others, 2018; Steinberg & others, 2018）。

心理因素

身分認同、性格特質、決策能力和自制力等，是影響青少年及準成年人問題發展的重要心理因素。建立正向的身分認同，對於青少年及準成年人的健康適應及學業成就至關重要（Galliher, McLean, & Syed, 2017; Klimstra & others, 2017）。在尋找一致性的身分認同過程中，須多方嘗試不同的身分，而其中一個或多個身分可能會有問題。情緒波動幅度大，是青春期的特徵（尤其是青春期早期）。當情緒過於負面消極，例如沉浸在悲傷情緒中，可能會惡化成憂鬱（Consoli & others, 2015; Hollenstein & Lanteigne, 2018）。前面章節曾提到五大性格特質（經驗開放性、盡責性、外向性、親和性和神經質）中，盡責性弱的青少年更容易涉入物質濫用和行為問題（Anderson & others, 2007; Raketic & others, 2017）。青春期是決策增加的時期，對許多青少年來說，強烈的情緒壓垮他

有哪些生物、心理和社會因素，導致青少年問題形成？
（上圖）©*Adam Gault/Getty Images RF;*
（下圖）©*Todor Tsvetkov/Getty Images*

們的決策能力，助長問題形成（Steinberg & others, 2018）。另一個重要的心理因素是自制力（Perry & others, 2018; Schunk & Greene, 2018），例如，自制力差的青少年更有可能出現物質濫用問題，從事違法行為（Loeber & Burke, 2011）。

社會因素

導致青少年問題的社會因素主要有：家庭、同儕、學校、社經地位、貧困和社區。許多家庭狀況都可能導致青春期問題，包括：親子之間持續不斷的高度衝突、父母對青少年的監督不足，以及不安全的依附關係（Delgado & others, 2018; Haas & others, 2018; Juang & others, 2018; Rusby & others, 2018; Smokowski & others, 2017; Waters, Ruiz, & Roisman, 2017）。

在青春期，個體與同儕相處的時間要比童年期多。與同儕相處的時間增加，會對青少年的發展產生正向或負面的影響（Rubin & Barstead, 2018; Ryan & Shin, 2018; Shih & others, 2017）。同儕關係不佳的青少年可能會出現問題，尤其是被拒絕的青少年（McDonald & Asher, 2018）。與涉入犯罪或物質濫用的同儕友伴廝混，是引發青春期問題的禍首之一（Gremmen & others, 2018）。此外，戀愛關係的某些層面，也與青春期問題有關（Love & others, 2018）。例如，過早約會與物質濫用有關，不情願的分手則與憂鬱症有關（Furman, 2018; Furman & Rose, 2015）。

美國中學常過於講究冷靜客觀，因而無法充分滿足正經歷重大生物、認知和社會情緒變化的青少年的需求（Voight & Hanson, 2017）。多數中學都沒有提供足夠的諮商服務來幫助青少年應對這些變化，或協助有問題的青少年。此外，對學校活動興致缺缺的青少年，更有可能中輟及出現其他問題，例如物質濫用和違法行為。

本書一再強調社經地位和貧困如何導致青少年的問題。貧窮使得青少年容易遭受許多問題，尤其是違法行為（Halfon & others, 2017; Nishina & Bellmore, 2018; Vidal & others, 2017）。但請謹記，出身富裕家庭的青少年，特別是男孩，也有物質濫用問題的風險（Luthar, Small, & Ciciolla, 2018）。此外，居住社區的品質亦與問題形成有關。例如，在犯罪率高和學校素質差的社區中長大的青少年，出現問題的風險增加（Duncan, Magnuson, & Votruba-Drzal, 2017）。

發展心理病理學取向

發展心理病理學取向（**developmental psychopathology approach**）著重於說明和探討問題的發展路徑，試圖找出問題的早期徵兆（例如：風險因素和早期經驗）與結果（例如：物質濫用、違法行為和憂鬱）之間的關聯（Berzenski, 2018; Gonzales & others, 2017;

> 「發展路徑」一詞是發展心理病理學的討論重點，是將早期適應與晚期適應之間的關係概念化的一種方式。
> ——Byron Egeland（明尼蘇達大學心理學教授）

Hentges, Shaw, & Wang, 2018）。發展路徑（developmental pathway）描述了影響結果的因素、各個因素的連續性和轉變。例如，從本章開頭阿尼的故事可看出，童年的負面教養經驗（父親家暴）和阿尼的青春期違法行為之間可能有關。

發展心理病理學取向常採縱貫研究來追蹤問題如何隨時間發展（Jones & others, 2018; Li, 2017）。該取向也試圖找出容易導致兒童和青少年物質濫用、違法行為及憂鬱症等問題

形成的**風險因素**（risk factors）（Caouette & Feldstein Ewing, 2017），以及預防問題發展的**保護因子**（protective factors）（Eiden & others, 2018; Liu & others, 2018b; Perry & others, 2018）。

近年來，發展心理病理學取向的關注重點集中在**發展串聯（developmental cascades）**上，意指各個領域之間的交互作用，經過一段時間後，影響了發展路徑和結果（Liu & others, 2018a; Luyten & Fonagy, 2018; Masten, 2017; Negriff, 2018; Smith & others, 2018）。發展串聯涵蓋廣泛的生物、認知和社會歷程之間的交互作用，包括家庭、同儕、學校和文化等許多社會環境（Almy & Cicchetti, 2018; Barstead & others, 2018; Liu & others, 2018a）。此外，各個領域之間的交互作用，可能產生積極或消極的結果，或發生在發展的不同時間點，如兒童早期、青春期後期或成年初顯期，甚至代間關係。Gerald Patterson 等人（Forgatch & Patterson, 2010; Forgatch & others, 2009; Patterson, Forgatch, & DeGarmo, 2010; Patterson, Reid, & Dishion, 1992）進行大量的研究，研究主題是父母的高壓強制、缺乏正向管教，導致兒童品行不端，使得孩子與同儕的相處經驗不佳（被品行良好的同儕拒絕，轉而結交損友）和學校經驗不良（例如，學習受挫），進一步加劇了青少年的反社會行為（Patterson & others, 2010）。另外，由兒童早期母親的溫暖／敏感性，輔以孩子的自我調節能力，以及接下來父母在兒童中期和晚期的監督，可預測孩子不易結交行為偏差朋友，大大降低青少年的外顯行為問題和未成年飲酒情形（Eiden & others, 2016）。

及早辨識風險因素，是預防和治療行為問題的捷徑（Almy & Cicchetti, 2018; Masten, 2017）。例如，父母親患有憂鬱症、焦慮症或物質濫用，將使青少年更容易罹患憂鬱症（Morón-Nozaleda & others, 2017）。兒童中後期父親患有憂鬱症狀的兒童，在青春期有出現憂鬱症狀的風險（Lewis & others, 2017）。此外，父親和母親飲酒可預測子女的早期飲酒（Kerr & others, 2012）。在 2 歲時被拒絕忽視教養的經驗，可預測兒童在 12 歲時會出現更強的攻擊性，並在 15 和 22 歲時涉入不安全性行為（Hentges, Shaw, & Wang, 2018）。

青少年和準成年人的問題可以歸類為內隱行為問題或外顯行為問題：

● **內隱行為問題（internalizing problems）**：指個人將問題轉向內在壓抑，如：焦慮和憂鬱。

● **外顯行為問題（externalizing problems）**：指個人將問題轉向於外在行為表現，如：青少年犯罪。

兒童期問題的模式與青春期和成年初顯期的發展結果有關（Almy & Cicchetti, 2018; Perry & others, 2018）。7 歲時的內隱行為問題可預測 12 歲時的學業成就較差；而 9 歲時的學業成就高，與 12 歲時內隱和外顯行為問題的發生率較低有關（Englund & Siebenbruner,

2012）。此外，早年的外顯行為問題與青春期飲酒增加有關。研究發現小學時期有內隱行為問題的男孩，在21歲時可能會出現類似的問題，但成年後外顯行為問題的風險並未增加（Quinton, Rutter, & Gulliver, 1990）。同樣地，童年時期的外顯行為問題（例如攻擊或反社會行為），會增加21歲時出現反社會問題的風險。至於女孩，早年的內隱行為問題和外顯行為問題都預測了21歲時會出現內隱行為問題。

Alan Sroufe 等人（Sroufe, 2007; Sroufe & others, 2005; Sroufe, Coffino, & Carlson, 2010）發現，青春期的焦慮問題，與嬰兒期的不安全抗拒型依附有關（即嬰兒有時緊緊依附著照顧者，有時卻將照顧者推開）；青春期的行為問題，與嬰兒期的迴避型依附（嬰兒避開照顧者）有關。Sroufe 得出的結論是：早年支持性的關懷（安全型依附）加上早期培養的同儕相處能力，可以緩和青少年的發展問題。在一項有關發展心理病理學的研究中，Ann Masten（2001; Masten & Reed, 2002; Masten & others, 2010）追蹤205名兒童，從兒童期到青春期再到成年初顯期的十年歲月。她發現，良好的智力功能和父母教養方式，在防止青少年和準成年人涉入反社會行為上起了保護作用。本章稍後將繼續討論青少年和準成年人的韌力因素。

內隱行為問題和外顯行為問題有哪些特徵？這些問題與性別和社經地位有何關聯？

（上圖）©*Maria Taglienti-Molinari/Getty Images;*
（下圖）©*SW Productions/Getty Images*

John Schulenberg 與 Nicole Zarrett（2006）探討成年初顯期的心理健康、幸福感和問題，及其與青春期的延續性／不延續性。整體而言，成年初顯期的幸福感往往會增加，而一些問題如盜竊和財產損失會減少。研究發現，外顯行為問題在青春期增加，然後在成年初顯期減少（Petersen & others, 2015），然而，有些人卻在成年後罹患某些心理疾病（如：重度憂鬱症）。從高中的最後三個月到大學一年級期末，飲酒、吸食大麻和與多位伴侶發生性關係的情形增加，而酒駕、攻擊行為和財產犯罪則減少（Fromme, Corbin, & Kruse, 2008）。

整體而言，青春期出現的心理健康問題，可能會延續到成年後出現類似問題。考量各種問題，例如藥毒品、犯罪和憂鬱症時，也要重新審視這些問題從青春期到成年初顯期的延續性和不延續性。

青少年和準成年人問題的特徵

青少年和準成年人的問題範圍很廣。這些問題的嚴重程度不一，性別及不同社經地位族群的普遍程度亦不相同。有些問題出現的時間短暫，有些問題則持續多年；而有些問題較容易出現在某個發展階段。憂鬱、逃學和藥毒物濫用在年長的青少年中更為常見，年紀尚輕的青少年則較常發生爭執、打架和大聲喧嘩（Edelbrock, 1989）。

Thomas Achenbach 與 Craig Edelbrock（1981）的大規模調查顯示，來自低社經地位背景的青少年，比來自中產階級的青少年更容易出現問題。社經地位較低青少年的問題多半為自制力不足的外顯行為問題——如破壞他人財物和打架，這些行為通常也以男孩居多。中產階級青少年的問題則以過度壓抑控制的內隱行為問題為主。

最有可能導致青少年就診接受心理健康治療的行為問題是：不快樂、悲傷或憂鬱，以及學校表現不佳（見圖 2）。學業成就不佳——無論是繼發性於其他類型的問題，抑或為原發性問題——是青少年常被轉介就診的原因。

在另一項調查中，Achenbach 等人（1991）將接受心理健康服務評估的 2,600 名 4 至 16 歲兒童與青少年的問題和能力，與其他 2,600 名人口統計學向度一致、但未轉介心理健康服務評估者進行比較。低社經地位的兒童與青少年比高社經地位者問題更多、能力更弱。若孩子成長家庭的成年親戚數少、親生父母未結婚、父母分居或離婚、須接受公共援助或有家人罹患精神疾病，問題就更多了。外顯行為問題較多的兒童與青少年，多半出身於父母未結婚、分居或離婚，以及正在接受公共援助的家庭。

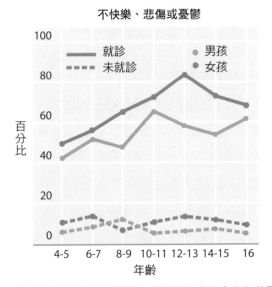
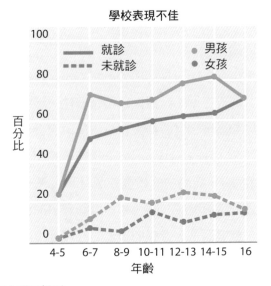

圖 2｜最有可能區別就診和未就診兒童與青少年的兩大項目類別

許多研究顯示，貧困、親職失能和父母的精神障礙等因素，可**預測**青少年的問題（Duncan, Magnuson, & Votruba-Drzal, 2017; Muftic & Updegrove, 2018）。問題的預測因子稱為**風險因素**。風險因素表明，具有該因素者出現問題的可能性偏高。風險因素多的兒童，在兒童期和青春期具有出現問題的「高風險」，但並不是每個人的發展都會出問題。

有些研究人員在探討青少年問題時，主要考慮的是風險因素，但有些研究人員則認為依據風險因素來概念化問題，看法未免過於消極（Lerner & others, 2015）。相反地，他們強調的是青少年的發展輔助資產（developmental assets）（Seider, Jayawickreme, & Lerner, 2017）。例如，明尼亞波利斯市搜尋研究所（Search Institute in Minneapolis）前所長 Peter Benson（2006; Benson & Scales, 2009, 2011; Benson & others, 2006）找出了 40 種青少年需要的發展輔助資產，以幫助他們實現正向積極的生活。這些資產共分成 20 種外在資產及 20 種內在資產。科學證明 40 種發展輔助資產中的每一種，都可以促進青少年健康成長。20 種**外在**資產其中包括：

- **支持**（support）：例如得到家人和鄰里的支持。
- **培力**（empowerment）：例如社區中的成人重視青少年，並賦予他們有用的社區角色。
- **界限與角色期望**（boundaries and expectations）：例如家庭制定明確的規則和後果，並監控青少年的去向，以及益友的正向影響力。
- **善於運用時間**（constructive use of time）：例如每週進行三次以上的創意活動，或每週參加 3 小時以上的青年計畫方案。

20 種**內在**資產其中包括：

- **致力於學習**（commitment to learning）：例如認真學習、每天至少做 1 小時的家庭作業。
- **正向的價值觀**（positive values）：例如幫助他人、行事正直。
- **社會能力**（social competencies）：例如知道如何制定計畫和做決定，並具有人際交往能力，例如同理心和建立友誼的技巧。
- **積極的認同**（positive identity）：例如對生活有控制感、培養高自尊。

從搜尋研究所進行的研究可發現，擁有更多發展輔助資產的青少年，較少從事飲酒、抽菸、性交和暴力等冒險行為。在一項針對超過 12,000 名九年級至十二年級學生的調查中，擁有 0 到 10 種資產的青少年占 53%，他們自述在過去一個月內，曾飲酒三次以上，或曾在過去兩週內喝醉一次以上。相比之下，擁有 21 至 30 項資產的學生只有 16%，擁

有 31 至 40 種資產的學生只有 4%。另一方面，這些資產不僅可以防止冒險行為，還可以促進社會所重視的某些行為。例如，擁有 31 至 40 種資產的年輕人，比擁有 0 至 10 種資產或 11 至 20 種資產的年輕人，學校成就更佳，並維持良好的身體健康。

壓力與因應對策

17 歲的艾倫說：「我從沒想過成長是那麼困難。我一直覺得壓力無所不在，爸媽給我的壓力好大。我希望有人能幫我應對所有的壓力。」以下探討壓力的本質，以及青少年如何有效因應壓力。

壓力

儘管 G. Stanley Hall（1904）等人過度誇大了青春期的風暴和壓力程度，但今日許多青少年及準成年人活在壓力山大的環境，從而影響他們的成長。壓力究竟是什麼？**壓力**（**stress**）是個人對壓力源的反應，壓力源是威脅他們並耗盡因應能力的情況和事件。

車禍、考試成績不佳、錢包遺失、與朋友發生衝突——這些都可能成為生活的壓力源。有些壓力源是急性的，換句話說，是突然的事件或刺激，例如被掉落的玻璃割傷；有些壓力源則是慢性的或持久的，例如營養不良或 HIV 陽性。除了生理上的壓力源，也有情緒和心理上的壓力源，例如至親死亡或遭受歧視。

青少年會因為發展的變化而感受到壓力嗎？一項針對 12 至 19 歲青少年的研究顯示，對壓力的感知在青春期後期有所減少，且隨著年齡增長，青少年越來越懂得採取主動積極的因應策略（例如：向父母或朋友徵詢有關情緒困擾的建議）和內在的因應策略（例如：思考不同的問題解決方案）（Seiffge-Krenke, Aunola, & Nurmi, 2009）。

青少年及準成年人的壓力源可能來自四面八方（Aho, Proczkowska Bjorklund, & Svedin, 2017; Majeno & others, 2018; Starr & others, 2017），包括：生活事件、日常煩心事和社會文化因素。

生活事件與日常煩心事

想想你的生活，哪些事件為你帶來了巨大壓力？有些事件是大問題，可能會接二連三、屋漏偏逢連夜雨般地發生，例如：長期戀愛關係破裂、至親死亡、父母離婚、威脅生命的疾病（如癌症）、人身傷害、戰爭或災禍（Kok & others, 2017; Love & others, 2018; Oren & others, 2017; Shi & others, 2018; Thurman & others, 2017）；有些是日常煩心事，例如：沒有足夠的時間學習、與男女朋友吵架、家庭紛爭，或工作沒有得到認同。

生活發生重大變化（失去至親、父母離婚），發生心血管疾病和早逝的可能性較高（Taylor, 2015）。若同時經歷多個壓力源，結果可能更加複雜（Rutter & Garmezy, 1983）。例如，被兩種長期生活壓力圍攻的人，需要心理服務的可能性，是那些只需應對一個長期生活壓力者的四倍（Rutter, 1979）。與父母關係良好的青少年，在經歷壓力大的生活事件後，外顯行為問題並未增加（Oliva, Jimenez, & Parra, 2008）。情緒調節能力較好的青少年，經歷負面生活事件後較不易焦慮和憂鬱（McLaughlin & Hatzenbuehler, 2009）。

有些心理學家認為，檢視生活事件的時候，日常煩心事和生活瑣事才是評估壓力源影響的較佳線索（Du, Derks, & Bakker, 2018; Louch & others, 2017）。忍受乏味而緊張的工作或生活貧困，雖非重大的生活事件，但這些煩心事累積下來的負荷會加重生活壓力，導致心理或生理疾病（Sarid & others, 2018; Scott & others, 2018; Smyth & others, 2018）。

關係的壓力在青少年中尤為常見（Love & others, 2018; Persike & Seiffge-Krenke, 2016; Shulman, Seiffge-Krenke, & Walsh, 2017）。青少年報告的日常壓力事件中，46% 至 82% 和人際關係有關，特別是與父母、同儕和戀愛對象的衝突（Seiffge-Krenke, Aunola, & Nurmi, 2009）。例如，針對 21 個國家的研究表明，青少年的壓力水平在面對父母和學校時最高，與同儕和戀愛對象在一起時壓力最低（Persike & Seiffge-Krenke, 2012, 2014）。

青少女對人際關係壓力較為敏感，當人際關係壓力升高時，她們傾向採取維持關係和諧的因應策略（Seiffge-Krenke, 2011）。但若停留在破壞性的關係內太久，會導致憂鬱症狀（Brockie & others, 2015; Furman, 2018; Hamilton & others, 2015）。

大學生最大的煩惱是什麼？研究發現，大學生常見的日常煩心事是：虛度光陰、寂寞孤獨、擔心達不到高的成就標準（Kanner & others, 1981）。事實上，在這個成就導向的世界，害怕失敗的恐懼常使得大學生心情抑鬱。大學生還表示，找樂子、開懷大笑、看電影、與朋友在一起，以及完成任務，是能夠讓心情好轉的活動。

批評日常煩心事論點的學者認為，它和生活事件量表一樣具有某些相同的弱點（Dohrenwend & Shrout, 1985）。例如，知道一個人的日常煩惱和問題，無助於瞭解他對壓力源的感知、生理恢復潛力或因應能力與策略。再者，日常煩心事和生活瑣事量表與健康和疾病的客觀測量結果關聯始終不一致。

社會文化因素

社會文化因素有助於我們瞭解個體可能會遇到哪些壓力源、是否將事件視為壓力源，以及如何應對壓力源（Torres & Santiago, 2018）。以下探討性別、文化衝突和貧困等壓力的社會文化因素。

男性和女性對壓力源的反應是否相同？Shelley Taylor（2006, 2011a, b, c, 2015, 2018）

美國的移民青少年遭受哪些文化適應壓力？

©Stephanie Maze / Corbis / Getty Images

指出，與男性相比，女性面對壓力和威脅時較少採取戰或逃（fight-or-flight）反應。Taylor 認為女性較常採取「**照料**與**結盟**」（tend and befriend）反應，也就是說，透過照顧行為來保護自己和他人，並與更大的社會群體結盟，尤其是與其他女性組成的社會群體結盟。

青春期的男孩和女孩會以相似或不同的方式因應壓力嗎？研究顯示，青少男和青少女在學業（例如，獲得良好成績）、父母（例如，親子衝突）、與自我相關問題（例如，不喜歡自己的外表）、休閒娛樂（例如，沒有足夠的錢）以及未來（例如，失業）等方面的壓力，並沒有顯著差異（Seiffge-Krenke, Aunola, & Nurmi, 2009）。但是，青少女表示，她們在同儕關係中承受更大的壓力（例如，擔心朋友太少），並運用更積極的策略來應對壓力（例如，向友伴尋求幫助）。

文化適應壓力（**acculturative stress**）意指兩個不同文化群體之間的接觸所產生的負面影響。許多移民到美國的人都經歷過文化適應壓力（Conn, Ejesi, & Foster, 2017; Davis & others, 2018; Gonzales-Backen & others, 2017; Lorenzo-Blanco & others, 2018）。例如，美國強調纖瘦身材的文化適應壓力，與拉美裔大學生的身體意象困擾有關（Menon & Harter, 2012）。

貧困對個人和家庭帶來巨大的壓力（Duncan, Magnuson, & Votruba-Drzal, 2017; Green & others, 2018）。青年因應壓力問題專家 Bruce Compas（2004, p. 279）稱貧窮為「美國年輕人面臨的最嚴重社會問題」。住處狹小、危險社區、責任繁重及經濟不確定性等沉痾弊病，是令貧困者窒息的生活壓力（Rosen & others, 2018; Stolbach & Anam, 2017）。與經濟無虞的同儕相比，低收入戶的青少年更有可能遇到威脅安全和不可控制的生活事件（Yatham & others, 2018）。

因應策略

青少年及準成年人應對壓力的方式各不相同（Mash & Wolfe, 2018）。有些人碰到一點點壓力就會很快放棄；有些人則積極努力尋找解決問題的方法，甚至成功地適應極為艱鉅

的情況。若能事先學習如何應對壓力大的情境，必能大幅減輕壓力。

因應

因應（**coping**）包括應付負荷繁重的狀況、花費大量精力解決生活中的問題，以及尋求管理或減輕壓力。有效和無效的因應之間有何差別？

從個人的性格特徵可略窺一二。成功的因應與多項性格特徵有關，包括個人控制感、正向情緒和個人資源（Compas & others, 2014a, b; Howell & others, 2015）。然而，也要看所使用的策略和情境脈絡（Gudiño, Stiles, & Diaz, 2018），方法雖多，但有些方法比其他方法更好（Gould & others, 2018; Metzger & others, 2017）。

與兒童相比，青少年能運用的因應策略更多，選擇因應策略的能力更高（Aldwin & others, 2011）。從兒童期到青春期，因應策略的兩大年齡趨勢為：（1）因應**能力**提高，表現在更有自主性以及不必那麼依賴周遭成人、更有計畫地解決問題、更懂得使用認知策略；（2）**調度運用**不同因應策略的能力提升，取決於哪種因應策略更能有效地應對某些類型的壓力源（Zimmer-Gembeck & Skinner, 2011）。

問題焦點和情緒焦點的因應

Richard Lazarus（2000）對因應策略進行的分類，在學術界占有一席之地。他將因應策略分成問題焦點因應和情緒焦點因應。

問題焦點因應（**problem-focused coping**）意指直接面對困境並設法解決。例如，若在某門課表現不佳，可以去學習技能中心參加培訓計畫，提升學習能力。面對問題，並嘗試解決。統合分析 39 項研究發現，問題焦點因應與創傷和逆境後的正向轉變有關（Linley & Joseph, 2004）。

問題焦點和情緒焦點的因應有何差異？
©Gary Houlder/Corbis/Getty Images

情緒焦點因應（**emotion-focused coping**）意指以訴諸情緒的方式應對壓力，尤其是使用防衛機轉，如：迴避問題、合理化、否認、一笑置之或尋求宗教的慰藉。以上述情況為例，若採情緒焦點因應，就會避免去上困難的課、對自己說不上課沒關係、否認自己有問題，或者和朋友開玩笑。這不一定是解決問題的好方法，例如，研究發現，情緒抑鬱者更常避免面對問題（Ebata & Moos, 1989）。在一項關於城市青年的研究中，情緒焦點因應與問題惡化的風險增加有關（Tolan & others, 2004）。

但有時，情緒焦點因應反倒較合適。例如，否認是一種意識到死亡迫近、情緒排山倒

海而來時的保護機制；否認可以延遲承受壓力的時間，避免震驚的衝擊帶來的破壞性影響。但是，在其他情況下，情緒焦點因應卻又顯得適應不良。例如，否認你曾經交往的對象已不再愛你，會讓你無法繼續向前走。

許多人懂得兼用問題焦點因應和情緒焦點因應來成功應對壓力（Romas & Sharma, 2010）。但是，從長遠來看，問題焦點因應通常比情緒焦點因應來得更好（Heppner & Lee, 2001）。

另一種有害的因應策略是**迴避因應**（avoidant coping），即刻意忽略問題，期待問題會自行消失（Gudiño, Stiles, & Diaz, 2018）。以迴避和情緒焦點因應的青少年，較容易陷入憂鬱，出現自殺意念（Horwitz, Hill, & King, 2011）。

正向思考

不管什麼情況，正向思考和避免負面想法都是應對壓力的良好策略（Loton & Waters, 2017; Mavioglu, Boomsma, & Bartels, 2015）。正向的情緒可以提高有效處理訊息的能力並強化自尊。多數時候，樂觀的態度優於悲觀的態度，它讓我們感覺到具有掌控環境的能力，正如 Albert Bandura（2012）一再強調自我效能對因應壓力的重要性。正向思考反映了正向心理學運動的趨勢——心理學家呼籲更加重視正向的個人特質、希望和樂觀（King, 2017, 2018）。一項針對 5,000 多名青少年的前瞻性研究表明，樂觀的思維可以預測較低的憂鬱症狀、物質濫用和反社會行為（Patton & others, 2011b）。在青少年服用抗憂鬱藥物後 36 週內，懷抱正向的人生觀是憂鬱嚴重程度降低的最重要認知因素（Jacobs & others, 2014）。

尋求支持

來自他人的支持是能夠成功因應壓力的一個重要因素。與他人（例如家人、朋友或良師）親密、正向的依附關係，是青少年生活壓力的緩衝器（Arriaga & others, 2018; Fraley & Roisman, 2018; Jimenez-Iglesias & others, 2017; Li, 2017）。

提供支持的人可以推薦青少年具體的行動和計畫，以有效地應對壓力情境。例如，注意到青少年的課業負擔過重，可以教導青少年有效的時間管理或任務分配的方法。朋友和家人可以向處於壓力下的青少年保證，他是一個值得被愛、有價值的人。知道有其他人在關心著自己，更讓青少年有信心去應對壓力。

當青少年經歷嚴重壓力，例如密友或同學突然死亡，該事件可能會造成創傷（Shi & others, 2018）。在這種情況下，重要的是協助青少年尋求支持並與他人分享感受。一項分析發現，同儕死亡後，線上網絡資源似乎可以幫助青少年度過難關（Williams & Merten, 2009）。

情境脈絡與因應

因應不是一個獨立的過程，而是受到環境需求與資源的影響，因此必須在特定背景下對因應策略進行評估（R. M. White & others, 2017）。例如，某因應策略在一種情況下有效，但在另一種情況下卻失去效果，這取決於情境的可控管程度。因此，考前用問題焦點因應策略、考後等待結果時暫且忽視不管就是很恰當的因應方式。依情境調整因應策略指出了**因應彈性**（coping flexiblity）的重要性，即修改因應策略以適應情境要求的能力。

韌力

儘管面臨貧困等挑戰，但有些青少年及準成年人仍以其**韌力**（resilience）戰勝了逆境（Cotuli & others, 2013; Luthar, Crossman, & Small, 2015; Masten, 2013, 2014a, b, c; Masten & others, 2014, 2015; Masten & Kalstabakken, 2018; Masten & Palmer, 2018; Narayan & Masten, 2018）。回想一下第 1 章裡 Alice Walker 的故事，儘管身陷種族歧視、貧困、社經地位低下和眼傷，她還是成了一位成功的作家，提倡種族平等。

有哪些因素可讓青少年具有韌力？Ann Masten 等人（Masten, 2001, 2006, 2009, 2011, 2013, 2014a, b, 2015, 2016a, b, 2017; Masten & Kalstabakken, 2018; Masten, Obradovic, & Burt, 2006; Masten & Palmer, 2018; Motti-Stefanidi & Masten, 2017; Narayan & others, 2017）發現了許多常見因素，例如：良好的智力功能和有效的教養方式，能使兒童和青少年在壓力甚至危及生命的情況下表現出韌力。圖 3 說明在韌力兒童和青少年身上可見的個體、家庭和家庭外部環境特徵（Masten & Coatsworth, 1998）。

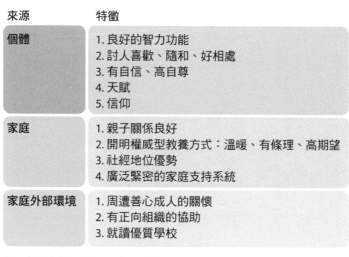

來源	特徵
個體	1. 良好的智力功能 2. 討人喜歡、隨和、好相處 3. 有自信、高自尊 4. 天賦 5. 信仰
家庭	1. 親子關係良好 2. 開明權威型教養方式：溫暖、有條理、高期望 3. 社經地位優勢 4. 廣泛緊密的家庭支持系統
家庭外部環境	1. 周遭善心成人的關懷 2. 有正向組織的協助 3. 就讀優質學校

圖 3｜**韌力兒童與青少年的特徵**

資料來源：Masten, A. S., & Coatsworth, J. D. "The Development of Competence in Favorable and Unfavorable Environments: Lessons from Research on Successful Children," *American Psychologist, 53*(2), 1998, 205-220 (Table 2).

　　Masten 等人（2006）的結論是，青春期的韌力與成年後的韌力延續有關，但這種韌力也可以在成年後發展。他們還指出，在成年早期，有些人會變得有動力去改善自己的生活，並發展出更好的計畫能力、做出更有效的決定，進而走上更積極的發展道路。在某些情況下，善心人士的關懷可以積極改變人的一生，例如 Michael Maddaus 的情況（他的故事在第 1 章的引言裡）。在經歷充滿壓力、衝突、失望和問題的童年和青春期之後，他在一位稱職、充滿愛心的良師關懷下，成為一名成功的外科醫生。根據 Masten 等人（2006）的說法，戀愛關係或孩子出生，也可能是改變的觸媒，激勵準成年人對美好的未來做出更堅定的承諾。

回顧與反思

| 學習目標 1 | 探討青春期與成年初顯期問題的性質。

| 複習本節所學 |

・生物心理社會取向如何解釋青少年的問題？

・發展心理病理學取向又是如何解釋青少年的問題？

・青少年和準成年人的問題特徵為何？

・青少年和準成年人的壓力和因應對策為何？

・說明青少年和準成年人如何發展出韌力？

| 分享與連結 |

・友誼如何造成壓力及促進因應能力？

| 反思個人經驗 |

・你在青少年或準成年人時期經歷過哪些重大壓力？你如何有效地應對壓力？

2.問題與身心疾病

學習目標 2　說明青少年和準成年人常見的問題和身心疾病。

- 物質使用
- 青少年犯罪
- 憂鬱與自殺
- 進食障礙

　　青春期和成年初顯期常出現哪些問題和身心疾病？其中包括：藥毒品使用和飲酒、青少年犯罪、與學校有關的問題、危險性行為、憂鬱和自殺，以及進食障礙。前面章節已經探討過與學校有關的問題和性問題，以下從藥毒品等物質使用談起。

物質使用

　　美國青少年和準成年人的藥毒品使用普遍程度如何？各種藥毒品的性質和作用是什麼？哪些因素促成他們吸食藥毒品？以下探討這些問題。

整體物質使用趨勢

　　自 1975 年以來，密西根大學社會研究所（Institute of Social Research）的 Lloyd Johnston 等人，每年都監測各公私立高中生吸食藥毒品的情況。1991 年起，也針對八年級和十年級學生的藥毒品使用情況進行調查。2017 年，該研究調查 380 所公私立學校約 45,000 名中學生（Johnston & others, 2018）。

　　美國中學生的藥毒品使用情況，在 1980 年代有所下降，但 1990 年代初開始增加，直到 21 世紀前十年才又減少。但是，從 2006 到 2017 年，非法藥物的總體使用量又開始增加，主因是青少年吸食大麻的情形增加了。2006 年，有 36.5% 的十二年級學生自陳每年使用非法藥物，而在 2017 年，這一數字上升到 39.9%。但是，若在年度使用量數據中減去大麻的使用量，青少年的藥毒品使用量即大幅降低。刪除大麻使用後，2006 年約有 19.2% 的十二年級學生使用非法藥物，但到了 2017 年，此一數據大幅下降至 13.3%（Johnston & others, 2018）。由此可見，大麻是青少年使用最為廣泛的非法藥物。

　　以下分別說明青少年和準成年人常濫用的物質。

酒精

　　為瞭解青少年及準成年人的飲酒情形，以下進一步探討青少年及準成年人的酒精使用

和濫用，以及酗酒的風險因素。

青少年的酒精使用

　　美國青少年飲酒的情況有多普遍？近年來，青少年飲酒量下降不少（Johnston & others, 2018）。美國八年級學生自陳過去 30 天內喝酒的比例，從 1996 年 26% 的高峰值，下降到 2017 年的 8.0%；十年級學生過去 30 天內喝酒的比例，從 2001 年的 39%，下降到 2017 年的 19.7%；高中生的飲酒比例，從 1980 年的 72%，下降到 2017 年的 33.2%。高中生的狂飲（binge drinking）〔密西根大學的調查將「狂飲」定義為：過去兩週中至少一次連續喝五瓶罐（杯）以上的酒精飲料〕從 1980 年的 41% 下降到 2017 年的 19.1%。近年來，八年級生和十年級生的狂飲也有所下降。狂飲有性別差異存在，男性比女性更常狂飲（Johnston & others, 2018）。

青少年酒駕

　　特別要關注的是青少年酒後駕駛或吸食其他物質後開車（White & others, 2018; Williams & others, 2018; Wilson & others, 2018）。在密西根大學的監測未來研究（Monitoring the Future Study）中，30% 的高中生表示過去兩週曾乘坐毒駕或酒駕車輛（Johnston & others, 2008），四分之一的十二年級學生自陳在過去一年裡，曾將能量飲料和酒精混合飲用，這種混搭飲料與不安全駕駛有關（Martz, Patrick, & Schulenberg, 2015）。

準成年人的飲酒情形

　　高中到大學這段期間是酒精濫用的關鍵期（Johnston & others, 2018; Schulenberg & others, 2017）。絕大多數飲酒的青少年與年輕人，認為飲酒在同儕當中是很普遍的一件事，同儕不但接受甚至鼓勵飲酒。他們從飲酒甚至偶爾狂飲中，獲得社交和紓壓方面的好處。

　　狂飲作樂經常發生在大學校園裡，對學生造成莫大傷害（Fairlie, Maggs, & Lanza, 2016; Wombacher & others, 2018）。狂飲的定義是：過去兩週中至少一次連續喝五瓶罐（杯）以上的酒精飲料。長期飲酒過量在大學男性中更常見，尤其是那些住在兄弟會宿舍裡的學生（Schulenberg & others, 2017）。

　　2016 年，32.4% 的美國大學生表示在過去兩週內至少一次連續狂飲五瓶罐（杯）以上的酒精飲料（Schulenberg & others, 2017）。近年來，高中生狂飲的情況亦時有所聞（Jager, Keyes, & Schulenberg, 2015）。

大學生的狂飲作樂與哪些問題有關？
©Joe Raedle/Newsmakers/Getty Images

極度狂飲（extreme binge drinking）（又稱為高強度飲酒 [high-intensity drinking]）一詞是指在過去兩週內一次連續喝 10 瓶罐（杯）或 15 瓶罐（杯）以上的酒精飲料（Patrick & others, 2017a, b, c; Schulenberg & Patrick, 2018）。2016 年，12% 的大學生說過去兩週內曾一次連續喝 10 瓶罐（杯）以上的酒精飲料，4% 的大學生說過去兩週內一次連續喝 15 瓶罐（杯）以上的酒精飲料（Schulenberg & others, 2017）。儘管大學生的飲酒率一直很高，但近年來，包括狂飲在內的飲酒卻已經下降，例如，狂飲從 2012 年的 37.4% 下降到 2016 年的 32.4%（Schulenberg & others, 2017）。

飲酒過量使大學生的身心健康付出不少代價（Wombacher & others, 2018）。一項針對全國 140 個大學院校的飲酒方式調查顯示，將近半數的狂飲者承認出現一些問題，包括曠課、人身傷害、與警察發生衝突，以及不安全性行為（Wechsler & others, 1994）。與不狂飲的大學生相比，狂飲的大學生酒後開車的可能性高了 11 倍，不安全性行為的可能性高了兩倍。大學一年級期間頻繁的狂飲和大麻使用，可預測大學延畢（E. R. White & others, 2018）。

在外出聚會或參加活動前先喝醉——稱為**喝熱身酒**（pregaming，預醉），在大學生中已是屢見不鮮的現象（Linden-Carmichael & Lau-Barraco, 2017; Meisel & others, 2018; Perrotte & others, 2018）。近三分之二的大學生在兩週內至少一次，曾在出門聚會前喝熱身酒（DeJong, DeRicco, & Schneider, 2010）。在最近的一項研究中，大學女生在聚會中喝混合能量飲料的酒精時，喝熱身酒的頻率更高（Linden-Carmichael & Lau-Barraco, 2017）。飲酒作樂、互相灌醉彼此的遊戲，在大學校園裡也很普遍（Perrotte & others, 2018; Zamboanga & others, 2016, 2018）。飲酒一直與風險性行為有關，例如：隨意性行為（casual sex）、未採取避孕措施，以及成為性侵害的加害者或受害者（Bountress & others, 2017; Sutarso & others, 2018）。

狂飲在發展時期的什麼時候達到高峰？密西根大學監測未來研究的最新數據顯示，狂飲的高峰期為 21 至 22 歲之間。在這一年齡區間，38% 的人說過去兩週內至少曾有過一次狂飲（Schulenberg & others, 2017）（見圖 4）。

酒精濫用的風險因素

青少年及準成年人飲酒的風險因素包括：遺傳、早期飲酒、家庭影響、同儕關係和教育。有證據表明，酒精中毒具有遺傳易感性（genetic predisposition），重點是遺傳與環境因素都和酒精濫用有關（Deutsch, Wood, & Slutske, 2018）。

父母是防止青少年物質濫用的關鍵角色（Cruz & others, 2018; Garcia-Huidobro & others, 2018）。良好的親子關係可以減少青少年的物質使用（Eun & others, 2018），家長的

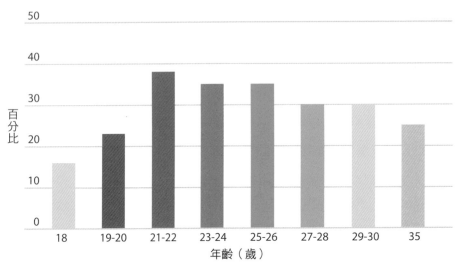

圖 4 │ **青春期到成年早期的狂飲情形。**請注意,狂飲的百分比在 21 或 22 歲時達到高峰,直到 25 歲上下都很高,25 歲後開始下降。狂飲的定義是:過去兩週內,至少一次連續喝五瓶罐(杯)以上的酒精飲料。

資料來源:Schulenberg, J. E., & others. *Monitoring the Future national survey results on drug use, 1975-2016: Vol. II, college students and adults, aged 19-55.* Ann Arbor, MI: Institute for Social Research, U. of Michigan, 2017.

有哪些因素造成青少年飲酒過量?

©*Daniel Allan/The Image Bank/Getty Images*

監督與物質使用率降低有關。統合分析顯示,高監控、高支持、高參與的親子教養,與降低青少年飲酒風險有關(Yap & others, 2017)。但若青少年隱瞞不實,逃過父母的監控,恐促成不久將來的飲酒(Lushin, Jaccard, & Kaploun, 2017)。此外,青少年與家人一起吃晚餐的頻率越高,物質濫用問題的可能性就越低(Sen, 2010)。開明權威型的父母教養與較低的青少年飲酒量有關(Piko & Balazs, 2012),親子衝突則與較高的青少年飲酒量有關(Chaplin & others, 2012)。父親在青春期早期的嚴厲管教,與成年初顯期飲酒增加有關(Diggs & others, 2017)。此外,社區環境不良,與兩年後青少年飲酒增加有關,主要的原因是接觸不良同儕(Trucco & others, 2014)。

同儕關係也與青少年物質使用有關(Cambron & others, 2018; Janssen & others, 2018; Pocuca & others, 2018)。父母對孩子交友情形和行為的瞭解程度較低,以及朋友中有違法行為,可預測青少年物質使用情況(McAdams & others, 2014)。在各種風險因素中,青少

年物質使用的最強預測因子是同儕關係（Patrick & Schulenberg, 2010）。此外，一項針對青少年的大規模全國性研究表明，同儕飲酒對青少年的影響力，比父母飲酒的影響力來得更大（Deutsch, Wood, & Slutske, 2018）。

應該注意的不僅是美國青少年的飲酒問題，青少年還會使用其他藥毒品。以下從致幻劑開始，逐一說明青春期其他藥毒品的使用情況。

致幻劑

致幻劑（**hallucinogens**），又稱迷幻藥（psychedelic, mind-altering），能改變個體的感知體驗並產生幻覺。以下首先探討具有強大致幻性的 LSD 以及較為溫和的大麻。

LSD

LSD（**麥角酸二乙胺** [lysergic acid diethylamide]）是一種致幻劑，即使低劑量也會讓人產生明顯的知覺變化。這些幻像有的令人欣快，有的令人不悅或恐懼。LSD 在 1960 年代和 1970 年代風行，到了 1970 年代中期，社會大眾才逐漸瞭解其對身體帶來的不明影響，使用量方為降低。然而，到了 1990 年代，青少年使用 LSD 的情況死灰復燃（Johnston & others, 2018）。1985 年，1.8% 的美國高中生說過去 30 天中曾使用 LSD；1994 年，比例上升到 4.0%。幸好，2001 年 LSD 的使用率下降到 2.3%，2017 年進一步下降到 1%（Johnston & others, 2018）。

大麻

大麻（marijuana）是提煉自**大麻植物**（Cannabis sativa）、比 LSD 溫和的致幻劑。由於大麻會削弱注意力和記憶力，因此吸食大麻不利於發揮最佳學業表現。青少年使用大麻的情況在 1980 年代下降。例如，1979 年，37% 的高中生說過去 30 天中曾吸食大麻，但到了 1992 年，數字下降到 19%，2006 年下降到 18%。然而，近年來美國青少年使用大麻的情況增加不少。例如，2017 年，22.9% 的美國十二年級學生說過去 30 天中曾吸食大麻。最近大麻使用量增加的原因是：越來越少青少年意識到大麻的危險性，而且大麻容易取得──尤其是在越來越多成人可合法使用大麻的州，供應量更是充足。

青少年使用**合成大麻**（synthetic marijuana，類大麻活性物質）（K-2；「香料」[Spice]）的情況也令人擔憂，許多州竟可在加油站、便利商店和直營店等臨櫃購買合成大麻（Johnston & others, 2018）。合成大麻為具合成化學成分的大麻，是將化學成分噴灑到植物材料上，然後進行煙燻。這類大麻不受管制，通常是從其他國家進口的。它看似有具有藥效，但後果不明。每年使用合成大麻的十二年級學生，從 2011 年的 11%（該研究首次評估）急劇下降到 2014 年的 6% 和 2017 年的 3.7%（Johnston & others, 2018）。

興奮劑

興奮劑（**stimulants**）是增加中樞神經系統活動的藥物。最被廣泛使用的興奮劑是：咖啡因、尼古丁、苯丙胺（安非他命）和古柯鹼。

抽菸

抽菸（其中的活性藥物為尼古丁）是最嚴重但可預防的健康問題之一（McKelvey & Halpern-Felsher, 2017）。在美國，抽菸很可能從七年級到九年級就開始了，相當多年輕人在高中和大學期間，仍保持著規律的抽菸習慣。自 1975 年 Johnston 等人開始進行全國調查以來，香菸一直是高中生日常最常使用的物質（Johnston & others, 2018）。

不過，青少年抽菸明顯減少了。美國青少年的抽菸率在 1996 年和 1997 年達到高峰，此後顯著下降（Johnston & others, 2018）。在 1996 年達到使用高峰之後，美國八年級學生的抽菸率下降了 50% 以上。2017 年，承認過去 30 天中有抽菸的青少年分別為 9.7%（十二年級）、5.0%（十年級）和 1.9%（八年級）（Johnston & others, 2018）。自 1990 年代中期以來，越來越多青少年說他們知道抽菸是危險的，他們不贊成吸菸，不大願意與吸菸者為伍，而且寧可和不抽菸的人約會（Johnston & others, 2018）。

電子菸（E-cigarettes）是由電池供電的設備，透過加熱裝置產生蒸氣，讓用戶吸入。在多數情況下，這些蒸氣含有尼古丁，但特殊內容物「vape」的具體含量不受管制（Barrington-Trimis & others, 2018; Gorukanti & others, 2017）。近年來，青少年抽菸雖已大幅減少，但卻有大量的人口轉而抽電子菸。2017 年，11.0% 的十二年級學生、8.2% 的十年級學生及 3.5% 的八年級學生抽電子菸（Johnston & others, 2018）。因此，與抽菸相比，當今青少年抽電子菸的情形更為嚴重。同樣地，近期縱貫研究的統合分析得出的結論是：青少年使用電子菸會提高他們日後吸菸的風險（Soneji & others, 2018）。

和青少年一樣，最近抽電子菸的準成年人急劇增加（Cooper & others, 2018; Dai & others, 2018）。2016 年，19 至 22 歲的人口中，8% 說過去 30 天中曾使用電子霧化器（包括電子菸），23 至 24 歲時使用率下降到 7%，25 至 30 歲進一步下降到 4% 至 5%（Schulenberg & others, 2017）。大麻和酒精使用是準成年人抽電子菸的風險因素（Cohn & others, 2015）。抽電子菸的準成年人多半認為這不過是嘗試實驗時期，同時也可能正經歷角色轉變，如：失業、開始約會或分手（Allen & others, 2015）。

早期抽菸的毀滅性影響已得到證實。即使日後戒菸，青春期抽菸仍會導致肺部永久性基因變化，恆常增加罹患肺癌的風險（Wiencke & others, 1999）。20 多歲才開始抽菸，受損的可能性要小得多。在預測基因損傷方面，開始抽菸的年齡比抽菸的量更為顯著。

同儕團體對抽菸的影響力不容小覷（Cambron & others, 2018）。現在還有抽菸的風險

與同儕網絡有關，例如，至少有一半的朋友抽菸、一或兩個最好的朋友抽菸，以及抽菸在學校是見怪不怪的事（Alexander & others, 2001）。手足及同儕抽菸，比父母抽菸更能預測青少年早期吸菸（Kelly & others, 2011）。

除了好朋友吸菸外，青春期開始抽菸與在學校陷入困境、成績較差和違法行為也有關聯（Tucker & others, 2012）。憂鬱症狀可預測青春期抽菸增加。

中斷吸菸行為的策略不勝枚舉。一項研究招募高中生來協助七年級學生抗拒同儕吸菸的壓力（McAlister & others, 1980）。高中生鼓勵學弟妹抵制大量廣告宣傳自由解放的女性抽菸，改以「如果她迷上抽菸，她並沒有真正的解放」來抵制廣告的影響。另外，這些學生還參加了名為「弱雞」（chicken，膽小鬼）的角色扮演練習。由高中生扮演戲謔不想抽菸的人為「弱雞」，再由七年級學生練習抵抗同儕壓力，回以：「如果我聽了你的話去抽菸，那我才是真正的膽小鬼。」經過幾次訓練後，吸菸預防組的學生比鄰近學校的七年級學生，吸菸的可能性降低了 50%（即使兩組學生的父母吸菸率相同）。

│古柯鹼

古柯鹼（cocaine，可卡因）是提煉自原生於南美玻利維亞和秘魯古柯植物的一種興奮劑。古柯鹼會對身體產生許多嚴重的破壞作用，包括心肌梗塞、中風和腦癲癇發作。

有多少青少年使用古柯鹼？高中生在過去 30 天內使用古柯鹼的比例，從 1985 年的 6.7% 高峰值，下降到 2017 年的 1.2%（Johnston & others, 2018）。越來越多高中生已經知道使用古柯鹼會帶來相當大的不可預知風險。不過，使用古柯鹼的青少年比例仍然很高，每 13 名高中生中，就有 1 人至少嘗試過一次古柯鹼。

│安非他命

安非他命（amphetamines，苯丙胺）通常被稱為「pep pills」和「uppers」，是最廣為使用的興奮劑，有時會化身為減肥藥物。高中生的安非他命使用量已大幅減少，在過去 30 天內的使用量已從 1982 年的 10.7% 下降到 2017 年的 2.6%（Johnston & others, 2018）。儘管近年來非處方減肥藥使用已有所減少，但時至今日，仍有 40% 的女性在高中畢業前曾嘗試服用減肥藥。

搖頭丸

搖頭丸（ecstasy，快樂丸）即合成藥物 MDMA 的街頭名，具有刺激作用和致幻作用。搖頭丸會產生欣快感和提高感官靈敏度（尤其是觸覺和視覺）。使用搖頭丸可能會導致血壓危險升高，以及增加中風或心肌梗塞的風險。

美國青少年的搖頭丸使用始於 1980 年代，然後在 2000 至 2001 年達到高峰。2014

年，八年級、十年級和十二年級學生過去 30 天的使用率分別為 0.7%、1.1% 和 1.5%（低於 2001 年的 1.8%、2.6% 和 2.8%）（Johnston & others, 2018）。到了 2017 年，八年級、十年級和十二年級學生過去 30 天的使用率進一步下降至 0.4%、0.5% 和 0.9%。搖頭丸使用率下降，據稱可能與青少年對搖頭丸的危險性認識增加有關。

中樞神經抑制劑

中樞神經抑制劑（**depressants**）是可降低中樞神經系統、身體機能和行為的藥物。醫學上已使用抑制劑來減輕焦慮並誘發睡眠。最廣泛使用的鎮靜劑是酒精，其他還包括：巴比妥酸鹽類和鎮靜劑。此外，儘管鴉片劑的使用頻率比其他抑制劑低，但卻特別危險。

巴比妥酸鹽類

巴比妥酸鹽類（barbiturates）如戊巴比妥納（Nembutal [pentobarbital]）和速可眠（Seconal [secobarbital]），是可誘發睡眠或減輕焦慮的抑制劑。**鎮靜劑**（tranquilizers）如煩寧（Valium [diazepam]）和贊安諾（Xanax [alprazolam]），亦可緩解焦慮並誘發放鬆。停止服用時，會產生戒斷症狀。自 1975 年首度對高中生藥毒品使用進行調查以來，抑制劑使用人數有所減少。例如，在 1975 年，高中生至少每 30 天使用一次巴比妥酸鹽類的比例為 4.7%，到了 2017 年，比例降為 1.4%（Johnston & others, 2018）。同一時期，過去 30 天中鎮靜劑的使用率，也從 4.1% 降至 2.0%。

鴉片劑

18 歲的 Paul Michaud 在高中時開始服用 OxyContin（止痛藥）。Michaud 說：「我無法自拔。」現在他正在接受藥癮治療。

©Josh Reynolds

由鴉片及其衍生物組成的**鴉片劑**（opiates）會抑制中樞神經系統的活動，也就是俗稱的麻醉劑（narcotics），多數是從罌粟花提煉出來的，包括嗎啡和海洛因（海洛因進入大腦後會轉化為嗎啡）。服用鴉片劑後幾個小時內，會產生欣快感和疼痛緩解。但是，鴉片劑是最容易上癮的藥物，使用者馬上就會渴求更多海洛因；除非服用更多劑量，否則會經歷非常痛苦的戒斷。

青少年的海洛因使用率很低。2016 年，0.3% 的高中生表示在過去 30 天中曾使用海洛因（Johnston & others, 2018）。

近來，青少年使用處方止痛藥的趨勢令人震驚。許多青少年擅自取用父母或朋友父母的藥櫃，作為處

方止痛藥的主要來源。這些藥物統稱為麻醉劑，具有高度的成癮性。疼始康定（OxyContin）和維柯丁（Vicodin）是最廣泛使用的兩種麻醉處方止痛藥。在密西根大學的監測未來研究中，OxyContin 的使用量從 2002 年（評估的第一年）到 2009 年有所增加，但此後卻大幅下降。2017 年，0.8% 的八年級學生、2.2% 的十年級學生和 2.7% 的十二年級學生自陳在過去一年中有使用過 OxyContin（Johnston & others, 2018）。從 2002 年到 2009 年，青少年使用 Vicodin 的比例一直保持穩定，此後一直下降。2017 年，使用 Vicodin 的八年級學生為 0.7%、十年級學生為 1.5%、十二年級學生為 2.0%。

　　前面討論的許多中樞神經抑制劑、興奮劑和致幻劑，其醫療用途、短期效應、過量症狀、健康風險、生理／心理依賴的風險，摘要於圖 5 中。

藥毒品種類	醫療用途	短期效應	過量症狀	健康風險	生理／心理依賴的風險
中樞神經抑制劑					
酒精	緩解疼痛	放鬆、腦部活動減退、行動遲緩、抑制力降低	失去方向感、失去意識、酒精中毒死亡	意外、腦部受損、肝臟受損、心臟受損、潰瘍、出生缺陷	生理：中度；心理：中度
巴比妥酸鹽類	助眠藥物	放鬆、想睡	呼吸困難、昏迷、可能死亡	意外、昏迷、可能死亡	生理和心理：中到高度
鎮靜劑	緩解焦慮	放鬆、行動遲緩	呼吸困難、昏迷、可能死亡	意外、昏迷、可能死亡	生理：低到中度；心理：中到高度
鴉片劑（麻醉劑）	緩解疼痛	欣快感、嗜睡、噁心	抽搐痙攣、昏迷、可能死亡	意外、傳染病如 AIDS（注射藥物時）	生理：高度；心理：中到高度
興奮劑					
安非他命	控制體重	警覺性增加、興奮、不易疲倦、易怒	極度煩躁、猜忌多疑、抽搐痙攣	失眠、高血壓、營養不良、可能死亡	生理：有可能；心理：中到高度
古柯鹼	局部麻醉	警覺性增加、興奮、欣快感、不易疲倦、易怒	極度煩躁、猜忌多疑、抽搐痙攣、心臟驟停、可能死亡	失眠、高血壓、營養不良、可能死亡	生理：有可能；心理：中度（口服）至極高度（注射或吸入煙霧）
致幻劑					
LSD	無	強烈幻覺，時間感扭曲失真	嚴重的身心失調，失去現實感	意外	生理：無；心理：低度

圖 5｜**精神藥物：中樞神經抑制劑、興奮劑和致幻劑**

合成類固醇

合成類固醇（**anabolic steroids**，同化類固醇）是衍生自雄性激素睪固酮的藥物，能促進肌肉生長並增加瘦體質重（lean body mass，淨體重、除脂肪體重）。非醫療使用的話，會引致許多生理和心理健康風險。服用大量合成類固醇的男性和女性，通常會造成性徵變化，其心理影響包括：易怒、暴怒、嚴重的情緒波動（當停止使用時可能引發憂鬱），及因無敵感（feelings of invincibility）而造成的判斷力受損、嫉妒妄想。

在密西根大學的研究中，2014 年有 0.3% 的八年級學生、0.3% 的十年級學生和 0.8% 的十二年級學生表示，在過去 30 天中使用了合成類固醇（Johnston & others, 2018）。十二年級學生使用類固醇的比例自 2004 年（1.6%）已有所下降。

吸入劑

吸入劑（inhalants）是家中常被兒童與青少年拿來嗅吸而誘發興奮快感的物品。常見的吸入劑有：模型飛機膠、卸甲液（去光水）和清潔液。反覆使用吸入劑，短期可能會導致數分鐘甚至數小時的陶醉感，最後，可能會失去意識。長期使用則導致心力衰竭甚至死亡。

年紀輕的青少年，使用吸入劑的比例高於年齡較大的青少年。根據密西根大學的全國調查，本世紀美國青少年使用吸入劑的情況有所減少（Johnston & others, 2018）。1995 年，十二年級學生在過去 30 天中吸入劑的使用率達到高峰值 3.2%，2017 年降至 2.1%。2017 年，十年級學生在過去 30 天中的使用率為 1.1%，八年級學生為 1.6%。這是從 1995 年 6.1% 的高峰值下降至 2017 年的水平。

青少年使用吸入劑的特徵有哪些？

©BananaStock/JupiterImages/i2i/Alamy

青少年與準成年人藥毒品濫用的因素

前面討論了青少年與準成年人酒精濫用的風險因素，以下接著說明與青春期和成年初顯期開始使用藥毒品有關的一般因素，特別是早期的物質使用；父母、同儕和學校的影響。

早期物質使用

無論是僅使用酒精、咖啡因或香菸，還是擴大到大麻、古柯鹼和其他易成癮的烈性毒品（hard drugs），大多數青少年都曾在發展的某個階段成為物質使用者。特別需要注意的

是青春期早期甚至兒童期就開始使用的青少年（Donatelle & Ketcham, 2018）。在 14 歲之前就開始飲酒的青少年，比在 21 歲之後開始飲酒的人更容易形成酒精依賴（Hingson, Heeren, & Winter, 2006）。縱貫研究發現，11 歲之前開始飲酒，與成年期酒精依賴增加有關（Guttmannova & others, 2012）。早期飲酒，以及從飲酒快速發展到酒精中毒，都和高中時期的飲酒問題有關（Morean & others, 2014）。酒精、大麻和其他藥毒品的早期使用與加速使用的發展軌跡，與成年早期的物質濫用有關（Nelson, Van Ryzin, & Dishion, 2015）。

父母、手足、同儕與學校

父母在預防青少年藥毒品濫用方面起著重要的作用（Cruz & others, 2018; Garcia-Huidobro & others, 2018; Pena & others, 2017）。與父母、兄弟姊妹、同儕和其他人的良好關係，可以減少青少年藥毒品使用（Eun & others, 2018; Garcia-Huidobro & others, 2018; Hohman & others, 2014）。父母的監督與良好的親子關係，能降低子女的吸毒率（Yap & others, 2017），例如，父母的監督與青少年多重物質使用較低有關（Chan & others, 2017）。另外，在最近的一項介入研究中，與未參加強調父母監督重要性方案的父母控制組相比，參加該方案的拉美裔父母，其青少年子女的藥毒品使用率較低（Estrada & others, 2017）。

年長兄姊的物質使用，與年幼弟妹的物質使用模式有關（Whiteman, Jensen, & Maggs, 2013）。另有研究也發現，年長兄姊更為容易將物質濫用的風險傳遞給年幼弟妹（Kendler & others, 2013）。

除了父母和兄弟姊妹之外，同儕在青少年物質使用中扮演非常重要的角色（Strong & others, 2017）。當青少年的同儕朋友使用藥毒品時，青少年難免同流合汙（Cambron & others, 2018）。例如，一項針對青少年的大規模全國性研究表明，朋友飲酒對青少年的影響力比父母飲酒的影響力更大（Deutsch, Wood, & Slutske, 2018）。Kenneth Dodge 等人（2006）進行的縱貫研究，釐清了父母和同儕對早期物質使用的共同責任。以下因素與青少年在 12 歲之前吸食藥毒品有關：

父母如何影響青少年子女是否使用藥毒品？

©Picturenet/Blend Images LLC

- 出生於高風險家庭（尤其是與貧窮、單親或未成年母親有關）。
- 孩提時期父母教養嚴苛。

- 在學校有行為問題，以及兒童期遭到同儕拒絕。
- 青春期早期與父母的衝突加劇。
- 父母監督不足。
- 青春期早期與行為偏差同儕廝混，物質使用量增加。

學業成就是防止青少年沾染毒品問題的有力緩衝（Kendler & others, 2018）。Jerald Bachman 等人（2008）的分析顯示，早期的學業成就能大幅降低青少年沾染藥毒品，包括酗酒、抽菸和濫用各種非法毒藥品的可能性。

青少年犯罪

本章引言提到 13 歲的阿尼是一名觸法少年，有盜竊和人身攻擊的前科。什麼是青少年犯罪？犯罪的前置因子有哪些？哪些類型的介入措施已被應用於預防或減少青少年犯罪？

什麼是青少年犯罪？

青少年犯罪（juvenile delinquency，少年非行）一詞指稱的行為範圍廣泛，從社會不接受的行為（例如：違反校規）到身分犯（例如：逃家）到犯罪行為（例如：搶劫）。在法律意義上，指標犯罪和身分犯之間的差別如下：

- **指標犯罪**（index offenses）：無論身分為未成年人或成年人犯下的罪行，包括搶劫、重傷害、強暴和殺人等行為。
- **身分犯**（status offenses）：例如：逃家、逃學、未成年飲酒、性濫交及行為不受控制，屬於不太嚴重的行為。由於是特定年齡以下年輕人的犯行，故歸類為青少年犯罪。研究發現，身分犯隨著青春期來到而增加。

青少年或成人犯罪的年齡界定，美國各州作法不一。大約四分之三的州將 18 歲定義為未成年的上限年齡，兩個州定 19 歲為切截年齡，七個州定 17 歲，四個州定 16 歲。因此，17 歲逃家，在某些州可能是違法行為，但在其他州則不然。

少年司法中的一個議題是：犯罪青少年是否應視為成人來接受審判。有些心理學家提出，不應根據成人刑法對 12 歲以下的少年進行評估，17 歲及以上才行（Cauffman & others, 2015; Fine & others, 2016, 2017）。他們也建議對 13 至 16 歲的青少年採取個人化評

估，再來判定他們將在少年法庭或是成人刑事法庭受審。這套論點強烈反對僅基於犯罪性質就進行庭審，而應考慮犯罪者的發展成熟度。青少年醫學會（Society for Adolescent Medicine）認為，不應對青少年判處死刑（Morreale, 2004）。

除了指標犯罪和身分犯的法律分類外，許多被認為是違法的行為也包含在廣義的異常行為分類中（Mash & Wolfe, 2018）。**行為規範障礙**（**conduct disorders**，品行障礙）是指在六個月內發生多種行為時使用的精神診斷類別。這些行為包括：逃學、逃家、縱火、虐待動物、破壞闖入、經常打架等（Anderson, Zheng, & McMahon, 2018; Bai & Lee, 2017; Jennings, Perez, & Reingle Gonzalez, 2018; Kersten & others, 2017）。15 歲之前同時發生三種以上行為，並且被認為難以管教或失控時，臨床診斷為行為規範障礙（Ogundele, 2018）。行為規範障礙是青春期物質濫用的危險因素（Hopfer & others, 2013）。

與青春期才開始出現反社會行為特徵的行為規範障礙青少年相比，兒童期就出現行為規範障礙的青少年，在認知損傷（尤其是執行功能）、精神症狀和嚴重暴力犯罪方面的發生率更高（Johnson & others, 2015）。

最能解釋兒童行為問題的說法是：由長期以來多重原因或風險因素綜合而成（Conduct Problems Prevention Research Group, 2011, 2015）。這些因素包括：天生的難養型氣質（difficult temperament）、無效的教養方式，以及生活在暴力常態的社區（Kersten & others, 2017）。研究 10 所主要來自低收入非裔家庭兒童的市區學校，這些兒童被隨機分配到「學齡前未介入」控制組，或分配到包含家庭計畫（13 週的行為教養策略）和幼兒教師專業發展培訓計畫在內的介入措施組（Dawson-McClure & others, 2015）。結果顯示，男孩（而非女孩）在介入措施後兩年的行為問題發生率降低。

©Comstock Images/Alamy RF

行為規範障礙有哪些特徵？

©Stockdisc/PunchStock

　　總之，多數兒童或青少年都做過一兩次對自己或他人造成破壞或麻煩的事情。如果這些行為在兒童期或青春期早期經常發生，精神科醫生就會診斷為行為規範障礙（Bai & Lee, 2017; Ogundele, 2018）。如果這些行為導致未成年人違反法律，社會就會將違法者視為**少年犯**（delinquents）。

　　從 1960 到 1996 年，美國的少年法庭犯罪案件數量急劇增加，自 1996 年才開始大幅下降，2008 年以來下降幅度特別大（見圖 6）（Hockenberry & Puzzanchera, 2017）。請注意，該數據僅反映被逮捕並被移送到少年法庭的青少年犯罪案件數量，不包括被逮捕但未被移送者，也不包括犯罪但未被逮捕的青少年。

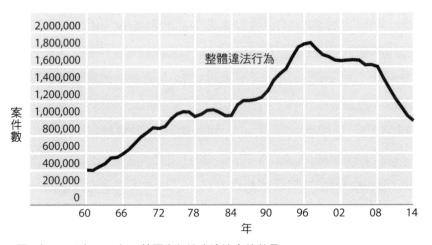

圖 6｜1960 到 2014 年，美國少年法庭違法案件數量
資料來源：Hockenberry, S., & Puzzanchera, C. *Juvenile Court Statistics 2014*. National Center for Juvenile Justice, April 2017. Chapter 2, page 6.

　　男性比女性更容易犯罪——2004 年，美國 72% 的犯罪案件和男性有關，28% 和女性有關（Hockenberry & Puzzanchera, 2017）。自 2008 年以來，男性犯罪率下降的幅度大於女性。

　　隨著青少年長大成為準成年人，他們的犯罪率會發生變化嗎？研究分析表明，從 18 歲到 26 歲，竊盜、破壞他人財物和身體攻擊隨之減少（Schulenberg & Zarrett, 2006）。破壞他人財物的高峰年齡，男性為 16 至 18 歲，女性為 15 至 17 歲。然而，男性施加暴力的高峰年齡為 18 至 19 歲，女性為 19 至 21 歲（Farrington, 2004）。

　　早發型反社會行為（11 歲之前）和晚發型反社會行為（11 歲之後）以年齡為區隔。與晚發型反社會行為相比，早發型反社會行為與更多負面發展結果有關（Schulenberg & Zarrett, 2006）。早發型反社會行為更有可能持續到成年初顯期，並與更多心理健康和人際

關係問題有關（Loeber & Burke, 2011; Loeber, Burke, & Pardini, 2009）。

犯罪的前置因子

犯罪行為的預測因子包括：與權威起衝突、微小的惡行後來發展為破壞他人財物及其他更嚴重的行為、輕微的攻擊演變成打架和暴力、負面認同、自制力差、認知扭曲（自我中心的偏見）、早年開始、男性、低的教育期許與不愛讀書、早年學業成績低落、不良同儕影響力強且難以抗拒同儕壓力、社經地位低、父母因素（缺乏監督、低支持和管教無方）、有年長的犯罪手足，以及社區環境品質差（都市圈、高犯罪率、流動頻繁）。圖 7 摘述這些犯罪前置因子的摘要。

前置因子	與青少年犯罪的相關	說明
與權威起衝突	高	12 歲以前就顯得倔強固執，繼而蔑視權威。
微小的惡行	經常	微小的惡行如說謊，後來發展為破壞他人財物及其他中重度的犯罪行為。
輕微的攻擊	經常	輕微的攻擊演變成打架和暴力。
認同	負向認同	Erikson 認為犯罪的發生是由於青少年未能解決角色認同問題。
認知扭曲	高	犯罪者常見的認知扭曲有：自我中心的偏見、指責他人和亂貼標籤。這些認知扭曲導致不當行為和缺乏自我控制。
自制力	差	有些兒童和青少年的自我控制能力較差。
年齡	早年開始	早期出現反社會行為與青春期後期的嚴重性有關。然而，並不是每個有衝動行為的孩子都會成為犯罪者。
性別	男性	男孩比女孩有更多的反社會、暴力行為；女孩比較容易逃家。
對教育的期許與學業成績	低的教育期許、學業成績低落	犯罪的青少年大多教育程度低、學業成績差、語言能力往往很弱。
父母的影響	缺乏監督、低支持和管教無方	犯罪的青少年大多是家長很少監督、幾乎沒有提供支持、管教不力。
手足關係	年長的犯罪兄姊	有年長犯罪兄姊的人更容易成為犯罪者。
同儕的影響	不良同儕影響力強、難以抗拒同儕壓力	結交犯罪損友會增加犯罪的風險。
社經地位	低	社經地位低下的男性更常犯下嚴重罪行。
社區環境品質	都市圈、高犯罪率、流動頻繁	社區經常滋生犯罪。生活在犯罪率高的地區，生活條件貧困加上人口密集，會增加兒童成為犯罪分子的可能性。這些社區的學校通常嚴重不足。

圖 7｜與青少年犯罪的前置因子

Erik Erikson（1968）指出，發展受限使青少年缺乏正向的社會角色，或讓青少年覺得無法達到周遭對他們的要求，以致於選擇負面認同。負面認同的青少年物以類聚，從而強化了負面認同。Erikson 認為，犯罪行為是一種建立身分認同的嘗試，不幸的是，它建立起來的是負面認同。

雙親的教養因素在犯罪行為中扮演關鍵角色（Guo, 2018; Muftic & Updegrove, 2018; Ray & others, 2017）。本章前面談到 Gerald Patterson 等人（2010）的發展串聯取向，高壓強制和缺乏正向教養，導致兒童發展出反社會行為，接著與同儕和學校的負面經驗產生交互作用。

與非犯罪青少年的雙親相比，犯罪青少年的雙親在勸阻反社會行為及鼓勵親社會行為方面的能力較差。父母對青少年的監督對於青少年是否成為犯罪者尤為重要（Bendezu & others, 2018; Dishion & Patterson, 2016）。例如，六年級開學初的家長監督和青少年的坦誠揭露，與八年級時犯罪率較低有關（Lippold & others, 2014）。此外，青春期的父母監督和一貫的支持，與成年初顯期犯罪行為發生率較低有關（Johnson & others, 2011）。14 至 23 歲的低犯罪率，與開明權威型的教養方式有關（Murphy & others, 2012）。

鮮少有研究用實驗設計實際證明，改變兒童期的教養方式與青春期犯罪率較低有關。幸而，Marion Forgatch 等人（2009）進行的研究，將育兒的離婚單親母親，在其兒子就讀一年級到三年級這段期間，隨機分派到實驗組（接受廣泛的教養訓練）和控制組（沒有接受教養訓練）。這套教養訓練包括 14 次的家長團體，特別著重於改善親子關係的教養方式（鼓勵技巧、設限、監督、問題解決和積極參與）。情緒調節、夫妻衝突管理以及與孩子談論離婚等實際問題也包括在團體討論中。經過九年的追蹤評估，證實改善親職教養方式和減少與不正常同儕的接觸，與實驗組的青少年犯罪率低於控制組有關。

越來越多研究發現，手足對違法行為有很大的影響（Buist, 2010; Laursen & others, 2017）。在兄弟配對和姊妹配對中，手足關係高度敵對以及有年長的兄姊涉入犯罪，與年幼弟妹的犯罪有關（Slomkowski & others, 2001）。

結交犯罪損友會增加犯罪的風險（Bagwell & Bukowski, 2018; Gremmen & others, 2018）。班級同學涉入犯罪的頻率越高，自己也更有可能成為犯罪分子（Kim & Fletcher, 2018）。涉入違法行為的青少年熱衷於和行為偏差的同儕來往、表現偽成熟行為（pseudomature behavior）（試圖「耍酷」、看起來像個大人樣，以獲得更高的同儕地位）、不受同儕歡迎、學業成就差（Gordon Simons & others, 2018）。打架時的同儕壓力和朋友的違法行為，與中學生的攻擊性和違法行為有關（Farrell, Thompson, & Mehari, 2017）。

儘管與過去相比，違法行為不再僅是低社經地位者特有的現象，但低社經地位的某些

青少年是否涉入違法行為，和哪些因素有關？

©Bill Aron / PhotoEdit

文化特徵可能會促發犯罪（Macionis, 2017; Nishina & Bellmore, 2018）。最近對一萬多名兒童和青少年進行的研究發現，成長於貧窮和虐待兒童的家庭環境，與青少年進入司法系統有關（Vidal & others, 2017）。陷入困境是一些低收入社區青少年生活的顯著特徵，低收入背景的青少年覺得他們得透過反社會行為才能獲得關注和地位。此外，住在犯罪率高的社區的青少年，目睹到許多犯罪活動的模式，這些社區常缺乏優質的教育、教育補助和有組織的社區活動（Nishina & Bellmore, 2018; Robinson & others, 2015）。家庭一再陷入貧困的青少年，14 歲和 21 歲時犯罪的可能性是同齡者的兩倍以上（Najman & others, 2010）。

在學校裡缺乏成功經驗也與違法行為有關（Gordon Simons & others, 2018）。15 歲時學業成績低落、對學校沒有向心力，可預測 17 至 19 歲的犯罪活動較多（Savolainen & others, 2012）。

認知因素如：自制力差、智商低下、決策能力差、社會訊息處理效能低下以及缺乏持續的關注，也與違法行為有關（Dodge, Godwin, & Conduct Problems Prevention Research Group, 2013; Muftic & Updegrove, 2018; Yun, Cheong, & Walsh, 2014）。例如，最近的一項研究表明，自制力差與犯罪有關（Fine & others, 2016）。對青少女的研究顯示，自制力強與警察盤問接觸減少有關（Hipwell & others, 2018）。另外，比起犯罪者，未犯罪者 16 歲時的語言智商更高，獲得更多持續的關注（Loeber & others, 2007）。此外，高學術成就是降低參與嚴重盜竊和暴力的最強預測因子之一（Loeber & others, 2008）。某些性格特徵與犯罪有關，例如，冷酷無情（callous-unemotional, CU）的性格特徵，可預測青少男的犯罪風險增加（Ray & others, 2017）。

有效的預防和介入計畫

回顧有效的青少年犯罪預防和介入計畫的研究發現，最有成效的是那些從一開始就能預防青少年犯罪的計畫（Greenwood, 2008）。為懷孕青少女及有風險的嬰兒提供服務的家

訪計畫，可以降低未成年小媽媽及後代的犯罪風險。例如，在護理家庭合作（Nurse Family Partnership, NFP）計畫中，護理師從產前發育階段開始，一直持續到孩子出生後兩年，共進行 20 次的家訪，提供母親育兒建議和社交技巧訓練（Olds & others, 2004, 2007）。包括家訪和與父母合作的優質學前教育，也降低了兒童將來成為青少年犯罪者的可能性。本章稍後將說明這樣的計畫——Perry Preschool（培瑞學前教育方案）。

針對青少年犯罪最有成效的計畫，莫過於改善家庭互動關係，並提供成人關於監督與管理青少年的技巧訓練（Amani & others, 2018; Dopp & others, 2017; Humayun & others, 2017; Schawo & others, 2017; van der Pol & others, 2017）。一項統合分析發現，在五種計畫類型（個案管理、個別治療、少年法庭、修復式正義 [restorative justice] 和家庭治療）中，家庭治療是唯一能減少青少年再度犯罪的計畫（Schwalbe & others, 2012）。與個人和團體方案相比，改善家庭環境的預防計畫在減少持續犯罪方面更有成效（de Vries & others, 2015），而效果最差的是那些強調懲罰或企圖嚇唬青少年的計畫。

憂鬱與自殺

如前面章節所述，接受心理治療的青少年最常見的特徵之一是沮喪或憂鬱，尤其是青少女。本節要來探討青春期憂鬱症和青少年自殺的性質。

憂鬱症

青春期憂鬱症已成為令人擔憂的全球問題（Bazrafshan & others, 2015; Chen & others, 2015; Teivaanmaki & others, 2018; Tingstedt & others, 2018）。一個說「我很沮喪」或「我心情很差」的青少年，說的可能是持續幾個小時的情緒，也有可能是持續更長時間的心理問題。在**重度憂鬱症**（**major depressive disorder**）中，個體經歷重度憂鬱發作和憂鬱特徵（例如嗜睡和無望感），至少持續兩週或更長時間，導致日常功能受損。根據《精神疾病診斷與統計手冊第五版》（*Diagnostic and Statistical Manual of Mental Disorders-Fifth Edition*, DSM-5）（American Psychiatric Association, 2013）的分類，重度憂鬱症發作包含下列九種症狀。若要歸類為重度憂鬱症，兩個星期內出現至少五項以下的症狀：

1. 幾乎整天心情憂鬱。
2. 幾乎對所有活動都欠缺興趣或愉悅感。
3. 體重明顯減輕或增加，或食慾明顯減少或增加。
4. 睡眠困擾或嗜睡。

5. 精神動作活躍或遲滯。

6. 疲倦或無精打采。

7. 無自我價值感，或有過度或不合理的罪惡感。

8. 思考和專注力降低，或是猶豫不決，難以做決定。

9. 反覆想到死亡和自殺。

　　青春期憂鬱症狀的一般表現方式為：穿著黑衣服、寫病態主題的詩歌，或沉迷於憂鬱主題的音樂。睡眠問題可能表現在整夜看電視、很難起床上學或白天睡覺。對平時感到愉悅的活動興趣缺缺，可能的表現為：多數時候不與朋友交流來往，或獨自一人待在房間裡。缺少動力和精力的話可能會蹺課，無聊或許是心情沮喪的結果。青春期憂鬱症也可能伴隨行為規範障礙、物質濫用或進食障礙。

　　青春期憂鬱症的盛行率有多高？青少年重度憂鬱症的比率從 15% 到 20% 不等（Graber & Sontag, 2009）。承受高度壓力和某些類型失落的青少年，有罹患憂鬱症的風險（Hamilton & others, 2015）。另外，最近的一項研究發現，憂鬱青少年的特徵是絕望感（Weersing & others, 2016）。

　　青少女比青少男更容易罹患憂鬱症。12 歲以下青少女的首次發病率為 5.2%，青少男為 2%（Breslau & others, 2017）。12 到 17 歲的憂鬱症累積發病率，女性為 36%，男性為 14%。造成性別差異的原因之一是：女性傾向於反芻沮喪情緒，並加以放大；女性的自我形象，尤其是身體意象，比男性更為負面消極；女性面臨的歧視比男性更多；青少女的青春期發育早於青少男（Kouros, Morris, & Garber, 2016）。青少女在中學階段經歷了各種變化和生活體驗，多方因素交會的結果，加劇了憂鬱症（Chen & others, 2015）。

　　青春期憂鬱症的性別差異是否也適用於其他文化？許多文化確實存在著憂鬱症女性較多的性別差異，但一項針對 17,000 多名中國 11 至 22 歲青少年的研究表明，青春期和成年初顯期男性的憂鬱症比女性還多（Sun & others, 2010）。中國男性憂鬱症患病率較高的解釋，主要在於壓力生活事件和較不積極的因應方式。

　　心理衛生專業人士指出，青春期憂鬱症常未被診斷出來（Hammen & Keenan-Miller, 2013）。原因為何？傳統的說法是，一般的青少年情緒經常起伏不定、再三反芻內省、認為生活煩悶無聊、看不到希望，因此，父母、老師和周遭人常認為這些行為只是暫時的現象，並不是心理疾病，而是一般的青少年行為和思考方式。

　　青春期憂鬱症與成年初顯期的問題有關嗎？一項研究先評估 16 至 17 歲的青少年，然後每隔兩年再進行評估，直到他們 26 至 27 歲為止（Naicker & others, 2013）。10 年後仍

持續存在的重大影響為：憂鬱症復發、憂鬱症狀惡化、偏頭痛、自評健康狀況差、社會支持度低。青春期憂鬱症與 10 年後的就業狀況、個人收入、婚姻狀態和教育程度無關。另一項 14 到 24 歲的縱貫研究中，青春期早期輕度到中度的憂鬱行為，與母子關係品質差、正向戀愛關係少，以及成年初顯期的孤獨感有關（Allen & others, 2014）。

　　青春期憂鬱症也和基因有關（Hannigan, McAdams, & Eley, 2017; Van Assche & others, 2017）。某些與多巴胺相關的基因和青少年憂鬱症狀有關（Adkins & others, 2012），青少女的壓力與憂鬱之間的關聯，只有在這些女孩擁有與血清素相關基因——5-HTTLPR（血清素轉運體短對偶基因）時才會發生（Beaver & others, 2012）。

　　家庭因素與青少年和準成年人的憂鬱症有關（Bleys & others, 2018; Cohen & others, 2018; Dardas, Van de Water, & Simmons, 2018; Douglas, Williams, & Reynolds, 2017; Oppenheimer, Hankin, & Young, 2018; Luyten & Fonagy, 2018; Possel & others, 2018）。Deborah Capaldi、Gerald Patterson 等人採發展串聯取向（Capaldi, 1992; Capaldi & Stoolmiller, 1999; Patterson, DeBaryshe, & Ramsey, 1989; Patterson, Reid, & Dishion, 1992）提出假設，兒童早期的家庭問題，與不稱職的教養方式有關，家庭的問題接著轉移到學校，造成學童課業不佳（成績差）和社會能力出現問題（同儕關係不良）。關係和環境的串聯促發了憂鬱症狀。

　　以下研究確定了父母在青少年憂鬱症發展過程中的作用：

- 正向教養（如：情感支持、親子共同擘畫未來和教育支持）與青少年憂鬱症緩解有關（Smokowski & others, 2015）。
- 親子衝突與家長支持度低，和青少年憂鬱症有關（Sheeber & others, 2007）。
- 母女共同反芻（co-rumination，意指反覆討論和推敲問題）與青春期女兒的焦慮和憂鬱心情增加有關（Waller & Rose, 2010）。
- 12 歲之前母親患有憂鬱症，可預測青少年在成長過程中的風險（高壓和困難的家庭關係），從而為青春期憂鬱症埋下隱憂（Garber & Cole, 2010）。

　　同儕關係不佳也與青少年憂鬱症有關（Rose & others, 2017; Rose & Smith, 2018; Schwartz-Mette & Smith, 2018; Siennick & others, 2017）。與同儕疏離、被照護者情感忽略的青少年，極可能罹患憂鬱症（Christ, Kwak, & Lu, 2017）。此外，沒有要好的朋友、鮮少與朋友交流，以及被同儕拒絕，會提高青少年的憂鬱傾向（Platt, Kadosh, & Lau, 2013; Vernberg, 1990）。青春期戀愛關係出問題也可能引發憂鬱（Furman, 2018; Furman & Rose, 2015; Sternberg & Davila, 2008）。

友誼提供了社會支持。一項研究發現，對於迴避同儕關係或自小被排斥的青少年，友誼起了保護作用，避免其憂鬱症狀加重（Bukowski, Laursen, & Hoza, 2010）。但是社會支持的另一面向——共同反芻（頻繁地反覆討論同一問題），是青春期少女發展出憂鬱症的風險因素（Rose, Carlson, & Waller, 2007; Rose & others, 2014, 2017; Rose & Smith, 2018; Schwartz-Mette & Smith, 2018）。例如，共同反芻傾向高的青少女，在兩年後出現憂鬱症狀的速度更快、症狀更嚴重、憂鬱狀態持續更久（Stone & others, 2011）。該研究的其中一個含義是：有些罹患內隱行為問題的青少女之所以沒有被發現，可能是因為友誼撐住了她們。此外，另一項研究發現朋

憂鬱的青少年有哪些特徵？有哪些因素與青少年自殺企圖有關？

©Science Photo Library/ age fotostock

友之間互吐苦水、共同反芻，反倒害得青少女的同儕壓力更大（Rose & others, 2017）。

　　統合分析發現，肥胖的青少女更有可能罹患憂鬱症（Quek & others, 2017）。英國研究指出，青少女（而非青少男）的肥胖與成年期憂鬱症有關（Geoffrey, Li, & Power, 2014）。另外，中國的研究也發現，肥胖與青春期憂鬱症有關（Wang & others, 2014）。與體重相關的壓力，會導致青少女的憂鬱症患病率高於青少男（Marmorstein, Iacono, & Legrand, 2014）。越是自認過重和節食的青少女，憂鬱症狀更形惡化（Vaughan & Halpern, 2010）。

　　某些療法可以減少青春期憂鬱症（Bunge & others, 2017）。治療青少年的憂鬱症，必須考慮憂鬱症的嚴重程度、自殺傾向和社會因素（Clark, Jansen, & Cloy, 2012）。對於輕度憂鬱症的青少年，建議進行認知行為治療和人際關係治療，至於中度或重度憂鬱症的青少年，建議同時搭配藥物治療。但是，對青少年使用抗憂鬱劑（例如百憂解）必須格外小心謹慎（Morrison & Schwartz, 2014）。2004 年，美國食品藥物管理局（FDA）向此類藥物發出警告，聲明它們會稍微提高青少年自殺行為的風險。僅服用百憂解的憂鬱症青少年中，15% 有自殺念頭或企圖自殺，相較於僅接受認知行為治療者有 6%，和同時接受百憂解和認知行為治療者有 8%。儘管如此，研究結論認為，百憂解和其他選擇性血清素回收抑制劑（selective serotonin reuptake inhibitors, SSRIs）對中重度憂鬱風險的青少年具有臨床效益（Cousins & Goodyer, 2016）。認知治療（Oar, Johnco, & Ollendick, 2017）和家族治療亦可有效減輕青少年的憂鬱症（Dardas, van de Water, & Simmons, 2018; Poole & others, 2018）。

● 自殺

憂鬱症與青春期自殺意念和自殺企圖增加有關（Thompson & Swartout, 2018）。自殺在兒童期很罕見，但在青春期逐步上升，成年初顯期進一步增加（Park & others, 2006）。如今，自殺是美國 10 至 19 歲青少年的第三大死因（National Center for Health Statistics, 2014）。

儘管應該認真看待自殺威脅，但考慮自殺與嘗試自殺的青少年，遠比真正實施自殺的要多太多（Benbenishty, Astor, & Roziner, 2018; Castellvi & others, 2017; Lee & Ham, 2018）。如圖 8 所示，過去 20 年來，認真考慮自殺的青少年比例已經大幅下降。但從 2009 到 2015 年，這一比例從 14% 上升到 18%（Kann & others, 2016）。在 2015 年的這項全國調查中，有 8.6% 的企圖自殺和 2.8% 的自殺未遂需要醫療處置。

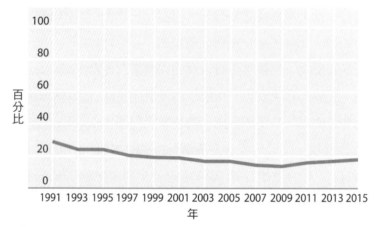

圖 8｜**1991 到 2015 年，美國九年級至十二年級學生認真考慮自殺的百分比**

美國每年約有 4,600 名青少年自殺（Centers for Disease Control and Prevention, 2018）。準成年人的自殺率是青少年的三倍（Park & others, 2006）。儘管嘗試自殺的女性比男性多，但男性更有可能自殺成功（Ivey-Stephenson & others, 2017）。

在成年初顯期，男性自殺的可能性是女性的六倍（National Center for Injury Prevention and Control, 2006）。男性在嘗試自殺時更常使用致命手段（如：槍枝）；女性則常以割腕或服用過量安眠藥的方式自殺，不過這些方法導致死亡的可能性較小。

文化背景也與自殺企圖有關（Lee & Ham, 2018）。跨文化比較 15 至 19 歲的青少年，顯示自殺率最高的國家是紐西蘭，其次是冰島，最低的國家是希臘和以色列（OECD, 2017a）。在美國，不同族裔青少年的自殺企圖也各不相同（Kann & others, 2016; Subica & Wu, 2018）。如圖 9 所示，超過 20% 的美國原住民／阿拉斯加原住民（Native American /

Alaska Native, NA／AN）青少女說去年曾嘗試自殺，且自殺占美國原住民／阿拉斯加原住民 15 至 19 歲之間死亡人數的近 20%（Goldston & others, 2008）。非裔和非拉美裔白人男性的自殺企圖率最低。美國原住民／阿拉斯加原住民青少年自殺企圖率較高的主要風險因素是酗酒率升高（Subica & Wu, 2018）。

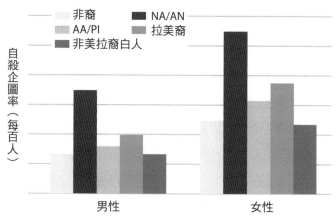

圖9│美國不同族裔青少年的自殺企圖
注意：顯示的數據是一年間自陳的自殺企圖率。NA/AN=美國原
住民／阿拉斯加原住民；AA/PI=亞裔／太平洋島民。

　　正如遺傳因素與憂鬱症有關一樣，遺傳也與自殺有關（De la Cruz-Cano, 2017; Jokinen & others, 2018; Rao & others, 2017）。與自殺者的親緣關係越近，個體自殺的可能性就越大。

　　生命早期和晚期的成長經驗與家庭關係，都與自殺企圖有關（Bjorkenstam, Kosidou, & Bjorkenstam, 2017; J. D. King & others, 2018）。長期家庭不穩定與不和睦、缺乏關愛和情感支持、高壓控制，以及自童年期就被父母壓迫追求成就，很可能是青少年自殺企圖的因素。遭受虐待的青少年也有自殺意念和企圖的風險（Gomez & others, 2017; LeBoeuf & others, 2017）。例如，在最近兩項研究中，童年期遭受虐待與成年期的自殺企圖有關（Park, 2017; Turner & others, 2017）。童年期遭受性虐待是自殺企圖的重大因素（Ng & others, 2018）。另外，在自殺診所接受治療的青少年，其家庭凝聚力低於無臨床診斷的青少年和在普通精神病診所接受治療的青少年（Jakobsen, Larsen, & Horwood, 2017）。最近和當前的壓力環境，例如學業成績變差或戀愛關係破裂，也可能觸發自殺企圖（Im, Oh, & Suk, 2017）。

　　青少年的同儕關係也與自殺企圖和意念有關（Gould & others, 2018; John & others, 2018）。青少年社交團體內的成員若曾有自殺企圖，會增加團體內青少年也嘗試自殺的可

能性（de Leo & Heller, 2008）。另一個因素可能是缺乏支持性的友誼。例如有研究發現，家庭支持、同儕支持和社區連結，與非裔青少年自殺傾向風險較低有關（Matlin, Molock, & Tebes, 2011）。涉入霸凌的青少年，無論是受害者還是加害者，他們的自殺行為風險都會提高（John & others, 2018; Singham & others, 2017）。縱貫研究顯示，青春期早期遭受霸凌，到了成年初顯期較容易自殺（Copeland & others, 2013）。此外，同儕加害（peer victimization）與自殺意念和自殺企圖有關，與傳統的霸凌相比，網路霸凌與自殺意念的相關更為強烈（van Geel, Vedder, & Tanilon, 2014）。遭到網路霸凌的青少年，自殺企圖是非受害者的 2.5 倍，自殺意念是非受害者的 2 倍（John & others, 2018）。

自殺青少年的心理特徵為何？自殺青少年經常有憂鬱症狀（Lee & others, 2018; Thompson & Swartout, 2018）。青春期首次自殺未遂的最重要因素是重鬱發作，兒童的話則是虐待（Peyre & others, 2017）。絕望感、低自尊和過度自責，也與青少年自殺有關（Chang, 2017; Talib & Abdollahi, 2017），例如，絕望感可用來預測憂鬱青少年自殺意念增強（Wolfe & others, 2018）。此外，自認肥胖的青少女（而非青少男）有自殺意念的風險（Seo & Lee, 2013）。另一項研究發現，運動可預測男孩的自殺意念較低，而有傾吐心事對象的青少女，自殺意念較低（Kim & others, 2014）。

在某些情況下，青少年自殺會接二連三出現（Haw & others, 2013）。也就是說，一個青少年自殺，其他知道此事的青少年也會跟著自殺。這種「模仿風潮」引發了媒體是否應該報導自殺的問題；新聞報導可能誘發其他青少年萌生自殺的念頭。圖 10 說明當懷疑某人有自殺企圖時，我們該做什麼和不該做什麼。

該做什麼
1. 以冷靜的語氣，直截了當地詢問：「你正在考慮傷害自己嗎？」
2. 詢問以下問題，評估自殺意圖的嚴重性：他的感受、重要關係、曾與哪些人商量，以及想過哪些自殺手段。若有槍枝、藥丸、繩索等手法，並已制定精密的計畫，顯然情況相當危險。陪伴他，直到獲得協助。
3. 耐心地聆聽，給予放心可靠的支持。
4. 說服對方尋求專業協助，或幫助他取得協助。

不該做什麼
1. 別忽略一些危險訊號。
2. 如果有人想跟你談論自殺，請不要拒絕。
3. 不要用幽默、不贊成或排斥的態度來回應。
4. 別說「一切都會好起來的」等虛假保證的話，或「要心懷感恩」等簡單的答案或陳腔濫調。
5. 別輕易放棄他，即使是危機解除或有其他專業協助介入。

圖 10｜懷疑某人有自殺企圖時，該做什麼和不該做什麼？

進食障礙

進食障礙（eating disorders）在青少年中變得越來越普遍（Schiff, 2017）。以下逐一介紹青少年的各種進食問題，先從體重過重和肥胖開始說起。

©Jules Frazier/Getty Images

體重過重和肥胖

肥胖是許多青少年及準成年人嚴重且普遍存在的健康問題（Donatelle & Ketcham, 2018）。疾病管制與預防中心（Centers for Disease Control and Prevention, 2018）將肥胖設定為成人的疾病類別。由於**肥胖**的汙名化標籤，因此未將兒童與青少年的肥胖納入，改以具有在兒童期和青春期過重或瀕臨過重危險的類別代之。這些類別由**身體質量指數**（BMI）決定，從身高和體重的公式計算得出。BMI 值高於 95 的兒童和青少年才算過重，85 以上為瀕臨過重危險。

依據 2015 年全國性的「青少年風險行為監控調查」（Youth Risk Behavior Surveillance Survey），美國九年級至十二年級學生中，有 16% 過重，13.9% 肥胖（Kann & others, 2016a）。 2015 年的過重（16%）或肥胖（13.9%）百分比，高於 1999 年（過重 14.1%，肥胖 10.6%）。在這份調查中，青少男比青少女更易過重或肥胖。

與青少年相比，過重或肥胖的準成年人更多。一項縱貫研究追蹤 1,500 多名歸類為未過重、過重或肥胖的 14 歲青少年（Patton & others, 2011a），在研究的這 10 年間，過重的百分比從 14 歲時的 20%，到 24 歲時增加到 33%，肥胖的百分比從 4% 上升到 7%。另一研究發現，過重或肥胖的比例從大學新生的 25.6%，到了大四已上升到 32%（Nicoteri & Miskovsky, 2014）。

美國的青春期過重是否存在族裔差異？在 2015 年的「青少年風險行為監控調查」中，非裔女性（21.2%）和拉美裔女性（20%）最容易過重，而非裔男性（13.6%）和非拉美裔白人女性（14.6%）的過重率最低（Kann & others, 2016a）。在本次調查中，拉美裔男性（19.4%）的肥胖率最高，非拉美裔白人女性（9.1%）的肥胖率最低。

與其他大多數國家／地區相比，美國兒童與青少年更有可能過重或肥胖。近期對 35 個國家／地區的 15 歲青少年調查當中，美國的肥胖率最高（31%），丹麥的肥胖率最低（10%）（OECD, 2017b）。

兒童期和青春期建立的飲食型態，與成年期的肥胖密切相關。一項研究表明，BMI 指數介於 85 至 94 的青少年，其中 62% 的青少男和 73% 的青少女日後成為成年肥胖症患

這些青少女正在參加體重管理營。有哪些因素會導致青少年過重？

©William Thomas Cain／Getty Images

者（Wang & others, 2008）。在這項研究中，BMI 值高於 95 者，其中 80% 的青少男和 92% 的青少女成為成年肥胖症患者。一項針對 8,000 多名 12 至 21 歲青少年的研究發現，與過重或正常體重的青少年相比，肥胖的青少年到了成年初顯期更容易惡化成嚴重的肥胖（The & others, 2010）。

　　遺傳與環境因素均與肥胖有關（Schiff, 2019; Smith & Collene, 2019）。某些人遺傳到過重的傾向（Insel & Roth, 2018; Kleinert & others, 2018; Xu & others, 2018）。體重正常的父母，孩子可能變得肥胖的機率僅 10%；然而，若父母之一肥胖，孩子有 40% 的機率變得肥胖；雙親都肥胖的話，孩子有 70% 的機率肥胖。同卵雙胞胎，即使分開扶養，也會有相似的體重。

　　環境因素在肥胖中起著重要作用（Donatelle, 2019; Kimura & others, 2018; Wardlaw, Smith, & Collene, 2018）。如前所述，美國肥胖率自 1900 年以來翻升一倍，以及自 1960 年代以來青少年肥胖率顯著增加，在在可見環境在肥胖中扮演的角色。肥胖症急劇增加，可能是由於食物供應量增加（尤其是高脂肪食物）、使用節能裝置以及體能活動減少（Ren & others, 2017）。針對 56 個國家的青少年研究發現，兒童的速食消費量很高，到了青春期的消費量更進一步增加（Braithwaite & others, 2014）。在這項研究中，經常和非常頻繁食用速食的青少年，BMI 指數高於食用速食頻率較低的青少年。此外，待在螢幕前時間增加，與青春期過重和肥胖有關（Furthner & others, 2018）。

　　無論是生長發育還是社會情緒發展，過重或肥胖都會對青少年的健康產生負面影響。在生長發育方面，兒童期及青春期體重過重與高血壓、髖關節問題、肺部疾病和第二型糖尿病（成年期發病）有關（Aune & others, 2018; Martin-Espinosa & others, 2017; Tanrikulu, Agirbasli, & Berenson, 2017; Young & others, 2018）。在 21 世紀，青少年的血壓攀升，而這種上升趨勢與青春期過重率上升有關（Sakou & others, 2015）。在社會情緒發展方面，過重的青少年比正常體重的青少年更容易自卑、憂鬱、同儕關係出現問題（Gibson & others, 2017; Hong & Hur, 2017; Murray, Dordevic, & Bonham, 2017; Rajan & Menon, 2017; Zhang & others, 2018）。一項研究發現，過度飲食或暴飲暴食的青少女和年輕女性，在未來四年中出現憂鬱症狀的可能性是同齡女性的兩倍（Skinner & others, 2012）。同樣地，患有憂鬱症狀的女性，在接下來的四年中開始過度飲食或暴飲暴食的可能性是同齡女性的兩倍。在多數情況下，過重的青少女比過重的青少男更容易被嘲笑（Taylor, 2011）。經常（或有時）被同儕霸凌的青少年，在 21 歲時更容易罹患肥胖症（Mamun & others, 2013）。

　　哪些類型的介入措施和活動能成功協助青少年及準成年人減重？改變飲食習慣和定期運動，是減少青少年及準成年人體重的關鍵因素（Morgan & others, 2016; Powers & Howley, 2018）。統合分析得出結論：在監督下進行訓練的運動，尤其是有氧運動，與減少青少年腹部脂肪有關（Gonzalez-Ruis & others, 2017）。此外，定期運動並配合飲食計畫有助於青少年減輕體重，增強大腦的執行功能（Xie & others, 2017）。參加運動比賽亦是影響青少年體重的重要因素（Drake & others, 2012）。在所有的活動中（如：體能活動、體育課、待在螢幕前時間和飲食品質），團隊運動是降低過重或肥胖風險的最強預測指標。

　　一項研究回顧表明，臨床方法如：限制攝取熱量、運動（步行或騎自行車去學校、參加定期運動計畫）、減少久坐時間（減少看電視、玩電玩）、行為治療（例如記錄減重日記、為達到目標而獲得獎勵），在幫助青少年減重上已取得了一定成效（Fowler-Brown & Kahwati, 2004）。此外，在青春期和家人一起吃飯可以預防成年期過重或肥胖（Berge & others, 2015）。整體而言，以學校為本位的方法（例如制定全校性的飲食習慣改善計畫），效果不如有臨床證據的個別方法（Dobbins & others, 2009; Lytle, 2009）。以學校為本位的方法收效甚微；最容易改變的行為是減少看電視時間，其次是鍛鍊體能，再其次是營養（Sharma, 2006）。

　　一個令人擔憂的問題是，隨著學校承受越來越大的壓力，將更多的時間花在要求學生的課業上，壓縮了以健康為導向的計畫時間。面對此一障礙，可能的解決方案是將預防肥胖納入課後輔導活動，不要再那麼要求課業成果（Story, Kaphingst, & French, 2006）。為學生提供更多健康的食物不失為另一個不錯的策略（Waters & others, 2011）。2005 年，幾個

州開始頒布法令，要求學校的自動販賣機出售更多健康食品、減少販售不健康的食品。最近一項研究發現，在重視健康食品和飲料的州，學生過重或肥胖的情形下降，肯定了上述作法的成效（Datar & Nicosia, 2017）。另外，學校也可以實施增加學生運動時間的計畫（Dumith & others, 2010）。

很多父母想幫兒童期或青春期孩子減輕體重，但不確定該怎麼做。以下是一些提供給父母的建議（DiLonardo, 2013; Matthiessen, 2013; Moninger, 2013）：

- **共同進行一項健康計畫，並讓孩子參與決策過程。**參與可以幫助孩子減輕體重的活動，例如：為全家人購買計步器，並制定每天要走多少步的目標。讓孩子參與有關家庭健康的決策，希望他們開始對自己的健康負責。
- **為孩子樹立健康榜樣。**許多時候，做比說更具有影響力。因此，如果父母本身就過重、喜歡吃速食又不運動，卻要勸孩子減肥，無疑是緣木求魚。當青少年的照顧者示範減重時，青少年也會有意願跟著減重（Xanthopoulos & others, 2013）。
- **陪孩子一起進行體能活動。**父母可以跟孩子一起進行騎自行車、慢跑、健行和游泳等活動。父母可以說：「晚上吃完飯後，我們一起去騎自行車。騎自行車很有趣哦！可以讓我們的身體變得更好。」
- **為孩子提供減重的選擇。**帶孩子到商店或超市，讓他們自己選擇願意吃的水果和蔬菜；讓他們選擇自己想做的運動或活動類型。
  - **全家人定期共享健康食物。**與家人一起吃飯的兒童和青少年，過重的可能性較小。
  - **減少待在螢幕前的時間。**每天花費大量時間在電視電腦螢幕前的兒童與青少年，比沒有從事這些久坐活動的兒童與青少年更容易過重。

神經性厭食症已成為青少女日益嚴重的問題。神經性厭食症的病因可能有哪些？

神經性厭食症、神經性暴食症和嗜食症

可能在青春期和成年初顯期出現的三種進食障礙，分別是神經性厭食症、神經性暴食症和嗜食症。

神經性厭食症

儘管多數美國女孩曾在某個時候節食，但不到 1% 的人會惡化成神經性厭食症。**神經性厭食症（anorexia nervosa）**是一種進食障礙，患者藉由挨餓致力追求減輕體重，是一種可能導致死亡的嚴重疾病。神經性厭

食症患者的三大特徵為：（1）體重顯著低於臨床上應有的水平；（2）極度害怕體重增加，就算體重下降，強烈的恐懼並未因此減少；（3）扭曲的身體意象（Brockmeyer & others, 2018; Haliburn, 2018; Pinhas & others, 2017）。對體重的強迫性思考和強迫性運動也和神經性厭食症有關（Smith, Mason, & Lavender, 2018）。就算已經很瘦了，患者還是認為自己太胖，覺得自己還不夠瘦，尤其是在腹部、臀部和大腿。他們常常秤量體重，測量身材，仔細地端詳凝視鏡中的自己。

　　神經性厭食症通常發作於青春期早期到青春期中期、節食一段時間和遭遇某種生活壓力之後（Bakalar & others, 2015; Fitzpatrick, 2012）。女性罹患厭食症的可能性約為男性的10倍。當男性罹患神經性厭食症時，症狀和其他病徵（例如：扭曲的身體意象和家庭衝突）通常與罹病女性相似（Ariceli & others, 2005）。

　　多數厭食症患者為受過良好教育、中高收入家庭的非拉美裔白人青少女或年輕女性，能力出眾且擁有高成就（Darcy, 2012）。她們對自己設定了高標準，被無法達到的標準壓得喘不過氣來，非常在意別人的評價（Murray & others, 2017; Stice & others, 2017）。與非厭食症患者相比，厭食症患者的完美主義標準更高（Lloyd & others, 2014）。認知缺乏彈性與神經性厭食症有關，特別是完美主義型的青少年（Buzzichelli & others, 2018），由於無法達成自身的高標準期望，他們只好將注意力轉移到可以控制的東西上——自己的體重。患有神經性厭食症的母親，其子女也面臨罹患厭食症的風險（Striegel-Moore & Bulik, 2007）。家庭功能方面的問題咸認與青少女的神經性厭食症發作有關（Dimitropoulos & others, 2018; Machado & others, 2014），因此常會建議患者進行家族治療（Ganci, Pradel, & Hughes, 2018; Hail & Le Grange, 2018; Hughes & others, 2018）。家族治療可有效幫助神經性厭食症的青少女，在為期一年的療程內增加體重（Gabel & others, 2014）。

　　生物和文化因素與神經性厭食症脫不了關係（Wierenga & others, 2018; Yan, Rieger, & Shou, 2018）；基因也起著重要作用（Baker, Schaumberg, & Munn-Chernoff, 2017; Meyre & others, 2018）。此外，節食的生理作用可能會改變大腦功能和神經網絡，從而維持這種致病模式（Scaife & others, 2017）。美國崇尚身體形象的文化是引發神經性厭食症的原因之一（Benowitz-Fredericks & others, 2012）。媒體在選擇時裝模特兒時，喜歡將纖瘦吹捧成美麗，造成許多青少女爭相仿效（Carr & Peebles, 2012）。最近的一項研究發現，兩年內Facebook臉書朋友增加（Tiggemann & Slater, 2017），以及和許多努力瘦身的青少女聚在一起，與瘦身動機增強有關。

神經性暴食症

　　厭食症是透過限制飲食來控制食量，多數神經性暴食症患者則相反。**神經性暴食症**

（**bulimia nervosa**）是一種進食障礙，個體常有暴飲暴食再清除的進食模式。患者一邊大量進食，然後以自我催吐或服用瀉藥進行清除行為。儘管有些人偶爾會暴食並清除食物，但只有在每週至少發作兩次、且持續三個月的情況下，才被視為患有嚴重的神經性暴食症（Castillo & Weiselberg, 2017）。

與厭食症一樣，多數暴食症患者的心思全放在食物上，強烈擔心自己會變胖，心情沮喪或焦慮（Murray & others, 2017; Smith, Mason, & Lavender, 2018; Stice & others, 2017）。暴食症患者和厭食症一樣，過度追求完美主義，難以控制自己的情緒（Lavender & others, 2014）。但與厭食症不同的是，神經性暴食症患者的體重通常在正常範圍內，這使得他們更不容易被發現。

神經性暴食症通常發病於青春期後期或成年早期，約 90% 的患者是女性。據估計，約 1% 至 2% 的女性會罹患神經性暴食症。許多患有神經性暴食症的女性，在該病發作之前就有些過重，而暴食通常是在節食期間開始的。一項對青春期女孩的研究發現，節食情況增加、想變瘦的壓力、過分重視外表、對身體意象不滿、憂鬱症狀、低自尊和社會支持度差，可預測其兩年後的暴飲暴食（Stice, Presnell, & Spangler, 2002）。另一項針對神經性厭食症或神經性暴食症患者的研究表明，不安全依附與身體意象不滿有關，這是預測及進食障礙延續下去的主因（Abbate-Daga & others, 2010）。在這項研究中，渴望得到認可是神經性暴食症的重要預測指標。與神經性厭食症一樣，約 70% 的神經性暴食症患者最終可以從疾病中康復（Agras & others, 2004）。藥物治療和心理治療能夠有效治療神經性厭食症和神經性暴食症（Agras, Fitzsimmons-Craft, & Wilfley, 2017）。認知行為治療對於神經性暴食症的治療尤其有效（Abreu & Cangelli Filho, 2017; Forrest & others, 2018; Peterson & others, 2017）。

嗜食症

嗜食症（**binge eating disorder, BED**）的病徵是頻繁的暴飲暴食，但沒有像神經性暴食症那樣有清除食物的補償行為（compensatory behavior）。患有嗜食症的人經常反覆進食大量食物，在進食期間深感無法控制飲食（Dakanalis & others, 2018）。由於他們沒有清除行為，患有嗜食症的人常伴隨體重過重的困擾（Browley & others, 2017; Wilfley, Fitzsimmons-Craft, & Eichen, 2017）。嗜食症在 2013 年首度被美國精神醫學會（American Psychiatric Association）列入《精神疾病診斷與統計手冊第五版》（DSM-5）。

研究人員正在檢視生物和環境因素在嗜食症中的作用（Kornstein, 2017; Marzilli, Cerniglia, & Cimino, 2018; Mitchison & others, 2018）。基因和多巴胺（一種與大腦的獎勵路徑有關的神經傳導物質）都發揮了作用（O'Connor & others, 2017）。此外，最近一項研究

發現，患有嗜食症的青少年家庭功能較差，家人之間的情感較為疏離（Tetzlaff & others, 2016）。

研究回顧發現，區別嗜食症與其他進食障礙的兩大特徵是：祕密進食和自我厭惡感（White & Grilo, 2011）。患有嗜食症的人心情大多負面消極，憤怒是嗜食發作之前最常見的情緒（Zeeck & others, 2010）。另一項針對青少年和年輕人的研究表明，在五年的時間內，節食者發生嗜食問題的可能性是非節食者的二到三倍（Goldschmidt & others, 2012）。多數時候，憂鬱症狀和低自尊對嗜食發作的預測力，還超出了節食這一因素的影響。

目前接受嗜食症治療的成人約有一兩百萬人，據稱其問題在兒童或青春期就開始了（New, 2008）。嗜食症常見的健康風險與過重或肥胖有關，例如：高血壓、糖尿病和憂鬱症（Peterson & others, 2012）。對嗜食症最有效的介入措施為認知行為治療和人際關係治療（Grilo, 2017）。

回顧與反思

學習目標 2｜說明青少年和準成年人常見的問題和身心疾病。

複習本節所學

· 青少年的藥毒品使用有哪些趨勢？青少年使用酒精、致幻劑、興奮劑、中樞神經抑制劑、合成類固醇和吸入劑，會出現哪些特徵？青少年和準成年人使用藥毒品的主要因素為何？

· 何謂青少年犯罪？青少年犯罪的前置因子有哪些？青少年暴力有哪些特徵？

· 青春期憂鬱症的特徵為何？青少年及準成年人的自殺問題有多嚴重？青少年及準成年人自殺的可能原因為何？

· 進食障礙有哪些趨勢？青春期與成年初顯期有哪些常見的進食障礙？它們具有哪些特點？

分享與連結

· 價值觀的發展，與青少年及準成年人物質使用或戒除的決定有何關聯？

反思個人經驗

· 假設你剛被任命為美國青少年物質濫用委員會的負責人。你將嘗試推動的第一個計畫是什麼？計畫包含哪些內容？

3.問題與預防／介入策略的相互關係

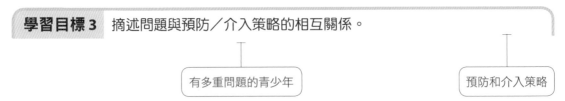

學習目標3 摘述問題與預防／介入策略的相互關係。

有多重問題的青少年　　　　　　　　　預防和介入策略

哪些問題影響了最多數的青少年？有哪些預防或介入青少年問題的最佳策略？

有多重問題的青少年

影響最多數青少年的四個問題分別是：（1）藥毒品濫用，（2）青少年犯罪，（3）性問題，及（4）與學校有關的問題（Dryfoos, 1990; Dryfoos & Barkin, 2006a, b）；高風險青少年的問題經常不只一個。青春期的問題行為多半環環相扣、相互關聯（Marotta, 2017）。例如，物質濫用與過早發生性行為、學業成就低落、中輟和違法行為有關（Belenko & others, 2017）；過早發生性行為與抽菸、飲酒、使用大麻和其他非法藥物、學業成就低落、中輟和違法行為有關（Lowry & others, 2017; Tillson, Strickland, & Staton, 2017）；違法行為與過早發生性行為、未成年懷孕、物質濫用和中輟有關（Belenko & others, 2017; Rioux & others, 2018）。在美國，高達 10% 的青少年有嚴重的多重問題行為（中輟或學業成就低落、使用毒品、抽菸和大麻、性活動頻繁，但未採取避孕措施）。在

高風險青少年的特徵為何？

©Peter Beavis/Getty Images

這些非常高風險的年輕人中，有很多（但非全部）「問題通通包」。據估計，在 1990 年，另有 15% 的青少年涉入許多上述類似行為，但頻率略低、有害後果較少（Dryfoos, 1990）。這些高風險青少年經常同時有兩或三種問題行為（Dryfoos, 1990）。但到了 2005 年，美國高風險青少年的數字已上升到占全體青少年的 20%（Dryfoos & Barkin, 2006a, b）。

預防和介入策略

　　除了瞭解青少年會涉入的多重問題行為外，設計出減少青少年問題的方案也很重要（Mash & Wolfe, 2018）。前面說明了一些針對特定青少年問題（如物質濫用和未成年犯罪）的預防和介入策略，本節著重於介紹一般策略。Joy Dryfoos（1990, 1997; Dryfoos & Barkin, 2006a, b）回顧分析成功預防或減少青春期問題的計畫。這些計畫之所以成功，常見的共同要素包括：

1. **密切、個別的關注**。將高風險的青少年搭配負責任的成人，由成人給予青少年關注，滿足他們的特殊需求（Crooks & others, 2017; Plourde & others, 2017）。例如在一項物質濫用計畫中，全職諮商師提供青少年個人諮商及轉介治療。類似的計畫通常需要訓練有素的人員，並持續一段很長的時間，才能維持成效（Dryfoos & Barkin, 2006a, b）。

2. **社區多元機構協同合作**。社區方案的基本理念是提供許多不同的計畫和服務（Trude & others, 2018），例如在一項成功的物質濫用方案中，結合了社區健康促進運動，該運動利用當地媒體和社區教育，並融入學校的物質濫用課程。社區方案（包括政策修訂和媒體宣傳活動）若能與家庭、同儕和學校合作協調，效果更加卓著（Wandersman & Florin, 2003）。

3. **早期辨識與介入**。在兒童出現問題之前，或在問題剛開始出現時，就及時與孩子和家長接觸（Almy & Cicchetti, 2018）。

以下說明三項受人矚目的預防計畫／研究：

● **高瞻課程**（High Scope）。是預防犯罪、懷孕、物質濫用和中輟的絕佳學前教育課程模式典範。由密西根州易絲蓮市（Ypsilanti, Michigan）高瞻基金會所推動，其培瑞學前教育方案（Perry Preschool approach）對學生有著長期積極的影響（Schweinhart & others, 2005; Weikert, 1993）。在 David Weikert 的指導下，高瞻豐富計畫（High Scope enrichment program）為處境不利的非裔兒童提供服務，協助他們加入為期兩年的高品質學前班課程，並且每週接受計畫人員的家訪。根據官方警察紀錄，與控制組相比，有參加初期培瑞學前教育方案（1962 至 1967 年）的 19 歲青少年，被逮捕情形和成年犯罪率要來得低，輟學的可能性也較小、社會能力較佳。在最近的評估中，曾參加培瑞學前教育方案的人，在 40 歲時更有可能繼續保有工作、擁有自己的房屋及較低的犯罪率（Schweinhart & others, 2005）。

- **快捷計畫**（Fast Track）：旨在降低青少年犯罪等其他問題出現的風險（Conduct Problems Prevention Research Group, 2007, 2010a, b; 2011, 2013; Dodge, Godwin, & Conduct Problems Prevention Research Group, 2013; Dodge & McCourt, 2010; Dodge & others, 2015; K. M. King & others, 2018; Miller & others, 2010; Zheng & others, 2017）。根據社區犯罪和貧困數據資料，在北卡羅萊納州德罕市、田納西州納許維爾市、華盛頓州西雅圖市和賓夕法尼亞州中部農村等四個地區的學校，是公認的高風險地區學校。研究人員篩選出 9,000 多名幼兒園學童，並隨機分配 891 名中高風險兒童進行介入。介入開始時，兒童的平均年齡為 6 歲半。這項為期 10 年的介入措施包括：父母行為管理訓練、兒童社會認知技巧訓練、閱讀指導、家庭訪問、良師指導、修訂課程，以提高兒童的社會情感能力，減少攻擊性。

  在幼兒園階段就對高風險兒童和青少年進行廣泛的預防介入，效果最為顯著，有助於降低行為規範障礙、注意力不足過動症、外顯行為障礙和反社會行為的發生率。介入的積極成效最早出現在三年級，一直持續到九年級。例如，在九年級時，介入措施將高風險幼兒發展為行為規範障礙的可能性降低了 75%、注意力不足過動症的可能性降低了 53%、外顯行為障礙的可能性降低了 43%。綜合性的快捷計畫早期介入措施，成功降低了 19 歲以下青少年的逮捕率（Conduct Problems Prevention Research Group, 2011, 2013; Miller & others, 2010）。曾接受早期介入措施者，可有效減少其 25 歲時暴力、毒品犯罪及危險性行為（Dodge & others, 2015）。同樣地，曾接受早期介入措施者，25 歲時的幸福感更高。

  介入措施對青少年反社會行為的影響，與三個社會認知過程有關——減少敵意歸因偏見、改善對社交問題的反應，以及降低攻擊的發生率（Dodge, Godwin, & Conduct Problems Prevention Research Group, 2013）。快捷計畫的最新研究顯示，可減少準成年人將近三分之一的犯罪率，而這歸功於 6 到 11 歲時的社交和自我調節能力提高，例如親社會行為、情緒調節和問題解決能力（Sorensen, Dodge, & Conduct Problems Prevention Research Group, 2016）。

- **全國青少年到成年健康縱貫研究**（National Longitudinal Study of Adolescent to Adult Health）：這項研究的前身為「全國青少年健康縱貫研究」（National Longitudinal Study of Adolescent Health），最初是針對美國 1994 至 1995 學年度、七年級至十二年級青少年的代表性樣本進行調查訪談。該計畫（也稱為「健康促進」計畫 [Add Health]）的參與者已於成年早期進行評估，最近一次是在 2008 年，對 24 至 32 歲的年輕人進行訪談（National Longitudinal Study of Adolescent to Adult Health, 2018）。

健康促進計畫研究對預防青少年和準成年人問題具有重大意義（Badon & others, 2017; Burdette & others, 2017; Deutsch, Wood, & Slutske, 2018）。讓青少年感覺到他們與父母和老師之間有情感連結，是預防青少年產生情緒困擾、自殺意念、自殺行為、暴力、抽菸、飲酒、使用大麻和過早發生性行為等問題的主要保護因子。該研究亦支持本節前面提到的，成功的預防／介入計畫應該提供密切、個別的關注。也就是說，青少年的重要他人，例如父母和老師的密切、個別關注，對他們來說意義特別重大。研究人員正在繼續分析「全國青少年到成年健康縱貫研究」的數據，以進一步瞭解如何預防和介入青少年的問題（Bakour & others, 2018; Fish & others, 2018; Holway & Tillman, 2017; Oreskovic & others, 2017; Vasilenko & others, 2018）。

預防和介入青少年問題的策略有哪些？

©Image Source/Alamy

回顧與反思

學習目標 3 | 摘述問題與預防／介入策略的相互關係。

複習本節所學

· 哪四種問題影響了最多數的青少年？青少年的各類問題如何環環相扣？

· 預防或介入青少年問題的三種主要方法為何？

分享與連結

· 父母在預防和介入青少年問題上，可以扮演什麼角色？

反思個人經驗

· 你是否曾有過本章所描述的青春期問題？如果有，你認為是什麼因素導致了問題的發展？如果沒有，又是什麼保護你免受問題困擾？

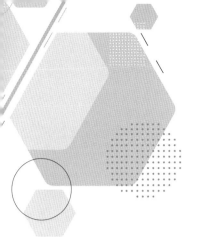

名詞彙編

A

accommodation 調適 根據新訊息而調整基模。

acculturative stress 文化適應壓力 兩種不同文化群體之間的接觸所產生的負面結果。

active（niche-picking）genotype-environment correlations 主動型（利基選擇） 此種相關來自孩子尋找適合他們、又能刺激成長的環境。

adaptive behavior 適應行為 修正行為，好提升物種在棲地的生存機會。

adolescence 青春期 從兒童期過渡到成年期的發展時期，涉及生理、認知和社會情感的變化。青春期大約從 10 至 13 歲開始，將近 20 歲時結束。

adolescent egocentrism 青春期自我中心 青少年的自我意識過強，體現在他們以為別人所思所想都和他們一樣，自認為獨一無二、所向無敵。

adolescent generalization gap 青少年類化落差 Adelson 提出的概念，泛指將有限、顯眼的青少年團體印象，類化到所有的青少年。

adoption study 領養研究 研究人員欲找出被領養兒童的行為和心理特質，是較接近提供家庭環境的領養父母，還是較接近提供基因的親生父母。另一種領養研究則是比較領養手足與血緣手足。

adrenarche 腎上腺皮質機能初現 腎上腺位於腎臟正上方。青春期的腎上腺荷爾蒙變化，通常始於青春期發育之前，女孩約為 6 至 9 歲，男孩約晚一年。

affectionate love 深情愛 渴望對方在身旁作伴，真心關懷對方。又稱友伴愛（companionate love）。

AIDS 愛滋病 後天免疫缺乏症候群，一種由人類免疫缺乏病毒（HIV）造成的性傳播疾病，會破壞人體的免疫系統。

altruism 利他 無私的助人行動。

amygdala 杏仁核 邊緣系統中與情緒（如憤怒）特別有關的構造。

anabolic steroids 合成類固醇 衍生自雄性激素睪固酮的藥物，能促進肌肉生長並增加瘦體質重。

androgens 雄激素 男性主要的性荷爾蒙。

androgyny 雙性氣質 同一個人身上同時具備高度男性氣質和女性氣質的特徵。

anorexia nervosa 神經性厭食症 是一種進食障礙。患者藉由挨餓致力追求減輕體重。

anxiety 焦慮 一種模糊、非常不愉快的恐懼和擔憂的感覺。

assimilation 同化 將新訊息整合納入現有知識裡。

attention 注意力 心力集中、全神貫注。

attribution theory 歸因理論 為自己的表現和行為找出潛在原因的動機。

authoritarian parenting 專制權威型 父母施加限制、懲罰於孩子，強迫他們聽令行事，重視工作成效。專制權威型的父母控制嚴格，幾乎沒有商量餘地。專制權威型教養風格與青少年的社交失能有關。

authoritative parenting 開明權威型 父母鼓勵孩子獨立自主，但仍會約束孩子行動的教養風格。此類型的父母願意與孩子討論、交換意見，和顏悅色地對待孩子且悉心照料。開明權威型教養風格與青少年的社交能力良好有關。

average children 一般兒童 被同儕喜歡和不喜歡的程度相當的兒童。

B

behavior genetics 行為遺傳學 旨在發現遺傳與環境對特質與發展的個別差異所造成的影響。

Big Five factors of personality 五大性格特質 性格的五大核心特質：經驗開放性、盡責性、外向性、親和性、神經質（情緒穩定性）。

binge eating disorder (BED) 嗜食症 頻繁的暴飲暴食，但沒有像神經性暴食症那樣有清除食物的補償行為。

biological processes 生理歷程 個體的生理變化。

biopsychosocial approach 生物心理社會取向 強調生物、心理和社會因素的相互作用，導致人的行為出現問題。

bisexual 雙性戀 受男性和女性兩種性別吸引的人。

boundary ambiguity 界限混淆 繼親家庭中對誰是家庭成員、誰不是家庭成員，抑或承擔及執行家務的責任歸屬不明。

Bronfenbrenner's ecological theory Bronfenbrenner 的生態論 主張發展受五個環境系統影響：微觀系統、中間系統、外部系統、巨觀系統、時間系統。

bulimia nervosa 神經性暴食症 是一種進食障礙，個體慣有暴飲暴食再清除食物的進食模式。

C

care perspective 關懷觀點 Carol Gilligan 提出的道德觀點，強調人際連結、人際溝通、與他人的關係、關懷他人。

case study 個案研究法 深入探究單一個體。

character education 品德教育 直接教導學生基本道德素養，避免做出違反道德、傷己或傷人的行為。

chlamydia 衣原體 是所有性傳播疾病中最常見的，因砂眼衣原體（又稱披衣菌）而得名，是一種經由性接觸傳播並感染兩性生殖器官的生物體。

chromosomes 染色體 包含去氧核糖核酸（deoxyribonucleic acid），又稱 DNA 的線狀結構。

cliques 朋黨 2 個人到 12 個人組成的小團體（平均 5 至 6 人），成員通常性別相同、年齡相仿。可以因為興趣相仿而形成（例如：體育運動），也可以純粹因友誼而形成。

cognitive control 認知控制 在注意力控制、減少干擾思緒、保持認知彈性等方面的能力。

cognitive processes 認知歷程 個體的思考與智力功能的變化。

cohabitation 同居 在沒有婚姻的情況下，過著同住一屋且有性關係的生活。

cohort effects 世代效應 與個人的出生年份、年代或世代（而非按實際年齡）有關的特徵。

commitment 承諾 青少年認同發展的一部分，願意投入個人所設定的目標。

concrete operational stage 具體運思期 是 Piaget 認知發展論的第三個階段，約在 7 至 11 歲。這個階段的兒童可以進行操作，以邏輯推理取代直覺思考，應用於明確或具體的事例。

conduct disorder 行為規範障礙（品行障礙） 在六個月內發生多種行為時，使用的精神診斷類別。這些行為包括：逃學、逃家、縱火、虐待動物、破壞闖入、經常打架等。

conglomerate strategies 多角化策略 結合多種技巧而不是單一方法來提高青少年的社交技能；亦稱教練式引導。

connectedness 情感連結 青少年認同發展的一個重要因素，包括兩個向度：（1）互惠性，意即體察與尊重他人的觀點；（2）滲透性，意即對他人的觀點保持開放的態度。

conscience 良心 超我的組成部分之一，阻止個體做出不被父母認可的行為。

contexts 脈絡 發展時的環境，受歷史、經濟、社會與文化因素影響。

continuity-discontinuity issue 連續性─不連續性問題 膠著在發展是漸進式的變化（連續性），抑或有明確區分的階段（不連續性）的爭議。

controversial children 有爭議兒童 常被提名為最好的朋友，同時也常被提名為最討厭的人的兒童。

conventional reasoning 道德循規期 是 Kohlberg 道德發展理論的第二個或中間層級。個人雖信守某些（內在）準則，但那些都是父母或法律設定的（外在）標準。

convergent thinking 聚斂式思考 個體想出正確答案的思考型式，也是傳統智力測驗題項的特性。

coping 因應 應付負荷繁重的狀況，花費大量精力解決生活中的問題，以及尋求管理或減輕壓力。

corpus callosum 胼胝體 是連接大腦左右半球的一大束軸突纖維。

correlation coefficient 相關係數 統計分析的數字，用來說明兩個變項的關聯程度。

correlational research 相關研究 描述兩個（含）以上的事件或特質之間關聯強度的研究。

creativity 創造力 以新穎和不尋常的的方式思考，發現獨特的問題解決方法的能力。

crisis 危機 青少年在認同發展的過程中，欲做出有意義的選擇。

critical thinking 思辨能力（批判性思考） 反思性思考、建設性思考，並據實評估證據。

cross-sectional research 橫斷研究 在同一段時間研究不同年齡層的人。

crowds 群體 比朋黨更大的群體結構。青少年通常是依名聲性質而加入群體，但並不一定會花時間相處。

D

date rape, or acquaintance rape 約會強暴或熟人強暴　認識的加害人所施加的強迫性行為。

dating scripts 約會腳本　青少年和成人據以指引與評估約會互動的認知模型。

dependent variable 相依變項　在實驗研究中被測量的因素。

depressants 中樞神經抑制劑　可降低中樞神經系統、身體機能和行為的藥物。

descriptive research 描述性研究　觀察與記錄行為的研究。

development 發展　始於受孕，貫穿整個生命歷程的變化模式。發展意謂著成長，但發展也包含衰退的狀態（瀕死與死亡）。

developmental cascades 發展串聯　一種發展心理病理學取向，強調各個領域之間的交互作用，經過一段時間後，影響了發展途徑和結果。

developmental psychopathology approach 發展心理病理學取向　著重於說明和探討問題的發展途徑。

difficult child 難養型孩子　拒絕周遭環境，接受新經驗的速度較慢的孩子。

dismissing/avoidant attachment 拒絕型／迴避型　一種不安全依附類型。該類型的青少年貶抑依附的重要性，可能與長期被照顧者拒絕排斥有關。

divergent thinking 擴散式思考　對一個問題想出多種解答，比聚斂式思考更具創造力的特徵。

divided attention 分配性注意力　注意力同時放在多個活動上。

DNA 去氧核糖核酸　是攜帶遺傳資訊的複雜分子，像旋轉梯一樣呈雙螺旋形。

E

early adolescence 青春期早期　約為中學階段，是青春期變化最明顯的時期。

early adulthood 成年早期　通常始於 20 歲前後，持續到 30 多歲。

early childhood 兒童早期（幼兒期）　始於嬰兒期結束，到大約 5、6 歲這段發展時期，有時亦稱為學前期。

early-later experience issue 早期—後期經驗問題　爭論究竟是早期經驗（尤其是童年經驗）抑或後期經驗是發展的關鍵決定因素。

easy child 易養型孩子　性情開朗，容易建立規律的生活作息、適應新的經驗的孩子。

eclectic theoretical orientation 折衷理論取向　不獨尊任一理論，而是選擇最有特色的理論來說明。

ego ideal 自我理想　超我的組成部分之一，是父母認可的理想標準。

emerging adulthood 成年初顯期　約為 18 至 25 歲，是介於青春期和成年期之間、嘗試和探索為其特色的發展過渡期。

emotion 情緒　個體處於對其福祉很重要的狀態或人際互動時，所表現出的感覺或情感。

emotion-focused coping 情緒焦點因應　Lazarus 提出的因應策略分類之一，以訴諸情緒的方式應對壓力，尤其是使用防衛機轉。

emotional autonomy 情感獨立　不再像孩子般依賴父母的能力。

emotional intelligence　情緒智商　正確覺知與適當表達情緒、瞭解情緒與情緒知識、運用情緒促進思考、管理自己與他人的情緒等方面的能力。

empathy　同理心　感受到對方的情緒並回應給對方。

epigenetic view　表觀遺傳學觀點　主張發展是遺傳和環境之間持續進行雙向交互作用的結果。

equilibration　平衡作用　是 Piaget 提出的另一個認知過程，意指思考從一種狀態轉移到另一種狀態的過程。這種轉變發生在個體試圖理解世界時，遇到認知衝突或失衡。最後，解決了衝突，達到認知的平衡。

Erikson's theory　Erikson 的理論　包括人類發展八個階段的理論。每個階段都包含一項獨特的發展任務，是個人必須面對的發展危機。

estrogens　雌激素　女性主要的性荷爾蒙。

ethnic gloss　族裔假象　把表淺的非裔或拉美裔等種族標籤冠在少數族裔團體上，將他們一概而論。

ethnic identity　族裔認同　一種長久存在的自我面向，包含身為某一族裔的歸屬感、抱持與該團體一致的態度與知覺。

evocative genotype-environment correlations　激發型（遺傳─環境相關性）　孩子天生的特質誘發出某些生理與社會環境。

evolutionary psychology　演化心理學　用適應、繁衍與「適者生存」來解釋行為的取向。

executive attention　執行性注意力　包括計畫行動、將注意力放在目標上、偵測與修正錯誤、監測任務進行情況、處理新的或困難的狀況等。

executive function　執行功能　像傘狀般的概念，是高階、複雜的認知歷程，包括：認知控制、決策、推理、批判性思考、創造性思考及後設認知。

experience sampling method (ESM)　經驗取樣法　請研究參與者隨身攜帶電子傳呼器。接下來，研究者隨機「傳呼」他們。被傳呼到的參與者要回報當下的情況。

experimental research　實驗研究　以實驗設計謹慎地控制可能會影響特定行為的一或多個因素，並讓其他因素維持不變。

externalizing problems　外顯行為問題　指個人將問題轉向於外在行為表現，如：青少年犯罪。

extrinsic motivation　外在動機　受外在刺激如獎懲而引發的動機。

F

female-athlete triad　女性運動員之危險三角　飲食失調、月經異常及骨質疏鬆症，是青少女常見的健康問題。

flow　心流　Csikszentmihalyi 以「心流」一詞指稱生活中的最佳體驗。心流最常發生在個體全神貫注、心無旁鶩地做好眼下的事時。

forgiveness　寬恕　是一種親社會行為，意指受到傷害的人不對加害者採取報復行動。

formal operational stage　形式運思期　是 Piaget 認知發展論的第四個階段，約在 11 至 15 歲之後出

現。它的特點是抽象化、理想化、合乎邏輯的思維方式。

friends 朋友 同儕中能互相陪伴、支持、情感親密的同伴。

fuzzy-trace theory dual-process model 模糊痕跡理論雙重歷程模式 決策受到兩個認知系統影響——「『逐字』分析式思考」（"verbatim" analytical thinking）（文字與精確）以及「要點直覺式思考」（gist-based intuition）（簡單與重點），兩者並行，同步工作。根據這個理論，要點直覺式思考最有利於青少年做出決策。

G

gender 性別 男性或女性的特徵。

gender bias 性別偏見 一種先入為主的認為女性和男性能力不平等的觀念，導致個體無法盡情追求個人興趣與發揮潛能。

gender intensification hypothesis 性別強化假說 由於順應傳統男性與女性性別角色的社會化壓力提高，使得女孩和男孩的心理與行為差異，在青春期早期益發明顯。

gender role 性別角色 諸多規定男性或女性應如何思考、行動和感受的期望。

gender-role transcendence 超越性別角色 個人的能力才是重點，應該要從個別化的基礎來看一個人，而非男性、女性或雙性氣質。

gender schema theory 性別基模理論 個體的注意力和行為受內部動機的指導，以符合基於性別的社會文化標準和刻板印象。

gender stereotypes 性別刻板印象 對女性和男性的一般印象與信念。

gene × environment (G × E) interaction 基因×環境（G×E）交互作用 特定的 DNA 變化與特定環境的交互作用。

genes 基因 是遺傳資訊的單位，由 DNA 組成的片段。

genital herpes 生殖器疱疹 一大群不同病毒株家族引發的性傳播疾病，這些病毒株也會引發水痘和單核白血球增多症（mononucleosis）等非性接觸疾病。

genital warts 尖銳濕疣 由人類乳突病毒引起的性傳播疾病。尖銳濕疣具有很強的傳染性，是美國 15 至 24 歲年齡層最常罹患的性傳播疾病。

genotype 基因型 個體的遺傳基因；實際的遺傳物質。

gonadarche 性腺功能初現 第一性徵（女性的卵巢，男性的睪丸）與第二性徵（體毛、乳房、陰莖）的成熟。性腺功能初現約在腎上腺皮質機能初現後兩年發生，也就是多數人俗稱的青春期發育。

gonorrhea 淋病 由淋球菌（Neisseria gonorrhoeae）引發的性傳播疾病，好發於口腔、喉嚨、陰道、子宮頸、尿道和肛門的濕潤粘膜中。又常被稱為「滴漏」（drip）或「白濁」（clap）。

goodness of fit 適配度 個體的氣質型態與環境要求的適配性。

gratitude 感恩 對他人的善行善意心懷感激與謝意。

H

hallucinogens　*致幻劑*　能改變個體的感知體驗並產生幻覺的藥劑，又稱迷幻藥（psychedelic / mind-altering drug）。

helpless orientation　*無助取向*　懷有這種心態的人容易陷入困境，把困難歸因於自身能力不足，表現每況愈下。

hidden curriculum　*潛在課程*　融入各科教學，傳達學校重視品德教育的氛圍。

homophobia　*恐同症*　對具有同性吸引力的人抱持非理性的負面情緒。

hormones　*荷爾蒙*　內分泌腺釋放的強力化學物質，經由血液輸送到全身。

hostile environment sexual harassment　*敵意環境型性騷擾*　學生蒙受嚴重、持續、全面且不受歡迎的性言行，從而限制學生從教育獲益的能力。

hypotheses　*假說*　尚待檢驗的主張與預測。

hypothetical-deductive reasoning　*假設演繹推理*　Piaget 提出的專有名詞，意指青少年在形式運思期階段，發展出解決問題的假設能力或推估最佳方案的能力，並據此系統地演繹或導出解決問題的最佳途徑。

I

identity　*認同*　個體認定自己是誰，是整合自我瞭解而得出的信念。

identity achievement　*定向型*　Marcia 的四種認同狀態之一。定向型的青少年已經走過認同危機，也立下承諾。

identity diffusion　*迷失型*　Marcia 的四種認同狀態之一。迷失型的青少年並未經歷到認同危機，也不立下承諾。

identity foreclosure　*早閉型*　Marcia 的四種認同狀態之一。早閉型的青少年雖然做出承諾，但並未經歷認同危機。

identity moratorium　*延遲型*　Marcia 的四種認同狀態之一。延遲型的青少年正處於認同危機中，但尚未立下承諾。

identity versus identity confusion　*認同 vs 認同混淆*　Erikson 的第五個發展階段，發生在青春期。青少年面臨著決定他們是誰、想做什麼，以及將走向何方的問題。

independent variable　*獨立變項*　在實驗研究中被操控的因素。

index offenses　*指標犯罪*　意指無論是未成年人或成年人，其所犯下的罪行，包括搶劫、重傷害、強暴和殺人等。

individuality　*個體性*　青少年認同發展的要素，包括兩個向度：（1）自我肯定，意即有表達自我主張的能力；（2）分化自主，意即運用溝通模式說明自己與他人不同之處。

induction　*循循善誘*　此種管教技巧意指父母用說理和解釋的方式，對青少年說明他的行為會如何影響到別人。

indulgent parenting　縱容放任型　一種父母關心孩子，卻不加以約束管教的教養風格。縱容放任型教養風格下的孩子社會能力差，也缺乏自制力。

infancy　嬰兒期　從出生到 18 或 24 個月的這段發展時期。

information-processing theory　訊息處理論　強調個體操作訊息、監控訊息、制定使用策略的理論。該理論的核心概念是記憶和思考的過程。

insecure attachment　不安全依附　此種類型的嬰兒、兒童和青少年不是避開照顧者，就是對照顧者表現出極度抗拒或矛盾的依附型態。不安全依附與關係出現困難及後期發展問題有關。

intelligence　智力　解決問題、適應環境及從經驗中學習的能力。但智力的定義學界莫衷一是，尚無定論。

intelligence quotient (IQ)　智商　心理年齡除以生理年齡，再乘以 100。

internalizing problems　內隱行為問題　個人將問題轉向內在壓抑，如：焦慮和憂鬱。

intimacy in friendship　友誼中的親密感　多數情況指的是自我揭露或與朋友分享私事。

intimacy versus isolation　親密 vs 孤立　是 Erikson 理論的第六個階段，發生在成年早期。當此時，個體的發展任務是與他人建立親密關係。

intrinsic motivation　內在動機　出於內在因素如：自我決定、好奇心、挑戰及努力而引發的動機。

inventionist view　創造觀點　此種觀點認為青春期是社會歷史的產物。而且是 20 世紀初的社會歷史環境下衍生的產物。當其時，法律成為年輕人的後盾，讓他們順當地進入職場。

J

justice perspective　正義觀點　強調個人權利的道德觀點，個體可以獨立做出道德決定。

juvenile delinquency　青少年犯罪（少年非行）　從社會不接受的行為、身分犯到犯罪行為皆屬之。

L

laboratory　實驗室　在控制好的情境下排除某些「真實世界」的複雜因素。

late adolescence　青春期後期　大約相當於人生第二個十年的後半段。生涯興趣、戀愛交往、探索認同等，在青春期後期更為顯著。

late adulthood　成年後期　約始於 60 至 70 歲，終於死亡。

limbic system　邊緣系統　位於大腦較低皮層下的系統，是情緒與酬賞經驗的所在地。

longitudinal research　縱貫研究　研究同一群體一段時間（通常是數年以上）。

love withdrawal　撤回關愛　指一種父母拒絕給予孩子關注或愛的管教技巧。

M

major depressive disorder　重度憂鬱症　個體經歷重度憂鬱發作和憂鬱特徵（例如嗜睡和無望感），至少持續兩週或更長時間，導致日常功能受損。

mastery orientation 精熟取向　此觀點認為個體致力於完成任務，而不是擔心自己的能力；他們的心力放在學習策略和成就過程，而不是結果。

memory 記憶　把訊息保留一段時間。

menarche 初經　女孩的第一次月經來潮。

mental age (MA) 心理年齡　Binet 提出的概念，即個體的心理發展水準和他人相較的程度。

mentors 良師（人生導師）　通常是指年齡較大、經驗更豐富的人，有志於提升年輕人的能力和品格。

metacognition 後設認知（元認知）　對認知的認知，或「對知識的認識」。

middle adulthood 成年中期　約始於 35 至 45 歲，終於 55 至 65 歲之間。

middle and late childhood 兒童中期與兒童後期　約為 6 歲到 10 或 11 歲這段發展時期，有時亦稱為學齡期。

Millennials 千禧世代　1980 年後出生，到 2000 年剛好進入成年初顯期的世代。千禧世代的兩大特徵是：（1）族裔多樣性，（2）使用科技產品。

mindset 心態　一種個體如何看待自我的認知觀點，可分成定型心態或成長心態。

moral development 道德發展　關於是非對錯標準的思考、情感與行動。

multiple developmental trajectories 多元發展軌跡　成人和青少年各有各的發展軌跡，瞭解這些軌跡是否契合是重要的。

myelination 髓鞘形成　神經元的軸突部分被一層脂肪細胞包覆並隔離的過程，可增加神經系統處理訊息的速度與效率。

N

narcissism 自戀　以自我為中心，並且用只關心自己的態度來對待他人。

naturalistic observation 自然觀察法　觀察在真實世界表現的行為。

nature-nurture issue 遺傳與環境問題　主要在爭論遺傳（天性）與環境（後天教養）對發展的影響孰輕孰重。

neglected children 被忽視兒童　很少被同學提名為最好的朋友，但也不至於被同儕討厭的兒童。

neglectful parenting 忽視冷漠型　父母不關心孩子生活的教養風格。忽視冷漠型教養風格下的孩子社會能力差，尤其缺乏自制力。

neo-Piagetians 新皮亞傑學派　認為 Piaget 的理論有美中不足、尚待補正之處。新皮亞傑學派更為強調注意力、記憶、認知策略等訊息處理歷程，同時也想對認知變化提供更準確的解釋。

neuroconstructivist view 神經建構主義觀　生物過程與環境經驗影響大腦發育的發展觀；大腦具有可塑性，且取決於環境；大腦發育和認知發展息息相關。

neurons 神經元　或稱神經細胞，是神經系統的基本單位。

normal distribution 常態分配　數值或分數呈對稱分布，大多數的分數落在分數範圍中間，少數分

數落在兩側極端。

O

optimism 樂觀　對未來抱持積極正向的看法，不會把問題想得很嚴重。

P

passive genotype-environment correlations 被動型（遺傳—環境相關性）　親生父母提供給孩子的養育環境。

peers 同儕　年齡或成熟度相似的個體。

personality 性格（人格）　個體持久一貫的個人特質。

perspective taking 觀點取替　假設他人觀點，理解其想法和感受的能力。

phenotype 表現型（顯型）　個體的基因型以可觀察和可測量其特徵的方式呈現。

Piaget's theory Piaget 的（認知發展）理論　此理論認為兒童是主動地建構對世界的看法，且歷經四個認知發展階段（期）。

popular children 受歡迎兒童　常被同學提名為最好的朋友，很少被同儕討厭的兒童。

possible self 可能自我　個體可能成為什麼樣的人、想成為什麼樣的人、害怕成為什麼樣的人。

postconventional reasoning 道德循規後期　是 Kohlberg 道德發展理論的最高層級。這個階段的道德推理更加考量內在因素。

postformal thought 後形式思考　具有反思性、相對性思考與考慮情境脈絡的思考方式；暫時性假設、實事求是、對情緒和主觀抱持開放態度。

power assertion 權力壓制　此種管教技巧意指父母試圖控制孩子或控管孩子資源。

precocious puberty 性早熟　青春期發育極早開始，快速發展。

preconventional reasoning 道德循規前期　是 Kohlberg 道德發展理論的最低層級。這個時期的道德推理深受外在獎賞與懲罰的影響。

prefrontal cortex 前額葉　大腦額葉的最高層，掌管推理、決策與自制。

prenatal period 胎兒期　始於受孕，終於出生，大約九個月的時間。

preoccupied/ambivalent attachment 糾結型／矛盾型依附　一種不安全依附類型。該類型的青少年心思被依附的回憶占據，因為父母的態度反覆無常，導致他們反而出現過度渴求依附的行為。

preoperational stage 前運思期　是 Piaget 認知發展論的第二個階段，約在 2 至 7 歲。兒童運用字詞、圖像和圖案來表徵他們的世界。

problem-focused coping 問題焦點因應　Lazarus 提出的因應策略分類之一，意指直接面對困境並設法解決。

psychoanalytic theories 心理分析論　認為發展主要受潛意識影響，被情緒左右。行為僅是表面象徵，須分析行為的象徵意義，深入探究內在心靈的運作。強調童年親子關係對發展的影響深遠。

psychometric/intelligence view　心理計量／智力觀　強調智力的個別差異。該觀點的擁護者認為應該用智力測驗來評估智力。

psychosocial moratorium　心理社會延緩償付　Erikson 用這個詞說明青少年在認同探索的過程中，介於兒童期安全感與成年期自立自主之間的鴻溝。

puberty　青春期發育　從青春期早期開始勃發，是一個因大腦─神經內分泌刺激而產生的急速生理變化過程。

Q

quid pro quo sexual harassment　交換型性騷擾　學校教職員工以教育決定（如分數）為要脅，威嚇學生屈從其不受歡迎的性言行。

R

rape　強暴　未經同意即強迫他人發生性行為。

rapport talk　關係式談話　一種建立連結與協商關係的對話語言。

reciprocal socialization　相互社會化　孩子社會化父母的過程，如同父母社會化孩子一般。

rejected children　被拒絕兒童　很少被同學提名為最好的朋友，且被同儕嫌棄討厭的兒童。

religion　宗教信仰　一套有組織的信念、實踐方式、儀式及符號象徵，強化個體與神聖或超然存在（如：上帝、高靈或最高真理）的連結。

religiousness　信仰虔誠度　皈依於一個有組織的宗教、參加既定儀式、與教義信仰及信徒團體相連結的程度。

report talk　報告式談話　提供訊息的談話，例如：公開演講。

resilience　韌力　即使遭逢重大危險與逆境，依然積極適應，終於獲得成功的結果。

romantic love　浪漫愛　帶有強烈的性欲與迷戀意味，又稱激情或愛欲（eros），在愛情初期比重極大。

S

schema　基模　是一種心理概念或框架，用來組織與解釋資訊。

secular trends　長期趨勢　青春期開始發育年齡的跨世代變化。

secure attachment　安全依附　兩人之間維持正向、持久的情感連結。嬰兒期、兒童期和青春期的安全依附通常是與照顧者建立情感連結，有利於孩子探索環境與成長發展。到了成年期，安全依附不僅限於親子之間，也適用於伴侶或夫妻關係。

selective attention　選擇性注意力　專注在相關的特定經驗上，忽略其他不相關的經驗。

self　自我　一個人的所有特徵。

self-concept 自我概念 對特定領域的自我評價。

self-efficacy 自我效能 相信自己可以掌握情況，獲致滿意的結果。

self-esteem 自尊 對自我的整體評價，又稱自我價值或自我意象。

self-handicapping 自我設限 使用避免失敗的策略，例如不去上學或推延學習直到最後一刻，這樣就可以不用將表現不佳歸因於能力不好。

self-regulation 自我調節 不必仰賴他人協助，就能控制個人行為的能力。

self-understanding 自我認識 個體對自我的認知表徵——即自我概念的實質與內容。

sensorimotor stage 感覺動作期 是 Piaget 認知發展論的第一個階段，從出生到 2 歲。嬰兒協調感官經驗與身體動作來理解世界。

service learning 服務學習 一種促進社會責任和服務社區的教育形式。

sexual minority 性少數 自我認同為女同志、男同志、雙性戀或跨性別的人。

sexual script 性腳本 社會灌輸個體應當如何進行性行為的刻板角色模式。女性與男性被社會化成應該遵循不同的性腳本。

sexually transmitted infections (STIs) 性傳播疾病 主要透過性接觸而傳染的疾病。這種接觸不限於陰道性交，還包括口交、肛交等。

slow-to-warm-up child 慢熱型孩子 活動力低，反應消極，情緒傾向低落的孩子。

social cognition 社會認知 個體理解及推理社會世界的方式——亦即待人接物、與他人的關係、參與的團體、思考自己與他人的行為等。

social cognitive theory 社會認知論 主張行為、環境、個人／認知是發展的關鍵因素。

social cognitive theory of gender 性別社會認知理論 強調兒童與青少年的性別發展，受他們觀察與模仿他人的性別行為所影響，以及他們因性別合宜與性別不合宜行為而受到獎懲的經驗而定。

social cognitive theory of moral development 道德發展的社會認知理論 強調青少年的道德能力（表現道德行為的能力）與道德表現（在特定情境下表現這些行為）之間的差異。

social constructivist approach 社會建構取向 強調學習的社會情境和透過社會互動來建構知識。

social motives 社會動機 從與社會世界互動的經驗中習得的需求和渴望。

social policy 社會政策 政府擬訂的一系列影響公民福利的政策。

social role theory 社會角色理論 認為性別差異主要是由於女性和男性的角色不同之故。女性的權力和地位皆比不上男性，擁有的資源也比較少。

socioemotional processes 社會情緒歷程 個體的情緒、性格、人際關係、社會脈絡等方面的變化。

sociometric status 社會地位計量 被同儕喜歡或不喜歡的程度。

spermarche 初精 男孩的第一次射精。

spirituality 靈性 經歷到一種忘我的超常體驗，並以利益眾生和社會的方式生活。

standardized test 標準化測驗 採用統一的施測與計分程序。許多標準化測驗能將受測者的分數與他人比較，從中瞭解表現差異。

status offenses 身分犯　特定年齡以下年輕人的犯行，故歸類為少年犯罪，包括：未成年飲酒、逃學、性濫交等，不像指標犯罪那麼嚴重。

stereotype 刻板印象　對某一群體的概括印象和信念。所有刻板印象都是指特定群體中典型成員的形象。

stereotype threat 刻板印象威脅　對於個人的行為可能符合對某個群體之負面刻板印象的焦慮。

stimulants 興奮劑　增加中樞神經系統活動的藥物。

storm-and-stress view 風暴期觀點　G. Stanley Hall 認為青春期是一段充滿衝突和情緒紊亂的動盪時期。

stress 壓力　個人對壓力源的反應，壓力源是威脅和影響個人因應能力的情境和事件。

sustained attention 持續性注意力　能夠長時間專注在選定的刺激物上。

synapses 突觸　神經元之間的空隙，是軸突和樹突連接的地方。

syphilis 梅毒　梅毒螺旋體（一種螺旋體）引起的性傳播疾病。

T

temperament 氣質　個體的行為風格與反應特徵。

theory 理論　一套相關、連貫的概念，有助於解釋現象、做出預測。

theory of mind 心智理論　覺察自己與他人心理歷程的能力。

transgender 跨性別　性別認同和出生性別不一樣。

triarchic theory of intelligence 智力三元論　Sternberg 提出的三種智力類型：分析智力、創造智力及實用智力。

twin study 雙胞胎研究　比較同卵雙胞胎的行為相似性與異卵雙胞胎的行為相似性。

U

unresolved/disorganized attachment 未解決型／混亂型依附　一種不安全依附類型。該類型的青少年擔驚受怕的程度異乎尋常地高，茫茫然無所依。這可能是因為喪親或受虐等創傷經驗造成的。

V

values 價值觀　對事情應該如何的態度與信念。

values clarification 價值澄清法　協助個體闡明對他們來說什麼是重要的、什麼是值得努力做的事，以及確立生活目標的教育取向。鼓勵學生定義自己的價值觀，並理解他人的價值觀。

Vygotsky's theory Vygotsky 的理論　是強調文化和社會互動如何引導認知發展的社會文化認知理論。

W

wisdom 智慧　生活實用層面的專業知識，能對重要事物做出完善的判斷。

Z

zone of proximal development (ZPD)　近側發展區　Vygotsky 提出的概念，意指任務難度讓個體難以
　　單獨完成，但在教師或技高一籌同儕的引導和協助下，得以精熟學習。